（2012—2017）

国内外数学奥林匹克试题精选

平面几何部分

本册主编 娄姗姗

ZHEJIANG UNIVERSITY PRESS
浙江大学出版社

图书在版编目(CIP)数据

国内外数学奥林匹克试题精选:2012—2017.平面
几何部分 / 娄姗姗主编. —杭州:浙江大学出版社,
2020.11
　　ISBN 978-7-308-20710-2

　　Ⅰ.①国… Ⅱ.①娄… Ⅲ.①中学数学课—高中—竞
赛题 Ⅳ.①G634.605

中国版本图书馆 CIP 数据核字(2020)第 206926 号

GUONEIWAI SHUXUE
AOLINPIKE SHITI JINGXUAN(2012—2017)
PING MIAN JIHE BUFEN

国内外数学奥林匹克试题精选(2012—2017)　平面几何部分
本册主编　　娄姗姗

责任编辑	胡岑晔
责任校对	陈宗霖　　丁佳雯
封面设计	刘依群
出版发行	浙江大学出版社
	(杭州市天目山路 148 号　邮政编码 310007)
	(网址:http://www.zjupress.com)
排　　版	杭州星云光电图文制作有限公司
印　　刷	杭州杭新印务有限公司
开　　本	787mm×1092mm　1/16
印　　张	37.25
字　　数	838 千
版印次	2020 年 11 月第 1 版　2020 年 11 月第 1 次印刷
书　　号	ISBN 978-7-308-20710-2
定　　价	95.00 元

浙江大学出版社市场运营中心联系方式:0571-88925591;http://zjdxcbs.tmall.com

出版说明

　　国际数学奥林匹克（International Mathematical Olympiad，简称 IMO）是世界上规模和影响较大的中学生数学学科竞赛活动，旨在服务于全世界学习数学、喜欢数学、热爱数学的青少年；服务于世界各地致力于青少年数学思维培养与奥数早期教育的机构与人士；服务于世界各地致力于青少年文化交流与素质培养的机构与人士．一年一度的国际数学奥林匹克，吸引了无数数学爱好者的参与．这项活动激发了学生学习数学的兴趣，发现了一批数学好苗子．事实上，有许多数学奥林匹克金牌选手日后都成了数学大家，数学家陶哲轩就是一个鲜活的例子．

　　各个国家和地区为了备战国际数学奥林匹克，都做了一系列前期准备工作，比如选拔选手、组织专家授课等．这些前期活动产生了许多优秀的命题，不少试题都是国际一流的数学家所出，有着深刻的数学背景，或代表着数学前沿性、基础性的问题，具有相当大的启发性、引导性．数学奥林匹克试题已不局限于中学数学的内容，试题难度也越来越大，主要考查学生对数学本质的洞察力和创造力．试题范围虽然从来没有正式规定，但主要为数论、组合数学、数列、不等式、函数方程和几何等．

　　为了满足广大师生以及数学爱好者的需求，我们将 2012—2017 年来各个国家和地区的预选赛试题及 IMO 试题结集出版，并分为代数、几何、数论和组合数学四册，希望读者能喜欢．由于各个国家和地区记录竞赛的方式不同，书中部分题目来源标有年份和届数，部分只标其一．

数学符号说明

1. $[x]$、$\lfloor x \rfloor$ 表示不超过实数 x 的最大整数，$\lceil x \rceil$ 表示不小于实数 x 的最小整数.

2. $\{x\} = x - [x]$.

3. $|A|$ 表示有限集合 A 的元素个数.

4. $[a,b]$ 表示正整数 a 与 b 的最小公倍数，(a,b) 表示正整数 a 与 b 的最大公约数.

5. $\mathbf{Z}$ 表示整数集；$\mathbf{N}$ 表示自然数集；$\mathbf{Q}$ 表示有理数集；$\mathbf{R}$ 表示实数集；$\mathbf{C}$ 表示复数集.

6. $\sum$ 表示轮换对称和，$\prod$ 表示轮换对称积.

7. $p^{\alpha} \parallel q$ 表示 $p^{\alpha} \mid q$，且 $p^{\alpha+1} \nmid q (p \in \mathbf{Z}^+, q \in \mathbf{Z}^+, \alpha \in \mathbf{N})$.

8. $\mathrm{ord}_p q$ 表示整数 q 关于素数 p 的最高次幂，$\deg f$ 表示多项式 f 的次数，

$$\mathrm{sgn}(x) = \begin{cases} 1, & x > 0; \\ 0, & x = 0; \\ -1, & x < 0. \end{cases} \quad v_p(a) \text{ 表示整数 } a \text{ 的素因数分解中 } p \text{ 的次数.}$$

9. 勒让德符号：$\left(\dfrac{d}{p}\right) = \begin{cases} 1, & d \text{ 是模 } p \text{ 的二次剩余;} \\ -1, & d \text{ 是模 } p \text{ 的二次非剩余;} \\ 0, & p \mid d. \end{cases}$

目　录

一　　线段、角或弧相等

证明 如图，设 $\angle PAR=\alpha$，$\angle PBC=\beta$，$\angle BAD=\theta$。

一方面，对于点 P，在 $\triangle ABC$ 中，由角元塞瓦定理得

$$\frac{\sin(\theta+\alpha)}{\sin(\theta-\alpha)}\cdot\frac{\cos(\alpha+\beta+\theta)}{\sin(\alpha+\beta)}\cdot\frac{\sin\beta}{\cos(\beta+\theta)}=1. \qquad ①$$

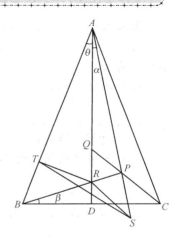

由 $2\cos(\alpha+\beta+\theta)\cdot\sin\beta=\sin(\alpha+2\beta+\theta)-\sin(\alpha+\theta)$，

$2\sin(\alpha+\beta)\cdot\cos(\beta+\theta)=\sin(\alpha+2\beta+\theta)-\sin(\theta-\alpha)$，

则式 ① 可化为

$$\frac{\sin(\theta+\alpha)}{\sin(\theta-\alpha)}\cdot\frac{\sin(\alpha+2\beta+\theta)-\sin(\alpha+\theta)}{\sin(\alpha+2\beta+\theta)-\sin(\theta-\alpha)}=1.$$

故 $[\sin(\theta+\alpha)-\sin(\theta-\alpha)]\cdot\sin(\alpha+2\beta+\theta)$

$=\sin^2(\theta+\alpha)-\sin^2(\theta-\alpha)$。

因为 $\sin(\theta+\alpha)-\sin(\theta-\alpha)\neq 0$，所以，

$\sin(\alpha+2\beta+\theta)=\sin(\theta+\alpha)+\sin(\theta-\alpha)=2\sin\theta\cdot\cos\alpha$。 ②

另一方面，对于点 R，在 $\triangle ATS$ 中，由角元塞瓦定理得

$$\frac{\sin(\alpha+2\beta+\theta)}{\sin\theta}\cdot\frac{\sin\alpha}{\sin2\alpha}\cdot\frac{\sin\angle RST}{\sin\angle RTS}=1, \qquad ③$$

其中，$\angle ATR=\angle TRB+\angle ABP=\angle DQC+\angle ABP$

$=90°-(\alpha+\beta)+90°-(\beta+\theta)=180°-(\alpha+2\beta+\theta)$。

因为 $\sin2\alpha=2\cos\alpha\cdot\sin\alpha$，所以，由式 ②、③ 得

$$\frac{2\sin\theta\cdot\cos\alpha}{\sin\theta}\cdot\frac{1}{2\cos\alpha}\cdot\frac{\sin\angle RST}{\sin\angle RTS}=1.$$

于是，$\sin\angle RST=\sin\angle RTS$。

由 $\angle RST=\angle RTS$，知 $RS=RT$。

证明 如图,为方便,不妨设 $\angle A = \alpha$,$\angle B = \beta$,$\angle C = \gamma$.

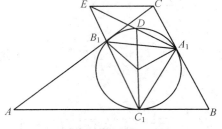

因为 $AB_1 = AC_1$,所以,

$$\angle B_1 C_1 A = \angle C_1 B_1 A = 90° - \frac{\alpha}{2}.$$

类似地,$\angle BC_1 A_1 = \angle C_1 A_1 B = 90° - \frac{\beta}{2}.$

故 $\angle A_1 C_1 B_1 = 180° - \left(90° - \frac{\alpha}{2}\right) - \left(90° - \frac{\beta}{2}\right) = \frac{\alpha}{2} + \frac{\beta}{2} = 90° - \frac{\gamma}{2}.$

易知,点 B_1 和 A_1 在 DC_1 的两侧.

又 $C_1 D$ 为内切圆的直径,则 $\angle DA_1 C_1 = \angle EA_1 C_1 = 90°$.

故 $\angle B_1 EA_1 = \angle C_1 EA_1 = 180° - 90° - \left(90° - \frac{\gamma}{2}\right) = \frac{\gamma}{2}.$

因为 $B_1 C = A_1 C$,所以,点 A_1 和 B_1 在以 C 为圆心、CA_1 为半径的圆上.

又 $2\angle B_1 EA_1 = \gamma = \angle BCA$,点 C,E 在 $A_1 B_1$ 的同侧,则点 E 在以 C 为圆心、CA_1 为半径的圆上.

因此,$CE = CB_1$.

> 已知非等腰锐角 $\triangle ABC$ 的内切圆 $\odot I$ 与边 BC 切于点 D,O 为 $\triangle ABC$ 的外心,$\triangle AID$ 的外接圆与直线 AO 交于点 A 和 E.证明:线段 AE 的长等于 $\odot I$ 的半径.
>
> (第 38 届俄罗斯数学奥林匹克)

证明 不妨设 $AB < AC$.设射线 DI 与线段 AO,AC 分别交于点 P,Q.则

$$\angle AIP = \angle DQC - \angle IAC = 90° - \angle C - \frac{\angle A}{2},$$

$$\angle IAP = \angle OAB - \angle IAB = 90° - \angle C - \frac{\angle A}{2}.$$

故 $AP = PI$,即点 P 位于 AI 的垂直平分线 l 上,射线 PA 和 PI 关于 l 对称.

又 $\triangle AID$ 的外接圆关于 l 也对称,故线段 AE 和 ID 关于 l 对称,即它们的长相等.

> 如图1,$\triangle ABC$ 的内切圆 $\odot I$ 与边 AB,AC 分别切于点 D,E,点 O 为 $\triangle BCI$ 的外心.证明:$\angle ODB = \angle OEC$.
>
>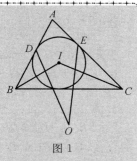
>
> 图1
>
> (2012,中国女子数学奥林匹克)

证法 1 作辅助线如图 2.

由 O 为 $\triangle BCI$ 的外心, 知 $\angle BOI = 2\angle BCI = \angle BCA$.

类似地, $\angle COI = \angle CBA$.

则 $\angle BOC = \angle BOI + \angle COI = \angle BCA + \angle CBA$

$= \pi - \angle BAC$.

于是, A, B, O, C 四点共圆.

由 $OB = OC$, 知 $\angle BAO = \angle CAO$.

因为 $AD = AE, AO = AO$,

所以, $\triangle OAD \cong \triangle OAE \Rightarrow \angle ODA = \angle OEA$.

故 $\angle ODB = \angle OEC$.

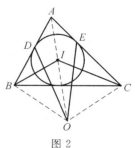

图 2

证法 2 若 $AB = AC$, 则由 $OB = OC$, 知整个图形关于 BC 的中垂线对称, 结论显然成立.

下面假设 $AB \neq AC$.

由对称性不妨设 $AB < AC$.

如图 3, 在射线 AB, AC 上分别取点 F, E, 使得

$AF = AC, AG = AB$.

易知, 四边形 $BFCG$ 为等腰梯形, 即 B, F, C, G 四点共圆.

又 $\angle BIC = \pi - (\angle IBC + \angle ICB)$

$= \pi - \dfrac{1}{2}(\angle ABC + \angle ACB) = \pi - \dfrac{1}{2}(\pi - \angle BAC)$

$= \pi - \angle AFC = \pi - \angle BFC$.

故 B, F, I, C 四点共圆.

于是, B, F, I, C, G 五点共圆, 而 O 为该圆的圆心.

从而, 点 O 在 $\angle BAC$ 的平分线上.

以下同证法 1.

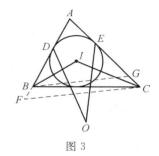

图 3

如图 1, 在五边形 $ABCDE$ 中, $BC = DE, CD \parallel BE$, $AB > AE$. 若 $\angle BAC = \angle DAE$, 且 $\dfrac{AB}{BD} = \dfrac{AE}{ED}$, 证明: AC 平分线段 BE.

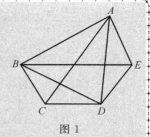

图 1

（第八届中国北方数学奥林匹克邀请赛）

证明 如图2,设 AC 与 BE 交于点 M,BE 的中垂线为 m. 则 m 也为 CD 的中垂线.

作点 A 关于 m 的对称点 F,则 $\triangle ADE$ 与 $\triangle FCB$ 关于 m 对称.

于是,$\angle BFC = \angle DAE = \angle BAC$.

从而,A,F,B,C 四点共圆.

又 $AF \perp m$,$BE \perp m$,则 $AF /\!/ BE$,且 $FB = AE$.

因此,四边形 $AEBF$ 为等腰梯形.

故 A,E,B,F 四点共圆,即 A,F,B,C,E 五点共圆.

因为四边形 $BCDE$ 为等腰梯形,

所以,B,C,D,E 四点共圆,即 A,B,C,D,E 五点共圆.

于是,$\angle ABC + \angle AEC = 180°$,即 $\sin\angle ABC = \sin\angle AEC$.

又 $\dfrac{AB}{BD} = \dfrac{AE}{ED}$,$BD = CE$,$ED = BC$,则 $\dfrac{AB}{CE} = \dfrac{AE}{BC} \Rightarrow AB \cdot BC = AE \cdot CE$.

故 $S_{\triangle ABC} = \dfrac{1}{2} AB \cdot BC\sin\angle ABC = \dfrac{1}{2} AE \cdot EC\sin\angle AEC = S_{\triangle AEC}$.

从而,$\dfrac{BM}{ME} = \dfrac{S_{\triangle ABC}}{S_{\triangle AEC}} = 1$,即 $BM = ME$.

图2

在 $\triangle ABC$ 中,$AC = BC$,点 P 在线段 AB 上,过 P 作直线 AC 和 BC 的垂线,垂足分别为 I,J,且 H 为 $\triangle ABC$ 的垂心.证明:直线 PH 过线段 IJ 的中点.

(2012—2013,匈牙利数学奥林匹克数学特长班)

证明 如图,记 $\angle BCD = \theta$.

只要证:

$$\dfrac{\sin\angle HPJ}{\sin\angle IPH} = \dfrac{IP}{JP} = \dfrac{AP}{BP}$$

$$\Leftrightarrow \dfrac{\sin(\angle HPB - \angle JPB)}{\sin(\angle APH - \angle IPA)} = \dfrac{AP}{BP}$$

$$\Leftrightarrow \dfrac{\sin\angle HPB \cdot \cos\angle JPB - \cos\angle HPB \cdot \sin\angle JPB}{\sin\angle APH \cdot \cos\angle IPA - \cos\angle APH \cdot \sin\angle IPA} = \dfrac{AP}{BP}$$

$$\Leftrightarrow \dfrac{HD\cos\theta - PD\sin\theta}{HD\cos\theta + PD\sin\theta} = \dfrac{AD - PD}{AD + PD}$$

$$\Leftrightarrow \dfrac{PD\sin\theta}{HD\cos\theta} = \dfrac{PD}{AD}.$$

注意到,$HD = AD\tan\theta$.

因此,PH 过线段 IJ 的中点.

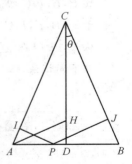

已知正八面体 $ABCDEF$ 的顶点 E 为最低点，F 为最高点，中间部分为平面 $ABCD$，其中心为 M，外接球为 Ω. 设 X 为侧面 ABF 内的任意点，直线 EX 与球 Ω 交于点 E 和 Z，与平面 $ABCD$ 交于点 Y. 证明：$\angle EMZ = \angle EYF$.

（2013，奥地利数学竞赛）

证明 如图 1.

取点 X,E,F 所确定的平面 α.

由点 M 在 EF 上，知 M 在平面 α 内.

又点 Y 和 Z 在 EX 上，故也在平面 α 内.

记球 Ω 与平面 α 相交得到圆 Γ. 显然，M 为圆心，且正方形 $ABCD$ 所在平面垂直平分平面 α 内的直线 EF，Y 在二等分平面内如图 2.

设 $\angle ZEF = \beta$.

因为 ZM 和 EM 均为球 Ω（圆 Γ）的半径，所以，$\triangle ZME$ 为等腰三角形.

从而，$\angle EZM = \angle ZEM = \beta$.

由点 Y 在 EF 的垂直平分线上，知 $\triangle EYF$ 是等腰三角形.

从而，$\angle YFE = \angle YEF = \beta$.

故 $\triangle ZME \backsim \triangle EYF \Rightarrow \angle EMZ = \angle EYF$.

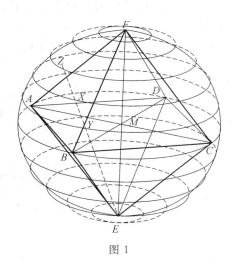

图 1

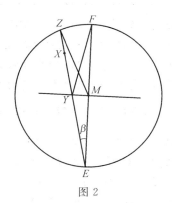

图 2

　　在锐角 $\triangle ABC$ 中，垂心为 H，作 $DA \perp AC$，$DB \perp BC$，以 C 为圆心且过点 H 的圆与 $\triangle ABC$ 的外接圆交于点 E，F. 证明：$DE = DF = AB$.

（2013，克罗地亚数学竞赛决赛）

证明 如图.

设 $\angle A = \alpha, \angle B = \beta, \angle C = \gamma, R$ 为 $\triangle ABC$ 外接圆的半径.

不妨设点 E 在 $\overparen{BC}$ 上,点 F 在 $\overparen{AC}$ 上.

因为 $\angle CAD = \angle CBD = 90°$,

所以,点 D 在 $\triangle ABC$ 的外接圆上,且 CD 为直径.

由 $CE = CH, \angle BEC = 180° - \alpha = \angle BHC$,且 BC 为 $\triangle BEC$ 和 $\triangle BHC$ 的公共边,知

$\triangle BEC \cong \triangle BHC$.

于是,$\angle ECB = \angle HCB$,且 BC 在等腰 $\triangle ECH$ 的对称轴上.

从而,$BC \perp HE$. 故 E, H, A 三点共线.

在 $Rt\triangle CDE$ 中,有

$DE = CD\cos\angle CDE = CD\cos\angle CAE = CD\cos(90° - \gamma) = CD\sin\gamma$.

由正弦定理,得 $2R\sin\gamma = AB$.

从而,$DE = AB$.

类似地,$DF = AB$.

> 已知 I 为非等腰 $\triangle ABC$ 的内心,射线 AI 与 $\triangle ABC$ 的外接圆 $\odot O$ 交于点 D,过点 C, D, I 的圆与射线 BI 交于点 K.证明:$BK = CK$.
>
> (2013,第 63 届白俄罗斯数学奥林匹克)

证明 记 $\angle BAC = \alpha, \angle ABC = \beta, \angle ACB = \gamma$.

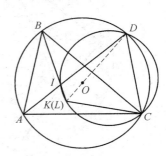

如图,连接 OD,与射线 BI 交于点 L.

由于 AI 为 $\angle BAC$ 的平分线,则 $\overparen{BD} = \overparen{DC}$.

于是,直线 DO 为线段 BC 的垂直平分线,有 $BL = CL$.

从而,$\triangle BLC$ 为等腰三角形,且 $\angle LCB = \angle LBC = \dfrac{\beta}{2}$.

故 $\angle ILC = \angle BLC = 180° - (\angle LBC + \angle LCB) = 180° - \beta$.

又由 $\angle CDI = \angle CDA = \angle CBA = \beta$,则

$\angle ILC + \angle CDI = 180°$.

故 I, D, C, L 四点共圆.所以,点 K 与 L 重合.

由此,$CK = CL = BL = BK$.

> 在锐角 $\triangle ABC$ 中,D, E, F 分别为边 BC, CA, AB 的中点,以 $\triangle ABC$ 的垂心 H 为圆心作一个圆,使得 $\triangle ABC$ 位于圆内部,延长 EF, FD, DE 分别与 $\odot H$ 交于点 P, Q, R.证明:$AP = BQ = CR$.
>
> (2013,新加坡数学奥林匹克)

证明 如图,设 ⊙H 的半径为 r,过点 A,B,C 分别作 $\triangle ABC$ 三边的垂线,垂足分别为 X,Y,Z,AX 与 PE 交于点 U.

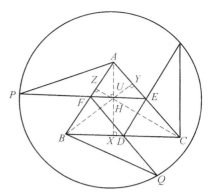

故 $AP^2 = AU^2 + PU^2 = AU^2 + r^2 - UH^2$

$= r^2 + (AU + UH)(AU - UH) = r^2 + AH(AU - UH)$

$= r^2 + AH(UX - UH) = r^2 + AH \cdot HX$.

类似地,$BQ^2 = r^2 + BH \cdot HY$,

$CR^2 = r^2 + CH \cdot HZ$.

又 $AH \cdot HX = BH \cdot HY = CH \cdot HZ$,

则 $AP = BQ = CR$.

在锐角 $\triangle ABC$ 中,H 为垂心.以 AH 为直径的圆与过点 B 和 C 的圆交于两个不同点 X 和 Y,点 D 为过点 A 向 BC 所作的高的垂足,点 K 为过点 D 向 XY 所作垂线的垂足.证明:$\angle BKD = \angle CKD$.

(2013,日本数学奥林匹克)

证明 若 $AB = AC$,则过点 B 和 C 的圆的圆心与以 AH 为直径的圆的圆心均在 $\triangle ABC$ 的边 BC 的中垂线上.从而,直线 XY 与 BC 的中垂线互相垂直且交点与点 K 重合.

又 D 为线段 BC 的中点,则 $\angle BKD = \angle CKD$.

只需考虑情况 $AB \neq AC$.不妨假设 $AB > AC$.

设直线 BH 与 AC 交于点 E,CH 与 AB 交于点 F.

由 $\angle AEH = \angle AFH = 90°$,则点 E 和 F 在以 AH 为直径的圆周上(记此圆为圆 Γ_1).

注意到,点 X 和 Y 也在圆 Γ_1 上,且 B,C,X,Y 四点共圆(记为圆 Γ_2),点 B,C,E,F 也在同一个圆上(异于上述两圆,记其为圆 Γ_3).则直线 XY,BC,EF 交于一点.

事实上,设 BC 与 EF 交于点 O,OX 与圆 Γ_1、Γ_2 分别交于点 Y'、Y''.

由圆幂定理得 $OX \cdot OY' = OE \cdot OF = OC \cdot OB = OX \cdot OY''$.

从而,$OY' = OY''$.因此,点 Y' 与 Y'' 一定重合.

因为点 Y' 在圆 Γ_1 上,点 Y'' 在圆 Γ_2 上,所以,点 Y,Y',Y'' 为同一点.这表明,点 O 在直线 XY 上.

再由塞瓦定理得 $\dfrac{AF}{FB} \cdot \dfrac{BD}{DC} \cdot \dfrac{CE}{EA} = 1$.

由梅涅劳斯定理得 $\dfrac{AF}{FB} \cdot \dfrac{BO}{OC} \cdot \dfrac{CE}{EA} = 1$.

由上两式得 $\dfrac{BD}{DC} = \dfrac{BO}{OC}$.   ①

设点 C' 在线段 DO 上,满足 $\angle BKD = \angle C'KD$.

则直线 KD 为 $\angle BKC'$ 的平分线.

因为 $\angle DKO = 90°$,所以,KO 为 $\angle BKC'$ 的外角平分线.

故 $\dfrac{BD}{DC'} = \dfrac{KB}{KC'}, \dfrac{BO}{OC'} = \dfrac{KB}{KC'} \Rightarrow \dfrac{BD}{DC'} = \dfrac{BO}{OC'}$.

结合式 ① 得 $\dfrac{OC}{DC} = \dfrac{OC'}{DC'}$.

因为点 C 和 C' 均在线段 DO 上,所以,点 C 与 C' 一定重合.

从而,$\angle BKD = \angle CKD$.

已知 P 为 $\triangle ABC$ 内部一点,使得 $\angle ABP = \angle PCA$,点 Q 使四边形 $PBQC$ 为平行四边形.证明:$\angle QAB = \angle CAP$.

(2013,英国数学奥林匹克)

证明 由题意知 $BQ \underline{\underline{\parallel}} CP$.

如图,以 CP 为边作 $\triangle DPC \cong \triangle ABQ$.

则 $\angle QAB = \angle CDP$,$AB \underline{\underline{\parallel}} PD$.于是,四边形 $ABPD$ 为平行四边形.

从而,$\angle PDA = \angle ABP = \angle PCA$.

因此,A,P,C,D 四点共圆.

故 $\angle CAP = \angle CDP = \angle QAB$.

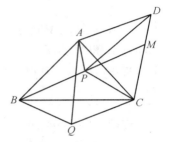

已知 O 为锐角 $\triangle ABC$ 的外心,M,N,P 分别为边 BC,AC,AB 的中点,$\triangle BOC$,$\triangle MNP$ 的外接圆交于点 X 和 Y,且 X 和 Y 在 $\triangle ABC$ 的内部.证明:

$$\angle BAX = \angle CAY.$$

(2013,塞尔维亚数学奥林匹克)

证明 如图,设圆 Γ_1,Γ_2 分别为 $\triangle MNP$,$\triangle BOC$ 的外接圆.则圆 Γ_1 为 $\triangle ABC$ 的九点圆,且过 $\triangle ABC$ 边 AC,AB 上的高的垂足 D,E 和 AH 的中点 O_1,其中,H 为 $\triangle ABC$ 的垂心.

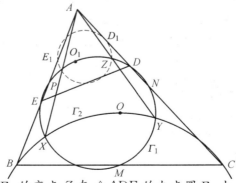

只需证明:AY 与圆 Γ_1 的交点 Z 在 $\triangle ADE$ 的九点圆 Γ_3 上.

不妨设点 Z 在线段 AY 上,D_1,E_1 分别为线段 AD,AE 的中点.

由 $AY \cdot AZ = AD \cdot AN = AD_1 \cdot AC$，知 Y, Z, D_1, C 四点共圆.

于是，$\angle AZD_1 = \angle ACY$.

类似地，$\angle AZE_1 = \angle ABY$.

故 $\angle D_1ZE_1 = \angle AZD_1 + \angle AZE_1 = \angle ACY + \angle ABY = \angle BYC - \angle BAC = \angle BAC$.

于是，点 Z 在圆 Γ_3 上.

因为 O_1 为 $\triangle ADE$ 的外心，所以，$\triangle ABC$ 到 $\triangle ADE$ 的相似映射既将圆 Γ_2 映射到圆 Γ_1，又将圆 Γ_1 映射到圆 Γ_2，即把圆 Γ_1 与圆 Γ_2 的交点 X 映射到了圆 Γ_3 与圆 Γ_1 的交点 Z. 因此，$\angle BAX = \angle DAZ = \angle CAY$.

在锐角 $\triangle ABC(AC \neq BC)$ 中，$AA' \perp BC$ 于点 A'，$BB' \perp AC$ 于点 B'，过点 A' 和 B' 的圆 Γ 与边 AB 切于点 D，且 $S_{\triangle ADA'} = S_{\triangle BDB'}$. 证明：$\angle A'DB' = \angle ACB$.

（2013，塞尔维亚数学奥林匹克）

证明 如图，不妨设 $BC > AC$，记 $A'B'$ 与 AB 交于点 P.

因为 $S_{\triangle ADA'} = S_{\triangle BDB'}$，所以，$\dfrac{AD}{DB} = \dfrac{PB'}{PA'}$.

由切割线定理，知 $PD^2 = PA' \cdot PB' = PA \cdot PB$.

于是，$\dfrac{PD}{PB} = \dfrac{PA}{PD} = \dfrac{AD}{DB} = \dfrac{PB'}{PA'}$. 从而，$B'D \parallel BC$，$A'D \parallel AC$.

因此，$\angle A'DB' = \angle ACB$.

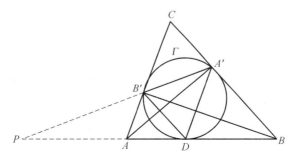

在 $\triangle ABC$ 中，$\angle B = 90°$，D 为边 BC 上一点，$\triangle ABD$ 的内切圆半径与 $\triangle ADC$ 的内切圆半径相等. 证明：$\tan^2 \dfrac{\angle ADB}{2} = \tan \dfrac{\angle ACB}{2}$.

（2013，印度国家队选拔考试）

证明 如图，记 $\angle BAD = \alpha$，$\angle BAC = \beta$.

由题意知

故 $\dfrac{BD}{CD} = \dfrac{S_{\triangle ABD}}{S_{\triangle ACD}} = \dfrac{AB + AD + BD}{AC + AD + CD}$

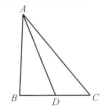

$$\Rightarrow \frac{BD}{CD} = \frac{AB + AD}{AC + AD}$$

$$\Rightarrow \frac{AB\sin\alpha}{AC\sin(\beta-\alpha)} = \frac{AB + \dfrac{AB}{\cos\alpha}}{\dfrac{AB}{\cos\beta} + \dfrac{AB}{\cos\alpha}}$$

$$\Rightarrow \cos\beta \cdot \frac{\sin\alpha}{\sin(\beta-\alpha)} = \frac{\cos\beta \cdot \cos\alpha + \cos\beta}{\cos\beta + \cos\alpha}$$

$$\Rightarrow \frac{\sin\alpha}{\sin(\beta-\alpha)} = \frac{\cos\alpha + 1}{\cos\beta + \cos\alpha}$$

$$\Rightarrow \frac{\sin\alpha}{\sin\beta \cdot \cos\alpha - \cos\beta \cdot \sin\alpha} = \frac{\cos\alpha + 1}{\cos\beta + \cos\alpha}.$$

令 $\beta = 2\gamma$. 则

$$\frac{\sin\alpha}{2\sin\gamma \cdot \cos\gamma \cdot \cos\alpha - (2\cos^2\gamma - 1)\sin\alpha} = \frac{\cos\alpha + 1}{1 - 2\sin^2\gamma + \cos\alpha}.$$

分母同减分子得

$$\frac{\sin\alpha}{2\cos\gamma(\sin\gamma \cdot \cos\alpha - \cos\gamma \cdot \sin\alpha)} = \frac{\cos\alpha + 1}{-2\sin^2\gamma}$$

$$\Rightarrow \frac{-2\sin^2\gamma}{2\cos\gamma(\sin\gamma \cdot \cos\alpha - \cos\gamma \cdot \sin\alpha)} = \frac{\cos\alpha + 1}{\sin\alpha}$$

$$\Rightarrow \frac{-\tan\gamma}{\cos\alpha - \dfrac{\sin\alpha}{\tan\gamma}} = \frac{\cos\alpha + 1}{\sin\alpha}. \quad ①$$

若 $\tan\gamma = \sin\alpha$, 则

式 ① $\Leftrightarrow \dfrac{-\sin\alpha}{\cos\alpha - 1} = \dfrac{\cos\alpha + 1}{\sin\alpha} \Leftrightarrow \cos^2\alpha + \sin^2\alpha = 1$.

由式 ① 的左边 $= \dfrac{\tan\gamma}{\dfrac{\sin\alpha}{\tan\gamma} - \cos\alpha}$ 关于 $\tan\gamma$ 严格递增, 知 $\tan\gamma = \sin\alpha$ 就是 γ 与 α 满足的关系.

又 $\tan^2\dfrac{\angle ADB}{2} = \dfrac{1 - \cos\angle ADB}{1 + \cos\angle ADB} = \dfrac{1 - \sin\alpha}{1 + \sin\alpha} = \dfrac{1 - \tan\gamma}{1 + \tan\gamma}$,

且 $\tan\dfrac{\angle ACB}{2} = \dfrac{\sin\angle ACB}{1 + \cos\angle ACB} = \dfrac{\cos\beta}{1 + \sin\beta} = \dfrac{\cos^2\gamma - \sin^2\gamma}{1 + 2\sin\gamma \cdot \cos\gamma} = \dfrac{1 - \tan\gamma}{1 + \tan\gamma}$,

从而, $\tan^2\dfrac{\angle ADB}{2} = \tan\dfrac{\angle ACB}{2}$.

在 $\triangle ABC$ 中, 过点 B 且与边 AC 切于点 A 的圆为圆 Γ_1, 过点 C 且与边 AB 切于点 A 的圆为圆 Γ_2, 圆 Γ_1 与圆 Γ_2 的另一个交点记为 D. 设直线 AD 与 $\triangle ABC$ 的外接圆的另一交点为 E. 证明: D 为线段 AE 的中点.

(2013, 荷兰国家队选拔考试)

证明 辅助线如图.

在圆 Γ_1 和 Γ_2 中,由弦切角定理分别得

$$\angle DAC = \angle DBA, \angle DAB = \angle DCA.$$

故 $\triangle ABD \backsim \triangle CAD \Rightarrow \dfrac{BD}{AD} = \dfrac{AD}{CD}$

$$\Rightarrow AD^2 = BD \cdot CD.$$

由 $\angle ECB = \angle EAB = \angle DAB = \angle DCA$,知

$$\angle ECD = \angle BCA.$$

又 $\angle DEC = \angle AEC = \angle ABC$,于是,$\triangle CDE \backsim \triangle CAB.$

类似地,$\triangle BDE \backsim \triangle BAC.$

则 $\triangle CDE \backsim \triangle EDB \Rightarrow \dfrac{CD}{DE} = \dfrac{ED}{DB} \Rightarrow DE^2 = BD \cdot CD.$

从而,$AD = DE.$

已知四边形 $ABCD$ 对角线交于点 P,点 X,Y,Z 依次在边 AB,BC,CD 上,使得 $\dfrac{AX}{XB} = \dfrac{BY}{YC} = \dfrac{CZ}{ZD} = 2$. 若 XY,YZ 分别为 $\triangle CYZ$ 外接圆、$\triangle BXY$ 外接圆的切线,证明:
$$\angle APD = \angle XYZ.$$

(2013,荷兰国家队选拔考试)

证明 由弦切角定理,得 $\angle CZY = \angle BYX, \angle BXY = \angle CYZ.$

则 $\angle XYZ = 180° - \angle BYX - \angle CYZ = 180° - \angle BYX - \angle BXY = \angle ABC.$

故 $\triangle XBY \backsim \triangle YCZ \Rightarrow \dfrac{XB}{BY} = \dfrac{YC}{CZ}.$

又由题设,得 $XB = \dfrac{1}{3}AB, BY = \dfrac{2}{3}BC, YC = \dfrac{1}{3}BC, CZ = \dfrac{2}{3}CD.$

于是,$\dfrac{\frac{1}{3}AB}{\frac{2}{3}BC} = \dfrac{\frac{1}{3}BC}{\frac{2}{3}CD} \Rightarrow \dfrac{AB}{BC} = \dfrac{BC}{CD}.$

由 $\triangle XBY \backsim \triangle YCZ$,得 $\angle ABC = \angle XBY = \angle YCZ = \angle BCD.$

则 $\triangle ABC \backsim \triangle BCD \Rightarrow \angle CAB = \angle DBC$

$\Rightarrow \angle PAB + \angle ABP = \angle CAB + \angle ABD = \angle DBC + \angle ABD = \angle ABC$

$\Rightarrow \angle APD = \angle PAB + \angle ABP = \angle XYZ.$

在不等边 $\triangle ABC$ 中,$\angle BCA = 90°, CD \perp AB, D$ 为垂足,X 为线段 CD 上一点,K 为线段 AX 上一点,使得 $BK = BC$. 类似地,设 L 为线段 BX 上一点,使得 $AL = AC$,$\triangle DKL$ 的外接圆与线段 AB 的第二个交点为 T(异于点 D). 证明:
$$\angle ACT = \angle BCT.$$

(2013,美国国家队选拔考试)

证明 如图,设 T' 为 AB 上一点,使得 $\angle ACT' = \angle BCT'$.

因为 CT' 是 $\angle BCA$ 的平分线,所以,存在以 T' 为圆心,与线段 AC 和 BC 均相切的 $\odot T'$,切点分别为 M 和 N.

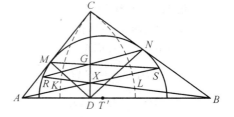

先证明一个引理.

引理 若 R,D,T',S 四点共圆,且点 R 和 S 在 $\odot T'$ 上,则 BR,AS,CD 三线交于一点.

证明 设过点 R 和 S 分别与 $\odot T'$ 相切的直线交于一点 P.

因为 $\angle T'RP = \angle T'SP = 90°$,所以,$P,R,T',S$ 四点共圆.

又 R,D,T',S 四点共圆,则 P,R,D,T',S 五点共圆.

于是,$\angle T'DP = 90°$.从而,点 P 在直线 CD 上.

若直线 MN 与 RS 交于点 Q,由于过点 M 和 N 分别与 $\odot T'$ 相切的直线交于点 C,则点 Q 关于 $\odot T'$ 的极线为 PC.于是,MS 与 RN 的交点 G 在直线 PC 上.

由正弦定理得

$$\frac{\sin\angle CAS}{\sin\angle SAB} \cdot \frac{\sin\angle RBA}{\sin\angle RBC} = \frac{\dfrac{MS\sin\angle AMG}{AS}}{\dfrac{SD\sin\angle ADS}{AS}} \cdot \frac{RD\sin\angle BDR}{RN\sin\angle BNG}$$

$$= \frac{MS}{SD} \cdot \frac{RD}{RN} \cdot \frac{\sin\angle AMG}{\sin\angle BNG} \cdot \frac{\sin\angle BDR}{\sin\angle ADS}$$

$$= \frac{\sin\angle MDS}{\sin\angle SMD} \cdot \frac{\sin\angle RND}{\sin\angle RDN} \cdot \frac{\sin\angle CMG}{\sin\angle CNG} \cdot \frac{\sin\angle ADR}{\sin\angle BDS}$$

$$= \frac{\sin\angle RND}{\sin\angle SMD} \cdot \frac{\sin\angle CMG}{\sin\angle CNG} \cdot \frac{\sin\angle MDS}{\sin\angle RDN} \cdot \frac{\sin\angle ADR}{\sin\angle RDS}. \qquad ①$$

注意到,

$$\frac{\sin\angle RND}{\sin\angle SMD} \cdot \frac{\sin\angle CMG}{\sin\angle CNG} = \frac{\dfrac{GD\sin\angle CDN}{GN}}{\dfrac{GD\sin\angle CDM}{GM}} \cdot \frac{\dfrac{CG\sin\angle MCD}{GM}}{\dfrac{CG\sin\angle NCD}{GN}}$$

$$= \frac{\sin\angle CDN}{\sin\angle NCD} \cdot \frac{\sin\angle MCD}{\sin\angle CDM} = \frac{CN}{DN} \cdot \frac{DM}{CM} = \frac{DM}{DN} = \frac{\dfrac{CD\sin\angle ACD}{\sin\angle DMC}}{\dfrac{CD\sin\angle BCD}{\sin\angle DNC}}$$

$$= \frac{\sin\angle ACD}{\sin\angle BCD} \cdot \frac{\sin\angle DNC}{\sin\angle DMC}. \qquad ②$$

因为 $\angle T'NC = \angle T'MC = \angle T'DC = 90°$,所以,$C,M,D,T',N$ 五点共圆.

故 $\angle DNC = 180° - \angle DMC$,$\angle MDC = \angle MNC = \angle NMC = \angle NDC$.

又因为 $T'R = T'S$,所以,$\angle RDA = \angle RST' = \angle SRT' = \angle SDB$.

故 $\angle MDS = \angle MDC + 90° - \angle SDB = \angle NDC + 90° - \angle RDA = \angle RDN$.

从而,$\dfrac{\sin\angle MDS}{\sin\angle RDN} \cdot \dfrac{\sin\angle ADR}{\sin\angle BDS} = 1$. $\qquad ③$

平面几何部分

将式②、③代入式①得 $\dfrac{\sin\angle CAS}{\sin\angle SAB}\cdot\dfrac{\sin\angle RBA}{\sin\angle RBC}\cdot\dfrac{\sin\angle BCD}{\sin\angle ACD}=1$.

由角元塞瓦定理的逆定理,知 BR,AS,CD 三线交于一点.

引理得证.

设直线 BX 与 $\odot T'$ 离点 B 较远的交点为 R,$\triangle RDT'$ 与 $\odot T'$ 的第二个交点为 S.

由引理,知 AS,BR,CD 交于一点 X.于是,A,S,K 三点共线.

设圆 Γ_A 是以 A 为圆心、AC 为半径的圆,圆 Γ_B 是以 B 为圆心、BC 为半径的圆,直线 AK 与圆 Γ_B 的第二个交点为 S',直线 BL 与圆 Γ_A 的第二个交点为 R'.

则 B 为 $\odot T'$ 和圆 Γ_A 的一个位似中心.于是,

$$\frac{BR}{BR'}=\frac{BN}{BC}=\frac{BT'}{BA}=\frac{a}{a+b}\left(BC=a,CA=b,AB=c,\text{且}\ BT'=\frac{ac}{a+b}\right).$$

注意到,$BL\cdot BR=\dfrac{a}{a+b}BL\cdot BR'=\dfrac{a}{a+b}BC^2=\dfrac{a^3}{a+b}$,

$BT'\cdot BD==\dfrac{ac}{a+b}\cdot\dfrac{ca^2}{a^2+b^2}=\dfrac{a^3}{a+b}$.

则 $BL\cdot BR=BT'\cdot BD$.

故 L,R,D,T' 四点共圆.

类似地,S,K,D,T' 四点共圆.

因为 L,R,D,T' 四点共圆,S,K,D,T' 四点共圆,S,R,D,T' 四点共圆,所以,L,S,R,K,D,T' 六点共圆.

由 R,D,T',S 四点共圆,知点 T 与 T' 重合.

在 Rt$\triangle ABC$ 中,AB 为斜边,其内切圆分别与边 BC,CA,AB 切于点 A_1,B_1,C_1,线段 B_1P 为 $\triangle A_1B_1C_1$ 的高.证明:点 P 在 $\angle CAB$ 的平分线上.

(2013,第 39 届俄罗斯数学奥林匹克)

证明 如图.

因为由圆外任一点所作圆的两条切线长相等,

所以,$\triangle AB_1C_1$,$\triangle BA_1C_1$ 均为等腰三角形.

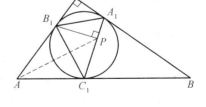

故 $\angle B_1C_1A=\dfrac{1}{2}(180°-\angle CAB)=90°-\dfrac{1}{2}\angle CAB$,

$\angle A_1C_1B=\dfrac{1}{2}(180°-\angle CBA)=90°-\dfrac{1}{2}\angle CBA$.

由此知 $\angle A_1C_1B_1=180°-\angle B_1C_1A-\angle A_1C_1B=\dfrac{1}{2}(\angle CAB+\angle CBA)=45°$.

于是,$\triangle B_1PC_1$ 为等腰直角三角形.从而,$PB_1=PC_1$.

这表明,点 P 在线段 B_1C_1 的中垂线上.

而 $\triangle AB_1C_1$ 为等腰三角形,则底边 B_1C_1 的中垂线即为顶角 $\angle C_1AB_1$ 的平分线.

因此,点 P 在 $\angle C_1AB_1$ 即 $\angle CAB$ 的平分线上.

> 在锐角 $\triangle ABC$ 中,$AB > BC$,P,Q 分别为其外接圆 $\odot O$ 上的劣弧 $\overparen{AC}$,优弧 $\overparen{AC}$ 的中点,过 Q 作线段 AB 的垂线,垂足为 M.证明:$\triangle BMC$ 的外接圆平分线段 BP.
>
> (2013,第 39 届俄罗斯数学奥林匹克)

证明 如图,设线段 BP 的中点为 S.

而 O 为线段 PQ 的中点,S 为点 O 在 BP 上的投影.

因为 Q 是 $\overparen{AC}$ 的中点,所以,$QA = QC$.

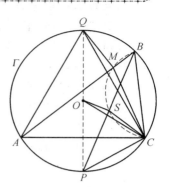

又 $\angle QAC$ 和 $\angle OPC$,$\angle QAM$ 和 $\angle OPS$ 分别为 $\overparen{QC}$,$\overparen{QB}$ 所对的圆周角,则有

$$\triangle AQC \backsim \triangle POC,\ \mathrm{Rt}\triangle AQM \backsim \mathrm{Rt}\triangle POS.$$

从而,$\dfrac{AM}{PS} = \dfrac{AQ}{PO} = \dfrac{AC}{PC}$.

由 $\angle MAC = \angle SPC$,故

$$\triangle AMC \backsim \triangle PSC \Rightarrow \angle BMC = \angle BSC.$$

由此,知 B,C,S,M 四点共圆,即 $\triangle BMC$ 的外接圆经过线段 BP 的中点 S.

> 已知半径分别为 r_x,r_y,r_z 的 $\odot I_x,\odot I_y,\odot I_z$ 是三个两两不相交的圆,且三圆位于直线 t 的同一侧,分别与 t 切于点 X,Y,Z,且 Y 为线段 XZ 的中点,$r_x = r_z = r$,而 $r_y > r$.设 p 为 $\odot I_x$ 与 $\odot I_y$ 的一条内公切线,q 为 $\odot I_y$ 与 $\odot I_z$ 的一条内公切线,且直线 p,q,t 围成一个非等腰三角形.证明:该三角形的内切圆半径为 r.
>
> (2013,第 39 届俄罗斯数学奥林匹克)

证明 如图,将直线 p,q,t 所围成的非等腰三角形的三个顶点分别记作 A,B,C.设 $\odot I_y$ 与 $\odot I_z$ 的另一条内公切线为 q',另一条外公切线为 t'.将直线 t' 与 q,t 的交点分别记为 A',B',直线 q' 与 t,t' 的交点分别记为 M,N.

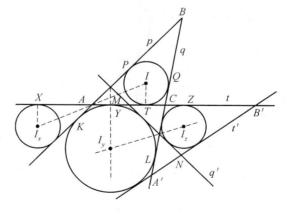

直线 p 经关于直线 $I_y Y$ 的对称变换后,要么变为直线 q,要么变为直线 q'.但若变为 q,则 $\triangle ABC$ 为等腰三角形,这与题中条件不符,这表明,直线 p 与 q' 关于直线 $I_y Y$ 对称.

又直线 q 与 q',t 与 t' 均关于连心线 $I_y I_z$ 对称.这表明,$\angle B'A'C = \angle NMB' = \angle BAC$.又 $\angle ACB = \angle A'CB'$,故 $\triangle ABC \backsim \triangle A'B'C$.

由于 $\odot I_y$ 为两个三角形的分别与边 $AC,A'C$ 相切的公共旁切圆,于是,两个三角形的相似比为 1.从而,彼此全等.故其内切圆半径亦相等.

然而,$\triangle A'B'C$ 的内切圆为 $\odot I_z$,由此即得题中结论.

【注】另一种处理方法是证明 $\triangle ABC$ 与 $\triangle A'B'C$ 关于直线 CI_y 对称.

在 $\triangle ABC$ 中,$\angle B > \angle C, D$ 为边 AC 上一点,使得 $\angle ABD = \angle ACB$,且 I 为 $\triangle ABC$ 的内心,直线 AI 与 $\triangle CDI$ 的外接圆的不同于点 I 的交点为 E. 设过 E 且平行于 AB 的直线与 BD 交于点 P,$\triangle ABD$ 的内心为 J,A 关于点 I 的对称点为 A',直线 PJ 与 CA' 交于点 Q. 证明:$QJ = QA'$.

(2013,第 26 届韩国数学奥林匹克)

证明 先证 PJ 过边 AB 的中点.

如图,设直线 PJ 与 AB,BP 与 AI 分别交于点 M,S.

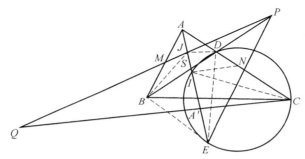

对 $\triangle ABS$ 和直线 PJ,由梅涅劳斯定理得 $\dfrac{AM}{MB} \cdot \dfrac{BP}{PS} \cdot \dfrac{SJ}{JA} = 1.$ ①

由角平分线定理得 $\dfrac{SJ}{JA} = \dfrac{BS}{AB}.$ ②

又由 $\angle JBD = \dfrac{1}{2}\angle ACB,\angle DEI = \angle DCI = \dfrac{1}{2}\angle ACB$,知 J,B,E,D 四点共圆.

故 $\angle BEJ = \angle BDJ = \dfrac{1}{2}\angle ADB = \dfrac{1}{2}\angle ABC.$

由于 $AB \parallel PE$,则 $\angle BEP = \angle BEJ + \angle PEA = \angle BEJ + \angle EAB$

$= \dfrac{1}{2}(\angle ABC + \angle BAC) = 90° - \dfrac{1}{2}\angle ACB.$

因为 $\angle EPB = \angle PBA = \angle ACB$,

所以,$\angle PBE = 180° - \angle ACB - \left(90° - \dfrac{1}{2}\angle ACB\right) = 90° - \dfrac{1}{2}\angle ACB.$

于是,$\angle PBE = \angle PEB.$

从而,$PB = PE.$ ③

由 $AB \parallel PE$,得 $\dfrac{BS}{AB} = \dfrac{PS}{PE}.$ ④

由式 ① ~ ④ 有 $AM = MB$,即 M 为线段 AB 的中点.

设边 AC 的中点为 N.

因为 $\triangle ABC \backsim \triangle ADB$,所以,$\angle AJM = \angle AIN$.

平面几何部分

又 IN 为 $\triangle AA'C$ 的中位线,则 $\angle AIN = \angle AA'C$.

故 $\angle QJA' = 180° - \angle AJM = 180° - \angle AA'C = \angle QA'J$.

从而,$QJ = QA'$.

在 $\triangle ABC$ 中,$\angle B$ 和 $\angle C$ 内的旁心分别为 B_1 和 C_1,直线 B_1C_1 与 $\triangle ABC$ 的外接圆交于点 D(D 与点 A 不重合),过点 B_1,C_1 分别垂直于 CA,AB 的直线交于点 E. 过点 D 作 $\triangle ADE$ 的外接圆 Γ 的切线与 AE 交于点 F,过点 D 且垂直于 AE 的直线与 AE 交于点 G,与圆 Γ 交于点 H(H 与点 D 不重合),$\triangle HGF$ 的外接圆与圆 Γ 交于点 I(I 与点 H 不重合). 若 D 在 AH 上的投影为 J,证明:AI 过线段 DJ 的中点.

(2013,第 26 届韩国数学奥林匹克)

证明 因为 $\angle EB_1C_1 = \dfrac{1}{2}\angle BAC = \angle EC_1B_1$,所以,$EB_1 = EC_1$.

如图,设 $\triangle ABC$ 中 $\angle A$ 内的旁心为 A_1. 则 $EA_1 \perp BC$.

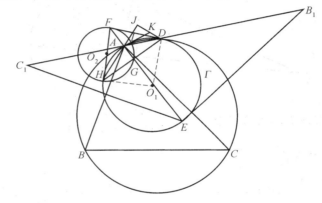

类似地,$EB_1 = EA_1$.

从而,E 为 $\triangle A_1B_1C_1$ 的外心.

由于 $A_1A \perp B_1C_1$,$B_1B \perp C_1A_1$,$C_1C \perp A_1B_1$,则 $\triangle ABC$ 的外接圆为 $\triangle A_1B_1C_1$ 的九点圆. 这表明,D 为 B_1C_1 的中点. 于是,$\angle ADE = 90°$.

因为 AE 是圆 Γ 的直径,点 D 在圆 Γ 上,所以,点 H 和 D 关于 AE 对称.

于是,FH 与圆 Γ 切于点 H.

设圆 Γ 的圆心为 O_1,$\triangle HGF$ 的外心为 O_2. 则 O_2 为 HF 的中点.

又 $\angle HO_1F = \angle DO_1F = 2\angle AHD = \angle AHD + \angle ADH = \angle JAD$,

$\angle O_1HF = \angle AJD = 90°$,

故 $\triangle HO_1F \backsim \triangle JAD$.

设 AI 与 DJ 交于点 K. 则 $\angle HO_1O_2 = \dfrac{1}{2}\angle HO_1I = \angle JAK$.

由于 $HO_2 = O_2F$,因此,$JK = KD$.

设 △ABC 的外接圆为圆 Γ. 圆 $Γ_1$ 过点 A 且与 BC 切于点 X, 与圆 Γ 的另外一个交点为 Y, Z 为射线 YX 与圆 Γ 的异于点 Y 的一个交点. 证明: ∠CAX = ∠ZAB.

（2013, 第 64 届白俄罗斯数学奥林匹克）

证明 如图.

因为 ∠YAX 是 $\overparen{YX}$ 所对的角, 所以,

$∠YAX = \dfrac{1}{2} \overparen{YX}°$.

由于 BC 与圆 $Γ_1$ 相切, 故 $∠YXC = \dfrac{1}{2} \overparen{YX}°$.

于是, ∠YAX = ∠YXC.

设 W 为射线 AX 与圆 Γ 的交点. 则

∠YZW = ∠YAW = ∠YAX = ∠YXC = ∠BXZ

⇒ BC ∥ WZ ⇒ CW = ZB

⇒ ∠CAW = ∠ZAB ⇒ ∠CAX = ∠ZAB.

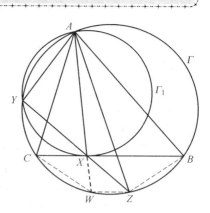

分别以锐角 △ABC 的边 CA, CB 为一边向外作正方形 CAKL, 正方形 CBMN. 直线 CN 与线段 AK 交于点 X, 直线 CL 与线段 BM 交于点 Y, △KXN 的外接圆与 △LYM 的外接圆的一个交点 P 位于 △ABC 的内部, S 为线段 AB 的中点. 证明:

∠ACS = ∠BCP.

（第 39 届俄罗斯数学奥林匹克）

证明 令 Q 为直线 KL 与 MN 的交点.

由 ∠QLC = ∠NMY = 90°, 知 Q, L, Y, M 四点共圆.

类似地, Q, N, X, K 四点共圆.

设 Q, N, X, K 和 Q, L, Y, M 分别共圆于圆 $Γ_1$ 和圆 $Γ_2$.

则 Q 为 △KXN, △LYM 外接圆的第二个交点.

接下来证明: 点 C 位于直线 PQ 上.

由 ∠XCA = 90° − ∠ACB = ∠YCB, Rt△CAX ∽ Rt△CBY,

知 XC · CN = XC · CB = YC · CA = YC · CL.

于是, 点 C 关于圆 $Γ_1$ 和圆 $Γ_2$ 的幂相等, 即点 C 位于其根轴 PQ 上.

延长中线 CS 到点 D, 使得四边形 ACBD 为平行四边形.

由 ∠CAD = 180° − ∠ACB = ∠LCN, CA = CL, AD = CB = CN,

知 △CAD ≌ △LCN.

于是, ∠ACS = ∠ACD = ∠CLN.

又 Q, L, C, N 四点共圆, 故 ∠ACS = ∠CLN = ∠CQN = ∠BCP.

已知圆内接四边形 $ABCD$ 内部的点 P,Q 满足

$$\angle PDC + \angle PCB = \angle PAB + \angle PBC = \angle QCD + \angle QDA$$
$$= \angle QBA + \angle QAD = 90°.$$

证明:直线 PQ 与 AD 所夹的角等于直线 PQ 与 BC 所夹的角.

(第 39 届俄罗斯数学奥林匹克)

证明 设四边形 $ABCD$ 的外接圆为圆 Γ,$\triangle ABP$,$\triangle CDP$,$\triangle ABQ$,$\triangle CDQ$ 的外接圆分别为圆 Γ_1,Γ_2,Γ_3,Γ_4.设点 P 在边 BC 上的投影为 X,记直线 PX 为 l_1.

则 $\angle BPX = 90° - \angle PBC = \angle PAB$.

故 l_1 为圆 Γ_1 的切线.

类似地,l_1 也与圆 Γ_2 相切,即 l_1 与圆 Γ_1 和 Γ_2 切于点 P.

类似地,过点 Q 且与 AD 垂直的直线 l_2 与圆 Γ_3,Γ_4 相切于点 Q.

若 AB 与 CD 交于点 R,令 RP 与圆 Γ_1,Γ_2 分别交于点 P_1,P_2.

则 $RP \cdot RP_1 = RA \cdot RB = RD \cdot RC = RP \cdot RP_2$.

故点 P_1 与 P_2 重合.

又 P 为圆 Γ_1 和 Γ_2 的唯一公共点,得 P,P_1,P_2 三点重合.

于是,l_1 与直线 RP 重合,且 $RP^2 = RA \cdot RB$.

类似地,RQ 与直线 l_2 重合,且 $RQ^2 = RA \cdot RB$.

从而,$RP = RQ$,$\triangle RPQ$ 为等腰三角形,其底 PQ 与腰 RP,RQ 夹角相等.

故与它们的垂线 AD,BC 的夹角也相等.

若 $AB \parallel CD$,则四边形 $ABCD$ 为矩形.此时,$AD \parallel PQ \parallel BC$,结论仍成立.

已知 $\odot O$ 为 $\triangle ABC$ 的外接圆,$\odot I$ 与 AC,BC 相切,且与 $\odot O$ 内切于点 P,一条平行于 AB 的直线与 $\odot I$ 切于点 Q(在 $\triangle ABC$ 内部).证明:$\angle ACP = \angle QCB$.

(2013,欧洲女子数学奥林匹克)

证明 如图,设 AC,BC 分别与 $\odot I$ 切于点 E,F,PC 与 $\odot I$ 交于点 D.连接 PE,PQ,PF 并延长,分别与 $\odot O$ 交于点 K,M,L.

由 $\odot O$ 和 $\odot I$ 关于点 P 位似,

知 K,M,L 分别是 $\overgroup{AC}$,$\overgroup{AB}$,$\overgroup{BC}$ 的中点.

由 $\overgroup{LM} = \overgroup{BM} - \overgroup{BL} - \dfrac{1}{2}(\overgroup{AB} - \overgroup{BC}) = \overgroup{CK}$

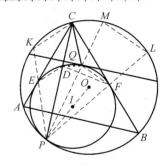

$\Rightarrow LM = KC \Rightarrow DE = FQ$

$\Rightarrow \angle CED = \angle DPE = \angle QDF = \angle CFQ$

$\Rightarrow \triangle CED \cong \triangle CFQ \Rightarrow \angle ECD = \angle FCQ$

$\Rightarrow \angle ACP = \angle QCB$.

在凸四边形 $ABCD$ 中，$AB = CD$，在边 AB，CD 上分别取点 K，M，使得 $AM = KC$，$BM = KD$．证明：直线 AB 与 KM 之间的夹角等于直线 KM 与 CD 之间的夹角．

（2013，第五届欧拉数学竞赛）

证法 1　由三边对应相等，知 $\triangle ABM \cong \triangle CDK$．

于是，它们对应的高 KK_1 与 MM_1 相等．

若它们等于 KM，则它们就与 KM 重合，此时，题中结论显然成立．

若它们小于 KM，则 $\mathrm{Rt}\triangle KK_1M \cong \mathrm{Rt}\triangle MM_1K \Rightarrow \angle K_1MK = \angle M_1KM$．此即为所证．

图 1 中给出了 $\triangle KK_1M$ 与 $\triangle MM_1K$ 的两种可能的不同位置．

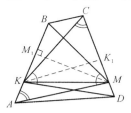

图 1

证法 2　先证明一个引理．

引理　给定三角形的两边之长 a，b，以及长度为 a 的边的对角 α，则最多可以得到两个不同的三角形．若这两个三角形均存在，则它们中长度为 b 的边的对角的和为 $180°$．

证明　取一个 $\angle XAY = \alpha$．在其一边 AX 上取一点 C，使 $AC = b$．

如图 2，再以 C 为圆心、a 为半径作弧，该弧至多与边 AY 交于两个不同的点 B_1 和 B_2．则 $\triangle AB_1C$ 与 $\triangle AB_2C$ 均为所作．

不妨设 $AB_1 < AB_2$．

因为 $\triangle CB_1B_2$ 为等腰三角形，

所以，$\angle CB_1A + \angle CB_2A = \angle CB_1A + \angle CB_1B_2 = 180°$．

引理得证．

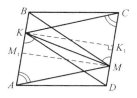

图 2

由于 $\triangle ABM$ 与 $\triangle CDK$ 三条边对应相等，于是，$\triangle ABM \cong \triangle CDK$．

故 $\angle KAM = \angle BAM = \angle DCK = \angle MCK$．

于是，在 $\triangle AKM$ 与 $\triangle CMK$ 中，有 $AM = CK$ 及一条公共边 KM，且 KM 所对的角相等．

若 $\triangle AKM \cong \triangle CMK$，则 $\angle AKM = \angle CMK$．

从而，要证明的结论成立．

若 $\triangle AKM$ 与 $\triangle CMK$ 不全等，则由引理知

$\angle CMK = 180° - \angle AKM = \angle DMK$．

从而，要证明的结论亦成立．

设 H 为 $\triangle ABC$ 的垂心，P 为 $\triangle ABC$ 的外接圆上异于顶点 A，B，C 的任意一点，令 E，F 分别为点 P 在边 BC，AB 的射影．证明：直线 EF 平分线段 PH．

（2013，中国台湾数学奥林匹克选训营）

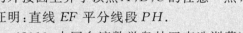

证明 如图,设高线 AD 与 $\triangle ABC$ 的外接圆交于点 G.设直线 PG 分别与 EF,BC 交于点 M,K.则 $PE \parallel AG$.

由垂心的基本性质知 $HD = DG$.

于是,$\angle CKH = \angle CKG$.

由 $\angle PFB = \angle PEB = 90°$,知 P,B,E,F 四点共圆. 故 $\angle MEP = \angle ABP = \angle AGP = \angle EPG$.

在 $Rt\triangle PEK$ 中,知 M 为 PK 的中点.

又 $\angle CKH = \angle CKG = 90° - \angle MEP = \angle KEM$,

则 $EF \parallel KH$.

故 MN 为 $\triangle PKH$ 的中位线.于是,N 为 PH 的中点.从而,EF 平分 PH.

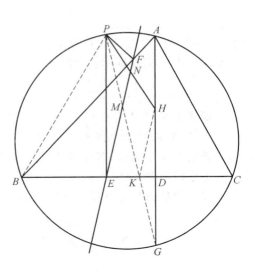

设四边形 $ABCD$ 有内切圆,其圆心为 I,令对角线 AC 与 BD 交于点 E.若 AD,BC,EI 三线段的中点共线,证明:$AB = CD$.

(2013,中国台湾数学奥林匹克选训营)

证明 如图,设 AB 与 CD 交于点 F,记线段 EF,AD,BC 的中点分别为 X,Y,Z.

对于四边形 $AEDF$,由牛顿定理,知 X,Y,Z 三点共于牛顿线.

由已知条件,以点 E 为位似中心将点 X,Y,Z 所在的直线作位似变换,位似比为 2,这样便成了直线 FI,于是,$YZ \parallel FI$.

记 AC,BD 的中点分别为 U,V.

因为 FI 是 $\angle DFA$ 的平分线,

所以,YZ 也是 $\angle UYV$ 的平分线.

但由于四边形 $UYVZ$ 为平行四边形,故 YZ 平分线段 UV.

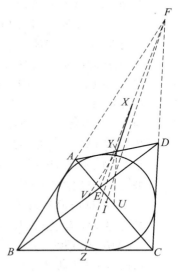

于是,四边形 $UYVZ$ 为菱形.从而,$YU = YV$.

因此,$AB = 2YV = 2YU = CD$.

如图 1，PA 和 PB 为 $\odot O$ 的切线，点 C 在劣弧 $\overparen{AB}$ 上（异于 A 和 B），过点 C 作 PC 的垂线 l，与 $\angle AOC$ 的平分线交于点 D，与 $\angle BOC$ 的平分线交于点 E. 证明：$CD = CE$.

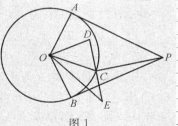

图 1

（2013，中国西部数学邀请赛）

证明 由于点 C 与 A 不重合，且 $PC \perp CD$，$PA \perp AO$，则 CD 与 AO 不平行. 故可设直线 l 与 OA 交于点 M. 于是，$P，C，A，M$ 四点共圆（图 2 给出的是点 M 在 OA 延长线上的情况，若点 M 与 A 重合或在线段 OA 内，则完全类似）.

从而，$\angle APC = \angle AMC$. ①

连接 AC. 则

$$\angle PAC = \frac{1}{2}\angle AOC = \angle MOD.$$ ②

图 2

由式 ①、② 得 $\triangle PAC \backsim \triangle MOD \Rightarrow \dfrac{PC}{PA} = \dfrac{MD}{MO}$.

注意到，OD 平分 $\angle AOC$.

故由角平分线定理得 $\dfrac{CD}{CO} = \dfrac{MD}{MO} = \dfrac{PC}{PA}$.

类似地，$\dfrac{CE}{CO} = \dfrac{PC}{PB}$.

因为 $PA = PB$，所以，$CD = CE$.

如图 1，在 $\triangle ABC$ 中，$AB > AC$，内切圆 $\odot I$ 与边 BC 切于点 D，AD 与 $\odot I$ 的另一交点为 E，$\odot I$ 的切线 EP 与 BC 的延长线交于点 P，$CF \parallel PE$ 且与 AD 交于点 F，直线 BF 与 $\odot I$ 交于点 M 和 N，且点 M 在线段 BF 上，线段 PM 与 $\odot I$ 交于另一点 Q. 证明：$\angle ENP = \angle ENQ$.

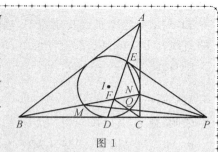

图 1

（2013，第十届中国东南地区数学奥林匹克）

证明 如图 2,设 $\odot I$ 与 AC,AB 分别切于点 S,T,连接 ST,AI,IT,设 ST 与 AI 交于点 G.

则 $IT \perp AT$,$TG \perp AI$.

于是,$AG \cdot AI = AT^2 = AD \cdot AE$.

从而,I,G,E,D 四点共圆.

又 $IE \perp PE$,$ID \perp PD$,故 I,E,P,D 四点共圆.

所以,I,G,E,P,D 五点共圆.

图 2

则 $\angle IGP = \angle IEP = 90°$,即 $IG \perp PG$.因此,P,S,T 三点共线.

对直线 PST 截 $\triangle ABC$,由梅涅劳斯定理知 $\dfrac{AS}{SC} \cdot \dfrac{CP}{PB} \cdot \dfrac{BT}{TA} = 1$.

又 $AS = AT$,$CS = CD$,$BT = BD$,

于是,$\dfrac{PC}{PB} \cdot \dfrac{BD}{CD} = 1$.   ①

设 BN 的延长线与 PE 交于点 H.

对直线 BFH 截 $\triangle PDE$,由梅涅劳斯定理知 $\dfrac{PH}{HE} \cdot \dfrac{EF}{FD} \cdot \dfrac{DB}{BP} = 1$.

由 $CF \parallel BE \Rightarrow \dfrac{EF}{FD} = \dfrac{PC}{CD}$

$\Rightarrow \dfrac{PH}{HE} \cdot \dfrac{PC}{CD} \cdot \dfrac{DB}{BP} = 1$.   ②

由式 ①② 知 $PH = HE \Rightarrow PH^2 = HE^2 = HM \cdot HN \Rightarrow \dfrac{PH}{HM} = \dfrac{HN}{PH}$.

故 $\triangle PHN \backsim \triangle MHP \Rightarrow \angle HPN = \angle HMP = \angle NEQ$.

又 $\angle PEN = \angle EQN$,则 $\angle ENP = \angle ENQ$.

如图,$\triangle ABC$ 满足 $AB < AC$,M 为边 BC 的中点,过点 A 的 $\odot O$ 与边 BC 切于点 B,且与线段 AM 交于点 D,与 CA 的延长线交于点 E,过点 C 且平行于 BE 的直线与 BD 的延长线交于点 F,FE,CB 的延长线交于点 G.证明:$GA = GD$.

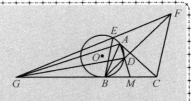

(2013,第四届陈省身杯全国高中数学奥林匹克)

证明 因为 $\angle DAC = \angle EBD = \angle DFC$,所以,$A$,$D$,$C$,$F$ 四点共圆,设该圆为 $\odot O_1$.

由 $MC^2 = MB^2 = MA \cdot MD$,知 MC 与 $\odot O_1$ 切于点 C.

因为 $BE \parallel CF$,所以,G 是 $\odot O$ 与 $\odot O_1$ 的一个位似中心.

又 AD 为 $\odot O$ 与 $\odot O_1$ 的公共弦,于是,点 G 在 AD 的中垂线 OO_1 上.

故 $GA = GD$.

如图 1,锐角 $\triangle ABC$ 的外接圆为 $\odot O$,AD 为 $\odot O$ 的直径,过点 B,C 且垂直于 BC 的直线与 CA,BA 的延长线分别交于点 E,F. 证明:$\angle ADF = \angle BED$.

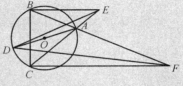

图 1

（2013,第四届陈省身杯全国高中数学奥林匹克）

证明　如图 2,连接 BD,CD.

则 $\angle DBF = \angle DCE = 90°$,

且 $\dfrac{BF}{CE} = \dfrac{\dfrac{BC}{\cos\angle CBF}}{\dfrac{BC}{\cos\angle BCE}} = \dfrac{\sin\angle BCD}{\sin\angle CBD} = \dfrac{BD}{CD}$.

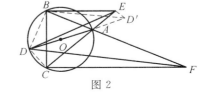

图 2

故 $\triangle DBF \backsim \triangle DCE \Rightarrow \angle BDF = \angle CDE$

$\Rightarrow \angle BDE = \angle CDF$.

因为 $BE \parallel CF$,所以,A 为线段 CF 与 EB 的一个位似中心.

设点 D 关于此位似变换的对应点为 D'.

则 $\angle BDE = \angle FDC = \angle BD'E$.

于是,B,D,D',E 四点共圆.

故 $\angle ADF = \angle AD'B = \angle BD'D = \angle BED$.

　　已知 $\odot O$ 为 $\triangle ABC$ 的外接圆,不含点 A 的 $\overset{\frown}{BC}$ 的中点为 M,过点 O 作平行于 MB,MC 的直线,与边 AB,AC 分别交于点 K,L,过点 A 向边 BC 作垂线,与 $\odot O$ 的第二个交点为 N. 证明:$NK = NL$.

（2013—2014,第 31 届伊朗数学奥林匹克）

证明　不妨设 $AC \geqslant AB$.

如图,设点 K,L 在直线 MB,MC 上的投影分别为点 F,E.

由 $OK \parallel MB$,知 KF 等于点 O 到直线 MB 的距离;

由 $OL \parallel MC$,知 LE 等于点 O 到直线 MC 的距离.

因为 $MB = MC$,所以,点 O 到等弦 MB,MC 的距离相等.

于是,$KF = LE$.　　　　　　　　　　①

又因为 A,B,M,C 四点共圆,所以,

$\angle KBF = \angle LCE$.　　　　　　　②

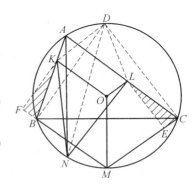

由式①、②知 $\mathrm{Rt}\triangle KBF \cong \mathrm{Rt}\triangle LCE \Rightarrow KB = LC$.

设 D 为 $\overset{\frown}{BAC}$ 的中点.

由 $DB = DC$,$\angle DBA = \angle DCA$,$KB = LC$,得 $\triangle DBK \cong \triangle DCL$.

于是,$\angle KDL = \angle BDC = \angle BAC$,且 $KD = LD$.

因为 $\angle KOL = \angle BMC = 180° - \angle KAL$,所以,$A$、$K$、$O$、$L$、$D$ 五点共圆.

故 $\angle AKD = \angle ALD = \angle AOD = \angle B - \angle C$,$\angle KBD = \angle LCD = \dfrac{\angle B - \angle C}{2}$.

于是,$\angle KDB = \angle LDC = \dfrac{\angle B - \angle C}{2}$.

从而,$KD = KB = LC = LD$. ③

又 $\angle NDK = \angle NDB + \angle BDK = 90° - \angle B + \dfrac{\angle B - \angle C}{2} = \dfrac{\angle A}{2}$,

$\angle NDL = \angle NDC - \angle CDL = 90° - \angle C - \dfrac{\angle B - \angle C}{2} = \dfrac{\angle A}{2}$,

则 $\angle NDK = \angle NDL$. ④

由式 ③、④ 知 $\triangle NDK \cong \triangle NDL$.

因此,$NK = NL$.

　　已知 P 为 $\odot O$ 外一点,直线 PA,PB 与 $\odot O$ 分别切于点 A,B,K 为线段 AB 上任意一点,$\triangle PBK$ 的外接圆与 $\odot O$ 的第二个交点为 T,P' 为点 P 关于点 A 的对称点. 证明:$\angle PBT = \angle P'KA$.

(2013—2014,第 31 届伊朗数学奥林匹克)

证明 如图.

由 K,T,P,B 四点共圆,知
$\angle AKT = \angle BPT$.

又 $\angle TAK = \angle TBP$,则
$\triangle TAK \backsim \triangle TBP$.

于是,$\dfrac{TA}{TB} = \dfrac{AK}{BP} = \dfrac{AK}{AP'}$,即

$\dfrac{AP'}{TB} = \dfrac{AK}{TA}$. ①

又由 $\angle P'AK = \angle BTA$,

结合式 ① 得
$\triangle P'AK \backsim \triangle BTA$.

于是,$\angle P'KA = \angle BAT = \angle PBT$.

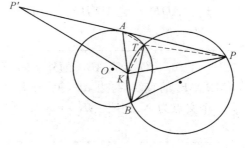

　　已知 $\triangle ABC$ 的外接圆 Γ,边 AB,AC 的中点分别为 M,N,圆 Γ 不含点 A 的 $\overparen{BC}$ 的中点为 T,$\triangle AMT$,$\triangle ANT$ 的外接圆与边 AC,AB 的中垂线分别交于点 X,Y,且 X 和 Y 在 $\triangle ABC$ 的内部. 若直线 MN 与 XY 交于点 K,证明:$KA = KT$.

(第 54 届 IMO 预选题)

证明 如图,设圆 Γ 的圆心为 O.则 O 为 MY 与 NX 的交点.

设线段 AT 的中垂线为 l.则直线 l 过点 O.

记关于直线 l 的对称变换为 r.

因为 AT 是 $\angle BAC$ 的平分线,

所以,直线 $r(AB)$ 平行于 AC.

又 $OM \perp AB$,$ON \perp AC$,于是,直线 $r(OM)$ 平行于 ON,
且过点 O.从而,$r(OM) = ON$.

由于 $\triangle AMT$ 的外接圆 Γ_1 关于 l 对称,则 $r(\Gamma_1) = \Gamma_1$.

于是,M 关于直线 l 的对称点为直线 ON 与圆 Γ_1 的 $\overparen{AMT}$ 的
交点,即点 $r(M)$ 与 X 重合.

类似地,点 $r(N)$ 与 Y 重合.

从而,$r(MN) = XY$.故直线 MN 与 XY 的交点 K 在直线 l 上.因此,$KA = KT$.

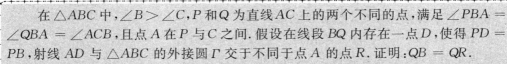

在 $\triangle ABC$ 中,$\angle B > \angle C$,P 和 Q 为直线 AC 上的两个不同的点,满足 $\angle PBA = \angle QBA = \angle ACB$,且点 A 在 P 与 C 之间.假设在线段 BQ 内存在一点 D,使得 $PD = PB$,射线 AD 与 $\triangle ABC$ 的外接圆 Γ 交于不同于点 A 的点 R.证明:$QB = QR$.

(第 54 届 IMO 预选题)

证明 如图.

设 $\angle ACB = \alpha$.由 $\alpha < \angle CBA$,知 $\alpha < 90°$.

因为 $\angle PBA = \alpha$,

所以,直线 PB 与圆 Γ 切于点 B.

则 $PA \cdot PC = PB^2 = PD^2$

$\Rightarrow \dfrac{PA}{PD} = \dfrac{PD}{PC} \Rightarrow \triangle PAD \backsim \triangle PDC$

$\Rightarrow \angle ADP = \angle DCP$.

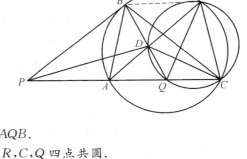

因为 $\angle ABQ = \angle ACB$,所以,$\triangle ABC \backsim \triangle AQB$.

故 $\angle AQB = \angle ABC = \angle ARC$,这表明,$D,R,C,Q$ 四点共圆.

于是,$\angle DRQ = \angle DCQ = \angle ADP$.

由 $\angle ARB = \angle ACB = \alpha$,$\angle PDB = \angle PBD = 2\alpha$,得

$\angle QBR = \angle ADB - \angle ARB = \angle ADP + \angle PDB - \angle ARB = \angle DRQ + \alpha = \angle QRB$

$\Rightarrow QB = QR$.

在 $\triangle ABC$ 中,$\angle A$,$\angle B$ 的平分线 AD,BE 交于点 G,$\angle C = 60°$.证明:$GD = GE$.

(2014,第 63 届立陶宛数学奥林匹克)

证明 由 $\angle DGE = \angle AGB = 90° + \dfrac{1}{2}\angle C = 120°$

$\Rightarrow \angle DGE + \angle C = 180° \Rightarrow D,G,E,C$ 四点共圆.

又 $\angle DCG = \angle ECG$,则 $DG = EG$.

平面几何部分

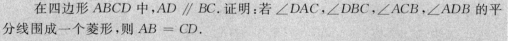

设 $\triangle ABC$ 的垂心为 H,$\angle BAC$ 的平分线与 $\triangle AHC$ 的外接圆的另一个交点为 P,$\triangle APB$ 的外心为 X,$\triangle APC$ 的垂心为 Y.证明:线段 XY 与 $\triangle ABC$ 外接圆的半径相等.

(2014,第 43 届美国数学奥林匹克)

证明 如图.

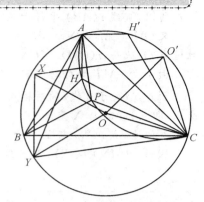

记 R 为 $\triangle ABC$ 的外接圆半径.

显然,垂心 H 关于边 AC 的对称点 H' 在 $\triangle ABC$ 的外接圆上,即 A,B,C,H' 四点共圆.

因为点 H' 与 H 关于边 AC 对称,

所以,$\triangle AHC$ 与 $\triangle AH'C$ 关于边 AC 对称.

于是,$\triangle AHC$ 的外接圆 $\odot O'$ 与 $\triangle AH'C$ 的外接圆 $\odot O$ 关于边 AC 对称.

又 A,H,P,C 四点共圆,

且 H,Y 分别为 $\triangle ABC,\triangle APC$ 的垂心,则

$\angle ABC = 180° - \angle AHC = 180° - \angle APC = \angle AYC$.

故点 Y 在 $\triangle ABC$ 的外接圆上.从而,$OC = OY = R$.

注意到,直线 OX,XO',OO' 分别垂直平分线段 AB,AP,AC.

故 $\angle OXO' = \angle BAP = \angle PAC = \angle XO'O$.从而,$OO' = OX$.

由 XO' 和 YC 均与 AP 垂直,有 $XO' /\!/ YC$,且 $OC = OY$.

于是,四边形 $XYCO'$ 为等腰梯形.从而,$XY = O'C = OC = R$.

【注】 若 $\triangle ABC$ 是 $\angle A$ 为直角的直角三角形,此时,$\triangle APB$ 的外心 X 应为 AB 的中点,而 $\triangle APC$ 的垂心 Y 应为 AC 的中点,则 $XY = \dfrac{1}{2}BC = R$.

在四边形 $ABCD$ 中,$AD /\!/ BC$.证明:若 $\angle DAC,\angle DBC,\angle ACB,\angle ADB$ 的平分线围成一个菱形,则 $AB = CD$.

(2014,第 40 届俄罗斯数学奥林匹克)

证明 如图,设对角线 AC 与 BD 交于点 O,$\angle ADB$ 与 $\angle DAC$ 的平分线的交点为 $\triangle AOD$ 的内心 O_1,$\angle ACB$ 与 $\angle DBC$ 的平分线的交点为 $\triangle BOC$ 的内心 O_2.

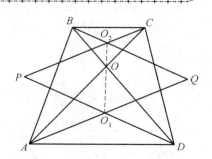

这表明,O_1,O_2 分别位于对顶角 $\angle AOD,\angle BOC$ 的平分线上.

从而,O,O_1,O_2 三点共线.

设 DO_1 与 CO_2 交于点 P,AO_1 与 BO_2 交于点 Q.

据题意,知四边形 PO_1QO_2 为菱形.

故 $\angle PO_1O_2 = \angle PO_2O_1$.

因为 $\angle PO_2O_1$ 是 $\triangle OO_2C$ 的外角,

所以，$\angle PO_2O_1 = \angle PCO + \angle O_2OC = \dfrac{1}{2}(\angle ACB + \angle BOC)$.

类似地，$\angle PO_1O_2 = \dfrac{1}{2}(\angle BDA + \angle AOD)$.

这表明，$\angle BDA = \angle ACB = \angle CAD$. 故 $\triangle AOD$ 为等腰三角形，$AO = DO$.

类似地，$BO = CO$.

从而，$\triangle AOB \cong \triangle DOC$. 因此，$AB = CD$.

在 $\triangle ABC$ 中，$\angle A$，$\angle B$ 的平分线分别与 $\triangle ABC$ 的外接圆交于点 D，E，AD 与 BE 交于点 I，且 P，M 分别为 DE 与 BC，AC 的交点. 证明：四边形 $IPCM$ 为菱形.

(2014，第 58 届摩尔多瓦数学奥林匹克)

证明 由于 $\angle EPC = \angle PEB + \angle PBE = \dfrac{1}{2}\angle A + \dfrac{1}{2}\angle B = 90° - \dfrac{1}{2}\angle C = 90° - \angle ICP$，故 $CI \perp DE$. 于是，在 $\triangle MCP$ 中，CI 既为角平分线又为高线. 从而，$CM = CP$.

又 $\angle CID = \angle IAC + \angle ACI = \dfrac{1}{2}\angle A + \dfrac{1}{2}\angle C = \angle ICD$，故 $\triangle DCI$ 为等腰三角形.

从而，DE 为 IC 的中垂线. 因此，$PC = PI$，$MC = MI$.

综上，$CM = MI = IP = PC$.

已知 $\triangle ABC$ 为给定的锐角三角形，其内切圆 $\odot I$ 分别与边 BA，AC 切于点 K，L，高线 AH 分别与 $\angle B$，$\angle C$ 的平分线交于点 P，Q. 设圆 Γ_1，Γ_2 分别为 $\triangle KPB$，$\triangle LQC$ 的外接圆，AH 的中点在圆 Γ_1，Γ_2 外. 证明：从 AH 的中点引向圆 Γ_1 和 Γ_2 的切线长相等.

(2014，第 54 届乌克兰数学奥林匹克)

证明 如图，设 $\triangle ABC$ 的内切圆与边 BC 切于点 N，点 N 关于点 H 的对称点记为 X.

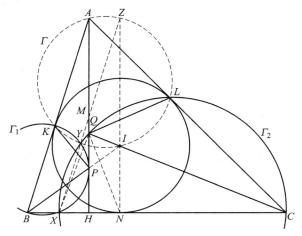

因为 CQ 为 $\angle NCL$ 的平分线,且 $CN = CL$,所以,

$\triangle QLC \cong \triangle QNC \Rightarrow \angle QLC = \angle QNC$.

此外,$\angle QNX = \angle QXN$. 故 $\angle QXC + \angle QLC = 180^\circ$.

于是,可以得到点 X 在圆 Γ_2 上.

类似地,点 X 也在圆 Γ_1 上.

从而,X 为圆 Γ_1 与 Γ_2 的交点.

设圆 Γ_1 与 Γ_2 的另外一个交点为 Y.

因为 B, K, Y, X 四点共圆,C, L, Y, X 四点共圆,所以,

$\angle KYX + \angle XYL = 180^\circ - \angle ABC + 180^\circ - \angle ACB = 180^\circ + \angle BAC$.

故 $\angle KYL = 180^\circ - \angle BAC$. 从而,$A, K, Y, L$ 四点共圆.

记过此四点的圆为 Γ,并记 XY 与圆 Γ 的另外一个交点为 Z.

于是,$\angle ZAK = \angle KYX = 180^\circ - \angle ABC$. 从而,$AZ \parallel BC$.

由于 $\angle AKI = \angle ALI = 90^\circ$,则 AI 为 $\triangle AKL$ 外接圆的直径.

故 $\angle AZI = 90^\circ$.

因为 $IN \perp BC, ZI \perp BC$,所以,Z, I, N 三点共线. 于是,四边形 $AZNH$ 为矩形.

又因为 $XH = NH$,所以,四边形 $AZHX$ 为平行四边形.

记 XZ 与 AH 交于点 M. 则 M 为线段 AH 的中点.从而,点 M 在 XY 上.

又由于 XY 为圆 Γ_1 和 Γ_2 的根轴,故从点 M 引向圆 Γ_1 和 Γ_2 的切线长相等.

在锐角 $\triangle ABC$ 中,$CH \perp AB$ 于点 H,且 $AH = 3HB$,M, N 分别为边 AB, AC 的中点,点 P 与 B 分别位于直线 AC 两侧,且满足 $NP = NC, PC = CB$. 证明:$\angle APM = \angle PBA$.

(2014,第 30 届意大利数学奥林匹克)

证明 如图.

由 $AH = 3HB \Rightarrow H$ 为 MB 的中点

$\Rightarrow CH$ 垂直平分 $MB \Rightarrow CM = CB = CP$

$\Rightarrow B, P, M$ 三点在以 CB 为半径的 $\odot C$ 上

$\Rightarrow \angle MPB = \dfrac{1}{2} \angle MCB = \angle BCH$.

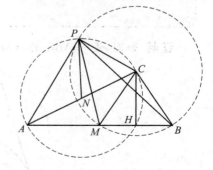

又 $CP = CB$,则 $\angle BPC = \angle PBC$.

由 $NP = NC = NA$

$\Rightarrow$ 点 P 在以 AC 为直径的圆上

$\Rightarrow \angle APC = 90^\circ$

$\Rightarrow \angle APM + \angle MPB + \angle BPC = \angle PBA + \angle BCH + \angle PBC$

$\Rightarrow \angle APM = \angle PBA$.

已知点 P 在圆内接四边形 $ABCD$ 内,且 $\angle PAB = \angle PBC = \angle PCD = \angle PDA$,直线 AB 与 DC,AD 与 BC 分别交于点 Q,R. 证明:直线 PQ 和 PR 的夹角与四边形 $ABCD$ 两条对角线的夹角相等或互补.

(2014,第 46 届加拿大数学奥林匹克)

证明 如图,记四边形 $ABCD$ 的外接圆为圆 Γ,$\angle PAB = \angle PBC = \angle PCD = \angle PDA$ $= \alpha$,$\triangle APD$ 的外接圆、$\triangle BPC$ 的外接圆、$\triangle APB$ 的外接圆、$\triangle CPD$ 的外接圆分别为圆 $\Gamma_1,\Gamma_2,\Gamma_3,\Gamma_4$. 设直线 RP 与圆 Γ_1 的另一个交点为 M,直线 QP 与圆 Γ_3 的另一个交点为 N,对角线 AC 与 BD 的交点为 X.

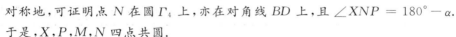

在圆 Γ_1 和圆 Γ 中,由圆幂定理有
$$RM \cdot RP = RA \cdot RD = RB \cdot RC.$$
则 B,M,P,C 四点共圆,即点 M 在圆 Γ_2 上.
故 $\angle PMC = \angle PBC = \alpha = \angle PAB$.
而 $\angle PMA = 180° - \angle ADP = 180° - \alpha$,
则点 M 在 AC 上,即 $\angle XMP = \alpha$.
对称地,可证明点 N 在圆 Γ_4 上,亦在对角线 BD 上,且 $\angle XNP = 180° - \alpha$.
于是,X,P,M,N 四点共圆.
从而,$\angle MPN = \angle MXN$,其中,$\angle MPN$ 即为 PQ 和 PR 的夹角,$\angle MXN$ 即为两条对角线 AC 与 BD 夹角.

在 $\triangle ABC$ 中,$AB \neq AC$,且 $\angle A \neq 60°$ 和 $120°$,D 为边 AC 上不同于点 C 的一点. 若 $\triangle ABC$ 的外心,垂心和 $\triangle ABD$ 的外心,垂心四点共圆,证明:$\angle ABD = \angle ACB$.

(2014,印度国家队选拔考试)

证明 如图,设 O 和 H 分别为 $\triangle ABC$ 的外心和垂心,且 O' 和 H' 为 $\triangle ABD$ 的外心和垂心,点 E 在边 AC 上且满足 $\angle ABE = \angle ACB$. 记 K,L 为 $\triangle ABE$ 的外心,垂心,设 BR 为边 AC 上的高,S 为 AB 的中点.

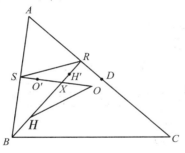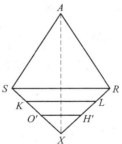

由 $\angle LAE = 90° - \angle AEB = 90° - \angle B = \angle OAC$，知 A, L, O 三点共线.

类似地，A, K, H 三点共线.

故 $\angle OLH = \angle ALR = 90° - \angle LAR = \angle AEB = \angle ABC$.

而 $\angle OKH = \angle SKA = \angle AEB = \angle ABC$，则 K, L, O, H 四点共圆.

又因为 O, O', H, H' 四点共圆，所以，$KL \parallel O'H'$.

记 X 为 OO' 与 HH' 的交点.

因为 $\triangle ABE$ 的九点圆，$\triangle ABD$ 的九点圆均过点 R, S，所以，两个九点圆的圆心均在 RS 的中垂线上，且两个圆心分别为 $O'H'$ 和 KL 的中点. 若点 O' 与 K 不重合，则在 $\triangle XRS$ 中，O' 和 K 为 XS 上的两点，H', L 为 XR 上的两点，且 $O'H' \parallel KL$.

于是，两个九点圆圆心及 X 三点共线，此即 SR 的中垂线. 从而，$XR = XS$.

又 $\angle XRA = \angle XSA = 90°$，则 $AR = AS$. 故 $\dfrac{AB}{2} = AB \mid \cos A \mid$.

于是，$\angle A = 60°$ 或 $120°$. 矛盾.

从而，点 O' 与 K 重合.

已知圆 Γ_1 与 Γ_2 交于不同的两点 A 和 B，过点 A 和 B 分别作圆 Γ_1 的切线交于点 T，且 M 为圆 Γ_1 上异于 A 和 B 的任意一点，MT 与圆 Γ_1 交于点 C，MA 与圆 Γ_2 交于点 K，AC 与圆 Γ_2 交于 L. 证明：线段 KL 的中点在直线 MC 上.

(2014，斯洛文尼亚国家队选拔考试)

证明 如图，令 P 为直线 MT 与 KL 的交点.

在 $\triangle ALK$ 中，由 C, P, M 三点共线及梅涅劳斯定理，知 $\dfrac{AC}{CL} \cdot \dfrac{LP}{PK} \cdot \dfrac{KM}{MA} = 1$.

为了证明 $PL = PK$，只要证明

$$\frac{AC}{CL} \cdot \frac{KM}{MA} = 1.$$

由点 B, C, A, M 四点共圆，B, L, K, A 四点共圆得

$$\angle BCL = \pi - \angle ACB = \angle BMK,$$
$$\angle CLB = \angle ALB = \angle MKB.$$

则 $\triangle BCL \backsim \triangle BMK \Rightarrow \dfrac{CL}{MK} = \dfrac{BC}{BM}$.

由弦切角定理得 $\angle TBC = \angle BMC, \angle CAT = \angle CMA$.

故 $\triangle TBC \backsim \triangle TMB, \triangle TAC \backsim \triangle TMA \Rightarrow \dfrac{BC}{BM} = \dfrac{TB}{TM}, \dfrac{AC}{AM} = \dfrac{TA}{TM}$.

以上两式结合 $TA = TB$，得 $\dfrac{BC}{BM} = \dfrac{AC}{AM}$.

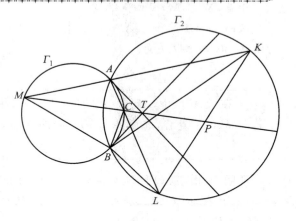

结合 $\dfrac{CL}{MK} = \dfrac{BC}{BM}$，$\dfrac{BC}{BM} = \dfrac{AC}{AM}$，得到 $\dfrac{AC}{CL} \cdot \dfrac{KM}{MA} = 1$.

因此，P 为 KL 的中点，即 KL 的中点在直线 MC 上.

已知凸四边形 $ABCD$ 的对角线交于点 P，点 L,M,N 分别在边 AB,BC,CD 上，且满足 $\dfrac{AL}{LB} = \dfrac{BM}{MC} = \dfrac{CN}{ND}$. 假设直线 NM 为 $\triangle MBL$ 的外接圆 Γ_1 的切线，且直线 LM 为 $\triangle MCN$ 的外接圆 Γ_2 的切线. 证明：$\angle DPA = \angle NML$.

（2014，斯洛文尼亚国家队选拔考试）

证明 因为直线 MN 与圆 Γ_1 相切，所以，由弦切角定理得 $\angle NML = \angle MBL$.
类似地，$\angle NML = \angle NCM$.
故 $\angle NCM = \angle NML = \angle MBL$，　　　　　　　　　　　　　①

$\angle DCB = \angle CBA = \angle NML$.　　　　　　　　　　　　　②

由 $\angle LMB = \angle MNC$ 及式 ① 得

$\triangle MBL \backsim \triangle NCM \Rightarrow \dfrac{LB}{MC} = \dfrac{LM}{MN} = \dfrac{BM}{CN}$.　　　　③

由 $\dfrac{AL}{LB} = \dfrac{BM}{MC} = \dfrac{CN}{ND}$，得 $\dfrac{AL}{AB} = \dfrac{BM}{BC} = \dfrac{CN}{CD}$.

于是，$\dfrac{AL}{BM} = \dfrac{AB}{BC}$，$\dfrac{BM}{CN} = \dfrac{BC}{CD}$.

由以上两式及式 ②、③ 得 $\triangle ABC \backsim \triangle LMN \backsim \triangle BCD$.

故 $\angle DPA = \angle PCD + \angle PDC = \angle PCD + \angle BCA = \angle DCB = \angle NML$.

已知 D 为 $\triangle ABC$ 边 AB 上的一点，$\triangle BCD$ 的外接圆与 AC 交于点 E，$\triangle ACD$ 的外接圆与 BC 交于点 F，线段 EF 的垂直平分线与 AB 交于点 M，与过点 D 且垂直于 AB 的直线交于点 N，T 为 AB 与 EF 的交点，$\triangle CDM$ 的外接圆与 CT 交于点 U. 证明：$NC = NU$.

（2014，斯洛文尼亚国家队选拔考试）

证明 如图，首先证明：E,M,D,F，N 五点共圆.

记 $\triangle EDF$ 的外接圆与直线 AB 交于点 M_1.

由 B,C,E,D 四点共圆，A,D,F,C 四点共圆得

$\angle M_1EF = \angle BDF = \angle ACB = \angle EDA = \angle EFM_1$.

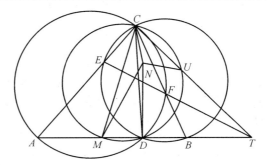

因为 $\triangle EM_1F$ 是顶点为 M_1 的等腰三角形,所以,点 M_1 在线段 EF 的垂直平分线上. 于是,点 M_1 与 M 重合,且 E,M,D,F 四点共圆.

又弦 EF 的垂直平分线为过点 E,M,D,F 的圆的直径所在直线上,且 $\angle MDN = \dfrac{\pi}{2}$, 点 N 在该直线上,则由泰勒斯定理,知点 N 也在圆上,即点 E,M,D,F,N 五点共圆.

故 $\angle ENF = \pi - \angle FME = \pi - \angle FDE = \pi - \angle FDA - \angle BDE + \pi = 2\angle ECF$. 又点 N 在线段 EF 的垂直平分线上,知 N 为 $\triangle EFC$ 外接圆的圆心.

由 E,M,D,F 四点共圆, U,D,M,C 四点共圆及割线定理,知
$$TE \cdot TF = TD \cdot TM = TU \cdot TC.$$

于是, E,F,U,C 四点共圆. 从而,点 C 和 U 均在以 N 为圆心的圆上,且有 $NC = NU$.

设 H 为 $\triangle ABC$ 的垂心,以 AC 为直径的圆与 $\triangle ABH$ 的外接圆交于点 K(K 与 A 不重合).证明:CK 经过 BH 的中点.

(第 50 届蒙古数学奥林匹克)

证明 如图,设 AD 和 CF 为 $\triangle ABC$ 的两条高.

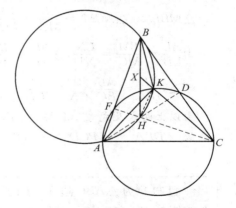

则点 D 和 F 均在以 AC 为直径的圆上.

设 CK 与 BH 交于点 X.

由 A,H,K,B 四点共圆知
$\angle KAH = \angle KBH$.

又由 A,F,K,C 四点共圆知
$\angle KAF = \angle KCF$, $\angle DAF = \angle DCF$.

则 $\angle KBX = \angle XCB$.

故 $\triangle KBX \backsim \triangle BCX \Rightarrow \dfrac{KX}{BX} = \dfrac{BX}{CX}$

$\Rightarrow BX^2 = KX \cdot CX$.

由 A,H,K,B 四点共圆得 $\angle BAK = \angle BHK$.

由 A,D,K,C 四点共圆得 $\angle KAD = \angle KCD$.

则 $\angle XHK = \angle XCH$.

故 $\triangle XHK \backsim \triangle XCH \Rightarrow XH^2 = XK \cdot XC$.

综上,$BX^2 = KX \cdot CX = XH^2 \Rightarrow BX = XH$.

已知在锐角 $\triangle ABC$ 中,点 A,B 到对边的垂足分别为 D,E,且 M 为边 AB 的中点. 直线 CM 与 $\triangle CDE$ 外接圆的另一个交点为 P,与 $\triangle ABC$ 外接圆的另一个交点为 Q. 证明:$MP = MQ$.

(2014,爱沙尼亚国家队选拔考试)

证明　如图,记 H 为 $\triangle ABC$ 的垂心.

由 P,D,C,E 四点共圆得 $\angle CPE = \angle CDE = \angle CAM$.

从而,A,E,P,M 四点共圆.

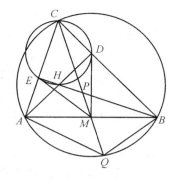

进一步,考虑在 $Rt\triangle BEA$ 中,M 为斜边的中点.

故 $\angle APM = \angle AEM = \angle EAM = \angle CQB$. 从而,

$AP \parallel BQ$.

类似地,$BP \parallel AQ$.

于是,四边形 $APBQ$ 为平行四边形,其对边相互平分.

因此,$MP = MQ$.

在 $\triangle ABC$ 中,$AC = 2AB$,O 为外心,$\angle A$ 的平分线与 BC 交于点 D,作 $OE \perp AD$ 于点 E,取直线 AD 上一点 F(与 D 不重合),使得 $CD = CF$.证明:
$$\angle EBF = \angle ECF.$$

(2014,第 52 届荷兰国家队选拔考试)

证明　设 AD 与 $\triangle ABC$ 外接圆的另一个交点为 G.

因为 OE 垂直于弦 AG,所以,$AG = 2AE$.

取 AC 的中点 M.由 $AB = \dfrac{AC}{2} = AM$,AD 平分 $\angle BAM$,知点 B 与 M 关于直线 AD 对称.

由 $\angle DGC = \angle AGC = \angle ABC = \angle ABD = \angle DMA \Rightarrow D,M,C,G$ 四点共圆

$\Rightarrow AM^2 = \dfrac{AM \cdot AC}{2} = \dfrac{AD \cdot AG}{2} = AD \cdot AE \Rightarrow \triangle AME \backsim \triangle ADM$.

故 $\angle EMA = \angle MDA = \angle BDA = \angle CDF = \angle DFC = \angle EFC$

$\Rightarrow E,M,C,F$ 四点共圆 $\Rightarrow \angle EBF = \angle EMF = \angle ECF$.

已知锐角 $\triangle ABC$ 的垂心为 H,过点 A 作 AC 的垂线与过点 B 作 BC 的垂线交于点 D,以 C 为圆心、CH 长为半径的圆与 $\triangle ABC$ 的外接圆交于点 E 和 F.证明:$DE = DF = AB$.

(2014,第 52 届荷兰国家队选拔考试)

证明　由题意知点 H 在三角形内.从而,点 E,F 分别在劣弧 $\overset{\frown}{AC}$ 或劣弧 $\overset{\frown}{BC}$ 上.不妨设点 E 在劣弧 $\overset{\frown}{AC}$ 上,点 F 在劣弧 $\overset{\frown}{BC}$ 上.

作点 H 关于直线 AC 的对称点 H'.

由 $\angle AHC = 180° - \angle ABC$,知点 H' 在 $\triangle ABC$ 的外接圆上.

又 $CH = CH'$,则点 H' 也在以 C 为圆心、CH 为半径的圆上.

从而,H' 为这两个圆的交点,此点即为 E,即 E 与 H 关于直线 AC 对称.

于是,$EH \perp AC$,点 E 在直线 BH 上.

因为 $AD \perp AC$,所以,$BE \parallel AD$.

由 $\angle CAD + \angle CBD = 90° + 90° = 180°$,知点 D 也在 $\triangle ABC$ 的外接圆上.

故 E,A,D,B 四点共圆 $\Rightarrow \angle EBD + \angle EAD = 180°$.

由 $BE \parallel AD \Rightarrow \angle BEA + \angle EAD = 180°$.则 $\angle BEA = \angle EBD \Rightarrow BA = ED$.

类似地,$AB = DF$.

从而,$DE = DF = AB$.

已知以 AB 为直径的 $\odot O$ 上有一点 C,且 $OC \perp AB$,点 P 在劣弧 $\overset{\frown}{BC}$ 上,直线 CP 与 AB 交于点 Q,过 Q 且垂直于 AB 的直线与直线 AP 交于点 R.证明:$BQ = QR$.

(2014,克罗地亚数学竞赛)

证明 如图.

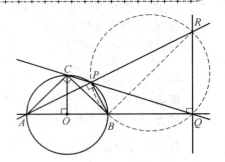

因为 $OC \perp AB$,且 OB 和 OC 均为 $\odot O$ 的半径,

所以,$\triangle OCB$ 为等腰直角三角形.

于是,$\angle CBA = \angle CBO = 45°$.

注意到,$\angle QPR = \angle CPA = \angle CBA = 45°$.

易知,$\angle APB = 90°$.则 $\angle BPR = 90°$.

又因为 $\angle RQB = \angle BPR = 90°$,

所以,B,Q,R,P 四点共圆.

故 $\angle QBR = \angle QPR = 45°$.

于是,$\angle BRQ = 90° - \angle QBR = \angle QBR$.

从而,$BQ = QR$.

已知 $\triangle ABC$ 的内切圆与边 BC,CA,AB 分别切于点 A_1,B_1,C_1,$\angle A,\angle B,\angle C$ 的平分线与边 BC,CA,AB 分别交于点 A_2,B_2,C_2,过点 A_1,B_1,C_1 分别作 B_2C_2,C_2A_2,A_2B_2 的垂线,与 AA_2,BB_2,CC_2 分别交于点 A',B',C'.证明:$\triangle A_1B_1C_1 \cong \triangle A'B'C'$.

(第31届伊朗国家队选拔考试)

证明 先证明一个引理.

引理 设 $\triangle XYZ$ 的外心关于边 YZ 的对称点为 X'.

则 X' 和 X 关于 $\triangle XYZ$ 的九点圆的圆心对称.

证明 设 $\triangle XYZ$ 的外心,垂心分别为 O,H.则 OH 的中点为 $\triangle XYZ$ 的九点圆的圆心.

又由于 $OX' = XH$,$OX' \parallel XH$,则四边形 $XHX'O$ 为平行四边形.

因此,点 X' 和 X 关于 $\triangle XYZ$ 的九点圆的圆心对称.

引理得证.

由引理,知只要证明点 A' 和 I 关于 B_1C_1 对称.

设 I 关于 B_1C_1 的对称点为 A''.则点 A'' 在 AA_2 上.

要证明点 A' 与 A'' 重合，只要证 $A_1A'' \perp B_2C_2$，即只要证

$A_1B_2^2 - A_1C_2^2 = A''B_2^2 - A''C_2^2$．

在 $\triangle A_1IB_2$ 中，$\angle A_1IB_2 = 90° - \dfrac{\angle C}{2} + 90° - \dfrac{\angle A}{2} = 90° + \dfrac{\angle B}{2}$．

设 $\triangle ABC$ 的内切圆半径为 r．

由余弦定理，得 $A_1B_2^2 = r^2 + IB_2^2 - 2r \cdot IB_2\cos\left(90° + \dfrac{B}{2}\right)$．

类似地，在 $\triangle A_1IC_2$ 中，$A_1C_2^2 = r^2 + IC_2^2 - 2r \cdot IC_2\cos\left(90° + \dfrac{C}{2}\right)$．

记 $IB_2\cos\left(90° + \dfrac{B}{2}\right) - IC_2\cos\left(90° + \dfrac{C}{2}\right) = t$．

故 $AB_2^2 - A_1C_2^2 = IB_2^2 - IC_2^2 - 2rt = r^2 + B_1B_2^2 - (r^2 + C_1C_2^2) - 2rt$

$= B_1B_2^2 - C_1C_2^2 - 2rt$．

在 $\triangle A''B_1B_2$ 中，$B_1A'' = B_1I = r$，$\angle A''B_1B_2 = 90° - \angle A$．

由余弦定理，得 $A''B_2^2 = r^2 + B_1B_2^2 - 2rB_1B_2\cos(90° - A)$．

类似地，在 $\triangle A''C_1C_2$ 中，有 $A''C_2^2 = r^2 + C_1C_2^2 - 2r C_1C_2\cos(90° - A)$．

故 $A''B_2^2 - A''C_2^2 = B_1B_2^2 - C_1C_2^2 - 2r(B_1B_2 - C_1C_2)\cos(90° - A)$．

从而，只要证 $t = (B_1B_2 - C_1C_2)\cos(90° - A)$．

设点 B_2，C_2 在 AB，AC 上的投影分别为 M，N．

则 $\angle IB_2M = 90° - \dfrac{\angle B}{2}$，$\angle IC_2N = 90° - \dfrac{\angle C}{2}$．

故 $t = IC_2\cos\left(90° - \dfrac{C}{2}\right) - IB_2\cos\left(90° - \dfrac{B}{2}\right)$

$= C_2N - r - (B_2M - r) = C_2N - B_2M$．

而 $B_1B_2 - C_1C_2 = AC_2 - AB_2$，则

$(B_1B_2 - C_1C_2)\cos(90° - \angle A) = (AC_2 - AB_2)\sin A = C_2N - B_2M$．

从而，要证明的结论成立．

　　已知 $\triangle ABC$ 的内心为 I，X 为 $\triangle ABC$ 的外接圆的 $\overset{\frown}{BC}$ 上一点，点 X 在 BI，CI 上的投影分别为 E，F，M 为 EF 的中点，$MB = MC$．若点 I 在 BC 上的投影为 D，证明：$\angle BAD = \angle CAX$．

（第 31 届伊朗国家队选拔考试）

证明　先证明两个引理．

　　引理 1　设 l_1，l_2 为两条直线，A，B，C 为平面上的三个点，点 A 在直线 l_1，l_2 上的投影分别为 A_1，A_2，且 A' 为 A_1A_2 的中点．类似地定义点 B'，C'．则 A，B，C 三点共线当且仅当 A'，B'，C' 三点共线．

　　引理 1 的证明　易知 $\overrightarrow{A'B'} = \dfrac{1}{2}(\overrightarrow{A_1B_1} + \overrightarrow{A_2B_2})$，$\overrightarrow{B'C'} = \dfrac{1}{2}(\overrightarrow{B_1C_1} + \overrightarrow{B_2C_2})$．

则要证明的结论等价于 $\dfrac{A_1 B_1}{A_2 B_2} = \dfrac{B_1 C_1}{B_2 C_2}$.

因此,结论成立.

引理 2 已知 T 为 $\triangle ABC$ 的外接圆弧 $\overparen{BAC}$ 的中点,点 T 在 $\angle B$, $\angle C$ 的平分线上的投影分别为 H_b, H_c,且 T' 为 $H_b H_c$ 的中点.则点 T' 在 BC 的中垂线上.

引理 2 的证明 如图 1,设 N 为边 BC 的中点.

由 $TH_c \perp CH_c$, $TN \perp BC$,知 T, H_c, N, C 四点共圆.

故 $\angle H_c NB = \angle H_c TC = 90° - \angle TCH_c$

$= \angle H_c CB + \angle NTC = 90° - \dfrac{\angle B}{2}$.

这表明,$H_c N \perp BH_b$. 所以,$TH_b \ /\!/\ H_c N$.

类似地,$TH_c \ /\!/\ H_b N$.

于是,四边形 $TH_c NH_b$ 为平行四边形.

从而,$H_b H_c$ 的中点 T' 也为 BC 的中垂线 TN 的中点.

引理 1、2 得证.

如图 2,设 $\triangle ABC$ 中 $\angle A$ 内的旁心为 I_A.

由引理 2,知 N, M, T' 三点共线.

再由引理 1,对于直线 BI 和 CI,可得 I_A, X, T 三点共线.

先以 A 为反演中心、$AB \cdot AC$ 为反演幂作反演变换,再作以 $\angle BAC$ 的平分线为对称轴的对称变换,记这两次变换的复合变换为 h. 对于变换 h, B 与 C 互为对应点,I 与 I_A 互为对应点.

设 TA 与 CB 交于点 M'. 则

$AM' \cdot AT = AB \cdot AC$.

于是,T 与 M' 互为对应点.

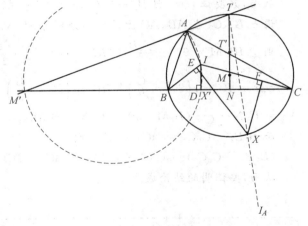

图 2

设 X 的对应点为 X'. 则 A, I, X', M' 四点共圆. 于是,$\angle IX'M' = \angle IAM' = 90°$.

因为直线 BC 是 $\triangle ABC$ 的外接圆在变换 h 下的像,所以,点 X' 与 D 重合.

从而,$\angle BAD = \angle CAX$.

图 1

平面几何部分

在 $\triangle ABC$ 中,$\angle BAC < 90°$,圆 Γ 过点 A 且与 BC 切于点 C,M 为 BC 的中点,直线 AM 与圆 Γ 的第二个交点为 D,直线 BD 与圆 Γ 的第二个交点为 E. 证明:$\angle BAC = \angle CAE$.

(2014,澳大利亚数学奥林匹克)

证明 如图.

由于 MC 与圆 Γ 切于点 C,应用圆幂定

理得

$$MC^2 = MD \cdot MA \Rightarrow MB^2 = MD \cdot MA.$$

于是,MB 与 $\triangle ADB$ 的外接圆切于点 B.

故 $\angle BAC = \angle BAM + \angle MAC$

$\qquad = \angle MBD + \angle DAC = \angle CBD + \angle BCD$

$\qquad = \angle CDE = \angle CAE.$

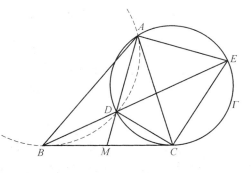

在锐角 $\triangle ABC$ 中,以 BC 为直径的圆与边 AB,AC 分别交于点 E,F,且 M 为边 BC 的中点,AM 与 EF 交于点 P,X 为劣弧 $\overset{\frown}{EF}$ 上一点,Y 为直线 XP 与圆的另一个交点.证明:$\angle XAY = \angle XYM$.

(2014,第一届伊朗几何奥林匹克)

证明 如图,设 AM 与 $\triangle AEF$ 的外接圆交于另一点 K.

因为 $\angle MFC = \angle MCF = \angle AEF$,

所以,MF 与 $\triangle AEF$ 的外接圆切于点 F.

由圆幂定理,知 $MF^2 = MK \cdot MA$.

又 $MY = MF \Rightarrow MY^2 = MK \cdot MA \Rightarrow \angle YAM = \angle MYK$. ①

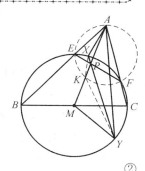

由 $AP \cdot PK = PE \cdot PF = PX \cdot PY$,知 A,X,K,Y 四点共圆.

故 $\angle XAY = \angle XYK$. ②

① + ② 得 $\angle XAY = \angle XYM$.

在 $\triangle ABC$ 中,$\angle C = \angle A + 90°$,点 D 在线段 BC 的延长线上,使得 $AC = AD$,点 E 与 A 在边 BC 的两侧,满足:$\angle EBC = \angle A$,$\angle EDC = \dfrac{1}{2}\angle A$.证明:

$\qquad \angle CED = \angle ABC.$

(2014,第一届伊朗几何奥林匹克)

证明 如图,设 M 为线段 CD 的中点.则 AM 垂直平分 CD.

设直线 AM 与 DE,BE 分别交于点 P,Q.则 $PC = PD$.

由已知条件得

$\angle EBA + \angle CAB = \angle A + \angle B + \angle A$

$\qquad = 180° - \angle C + \angle A = 90°.$

于是,$AC \perp BE$.

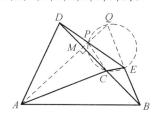

因为 BC 和 AC 是 $\triangle ABQ$ 的两条高线,所以,C 为 $\triangle ABQ$ 的垂心,且

$$\angle CQE = \angle CQB = \angle A = \frac{1}{2}\angle A + \frac{1}{2}\angle A = \angle PDC + \angle PCD = \angle CPE.$$

从而,C,P,Q,E 四点共圆.

故 $\angle CED = \angle CEP = \angle CQP = \angle CQA = \angle CBA = \angle B.$

在四边形 $ABCD$ 中,$\angle B = \angle D = 60°$,过边 AD 的中点 M 作平行于 CD 的直线,与 BC 交于点 P,点 X 在直线 CD 上,满足 $BX = MX$.证明:$AB = BP$ 的充分必要条件为 $\angle MXB = 60°$.

(2014,第一届伊朗几何奥林匹克)

证明 如图1,作等边 $\triangle MBX'$(点 X 和 X' 在边 MB 的同侧).则

$AB = BP \Leftrightarrow$ 点 X' 与 X 重合.

必要性.

若 $AB = BP$,则 $\triangle ABP$ 为等边三角形.

由 $\angle ABP = \angle MBX' = 60°$,知 $\angle ABM = \angle PBX'$.

又 $AB = BP$,$BM = BX'$,于是,$\triangle BAM \cong \triangle BPX'$.

故 $\angle X'PM = 360° - \angle MPB - \angle BPX' = 360° - \angle DCB - \angle BAM = 120°.$

因为 $MP \parallel DC$,所以,$\angle PMD = 180° - \angle D = 120°.$

过点 X' 作平行于 CD 的直线,与 AD 交于点 D',则四边形 $MPX'D'$ 为等腰梯形.

于是,$PX' = MD'.$

由 $\triangle BAM \cong \triangle BPX' \Rightarrow PX' = AM = MD \Rightarrow MD' = MD.$

这表明,点 D' 与 D 重合,点 X' 也在直线 CD 上.

故 X 和 X' 均为直线 DC 与线段 MB 的垂直平分线的交点.

因此,点 X' 与 X 重合.

充分性.

作等边 $\triangle ABP'$(点 P' 和 X 在边 AB 的同侧),只需证明点 P' 与 P 重合.

如图2,过点 P' 作平行于 CD 的直线,与 AD 交于点 M'.

则 $\angle XP'M' = 360° - \angle M'P'B - \angle BP'X$
$= 360° - \angle DCB - \angle BAM = 120°.$

又 $\angle P'M'D = 120°$,故四边形 $XP'M'D$ 为等腰梯形,且
$DM' = P'X = AM = DM.$

这表明,点 M' 与 M 重合,进而,点 P' 与 P 重合.

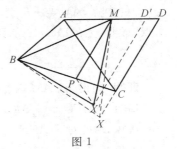
图1

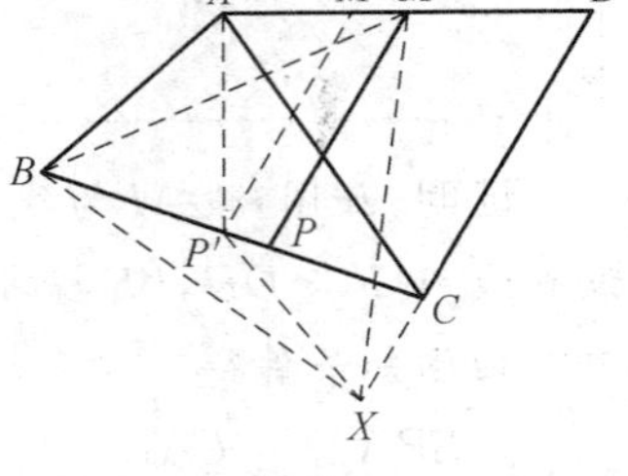

图2

已知 $\triangle ABC(AB > BC)$ 的外接圆为圆 Γ，M,N 分别为边 AB,BC 上的点，满足 $AM = CN$，直线 MN 与 AC 交于点 K，P 为 $\triangle AMK$ 的内心，Q 为 $\triangle CNK$ 的与边 CN 相切的旁切圆圆心．证明：圆 Γ 的 $\overparen{ABC}$ 的中点到点 P,Q 的距离相等．

（第 40 届俄罗斯数学奥林匹克）

证明 设 S 为 $\overparen{ABC}$ 的中点，R,T 分别为 AC,MN 的中点．则

$\triangle AMS \cong \triangle CNS \Rightarrow SM = SN \Rightarrow \angle SRK = \angle STK = 90°$，

即点 R 和 T 均位于以 SK 为直径的圆 Γ_1 上．

设 PQ 与圆 Γ_1 交于点 D．则 $DR = DT$，$\angle ARD = \angle DTN$．

设 P_1,P_2 为 $\triangle AKM$ 的内切圆分别与直线 KA,KM 的切点，Q_1,Q_2 为 $\triangle CKN$ 的旁切圆分别与 KA,KM 的切点．则

$RP_1 + TP_2 = RA + AP_1 + MP_2 + TM = RA + AM + TM$，

$RQ_1 + TQ_2 = RC + CN + TN$．

从而，$RP_1 + TP_2 = RQ_1 + TQ_2$．

又 $RP_1 + RQ_1 = P_1Q_1 = P_2Q_2 = TP_2 + TQ_2$，则 $RP_1 = TQ_2$，$RQ_1 = TP_2$．

故 $RP_1 = TQ_2$，$DR = DT$，$\angle P_1RD = \angle Q_2TD$．

于是，$\triangle DRP_1 \cong \triangle DTQ_2 \Rightarrow DP_1 = DQ_2$．

由对称性知 $DQ_2 = DQ_1$，即 $\triangle DP_1Q_1$ 为等腰三角形．

故点 D 在直角梯形 PQQ_1P_1 的中位线上．于是，$DP = DQ$．

又 $SD \perp PQ$，从而，$SP = SQ$．

已知 P 为 $\triangle ABC$ 内一点，直线 AP,BP,CP 与三角形外接圆的另一个交点分别为 T,S,R．记 U 为线段 PT 上的任意一点，过 U 作 AB 的平行线与 CR 交于点 W，过 U 作 AC 的平行线与 BS 交于点 V，作 $\square PBQC$．若 $RS \parallel VW$，证明：

$$\angle CAP = \angle BAQ.$$

（2014，中国台湾数学奥林匹克选训营）

证明 如图，记 PB 与 AC，PC 与 AB 的交点分别为 X,Y．

由 $WV \parallel RS \Rightarrow \angle VWP = \angle PRS = \angle PBC$

$\Rightarrow V,W,C,B$ 四点共圆

$\Rightarrow PV \cdot PB = PW \cdot PC$．

由于 $VU \parallel AC$，故 $\dfrac{PV}{PU} = \dfrac{PX}{PA}$．

类似地，$\dfrac{PW}{PU} = \dfrac{PY}{PA}$．

两式相除，并结合式 ① 得

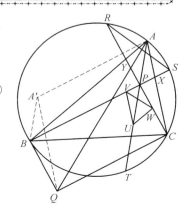

①

平面几何部分

$$\frac{PV}{PW} = \frac{PX}{PY} \Rightarrow PX \cdot PB = PY \cdot PC$$

$\Rightarrow X, Y, B, C$ 四点共圆 $\Rightarrow \angle PBA = \angle PCA$.

接下来作 $\square AA'BP$.

由 $\square PBQC$, 知 $\triangle PAC$ 平移后即得 $\triangle BA'Q$.

故 $\angle A'QB = \angle ACP = \angle PBA = \angle A'AB$.

从而, A, A', B, Q 四点共圆. 因此, $\angle CAP = \angle QA'B = \angle BAQ$.

如图1, 在锐角 $\triangle ABC$ 中, $\angle BAC \neq 60°$, 过点 B, C 分别作 $\triangle ABC$ 外接圆的切线 BD, CE, 且满足 $BD = CE = BC$, 直线 DE 与 AB, AC 的延长线分别交于点 F, G, CF 与 BD 交于点 M, CE 与 BG 交于点 N. 证明: $AM = AN$.

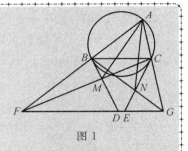

图1

(2014, 全国高中数学联合竞赛)

证明 如图2, 设两条切线 BD 与 CE 交于点 K, 则 $BK = CK$.

结合 $BD = CE$, 知 $DE \parallel BC$.

作 $\angle BAC$ 的平分线 AL 与 BC 交于点 L, 连接 LM, LN.

由 $DE \parallel BC$, 知

$\angle ABC = \angle DFB, \angle FDB = \angle DBC = \angle BAC$.

故 $\triangle ABC \backsim \triangle DFB$.

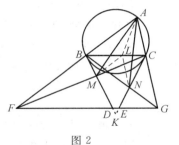

图2

再结合 $DE \parallel BC$, $BD = BC$ 及内角平分线定理得

$$\frac{MC}{MF} = \frac{BC}{FD} = \frac{BD}{FD} = \frac{AC}{AB} = \frac{LC}{LB}.$$

从而, $LM \parallel BF$.

类似地, $LN \parallel CG$.

由此推出 $\angle ALM = 180° - \angle BAL = 180° - \angle CAL = \angle ALN$.

由 $BC \parallel FG$ 及内角平分线定理得

$$\frac{LM}{LN} = \frac{LM}{BF} \cdot \frac{BF}{CG} \cdot \frac{CG}{LN} = \frac{CL}{BC} \cdot \frac{AB}{AC} \cdot \frac{BC}{BL} = \frac{CL}{BL} \cdot \frac{AB}{AC} = 1 \Rightarrow LM = LN.$$

故由 $AL = AL$, $\angle ALM = \angle ALN$, $LM = LN$, 得 $\triangle ALM \cong \triangle ALN \Rightarrow AM = AN$.

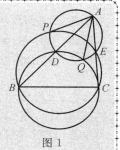

如图1,在锐角△ABC中,$AB > AC$,D,E分别为边AB,AC的中点,△ADE的外接圆与△BCE的外接圆交于点P(异于点E),△ADE的外接圆与△BCD的外接圆交于点Q(异于点D).证明:$AP = AQ$.

图1

(2014,中国女子数学奥林匹克)

证明 如图2,连接DE,PD,QE,PB,QC,PE,QD.

设QD与AC交于点R.

由圆周角定理得

$\angle APD = \pi - \angle AED = \pi - \angle ACB$,

$\angle BPD = \angle BPE - \angle EPD = (\pi - \angle ACB) - \angle BAC = \angle ABC$,

$\angle AQE = \angle ADE = \angle ABC$,

$\angle CQE = \angle CQR + \angle RQE = \angle ABC + \angle DAE = \pi - \angle ACB$.

故 $\angle APB = \angle APD + \angle BPD = \angle AQE + \angle CQE = \angle AQC$.

又在△APB中,

$$\frac{AP}{BP} = \frac{AP}{AD} \cdot \frac{BD}{BP} = \frac{\sin\angle ADP}{\sin\angle APD} \cdot \frac{\sin\angle BPD}{\sin\angle BDP}$$

$$= \frac{\sin\angle BPD}{\sin\angle APD} = \frac{\sin\angle ABC}{\sin(\pi - \angle ACB)}.$$

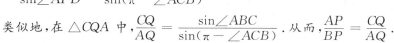

图2

类似地,在△CQA中,$\dfrac{CQ}{AQ} = \dfrac{\sin\angle ABC}{\sin(\pi - \angle ACB)}$. 从而,$\dfrac{AP}{BP} = \dfrac{CQ}{AQ}$.

结合 $\angle APB = \angle AQC$,知 △$APB \backsim$ △CQA.

由于D,E分别为这两个相似三角形对应边的中点,故 △$APD \backsim$ △CQE.

于是,$\angle ADP = \angle CEQ = \angle ADQ$. 因此,$AP = AQ$.

如图,在△ABC中,$\angle B$和$\angle C$为锐角,$AD \perp BC$,$DE \perp AC$,M为DE的中点.若$AM \perp BE$于点F,证明:△ABC为等腰三角形.

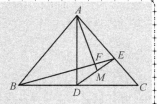

(第十届北方数学奥林匹克邀请赛)

证明 由$AD \perp BC$,$AM \perp BE$,知A,B,D,F四点共圆.

连接DF.则 $\angle ABD = \angle DFM$.

在Rt△AME中,由射影定理知$ME^2 = MF \cdot AM$.

又 $DM = ME$,故 $DM^2 = MF \cdot AM$.

于是,$\triangle DMF \backsim \triangle AMD$.从而,$\angle ADM = \angle DFM = \angle ABD$.

因为 $\angle ADM = \angle ACD$,所以,$\angle ACD = \angle ABD$.

因此,$\triangle ABC$ 为等腰三角形.

如图1,在 $\square ABCD$ 中,I 为 $\triangle BCD$ 的内心,H 为 $\triangle IBD$ 的垂心.证明:$\angle HAB = \angle HAD$.

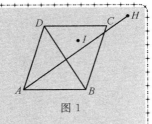

图 1

(第十届北方数学奥林匹克邀请赛)

证明 如图2,连接 DH,BH,延长 DI,分别与直线 BH,AB 交于点 F,E.

由 I 为 $\triangle BCD$ 的内心,且 $AE \parallel DC$,得
$$\angle BDE = \angle CDE = \angle AED.$$

又 H 为 $\triangle BDI$ 的垂心,知 $DE \perp BF$.

于是,$\angle DBH = \angle EBH$,即 HB 为 $\triangle ABD$ 中 $\angle ABD$ 的外角平分线.

类似地,DH 为 $\angle ADB$ 的外角平分线.

从而,H 为 $\triangle ABD$ 的旁心.因此,$\angle HAB = \angle HAD$.

如图,锐角 $\triangle ABC$ 的外接圆为 $\odot O$,过点 A 作 $\odot O$ 的切线 l,l 与直线 BC 交于点 D,E 为 DA 延长线上一点,F 为劣弧 BC 上一点,直线 EF 与劣弧 $\overset{\frown}{AB}$ 交于点 G,直线 FB,GC 分别与 l 交于点 P,Q.证明:$AD = AE$ 的充分必要条件为 $AP = AQ$.

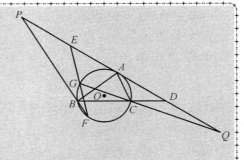

(2014,第五届陈省身杯全国高中数学奥林匹克)

证明 设 EF 与 BC 交于点 H.

对直线 GCQ 和 $\triangle HED$,应用梅涅劳斯定理得
$$\frac{HG}{GE} \cdot \frac{EQ}{QD} \cdot \frac{DC}{CH} = 1.$$

①

对直线 PBF 和 $\triangle HED$,应用梅涅劳斯定理得

$$\frac{HF}{FE} \cdot \frac{EP}{PD} \cdot \frac{DB}{BH} = 1. \qquad ②$$

①×② 得

$$\frac{HG}{GE} \cdot \frac{EQ}{QD} \cdot \frac{DC}{CH} \cdot \frac{HF}{FE} \cdot \frac{EP}{PD} \cdot \frac{DB}{BH} = 1. \qquad ③$$

由相交弦定理和切割线定理得

$$HB \cdot HC = HF \cdot HG, EG \cdot EF = EA^2, DB \cdot DC = DA^2.$$

代入式 ③ 得 $\dfrac{DA^2}{EA^2} \cdot \dfrac{EQ}{QD} \cdot \dfrac{EP}{PD} = 1.$

故 $AD^2(AQ+AE)(AP-AE) = AE^2(AQ-AD)(AP+AD).$

整理得

$$(AD+AE)\big[AP \cdot AD(AD-AE) + AD \cdot AE(AP-AQ)\big] = 0$$

$$\Rightarrow AP \cdot AQ(AD-AE) = AD \cdot AE(AQ-AP).$$

因此,$AD = AE$ 的充分必要条件为 $AP = AQ.$

设点 P,Q 在锐角 $\triangle ABC$ 的边 BC 上,满足 $\angle PAB = \angle BCA$,且 $\angle CAQ = \angle ABC$,点 M,N 分别在直线 AP,AQ 上,使得 P 为 AM 的中点,且 Q 为 AN 的中点. 证明:直线 BM 与 CN 的交点在 $\triangle ABC$ 的外接圆上.

(第 55 届 IMO)

证明 如图,设直线 BM 与 CN 交于点 $S.$

记 $\angle QAC = \angle ABC = \beta$,$\angle PAB = \angle ACB = \gamma.$

于是,$\triangle ABP \backsim \triangle CAQ.$

故 $\dfrac{BP}{PM} = \dfrac{BP}{PA} = \dfrac{AQ}{QC} = \dfrac{NQ}{QC}.$

又由 $\angle BPM = \beta + \gamma = \angle CQN$,知

$\triangle BPM \backsim \triangle NQC \Rightarrow \angle BMP = \angle NCQ.$

故 $\triangle BPM \backsim \triangle BSC$

$\Rightarrow \angle CSB = \angle BPM = \beta + \gamma = 180° - \angle BAC$

$\Rightarrow$ 点 S 在 $\triangle ABC$ 的外接圆上.

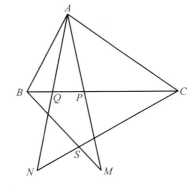

在凸四边形 $ABCD$ 中,$\angle ABC = \angle BCD = 120°$,$O$ 为对角线交点,M 为 BC 的中点,K 为 MO 与 AD 的交点,$\angle BKC = 60°$. 证明:$\angle BKA = \angle CKD = 60°.$

(2015,第 55 届乌克兰数学奥林匹克)

证明 令 AB 与 DC 交于点 $E.$ 则 $\angle BEC = 60°.$

显然,$\angle KBC$ 和 $\angle KCB$ 中的一个至少为 $60°$. 不妨设 $\angle KBC \geqslant 60°$. 如图.

在 $\triangle BMK$ 中,

$$\angle KBM \geqslant 60° = \angle BKC > \angle BKM.$$

则 $MK > BM = \dfrac{1}{2}BC$.

故在线段 MK 上有点 O',使得

$$MK \cdot MO' = BM^2 = MC^2.$$

于是,$\triangle BO'K$ 的外接圆和 $\triangle CO'K$ 的外接圆均与 BC 相切.

从而,$\angle BKM = \angle O'BC$,$\angle CKM = \angle O'CB$.

故 $\angle BO'C = 180° - \angle O'BC - \angle O'CB$

$= 180° - \angle BKM - \angle MKC = 180° - 60° = 120°$.

于是,点 O' 在 $\triangle EBC$ 的外接圆上,令 BO' 与 CE 交于点 D',CO' 与 BE 交于点 A'.

由 B,E,C,O' 四点共圆,得 $\angle BO'E = \angle BCE = 60° = \angle EBC = \angle EO'C$.

考虑 $\triangle O'EB$ 与 $\triangle EBD'$.

由两对角相等,知 $\angle BEO' = \angle ED'B$.

则 $\angle CKO' = \angle BCO' = \angle BEO' = \angle ED'B$.

从而,点 D' 在 $\triangle KO'C$ 的外接圆上.

类似地,点 A' 在 $\triangle BKO'$ 的外接圆上.

故 $\angle A'KB = \angle A'O'B = 60° = \angle CO'D' = \angle CKD'$.

于是,A',K,D' 三点共线.

注意到,点 O 在线段 MK 内.

若点 O 位于线段 MO' 内,则点 A 位于线段 $A'B$ 内,点 D 位于线段 CD' 内. 从而,点 K 严格地位于 $\triangle EAD$ 外. 但点 K 在线段 AD 内,矛盾. 若点 O 位于线段 MO' 外,则点 A,D 分别在线段 EA',ED' 外. 从而,点 K 严格位于 $\triangle EAD$ 内,再一次得到矛盾. 因此,点 O 与 O' 重合.

于是,点 A 与 A' 重合,且点 D 与 D' 重合.

从而,$\angle AKB = \angle CKD = 60°$.

在 $\triangle ABC$ 中,$\angle B = 105°$,D 为边 BC 上的一点,满足 $\angle BDA = 45°$. 证明:D 为边 BC 的中点当且仅当 $\angle C = 30°$.

(2015,第 32 届希腊数学奥林匹克)

证明 设 $\angle ACB = \alpha$. 则在 $\triangle ABD$ 中,由正弦定理得

$$\frac{BD}{\sin 30°} = \frac{AD}{\sin 105°} \Rightarrow BD = \frac{AD}{2\sin 105°}.$$

类似地,在 $\triangle ACD$ 中,$CD = \dfrac{AD\sin(45° - \alpha)}{\sin \alpha}$.

因此，若 D 为 BC 的中点，当且仅当

$$\frac{\sin(45^\circ - \alpha)}{\sin\alpha} = \frac{1}{2\sin105^\circ} \Leftrightarrow 2\sin105^\circ \cdot \sin45^\circ(\cos\alpha - \sin\alpha) = \sin\alpha$$

$$\Leftrightarrow 2\sin105^\circ \cdot \sin45^\circ \cdot \cos\alpha = (1 + 2\sin105^\circ \cdot \sin45^\circ)\sin\alpha$$

$$\Leftrightarrow \tan\alpha = \frac{\frac{\sqrt{3}+1}{2}}{1 + \frac{\sqrt{3}+1}{2}} = \frac{\sqrt{3}}{3} \Leftrightarrow \alpha = 30^\circ.$$

已知 $\odot D$ 与 $\odot E$ 外切于点 B，以 DE 为直径的圆分别与 $\odot D$，$\odot E$ 交于点 H，K，点 H 和 K 在直线 DE 的同侧，直线 HK 分别与 $\odot D$，$\odot E$ 交于点 L（异于点 H），M（异于点 K）. 证明：

(1) $LH = KM$；

(2) 过点 B 且垂直于 DE 的直线平分 HK.

(2015，爱尔兰数学奥林匹克)

证明 （1）如图，记 F 为 DE 的中点，R 为 LH 的中点，S 为 KM 的中点，P 为 HK 的中点.

则 F 是以 DE 为直径的圆的圆心.

于是，$FP \perp HK$，$ES \perp KM$，$DR \perp LH$.

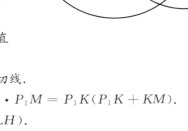

故 $DR \parallel FP \parallel ES$，$RP = PS$，

$$LH = 2RH = 2(PR - PH) = 2(PS - PK) = 2KS = KM.$$

（2）记过点 B 且垂直于 DE 的直线与 HK 交于点 P_1.

显然，P_1B 为 $\odot D$ 与 $\odot E$ 的公切线.

由切割线定理，得 $P_1B^2 = P_1K \cdot P_1M = P_1K(P_1K + KM)$.

类似地，$P_1B^2 = P_1H(P_1H + LH)$.

故 $P_1H(P_1H + LH) = P_1K(P_1K + KM)$.

由 $LH = KM$，则 $P_1H = P_1K$. 从而，P_1 即为 HK 的中点 P.

已知 AD 为 $\triangle ABC$ 中 $\angle A$ 的平分线，$\triangle ABC$ 的内切圆 $\odot I$ 在边 BC 上的切点为 E，点 A_1 在 $\triangle ABC$ 的外接圆上，$AA_1 \parallel BC$，T 为 $\triangle AED$ 的外接圆与直线 EA_1 的交点（T 与 E 不重合）. 证明：$IT = IA$.

(第 32 届伊朗国家队选拔考试)

证明 不妨设 $\angle ABC \leqslant \angle C$. 设 E_1 为点 E 关于 BC 中点的对称点，X 为 AE_1 与 A_1E 的交点. 如图.

则 $EE_1 = BC - 2 \cdot \dfrac{BC + AC - AB}{2} = AB - AC$.

故 $\dfrac{AX}{XE_1} = \dfrac{AA_1}{EE_1} = \dfrac{AA_1}{AB - AC}$,

$\dfrac{AI}{ID} = \dfrac{AB}{BD} = \dfrac{AC}{CD} = \dfrac{AB + AC}{BC}$.

从而，$\dfrac{AB^2 - AC^2}{AA_1 \cdot BC} = \dfrac{AI \cdot XE_1}{ID \cdot AX}$.

则 A, A_1, B, C 为等腰梯形的四个顶点.

于是，$AA_1 = BC - 2AC\cos C$,

$AA_1 \cdot BC = BC^2 - 2AC \cdot BC\cos C = BC^2 - (BC^2 + AC^2 - AB^2) = AB^2 - AC^2$.

故 $AI \cdot XE_1 = ID \cdot AX \Rightarrow \dfrac{AI}{ID} = \dfrac{AX}{XE_1} \Rightarrow XI \parallel BC$

$\Rightarrow \angle XID = \angle IDE = \angle ATE \Rightarrow A, T, X, I$ 四点共圆.

而点 E 与 E_1，A 与 A_1 均关于 BC 的中垂线对称，从而，

$\angle ITA = \angle AXI = \angle AE_1E = \angle A_1EE_1 = \angle TAD$.

因此，$IT = IA$.

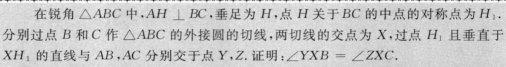

在锐角 $\triangle ABC$ 中，$AH \perp BC$，垂足为 H，点 H 关于 BC 的中点的对称点为 H_1. 分别过点 B 和 C 作 $\triangle ABC$ 的外接圆的切线，两切线的交点为 X，过点 H_1 且垂直于 XH_1 的直线与 AB，AC 分别交于点 Y，Z. 证明：$\angle YXB = \angle ZXC$.

（第 32 届伊朗国家队选拔考试）

证明 如图，过点 X 作 $XM \perp BC$ 于点 M，$XQ \perp AC$ 于点 Q，$XP \perp AB$ 于点 P.

要证 $\angle YXB = \angle ZXC$，只要证 $\angle ZXY = \angle BXC$.

而 $\angle BXC = \pi - 2\angle BAC$,

$\angle ZXY = \angle ZXH_1 + \angle YXH_1$

$= \angle ZQH_1 + \angle YPH_1$

$= \angle AQH_1 + \angle APH_1$

$= \angle PH_1Q - \angle BAC$,

则只要证 $\angle PH_1Q - \angle BAC = \pi - 2\angle BAC$,

即证 $\angle PH_1Q = \pi - \angle BAC$.

由 $\angle APM = \angle BPM = \angle BXM$

$= \dfrac{\angle BXC}{2} = \dfrac{\pi}{2} - \angle BAC$,

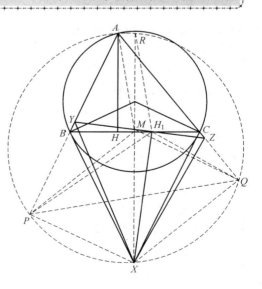

故 $PM \perp AQ$.

类似地，$QM \perp AP$.

于是，M 为 $\triangle APQ$ 的垂心.

从而，$AM \perp PQ$，且 $AM = 2r\cos\angle PAQ$（$2r$ 为 $\triangle APQ$ 的直径）.

过点 A 作 $AR \perp XM$ 于点 R. 则 A、R、Q、X、P 五点共圆，此圆直径为 AX，即 $2r = AX$.

因为 $\angle PRQ = \angle PAQ$，所以，$AM = 2r\cos\angle PRQ$.

又 $\overrightarrow{AR} = \overrightarrow{HM} = \overrightarrow{MH_1}$，于是，四边形 ARH_1M 为平行四边形，$RH_1 \underline{\underline{/\!/}} AM$.

而 $AM \perp PQ$，则 $RH_1 \perp PQ$，且 $RH_1 = AM = 2r\cos\angle PRQ$.

从而，H_1 为 $\triangle RPQ$ 的垂心.

因此，$\angle PH_1Q = \pi - \angle PRQ = \pi - \angle PAQ = \pi - \angle BAC$.

在四边形 $ABCD$ 中，$\angle A = \angle C = 90°$，$E$ 为四边形 $ABCD$ 内一点，M 为 BE 的中点. 证明：$\angle ADB = \angle EDC$ 当且仅当 $MA = MC$.

（2015，第 53 届荷兰国家队选拔考试）

证明 取 BD 的中点 N.

由已知得四边形 $ABCD$ 有外接圆，且此圆以 BD 为直径、N 为圆心. 从而，$MN /\!/ DE$.

若点 E 在直径 BD 上，则 MN 即为 DE. 否则，MN 为 $\triangle BDE$ 的中位线.

要证 $AM = CM \Leftrightarrow$ 点 M 在 AC 的中垂线上

$\Leftrightarrow MN \perp AC$（点 N 在 AC 的中垂线上）$\Leftrightarrow DE \perp AC$.

设 DE 与 AC 交于点 T. 则

$$AM = CM \Leftrightarrow \angle DTC = 90°. \qquad ①$$

由三角形内角和定理得

$$\angle DTC = 180° - \angle TDC - \angle DCT = 180° - \angle EDC - \angle DCA.$$

在圆内接四边形中，$\angle DCA = 90° - \angle ACB = 90° - \angle ADB$.

故 $\angle DTC = 180° - \angle EDC - (90° - \angle ADB) = 90° - \angle EDC + \angle ADB$.

从而，$\angle ADB = \angle EDC \Leftrightarrow \angle DTC = 90°$.

结合式 ①，知 $\angle ADB = \angle EDC \Leftrightarrow MA = MC$.

【注】 证明不依赖于点 E 的位置.

在正 $\triangle ABC$ 中，过点 B 作 $BD /\!/ AC$，且点 C 和 D 位于直线 AB 的同侧. 若 CD 的中垂线与 AB 交于点 E，证明：$\triangle CDE$ 为正三角形.

（2015，第 53 届荷兰国家队选拔考试）

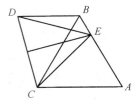

证明 如图,考虑点 E 在线段 AB 内的情况.点 B 在线段 AE 内的情况类似(由已知点 C 和 D 位于直线 AB 的同侧,故点 A 不可能在线段 BE 内).

由点 E 在 CD 的中垂线上,得 $EC = ED$.

于是,只要证 $\angle CED = 60°$.

若点 E 在 B 处,则 $\angle CED = \angle CBD = \angle ACB = 60°$.

若点 E 与 B 不重合,则由 $BD \parallel AC$,知 $\angle CBD = \angle ACB = \angle CBA = 60°$.

从而,E 为 CD 的中垂线与 $\angle CBD$ 的外角平分线的交点.

设 $\angle CBD$ 的外角平分线与 $\triangle CBD$ 的外接圆交于点 E'.

由 BE' 为外角平分线得

$\angle CBE' = 180° - \angle DBE' \Rightarrow CE' = DE' \Rightarrow$ 点 E' 在 CD 的中垂线上

$\Rightarrow$ 点 E 与 E' 重合 $\Rightarrow$ 点 E 在 $\triangle CBD$ 的外接圆上

$\Rightarrow C, E, B, D$ 四点共圆 $\Rightarrow \angle CED = \angle CBD = 60°$.

在 $\triangle ABC$ 中,A' 为点 A 在边 BC 上高的垂足,X 是由点 A 发出的射线 AA' 上的一点,$\angle BAC$ 的平分线与 $\triangle ABC$ 的外接圆 $\odot O$ 交于点 D,M 为线段 DX 的中点,过点 O 作 AD 的平行线与直线 DX 交于点 N.证明:$\angle BAM = \angle CAN$.

(2015,第 66 届罗马尼亚国家队选拔考试)

证明 如图,由 $AD \parallel ON$,知可以在 AD 上取一点 Y,使得四边形 $AONY$ 构成平行四边形.

由于 $\angle BAO = 90° - \angle C = \angle CAA'$,$AD$ 平分 $\angle BAC$,从而,

$\angle OAD = \angle A'AD$.

由 $OD \parallel AX$,$ON \parallel AD$

$\Rightarrow \triangle OND \backsim \triangle ADX \Rightarrow \dfrac{ON}{OD} = \dfrac{AD}{AX}$.

又 $OD = OA$,$ON = AY$,则 $\dfrac{AD}{AX} = \dfrac{ON}{OD} = \dfrac{AY}{AO}$.

由式 ①,知 $\triangle AOY \backsim \triangle AXD$.

结合 AN,AM 分别平分 OY,DX 得 $\angle BAM = \angle CAN$.

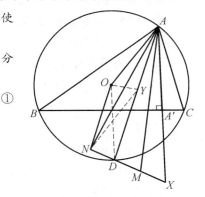

①

设 $\triangle ABC$,$\triangle ABD$ 在同一平面内等长周长,$\angle CAD$ 的平分线与 $\angle CBD$ 的平分线交于点 P.证明:$\angle APC = \angle BPD$.

(2015,第 66 届罗马尼亚国家队选拔考试)

证明 如图,延长 AC 至点 E,使 $BC = CE$.

则点 C 在 BE 的中垂线上.

类似地,取点 D,使得 $DF = DA$.记 BE,AF 的中垂线交于点 Q.

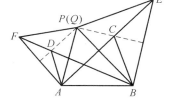

由于 $\triangle ABC$ 和 $\triangle ABD$ 在同一平面内等周长,于是,$BF = AE$.

而 $QF = QA$,$QB = QE$,则

$\triangle QAE \cong \triangle QFB \Rightarrow \angle AQE = \angle BQF \Rightarrow \angle AQF = \angle BQE$

$\Rightarrow \angle AQD = \dfrac{1}{2} \angle AQF = \dfrac{1}{2} \angle BQE = \angle BQC \Rightarrow \angle AQC = \angle BQD$.

接下来证明:点 P 与 Q 重合.

由于 $\triangle QAE \cong \triangle QFB$,从而,$\angle QAE = \angle QFB = \angle QAD$,即点 Q 在 $\angle CAD$ 的平分线上.

类似地,点 Q 也在 $\angle CBD$ 的平分线上.

故点 P 与 Q 重合.

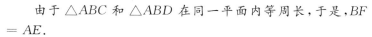

在 $\triangle ABC$ 中,点 P_1 和 P_2 在边 AB 上,使得点 P_2 在线段 BP_1 上,且 $AP_1 = BP_2$,类似地,点 Q_1 和 Q_2 在边 BC 上,使得点 Q_2 在线段 BQ_1 上,且 $BQ_1 = CQ_2$.记线段 P_1Q_2 与 P_2Q_1 交于点 R,$\triangle P_1P_2R$ 的外接圆与 $\triangle Q_1Q_2R$ 的外接圆交于点 S,S 位于 $\triangle P_1Q_1R$ 的内部.记 M 为边 AC 的中点,证明:$\angle P_1RS = \angle Q_1RM$.

(2015,第 66 届罗马尼亚国家队选拔考试)

证明 用 $d(X, YZ)$ 表示点 X 到直线 YZ 的距离.

由于 Q_1,Q_2,R,S 四点共圆,P_1,P_2,R,S 四点共圆,则

$\angle SQ_1R = \angle SQ_2R$,$\angle SP_1R = \angle SP_2R$.

故 $\triangle SP_1Q_2 \backsim \triangle SP_2Q_1 \Rightarrow \dfrac{d(S, P_1Q_2)}{d(S, P_2Q_1)} = \dfrac{P_1Q_2}{P_2Q_1}$.

如图,记 K,L 分别为 AB,BC 的中点.

于是,$P_1K = P_2K$,$Q_1L = Q_2L$.

则 $d(Q_1, MP_1) + d(Q_2, MP_1) = 2d(L, MP_1)$.

故 $S_{\triangle MP_1Q_2} + S_{\triangle MP_1Q_1} = 2S_{\triangle MP_1L}$

$= ML \cdot d(P_1, ML) = \dfrac{S_{\triangle ABC}}{2}$.

类似地,

$S_{\triangle MP_2Q_1} + S_{\triangle MP_1Q_1} = \dfrac{S_{\triangle ABC}}{2}$

$= S_{\triangle MP_1Q_2} + S_{\triangle MP_1Q_1}$

①

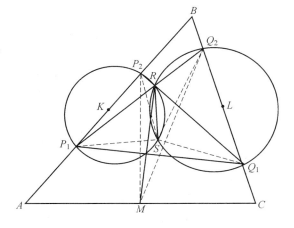

$$\Rightarrow S_{\triangle MP_2Q_1} = S_{\triangle MP_1Q_2} \Rightarrow \frac{d(M, P_1Q_2)}{d(M, P_2Q_1)} = \frac{P_2Q_1}{P_1Q_2}. \qquad ②$$

在 $\angle P_1RQ_1$ 中,$\dfrac{d(X, P_1Q_2)}{d(X, P_2Q_1)} = \alpha$ 的点的轨迹 X 表示一条从点 R 发出的射线.

由式 ①、②,知 RS 与 RM 关于 $\angle P_1RQ_1$ 平分线对称. 这便得到了题中的结论.

如图,给定非等腰锐角 $\triangle ABC$,其内一点 P 使得 $\angle APB = \angle APC = \alpha(\alpha > 180° - \angle BAC)$,$\triangle APB$ 的外接圆与 AC 交于点 E,$\triangle APC$ 的外接圆与 AB 交于点 F,且 Q 为 $\triangle AEF$ 内的一点,使得 $\angle AQE = \angle AQF = \alpha$. D 为点 Q 关于 EF 的对称点,$\angle EDF$ 的平分线与 AP 交于点 T. AP 分别与 DE,DF 交于点 M,N,点 I,J 分别为 $\triangle PEM$,$\triangle PFN$ 的内心,DT 与 $\triangle DIJ$ 的外接圆 $\odot K$ 交于点 H. 证明:

(1) $\angle DET = \angle ABC$,$\angle DFT = \angle ACB$;

(2) HK 过 $\triangle DMN$ 的内心.

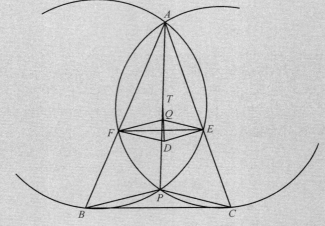

(2015,越南国家队选拔考试)

证明 (1) 因为 A,B,P,E 四点共圆,A,F,P,C 四点共圆,

所以,$\angle BEC = \angle BFC = 180° - \alpha$.

从而,B,C,E,F 四点共圆. 于是,$\triangle ABC \backsim \triangle AEF$.

又 Q 和 P 是相似下的对应点,则

$$\angle PBC = \angle QEF = \angle DEF, \angle PCB = \angle QFE = \angle DFE.$$

记 T' 为四边形 $PEDF$ 内一点,使得

$$\angle DET' = \angle ABC, \angle DFT' = \angle ACB.$$

由 $\angle PED = \angle PEA + \angle FEA + \angle FED$

$$= \angle PBA + \angle ABC + \angle PBC = 2\angle ABC = 2\angle DET',$$

于是,ET' 为 $\angle PED$ 的平分线.

类似地,FT' 为 $\angle PFD$ 的平分线.

注意到,$\angle FEA = \angle ABC = \angle ABP + \angle PBC = \angle AEP + \angle FEQ = \angle DET'$.

而 $\angle DET' = \angle FET' + \angle FED$，则 $\angle EAP = \angle FET'$．

故 ET' 和 EA 为 $\triangle PEF$ 的等角线．

类似地，FT'，FA 也为 $\triangle PEF$ 的等角线．

从而，PT'，PA 也为 $\triangle PEF$ 的等角线．

又因为 PA 为 $\angle EPF$ 的平分线，所以，PT' 也为 $\angle EPF$ 的平分线，即 PA 过点 T'．

于是，T' 为四边形 $PEDF$ 的内心，T' 在 $\angle EDF$ 的平分线上．

因此，点 T' 与 T 重合．

(2) 记 L 为 $\triangle DMN$ 的内心．于是，$\angle LDT = 90°$．只需证明：点 L 在 $\odot K$ 上．

由 IL 平分 $\angle EMP$，JL 平分 $\angle DNM$，有

$$\angle ILJ = \angle LNM + \angle LMN = \frac{1}{2}(\angle DMN + \angle DNM) = \frac{1}{2}\angle EDF.$$

作直线 DY 与 $\triangle PFN$ 内切圆 $\odot J$ 切于点 $Y(DY \neq DF)$，DY 与 PN 交于点 X．

在 FD，FP，DX，PX 围成的四边形中，有 $DF + PX = PF + DX$．

又由(1)，知四边形 $PEDF$ 存在内切圆，则 $PE + DF = PF + DE$．

故 $PE + DX = PX + DE$．于是，四边形 $PEDX$ 存在内切圆．

于是，DY 也为 $\triangle PEM$ 内切圆 $\odot I$ 的切线．

从而，DI，DJ 分别为 $\angle EDX$，$\angle FDX$ 的平分线．

由 $\angle IDJ = \frac{1}{2}\angle EDF = \angle ILJ \Rightarrow$ 点 L 在 $\odot K$ 上．

在 $\triangle ABC$ 中，点 D 在边 BC 上，X，Y 分别为 $\triangle ACD$，$\triangle ABD$ 的内心，射线 BY，CX 与 $\triangle AXY$ 的外接圆分别交于点 P，Q，射线 PX 与 QY 交于点 K．当 K 为 $\triangle ABC$ 的内心 I 关于 BC 的对称点时，证明：$\angle BAC = \angle ADC = 90°$．

(2015，印度国家队选拔考试)

证明　如图，设 T，M 分别为 IK，PQ 的中点．

则 $IK \perp BC$，垂足为 T．

先证：$AP = AQ$．

当 $AB = AC$ 时，显然．

不妨设 $AB < AC$．

记 $\angle BAC = \alpha$，$\angle ABC = \beta$，$\angle ACB = \gamma$．

因为 $\angle XQY = \angle XAY = \dfrac{\alpha}{2}$，

$\angle QIY = \dfrac{\beta+\gamma}{2} = \dfrac{\pi}{2} - \dfrac{\alpha}{2}$，

所以，$\angle QYI = \dfrac{\pi}{2}$．

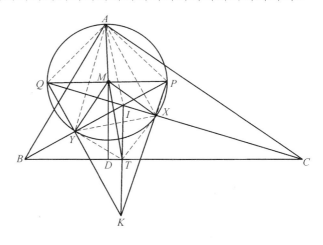

类似地，$\angle PXI = \dfrac{\pi}{2}$.

于是，PQ 为 $\triangle AXY$ 的外接圆直径，I 为 $\triangle KPQ$ 的垂心，I, X, K, Y 四点共圆，其圆心为 T.

从而，$\triangle XTY$ 为等腰三角形，

$$\angle XTY = 2\angle XKY = 2(\pi - \angle XIY) = 2\left(\dfrac{\beta}{2} + \dfrac{\gamma}{2}\right) = \beta + \gamma = \pi - \alpha,$$

$$\angle TXY = \dfrac{1}{2}\left[\pi - (\pi - \alpha)\right] = \dfrac{\alpha}{2}.$$

类似地，

$$\triangle XTI \text{ 为等腰三角形} \Rightarrow \angle TXI = \dfrac{\pi}{2} - \dfrac{\gamma}{2}$$

$$\Rightarrow \angle YXI = \angle TXI - \angle TXY = \dfrac{\pi}{2} - \dfrac{\gamma}{2} - \dfrac{\alpha}{2} = \dfrac{\beta}{2}$$

$$\Rightarrow \angle YPQ = \angle YXQ = \dfrac{\beta}{2} = \angle PBC \Rightarrow PQ \parallel BC.$$

而 T 与 M 为 $\triangle KPQ$ 的九点圆上的一对对径点，则 TM 等于 $\triangle PQK$ 外接圆的半径 R. 因为 I 是 $\triangle PQK$ 的垂心，所以，

$$TI = TK = \dfrac{1}{2}KI = R\cos\angle PKQ = TM\cos\angle PKQ \Rightarrow TM = \dfrac{TI}{\cos\angle PKQ}.$$

而 TI 等于 $\triangle ABC$ 的内切圆半径 r，且 $\angle PKQ = \angle QIY = \dfrac{\pi}{2} - \dfrac{\alpha}{2}$，则

$$TM = \dfrac{r}{\cos\left(\dfrac{\pi}{2} - \dfrac{\alpha}{2}\right)} = \dfrac{r}{\sin\dfrac{\alpha}{2}} = AI.$$

由于 $\angle TXY = \dfrac{\alpha}{2} = \angle XAY$，故 TX 为 $\triangle AXY$ 的外接圆切线. 从而，$MX \perp XT$.

类似地，$MY \perp YT$，TM 为 XY 的中垂线.

注意到，$\angle XTM = \dfrac{\angle XTY}{2} = \dfrac{\pi - \alpha}{2} = \dfrac{\pi}{2} - \dfrac{\alpha}{2}$，

$$\angle MTI = |\angle XTM - \angle XTI| = \left|\dfrac{\pi}{2} - \dfrac{\alpha}{2} - \gamma\right| = \dfrac{\beta - \gamma}{2}.$$

而 $\angle AIT = 2\pi - \angle IAB - \angle ABT - \angle ITB = 2\pi - \dfrac{\alpha}{2} - \beta - \dfrac{\pi}{2}$

$$= \dfrac{3\pi}{2} - \dfrac{\alpha + \beta + \gamma}{2} - \dfrac{\beta}{2} + \dfrac{\gamma}{2} = \pi - \dfrac{\beta - \gamma}{2},$$

故 $AI \parallel MT$.

又 $AI = TM$，则四边形 $AMTI$ 为平行四边形. 于是，$AM \parallel IT$.

又 $IT \perp BC$，$BC \parallel PQ$，则 $AM \perp PQ$.

此时，AM 垂直平分 PQ.

于是，$\angle APQ = \angle AQP = \dfrac{\pi}{4}$，$AP = AQ$.

又 $\angle AYB = \pi - \angle AYP = \pi - \angle AQP = \frac{3\pi}{4}$，$\angle AYB = \frac{\pi}{2} + \frac{1}{2}\angle ADB$，

故 $\angle ADB = \frac{\pi}{2}$．

由于 $AM \perp PQ$，$AD \perp BC$，$PQ \parallel BC$，则 A，M，D 三点共线．

从而，点 M，X，T，D，Y 均在 $\triangle PQK$ 的九点圆上，有

$\angle XDY = \angle XTY = 2\angle XKY = \pi - \alpha$．

显然，$\angle XDY = \frac{\pi}{2}$，即 $\alpha = \frac{\pi}{2}$．

综上，$\angle BAC = \angle ADB = \frac{\pi}{2}$．

已知在 $\triangle ABC$ 中，M 为 AB 的中点，P 为 $\triangle ABC$ 内一点，Q 为点 P 关于点 M 的对称点，AP 与 BC，BP 与 AC 分别交于点 D，E．证明：A，B，D，E 四点共圆当且仅当 $\angle ACP = \angle QCB$．

（2015，第 46 届奥地利数学竞赛）

证明 不妨设点 P 要么在线段 CM 上，要么在 $\triangle AMC$ 的内部．否则，可将顶点 A 和 B 互换且在 $\angle ACP$ 与 $\angle QCB$ 中添加 $\angle PCQ$．

令 C' 为点 C 关于点 M 的对称点．

由题设，知点 Q 与 P，B 与 A 分别关于点 M 对称．

设 D'，E' 分别为 $C'P$ 与 AC，CP 与 AC' 的交点．

先证明一个引理．

引理 若点 P 不在 CM 上，则以下两种情况成立：

(1) $\angle ACP = \angle BCQ$ 当且仅当 C'，C，D'，E' 四点共圆；

(2) $\angle CAP = \angle C'AQ$ 当且仅当 A，B，D，E 四点共圆．

证明 (1) 由点 M 的对称性，得 $\angle BCQ = \angle AC'P$．

则 $\angle ACP = \angle BCQ \Leftrightarrow \angle ACP = \angle AC'P$

$\Leftrightarrow \angle D'CE' = \angle D'C'E' \Leftrightarrow C'$，$C$，$D'$，$E'$ 四点共圆．

(2) 类似地，由对称性知 $\angle C'AQ = \angle PBC$．

下面证明：若 A，B，D，E 四点共圆，则 $\angle ACP = \angle QCB$．

如图，由 BQ，AP 关于点 M 对称，知四边形 $AQBP$ 为平行四边形，$\angle CED + \angle AED = 180°$．

由 A，B，D，E 四点共圆，得 $\angle CED = \angle ABC$．

从而，$\triangle CED \backsim \triangle CBA$．

于是，D 与 A，E 与 B 分别为对应点．

由于 $\triangle AQB \cong \triangle BPA$，且均与 $\triangle DPE$ 相似，则 $\triangle DPE \backsim \triangle AQB$．

从而，P 与 Q 为对应点．故 $\angle ACP = \angle QCB$．

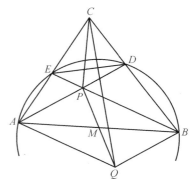

若点 P 不在直线 CM 上,且 $\angle ACP = \angle BCQ$,则由引理(1)得 C',C,D',E' 四点共圆.

在 $\triangle CC'A$ 上应用结论得 $\angle C'AQ = \angle CAP$.

于是,A,B,D,E 四点共圆.

引理得证.

若点 P 在 CM 上,且 $\angle ACP = \angle BCQ$,则点 C,P,M,Q 均在 $\angle ACB$ 的平分线上.

于是,$\triangle ABC$ 为等腰三角形.故点 P 在对称轴上.

从而,$ED \parallel AB$.因此,四边形 $ABDE$ 为等腰梯形.

结论成立.

△ABC 为非等腰锐角三角形,其外接圆为 $\odot O$,垂心为 H,且 A_1,B_1,C_1 分别为 AH,BH,CH 与 $\odot O$ 的另一个交点.过点 A_1,B_1,C_1 分别作与 BC,CA,AB 平行的直线,分别与 $\odot O$ 交于点 A_2,B_2,C_2.记 AC_2 与 BC_1、BA_2 与 CA_1、CB_2 与 AB_1 的交点分别为 M,N,P.证明:$\angle MNB = \angle AMP$.

(2015,第23届朝鲜数学奥林匹克)

证明 由 $C_1C_2 \parallel AB$,知 $BM = MA$.

则 $\angle BMA = 180° - 2\angle MBA = 180° - 2\angle C_1BA = 2\angle A = \angle BOC$

$\Rightarrow \triangle BMA \backsim \triangle BOC \Rightarrow \triangle BMO \backsim \triangle BAC$.

类似地,$\triangle OCN \backsim \triangle ACB$,$\triangle OAP \backsim \triangle BAC$.

故 $\angle AMO + \angle MOP = \angle AMO + \angle AOP + \angle AOM = \angle A + \angle B + \angle C = 180°$

$\Rightarrow AM \parallel OP$.

类似地,$OM \parallel BN$,$ON \parallel PC$.

注意到,$\dfrac{BM}{BN} = \dfrac{BM}{BO} \cdot \dfrac{BO}{BN} = \dfrac{AB}{BC} \cdot \dfrac{AC}{BC} = \dfrac{AB \cdot AC}{BC^2}$,

$\dfrac{MO}{OP} = \dfrac{MO}{OA} \cdot \dfrac{OA}{OP} = \dfrac{AC}{BC} \cdot \dfrac{AB}{BC} = \dfrac{AB \cdot AC}{BC^2}$.

对比两式得 $\dfrac{BM}{BN} = \dfrac{MO}{OP}$.

又 $\angle MBN = \angle MBO + \angle NBO = \angle B + \angle C = \angle AOP + \angle MOA = \angle MOP$

$\Rightarrow \triangle MOP \backsim \triangle MBN \Rightarrow \angle MNB = \angle MPO = \angle AMP$.

在 △ABC 中,D 为边 BC 上一点,过 D 作一条直线与 AB 交于点 X,与 AC 的延长线交于点 Y,△BXD 的外接圆 Γ_1 与 △ABC 的外接圆 Γ 交于点 Z(Z 与点 B 不重合),连接 ZD,ZY,分别与圆 Γ 交于点 V,W.证明:$AB = VW$.

(2015,第27届亚太地区数学奥林匹克)

证明　如图,对 $\triangle AXY$ 应用密克定理,得圆 Γ,圆 Γ_1,$\triangle CDY$ 的外接圆交于点 Z.

从而,C,D,Z,Y 四点共圆.

记 $\angle(m,n)$ 为直线 m 和 n 的夹角.

则 $\angle(WZ,VZ)=\angle(YZ,DZ)=\angle(YC,DC)$ $=\angle(AC,BC)$.

于是,在圆 Γ 内 $\angle WZV$ 与 $\angle ACB$ 相等或互补.

设圆 Γ 的半径为 R. 由正弦定理得

$$AB=2R\sin\angle ACB,VW=2R\sin\angle WZV.$$

从而,$AB=VW$.

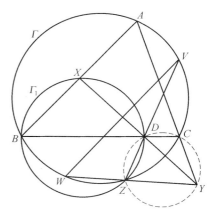

已知在直线 ABC 的同侧取点 D 和 E,使得 $\triangle ABD$ 和 $\triangle BCE$ 为正三角形,线段 AE 与 CD 交于点 S. 证明:$\angle ASD=60^\circ$.

(2015,第 54 届荷兰数学奥林匹克)

证明　由已知,得 $\angle ABD=\angle CBE=60^\circ\Rightarrow\angle ABE=\angle CBD=120^\circ$.

又 $AB=DB$,$BE=BC$,于是,$\triangle ABE\cong\triangle DBC\Rightarrow\angle EAB=\angle CDB$.

故 $\angle ASD=180^\circ-\angle SDA-\angle DAS=180^\circ-(60^\circ+\angle CDB)-\angle DAE$

$=120^\circ-\angle EAB-\angle DAE=120^\circ-60^\circ=60^\circ$.

设 AM 和 AH 分别为非等腰锐角 $\triangle ABC$ 的中线和高,直线 AB 上的点 Q 满足 $QM\perp AC$,直线 AC 上的点 P 满足 $PM\perp AB$,$\triangle PMQ$ 的外接圆与直线 BC 交于点 X 和 M. 证明:$BH=CX$.

(第 41 届俄罗斯数学奥林匹克)

证明　设 P',Q' 分别为点 P,Q 关于点 M 的对称点.

考虑 $\triangle MQP'$.

由四边形 $PBP'C$ 为平行四边形,知 $P'B\parallel PC$.

又 $PC\perp QM$,且 $QB\perp MP'$,于是,B 为 $\triangle MQP'$ 的垂心,得 $P'Q\perp MB$.

类似地,$MC\perp PQ'$.

作 $\square PQ'DA$. 则四边形 $DP'QA$ 也为平行四边形.

于是,D,P',M,H,Q' 位于以 DM 为直径的圆 Γ 上. 同时,圆 Γ 关于点 M 的对称圆为 $\triangle MPQ$ 的外接圆,它过点 H 关于点 M 的对称点 X.

> 一个非等腰 $\triangle ABC$ 的外接圆 Γ 在点 C 处的切线与 AB 交于点 D，I 为 $\triangle ABC$ 的内心，直线 AI，BI 与 $\angle CDB$ 的平分线分别交于点 Q，P，且 M 为 PQ 的中点. 证明：直线 MI 过圆 Γ 的 $\overset{\frown}{ACB}$ 的中点.
>
> （第 41 届俄罗斯数学奥林匹克）

证明 不妨设点 D 位于射线 BA 上.

设 AI，BI 与圆的第二个交点分别为 A'，B'，且 L 为 $\overset{\frown}{ACB}$ 的中点.

注意到，$\angle LA'A = \angle LBA = \dfrac{\angle A + \angle B}{2} = \angle B'IA \Rightarrow LA' \parallel IB'$.

类似地，$LB' \parallel IA'$.

于是，四边形 $IA'LB'$ 为平行四边形，LI 与 $A'B'$ 互相平分.

故 $\angle CDB = \angle CAB - \angle ACD = \angle A - \angle B \Rightarrow \angle PQA = \angle QAB - \angle QDB$

$= \dfrac{\angle A}{2} - \dfrac{\angle A - \angle B}{2} = \dfrac{\angle B}{2} = \angle B'A'A$

$\Rightarrow PQ \parallel A'B'$.

由 LI 平分 $A'B'$，知 LI 平分 PQ.

从而，问题得证.

> 设 H 和 G 分别为锐角 $\triangle ABC(AB \neq AC)$ 的垂心和重心. 直线 AG 与 $\triangle ABC$ 的外接圆交于点 A，P. 记 P' 为点 P 关于直线 BC 的对称点. 证明：
> $$\angle CAB = 60° \Leftrightarrow HG = P'G.$$
>
> （2015，欧洲女子数学奥林匹克）

证明 如图，设 $\triangle ABC$ 的外接圆 $\odot O$ 关于直线 BC 对称得到 $\odot O'$. 显然，点 H 和 P' 在 $\odot O'$ 上.

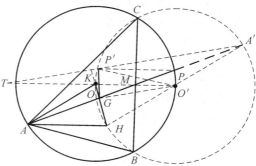

因为 $\triangle ABC$ 为锐角三角形，所以，点 H，O 落在 $\triangle ABC$ 内.

记线段 BC 的中点为 M.

(1) 充分性.

设 $\angle CAB = 60°$.

由 $\angle COB = 2\angle CAB = 120° = 180° - \angle CAB = \angle CHB$，得点 O 在 $\odot O'$ 上，且 $\odot O$ 和 $\odot O'$ 关于点 M 对称. 则

$OO' = 2OM = 2R\cos\angle CAB = AH(R$ 为 $\odot O$ 和 $\odot O'$ 的半径$)$.

故 $AH = OO' = HO' = AO = R$. 于是，四边形 $AHO'O$ 为菱形.

从而，点 A 和 O' 关于 HO 对称.

因为 H，G，O 三点共线（欧拉线），所以，$\angle GAH = \angle HO'G$.

由 $\angle BOM = 60°$，知 $OM = O'M = MB\cot 60° = \dfrac{MB}{\sqrt{3}}$.

注意到，$3MO \cdot MO' = MB^2 = MB \cdot MC = MP \cdot MA = 3MG \cdot MP$.

于是，G,O,P,O' 四点共圆.

又 BC 为 OO' 的垂直平分线，故四边形 $GOPO'$ 的外接圆关于 BC 对称.

于是，点 P' 也在四边形 $GOPO'$ 的外接圆上. 从而，$\angle GO'P' = \angle GPP'$.

由 $AH \parallel PP'$，知 $\angle GPP' = \angle GAH$.

又 $\angle GAH = \angle HO'G$，则 $\angle HO'G = \angle GO'P'$. 故 $HG = P'G$.

(2) 必要性.

若 $HG = P'G$，将点 A 关于点 M 对称得到点 A'.

据上述推论，知 B,C,H,P' 在 $\odot O$ 上. 易知，点 A' 也在 $\odot O'$ 上.

因为 $AB \parallel CA'$，所以，$HC \perp CA'$.

故 HA' 为 $\odot O'$ 的直径，O' 为 HA' 的中点.

由 $HG = P'G$，知点 H 与 P' 关于 GO' 对称.

从而，$GO' \perp HP'$，$GO' \parallel A'P'$.

设 HG 与 $A'P'$ 交于点 K.

因为 $AB \neq AC$，所以，点 K 与 O 不重合.

因为直线 GO' 是 $\triangle HKA'$ 的中位线，所以，$HG = GK$.

由 HO 为 $\triangle ABC$ 的欧拉线，知 $2GO = HG$. 故 O 为线段 GK 的中点.

因为 $\angle CMP = \angle CMP'$，所以，$\angle GMO = \angle OMP'$.

于是，直线 OM 过点 O'，且为 $\angle P'MA'$ 的外角平分线.

又 $P'O' = O'A'$，则 O' 为 $\triangle P'MA'$ 的外接圆弧 $\overparen{P'MA'}$ 的中点，这表明，P',M,O',A' 四点共圆.

故 $\angle O'MA' = \angle O'P'A' = \angle O'A'P'$.

设 OM 与 $P'A'$ 交于点 T.

由 $\triangle TO'A' \backsim \triangle A'O'M$，知 $O'M \cdot O'T = O'A'^2$.

对直线 TO' 与 $\triangle HKA'$，运用梅涅劳斯定理得

$\dfrac{A'O'}{O'H} \cdot \dfrac{HO}{OK} \cdot \dfrac{KT}{TA'} = 3\dfrac{KT}{TA'} = 1 \Rightarrow \dfrac{KT}{TA'} = \dfrac{1}{3} \Rightarrow KA' = 2KT.$

类似地，对直线 HK 与 $\triangle TO'A'$，运用梅涅劳斯定理得

$\dfrac{O'H}{HA'} \cdot \dfrac{A'K}{KT} \cdot \dfrac{TO}{OO'} = \dfrac{1}{2} \times 2\dfrac{TO}{OO'} = 1 \Rightarrow TO = OO'.$

故 $O'A'^2 = O'M \cdot O'T = OO'^2$. 于是，$OA' = OO'$，点 O 在 $\odot O'$ 上.

从而，$2\angle CAB = \angle BOC = 180° - \angle CAB \Rightarrow \angle CAB = 60°$.

在矩形 $ABCD$ 中，点 M,N,P,Q 分别在边 AB,BC,CD,DA 上，使得 $S_{\triangle AQM} = S_{\triangle BMN} = S_{\triangle CNP} = S_{\triangle DPQ}$. 证明：四边形 $MNPQ$ 为平行四边形.

(2015，第二届伊朗几何奥林匹克)

证明 如图,设 $AB = CD = a, AD = BC = b, AM = x, PC = y, AQ = z, NC = t.$

若 $x \neq y$,不妨设 $x > y$,则 $a - x < a - y.$ ①

由 $S_{\triangle AQM} = S_{\triangle CNP} \Rightarrow xz = yt \Rightarrow z < t \Rightarrow b - t < b - z.$ ②

由式①、②得

$$\frac{1}{2}(a-x)(b-t) < \frac{1}{2}(a-y)(b-z) \Rightarrow S_{\triangle BMN} < S_{\triangle DPQ},$$

这与题设矛盾.因此,$x = y.$

类似可证 $z = t.$

于是,$\triangle AMQ \cong \triangle CPN \Rightarrow MQ = PN.$

类似可证 $MN = PQ.$

从而,四边形 $MNPQ$ 为平行四边形.

【注】若矩形 $ABCD$ 变为平行四边形,其他条件不变,此结论仍成立.

已知 $\odot O_1$ 与 $\odot O_2$ 交于点 $A, B,$ 点 X 在 $\odot O_2$ 上.设点 Y 在 $\odot O_1$ 上,使得 $\angle XBY = 90°, O_1 X$ 与 $\odot O_2$ 的另一个交点为 $X', X'Y$ 与 $\odot O_2$ 的另一个交点为 $K.$ 证明:X 为 $\overparen{AK}$ 的中点.

(2015,第二届伊朗几何奥林匹克)

证明 如图,设 XB 与 $\odot O_1$ 交于点 $Z.$

由 $\angle XBY = 90°,$ 则 Y, O_1, Z 三点共线.

因为 $\angle O_1 YA = \angle ABX = \angle AX'X,$

所以,Y, A, X', O_1 四点共圆.

又 $O_1 Y = O_1 A,$ 则

$\angle AX'X = \angle O_1 YA = \angle O_1 AY = \angle O_1 X'Y = \angle KX'X.$

故 X 为 $\overparen{AK}$ 的中点.

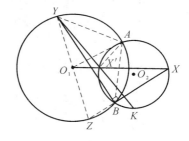

在 $\triangle ABC$ 中,A 为圆心、AB 为半径作圆,与直线 AC 有两个交点;以 A 为圆心、AC 为半径作圆,与直线 AB 有两个交点.将这四个点记为 $A_1, A_2, A_3, A_4.$ 类似地得到点 $B_1, B_2, B_3, B_4; C_1, C_2, C_3, C_4.$ 若这 12 个点在某两个圆上,证明:$\triangle ABC$ 为等腰三角形.

(2015,第二届伊朗几何奥林匹克)

证明 假设 $\triangle ABC$ 不为等腰三角形,不妨设 $a > b > c.$

$\triangle ABC$ 每条边所在的直线含12个点中的四个点.设12个点所在的两个圆为圆 Γ_1 和 $\Gamma_2,$ 则每个圆交各边恰两个点.设 $P(A, \Gamma_1), P(A, \Gamma_2)$ 分别表示点 A 关于圆 Γ_1 和 Γ_2 的幂.分别对点 A 出发的两圆的两条割线使用割线定理,并注意到 $a > b > c,$ 则

$$|P(A, \Gamma_1) \cdot P(A, \Gamma_2)| = b \cdot b(a-c)(a+c) = c \cdot c(a-b)(a+b).$$

故 $b^2(a^2 - c^2) = c^2(a^2 - b^2) \Rightarrow a^2(b^2 - c^2) = 0$.

这与 $b > c$ 矛盾.

从而, $\triangle ABC$ 为等腰三角形.

在 $\triangle ABC$ 中, 点 D, E 分别在边 AB, AC 上, $DE \parallel BC$, M 为 BC 的中点, 点 P 满足 $DB = DP$, $EC = EP$, 且线段 AP 与线段 BC 交于内点. 若 $\angle BPD = \angle CME$, 证明: $\angle CPE = \angle BMD$.

（2015, 中国香港数学奥林匹克）

证明 因为 $\angle BPD = \angle CME = \angle DEM$, 所以, 在 EM 的延长线上存在点 E', 使 $\triangle DPB \backsim \triangle DEE'$, 如图.

故 $\triangle DE'B \cong \triangle DEP$, $EC = EP = E'B$.

注意到, $CM = BM$.

于是, $CE \parallel BE'$ 或
$\angle CEM + \angle EE'B = 180°$. ①

若为式 ① 则
$\angle AED = (180° - \angle CEM) - \angle DEM$
$= \angle BE'M - \angle DEM$
$= (\angle BE'D + \angle DE'M) - \angle DEM = \angle PED$.

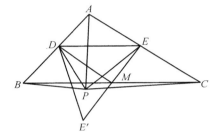

又 $\angle AEP$ 为 $\triangle EPC$ 的外角, 则由
$\angle AED = \angle PED \Rightarrow \angle PED = \angle EPC \Rightarrow DE \parallel PC$,
这与"线段 AP 与线段 BC 交于内点"矛盾.

于是, $CE \parallel BE'$.

进而, $EM = E'M$, $\angle DME = 90°$.

故 $\angle BMD = \angle EDM = \frac{1}{2}\angle EDE' = \frac{1}{2}(\angle AED + \angle BE'D)$

$= \frac{1}{2}(\angle AED + \angle PED) = \frac{1}{2}\angle AEP = \angle CPE$.

在 $\triangle ABC$ 中, M 为边 BC 的中点, AM 与 $\triangle ABC$ 的外接圆 $\odot O$ 的第二个交点为 R, 过 R 作边 BC 的平行线与 $\odot O$ 交于点 S, 过 R 作边 BC 的垂线, 垂足为 U, T 为点 U 关于点 R 的对称点, D 为 $\triangle ABC$ 边 BC 上高的垂足, N 为 AD 的中点, K 为 AS 与 MN 的交点. 证明: AT 平分线段 MK.

（2015, 中国台湾数学奥林匹克训练营）

证明 如图, 设 L 为 MK 的中点, 过 L 作 BC 的垂线, 分别与 BC, AM 交于点 E, F. 因为 $AD \parallel EF$, 所以, $\dfrac{LF}{LE} = \dfrac{AN}{ND} = 1$.

于是,L 为 EF 的中点.

故 $\triangle LEM \cong \triangle LFK$,且

$\angle LFK = 90°$,$KF \parallel BC$.

令 MN 与 RU 交于点 W.

因为 $AD \parallel RU$,所以,$\dfrac{RW}{WU} = \dfrac{AN}{ND} = 1$.

于是,W 为 RU 的中点.

过点 S 作 BC 的垂线,垂足为 V.

由于 $SR \parallel BC$,从而,四边形 $SBCR$ 为等腰梯形.

又 M 为 BC 的中点,则点 S 和 R 关于 OM 对称.进而,M 为 UV 的中点.

从而,MW 为 $\triangle UVR$ 的中位线.故 $MW \parallel VR$.

又 $VS = RU = TR$,且 $SV \parallel RT$,故四边形 $SVRT$ 为平行四边形,$ST \parallel VR \parallel MN$.

综上,$\triangle LFK$ 与 $\triangle TRS$ 对应边平行.

由迪沙格定理,知对应顶点的连线共点.而 KS 与 RF 交于点 A,则 A,L,T 三点共线.

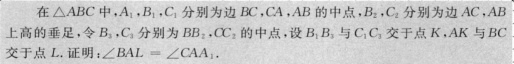

在 $\triangle ABC$ 中,A_1,B_1,C_1 分别为边 BC,CA,AB 的中点,B_2,C_2 分别为边 AC,AB 上高的垂足,令 B_3,C_3 分别为 BB_2,CC_2 的中点,设 B_1B_3 与 C_1C_3 交于点 K,AK 与 BC 交于点 L.证明:$\angle BAL = \angle CAA_1$.

（2015,中国台湾数学奥林匹克选训营）

证明 如图,类似地定义 A_2 和 A_3.

因为中位线 $A_1B_1 \parallel AB$,$B_1C_1 \parallel BC$,$C_1A_1 \parallel CA$,所以,

由比例线段及塞瓦定理知

$$\dfrac{C_1A_3}{A_3B_1} \cdot \dfrac{B_1C_3}{C_3A_1} \cdot \dfrac{A_1B_3}{B_3C_1}$$

$$= \dfrac{BA_2}{A_2C} \cdot \dfrac{AC_2}{C_2B} \cdot \dfrac{CB_2}{B_2A} = 1.$$

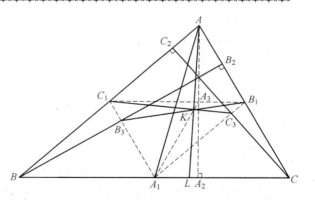

由塞瓦定理的逆定理,知点 K 在 A_1A_3 上.

设 $BC = a$,$CA = b$,$AB = c$.

由梅涅劳斯定理知,$\dfrac{A_1K}{KA_3} \cdot \dfrac{A_3C_1}{C_1B_1} \cdot \dfrac{B_1C_3}{C_3A_1} = 1$,$\dfrac{A_1K}{KA_3} \cdot \dfrac{A_3A}{AA_2} \cdot \dfrac{A_2L}{LA_1} = 1$.

故 $\dfrac{A_2L}{LA_1} = \dfrac{AA_2}{A_3A} \cdot \dfrac{A_3C_1}{C_1B_1} \cdot \dfrac{B_1C_3}{C_3A_1} = 2\dfrac{c\cos B}{a} \cdot \dfrac{b\cos A}{a\cos B} = \dfrac{2bc\cos A}{a^2}$.

将此比值记为 r,而 $c\cos B + b\cos C = a$,$A_1A_2 = \dfrac{1}{2}a - b\cos C = \dfrac{c\cos B - b\cos C}{2}$.

故 $\dfrac{BL}{LC} = \dfrac{c\cos B - \dfrac{r}{1+r} \cdot \dfrac{c\cos B - b\cos C}{2}}{b\cos C + \dfrac{r}{1+r} \cdot \dfrac{c\cos B - b\cos C}{2}} = \dfrac{2c\cos B + r(c\cos B + b\cos C)}{2b\cos C + r(c\cos B + b\cos C)}$

$= \dfrac{2c\cos B + \dfrac{2bc\cos A}{a}}{2b\cos C + \dfrac{2bc\cos A}{a}} = \dfrac{c(a\cos B + b\cos A)}{b(a\cos C + c\cos A)} = \dfrac{c^2}{b^2}.$

但 $\dfrac{BL}{LC} = \dfrac{c\sin\angle BAL}{b\sin\angle CAL}$,得 $\dfrac{\sin\angle BAL}{\sin\angle CAL} = \dfrac{c}{b}$.

又 A_1 为 BC 的中点,则 $1 = \dfrac{BA_1}{A_1 C} = \dfrac{c\sin\angle BAA_1}{b\sin\angle CAA_1}$.

故 $\dfrac{\sin\angle BAL}{\sin\angle CAL} = \dfrac{\sin\angle CAA_1}{\sin\angle BAA_1}$.

由 $\angle BAL + \angle CAL = \angle CAA_1 + \angle BAA_1 = \angle BAC$,知

$\angle BAL = \angle CAA_1, \angle CAL = \angle BAA_1$.

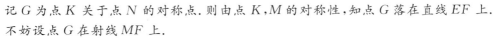

在锐角 $\triangle ABC$ 中,点 E,F 分别在边 AC,AB 上,M 为线段 EF 的中点.令 EF 的中垂线与直线 BC 交于点 K,MK 的中垂线分别与 AC,AB 交于点 S,T.若 K,S,A,T 四点共圆,证明:$\angle KEF = \angle KFE = \angle BAC$.

(2015,中国台湾数学奥林匹克选训营)

证明 记 K,S,A,T 四点共圆于圆 Γ,直线 AM 与 ST 交于点 N,AM 与圆 Γ 的另一个交点为 L(不同于点 A),如图.

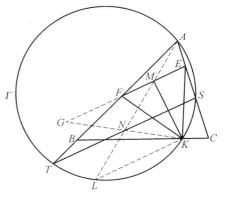

由于 $EF \parallel ST$,$EM = MF$,则

$\dfrac{SN}{NT} = \dfrac{EM}{MF} = 1.$

而点 K 与 M 关于直线 ST 对称,则

$\angle KNS = \angle MNS = \angle LNT$.

又点 K 和 L 均在圆 Γ 上,故 K 和 L 关于 ST 的中垂线对称,有 $KL \parallel ST$.

记 G 为点 K 关于点 N 的对称点.则由点 K,M 的对称性,知点 G 落在直线 EF 上.不妨设点 G 在射线 MF 上.

故 $\angle KGE = \angle KNS = \angle SNM = \angle KLA = 180° - \angle KSA$.

当点 K 与 L 重合时,$\angle KLA$ 是指 AL 与圆 Γ 在点 L 处切线的所成角.则 K,G,E,S 四点共圆.

因为 $GN = NK$,$SN = NT$,所以,四边形 $KSGT$ 为平行四边形.

故 $\angle KEF = \angle KSG = 180° - \angle TKS = \angle BAC$.

注意到,$KE = KF$.

由对称性知,$\angle KFE = \angle KEF = \angle BAC$.

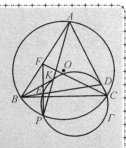

如图,△ABC 内接于⊙O,P 为 $\overparen{BC}$ 上一点,点 K 在线段 AP 上,使得 BK 平分∠ABC.过 K,P,C 三点的圆 Γ 与边 AC 交于点 D,连接 BD 与圆 Γ 交于点 E,连接 PE 并延长,与边 AB 交于点 F.证明:∠ABC = 2∠FCB.

(2015,全国高中数学联合竞赛)

证明 设 CF 与圆 Γ 交于点 L(异于 C),连接 PB,PC,BL,KL.

此时,C,D,L,K,E,P 六点均在圆 Γ 上.

结合 A,B,P,C 四点共圆知

$$\angle FEB = \angle DEP = 180° - \angle DCP = \angle ABP = \angle FBP.$$

故 △FBE ∽ △FPB ⇒ $FB^2 = FE \cdot FP$.

又由圆幂定理,知 $FE \cdot FP = FL \cdot FC ⇒ FB^2 = FL \cdot FC$.

从而,△FBL ∽ △FCB.

则 ∠FLB = ∠FBC = ∠APC = ∠KPC = ∠FLK,即 B,K,L 三点共线.

再据 △FBL ∽ △FCB,得

$$\angle FCB = \angle FBL = \angle FBK = \frac{1}{2}\angle ABC ⇒ \angle ABC = 2\angle FCB.$$

如图,在锐角 △ABC 中,AB > AC,O 为外心,D 为边 BC 的中点.以 AD 为直径作圆,与边 AB,AC 分别交于点 E,F.过点 D 作 DM ∥ AO,与 EF 交于点 M.证明:EM = MF.

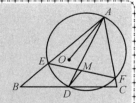

(2015,中国女子数学奥林匹克)

证明 连接 DE,DF,过点 O 作 ON ⊥ AB,与 AB 交于点 N.

由题意知 DE ⊥ AB,DF ⊥ AC.从而,ON ∥ DE.

因为 DM ∥ AO,所以,∠EDM = ∠AON.

又 O 为 △ABC 外心,则 ∠AON = ∠ACB.从而,∠EDM = ∠ACB.

类似地,∠FDM = ∠ABC.

在 △EDF 中,有

$$\frac{EM}{MF} = \frac{DE\sin\angle EDM}{DF\sin\angle FDM} = \frac{DE\sin\angle ACB}{DF\sin\angle ABC} = \frac{DB\sin\angle ABC \cdot \sin\angle ACB}{DC\sin\angle ACB \cdot \sin\angle ABC} = 1$$

$$⇒ EM = MF.$$

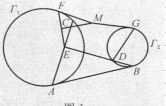

如图 1,两圆 Γ_1 和 Γ_2 外离,一条外公切线与两圆分别切于点 A 和 B,一条内公切线与两圆分别切于点 C 和 D.设 E 为直线 AC 与 BD 的交点,F 为圆 Γ_1 上一点,过 F 作圆 Γ_1 的切线与线段 EF 的中垂线交于点 M,过 M 作切线 MG 与圆 Γ_2 切于点 G.证明:$MF = MG$.

图 1

(2015,中国女子数学奥林匹克)

证明　如图 2,设圆 Γ_1,F_2 的圆心分别为 O_1,O_2,直线 AB 与 CD 交于点 H,连接 HO_1,HO_2.设 J,K 分别为线段 AB,CD 的中点,连接 JE,KE.

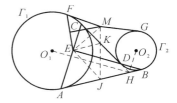

由 HA 和 HC 为 $\odot O_1$ 的切线,知 HO_1 平分 $\angle AHC$,且 $AC \perp HO_1$.

图 2

类似地,HO_2 平分 $\angle BHD$,且 $BD \perp HO_2$.

因为 HO_1,HO_2 分别为 $\angle AHC$ 的内角平分线与外角平分线,所以,$HO_1 \perp HO_2$.

结合 $AC \perp HO_1$,$BD \perp HO_2$,知 $AC \perp BD$.

显然,$JE = JA = JB$,$KE = KC = KD$.

考虑 $\odot O_1$,$\odot O_2$ 及点圆 E.

由 $JE = JA = JB$,知点 J 到这三个圆的幂相等;

由 $KE = KC = KD$,知点 K 到这三个圆的幂也相等.

显然,J 和 K 为两个不同的点.从而,这三个圆必然有一条公共的根轴.

因为点 M 在 EF 的中垂线上,所以,$MF = ME$.

结合 MF 为 $\odot O_1$ 的切线,知点 M 在这三个圆的公共根轴上.

又 MG 为 $\odot O_2$ 的切线,故 $MF = MG$.

已知圆 Γ_1 和 Γ_2 内切于点 T,且 M 和 N 为圆 Γ_1 上不同于 T 的两点,圆 Γ_2 的两条弦 AB,CD 分别过点 M,N.若线段 AC,BD,MN 交于同一点 K,证明:TK 平分 $\angle MTN$.

(2015,中国西部数学邀请赛)

证明　如图,分别延长 TM,TN,与圆 Γ_2 交于点 E 和 F.连接 EF.

从而,$MN \parallel EF$.于是,$\dfrac{TM}{TN} = \dfrac{ME}{NF}$.

结合相交弦定理知

$$\dfrac{TM^2}{TN^2} = \dfrac{TM}{TN} \cdot \dfrac{ME}{NF} = \dfrac{AM \cdot MB}{DN \cdot NC}.$$

在 $\triangle AMK$ 和 $\triangle DNK$ 中,由正弦定理知

①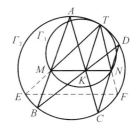

$$\frac{AM}{\sin\angle AKM}=\frac{MK}{\sin\angle MAK},\frac{DN}{\sin\angle DKN}=\frac{KN}{\sin\angle KDN}.$$

注意到,$\angle MAK=\angle BAC=\angle BDC=\angle KDN$,则

$$\frac{AM}{DN}=\frac{MK\sin\angle AKM}{NK\sin\angle DKN}.$$

类似地,$\dfrac{MB}{NC}=\dfrac{MK\sin\angle MKB}{NK\sin\angle NKC}$.

故 $\dfrac{AM\cdot MB}{DN\cdot NC}=\dfrac{MK^2}{NK^2}$. ②

由式①② 知 $\dfrac{TM^2}{TN^2}=\dfrac{MK^2}{NK^2}\Rightarrow\dfrac{TM}{TN}=\dfrac{MK}{NK}\Rightarrow TK$ 平分 $\angle MTN$.

已知 H 为锐角 $\triangle ABC$ 的垂心,点 G 满足四边形 $ABGH$ 为平行四边形,I 为直线 GH 上的点,使得 AC 平分线段 HI. 若直线 AC 与 $\triangle GCI$ 的外接圆交于点 C 和 J,证明:$IJ=AH$.

(第 56 届 IMO 预选题)

证明 如图.

由 $HG\parallel AB,BG\parallel AH\Rightarrow BG\perp BC,CH\perp GH$

$\Rightarrow B,G,C,H$ 四点共圆.

因为 H 为 $\triangle ABC$ 的垂心,

所以,$\angle HAC=90°-\angle ACB=\angle CBH$.

由于四边形 $BGCH$、四边形 $CGJI$ 均为圆内接四边形,于是,

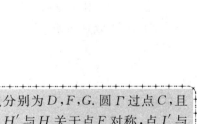

$$\angle CJI=\angle CGH=\angle CBH=\angle HAC.$$

设 AC 与 GH 交于点 M,D 为直线 AC 上不同于 A 的点,且满足 $AH=HD$.

则 $\angle MJI=\angle HAC=\angle MDH$.

因为 $\angle IMJ=\angle HMD,IM=MH$,

所以,$\triangle IMJ\cong\triangle HMD$.

从而,$IJ=HD=AH$.

在 $\triangle ABC$ 中,$CA\ne CB$,边 AB,AC,BC 的中点分别为 D,F,G. 圆 Γ 过点 C,且与 AB 切于点 D,与线段 AF,BG 分别交于点 H,I. 点 H' 与 H 关于点 F 对称,点 I' 与 I 关于点 G 对称,直线 $H'I'$ 与 CD,FG 分别交于点 Q,M,直线 CM 与圆 Γ 的第二个交点为 P. 证明:$CQ=QP$.

(第 56 届 IMO 预选题)

证明　不妨假设 $CA > CB$.

由于点 H', I' 分别在线段 CF, CG 上，则点 M 在 $\triangle ABC$ 的外部，如图 1.

由 D 为 AB 的中点及切割线定理得
$$CH' \cdot CA = AH \cdot AC = AD^2 = BD^2 = BI \cdot BC = CI' \cdot CB.$$

于是，$CH' \cdot CF = CI' \cdot CG$.

这表明，H', I', G, F 四点共圆. 从而，$\angle I'H'C = \angle CGF$.

设 DF, DG 与圆 Γ 的第二个交点分别为 R, S.

下面证明：点 R, S 均在直线 $H'I'$ 上.

由 $FH' \cdot FA = FH \cdot FC = FR \cdot FD$，知 A, D, H', R 四点共圆. 则

则 $\angle RH'F = \angle FDA = \angle CGF = \angle I'H'C$.

于是，R, H', I' 三点共线.

类似地，S, H', I' 三点共线.

从而，R, H', Q, I', S, M 六点共线.

由 $\angle RSD = \angle RDA = \angle DFG$，知 R, S, G, F 四点共圆. 如图 2.

则 $MH' \cdot MI' = MF \cdot MG = MR \cdot MS = MP \cdot MC$.

这表明 C, P, I', H' 四点共圆，设此圆为 Γ'.

由 $\angle H'CQ = \angle SDC = \angle SRC, \angle QCI' = \angle CDR = \angle CSR$，得
$$\triangle CH'Q \backsim \triangle RCQ, \triangle CI'Q \backsim \triangle SCQ \Rightarrow QH' \cdot QR = QC^2 = QI' \cdot QS.$$

以 Q 为反演中心、QC 为反演半径的反演变换将点 R, C, S 分别变为点 H', C, I'. 于是，$\triangle RCS$ 的外接圆 Γ 变为 $\triangle H'CI'$ 的外接圆 Γ'. 由于点 P 和 C 均属于这两个圆，且点 C 在这个反演变换下仍为 C，则点 P 在这个反演变换下也仍为 P.

从而，$QP^2 = QC^2$，即 $QP = QC$.

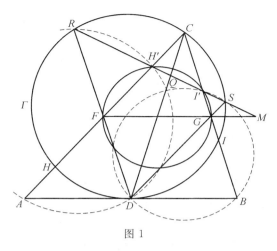

图 1

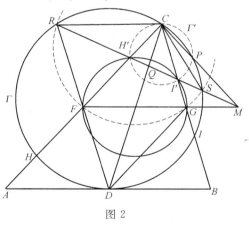

图 2

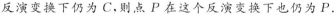

平面内有 $\triangle APQ$ 及矩形 $ABCD$ 满足 PQ 的中点恰在矩形对角线 BD 上. 若射线 AB 和 AD 之一为 $\angle PAQ$ 的平分线，证明：CB 和 CD 之一为 $\angle PCQ$ 的平分线.

（2016，第 56 届乌克兰数学奥林匹克）

证明 由点 B 与 D,P 与 Q 对称,不妨设射线 AB 为 $\angle PAQ$ 的平分线,且 $\angle BAC < \angle BAQ$,如图1,证明此时必有射线 CD 为 $\angle PCQ$ 的平分线.

设 M 为 PQ 的中点,O 为矩形 $ABCD$ 的中心.取 Q 关于点 O 的对称点 S,可知四边形 $AQCS$ 为平行四边形.

设 $\angle BAC = \alpha$,$\angle BAQ = \beta$,
则 $\angle SCA = \angle CAQ = \beta - \alpha$.
因为 AB 是 $\angle PAQ$ 的平分线,
所以,$\angle PAB = \beta$.
又四边形 $ABCD$ 为矩形,从而,
$\angle ABD = \angle BAC = \alpha$.
由 M,O 分别为 PQ,SQ 的中点,知 MO 为 $\triangle PQS$ 的中位线.
故 $PS \parallel MO \Rightarrow PS \parallel BD$.
令直线 PS 与 AB 交于点 T,得 $\angle PTB = \angle TBD = \alpha$.
由外角定理得
$$\angle APS = \angle APT = \angle PAB - \angle PTA = \beta - \alpha = \angle ACS$$
$\Rightarrow A,S,P,C$ 四点共圆 $\Rightarrow \angle APC = \angle ASC = \angle AQC$.

接下来只需证明:凸四边形 $APCQ$ 相对的两个角 $\angle APC = \angle AQC$,则 $\angle PAQ$ 的平分线与 $\angle PCQ$ 的平分线平行.

如图2,设 $\angle PAQ$ 的平分线分别与直线 PC,CQ 交于点 N,F,$\angle PCQ$ 的平分线与 AQ 交于点 L,K 为 P 关于 AF 的对称点.

因为 AF 是 $\angle PAQ$ 的平分线,所以,点 K 在 AQ 上.
故 $\angle AKN = \angle APN = \angle APC = \angle AQC \Rightarrow NK \parallel CQ$
$\Rightarrow \angle CFN = \angle KNA = \angle PNA = \angle CNF$
$\Rightarrow \angle NCL = \dfrac{1}{2}(180° - \angle FCN) = \angle FNC = \angle PNA$
$\Rightarrow AF \parallel CL$.

结论成立.

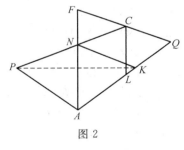

图2

【注】 当 $\alpha > \beta$ 时,点 P 和 Q 在直线 AC 一侧,此时,$\angle APC + \angle AQC = 180°$. 从而,射线 CB 为 $\angle PCQ$ 的平分线.

对于 $\triangle ABC$ 边 BC 上的任意一点 D,若 D 在直线 AB,AC 上的投影分别为 P,Q,且点 D 关于直线 PQ 的对称点在 $\triangle ABC$ 的外接圆上,则称 $\triangle ABC$ 是"大的". 证明:$\triangle ABC$ 是大的当且仅当 $\angle A = 90°$,且 $AB = AC$.

(2016,第 28 届亚太地区数学奥林匹克)

平面几何部分

证明　由题意,设 D 关于直线 PQ 的对称点为 D'.

必要性.

若 $\triangle ABC$ 是大的,则 $\angle A = 90°$,且 $AB = AC$.

如图 1,选取点 D,使得 AD 平分 $\angle BAC$,则 P 和 Q 关于直线 AD 对称.

于是,$PQ \perp AD$.

这表明,点 D' 在直线 AD 上,且要么点 D' 与 A 重合,要么 D' 为 $\angle BAC$ 的平分线与 $\triangle ABC$ 外接圆的第二个交点.

因为 A, P, D, Q 四点共圆,线段 PQ 与 AD 相交,所以,点 D' 在射线 DA 上.这表明,点 D' 与 A 重合.

故 $\angle PD'Q = \angle PDQ = 180° - \angle BAC$.

由 $\angle PD'Q = \angle BAC$,则 $\angle BAC = 90°$.

如图 2,选取 D 为边 BC 的中点.

由于 $\angle BAC = 90°$,则 $\triangle DQP$ 为 $\triangle ABC$ 的中点三角形.于是,$PQ \parallel BC$.

又 $DD' \perp PQ$,故 $DD' \perp BC$.

因为点 D' 到 BC 的距离既等于 $\triangle ABC$ 外接圆的半径,又等于点 A 到 BC 的距离,所以,只可能有点 A 与 D' 重合.

因此,$AB = AC$.

充分性.

如图 3,若 $\triangle ABC$ 是以 $\angle A$ 为直角的等腰直角三角形,设 D 为边 BC 上的任意一点.

则 $D'P = DP, DP = BP \Rightarrow D'P = BP$.

类似地,$D'Q = CQ$.

由 $\angle PAQ = \angle PDQ = \angle PD'Q = 90°$,知 A, P, D, Q, D' 五点共圆,且 PQ 为直径.

又 $\angle APD' = \angle AQD' \Rightarrow \angle BPD' = \angle CQD'$,故
$\triangle D'PB \backsim \triangle D'QC \Rightarrow \angle PD'Q = \angle PD'B + \angle BD'Q = \angle QD'C + \angle BD'Q = \angle BD'C$.

注意到,$\dfrac{D'P}{D'Q} = \dfrac{D'B}{D'C}$.则 $\triangle D'PQ \backsim \triangle D'BC$.

因为 $\triangle DPQ \cong D'PQ$,所以,$\angle BD'C = \angle PD'Q = \angle PDQ = 90°$.

这表明,点 D' 在以 BC 为直径的圆上,即在 $\triangle ABC$ 的外接圆上.

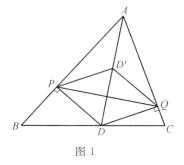

图 1

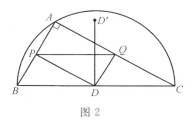

图 2

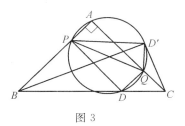

图 3

一条直线 l 与双曲线 $y = \dfrac{1}{x}$ 的右支交于 A 和 B 两点,与直线 l 平行的两条直线 l_1,l_2 分别与双曲线左支交于点 E 和 F,C 和 D,且 l_1 分别与线段 AD,BC 交于点 G,H.证明:$GE = HF$.

(2016,白俄罗斯数学奥林匹克)

证明 如图,设

$$A\left(a, \frac{1}{a}\right), B\left(b, \frac{1}{b}\right), C\left(c, \frac{1}{c}\right), D\left(d, \frac{1}{d}\right),$$

$$E\left(e, \frac{1}{e}\right), F\left(f, \frac{1}{f}\right).$$

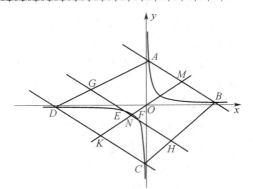

则 $l_{AB}: y = -\dfrac{1}{ab}x + \dfrac{1}{a} + \dfrac{1}{b}$,

$l_{EF}: y = -\dfrac{1}{ef}x + \dfrac{1}{e} + \dfrac{1}{f}$,

$l_{DC}: y = -\dfrac{1}{cd}x + \dfrac{1}{c} + \dfrac{1}{d}$.

因为这些直线的斜率相等,所以,$ab = cd = ef$. ①

分别设 M,N,K 为 AB,EF,DC 的中点,O 为坐标原点.

则 $M\left(\dfrac{a+b}{2}, \dfrac{a+b}{2ab}\right), N\left(\dfrac{e+f}{2}, \dfrac{e+f}{2ef}\right), K\left(\dfrac{c+d}{2}, \dfrac{c+d}{2cd}\right)$,

$l_{OM}: y = \dfrac{1}{ab}x, l_{ON}: y = \dfrac{1}{ef}x, l_{OK}: y = \dfrac{1}{cd}x$.

由式 ①,知直线 OM,ON,OK 重合.

于是,点 O,M,N,K 均在直线 MK 上.

设 $l_{MK}: y = \beta x \left(\beta = \dfrac{1}{ab} = \dfrac{1}{cd} = \dfrac{1}{ef}\right)$.

注意到,梯形上、下底的中点所连线段通过任意一条与上、下底平行的直线与两腰相交所成线段的中点.

在梯形 $ABCD$ 中,线段 GH 满足 $GH \parallel AB \parallel CD$,其中,点 E 和 F 在线段 GH 上.

因为 MK 过 AB,CD 的中点,所以,MK 过线段 GH 的中点.

又 MK 过 EF 的中点,于是,GH,EF 的中点重合.

从而,$GE = HF$.

梯形 $ABCD$ 内接于抛物线 $y = x^2$,$AB \parallel CD$,梯形中位线 MN 所在直线与抛物线交于点 K 和 L.证明:$KM = NL$.

(2016,白俄罗斯数学奥林匹克)

证明　设 $A(a,a^2)$，$B(b,b^2)$，$C(c,c^2)$，$D(d,d^2)$，$K(k,k^2)$，$L(l,l^2)$.

不妨设这些点如图所示.

则 $l_{AB}:y=(a+b)x-ab$，$l_{CD}:y=(c+d)x-cd$，

$l_{KL}:y=(k+l)x-kl$，$l_{AD}:y=(a+d)x-ad$，

$l_{BC}:y=(b+c)x-bc$.

由 $AB \parallel CD \parallel KL$

$\Rightarrow a+b=c+d=k+l=\lambda$（$\lambda$ 为确定的实数）.

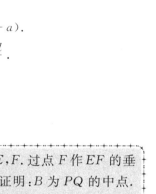

①

设直线 AD 与 KL 交于点 M. 则 M 的横坐标 m 满足

$(k+l)m-kl=(a+d)m-ad$

$\Rightarrow (k+l-a-d)m=kl-ad$.

由式 ①，得 $(c-a)m=kl-ad$. ②

类似地，点 N 的横坐标 n 满足

$(k+l)n-kl=(b+c)n-bc \Rightarrow (k+l-b-c)n=kl-bc$.

同样由式 ① 得 $(a-c)n=kl-bc$. ③

②－③ 后结合式 ① 得

$(c-a)(m+n)=bc-ad=(\lambda-a)c-a(\lambda-c)=\lambda(c-a)$.

因为 $c-a \neq 0$，所以，$m+n=\lambda=k+l \Rightarrow \dfrac{m+n}{2}=\dfrac{k+l}{2}$.

这表明，线段 MN，KL 的中点重合.

又 MN 和 KL 在一条直线上，从而，$KM=NL$.

已知 $\triangle ABC$ 的内切圆与边 BC，CA，AB 分别切于点 D，E，F. 过点 F 作 EF 的垂线，与 ED 交于点 P；过点 D 作 ED 的垂线，与 EF 交于点 Q. 证明：B 为 PQ 的中点.

（2016，第 47 届奥地利数学奥林匹克）

证明　如图，设 PF 与 QD 交于点 H.

由 $\angle EDH=\angle HFE=90°$，知 HE 为 $\triangle ABC$ 内

切圆的直径.

设 EH 与 PQ 交于点 X.

易知，H 为 $\triangle EPQ$ 的垂心，X，D，F 为三个垂足，

$\triangle ABC$ 的内心 I 为 EH 的中点.

故 I，F，X，D 在 $\triangle EPQ$ 的九点圆 Γ 上.

由 D 和 F 为垂足，知 I，F，B，X 四点共圆，此圆即

为圆 Γ，且 BI 为直径.

于是，$\angle EXP=90°$，则 B 为 PQ 的中点.

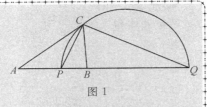

如图 1,在 $\triangle ABC$ 中,$CA \neq CB$,$\angle C$ 的内、外角平分线与 AB 分别交于点 P,Q. 证明:对于以 PQ 为直径的圆上任一点 M,均有 $\angle AMP = \angle BMP$.

图 1

(2016,爱尔兰数学奥林匹克)

证明 如图 2,过点 B 作 $BX \parallel MQ$,与直线 AM 交于点 X;过点 B 作 $BY \parallel MP$,与直线 AM 交于点 Y.

由 $\dfrac{AM}{XM} = \dfrac{AQ}{BQ} = \dfrac{AP}{PB} = \dfrac{AM}{MY} \Rightarrow XM = YM$.

因为 $\angle PMQ = 90°$,所以,$\angle XBY = 90°$.

又 BM 为 $\mathrm{Rt}\triangle XBY$ 斜边上的中线,则

$MB = MY$,$\dfrac{AP}{PB} = \dfrac{AM}{MY} = \dfrac{AM}{MB}$.

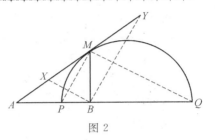

图 2

设 $\angle AMB$ 的平分线与 AB 交于点 P',则 $\dfrac{AP'}{P'B} = \dfrac{AM}{MB}$.

故点 P' 与 P 重合. 因此,$\angle AMP = \angle BMP$.

给定 $\triangle ABC$,若 $\triangle ABC$ 某条边上的点 X 与该边所对应的顶点连线恰平分周长,则记($X \to \triangle ABC$). 设在凸四边形 $ABCD$ 中,X,Y,Z,M 分别为边 AB,AD,DC,CB 上的点,且满足

$BM = CM,AX = AY,YD = DZ,ZC = BX$,

$(X \to \triangle ABM),(Y \to \triangle AMD),(Z \to \triangle CDM)$.

证明:$\triangle ABM \cong \triangle MDA \cong \triangle DMC$.

(2016,朝鲜国家队选拔考试)

证明 记以 E 为圆心、EF 为半径的圆为 $E(EF)$.

如图,作圆 $M(MA + AX)$,$B(BX)$,$C(CZ)$,$A(AX)$,$D(DZ)$.

由题中条件,知最大圆 $M(MA + AX)$ 与圆 $B(BX)$,$C(CZ)$,$A(AX)$,$D(DZ)$ 相切,设切点分别为 S,T,R,V. 显然,$A(AX)$ 也与 $B(BX)$,$D(DZ)$ 相切,设切点分别为 X,Y. 类似地,$C(CZ)$ 与 $D(DZ)$ 切于点 Z.

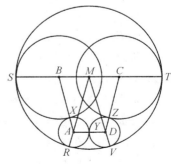

过点 A 且平行于 BC 的直线与过点 C 且平行于 AM 的直线交于点 D'.

则 $AD' - AY = BM - AX = (BM + BX) - AB = \dfrac{1}{2}(AM + BM - AB) > 0$.

类似地，$CD' > CZ, MD' > MV$.

设 Y' 为线段 AD' 与圆 $A(AX)$ 的交点，Z' 为线段 CD' 与圆 $C(CZ)$ 的交点，V' 为射线 MD' 与圆 $M(MA + AX)$ 的交点.

故 $D'V' = MV' - MD' = SM - (BX + XA) = BM - AY' = D'Y'$，

$D'V' = MV' - MD' = MR - (BX + XA) = MA - BX = CD' - CZ' = D'Z'$.

于是，圆 $D'(D'Y')$ 与三圆相切.

从而，点 D 与 D' 重合.

故 $\triangle ABM \cong \triangle MDA \cong \triangle DMC$.

已知 $\odot O_1$ 与 $\odot O_2$ 交于点 A 和 B，一条过点 B 的直线与 $\odot O_1$ 的另一个交点为 C，与 $\odot O_2$ 的另一个交点为 D. $\odot O_1, \odot O_2$ 在点 C, D 处的切线交于点 E，且直线 AE 与 $\triangle AO_1O_2$ 的外接圆 Γ 的另一个交点为 F. 证明：线段 EF 的长度等于圆 Γ 的直径.

（2016，第 67 届罗马尼亚国家队选拔考试）

证明 如图，设 CO_1 与 DO_2 的交点为 P. 不妨设点 O_1, O_2 分别在线段 CP, DP 上，其他情况类似.

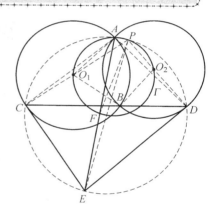

由 $\angle O_1CB = \angle O_1BC, \angle O_2DB = \angle O_2BD$

$\Rightarrow \angle CPD = 180° - (\angle O_1CB + \angle O_2DB)$

$\quad = \angle O_1BO_2 = \angle O_1AO_2$

$\Rightarrow$ 点 P 在圆 Γ 上.

由 $\angle PCE = \angle PDE = 90° \Rightarrow P, C, E, D$ 四点共圆.

又 $2\angle ACP = \angle AO_1P = \angle AO_2P = 2\angle ADP$

$\Rightarrow A, C, E, D, P$ 五点共圆，该圆的直径为 EP.

注意到，$\angle PAE = 180° - \angle PDE = 90°$.

于是，FP 为圆 Γ 的直径.

由 $\angle AFP = \angle AO_1P = 2\angle ACP = 2\angle AEP \Rightarrow EF = FP$.

从而，问题得证.

在锐角 $\triangle ABC$ 中，过点 C 作 $CH \perp AB$ 于点 H，且 $AH = 3BH$，且 M, N 分别为边 AB, AC 的中点. 点 P 与 B 分别在 AC 的两侧，且 $NP = NC, CP = CB$. 证明：$\angle APM = \angle PBA$.

（2016，第 54 届荷兰国家队选拔考试）

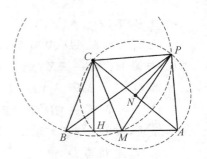

证明 据题设作出图.

由已知得 $NA = NC = NP$,即 N 为 $\triangle ACP$ 的外心.

从而,$\angle APC = 90°$. ①

又 $AH = 3BH$,$MB = MA$,故 $MH = BH$.

结合 $\angle CHB = 90° = \angle CHM$,得

$\text{Rt}\triangle CHB \cong \text{Rt}\triangle CHM$

$\Rightarrow CM = CB \Rightarrow CM = CP \Rightarrow C$ 为 $\triangle PMB$ 的外心.

由式 ① 得 AP 与 $\odot C$ 相切.

据弦切角定理,得 $\angle APM = \angle PBM = \angle PBA$.

在等腰 $\triangle ABC$ 中,$AB = AC$,点 D、E、F 分别在边 BC、CA、AB 上,且 $BF = BE$,ED 为 $\angle BEC$ 的平分线.证明:$BD = EF$ 当且仅当 $AF = EC$.

(2016,第 54 届荷兰国家队选拔考试)

证明 如图.

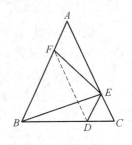

由角平分线定理,得 $\dfrac{BF}{BD} = \dfrac{BE}{BD} = \dfrac{CE}{CD}$.

由 $AB = AC \Rightarrow \angle FBD = \angle ECD$.

故 $\triangle BFD \backsim \triangle CED$

$\Rightarrow \angle BFD = \angle CED = \angle BED$

$\Rightarrow B$、D、E、F 四点共圆.

则 $DE \parallel BF \Leftrightarrow DB = EF$.

注意到,$AF = EC \Leftrightarrow BF = AE \Leftrightarrow EA = EB \Leftrightarrow \angle A = \angle ABE$. ①

又 $2\angle BED = \angle BEC = \angle A + \angle ABE$,结合式 ① 得

$\angle A = \angle ABE \Leftrightarrow \angle BED = \angle ABE \Leftrightarrow DE \parallel BF$.

综上,$BD = EF \Leftrightarrow DE \parallel BF \Leftrightarrow AF = EC$.

已知 $\odot O$ 与 $\triangle ABC$ 的边 BC、CA、AB 分别交于点 U 和 V,W 和 X,Y 和 Z,且 U、V、W、X、Y、Z 按顺时针方向排列在圆上. 若 $AY = BZ$,$BU = CV$,证明:$CW = AX$.

(2016,澳大利亚数学奥林匹克)

证明 如图.

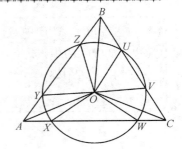

由 $OY = OZ \Rightarrow \angle OYZ = \angle YZO$

$\Rightarrow \angle AYO = \angle BZO$.

结合 $AY = BZ$,故

$\triangle AYO \cong \triangle BZO \Rightarrow OA = OB$.

类似地,

平面几何部分

$$\triangle BUO \cong \triangle CVO \Rightarrow OB = OC \Rightarrow OA = OC$$

$$\Rightarrow \angle XAO = \angle WCO.$$

由 $OX = OW \Rightarrow \angle WXO = \angle XWO$

$$\Rightarrow \angle OXA = \angle OWC \Rightarrow \triangle AXO \cong \triangle CWO \Rightarrow CW = AX.$$

在等腰 $\triangle ABC$ 中,$AB = BC$.作出 $\triangle ABC$ 的外接圆 Γ 的一条直径 CC'.经过点 C' 与 BC 平行的直线分别与直线 AB,AC 交于点 M,P.证明:M 为线段 $C'P$ 的中点.

(2016,第 42 届俄罗斯数学奥林匹克)

证明 如图.

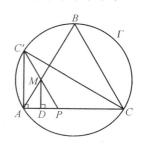

由题意,知 $\angle CAC' = 90°$.

又 $MP \parallel BC$,则 $\angle MPA = \angle BCA = \angle BAC$.

这表明,$\triangle AMP$ 为等腰三角形,作 $MD \perp AP$ 于点 D,则 $AD = DP$.

又 $AC' \parallel DM$,由平行截线定理知 $C'M = MP$.

在凸四边形 $ABCD$ 中,$\angle DAB = 90°$,M 为边 BC 的中点,$\angle ADC = \angle BAM$.证明:$\angle ADB = \angle CAM$.

(2016,第 42 届俄罗斯数学奥林匹克)

证明 如图,在线段 BA 的延长线上取一点 K,使得 $AK = AB$.

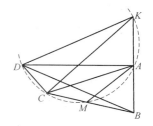

于是,DA 在 $\triangle BDK$ 中既为中线又为高线.从而,也为角平分线.

则 AM 为 $\triangle BCK$ 的中位线.故 $AM \parallel CK$.

这表明,$\angle BKC = \angle BAM = \angle ADC$,即 A,K,D,C 四点共圆.

又由 $AM \parallel CK$,知 $\angle CAM = \angle ACK = \angle ADK$.

因此,$\angle ADB = \angle ADK = \angle CAM$.

如图,在 $\triangle ABC$ 中,$AC > AB$,圆 Γ 为 $\triangle ABC$ 的外接圆.设 X 为线段 AC 上一点,Y 为圆 Γ 上一点(点 A 和 Y 在直线 BC 的异侧),满足 $CX = CY = AB$,直线 XY 与圆 Γ 的另一个交点为 P.证明:$PB = PC$.

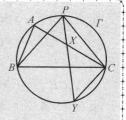

(2016,第三届伊朗几何奥林匹克)

证明 因为 $CX = CY$,所以,$\angle YXC = \angle XYC$.

这表明,$\overparen{AP} + \overparen{CY} = \overparen{PC}$.

又 $AB = CY$,则

$$\overparen{AB} = \overparen{CY} \Rightarrow \overparen{AP} + \overparen{CY} = \overparen{AP} + \overparen{AB} = \overparen{PB} \Rightarrow \overparen{PB} = \overparen{PC} \Rightarrow PB = PC.$$

如图,圆 Γ_1 和 Γ_2 交于点 A 和 B 两点.圆 Γ_1 在点 A 处的切线与圆 Γ_2 的另一个交点为 P,直线 PB 与圆 Γ_1 的另一个交点为 Q,过 Q 作圆 Γ_2 的切线,与圆 Γ_1,Γ_2 分别交于 C,D 两点(点 A 和 D 在直线 PQ 的异侧).证明:AD 平分 $\angle CAP$.

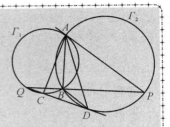

(2016,第三届伊朗几何奥林匹克)

证明 由圆周角定理,知 $\angle CAB = \angle CQB$.

再由弦切角定理,得 $\angle DAB = \angle BDQ$.

则 $\angle CAD = \angle CAB + \angle DAB = \angle CQB + \angle BDQ = \angle PBD = \angle PAD$.

因此,AD 平分 $\angle CAP$.

在锐角 $\triangle ABC$ 中,$\angle B \neq \angle C$,M 为边 BC 的中点,E,F 分别为过点 B,C 的高的垂足.令 K,L 分别为线段 ME,MF 的中点,在直线 KL 上取一点 T,使得 $TA \parallel BC$.证明:$TA = TM$.

(2016,中国台湾数学奥林匹克选训营)

证明 不妨设 $AB > AC$.作 $\triangle AEF$ 的外接圆 Γ.

引理 直线 ME,MF,AT 均为圆 Γ 的切线.

证明 注意到,E 和 F 两点落在以线段 BC 为直径的 $\odot M$ 上.

于是,$MC = ME = MF = MB$.

则 $\angle FEM = 90° - \dfrac{1}{2}\angle EMF = 90° - \angle EBF = \angle FAE$.

故由弦切角性质,知 ME 为圆 Γ 的切线.

由对称性,知 MF 也为圆 Γ 的切线.

又 $\angle TAB = \angle CBA = 180° - \angle FEC = \angle AEF$,于是,$TA$ 也为圆 Γ 的切线.

引理得证.

因为 $KE^2 = KM^2$,且 KE 与圆 Γ 相切,所以,点 K 落在圆 Γ 与点圆 M 的根轴上.

类似地,点 L 也落在圆 Γ 与点圆 M 的根轴上.

故直线 KL 即为圆 Γ 与点圆 M 的根轴.

而点 T 在此两圆的根轴上,于是,$TA^2 = TM^2 \Rightarrow TA = TM$.

如图 1,在 $\triangle ABC$ 中,X 和 Y 为直线 BC 上两点($X,B,$ C,Y 顺次排列),使得 $BX \cdot AC = CY \cdot AB$. 设 $\triangle ACX$, $\triangle ABY$ 的外心分别为 O_1,O_2,直线 O_1O_2 与 AB,AC 分别交 于点 U,V. 证明:$\triangle AUV$ 为等腰三角形.

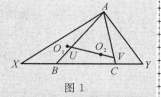

图 1

(2016,全国高中数学联合竞赛)

证明 如图 2,作 $\angle BAC$ 的平分线,与 BC 交于点 P. 设 $\triangle ACX$,$\triangle ABY$ 的外接圆分别为 Γ_1,Γ_2.

由内角平分线的性质,知 $\dfrac{BP}{CP} = \dfrac{AB}{AC}$.

由条件,得 $\dfrac{BX}{CY} = \dfrac{AB}{AC}$.

故 $\dfrac{PX}{PY} = \dfrac{BX + BP}{CY + CP} = \dfrac{AB}{AC} = \dfrac{BP}{CP}$

$\Rightarrow PC \cdot PX = BP \cdot PY$.

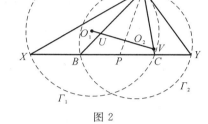

图 2

则点 P 对圆 Γ_1,Γ_2 的幂相等. 从而,点 P 在圆 Γ_1,Γ_2 的根轴上.

于是,$AP \perp O_1O_2$. 这表明,点 U 和 V 关于直线 AP 对称.

因此,$\triangle AUV$ 为等腰三角形.

如图,$\triangle ABC$ 的内切圆 $\odot I$ 与边 BC,CA,AB 分 别切于点 D,E,F,直线 BI,CI,DI 分别与 EF 交于点 M,N,K,直线 BN 与 CM 交于点 P,直线 AK 与 BC 交于点 G,过点 I 垂直于 PG 的直线与过点 P 垂直于 PB 的直线交于点 Q. 证明:直线 BI 平分线段 PQ.

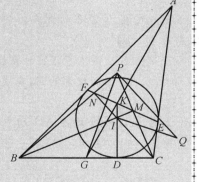

(第 13 届中国东南地区数学奥林匹克)

证明 过点 K 作平行于 BC 的直线,分别与 AB,AC 交于点 R,S. 则 $IK \perp RS$. 又 $IF \perp AB$,故 I,K,F,R 四点共圆.

类似地,I,K,S,E 四点共圆.

故 $\angle IRK = \angle IFK = \angle IEK = \angle ISK \Rightarrow KR = KS$.

因为 $RS \parallel BC$,所以,G 为 BC 的中点.

由 $\angle CNE = \angle AEF - \angle ECN = 90° - \dfrac{\angle BAC}{2} - \dfrac{\angle ACB}{2} = \dfrac{\angle ABC}{2} = \angle FBI$,

知 B,I,N,F 四点共圆.

又 B,D,I,F 四点共圆,于是,B,D,I,N,F 五点共圆.从而,$IN \perp BN$.

类似地,$IM \perp CM$.

于是,I 为 $\triangle PBC$ 的垂心,进而,$PI \perp BC$.

从而,P,I,D 三点共线.

设 BI 与 PQ 交于点 T.

由 D,C,M,I 四点共圆,知 $\angle PIM = \angle PCB$.

又 $\angle TPI = 90° - \angle BPD = \angle PBC$,则 $\triangle TPI \backsim \triangle PBC$.

取线段 PI 的中点 L,连接 LT.

故 $\triangle TPL \backsim \triangle PBG \Rightarrow \angle PTL = \angle BPG$

$\Rightarrow \angle PTL + \angle GPT = \angle BPG + \angle GPT = \angle BPQ = 90°$

$\Rightarrow TL \parallel QI.$

因此,$PT = TQ$,即 BI 平分 PQ.

已知 $\triangle ABC$ 为非等腰锐角三角形,点 A 在其欧拉线(过外心与垂心的直线)上的投影为 D.以 S 为圆心且过点 A 和 D 的圆 $\varGamma$ 与 AB,AC 分别交于点 X,Y.若点 A 在 BC 上的投影为 P,BC 的中点为 M,证明:$\triangle XSY$ 的外心到点 P 和 M 的距离相等.

(第 57 届 IMO 预选题)

证明 如图,设 $\triangle ABC$ 的外心为 O,垂心为 H,AH 的中点为 Q,$\triangle ABC$ 的九点圆的圆心为 N.

则点 Q 在 $\triangle ABC$ 的九点圆 $\odot N$ 上,且 QM 的中点为 N,$QM \parallel AO$.

设过点 S 且垂直于 XY 的直线与 QM 交于点 S',点 B 在 AC 上的投影为 E,直线 XY 与 BC 交于点 K.

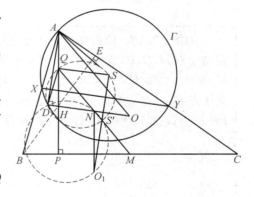

因为点 Q 和 S 均在 AD 的中垂线上,

所以,$\angle SDQ = \angle QAS = \angle XAS - \angle XAQ$

$= \dfrac{\pi}{2} - \angle AYX - \angle BAP$

$= \angle CBA - \angle AYX = (\angle CBA - \angle ACB) + (\angle ACB - \angle AYX)$

$= \angle PEM + (\angle ACB - \angle AYX) = \angle PQM - \angle BKY$

$= \dfrac{\pi}{2} - \angle PMQ + \angle BKY = \angle SS'Q.$

于是,D,S',S,Q 四点共圆.

过点 N 作 BC 的垂线,与 SS' 交于点 O_1(当 S 为 AO 的中点时,这两条直线重合.此时,$\triangle XSY$ 的外心在这条直线上,因此,要证明的结论成立).

又点 N 在 PM 的中垂线上,于是,只要证明 O_1 为 $\triangle XSY$ 的外心.

由 $SQ \parallel OD$，$QA \parallel O_1N \Rightarrow \angle DS'O_1 = \angle DQS = \angle SQA = \angle DNO_1$

$\Rightarrow D$，O_1，S'，N 四点共圆 $\Rightarrow \angle SDS' = \angle SQS' = \angle ONS' = \angle DO_1S'$．

故 SD 与过点 D，O_1，S'，N 的圆切于点 D．

由切割线定理得 $SS' \cdot SO_1 = SD^2 = SX^2$． ①

由正弦定理得

$$\frac{SS'}{\sin \angle SQS'} = \frac{SQ}{\sin \angle SS'Q} = \frac{SQ}{\sin \angle SDQ} = \frac{SQ}{\sin \angle SAQ} = \frac{SA}{\sin \angle SQA}$$

$$\Rightarrow SS' = SA \cdot \frac{\sin \angle SQS'}{\sin \angle SQA} = SA \cdot \frac{\sin \angle HOA}{\sin \angle OHA} = SA \cdot \frac{AH}{AO} = SA \cdot 2\cos A，$$

这是点 S 到 XY 的距离的 2 倍．

注意到，点 S 和 C 在 PM 的中垂线的同侧当且仅当

$$\angle SAC < \angle OAC \Leftrightarrow \angle YXA > \angle CBA，$$

这表明，点 S 和 O_1 在 XY 的异侧．

因为点 S' 在射线 SO_1 上，所以，点 S 和 S' 不可能在 XY 的同侧．

于是，点 S 和 S' 关于直线 XY 对称．

设 $\triangle XSY$ 的外接圆的直径为 d．

由于 SS' 为点 S 到 XY 的距离的 2 倍，且 $SX = SY$，则 $SS' = 2 \cdot \dfrac{SX^2}{d}$．

由式 ①，知 $d = 2SO_1$．

因为 SO_1 是 XY 的中垂线，所以，O_1 为 $\triangle XSY$ 的外心．

　　在锐角 $\triangle ABC$ 中，AM 为中线，BH 为高．经过点 M 作直线 AM 的垂线与射线 HB 交于点 K．证明：若 $\angle MAC = 30°$，则 $AK = BC$．

（2017，第 43 届俄罗斯数学奥林匹克）

证明 因为 $\angle AHK = \angle AMK = 90°$，

所以，点 A，H，M，K 均在以线段 AK 为直径的圆上，如图．

在 $\triangle MAH$ 中，由正弦定理得

$$HM = AK \sin \angle MAH = AK \sin 30° = \frac{1}{2} AK．$$

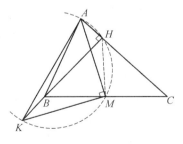

又 HM 为 $\text{Rt} \triangle BHC$ 斜边 BC 上的中线，则

$$BC = 2HM = AK．$$

　　已知四边形 $ABCD$ 内接于 $\odot O$，对角线 AC 与 BD 相互垂直并交于点 P，点 O 位于 $\triangle BPC$ 的内部，点 H 在 BO 上，使得 $\angle BHP = 90°$．记 $\triangle PHD$ 的外接圆 Γ 与线段 PC 的第二个交点为 Q．证明：$AP = CQ$．

（2017，第 43 届俄罗斯数学奥林匹克）

证明 如图,作出 $\odot O$ 直径 BT.

则 $\angle PDT = \angle BDT = 90°$.

这表明,$\angle PHT + \angle PDT = 180°$,即点 T 在圆 Γ 上.

于是,$\angle PQT = \angle PHT = 90°$.

从而,四边形 $PQTD$ 为矩形.

考虑线段 DT 与 PQ 的公共的中垂线 l,其经过点 O.因而,也为线段 AC 的中垂线.

这表明,线段 AP 与 CQ 关于直线 l 对称.

因此,$AP = CQ$.

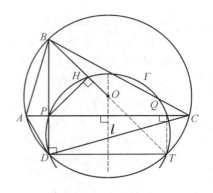

已知 Rt$\triangle ABC$ 斜边 AB 的中点为 M,点 P 在线段 CB 上,且 $\dfrac{CP}{PB} = \dfrac{1}{2}$,过点 B 的直线与线段 AC,AP,PM 分别交于点 X,Y,Z.证明:$\angle PZY$ 的平分线过点 C 当且仅当 $\angle PYX$ 的平分线过点 C.

(2017,第 67 届白俄罗斯数学奥林匹克)

证明 如图,记点 A 关于点 C 的对称点为 D.

则 $\triangle ABD$ 为等腰三角形.

类似地,$\triangle ADP$ 也为等腰三角形.

记 P' 为 $\triangle ABD$ 中线 DM 与边 BC 的交点,则 $BP' = 2P'C$.

于是,点 P' 与 P 重合.

因为点 C 在 $\angle DPA$ 的平分线上,

所以,C 到 DP 和 PA 的距离相等.

若点 C 在 $\angle PZY$ 的平分线上,则 C 到 PZ 和 ZY 的距离相等.

因此,点 C 到 YP 和 YX 的距离相等,即点 C 在 $\angle PYX$ 的平分线上.

类似可证明这个命题的逆命题.

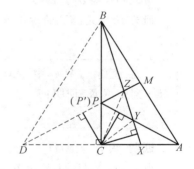

在 $\triangle ABC$ 中,M 为边 BC 的中点,$\triangle ABM$ 的外接圆与线段 AC 的第二个交点为 B_1,$\triangle AMC$ 的外接圆与线段 AB 的第二个交点为 C_1.记 $\triangle AC_1B_1$ 的外心为 O.证明:$OB = OC$.

(2017,第 67 届白俄罗斯数学奥林匹克)

证明　如图.

由 B,M,B_1,A 四点共圆, C,M,C_1,A 四点共圆

$\Rightarrow \angle CMB_1 = \angle CAB = \angle BMC_1$

$\Rightarrow \angle C_1MB_1 = 180° - 2\angle CAB$

$\Rightarrow \angle CAB < 90°.$

由 O 为 $\triangle AC_1B_1$ 的外心,

$\angle B_1OC_1 = 2\angle CAB < 180°,$

知点 O 和 A 位于直线 C_1B_1 的同侧.

故 $\angle C_1MB_1 + \angle B_1OC_1 = 180° \Rightarrow O,C_1,M,B_1$ 四点共圆.

又 $OC_1 = OB_1$,于是, MO 为 $\angle C_1MB_1$ 的平分线.

则 $\angle BMO = \angle BMC_1 + \angle C_1MO = \angle CMB_1 + \angle B_1MO = \angle CMO = 90°.$

因为 M 是 BC 的中点,所以, $OB = OC.$

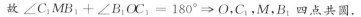

已知凸四边形 $ABCD$ 内接于 $\odot O$,对角线 AC 与 BD 交于点 H, $\triangle AHD$ 的外心为 O_1, $\triangle BHC$ 的外心为 O_2. 过点 H 作直线 l,与 $\odot O$ 交于点 M_1,M_2,与 $\triangle O_1HO$ 的外接圆, $\triangle O_2HO$ 的外接圆分别交于点 N_1,N_2.证明: $M_1N_1 = M_2N_2$.

(2017,第 57 届乌克兰数学奥林匹克)

证明　如图,延长 OO_1,与 AD 交于点 H_1;

延长 OO_2,与 BC 交于点 H_2.

则 $\angle ON_1N_2 = \angle OO_1H$

$= 180° - \angle AO_1H_1 - \angle AO_1H$

$= 180° - \angle AHD - 2\angle ADH$

$= 180° - \angle BHC - 2\angle BCH$

$= 180° - \angle BO_2H_2 - \angle BO_2H$

$= \angle OO_2H = \angle ON_2N_1.$

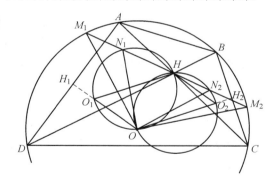

从而, $\angle ON_1M_1 = \angle ON_2M_2.$

又 $OM_1 = OM_2$, $\angle OM_1N_1 = \angle OM_2N_2$,故

$\triangle OM_1N_1 \cong \triangle OM_2N_2 \Rightarrow M_1N_1 = M_2N_2.$

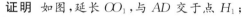

已知不等边锐角 $\triangle ABC$ 的三条高线分别为 AE,BF,CD, E 关于 A 的对称点为 E',且 F 关于 B 的对称点为 F',点 C_1 在射线 CD 上,且 $DC_1 = 3CD$.证明:

$\angle E'C_1F' = \angle ACB.$

(2017,第 66 届捷克和斯洛伐克数学奥林匹克)

平面几何部分

证明 如图,作矩形 $CEAM$、矩形 $CFBN$、矩形 $CEE'P$、矩形 $CFF'Q$.

设 CC_1 的中点为 C',

$\angle BAC = \alpha, \angle ABC = \beta, \angle ACB = \gamma$.

则 $\triangle ABC \cong \triangle ABC', \triangle AMC \backsim \triangle BNC$.

由 $\angle MAC' = 360° - \angle MAC - \angle BAC - \angle BAC'$

$= 360° - \gamma - 2\alpha = \gamma + 2\beta$

$= \angle NBC + \angle ABC + \angle ABC' = \angle NBC'$,

$\dfrac{MA}{NB} = \dfrac{AC}{BC} = \dfrac{AC'}{BC'}$,

故 $\triangle MAC' \backsim \triangle NBC' \Rightarrow \angle AC'M = \angle BC'N$

$\Rightarrow \angle MC'N = \angle AC'B = \gamma$.

又 MC', NC' 分别为 $\triangle CPC_1, \triangle CQC_1$ 的中位线,由 $MC' /\!/ PC_1, NC' /\!/ QC_1$,知

$\angle PC_1Q = \angle MC'N = \gamma$.

因为 $BN \underset{=}{/\!/} F'Q, 2NC' \underset{=}{/\!/} QC_1, AM \underset{=}{/\!/} E'P, 2MC' \underset{=}{/\!/} PC_1$,且 $\triangle MAC' \backsim \triangle NBC'$,

所以,$\triangle PE'C_1 \backsim \triangle QF'C_1 \Rightarrow \angle PC_1E' = \angle QC_1F'$.

故 $\angle E'C_1F' = \angle PC_1Q = \gamma = \angle ACB$.

已知 M 为正五边形 $ABCDE$ 的中心,P 为线段 MD 上异于 M 的一点,$\triangle ABP$ 的外接圆与线段 AE 交于另一点 Q,与过点 P 且垂直于 CD 的直线交于另一点 R.证明:

$$AR = QR.$$

(2017,第 48 届奥地利数学奥林匹克)

证明 如图,设 PR 与 AE 交于点 S.

因为 $PR \perp CD, BE /\!/ CD$,

所以,$BE \perp PR, PR /\!/ MA$.

故 $\angle QSP = \angle EAM = \angle MAB$.

又 $\angle QSP + \angle SPQ = 180° - \angle SQP$

$= \angle ABP = \angle BAP$

$= \angle MAB + \angle PAM$,

于是,$\angle SPQ = \angle PAM = \angle APS$.

因此,$AR = QR$.

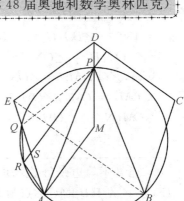

设 a 和 b 为正实数.已知正六边形边长为 a,在其外侧作长为 a、宽为 b 的矩形,使得每个矩形的长为 a 的边与正六边形的相应边重合,得到的图形的 12 个新顶点共圆.交换 a 和 b 并重复以上操作,即在边长为 b 的正六边形的外侧作长为 b、宽为 a 的矩形,使得每个矩形的长为 b 的边与正六边形的相应边重合,得到的图形的 12 个新顶点共圆.证明:上述两圆的半径相等.

(2017,第 33 届意大利数学奥林匹克)

证明 设 $\odot O$ 是边长为 a 的正六边形 $ABCDEF$ 的外接圆.

以 BC 为边向形外作矩形 $BCMN$.则 $\odot O$ 的一条半径为 OB.

由题意,知 $\triangle OBC$ 为等边三角形.

故 $BC = OB = a$,$\angle OBC = 60°$.

于是,$\angle OBN = 60° + 90° = 150°$.

由余弦定理,知 $ON^2 = OB^2 + BN^2 - 2OB \cdot BN\cos150° = a^2 + b^2 + \sqrt{3}\,ab$.

类似地,交换 a 和 b 后得到的外接圆的半径也为 $a^2 + b^2 + \sqrt{3}\,ab$.

已知在正方形 $ABCD$ 中,点 E,N 分别在 AB,CD 上,F 和 M 为边 BC 上两点,满足 $\triangle AMN$ 和 $\triangle DEF$ 均为正三角形.记 AN 与 DE 交于点 P,AM 与 EF 交于点 Q.证明:$PQ = FM$.

(2017,罗马尼亚数学奥林匹克)

证明 由对称性,知 $BM = DN = AE = CF$,$BE = BF$,$CM = CN$.

则 P 为线段 AN 和 DE 的中点,且 $\angle EFB = \angle CMN = 45°$.

故 $\angle PFM = 30° + 45° = \angle AMB \Rightarrow PF // QM$.

由 $\angle PAQ = \angle PEQ \Rightarrow A,P,Q,E$ 四点共圆

$\Rightarrow \angle FPQ = 90° - \angle EPQ = 90° - \angle QAE = \angle AMB = \angle PFM$

$\Rightarrow$ 四边形 $PQMF$ 为等腰梯形 $\Rightarrow PQ = MF$.

在 $\triangle ABC$ 中,$AB < BC$,I 为内心,M 为 AC 的中点,N 为 $\triangle ABC$ 的外接圆弧 $\overparen{ABC}$ 的中点.证明:$\angle IMA = \angle INB$.

(2017,克罗地亚数学奥林匹克)

证明 如图,设射线 BI 与 $\triangle ABC$ 的外接圆的另一个交点为 N'.

则 N 与 N' 为对径点,即 N' 为劣弧 $\overparen{CA}$ 的中点.

于是,M 为 NN' 与 AC 的交点,$\angle N'MA = 90°$.

由泰勒斯定理,知 $\angle NBN' = \angle NBI = 90°$.

由 I 为 $\triangle ABC$ 的内心,N' 为 $\overparen{AC}$ 的中点,知

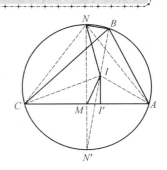

平面几何部分

$AN' = N'I.$

在 Rt$\triangle ANN'$ 中,由 $AM \perp NN'$ 得

$$N'I^2 = AN'^2 = N'M \cdot N'N \Rightarrow \frac{N'I}{MN'} = \frac{NN'}{IN'}$$

$$\Rightarrow \triangle N'MI \backsim \triangle N'IN \Rightarrow \angle IMN' = \angle NIN'$$

$$\Rightarrow 90° + \angle AMI = 90° + \angle INB \Rightarrow \angle IMA = \angle INB.$$

> 已知 $\odot O$ 为 $\triangle ABC$ 的外接圆,$\odot I_A$ 为 $\triangle ABC$ 的顶点 A 所对的旁切圆,$\odot O$ 与 $\odot I_A$ 的两条公切线与 BC 分别交于点 P 和 Q.证明:$\angle PAB = \angle QAC$.
>
> (2017,塞尔维亚数学奥林匹克)

证明 不妨假设点 P 在 CB 的延长线上,点 Q 在 BC 的延长线上.

记两条公切线与 $\odot O$ 的切点分别为 L 和 K.不妨假设点 P 和 L 在直线 AB 的同侧,点 K 和 Q 在直线 AC 的同侧,M 为劣弧 $\overparen{BC}$ 的中点.

由 $\angle LPI_A = 90° + \frac{1}{2}\angle LPC$,$\angle LAI_A = \angle LAM = \frac{1}{2}\angle LOM = \frac{1}{2}(180° - \angle LPC)$,

有 $\angle LPI_A + \angle LAI_A = 180° \Rightarrow L, P, I_A, A$ 四点共圆.

类似地,K, Q, I_A, A 四点共圆.

故 $\angle PAI_A = \angle PLI_A = \angle QKI_A = \angle QAI_A$

$$\Rightarrow \angle PAB = \angle PAI_A - \angle BAI_A = \angle QAI_A - \angle CAI_A = \angle QAC.$$

> 设 A 和 B 为 $\odot O$ 上的两点,$AB > AO$,C 为 $\angle OAB$ 的平分线与 $\odot O$ 的交点,D 为 $\triangle OBC$ 的外接圆与 AB 的交点.证明:$AD = AO$.
>
> (2017,瑞士数学奥林匹克)

证明 如图.

由于 O, D, B, C 四点共圆,则

$\angle BDC = \angle BOC = 2\angle BAC.$

又 $\angle BDC = \angle BAC + \angle ACD$,故

$\angle BAC = \angle ACD \Rightarrow AD = CD.$

又 $AO = CO$,于是,$AC \perp DO.$

而 AC 为 $\angle OAB$ 的平分线,则 $AO = AD.$

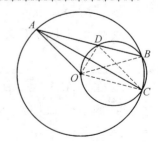

> 设锐角 $\triangle ABC$ 的内心为 I,过点 I 作 BI 的垂线,分别与 BC,BA 交于点 D,E.记 $\triangle BIA$,$\triangle BIC$ 的内心分别为 P,Q.若 D,E,P,Q 四点共圆,证明:$BA = BC$.
>
> (2017,印度国家队选拔考试)

证明 记 S 为过点 E,P,Q,D 的圆的圆心,P' 为点 P 关于 BI 的对称点.

由 $\angle PBI = \angle QBI$,知点 P' 在 BQ 上.

由点 E 与 D 关于直线 BI 对称,且点 P' 与 P 关于直线 BI 对称,知 D,E,P,P' 四点共圆.

又点 P' 在 BQ 上,于是,点 Q 与 P' 重合.

从而,$PQ \perp BI$.故 $PQ /\!/ ED$.

由 $\angle CID = \angle BIC - \angle BID = 90° + \dfrac{1}{2}\angle BAC - 90° = \dfrac{1}{2}\angle BAC = \angle CAI$

$\Rightarrow ED$ 为 $\triangle AIC$ 外接圆在点 I 处的切线.

由 $BS \perp ED$,知 $\triangle AIC$ 的外心在 BS 上.

又 BS 为 $\angle ABC$ 的平分线,由对称性知 $AC \perp BS$.

因此,$BA = BC$.

已知四边形 $ABCD$ 为圆内接四边形.在直线 AB 上取一点 P,使得过 C,D,P 三点的圆与 AB 切于点 P;在直线 CD 上取一点 Q,使得过 A,B,Q 三点的圆与 CD 切于点 Q.证明:点 P 到直线 CD 的距离与点 Q 到直线 AB 的距离相等.

(2017,德国数学奥林匹克)

证明　若 $AB /\!/ CD$,命题显然成立.

若 $AB \nparallel CD$,如图,设四边形 $ABCD$ 的外接圆为 $\odot O$,过 C,D,P 三点的圆为 $\odot O_1$,延长 AB 和 DC 交于点 R,连接 PQ.

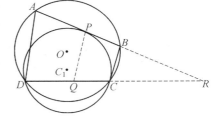

因为 RP 是 $\odot O_1$ 的切线,RD 为 $\odot O_1$ 的割线,所以,$RP^2 = RC \cdot RD$.

又 RA 和 RD 为 $\odot O$ 的两条割线,故
$$RA \cdot RB = RC \cdot RD \Rightarrow RP^2 = RC \cdot RD = RA \cdot RB.$$

类似地,$RQ^2 = RC \cdot RD = RA \cdot RB$.

于是,$RP = RQ$.这表明,$\triangle RPQ$ 为等腰三角形.

从而,点 P 到直线 CD 的距离与点 Q 到直线 AB 的距离相等.

已知不等边 $\triangle ABC$ 的外接圆为 $\varGamma$,$\angle ACB = 60°$,点 A',B' 分别在 $\angle BAC$,$\angle ABC$ 的平分线上,且 $AB' /\!/ BC$,$BA' /\!/ AC$,直线 $A'B'$ 与圆 $\varGamma$ 交于点 D 和 E.证明:$\triangle CDE$ 为等腰三角形.

(第 43 届俄罗斯数学奥林匹克)

证明　如图.

由 $AB' /\!/ BC \Rightarrow \angle AB'B = \angle CBB' = \angle ABB'$
$\Rightarrow AB' = AB$.

类似地,$AB = A'B$.

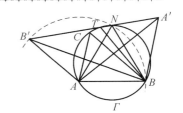

记 $\angle BAC = 2\alpha$,$\angle ABC = 2\beta$. 则 $\alpha + \beta = 60°$.

不失一般性,设 $\alpha > \beta$.

记 N 为 $\overset{\frown}{ACB}$ 的中点. 则

$AN = BN$,$\angle ANB = \angle ACB = 60° \Rightarrow \triangle ABN$ 为等边三角形

$\Rightarrow AN = BN = AB = A'B = B'A \Rightarrow A$ 为 $\triangle BB'N$ 外接圆的圆心

$\Rightarrow \angle NBB' = \angle NBA - \angle ABB' = 60° - \beta$,$\angle NAB' = 2\angle NBB' = 120° - 2\beta$

$\Rightarrow \angle ANB' = 90° - \dfrac{\angle NAB'}{2} = 30° + \beta$.

类似地,$\angle BNA' = 30° + \alpha$.

则 $\angle B'NA + \angle ANB + \angle BNA' = (30° + \beta) + 60° + (30° + \alpha)$

$= 120° + (\alpha + \beta) = 180°$.

从而,点 N 在直线 $A'B'$ 上.

记 T 为劣弧 $\overset{\frown}{NC}$ 的中点,故 $NT = TC$.

注意到,$\angle ANT = \angle ABT = \dfrac{1}{2}(\angle ABN + \angle ABC) = 30° + \beta = \angle ANB'$.

于是,点 T 在直线 $A'B'$ 上.

从而,$\triangle CDE$ 即为 $\triangle CNT$.

又 $NT = TC$,因此,$\triangle CDE$ 为等腰三角形.

如图 1,在 $\odot O$ 的内接四边形 $ABCD$ 中,对角形 AC,BD 互相垂直,$\overset{\frown}{ADC}$ 的中点为 M,过 M,O,D 三点的圆与 DA,DC 分别交于点 E,F. 证明:$BE = BF$.

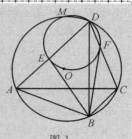

图 1

(第 14 届中国东南地区数学奥林匹克)

证明 如图 2,连接 ME,MF,MD,MA,MB,MC,EF.

由 M,E,O,F,D 五点共圆知

$\angle MFE = \angle MDE = \angle MDA = \angle MCA$,

$\angle MEF = 180° - \angle MDF = 180° - \angle MDC = \angle MAC$.

又由 M 为 $\overset{\frown}{ADC}$ 的中点知

$\angle MCA = \angle MAC \Rightarrow \angle MFE = \angle MEF \Rightarrow ME = MF$.

设直线 MO 与 $\odot O$ 交于另一点 N,连接 OE,OF,NA,NC.

则 $\angle DEO = \angle DMO = \angle DMN = \angle DAN \Rightarrow OE \parallel AN$.

类似地,$OF \parallel NC$.

连接 DO 并延长,与 AN 交于点 G,过点 G 作 $GK \parallel NC$,与 DC 交于点 K.

则 $\triangle AGK$ 与 $\triangle EOF$ 位似,位似中心为 D. 从而,$EF \parallel AK$.

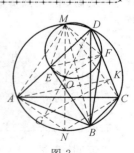

图 2

由 $GK /\!/ NC$ 及 A,N,C,D 四点共圆知

$\angle AGK = \angle ANC = 180° - \angle ADC$

$\Rightarrow A,G,K,D$ 四点共圆 $\Rightarrow \angle AKG = \angle ADG$.

又 $DB \perp AC$,则 $\angle BDC = 90° - \angle ACD = \angle ADG$.

故 $\angle BNC = \angle BDC = \angle ADG = \angle AKG$.

结合 $GK /\!/ NC$,知 $NB /\!/ AK$.

又由 MN 为 $\odot O$ 的直径,得 $BM \perp NB$.

从而,$BM \perp AK \Rightarrow BM \perp EF$.

因此,BM 为线段 EF 的垂直平分线,即 $BE = BF$.

在 $\triangle ABC$ 中,D 为边 BC 的中点,E,F 分别为边 AB,AC 上的点,且 $DE = DF$.
证明:$AE + AF = BE + CF \Leftrightarrow \angle EDF = \angle BAC$.

（第 13 届中国北方数学奥林匹克）

证明 如图,取 AB 的中点 M,AC 的中点 N,延长 DM 至点 P 使得 $MP = MA$,连接 EP,MN,DN.

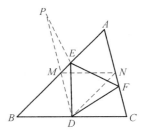

一方面,若 $AE + AF = BE + CF$,则 $EM = FN$.

又由 $\angle PME = \angle MAN = \angle DNF$ 及 $MP = MA = DN$,知 $\triangle PME \cong \triangle DNF$.

则 $PE = DF = DE$,且 $\angle NDF = \angle MPE = \angle PDE$.

故 $\angle EDF = \angle MDN = \angle BAC$.

另一方面,若 $\angle EDF = \angle BAC$,则 $\angle MDE = \angle NDF$.

由正弦定理知

$$\frac{EM}{\sin \angle MDE} = \frac{DE}{\sin \angle DME} = \frac{DF}{\sin \angle DNF} = \frac{FN}{\sin \angle NDF}$$

$\Rightarrow EM = FN \Rightarrow AE + AF = BE + CF.$

二　线段、角或弧的差倍分

已知 K_1,K_2,K_3 分别为 $\triangle C_1C_2C_3$ 的边 C_2C_3，C_3C_1，C_1C_2 的中点，$\odot K_1$，$\odot K_2$，$\odot K_3$ 两两外切，$\odot C_1$，$\odot C_2$，$\odot C_3$ 两两不相交（也不内含），且均与 $\odot K_1$，$\odot K_2$，$\odot K_3$ 不相交（也不内含）．证明：

(1) $\odot C_1$，$\odot C_2$，$\odot C_3$ 的半径之和不超过 $\triangle C_1C_2C_3$ 周长的 $\dfrac{1}{4}$；

(2) 若 $\odot C_1$，$\odot C_2$，$\odot C_3$ 的半径之和等于 $\triangle C_1C_2C_3$ 周长的 $\dfrac{1}{4}$，则 $\triangle C_1C_2C_3$ 为正三角形．

（2013，爱沙尼亚数学奥林匹克）

证明 (1) 如图，设 $\odot C_1$，$\odot C_2$，$\odot C_3$ 的半径分别为 r_1，r_2，r_3；$\odot K_1$，$\odot K_2$，$\odot K_3$ 的半径分别为 R_1，R_2，R_3．

由条件知 $R_1 + R_2 = K_1K_2 = \dfrac{1}{2}C_1C_2$，

$R_2 + R_3 = K_2K_3 = \dfrac{1}{2}C_2C_3$，

$R_3 + R_1 = K_3K_1 = \dfrac{1}{2}C_3C_1$．

三式相加得 $2R_1 + 2R_2 + 2R_3 = \dfrac{1}{2}(C_1C_2 + C_2C_3 + C_3C_1)$． ①

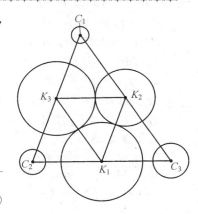

又 $r_1 + R_3 \leqslant \dfrac{1}{2}C_1C_2$，$r_2 + R_3 \leqslant \dfrac{1}{2}C_1C_2$，

$r_2 + R_1 \leqslant \dfrac{1}{2}C_2C_3$，$r_3 + R_1 \leqslant \dfrac{1}{2}C_2C_3$，

$r_3 + R_2 \leqslant \dfrac{1}{2}C_3C_1$，$r_1 + R_2 \leqslant \dfrac{1}{2}C_3C_1$．

六式相加得 $2(r_1 + r_2 + r_3 + R_1 + R_2 + R_3) \leqslant C_1C_2 + C_2C_3 + C_3C_1$． ②

由式①、②得 $r_1 + r_2 + r_3 \leqslant \dfrac{1}{4}(C_1C_2 + C_2C_3 + C_3C_1)$．

(2) 当 $r_1 + r_2 + r_3 = \dfrac{1}{4}(C_1C_2 + C_2C_3 + C_3C_1)$ 时，(1)中的式①、②均取到等号．

由 $r_1 + R_3 = \dfrac{1}{2}C_1C_2 = r_2 + R_3 \Rightarrow r_1 = r_2$．

类似地，$r_2 = r_3$，$r_3 = r_1$．

令 $r = r_1 = r_2 = r_3$.

由 $r + R_3 = \dfrac{1}{2}C_1C_2 = R_1 + R_2$，$r + R_2 = \dfrac{1}{2}C_1C_3 = R_1 + R_3$，则

$2r + R_2 + R_3 = 2R_1 + R_2 + R_3 \Rightarrow R_1 = r$.

类似地，$R_2 = r$，$R_3 = r$.

所以，$C_1C_2 = 2(R_1 + R_2) = 4r$.

类似地，$C_2C_3 = C_3C_1 = 4r$.

从而，$\triangle C_1C_2C_3$ 为正三角形.

已知圆 Γ 与 Γ' 内切于点 P（圆 Γ 在圆 Γ' 的内部），圆 Γ' 的弦 AB 与圆 Γ 切于点 C，直线 PC 与圆 Γ' 的另一个交点为 Q，圆 Γ' 的弦 QR，QS 为圆 Γ 的切线. 记 I，X，Y 分别为 $\triangle APB$，$\triangle ARB$，$\triangle ASB$ 的内心. 证明：$\angle PXI + \angle PYI = 90°$.

（2013，罗马尼亚国家队选拔考试）

证明　如图.

由于圆 Γ 与 Γ' 内切于点 P，故两圆关于点 P 位似.

记 M，N 分别为弦 PA，PB 与圆 Γ 的交点. 则

$MN /\!/ AB \Rightarrow \dfrac{AM}{BN} = \dfrac{AP}{BP}$.

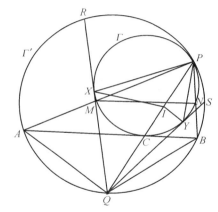

又 AB 与圆 Γ 切于点 C，由圆幂定理知

$\dfrac{AC^2}{BC^2} = \dfrac{AM \cdot AP}{BN \cdot BP} = \left(\dfrac{AP}{BP}\right)^2 \Rightarrow \dfrac{AC}{BC} = \dfrac{AP}{BP}$.

由角平分线定理，知 CP 为 $\angle APB$ 的平分线.

故点 I 在 CP 上且 Q 为 $\overset{\frown}{AB}$ 的中点.

于是，QR，QS 分别为 $\angle ARB$，$\angle ASB$ 的平分线.

从而，点 X，Y 分别在 QR，QS 上.

又由内心性质，知 $QA = QX = QI = QY = QB$.

由 $\angle QAB = \angle QPA \Rightarrow \triangle ACQ \backsim \triangle PAQ$.

则 $QX^2 = QY^2 = QA^2 = QC \cdot QP$.

故 X，Y 即为 QR，QS 与圆 Γ 的切点.

由于 $\triangle QXI$，$\triangle QYI$ 均为等腰三角形，于是，

$\angle QIX = 90° - \dfrac{\angle IQX}{2}$，$\angle QIY = 90° - \dfrac{\angle IQY}{2}$.

从而，$\angle XIY = 180° - \dfrac{\angle XQY}{2} = 90° + \angle XPY$.

因此，$\angle PXI + \angle PYI = \angle XIY - \angle XPY = 90°$.

平面几何部分

> 已知 O 为 $\triangle ABC$ 的外心,点 E,F 分别在线段 OB,OC 上,且 $BE = OF$,M,N 分别为 $\triangle AOE$,$\triangle AOF$ 外接圆上对应弧即 $\overset{\frown}{AOE}$,$\overset{\frown}{AOF}$ 的中点. 证明:$\angle ENO + \angle FMO = 2\angle BAC$.
>
> (2013,第 53 届乌克兰数学奥林匹克)

证明 如图,取点 A 关于直线 BC 的对称点 D.

则 $\angle AOC = 2\angle ABC = \angle ABD$,$OA = OC$,$BA = BD$.

从而,$\triangle AOC \backsim \triangle ABD$.

类似地,$\angle AOB = \angle ACD$,且 $\triangle AOB \backsim \triangle ACD$.

在 BD,CD 上取点 P,Q,使得 $\angle APB = \angle AFO$,$\angle AQC = \angle AEO$.

因为 $\angle ABP = \angle AOF$,所以,$\triangle ABP \backsim \triangle AOF$.

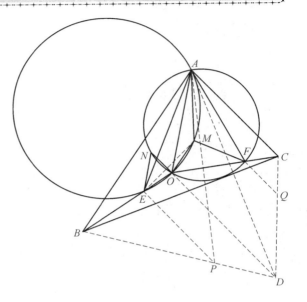

于是,$\dfrac{BP}{BD} = \dfrac{BP}{BA} = \dfrac{OF}{OA} = \dfrac{BE}{BO}$.

从而,$PE \parallel DO$.

类似地,$QF \parallel DO$.

又因为 $\triangle AME$ 为等腰三角形,且 $\angle AME = \angle AOE = \angle AOB$,所以,$\triangle AME \backsim \triangle AOB$.

则 $\angle BAE = \angle OAM$,$\dfrac{AB}{AE} = \dfrac{AO}{AM}$.

故 $\triangle BAE \backsim \triangle OAM$.

于是,$\dfrac{OM}{BE} = \dfrac{AO}{AB}$,$\angle AOM = \angle ABE$.

又 $\triangle AOF \backsim \triangle ABP \Rightarrow \dfrac{OA}{BA} = \dfrac{OF}{BP}$,$\angle AOF = \angle ABP$.

因为 $\dfrac{OM}{BE} = \dfrac{AO}{AB} = \dfrac{OF}{BP}$,且

$\angle MOF = \angle AOF - \angle AOM = \angle ABP - \angle ABE = \angle EBP$,

所以,$\triangle MOF \backsim \triangle EBP$.

类似地,$\triangle NOE \backsim \triangle FCQ$.

故 $\angle ENO + \angle FMO = \angle QFC + \angle PEB$
$= \angle DOC + \angle DOB = \angle BOC = 2\angle BAC$.

已知 P 为 $\triangle ABC$ 内的一点，且满足 $\angle PAC = \angle PCB$，D 为线段 PC 的中点，直线 AP 与 BC 交于点 E，ED 与 BP 交于点 Q，且 P 在线段 BQ 上. 证明：
$$\angle BAP + \angle BCQ = 180°.$$

（2014，土耳其国家队选拔考试）

证明　如图，过点 B 作平行于 PC 的直线，与 AE，QC 分别交于点 F，F'，QD 与 BF 交于点 K.

因为 $\triangle PEC \backsim \triangle FEB$，$PD = DC$，且 D，E，K 三点共线，所以，K 为线段 BF 的中点.

又因为 $\triangle QPC \backsim \triangle QBF'$，$PD = DC$，且 Q，D，K 三点共线，所以，K 为线段 BF' 的中点.

于是，点 F 与 F' 重合.

又 $\angle EAC = \angle PCE = \angle CBF$，则 A，B，F，C 四点共圆.

故 $\angle BAF = \angle BCF = 180° - \angle BCQ$，即 $\angle BAP + \angle BCQ = 180°$.

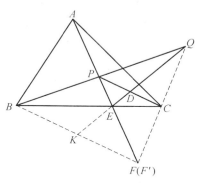

已知 $\triangle ABC$ 内接于 $\odot O$，且 $AB < AC$，I 为 $\overparen{BC}$（不含点 A 的弧）的中点. 在线段 AC 上，不同于点 C 的点 K 满足 $IK = IC$，直线 BK 与 $\odot O$ 交于另一点 D，并与 AI 交于点 E，DI 与 AC 交于点 F. 证明：

（1）$2EF = BC$；

（2）在线段 DI 上，取点 M 使得 $CM \parallel AD$，直线 KM 与 BC 交于点 N，$\triangle BKN$ 的外接圆与 $\odot O$ 交于另一点 P，则直线 PK 平分 AD.

（2014，越南数学奥林匹克）

证明　如图.

（1）注意到，
$\angle AKI = 180° - \angle IKC$
$= 180° - \angle ICK = \angle ABI$.
因为 I 为 $\overparen{BC}$ 的中点，
所以，$\angle IAK = \angle IAB$，$IK = IB = IC$
$\Rightarrow \triangle ABI \cong \triangle AKI$.
于是，AI 为线段 BK 的垂直平分线，E 即为 BK 的中点.

故 $\angle DCK = \angle ABD = \angle AKB = \angle DKC$.
从而，$DK = DC$.

又因为 $IK = IC$，所以，ID 为线段 CK 的垂直平分线，F 即为 CK 的中点.

于是，EF 为 $\triangle KBC$ 的中位线.

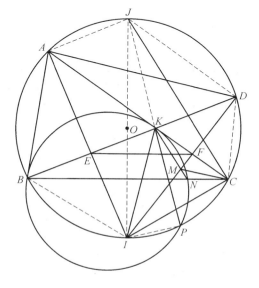

平面几何部分

从而,$BC = 2EF$.

(2)记 J 为包含点 A 的 $\overgroup{BC}$ 的中点,则 IJ 为 $\odot O$ 的直径.

接下来证明:J, K, P 三点共线.

事实上,由于 $\angle IPJ = 90°$,只要证明 $\angle KPI = 90°$.

在 $\triangle ADI$ 中,因为 $DK \perp AI$,$AK \perp DI$,所以,K 为 $\triangle ADI$ 的垂心,有 $IK \perp AD$.

又 $CM // AD$,则 $CM \perp IK$.

由 $IM \perp KC$,知 M 为 $\triangle IKC$ 的垂心.

则 $\angle KPI = \angle KPB + \angle BPI = \angle KNB + \angle BCI$
$= \angle NKC + \angle NCK + \angle BCI = \angle MKC + \angle KCI = 90°$.

故 J, P, K 三点共线.

由 $AJ \perp AI$,$KD \perp AI$,则 $AJ // KD$.

因为 $DJ \perp ID$,$AK \perp ID$,所以,$DJ // AK$.

因此,四边形 $AJDK$ 为平行四边形,即 JK 平分 AD.

已知正方形 $ABCD$ 内接于 $\odot O$,E 为 AD 的中点,CE 与 $\odot O$ 的另一个交点为 F,FB 与 AD 交于点 H.证明:$HD = 2AH$.

（2014,爱尔兰数学奥林匹克）

证明 如图.

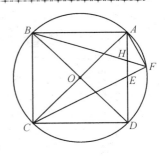

因为 A, B, C, F 四点共圆,所以,$\angle BFC = \angle BAC = 45°$.

故 FB 为 $\angle AFC$ 的平分线.于是,$\dfrac{AH}{HE} = \dfrac{AF}{FE}$.

又 $\triangle AFE \backsim \triangle CDE$,则 $\dfrac{AF}{FE} = \dfrac{CD}{DE} = 2$.

从而,$AH = 2HE$.

而 $ED = AE = AH + HE = 3HE$,故 $HD = HE + ED = 4HE = 2AH$.

已知 M 为四边形 $ABCD$ 的内切圆圆心,点 P, Q 分别在线段 MA, MC 上,且 $\angle CBA = 2\angle QBP$.证明:$\angle ADC = 2\angle PDQ$.

（2014,德国数学奥林匹克）

证明 如图,过点 M 作 $\triangle ABM$ 外接圆的切线,与 PD, AD 分别交于点 F, E.

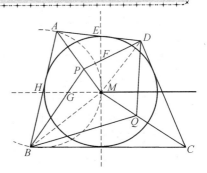

由 $\angle AMD = 180° - \angle BMC$
$= \angle MBC + \angle MCB = \angle ABM + \angle MCD$,

$\angle AMD = \angle AME + \angle EMD = \angle ABM + \angle EMD$,

知 $\angle EMD = \angle MCD$.

故 EM 为 $\triangle CDM$ 外接圆的切线.

于是, $\triangle AEM \backsim \triangle AMB$, $\triangle MDE \backsim \triangle CDM$.

类似地,过点 M 作 $\triangle ADM$ 外接圆的切线,与 BP, BA 分别交于点 G, H.

则 MH 也为 $\triangle BCM$ 外接圆的切线.

于是, $\triangle AHM \backsim \triangle AMD$, $\triangle BHM \backsim \triangle BMC$.

从而, $AE \cdot AB = AM^2 = AH \cdot AD \Rightarrow \dfrac{AH}{AE} = \dfrac{AB}{AD} \Rightarrow \dfrac{BH}{ED} = \dfrac{AB}{AD}$.

由 $\dfrac{MP}{PA} \cdot \dfrac{AB}{BH} \cdot \dfrac{HG}{GM} = 1$, $\dfrac{MP}{PA} \cdot \dfrac{AD}{DE} \cdot \dfrac{EF}{FM} = 1 \Rightarrow \dfrac{FM}{FE} = \dfrac{GM}{GH}$.

又 $\triangle BHM \backsim \triangle BMC$,于是,

$\angle GBM = \angle GBQ - \angle MBQ = \dfrac{1}{2}\angle ABC - \angle MBQ = \angle MBC - \angle MBQ = \angle QBC$.

$\Rightarrow \dfrac{GM}{HG} = \dfrac{CQ}{MQ} \Rightarrow \dfrac{FM}{FE} = \dfrac{CQ}{MQ}$.

又因为 $\triangle DEM \backsim \triangle DMC$,所以, $\angle CDQ = \angle MDF$.

因此, $\angle PDQ = \angle MDC = \dfrac{1}{2}\angle ADC$.

已知 P 为 $\triangle ABC$ 的边 AB 和 AC 的中点连线上的一点, BP 与 AC 交于点 D, CP 与 AB 交于点 E. 证明:点 A 到 DE 的距离与点 P 到 DE 的距离之比为 $2:1$.

(2014,第 58 届摩尔多瓦数学奥林匹克)

证明 设 S 为边 AB 的中点, Q 为边 AC 的中点,点 M, N, R 分别为点 A, P, B 在直线 DE 上的投影.

由梅涅劳斯定理得

$\dfrac{AE}{ES} \cdot \dfrac{SP}{PQ} \cdot \dfrac{QC}{CA} = 1 \Rightarrow \dfrac{AE}{PQ} \cdot \dfrac{BC}{EB} \cdot \dfrac{QC}{CA} = 1 \Rightarrow \dfrac{AE}{EB} \cdot \dfrac{DB}{DP} = 2$.

故 $\dfrac{AM}{NP} = \dfrac{AM}{BR} \cdot \dfrac{BR}{NP} = \dfrac{AE}{EB} \cdot \dfrac{DB}{DP} = 2$.

已知在以 R 为半径的 $\odot A$ 上有不同的四点 B, C, G, H,其中, $\triangle ABC$ 从点 B 引出的中线,高线分别与 $\odot A$ 交于点 G, H,直线 AC 与 GH 交于点 X.证明: $AX = 2R$.

(2014,第 30 届意大利数学奥林匹克)

证明 如图 1,2,作 $AK \perp BH$ 于点 K.则 K 为 BH 的中点,即点 B, H 关于 AC 对称.

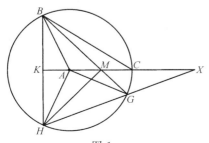

图 1

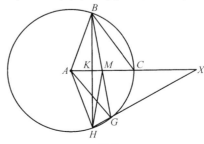

图 2

于是,$\angle MBA = \angle MHA$.

又 $AB = AG$,则 $\angle MBA = \angle MGA$. 故 $\angle MHA = \angle MGA$.

因为上述两角在直线 AM 的同侧,所以,A,M,G,H 四点共圆.

于是,$\angle MAG = \angle MHG$,$\angle AMB = \angle AHX$,且 $\angle XAH = \angle BAM$.

从而,$\triangle BAM \backsim \triangle XAH \Rightarrow \dfrac{AX}{AB} = \dfrac{AH}{AM} = 2 \Rightarrow AX = 2R$.

在凸六边形 $ABCDEF$ 中,$AB \parallel DE$,$BC \parallel EF$,$CD \parallel FA$,$AB + DE = BC + EF = CD + FA$,将边 AB,BC,DE,EF 的中点分别记为点 A_1,B_1,D_1,E_1,记 A_1D_1 与 B_1E_1 交于点 O. 证明:$\angle D_1OE_1 = \dfrac{1}{2}\angle DEF$.

(2014,中国台湾数学奥林匹克选训营)

证明 如图,过点 B 作 B_1E_1 的平行线,与边 EF 交于点 X,过点 B 作 A_1D_1 的平行线,与边 DE 交于点 Y.

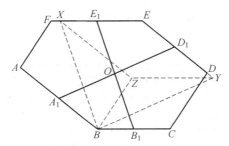

设 $AB + DE = BC + EF = CD + FA = k$.

因为 $XE_1 = BB_1 = \dfrac{1}{2}BC$,所以,$XE = \dfrac{k}{2}$.

类似地,$YE = \dfrac{k}{2}$.

在 $\angle XEY$ 内部取点 Z,构造菱形 $ZYEX$,连接 BZ.

设 $\overrightarrow{AB}$,$\overrightarrow{BC}$,$\overrightarrow{CD}$ 所在的单位向量分别为 i,j,l.

一方面,由于 $\overrightarrow{AB} + \overrightarrow{BC} + \overrightarrow{CD} + \overrightarrow{DE} + \overrightarrow{EF} + \overrightarrow{FA} = \mathbf{0}$,对边平行且和相等,则

$$(2 \mid AB \mid - k)i + (2 \mid BC \mid - k)j + (2 \mid CD \mid - k)l = \mathbf{0}. \qquad ①$$

另一方面,$\overrightarrow{BZ} + \overrightarrow{ZY} + \overrightarrow{YE} = \overrightarrow{BE} = \overrightarrow{BC} + \overrightarrow{CD} + \overrightarrow{DE}. \qquad ②$

注意到 $\overrightarrow{ZY} = \dfrac{k}{2}j$,$\overrightarrow{YE} = -\dfrac{k}{2}i$,$\overrightarrow{BC} = \mid BC \mid j$,$\overrightarrow{CD} = \mid CD \mid l$,$\overrightarrow{DE} = -(k - \mid AB \mid)i$.

代入式 ②,得 $\overrightarrow{BZ} = \left(\mid BC \mid - \dfrac{k}{2} \right)j + \left(\mid AB \mid - \dfrac{k}{2} \right)i + \mid CD \mid l$.

结合式 ①,得 $\overrightarrow{BZ} = \dfrac{k}{2}l$. 由此证明了 $BZ \parallel CD$,且 $BZ = \dfrac{k}{2}$.

从而,点 B,X,Y 均在以 Z 为圆心、$\dfrac{k}{2}$ 为半径的圆上.

故 $\angle D_1OE_1 = \angle XBY = \dfrac{1}{2}\angle XZY = \dfrac{1}{2}\angle DEF$.

如图，锐角 $\triangle ABC$ 满足 $AB > AC$，点 O 和 H 分别为 $\triangle ABC$ 的外心和垂心，直线 BH 与 AC 交于点 B_1，直线 CH 与 AB 交于点 C_1. 若 $OH \parallel B_1 C_1$，证明：
$$\cos 2B + \cos 2C + 1 = 0.$$

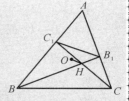

(2014，第五届陈省身杯全国高中数学奥林匹克)

证明　连接 AO, AH.

因为 A, B_1, H, C_1 四点共圆，且 $OH \parallel B_1 C_1$，

所以，$\angle OHC_1 = \angle HC_1 B_1 = \angle HAB_1 = 90° - \angle ACB$.

又因为 B, C, B_1, C_1 四点共圆，所以，$\angle AHC_1 = \angle AB_1 C_1 = \angle ABC$.

故 $\angle AHO = \angle OHC_1 + \angle AHC_1 = 90° - \angle ACB + \angle ABC$.

由 $\angle OAB = \angle CAH = 90° - \angle ACB$，知

$\angle OAH = \angle BAC - \angle OAB - \angle CAH = \angle BAC - 2(90° - \angle ACB)$

$= \angle ACB - \angle ABC$.

则 $\angle AHO + \angle OAH = 90°$. 从而，$\angle AOH = 90°$.

设 $\triangle ABC$ 的外接圆半径为 R. 则 $AH = 2R\cos A$.

由 $AO = AH \cos \angle OAH$，知

$R = 2R\cos A \cdot \cos(C - B) \Rightarrow 2\cos A \cdot \cos(C - B) = 1$

$\Rightarrow \cos(A + C - B) + \cos(A - C + B) = 1 \Rightarrow \cos 2B + \cos 2C + 1 = 0$.

已知 N, P 分别为正方形 $ABCD$ 边 AB, AD 上的点，使得 $PN = NC$，点 Q 在线段 AN 上，使得 $\angle NCB = \angle QPN$. 证明：
$$\angle BCQ = \frac{1}{2}\angle PQA.$$

(2014—2015，第 32 届伊朗数学奥林匹克)

证明　如图，记 E 为直线 PQ 与 CB 的交点，作 $CK \perp PE$，$PS \perp EC$，垂足分别为 K, S.

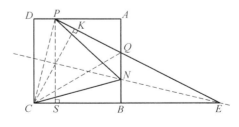

由题意，知 $PN = NC$，

所以，$\angle NPC = \angle PCN$.

结合 $\angle QPN = \angle NCB$，知

$EP = CE \Rightarrow CK = PS = AB = BC$

$\Rightarrow \mathrm{Rt}\triangle QBC \backsim \mathrm{Rt}\triangle QKC$.

从而，QC 为 $\angle KCB$ 和 $\angle KQB$ 的平分线.

由 $\angle QBC = \angle QKC = 90°$，知 Q, B, C, K 四点共圆.

于是，$\angle BCK = \angle AQP$. 从而，$\angle BCQ = \frac{1}{2}\angle AQP$.

平面几何部分

在 Rt$\triangle ABC$ 中，$\angle C = 90°$，BK 为 $\angle B$ 的平分线，$\triangle AKB$ 的外接圆与边 BC 的另一个交点为 L. 证明：$CB + CL = AB$.

（2015，第 41 届俄罗斯数学奥林匹克）

证明 如图，由点 K 作斜边 AB 的垂线 KH. 则 Rt$\triangle KCB \cong$ Rt$\triangle KHB \Rightarrow CB = HB$，$KC = KH$.

而在四边形 $AKLB$ 中，$\angle KBC$，$\angle KBH$ 分别为 $\overparen{AK}$，$\overparen{KL}$ 所对的圆周角，故由它们相等知 $AK = KL$.

于是，Rt$\triangle KHA \cong$ Rt$\triangle KCL \Rightarrow HA = CL$.

从而，$CB + CL = HB + HA = AB$.

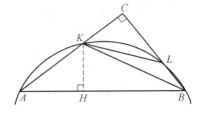

如图，点 P，A，B 在圆上，点 Q 在圆的内部，使得 $\angle PAQ = 90°$，且 $PQ = BQ$. 证明：$\angle AQB - \angle PQA = \overparen{AB}°$.

（2015，第二届伊朗几何奥林匹克）

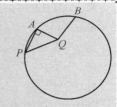

证明 设 M 为 PB 的中点. 则 $\angle PMQ = 90°$.

又 $\angle PAQ = 90°$，于是，

A，P，Q，M 四点共圆 $\Rightarrow \angle APM = \angle AQM$

$\Rightarrow \angle AQB - \angle PQA = \angle PQM + \angle AQM - \angle PQA$

$= 2\angle AQM = 2\angle APM = \overparen{AB}°$.

如图 1，E 和 F 分别为线段 AB 和 AD 上的点，BF 与 DE 交于点 C. 若 $AE + EC = AF + FC$，证明：

$$AB + BC = AD + DC.$$

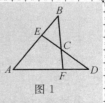

图 1

（第 12 届中国东南地区数学奥林匹克）

证明 如图 2，作 $\angle BEC$，$\angle DFC$ 的平分线，交于点 J. 在 AE，AF 的延长线上分别取点 C_1，C_2，使得

$$EC_1 = EC，FC_2 = FC.$$

由条件知 $AC_1 = AE + EC_1 = AE + EC = AF + FC = AF + FC_2 = AC_2$.

连接 AJ，CJ，C_1J，C_2J.

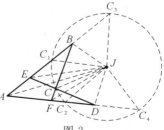

图 2

由点 C_1，C 关于 EJ 对称，点 C_2，C 关于 FJ 对称，知

$JC_1 = JC = JC_2$.   ①

故 $\triangle AJC_1 \cong \triangle AJC_2 \Rightarrow AJ$ 平分 $\angle EAF$.

从而，J 同时为 $\triangle ADE$ 与 $\triangle ABF$ 中 $\angle A$ 所对的旁心.

在 AB，AD 的延长线上分别取点 C_3，C_4，使得 $BC_3 = BC$，$DC_4 = DC$，连接 BJ，DJ，$C_3 J$，$C_4 J$.

由于 J 为 $\triangle ABF$ 与 $\triangle ADE$ 中 $\angle A$ 所对的旁心，则 BJ，DJ 分别平分 $\angle FBC_3$，$\angle EDC_4$.

从而，点 C_3 与 C 关于 BJ 对称，点 C_4 与 C 关于 DJ 对称.

因此，$JC_3 = JC = JC_4$.   ②

结合式①、②，知以 $\angle EAF$ 平分线上一点 J 为圆心、JC 为半径的圆与射线 AE 交于点 C_1，C_3，与射线 AF 交于点 C_2，C_4.

又注意到，$AC_3 = AB + BC > AE + EC = AC_1$，$AC_4 = AD + DC > AF + FC = AC_2$.

从而，根据对称性知 $AC_3 = AC_4$，即 $AB + BC = AD + DC$.

设 D 为 $\triangle ABC$ 内部一点，使得存在正实数 a，b，c，d 满足 $AB = ab$，$AC = ac$，$AD = ad$，$BC = bc$，$BD = bd$，$CD = cd$. 证明：$\angle ABD + \angle ACD = 60°$.

（2016，新加坡数学奥林匹克）

证明 作 $DA_1 \perp BC$，$DB_1 \perp AC$，$DC_1 \perp AB$，垂足分别为 A_1，B_1，C_1.

于是，D，B_1，A，C_1 四点共圆；$C_1 D$，A_1，B 四点共圆；D，B_1，C，A_1 四点共圆.

则 $A_1 C_1 = BD \sin B$，$A_1 B_1 = CD \sin C$，$B_1 C_1 = AD \sin A$，

$\sin A : \sin B : \sin C = BC : CA : AB$.

故 $B_1 C_1 : C_1 A_1 : A_1 B_1 = (ad \cdot bc) : (bd \cdot ac) : (cd \cdot ab) = 1 : 1 : 1$.

从而，$\triangle A_1 B_1 C_1$ 为正三角形.

因此，$\angle ABD + \angle ACD = \angle C_1 A_1 D + \angle B_1 A_1 D = \angle C_1 A_1 B_1 = 60°$.

已知 O 为锐角 $\triangle ABC$ 的外心，点 E，F 分别在线段 OB，OC 上，使得 $BE = OF$，M，N 分别为 $\overgroup{EOA}$，$\overgroup{AOF}$ 的中点. 证明：$\angle ENO + \angle OMF = 2\angle BAC$.

（2016，克罗地亚国家队选拔考试）

证明 如图.

设 $\angle BAC = \alpha$，$\angle CBA = \beta$，$\angle ACB = \gamma$.

由于 $\angle AME = \angle AOE = 2\gamma$，且 $\triangle AME$ 和 $\triangle AOB$ 均为等腰三角形，

于是，$\triangle AME \backsim \triangle AOB$.

注意到，

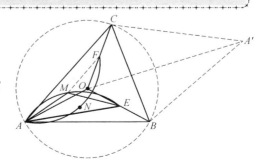

$\angle AOM = \angle AEM = 90° - \gamma = \angle ABE$.

则 $\triangle AMO \backsim \triangle AEB \Rightarrow \dfrac{AO}{OM} = \dfrac{AB}{BE} \Rightarrow \dfrac{OB}{OM} = \dfrac{AB}{OF}$.

设 A' 为点 A 关于 BC 的对称点.

则 $\dfrac{OB}{OM} = \dfrac{A'B}{OF}$,且

$\angle MOF = \angle AOF - \angle AOM = 2\beta - (90° - \gamma) = \beta + (90° - \alpha)$

$= \angle A'BC + \angle CBO = \angle A'BO$

$\Rightarrow \triangle OMF \backsim \triangle BOA' \Rightarrow \angle FMO = \angle A'OB$.

类似地, $\angle ENO = \angle A'OC$.

故 $\angle ENO + \angle FMO = \angle A'OC + \angle A'OB = \angle BOC = 2\angle BAC$.

已知凸四边形 $ABCD$ 满足 $\angle ADC = 135°$, $\angle ADB - \angle ABD = 2\angle DAB = 4\angle CBD$. 若 $BC = \sqrt{2}CD$, 证明: $AB = BC + AD$.

(2016,第三届伊朗几何奥林匹克)

证明 如图.

由已知条件,可设 $\angle CBD = \alpha$.

则 $\angle DAB = 2\alpha$, $\angle ADB - \angle ABD = 4\alpha$.

又在 $\triangle ABD$ 中,有

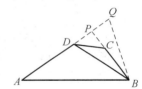

$\angle ADB + \angle ABD = 180° - \angle A = 180° - 2\alpha$

$\Rightarrow \angle ADB = 90° + \alpha$, $\angle ABD = 90° - 3\alpha$

$\Rightarrow \angle DAB + \angle CBA = 2\alpha + [(90° - 3\alpha) + \alpha] = 90°$.

设 AD 的延长线与 BC 的延长线交于点 P.

由 $\angle DAB + \angle CBA = 90° \Rightarrow \angle APB = 90°$.

又 $\angle PDC = 180° - \angle ADC = 45°$,于是, $\triangle PCD$ 为等腰直角三角形.

结合已知条件,知 $PD = \dfrac{\sqrt{2}}{2}CD = \dfrac{BC}{2}$.

延长 AP 到点 Q,使得 $PQ = PD$.

则 $DQ = 2DP = BC \Rightarrow \triangle DPB \cong \triangle QPB \Rightarrow \angle CBD = \angle CBD = \alpha$

$\Rightarrow \angle ABQ = \alpha + \alpha + (90° - 3\alpha) = 90° - \alpha$.

又 $\angle A = 2\alpha$,从而, $\triangle ABQ$ 为等腰三角形, $AB = AQ$.

故 $AB = AQ = DQ + AD = BC + AD$.

如图,在锐角 $\triangle ABC$ 中,AD 为边 BC 上的高,M 为边 AD 的中点,点 X,C 在直线 BM 的异侧,满足 $\angle AXB = \angle DXM = 90°$. 证明:$\angle XMB = 2\angle MBC$.

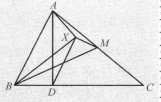

(2016,第三届伊朗几何奥林匹克)

证明 设 N 为边 AB 的中点. 于是,$MN \parallel BC$,且 $\angle MBC = \angle NMB$.

下面只需证明:MN 平分 $\angle XMB$.

由 $\angle ADB = \angle AXB = 90°$,知 A,X,D,B 四点共圆.

则 $\angle BXD = \angle BAD = 90° - \angle ABC$

$\Rightarrow \angle BXM = 90° + \angle BXD = 180° - \angle ABC = \angle BNM$

$\Rightarrow B,N,X,M$ 四点共圆.

又 $NB = NX$,从而,MN 平分 $\angle XMB$.

已知锐角 $\triangle ABC$ 的外接圆为 Γ,在边 AB,BC 上各取一点 D,E,使得 $DE \parallel AC$,点 P 和 Q 均在圆 Γ 的劣弧 $\overset{\frown}{AC}$ 上,使得 $DP \parallel EQ$,射线 QA,PC 分别与直线 DE 交于点 X,Y. 证明:$\angle XBY + \angle PBQ = 180°$.

(2017,第 43 届俄罗斯数学奥林匹克)

证明 如图.

由 A,B,C,Q 四点共圆,且 $AC \parallel DE$,知
$\angle BEX = \angle BCA = \angle BQA = \angle BQX$
$\Rightarrow X,B,E,Q$ 四点共圆.

从而,$\angle XBQ = \angle XEQ = \angle DEQ$.

类似地,Y,B,D,P 四点共圆.

于是,$\angle PBY = \angle PDE$.

又 $PD \parallel EQ$,则
$180° = \angle DEQ + \angle PDE = \angle XBQ + \angle PBY$.

故 $\angle XBY + \angle PBQ = \angle XBP + 2\angle PBQ + \angle QBY = \angle XBQ + \angle PBY = 180°$.

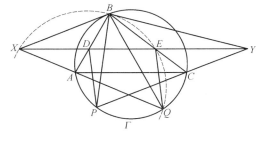

在凸四边形 $ABCD$ 中,I_A,I_B,I_C,I_D 分别为 $\triangle DAB,\triangle ABC,\triangle BCD,\triangle CDA$ 的内心. 若 $\angle BI_AA + \angle I_CI_AI_D = 180°$,证明:$\angle BI_BA + \angle I_CI_BI_D = 180°$.

(2017,第 43 届俄罗斯数学奥林匹克)

证明 由条件知

$$\angle ABI_B = \frac{1}{2}\angle ABC = \frac{1}{2}\angle ABD + \frac{1}{2}\angle DBC = \angle I_ABD + \angle DBI_C = \angle I_ABI_C.$$

类似地,$\angle BAI_A = \angle I_BAI_D$.

于是,$\angle BAI_B = \angle I_AAI_D$.

如图,在射线 AB 上取一点 P,使得

$\angle API_B = \angle AI_AI_D$.

则 $\triangle API_B$ 与 $\triangle AI_AI_D$ 顺向相似.

进而,$\triangle API_A$ 与 $\triangle AI_BI_D$ 顺向相似.

据条件,知 $\angle BI_AI_C + \angle AI_AI_D = 180°$.

注意到,

$180° > \angle I_ABI_C + \angle BI_AI_C = \angle ABI_B + 180° - \angle API_B.$

于是,$\angle API_B > \angle ABI_B$.从而,点 P 在线段 AB 上.

故 $\angle BI_AI_C = 180° - \angle AI_AI_D = 180° - \angle API_B = \angle BPI_B.$

再结合 $\angle I_ABI_C = \angle ABI_B$,知 $\triangle BPI_B$ 与 $\triangle BI_AI_C$ 顺向相似.

进而,$\triangle BPI_A$ 与 $\triangle BI_BI_C$ 顺向相似.

故 $\angle BI_BI_C + \angle AI_BI_D = \angle BPI_A + \angle API_A = 180°$,即

$\angle BI_BA + \angle I_CI_BI_D = 180°.$

在 $\triangle ABC$ 中,$AC > AB$,P 为直线 BC 与 $\triangle ABC$ 的外接圆在点 A 处的切线的交点,Q 为 CA 延长线上满足 $AQ = AB$ 的点,X、Y 分别为 BQ、AP 的中点,R 为射线 AP 上满足 $AR = BP$ 的点.证明:$BR = 2XY$.

(2017,瑞士数学奥林匹克)

证明 如图,取 AB 的中点 D,连接 DX、DY.

则 $DX \parallel CQ$,$DY \parallel CP$.

从而,$\angle XDY = \angle ACB = \angle BAR$.

又 $\dfrac{AR}{DY} = \dfrac{BP}{DY} = 2 = \dfrac{AQ}{DX} = \dfrac{AB}{DX}$,于是,

$\triangle RAB \backsim \triangle YDX$.

故 $BR = 2XY$.

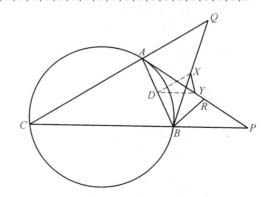

三　　线段的比例式或乘积式

如图 1,圆 Γ_1,Γ_2 外切于点 T,点 A,E 在圆 Γ_1 上,直线 AB,DE 分别与圆 Γ_2 切于点 B,D,直线 AE 与 BD 交于点 P.证明:

(1) $\dfrac{AB}{AT} = \dfrac{ED}{ET}$;

(2) $\angle ATP + \angle ETP = 180°$.

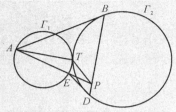

图 1

（2012,中国女子数学奥林匹克）

证明 (1) 如图 2,延长 AT,ET 与圆 Γ_2 分别交于点 H,G,连接 GH.

易知,$AE // GH \Rightarrow \triangle ATE \backsim \triangle HTG \Rightarrow \dfrac{AT}{TH} = \dfrac{ET}{TG}$.

从而,$\dfrac{AH}{TH} = \dfrac{EG}{TG}$.

由圆幂定理,得 $\dfrac{AB^2}{TH^2} = \dfrac{AT \cdot AH}{TH \cdot TH} = \dfrac{ET \cdot EG}{TG \cdot TG} = \dfrac{ED^2}{TG^2}$

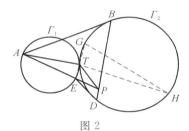

图 2

则 $\dfrac{TH}{TG} = \dfrac{AB}{ED}$.故 $\dfrac{AT}{ET} = \dfrac{TH}{TG} = \dfrac{AB}{ED}$.

(2) 由正弦定理,得 $\dfrac{AP}{AB} = \dfrac{\sin\angle ABP}{\sin\angle APB} = \dfrac{\sin\angle EDP}{\sin\angle EPD} = \dfrac{EP}{ED}$.

于是,$\dfrac{AP}{EP} = \dfrac{AB}{ED} = \dfrac{AT}{ET}$,即 PT 为 $\angle ATE$ 的外角平分线.

从而,$\angle ATP + \angle ETP = 180°$.

如图 1,$\triangle ABC$ 的内切圆 $\odot I$ 在边 AB,BC,CA 上的切点分别为 D,E,F,直线 EF 分别与 AI,BI,DI 交于点 M,N,K.证明:$DM \cdot KE = DN \cdot KF$.

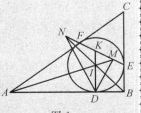

图 1

（第九届中国东南地区数学奥林匹克）

证明 易知, I, D, E, B 四点共圆.

又 $\angle AID = 90° - \angle IAD$, $\angle MED = \angle FDA = 90° - \angle IAD$, 则 $\angle AID = \angle MED$.

于是, I, D, E, M 四点共圆. 从而, I, D, B, E, M 五点共圆.

故 $\angle IMB = \angle IEB = 90°$, 即 $AM \perp BM$.

类似地, I, D, A, N, F 五点共圆, 且 $BN \perp AN$.

如图 2, 设直线 AN 与 BM 交于点 G. 则 I 为 $\triangle GAB$ 的垂心.

又 $ID \perp AB$, 则 G, I, D 三点共线.

由 G, N, D, B 四点共圆, 知 $\angle ADN = \angle AGB$.

类似地, $\angle BDM = \angle AGB$.

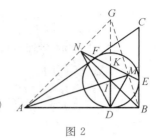

①

图 2

于是, DK 平分 $\angle MDN$. 从而, $\dfrac{DM}{DN} = \dfrac{KM}{KN}$.

又由 I, D, E, M 与 I, D, N, F 分别四点共圆知

$$KM \cdot KE = KI \cdot KD = KF \cdot KN \Rightarrow \frac{KM}{KN} = \frac{KF}{KE}.$$

②

由式 ①、②, 知 $\dfrac{DM}{DN} = \dfrac{KF}{KE} \Rightarrow DM \cdot KE = DN \cdot KF$.

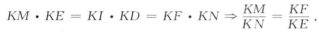

在 $\triangle ABC$ 中, 点 P, Q, R 分别在边 BC, CA, AB 上, 圆 $\Gamma_A, \Gamma_B, \Gamma_C$ 分别为 $\triangle AQR$, $\triangle BRP$, $\triangle CPQ$ 的外接圆, 直线 AP 与圆 $\Gamma_A, \Gamma_B, \Gamma_C$ 分别交于点 X, Y, Z. 证明:
$$\frac{YX}{XZ} = \frac{BP}{PC}.$$

(2013, 第 42 届美国数学奥林匹克)

证明 如图, 设圆 Γ_B 与 Γ_C 交于点 S(异于点 P).

因为 B, P, S, R 和 C, P, S, Q 分别四点共圆,

所以, $\angle RSP = 180° - \angle PBR$,

$\angle PSQ = 180° - \angle QCP$.

故 $\angle QSR = 360° - \angle RSP - \angle PSQ$

$= \angle PBR + \angle QCP = \angle CBA + \angle ACB$

$= 180° - \angle BAC$.

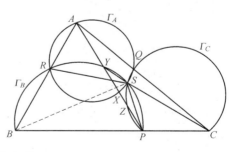

从而, A, R, S, Q 四点共圆, 即圆 $\Gamma_A, \Gamma_B, \Gamma_C$ 交于点 S.

由四边形 $BPSY$ 内接于圆 Γ_B, 得 $\angle XYS = \angle PYS = \angle PBS$;

由四边形 $ARXS$ 内接于圆 Γ_A, 得 $\angle SXY = \angle SXA = \angle SRA$;

由四边形 $BPSR$ 内接于圆 Γ_B, 得 $\angle SRA = \angle SPB$.

于是, $\angle SXY = \angle SRA = \angle SPB$.

在 $\triangle SYX$ 和 $\triangle SBP$ 中, 由于 $\angle XYS = \angle PBS$, $\angle SXY = \angle SPB$, 则

$$\triangle SYX \backsim \triangle SBP \Rightarrow \frac{YX}{BP} = \frac{SX}{SP}.$$

类似地，$\triangle SXZ \backsim \triangle SPC \Rightarrow \dfrac{SX}{SP} = \dfrac{XZ}{PC}$.

于是，$\dfrac{YX}{BP} = \dfrac{XZ}{PC}$.

> 已知在 $\triangle ABC$ 中，在 BC 上求满足下列条件的所有点 P：若 $\triangle PAB$ 的外接圆和 $\triangle PAC$ 的外接圆的两条外公切线分别与直线 PA 交于点 X,Y，则 $\left(\dfrac{PA}{XY}\right)^2 + \dfrac{PB \cdot PC}{AB \cdot AC} = 1$.
>
> （2013，第 42 届美国数学奥林匹克）

证明　如图 1，令 $\odot O_B$、$\odot O_C$ 分别为 $\triangle ABP$、$\triangle ACP$ 的外接圆．记直线 ST 为 $\odot O_B$、$\odot O_C$ 的一条外公切线，与 $\odot O_B$、$\odot O_C$ 分别切于点 S、T，点 X 在 ST 上，点 Y 在两圆的另一条外公切线上．

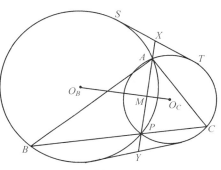

图 1

设 M 为 XY 与 $O_B O_C$ 的交点．

由对称性，知 M 为 AP、XY 的中点．故直线 $O_B O_C$ 垂直平分 XY、AP．

由圆幂定理，知 $XS^2 = XA \cdot XP = XT^2$，即 X 为 ST 的中点．

易知，$\angle ABC = \angle MO_B A = \angle O_C O_B A$（每个角均为 $\overset{\frown}{AP}$ 的一半）．

类似地，$\angle O_B O_C A = \angle ACB$．

由此得 $\triangle ABC \backsim \triangle AO_B O_C \Rightarrow \dfrac{AB}{AO_B} = \dfrac{BC}{O_B O_C} = \dfrac{CA}{O_C A}$.　　　①

令 $AB = c$，$BC = a$，$CA = b$．

只要证：

(1) $1 - \left(\dfrac{PA}{XY}\right)^2 = \dfrac{BC^2}{(AB+AC)^2} = \dfrac{a^2}{(b+c)^2}$,　　　②

(2) $\dfrac{PB \cdot PC}{AB \cdot AC} = \dfrac{a^2}{(b+c)^2}$ 或 $PB \cdot PC = \dfrac{a^2 bc}{(b+c)^2}$.　　　③

在 BC 上恰有满足式 ③ 的两个点 P_1、P_2，其中，AP_1 为 $\angle BAC$ 的平分线且 P_2 为 P_1 关于 BC 的中点中心对称的点．

由角平分线定理知 $P_2 C = P_1 B = \dfrac{ac}{b+c}$，$P_2 B = P_1 C = \dfrac{ab}{b+c}$.

从而，式 ③ 成立．

此外，满足式 ③ 的点 P 不超过两个．

则式 ③ 等价于 $\dfrac{a^2 bc}{(b+c)^2} = PB \cdot PC = PB(a - PB)$.

此方程最多有两个解．

由圆幂定理，得 $XA \cdot XP = XS^2$.

故 $1 - \left(\dfrac{PA}{XY}\right)^2 = \dfrac{XY^2 - PA^2}{XY^2} = \dfrac{(XY + PA)(XY - PA)}{XY^2}$

$= \dfrac{4XA \cdot XP}{XY^2} = \dfrac{4XS^2}{XY^2} = \dfrac{ST^2}{XY^2}.$ ④

如图 2,设由点 S,T 向 $O_B O_C$ 所作垂线的垂足分别为 S_1,T_1,点 O_C 在 SO_B 上的投影为 U.

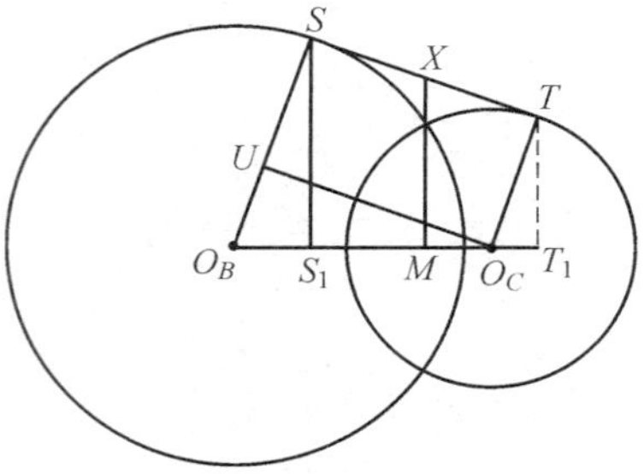

则 $\mathrm{Rt}\triangle O_B S S_1 \backsim \mathrm{Rt}\triangle O_C T T_1 \backsim \mathrm{Rt}\triangle O_B O_C U$.

由 $XS^2 = XA \cdot XP = XT^2$,

知 XM 是直角梯形 $S_1 S T T_1$ 的中位线.

故 $\dfrac{ST}{O_B O_C} = \dfrac{UO_C}{O_B O_C} = \dfrac{S_1 S}{O_B S} = \dfrac{T_1 T}{O_C T} = \dfrac{S_1 S + T_1 T}{O_B S + O_C T}$

$= \dfrac{2XM}{O_B S + O_C T} = \dfrac{XY}{O_B S + O_C T}.$

图 2

由式 ① 得

$\dfrac{ST}{XY} = \dfrac{O_B O_C}{O_B S + O_C T} = \dfrac{O_B O_C}{O_B A + O_C A} = \dfrac{BC}{BA + CA} = \dfrac{a}{b + c}.$ ⑤

由式 ④、⑤ 得式 ② 成立.

平面几何部分

已知三点 B,C,D 在同一直线上(点 C 位于 B,D 之间),不在直线 BD 上的点 A 满足 $AB = AC = CD$.证明:$\angle BAC = 36° \Leftrightarrow \dfrac{1}{CD} - \dfrac{1}{BD} = \dfrac{1}{CD + BD}$.

(2013,爱尔兰数学奥林匹克)

证明 设 $\angle CAD = \alpha$.

由 $AB = AC = CD$,有 $\angle ABC = \angle BCA = \angle CAD + \angle CDA = 2\alpha$.

故 $\angle BAD = \angle DBA \Leftrightarrow \angle BAC = \alpha$.

又由 $\angle BAC = 180° - 4\alpha$,得 $\angle BAC = \alpha \Leftrightarrow \alpha = 36°$.

由 $AB = AC = CD$,知

$\dfrac{1}{CD} - \dfrac{1}{BD} = \dfrac{1}{CD + BD} \Rightarrow \dfrac{1}{AB} - \dfrac{1}{BC + AB} = \dfrac{1}{AB + BD}$

$\Rightarrow \dfrac{BC}{AB(BC + AB)} = \dfrac{1}{AB + BD} \Rightarrow BC \cdot BD = AB^2 \Rightarrow \dfrac{AB}{BD} = \dfrac{BC}{AB}.$

故 $\triangle BAC \backsim \triangle BDA \Rightarrow \angle BAD = \angle BCA = \angle DBA$.

由于上面的证明均是可逆过程,故结论成立.

已知非等腰 $\triangle ABC$ 的外心、内心分别为 O,I,边 BC,CA,AB 的中点分别为 D,E,F,点 I 在边 AB 上的投影为 T,$\triangle DEF$ 的外心为 P,线段 OI 的中点为 Q.若 A,P,Q 三点共线,证明:$\dfrac{AO}{OD} - \dfrac{BC}{AT} = 4$.

(2013,土耳其国家队选拔考试)

证明　如图,设 $\triangle ABC$ 的垂心为 H,直线 AI 与 OD,AI 与 OH,AH 与 OI 分别交于点 K,M,L.则 $AH = 2OD$.

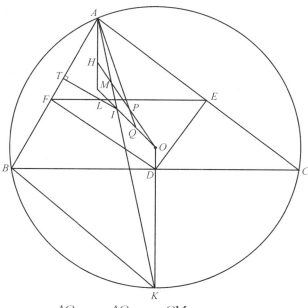

由 AI 平分 $\angle HAO$,得 $\dfrac{AO}{OD} = 2\dfrac{AO}{AH} = 2\dfrac{OM}{MH}$. ①

设 $\odot O$ 的半径为 R,$\odot I$ 的半径为 r,$\angle A = 2\alpha$.

由于 K 为 $\overset{\frown}{BC}$ 的中点,则 $BK = KI$.

因为 $AH \mathbin{/\!/} OK$,所以,

$$\dfrac{BC}{AT} = \dfrac{2R\sin 2\alpha}{r\cot\alpha} = \dfrac{2R \cdot 2\sin\alpha \cdot \cos\alpha}{r\,\dfrac{\cos\alpha}{\sin\alpha}} = 2 \cdot \dfrac{2R\sin\alpha}{\dfrac{r}{\sin\alpha}} = 2\dfrac{BK}{AI} = 2\dfrac{KI}{AI} = 2\dfrac{OI}{IL}.$$ ②

设 $HM = x$,$MP = y$,$IL = k$,$IQ = s$.

由于 P 为 OH 的中点,则 $PO = x + y$,$OQ = s$,$QL = k + s$.

对直线 AMI 和 $\triangle HLO$,应用梅涅劳斯定理得 $\dfrac{HA}{AL} \cdot \dfrac{LI}{IO} \cdot \dfrac{OM}{MH} = 1$.

于是,$\dfrac{HA}{AL} = \dfrac{IO}{LI} \cdot \dfrac{MH}{OM} = \dfrac{2sx}{k(x + 2y)}$.

对直线 APQ 和 $\triangle HLO$,应用梅涅劳斯定理得 $\dfrac{HA}{AL} \cdot \dfrac{LQ}{QO} \cdot \dfrac{OP}{PH} = 1$.

于是,$\dfrac{HA}{AL} = \dfrac{QO}{LQ} \cdot \dfrac{PH}{OP} = \dfrac{s}{k + s}$.

由 $\dfrac{2sx}{k(x + 2y)} = \dfrac{s}{k + s} \Rightarrow 2x(k + s) = k(x + 2y) \Rightarrow \dfrac{y}{x} - \dfrac{s}{k} = \dfrac{1}{2}$. ③

由式①、②、③得

$$\dfrac{AO}{OD} - \dfrac{BC}{AT} = 2\dfrac{OM}{MH} - 2\dfrac{OI}{IL} = 2\dfrac{x + 2y}{x} - 2\dfrac{2s}{k} = 2 + 4\left(\dfrac{y}{x} - \dfrac{s}{k}\right) = 4.$$

已知 $\triangle ABC$ 的内切圆 $\odot I$ 与边 BC 切于点 D,ID 的中点为 T,过点 I 且垂直于 AD 的直线与 AB,AC 分别交于点 K,L,过点 T 且垂直于 AD 的直线与 AB,AC 分别交于点 M,N. 证明:$KM \cdot LN = BM \cdot CN$.

(2013,土耳其国家队选拔考试)

证明 设 $\triangle ABC$ 的内切圆与边 AB,AC 分别切于点 F,E.

设 $AE = AF = x$,$BD = BF = y$,$CD = DE = z$.

如图,过点 D 且平行于 AC 的直线与 AB 交于点 P,过点 D 且平行 AB 的直线与 AC 交于点 Q.

则 $\triangle BPD \backsim \triangle BAC$,相似比为 $\dfrac{y}{y+z}$;

$\triangle DQC \backsim \triangle BAC$,相似比为 $\dfrac{z}{y+z}$.

设 $\triangle BPD$,$\triangle DQC$ 的内切圆分别为 $\odot I_1$,$\odot I_2$,且 $\odot I_1$ 与 BC,AB 分别切于点 U_1,U_2;又 $\odot I_2$ 与 BC,AC 分别切于点 V_1,V_2.

由三角形相似得

$$DU_1 = \frac{yz}{y+z}, BU_2 = \frac{y^2}{y+z}, DV_1 = \frac{yz}{y+z}, CV_2 = \frac{z^2}{y+z}.$$

因为 $DU_1 = DV_1$,所以,点 D 在 $\odot I_1$ 与 $\odot I_2$ 的根轴上.

又 $AU_2 = AB - BU_2 = x + y - \dfrac{y^2}{y+z} = \dfrac{xy + yz + zx}{y+z}$,

$AV_2 = AC - CV_2 = x + z - \dfrac{z^2}{y+z} = \dfrac{xy + yz + zx}{y+z}$,

则点 A 在 $\odot I_1$ 与 $\odot I_2$ 的根轴上.

于是,$\odot I_1$ 与 $\odot I_2$ 的根轴为 AD. 从而,$AD \perp I_1 I_2$.

由于 B,I_1,I 及 C,I_2,I 分别三点共线,且 $BI_1 \parallel DI_2$,$CI_2 \parallel DI_1$,则四边形 $DI_1 II_2$ 为平行四边形. 于是,T 为对角线 ID 与 $I_1 I_2$ 的交点.

从而,M,I_1,I_2,N 四点共线.

因为 $PU_1 \parallel AD$,所以,$I_1 M \perp PU_1$.

由 $\triangle BPD \backsim \triangle BAC$,得 $\dfrac{BK}{BM} = \dfrac{y+z}{y}$. 于是,$\dfrac{KM}{BM} = \dfrac{z}{y}$.

类似地,$\dfrac{LN}{CN} = \dfrac{y}{z}$.

因此,$KM \cdot LN = BM \cdot CN$.

在 Rt$\triangle ABC$ 中,斜边 AC 上有一点 D,直角边 BC 上有一点 E,使得 $AB = AD = BE$,且 $BD \perp DE$. 求 $\dfrac{AB}{BC}$ 和 $\dfrac{BC}{CA}$.

(2013,阿根廷数学奥林匹克)

解　设 $BC = a, CA = b, AB = c$. 则 $c \leqslant a < b$.

如图,设 BE 的中点为 F. 连接 AF, DF.

因为 $BD \perp DE$, 所以, $\triangle BED$ 为直角三角形.

于是, DF 为斜边上的中线.

故 $BF = DF = EF = \dfrac{1}{2} BE$.

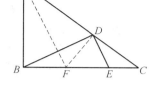

又 $AB = AD$, 则点 A 到点 B 的距离等于点 F 到点 D 的距离, 即 AF 垂直平分 BD.

又 $\triangle BDA$ 是以 BD 为底的等腰三角形, 则 AF 为 $\angle BAC$ 的平分线.

由角平分线定理, 知 $\dfrac{AB}{BF} = \dfrac{AC}{CF}$.

由 $AB = c, BF = \dfrac{c}{2}, CA = b, CF = a - \dfrac{c}{2}$, 得 $\dfrac{c}{\frac{c}{2}} = \dfrac{b}{a - \frac{c}{2}} \Rightarrow b + c = 2a$.

在 $\triangle ABC$ 中, 由勾股定理知

$b^2 = a^2 + c^2 \Rightarrow (2a - c)^2 = a^2 + c^2 \Rightarrow 3a = 4c$.

设 $a = 4d, c = 3d (d > 0)$. 则 $b = \sqrt{a^2 + c^2} = 5d$.

故 $\dfrac{AB}{BC} = \dfrac{3}{4}, \dfrac{BC}{CA} = \dfrac{4}{5}$.

在凸四边形 $ABCD$ 中, $\angle A = \angle C$, $\angle B$ 的平分线过边 CD 的中点 M, $CD = 3AD$. 求 $\dfrac{AB}{BC}$ 的值.

（2013,阿根廷数学奥林匹克）

解　因为 BM 为 $\angle B$ 的平分线, 所以, 点 C 关于 BM 的对称点 E 在 AB 上.

故 $\angle MEB = \angle MCB = \angle DAB \Rightarrow ME \parallel DA$.

由对称, 知 $ME = MC$.

又 $ME = MD$, 则 $MC = MD = ME$. 故 $\triangle CDE$ 为直角三角形, $\angle CED = 90°$.

由 $MB \perp CE, DE \perp CE$, 知 $BM \parallel ED$.

由于 $\triangle BEM$ 与 $\triangle EAD$ 的三组对边分别平行, 则 $\triangle BEM \backsim \triangle EAD$, 且相似比为 $\dfrac{3}{2}$.

于是, $BE = \dfrac{3}{2} AE, AB = \dfrac{5}{2} AE$, 即 $\dfrac{AB}{BC} = \dfrac{AB}{BE} = \dfrac{5}{3}$.

如图 1, AB 为圆 Γ 的一条弦, P 为 $\overset{\frown}{AB}$ 内一点, E 和 F 为线段 AB 上两点, 满足 $AE = EF = FB$. 连接 PE, PF 并延长, 与圆 Γ 分别交于点 C, D. 证明: $EF \cdot CD = AC \cdot BD$.

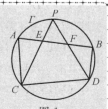

图 1

（2013,全国高中数学联合竞赛）

证明 如图 2,连接 AD,BC,CF,DE.

记 $d(A,l)$ 表示点 A 到直线 l 的距离.

由 $AE = EF = FB$,知

$$\frac{BC\sin\angle BCE}{AC\sin\angle ACE} = \frac{d(B,l_{CP})}{d(A,l_{CP})} = \frac{BE}{AE} = 2.$$ ①

类似地,$\dfrac{AD\sin\angle ADF}{BD\sin\angle BDF} = \dfrac{d(A,l_{PD})}{d(B,l_{PD})} = \dfrac{AF}{BF} = 2.$ ②

又注意到,$\angle BCE = \angle BCP = \angle BDP = \angle BDF$,

$\angle ACE = \angle ACP = \angle ADP = \angle ADF$.

将式 ①、② 相乘,得 $\dfrac{BC \cdot AD}{AC \cdot BD} = 4 \Rightarrow BC \cdot AD = 4AC \cdot BD.$ ③

由托勒密定理,知 $AD \cdot BC = AC \cdot BD + AB \cdot CD.$ ④

故由式 ③、④,得 $AB \cdot CD = 3AC \cdot BD$,即 $EF \cdot CD = AC \cdot BD.$

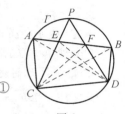

图 2

已知 P 为等边 $\triangle ABC$ 内的点,P 在边 BC 上的投影为 A_1,P 在 CA 上的投影为 B_1,P 在边 AB 上的投影为 C_1.证明:

$$AC_1 \cdot BA_1 + BA_1 \cdot CB_1 + CB_1 \cdot AC_1 = C_1B \cdot A_1C + A_1C \cdot B_1A + B_1A \cdot C_1B.$$

(2013—2014,匈牙利数学奥林匹克)

证明 如图,连接 PB,PC,PA.

由勾股定理得

$BA_1^2 + CB_1^2 + AC_1^2$

$= PB^2 - PA_1^2 + PC^2 - PB_1^2 + PA^2 - PC_1^2$

$= PC^2 - PA_1^2 + PA^2 - PB_1^2 + PB^2 - PC_1^2$

$= CA_1^2 + AB_1^2 + BC_1^2.$

设 $\triangle ABC$ 的边长为 a. 则

$BA_1(a - CA_1) + CB_1(a - AB_1) + AC_1(a - BC_1)$

$= CA_1(a - BA_1) + AB_1(a - CB_1) + BC_1(a - AC_1).$

从而,$BA_1 + CB_1 + AC_1 = CA_1 + AB_1 + BC_1.$

故 $AC_1 \cdot BA_1 + BA_1 \cdot CB_1 + CB_1 \cdot AC_1$

$= (a - BC_1)BA_1 + (a - CA_1)CB_1 + (a - AB_1)AC_1$

$= (BA_1 + CB_1 + AC_1)a - BC_1 \cdot BA_1 - CA_1 \cdot CB_1 - AB_1 \cdot AC_1$

$= (CA_1 + AB_1 + BC_1)a - BC_1 \cdot BA_1 - CA_1 \cdot CB_1 - AB_1 \cdot AC_1$

$= (a - BA_1)BC_1 + (a - AC_1)AB_1 + (a - CB_1)CA_1$

$= C_1B \cdot A_1C + A_1C \cdot B_1A + B_1A \cdot C_1B.$

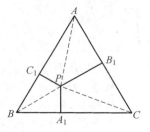

在等腰 $\triangle ABC$ 中，$\angle BAC = 100°$，在射线 AB 上取点 D，E，使得 $BC = AD = BE$. 证明：$BC \cdot DE = BD \cdot CE$.

（2014，泰国数学奥林匹克）

证明 如图，过点 D 作 $DG \parallel BC$，与 EC 交于点 G，过点 G 作 $GF \parallel AB$，与 BC 交于点 F. 连接 AG，

则四边形 $BDGF$ 为平行四边形.

在等腰 $\triangle ABC$ 中，$\angle ABC = \angle ACB = 40°$.

又 $BE = BC$，故 $\angle BEC = \angle BCE = 20°$.

由 $DG \parallel BF \Rightarrow \angle DGE = \angle BCE = \angle BEC \Rightarrow DE = DG$.

注意到，

$DE = BE - BD = AD - BD = AB$，$BF = DG = DE = AB = AC$，

$FG = BD = BE - DE = BC - DG = BC - BF = FC$.

于是，$\triangle FCG$ 为等腰三角形.

要证结论成立，只要证 $\dfrac{BC}{CE} = \dfrac{BD}{DE}$.

又 $FG \parallel AE \Rightarrow \triangle BEC \backsim \triangle FGC \Rightarrow \dfrac{BC}{CE} = \dfrac{FC}{CG} = \dfrac{BD}{CG}$.

故只要证 $DE = CG$. 考虑 $\triangle ABC$，$\triangle GDA$.

由 $\angle ABC = \angle GDA = 40°$，得

$AB = GD$，$BC = DA$，

$\triangle ABC \cong \triangle GDA \Rightarrow GA = AC$.

又 $\angle ACG = \angle ACB + \angle BCG = 60°$，则

$\triangle GAC$ 为等边三角形 $\Rightarrow CG = AC = AB = DE$.

因此，结论成立.

已知在 $\triangle ABC$ 中，点 C_1，C_2 在边 AB 上，点 B_1，B_2 在边 AC 上，点 A_1，A_2 在边 BC 上，满足 $A_1B_2 = B_1C_2 = C_1A_2$，且此三线共点，两两夹角均为 $60°$. 证明：

$$\frac{A_1A_2}{BC} = \frac{B_1B_2}{AC} = \frac{C_1C_2}{AB}.$$

（2014，第 40 届俄罗斯数学奥林匹克）

证明 如图.

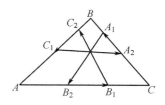

注意到 $\overrightarrow{A_1B_2} + \overrightarrow{B_2B_1} + \overrightarrow{B_1C_2} + \overrightarrow{C_2C_1} + \overrightarrow{C_1A_2} + \overrightarrow{A_2A_1} = \mathbf{0}$. ①

据题设条件，知 $A_1B_2 = B_1C_2 = C_1A_2$，且 A_1B_2，B_1C_2，C_1A_2 任意两者之间的夹角均为 $60°$. 故若将向量 $\overrightarrow{A_1B_2}$，$\overrightarrow{B_1C_2}$，$\overrightarrow{C_1A_2}$ 连在一起，恰形成一个正三角形.

因而，$\overrightarrow{A_1B_2} + \overrightarrow{B_1C_2} + \overrightarrow{C_1A_2} = \mathbf{0}$.

结合式 ①，知 $\overrightarrow{B_2B_1} + \overrightarrow{C_2C_1} + \overrightarrow{A_2A_1} = \mathbf{0}$.

于是,若将向量 $\overrightarrow{B_2B_1}$,$\overrightarrow{C_2C_1}$,$\overrightarrow{A_2A_1}$ 自某个点处开始首尾衔接,可得到一个三边分别平行于 $\triangle ABC$ 的三条边的三角形 T. 从而,它们相似.

由此即得所要证明的等式.

在锐角 $\triangle ABC$ 内取一点 P,使得

$\angle APB = \angle CBA + \angle ACB$,$\angle BPC = \angle ACB + \angle BAC$. 证明:

$$\frac{AC \cdot BP}{BC} = \frac{BC \cdot AP}{AB}.$$

(2014,克罗地亚数学竞赛决赛)

证明 如图,令 $\angle BAC = \alpha$,$\angle CBA = \beta$,$\angle ACB = \gamma$.

由 $\angle APB = \beta + \gamma$,$\angle BPC = \gamma + \alpha$,得

$\angle CPA = 360° - \angle APB - \angle BPC$

$= 360° - \beta - \gamma - \gamma - \alpha = \alpha + \beta$.

若 $\angle PBA = \theta$,则

$\angle BAP = 180° - \angle APB - \angle PBA = 180° - \beta - \gamma - \theta = \alpha - \theta$.

故 $\angle PAC = \angle BAC - \angle BAP = \alpha - (\alpha - \theta) = \theta$.

类似地,$\angle PCB = \theta$.

在 $\triangle ABP$,$\triangle BCP$ 中,由正弦定理得

$\dfrac{AP}{\sin\theta} = \dfrac{AB}{\sin(\beta+\gamma)} = \dfrac{AB}{\sin\alpha}$,$\dfrac{BP}{\sin\theta} = \dfrac{BC}{\sin(\alpha+\gamma)} = \dfrac{BC}{\sin\beta}$.

由 $\dfrac{\sin\alpha}{\sin\beta} = \dfrac{BC}{AC}$,得 $\dfrac{BP}{AP} = \dfrac{BC\sin\alpha}{AB\sin\beta} = \dfrac{BC \cdot BC}{AB \cdot AC}$.

因此,$\dfrac{AC \cdot BP}{BC} = \dfrac{BC \cdot AP}{AB}$.

在 $\triangle ABC$ 中,AM 为中线,过点 B 作 $\angle BMA$ 的平分线的垂线,垂足为 B_1,过点 C 作 $\angle AMC$ 的平分线的垂线,垂足为 C_1,射线 MA 与线段 B_1C_1 交于点 A_1. 求 $\dfrac{B_1A_1}{A_1C_1}$ 的值.

(2014,第 65 届白俄罗斯数学奥林匹克)

解 如图,设 $\angle BMA = 2\alpha$.

则 $\angle AMC = 180° - 2\alpha$.

因为 MB_1 是 $\angle BMA$ 的平分线,

所以,$\angle BMB_1 = \angle B_1MA = \alpha$.

类似地,$\angle AMC_1 = \angle C_1MC = 90° - \alpha$.

由于 $\triangle BMB_1$ 为直角三角形,则

$\angle B_1BM = 90° - \angle B_1MB = 90° - \alpha$.

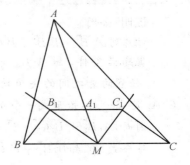

故 $\mathrm{Rt}\triangle BMB_1 \cong \mathrm{Rt}\triangle MCC_1 \Rightarrow BB_1 = MC_1$.

因为 $\angle B_1BM = \angle C_1MC$,所以,$BB_1 \parallel MC_1$.

从而,四边形 BMC_1B_1 为平行四边形.

故 $B_1C_1 \parallel BM \Rightarrow \angle A_1B_1M = \angle BMB_1 = \angle B_1MA_1 \Rightarrow MA_1 = A_1B_1$.

类似地,$MA_1 = C_1A_1$.

从而,$\dfrac{B_1A_1}{A_1C_1} = \dfrac{MA_1}{MA_1} = 1$.

在 $\triangle ABC$ 中,A_1 为边 BC 的中点,G 为重心.正方形 $GBKL$,正方形 $GCMN$ 分别位于射线 GB,GC 的左侧(如图1),记 A_2 为正方形 $GBKL$ 的中心与正方形 $GCMN$ 的中心所连线段的中点.求 $\dfrac{AG}{A_1A_2}$ 的值.

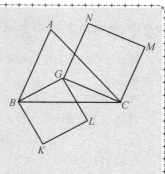

图1

(2014,第 65 届白俄罗斯数学奥林匹克)

解 如图2.

设 $R_G^{45°}$ 表示以点 G 为中心旋转 $45°$,H_G^λ 表示以点 G 为中心、相似比为 $\lambda = \dfrac{1}{\sqrt{2}}$ 的位似变换.

记正方形 $BGLK$,正方形 $GCMN$ 的中心分别为 O_1,O_2.

考虑 $\triangle BCG$,$\triangle O_1O_2G$.

因为 $\angle O_1GB = \angle O_2GC = 45°$,

$BG = \sqrt{2}GO_1$,$CG = \sqrt{2}GO_2$,

所以,$H_G^\lambda(R_G^{45°}(\triangle BCG)) = \triangle O_1O_2G$.

于是,$\triangle BCG$ 的中线 GA_1 在变换下得到 $\triangle O_1O_2G$ 的中线 GA_2.

故 $\angle A_2GA_1 = 45°$,$GA_1 = \sqrt{2}GA_2$.

从而,$\triangle A_1A_2G$ 是以 A_2 为直角顶点的等腰直角三角形.

因此,$\sqrt{2}A_1A_2 = GA_1 = \dfrac{AG}{2} \Rightarrow \dfrac{AG}{A_1A_2} = 2\sqrt{2}$.

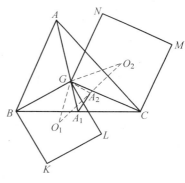

图2

已知 $\triangle ABC$ 不为等腰三角形,A_1 为边 BC 的中点,G 为重心,正方形 $GBKL$,正方形 $GCMN$ 位于射线 GB,GC 的左侧,记 A_2 为正方形 $GBKL$ 的中心与正方形 $GCMN$ 的中心所连线段的中点,$\triangle A_1 A_2 G$ 的外接圆与 BC 交于点 A_1,X,$AH \perp BC$ 于点 H. 求 $\dfrac{A_1 X}{XH}$ 的值.

(2014,第 65 届白俄罗斯数学奥林匹克)

解 如图.

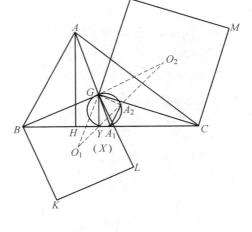

设 $R_G^{45°}$ 表示绕点 G 旋转 $45°$,H_G^λ 表示以点 G 为中心、相似比为 $\lambda = \dfrac{1}{\sqrt{2}}$ 的位似变换.

记正方形 $BGLK$,正方形 $CGNM$ 的中心分别为 O_1,O_2.

考虑 $\triangle BCG$,$\triangle O_1 O_2 G$.

因为 $\angle O_1 GB = \angle O_2 GC = 45°$,

$BG = \sqrt{2} GO_1$,$CG = \sqrt{2} GO_2$,

所以,$H_G^\lambda(R_G^{45°}(\triangle BCG)) = \triangle O_1 O_2 G$.

故 $\triangle BCG$ 的中线 GA_1 在变换下得到的像为 $\triangle O_1 O_2 G$ 的中线 GA_2.

于是,$\angle A_2 GA_1 = 45°$,$GA_1 = \sqrt{2} GA_2$.

从而,$\triangle A_1 A_2 G$ 是以 A_2 为直角顶点的等腰直角三角形.

设 $GY \perp BC$ 于点 Y.

因为 $\triangle ABC$ 不是等腰三角形,所以,点 Y 不会与点 A_1 重合.

则 $\angle GYA_1 = \angle GA_2 A_1 = 90°$. 故点 Y 位于 $\triangle A_1 A_2 G$ 的外接圆上.

于是,点 Y 与 X 重合.

又 $GX \perp BC$,$AH \perp BC \Rightarrow GX \parallel AH \Rightarrow \dfrac{A_1 X}{XH} = \dfrac{A_1 G}{GA} = \dfrac{1}{2}$.

根据平面内不共线三点 A_1,A_2,A_3 定义一点列 $\{A_i\}(i=1,2,\cdots)$:对于 $n \geqslant 3$,记 A_n 为 $\triangle A_{n-3} A_{n-2} A_{n-1}$ 的重心.

(1) 证明:恰有一点 S 存在于每个 $\triangle A_{n-3} A_{n-2} A_{n-1}$ 的内部;

(2) 设 T 为直线 SA_3 与 $A_1 A_2$ 的交点,求 $\dfrac{A_1 T}{TA_2}$ 及 $\dfrac{TS}{SA_3}$ 的值.

(2014,德国数学竞赛)

解 设线段 $A_1 A_2$ 上点 T 满足 $\dfrac{A_1 T}{TA_2} = 2$,S 为 $A_3 T$ 的中点.

接下来用数学归纳法证明:若 T_{n-3} 为 $A_{n-1} S$ 与 $A_{n-3} A_{n-2}$ 的交点(点 T_1 与 T 重合),则

$\dfrac{A_{n-3}T_{n-3}}{T_{n-3}A_{n-2}} = 2, \dfrac{T_{n-3}S}{SA_{n-1}} = 1$，这表明，点 S 在 $\triangle A_{n-3}A_{n-2}A_{n-1}$ 内.

从而，在（2）中 $\dfrac{A_1T}{TA_2} = 2, \dfrac{TS}{SA_3} = 1$.

当 $n = 4$ 时，由点 S 的定义知结论成立.

假设当 n 时结论成立.

如图，设 $A_{n-3}A_{n-2}$ 的另一个三等分点为 B_{n-3}，中点为 D_{n-3}.

作 $\square A_{n-1}A_{n-3}B_{n-3}E_{n-3}$，记 $B_{n-3}E_{n-3}$ 与 $A_{n-1}D_{n-3}$，$A_{n-1}T_{n-3}$，$A_{n-1}A_{n-2}$ 分别交于点 A'_n, S', T'_{n-2}.

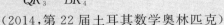

因为 $\dfrac{A_{n-1}A'_n}{A'_nD_{n-3}} = \dfrac{A_{n-1}E_{n-3}}{B_{n-3}D_{n-3}} = 2$，

所以，A'_n 为 $\triangle A_{n-3}A_{n-2}A_{n-1}$ 的重心，

即点 A'_n 与 A_n 重合.

又 $\dfrac{A_{n-1}S'}{S'T_{n-3}} = \dfrac{A_{n-1}E_{n-3}}{B_{n-3}T_{n-3}} = 1$，则点 S' 与 S 重合.

由 $\dfrac{A_{n-2}T'_{n-2}}{T'_{n-2}A_{n-1}} = \dfrac{B_{n-3}A_{n-2}}{A_{n-1}E_{n-3}} = 2$，知点 T'_{n-2} 与 T_{n-2} 重合.

而 $B_{n-3}A_n = \dfrac{1}{3}B_{n-3}E_{n-3} = T_{n-2}E_{n-3}$，$SB_{n-3} = SE_{n-3}$，则 $A_nS = ST_{n-2}$.

由 $\dfrac{A_{n-2}T_{n-2}}{T_{n-2}A_{n-1}} = 2, \dfrac{T_{n-2}S}{SA_n} = 1$，知当 $n+1$ 时结论成立.

下面只需证明：对于任意与 S 不重合的点 S'，存在 n 使得点 S' 不在 $\triangle A_{n-3}A_{n-2}A_{n-1}$ 内部.

假设存在点 S' 与 S 不重合，且 S' 在 $\triangle A_{n-3}A_{n-2}A_{n-1}$ 内部. 设 $SS' = \varepsilon > 0$.

由 $A_{n-1}A_n < \dfrac{1}{3}(A_{n-1}A_{n-3} + A_{n-1}A_{n-2}) \leqslant \dfrac{2}{3}\max\{A_{n-1}A_{n-3}, A_{n-1}A_{n-2}\}$，

$A_{n-2}A_n < \dfrac{1}{3}(A_{n-3}A_{n-2} + A_{n-2}A_{n-1}) \leqslant \dfrac{2}{3}\max\{A_{n-3}A_{n-2}, A_{n-2}A_{n-1}\}$，

知当 n 足够大时，$\triangle A_{n-3}A_{n-2}A_{n-1}$ 的最大边可以足够小，且小于 $\dfrac{\varepsilon}{2}$.

这样的三角形可以被一个直径小于 ε 的圆覆盖，但此圆不能覆盖 $S'S$，这与点 S, S' 均在 $\triangle A_{n-3}A_{n-2}A_{n-1}$ 内部矛盾.

故不存在这样的点 S'.

【注】若无法猜出点 S 的位置，可以建立直角坐标系并求出点 A_n 的极限坐标，即为点 S 的位置.

设 P, Q 为圆 Γ 的两条不平行的弦的中点. 过每条弦的两个端点的切线分别交于点 A, B，$\triangle ABP$ 的垂心关于直线 AB 的对称点为 R，点 R 在直线 AP, BP, AQ, BQ 上的投影分别为 R_1, R_2, R_3, R_4. 证明：$\dfrac{AR_1}{PR_1} \cdot \dfrac{PR_2}{BR_2} = \dfrac{AR_3}{QR_3} \cdot \dfrac{QR_4}{BR_4}$.

（2014，第 22 届土耳其数学奥林匹克）

平面几何部分

证明 如图1,设圆 Γ 的圆心为 O,且 X,Y 分别为两条弦的一个端点.

因为 $\angle OPX = \angle OXA = 90°$,

所以,$\triangle OPX \backsim \triangle OXA \Rightarrow OP \cdot OA = OX^2$.

类似地,$\triangle OQY \backsim \triangle OYB \Rightarrow OQ \cdot OB = OY^2$.

故 $OP \cdot OA = OQ \cdot OB$.

这表明,A,P,Q,B 四点共圆.

由熟知的结论,知点 R 在 $\triangle ABP$ 的外接圆上.从而,A,P,Q,B,R 五点共圆.

如图2,设 AB 与 PR 交于点 K.

由西姆松定理,知 R_1,K,R_2 三点共线.

由 $\angle AR_1K = \angle ARK = \angle ABP$,

$\angle KAP = \angle BRP = \angle KR_2P$,

则 $\triangle PAB \backsim \triangle PR_2R_1 \Rightarrow \dfrac{PR_2}{PR_1} = \dfrac{PA}{PB}$.

又 $\angle RBR_2 = \angle RAR_1$,$\angle BR_2R = \angle AR_1R = 90°$,故

$\triangle RBR_2 \backsim \triangle RAR_1 \Rightarrow \dfrac{AR_1}{BR_2} = \dfrac{RA}{RB}$.

从而,$\dfrac{AR_1}{PR_1} \cdot \dfrac{PR_2}{BR_2} = \dfrac{PA}{PB} \cdot \dfrac{RA}{RB}$.

如图3.

再由西姆松定理,知 R_3,K,R_4 三点共线.

又 $\angle KR_3Q = \angle KRA = \angle PBA$,

$\angle KR_4Q = \angle KRB = \angle PAB$

$\Rightarrow \triangle PAB \backsim \triangle QR_4R_3 \Rightarrow \dfrac{QR_4}{QR_3} = \dfrac{PA}{PB}$.

由 $\angle RAR_3 = \angle RBR_4$,$\angle AR_3R = \angle BR_4R = 90°$

$\Rightarrow \triangle ARR_3 \backsim \triangle BRR_4 \Rightarrow \dfrac{AR_3}{BR_4} = \dfrac{RA}{RB}$.

从而,$\dfrac{AR_3}{QR_3} \cdot \dfrac{QR_4}{BR_4} = \dfrac{PA}{PB} \cdot \dfrac{RA}{RB}$.

由式①、②,知要证的结论成立.

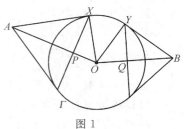

图1

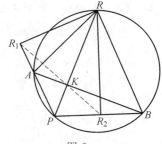

图2

①

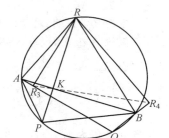

图3

②

在 $\square ABCD$ 中,$AB = 10$,$BC = 6$,$\odot A$ 与 $\odot C$ 均通过点 B,$\odot D$ 与 $\odot A$ 交于点 P_1,Q_1,与 $\odot C$ 交于点 P_2,Q_2.求 $\dfrac{P_1Q_1}{P_2Q_2}$.

(2014,第31届阿根廷数学奥林匹克)

解　如图.

因为 $CP_2 = CB = AD$，$DP_2 = DP_1$，

$DC = AB = AP_1$，

所以，$\triangle DP_2C \cong \triangle P_1DA$，$S_{\triangle DP_2C} = S_{\triangle P_1DA}$.

因为 AD 是 $\odot A$ 与 $\odot D$ 的连心线，P_1Q_1 是两圆的公共弦，

所以，AD 垂直平分 P_1Q_1.

故 $\triangle DP_1A$ 的边 DA 上的高为 $\frac{1}{2}P_1Q_1$，

$$S_{\triangle DP_1A} = \frac{1}{2}DA \cdot \frac{1}{2}P_1Q_1 = \frac{1}{4}DA \cdot P_1Q_1.$$

类似地，$S_{\triangle DP_2C} = \frac{1}{4}DC \cdot P_2Q_2$.

于是，$\dfrac{P_1Q_1}{P_2Q_2} = \dfrac{DC}{DA} = \dfrac{10}{6} = \dfrac{5}{3}$.

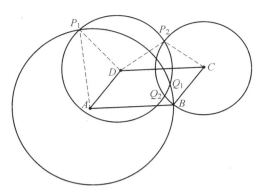

设 A,B,D,E,F,C 依次为一个圆上的六个点，满足 $AB = AC$. 直线 AD 与 BE 交于点 P，直线 AF 与 CE 交于点 R，直线 BF 与 CD 交于点 Q，直线 AD 与 BF 交于点 S，直线 AF 与 CD 交于点 T. 点 K 在线段 ST 上，使得 $\angle SKQ = \angle ACE$. 证明：

$$\frac{SK}{KT} = \frac{PQ}{QR}.$$

（2014，第 30 届中国数学奥林匹克）

证明　如图.连接 BC,RP,DF.

由 $AB = AC$，知 $\angle ADC = \angle AFB$.

于是，S,D,F,T 四点共圆.

从而，$\angle QSK = \angle TDF = \angle RAC$.

结合 $\angle SKQ = \angle ACE$，得 $\triangle QSK \backsim \triangle RAC$.

类似地，$\triangle QTK \backsim \triangle PAB$.

从而，$\dfrac{SK}{KQ} = \dfrac{AC}{CR}$，$\dfrac{KQ}{KT} = \dfrac{BP}{BA}$.

故 $\dfrac{SK}{KT} = \dfrac{SK}{KQ} \cdot \dfrac{KQ}{KT} = \dfrac{AC}{CR} \cdot \dfrac{BP}{BA} = \dfrac{BP}{CR}$. ①

由帕斯卡定理，知 P,Q,R 三点共线.

设点 J 在射线 CD 上，使得 $\triangle BCJ \backsim \triangle BAP$，连接 PJ.

由 $\dfrac{BP}{BJ} = \dfrac{AB}{CB}$，及 $\angle ABC = \angle PBA - \angle PBC = \angle JBC - \angle PBC = \angle JBP$，得

$\triangle BPJ \backsim \triangle BAC$.

结合 $AB = AC$，知 $PB = PJ$.

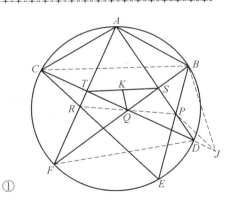

又 $\angle DPE = \angle BPA = \angle BJC$，则 B,J,D,P 四点共圆.

故 $\angle PJQ = \angle DBE = \angle DCE$.

从而，$PJ \parallel CR$. 于是，$\dfrac{BP}{CR} = \dfrac{PJ}{CR} = \dfrac{PQ}{QR}$. ②

由式 ①、② 知命题成立.

如图，AB 为半圆 $\odot O$ 的直径，C,D 为 $\overparen{AB}$ 上两点，P,Q 分别为 $\triangle OAC$，$\triangle OBD$ 的外心. 证明：

$CP \cdot CQ = DP \cdot DQ$.

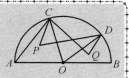

(2014，中国西部数学邀请赛)

证明 连接 OP,OQ,AP,AD,BQ,BC. 设 $\angle BAD = \alpha$，$\angle ABC = \beta$.

由题意知

$$\angle OAP = \angle AOP = \frac{1}{2}\angle AOC = \angle ABC = \beta,$$

$$\angle OBQ = \angle BOQ = \frac{1}{2}\angle BOD = \angle BAD = \alpha.$$

故 $\angle PAD = \angle OAP - \angle OAD = \beta - \alpha = \angle OBC - \angle OBQ = \angle QBC$.

又 $\dfrac{AD}{AP} = \dfrac{AD}{AB} \cdot \dfrac{AB}{AO} \cdot \dfrac{AO}{AP} = \cos\alpha \times 2 \times 2\cos\beta = 4\cos\alpha \cdot \cos\beta$，类似地，

$$\frac{BC}{BQ} = 4\cos\beta \cdot \cos\alpha.$$

从而，$\dfrac{AD}{AP} = \dfrac{BC}{BQ} \Rightarrow \triangle APD \backsim \triangle BQC \Rightarrow \dfrac{AP}{DP} = \dfrac{BQ}{CQ}$.

因此，$CP \cdot CQ = AP \cdot CQ = DP \cdot BQ = DP \cdot DQ$.

如图，在锐角 $\triangle ABC$ 中，$AB > AC$，M 为边 BC 的中点，I 为内心，MI 与边 AC 交于点 D，BI 与 $\triangle ABC$ 的外接圆交于另一点 E. 证明：$\dfrac{ED}{EI} = \dfrac{IC}{IB}$.

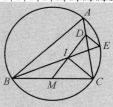

(2014，第 11 届中国东南地区数学奥林匹克)

证明 记 BE 与 AC 交于点 F. 连接 AI，CE.

对 $\triangle BCF$ 与截线 MID 应用梅涅劳斯定理得 $\dfrac{BM}{MC} \cdot \dfrac{CD}{DF} \cdot \dfrac{FI}{IB} = 1$.

又 $BM = MC$，于是，$\dfrac{CD}{DF} = \dfrac{IB}{FI}$. 由 AI 平分 $\angle BAC$，知 $\dfrac{IB}{FI} = \dfrac{AB}{AF}$.

由 A,B,C,E 四点共圆,知 $\angle ABE = \angle ACE$.

故 $\triangle ABF \backsim \triangle ECF \Rightarrow \dfrac{AB}{AF} = \dfrac{EC}{EF}$.

注意到,$\angle EBC = \angle EBA = \angle ECA$. ①

则 $\angle EIC = \angle EBC + \angle BCI = \angle ECA + \angle ICA = \angle ECI$.从而,$EC = EI$.

由上述结论,得 $\dfrac{CD}{DF} = \dfrac{IB}{FI} = \dfrac{AB}{AF} = \dfrac{EC}{EF} = \dfrac{EI}{EF}$.故 $ED \parallel IC$.

从而,$\angle BCI = \angle ICD = \angle CDE$.

又由式 ①,得 $\triangle BCI \backsim \triangle CDE$.因此,$\dfrac{IC}{IB} = \dfrac{ED}{EC} = \dfrac{ED}{EI}$.

已知 $\triangle ABC$ 为一个确定的锐角三角形,E,F 分别为边 AC,AB 上的点,M 为 EF 的中点,EF 的中垂线与 BC 交于点 K,MK 的中垂线与 AC,AB 分别交于点 S,T.若 K,S,A,T 四点共圆,则称点对 (E,F) 为"有趣的".如果点对 $(E_1,F_1),(E_2,F_2)$ 均为有趣的,证明:$\dfrac{E_1E_2}{AB} = \dfrac{F_1F_2}{AC}$.

(第 55 届 IMO 预选题)

证明 对于任意有趣的点对 (E,F),称对应的 $\triangle EFK$ 也是有趣的.

设 $\triangle EFK$ 是有趣的.记过点 K,S,A,T 的圆为圆 Γ,直线 AM 与直线 ST、圆 Γ 分别交于点 N,L(第二个交点),如图 1.

因为 $EF \parallel TS$,且 M 为 EF 的中点,所以,N 为 ST 的中点.

又 K,M 关于直线 ST 对称,则 $\angle KNS = \angle MNS = \angle LNT$.

于是,K,L 关于 ST 的中垂线对称.

因此,$KL \parallel ST$.

设 K 关于点 N 的对称点为 G.则点 G 在直线 EF 上.

不妨假设点 G 在 MF 的延长线上.

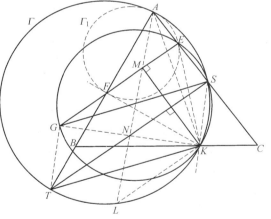

图 1

故 $\angle KGE = \angle KNS = \angle SNM = \angle KLA = 180° - \angle KSA$(若点 K 与 L 重合,则 $\angle KLA$ 为直线 AL 和过点 L 与圆 Γ 相切的直线所夹的角).

这表明,K,G,E,S 四点共圆.

因为四边形 $KSGT$ 为平行四边形,所以,$\angle KEF = \angle KSG = 180° - \angle TKS = \angle BAC$.

又因为 $KE = KF$,所以,$\angle KFE = \angle KEF = \angle BAC$.

这表明,KE,KF 均与 $\triangle AEF$ 的外接圆 Γ_1 相切.

再证明:若点对 (E,F) 是有趣的,则 $\dfrac{AE}{AB} + \dfrac{AF}{AC} = 2\cos\angle BAC$. ①

设线段 BE 与 CF 交于点 Y,如图 2.

由于 B,K,C 三点共线,对于退化的六边形 $AFFYEE$,应用帕斯卡定理,知点 Y 在圆 Γ_1 上.

设 $\triangle BFY$ 的外接圆与 BC 的第二个交点为 Z,如图 3.

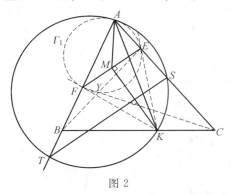

图 2

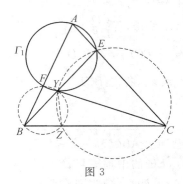

图 3

由密克定理,知 C,Z,Y,E 四点共圆.

则 $BF \cdot BA + CE \cdot CA = BY \cdot BE + CY \cdot CF = BZ \cdot BC + CZ \cdot CB = BC^2$

$\Rightarrow (AB - AF)AB + (AC - AE)AC = AB^2 + AC^2 - 2AB \cdot AC\cos\angle BAC$

$\Rightarrow AF \cdot AB + AE \cdot AC = 2AB \cdot AC\cos\angle BAC.$

从而,式 ① 成立.

若点对 (E_1,F_1) 与 (E_2,F_2) 均是有趣的,则

$$\frac{AE_1}{AB} + \frac{AF_1}{AC} = 2\cos\angle BAC = \frac{AE_2}{AB} + \frac{AF_2}{AC}.$$

于是,$\dfrac{E_1E_2}{AB} = \dfrac{F_1F_2}{AC}$.

已知六边形 $ABLCDK$ 内接于 $\odot O$,直线 LK 与线段 AD,BC,AC,BD 分别交于点 M,N,P,Q. 证明:$NL \cdot KP \cdot MQ = KM \cdot PN \cdot LQ$.

(2015,第 64 届保加利亚数学奥林匹克)

证明 如图.

记 $s = \sin\dfrac{\overset{\circ}{\overarc{AB}}}{2}, t = \sin\dfrac{\overset{\circ}{\overarc{LB}}}{2}, u = \sin\dfrac{\overset{\circ}{\overarc{LC}} + \overset{\circ}{\overarc{AK}}}{2}$,

$v = \sin\dfrac{\overset{\circ}{\overarc{CK}}}{2}, x = \sin\dfrac{\overset{\circ}{\overarc{DK}}}{2}, y = \sin\dfrac{\overset{\circ}{\overarc{LD}} + \overset{\circ}{\overarc{AK}}}{2}$.

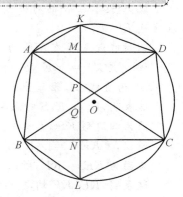

则 $\dfrac{NL \cdot KP \cdot MQ}{KM \cdot PN \cdot LQ}$

$= \dfrac{NL}{NC} \cdot \dfrac{NC}{NP} \cdot \dfrac{KP}{AK} \cdot \dfrac{AK}{KM} \cdot \dfrac{MQ}{DQ} \cdot \dfrac{DQ}{LQ}$

$= \dfrac{t}{v} \cdot \dfrac{u}{s} \cdot \dfrac{v}{u} \cdot \dfrac{y}{x} \cdot \dfrac{s}{y} \cdot \dfrac{x}{t} = 1.$

已知 I_b 为 $\triangle ABC$ 的顶点 B 所对的旁心，M 为 $\triangle ABC$ 的外接圆弧 $\overset{\frown}{BC}$（不含点 A）的中点，MI_b 与 $\triangle ABC$ 的外接圆交于点 T. 证明：$TI_b^2 = TB \cdot TC$.

（第 32 届伊朗国家队选拔考试）

证明　如图，连接 AI_b,BI_b,CI_b.

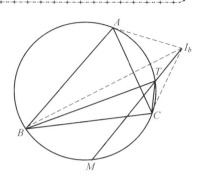

设 $\angle BAC = 2\alpha,\angle ABC = 2\beta,\angle ACB = 2\gamma$.

因为 $\angle ABI_b = \angle CBI_b = \beta,\angle BTM = \angle CTM = \alpha$，

所以，$\angle BTI_b = \angle CTI_b = \pi - \alpha$.

又 $\angle BI_bC = \pi - \angle I_bBC - \angle I_bCB$

$= \pi - \beta - \left(2\gamma + \dfrac{\pi - 2\gamma}{2}\right) = \dfrac{\pi}{2} - \beta - \gamma = \alpha$，

$\angle BI_bT = \angle BTM - \angle TBI_b = \alpha - \angle TBI_b$，

则 $\angle TI_bC = \angle BI_bC - \angle BI_bT = \angle TBI_b$.

故 $\triangle BTI_b \backsim \triangle I_bTC \Rightarrow \dfrac{BT}{I_bT} = \dfrac{TI_b}{TC} \Rightarrow TI_b^2 = TB \cdot TC$.

　　设 M 为 $\triangle ABC$ 边 AB 的中点，过点 A,C 且与边 AB 切于点 A 的圆与过点 B,C 且与边 AB 切于点 B 的圆交于点 C,N. 证明：

$$CM^2 + CN^2 - MN^2 = CA^2 + CB^2 - AB^2.$$

（2015，爱沙尼亚国家队选拔考试）

证明　由中线定理，知 $CA^2 + CB^2 = 2CM^2 + 2AM^2$.

则 $CA^2 + CB^2 - AB^2 = 2CM^2 + 2AM^2 - 4AM^2 = 2CM^2 - 2AM^2$.

如图，设 M' 为 CN 与 AB 的交点.

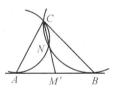

则 $M'A^2 = M'C \cdot M'N = M'B^2$，即 $M'A = M'B$，点 M' 与 M 重合.

这表明，点 N 在线段 CM 上. 从而，$CN^2 = (CM - MN)^2$.

故 $CM^2 + CN^2 - MN^2 = CM^2 + (CM - MN)^2 - MN^2$

$= 2CM^2 - 2CM \cdot MN = 2CM^2 - 2AM^2$.

　　设四边形 $ABCD$ 内接于 $\odot O$，E 为 AC 与 BD 的交点，M 为劣弧 $\overset{\frown}{AB}$ 的中点，N 为劣弧 $\overset{\frown}{CD}$ 的中点，P 为 EO 与 MN 的交点. 若 $BC = 5,AC = 11,BD = 12,AD = 10$，求 $\dfrac{MP}{NP}$.

（2015，中国香港代表队选拔考试）

解 如图,记 $\triangle ADE$ 的内心为 I,$\triangle BCE$ 的内心为 J.

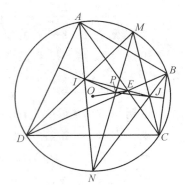

显然,I 为 AN 与 DM 的交点,J 为 BN 与 CM 的交点,且 IJ 过点 E.

易知,$\triangle AID \backsim \triangle BJC \backsim \triangle MIN \backsim \triangle MJN$,

$\triangle MIN \cong \triangle MJN$.

从而,由点 I 引 AD 的垂线 m,由点 J 引 BC 的垂线 n,其交点显然在 MN 上.

又因为 $\triangle AED \backsim \triangle BEC$,所以,由点 E,I,O 向 AD 所引垂线的距离之比等于由点 E,J,O 向 BC 所引垂线的距离之比.

从而,m,n 的交点也在 OE 上,即点 P.

由此,知 IJ 为 IP 关于 $\angle MIN$ 的等角线.故直线 IP 分线段 MN 的比等于直线 IJ 分线段 AD 的比.

由角分线定理,知 $\dfrac{MP}{NP} = \dfrac{AE}{DE}$.

由题意,得 $AE = \dfrac{20}{3}$,$BE = \dfrac{10}{3}$,$CE = \dfrac{13}{3}$,$DE = \dfrac{26}{3}$.

于是,$\dfrac{MP}{NP} = \dfrac{AE}{DE} = \dfrac{10}{13}$.

在 $\triangle ABC$ 中,$AB > AC > BC$.$\triangle ABC$ 的内切圆与边 AB,BC,CA 分别切于点 D,E,F,线段 DE,EF,FD 的中点分别为 L,M,N. 直线 NL,LM,MN 分别与射线 AB,BC,AC 交于点 P,Q,R.证明:
$$PA \cdot QB \cdot RC = PD \cdot QE \cdot RE.$$

(第 12 届中国东南地区数学奥林匹克)

证明 如图,设直线 DE 与 AR 交于点 S.

由梅涅劳斯定理,知 $\dfrac{AD}{DB} \cdot \dfrac{BE}{EC} \cdot \dfrac{CS}{SA} = 1$.

又 $AD = AF$,$DB = BE$,$EC = CF$,则 $\dfrac{CS}{CF} = \dfrac{SA}{AF}$. ①

注意到,M,N 分别为 EF,FD 的中点.于是,R 为 FS 的中点.

故 $CS - CF = 2RC$,$SA - AF = 2RF$.

结合式 ① 知

$$\dfrac{2RC}{CF} = \dfrac{CS - CF}{CF} = \dfrac{SA - AF}{AF} = \dfrac{2RF}{AF} \Rightarrow \dfrac{RC}{CF} = \dfrac{RF}{AF}$$

$$\Rightarrow \dfrac{RC}{RF} = \dfrac{RC}{RC + CF} = \dfrac{RF}{RF + AF} = \dfrac{RF}{RA} \Rightarrow RF^2 = RC \cdot RA.$$

类似地,$PD^2 = PA \cdot PB$,$QE^2 = QB \cdot QC$.

所以，P,Q,R 均为 $\triangle ABC$ 的内切圆和外接圆的等幂点.

从而，P,Q,R 三点共线.

由梅涅劳斯定理，得 $\dfrac{AP}{PB}\cdot\dfrac{BQ}{QC}\cdot\dfrac{CR}{RA}=1$.

故 $\dfrac{AP^2}{PD^2}\cdot\dfrac{BQ^2}{QE^2}\cdot\dfrac{CR^2}{RF^2}=\dfrac{AP^2}{PA\cdot PB}\cdot\dfrac{BQ^2}{QB\cdot QC}\cdot\dfrac{CR^2}{RC\cdot RA}=\dfrac{AP}{PB}\cdot\dfrac{BQ}{QC}\cdot\dfrac{CR}{RA}=1$

$\Rightarrow PA\cdot QB\cdot RC=PD\cdot QE\cdot RF.$

　　一个过 $\triangle ABC$ 顶点 B,C 的圆分别与边 AC,AB 交于点 D,E. 若 P 为 BD 与 CE 的交点，H 为点 P 在 AC 上的投影，M,N 分别为线段 BC,AP 的中点，证明：$\triangle MNH$ $\backsim\triangle CAE.$

(2015—2016，第 33 届伊朗数学奥林匹克)

证明　如图，记 K,T 为点 P 关于 M,H 的对称点.

由中位线性质，知 $\triangle ATK\backsim\triangle NHM.$

又 $\angle EBD=\angle ECD,\angle BAD=\angle CAE$

$\Rightarrow\triangle ABD\backsim\triangle ACE.$

接下来只需证明：$\triangle AKT\backsim\triangle ABD$，即证

$\angle BAD=\angle KAT,\dfrac{AB}{AD}=\dfrac{AK}{AT}$

$\Leftrightarrow\triangle ADT\backsim\triangle ABK.$

由 T 为点 P 关于直线 AC 的对称点，得

$\triangle ADT\cong\triangle ADP.$

进而，只需证明 $\triangle ADP\backsim\triangle ABK.$

由四边形 $BPCK$ 的对角线互相平分，得 $\square BPCK.$

故 $BK\underline{\underline{\parallel}}CP\Rightarrow\angle ABK=\angle AEC=180°-\angle BEC=180°-\angle BDC=\angle ADB.$

在 $\triangle PDC$ 和 $\triangle ABD$ 中分别利用正弦定理，并注意到，

$\angle ABD=\angle DCP,\angle ADB=180°-\angle CDP,$

得 $\dfrac{\sin\angle ADB}{\sin\angle ABD}=\dfrac{\sin\angle CDP}{\sin\angle DCP}\Rightarrow\dfrac{AD}{DP}=\dfrac{AB}{BK}.$

因此，$\triangle ADP\backsim\triangle ABK.$

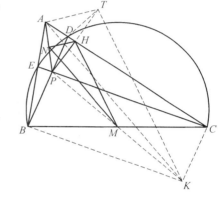

　　在锐角 $\triangle ABC$ 中，M 为边 AC 的中点.过点 B,M 的圆 Γ 与边 AB,BC 的第二个交点分别为 P,Q. 点 T 满足四边形 $BPTQ$ 为平行四边形.若点 T 在 $\triangle ABC$ 的外接圆上，求 $\dfrac{BT}{BM}$ 的所有可能的值.

(第 56 届 IMO 预选题)

解 $\dfrac{BT}{BM} = \sqrt{2}$.

设 PQ 与 BT 交于点 S，则 S 为 PQ，BT 的中点.

如图 1，设 B' 为 BM 延长线上的点，使得 $BM = MB'$. 则四边形 $ABCB'$ 为平行四边形.

由 $\angle ABB' = \angle PQM$，$\angle BB'A = \angle B'BC = \angle MPQ$

$\Rightarrow \triangle ABB' \backsim \triangle MQP \Rightarrow AM，MS$ 为对应中线

$\Rightarrow \angle SMP = \angle MAB' = \angle BCA = \angle BTA.$ ①

由 $\angle ACT = \angle PBT$，$\angle TAC = \angle TBC = \angle BTP$

$\Rightarrow \triangle TCA \backsim \triangle PBT \Rightarrow TM，PS$ 为对应中线

$\Rightarrow \angle MTA = \angle SPT = \angle BQP = \angle BMP.$ ②

下面分两种情况讨论.

(1) 点 S 不在 BM 上，如图 1.

不妨假设点 S，A 在直线 BM 的同侧.

由式 ①、② 得

$\angle BMS = \angle BMP - \angle SMP = \angle MTA - \angle BTA = \angle MTB$

$\Rightarrow \triangle BSM \backsim \triangle BMT \Rightarrow BM^2 = BS \cdot BT = \dfrac{BT^2}{2} \Rightarrow \dfrac{BT}{BM} = \sqrt{2}.$

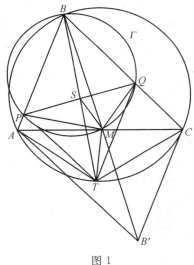

图 1

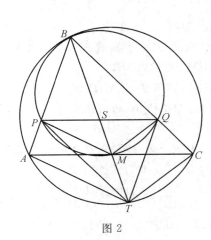

图 2

(2) 点 S 在 BM 上，如图 2.

由式 ② 得

$\angle BCA = \angle MTA = \angle BQP = \angle BMP \Rightarrow PQ /\!/ AC，PM /\!/ AT$

$\Rightarrow \dfrac{BS}{BM} = \dfrac{BP}{BA} = \dfrac{BM}{BT} \Rightarrow BT^2 = 2BS \cdot BT = 2BM^2 \Rightarrow \dfrac{BT}{BM} = \sqrt{2}.$

已知 $\triangle ABC$ 的内切圆 $\odot I$ 与边 BC,CA,AB 分别切于点 D,E,F，直线 EF 与 BI，CI,BC,DI 分别交于点 K,L,M,Q，过 CL 的中点和 M 的直线与 CK 交于点 P. 证明：

$$PQ = \frac{AB \cdot KQ}{BI}.$$

（2016，第29届韩国数学奥林匹克）

证明 因为 BI 平分 $\angle DBF$，$BD = BF$，所以，BI 为 DF 的中垂线。

类似地，CI 为 DE 的中垂线。

则 $\angle BKD = \angle BKF = 90° - \angle DFK$，$\angle CED + \angle ECI = 90°$。

因为 $\angle DFK = \angle CED$，所以，$\angle BKD = 90° - \angle CED = \angle ECI = \angle DCI$。

这表明，点 K 在四边形 $CEID$ 的外接圆上。

于是，$\angle BKC = \angle IEC = 90°$。

类似地，$\angle BLC = 90°$。

如图，设 CL 的中点为 J。

对直线 MPJ 和 $\triangle CKL$，应用梅涅劳斯定理得

$$\frac{KP}{PC} \cdot \frac{CJ}{JL} \cdot \frac{LM}{MK} = 1.$$

由 $CJ = JL \Rightarrow \frac{KP}{PC} = \frac{MK}{LM}.$　①

由 DQ,DM 分别为 $\angle KDL$ 的内角平分线，外角平分线得

$$\frac{KQ}{QL} = \frac{DK}{DL} = \frac{KM}{ML}.$$　②

由式①、②，得 $\frac{KP}{PC} = \frac{KQ}{QL} \Rightarrow PQ \parallel CL$。

设 BL 与 CK 交于点 A'. 则 I 为 $\triangle A'BC$ 的垂心。

于是，A',Q,I,D 四点共线，且

$$\angle BA'D = \angle BCL = \frac{1}{2}\angle BCA, \angle CA'D = \angle CBK = \frac{1}{2}\angle ABC.$$

故 $\angle BA'C = \frac{1}{2}(\angle BCA + \angle ABC) = 90° - \frac{1}{2}\angle BAC$

$\Rightarrow \angle KPQ = \angle A'CL = 90° - \angle BA'C = \frac{1}{2}\angle BAC = \angle IAB.$

因为 A',L,D,C 四点共圆，

所以，$\angle PKQ = 180° - \angle A'BC = 180° - (90° - \angle BA'D) = 90° + \frac{1}{2}\angle BCA = \angle AIB.$

从而，$\triangle PKQ \backsim \triangle AIB \Rightarrow \frac{PQ}{QK} = \frac{AB}{BI} \Rightarrow PQ = \frac{AB \cdot KQ}{BI}.$

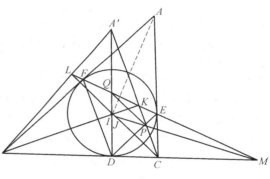

②

在 $\triangle ABC$ 的边 AB，BC，CA 上分别给定点 L，M，N，使得 CL，AM，BN 三线共点于 O，且四边形 $ALON$，四边形 $BMOL$，四边形 $CNOM$ 均有内切圆.证明：

$$\frac{1}{AL \cdot BM} + \frac{1}{BM \cdot CN} + \frac{1}{CN \cdot AL} = \frac{1}{AN \cdot BL} + \frac{1}{BL \cdot CM} + \frac{1}{CM \cdot AN}.$$

(2016,爱沙尼亚国家队选拔考试)

证明 因为四边形 $ALON$ 有内切圆,所以,$AL + ON = AN + OL$.

类似地,$BM + OL = BL + OM$,$CN + OM = CM + ON$.

以上三式相加得 $AL + BM + CN = AN + BL + CM$. ①

又 CL,AM,BN 三线共点于 O,则由塞瓦定理知

$AL \cdot BM \cdot CN = AN \cdot BL \cdot CM$. ②

①÷② 便得所求的式子.

在凸四边形 $ABCD$ 中,$AD = CD$,$\angle ADC = 90°$.证明：
$2BD^2 = AB^2 + BC^2 + 2AB \cdot BC\sin\angle ABC$.

(2016,克罗地亚数学竞赛)

证明 如图,取点 E,使得 $\triangle BDE$ 是以 D 为直角顶点的等腰直角三角形,且点 E,A 在直线 BD 的同侧(即点 E 是以 D 为中心由点 B 旋转 $90°$ 得到的).

则 $BE = \sqrt{2}BD$,$\angle EDA = 90° - \angle ADB = \angle BDC$.

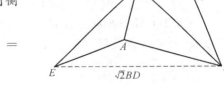

由 $CD = AD$,$DE = BD$

$\Rightarrow \triangle EAD \cong \triangle BCD \Rightarrow AE = BC$

$\Rightarrow \angle EAB = 360° - \angle EAD - \angle DAB = 360° - \angle BCD - \angle DAB$

$= \angle ADC + \angle ABC = 90° + \angle ABC$.

在 $\triangle ABE$ 中,由余弦定理得

$2BD^2 = AB^2 + BC^2 - 2AB \cdot BC\cos(90° + \angle ABC)$

$= AB^2 + BC^2 + 2AB \cdot BC\sin\angle ABC$.

在锐角 $\triangle ABC$ 中,D 为边 BC 上的点,I 为 $\triangle ABC$ 的内心,BI 与 $\triangle ABD$ 外接圆的第二个交点为 P,CI 与 $\triangle ACD$ 外接圆的第二个交点为 Q.若 $S_{\triangle PID} = S_{\triangle QID}$,证明：$PI \cdot QD = QI \cdot PD$.

(2016,第19届中国香港数学奥林匹克)

证明 如图,连接 AP,AQ,延长 DI,与 PQ 交于点 M,连接 AM.

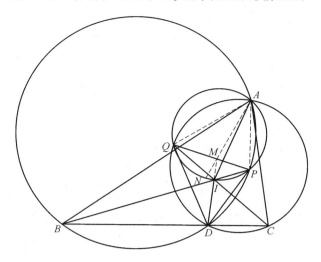

则 $\angle APB + \angle AQC = \angle ADB + \angle ADC = 180° \Rightarrow A,P,I,Q$ 四点共圆.

易知,$AP = PD, AQ = QD$. 则 $\triangle APQ \cong \triangle DPQ$.

于是,点 A 与 D 关于线段 PQ 对称.

从而,$\angle AMP = \angle DMP$.

由 $S_{\triangle PID} = S_{\triangle QID} \Rightarrow PM = QM$.

延长 AM,与 $\triangle APQ$ 的外接圆交于点 N.

则 $\angle QMN = \angle AMP = \angle PMD \Rightarrow \overparen{QN} = \overparen{PI} \Rightarrow \angle QAM = \angle IAP$.

又 $\angle AQM = \angle AIP$,故

$$\triangle QAM \backsim \triangle IAP \Rightarrow \frac{QA}{IA} = \frac{QM}{IP} \Leftrightarrow QA \cdot IP = QM \cdot IA = \frac{1}{2}PQ \cdot IA.$$

据托勒密定理得

$$2QA \cdot IP = PQ \cdot IA = QA \cdot IP + QI \cdot AP$$

$$\Rightarrow QA \cdot IP = QI \cdot AP \Rightarrow PI \cdot QD = QI \cdot PD.$$

设 M 为锐角 $\triangle ABC$ 边 AC 的中点,圆 Γ 过 B,M 两点,并与 AB,BC 两边分别再交于 P,Q 两点,令 T 为使四边形 $BPTQ$ 成为平行四边形的一点. 当 T 落在 $\triangle ABC$ 的外接圆上时,求 $\dfrac{BT}{BM}$ 的所有可能值.

(2016,中国台湾数学奥林匹克选训营)

解 令 S 为 $\square BPTQ$ 的中心,在射线 BM 上取异于点 B 的一点 B',满足 $MB' = BM$. 于是,四边形 $ABCB'$ 为平行四边形.

则 $\angle ABB' = \angle PQM, \angle BB'A = \angle B'BC = \angle MPQ$.

故 $\triangle ABB' \backsim \triangle MQP$.

此时,AM,MS 分别为这两个相似三角形对应边的中线.

结合 B,A,T,C 四点共圆,知 $\angle SMP = \angle B'AM = \angle BCA = \angle BTA$.

由于 $\angle ACT = \angle PBT$,$\angle TAC = \angle TBC = \angle BTP$,则 $\triangle TCA \backsim \triangle PBT$.

又 TM,PS 分别为这两个相似三角形对应边的中线,故

$$\angle MTA = \angle TPS = \angle BQP = \angle BMP.$$

下面分两种情况讨论.

(1)如图1,点 S 不在线段 BM 上.

由 A,C 两点的对称性,不妨设点 S 与 C 位于直线 BM 的同侧.

则 $\angle BMS = \angle SMP - \angle BMP = \angle BTA - \angle MTA = \angle MTB$

$\Rightarrow \triangle BSM \backsim \triangle BMT \Rightarrow BM^2 = BS \cdot BT = \dfrac{BT^2}{2} \Rightarrow \dfrac{BT}{BM} = \sqrt{2}$.

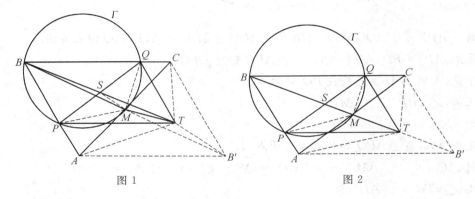

图1　　　　　　　　图2

(2)如图2,点 S 在线段 BM 上.

由前面的推导,知 $\angle BCA = \angle MTA = \angle BQP = \angle BMP$.

则 $PQ \parallel AC$,$PM \parallel AT \Rightarrow \dfrac{BS}{BM} = \dfrac{BP}{BA} = \dfrac{BM}{BT}$

$\Rightarrow BT^2 = 2BM^2 \Rightarrow \dfrac{BT}{BM} = \sqrt{2}$.

设 $\odot O_1$ 与 $\odot O_2$ 交于点 B,C,其中,BC 为 $\odot O_1$ 的直径.过点 C 作 $\odot O_1$ 的切线,与 $\odot O_2$ 交于点 A,直线 AB 与 $\odot O_1$ 交于点 E,作直线 CE 与 $\odot O_2$ 交于点 F.在线段 AF 上任取一点 H,设直线 HE 与 $\odot O_1$ 交于点 G,直线 BG 与 AC 交于点 D.证明:

$$\dfrac{AH}{HF} = \dfrac{AC}{CD}.$$

(2016,中国台湾数学奥林匹克选训营)

证明 如图.

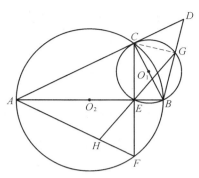

由于 BC 为 $\odot O_1$ 的直径, AD 为切线,则

$BC \perp AD, \angle ACB = 90°$.

故 AB 为 $\odot O_2$ 的直径.

因为 $\angle BEC = 90°$,所以, $AB \perp CF$.

故 $\angle FAB = 90° - \angle FBA$

$= 90° - \angle FCA = \angle CAB$.

从而,$\triangle FAC$ 为等腰三角形,$AF = AC$.

连接 CG,知 $CG \perp BD$.

则 $\angle ADB = \angle BCG = \angle BEG = \angle AEH$

$\Rightarrow \triangle AHE \backsim \triangle ABD \Rightarrow \dfrac{AH}{AE} = \dfrac{AB}{AD}$

$\Rightarrow AH \cdot AD = AE \cdot AB$.

由切割线定理,有 $AC^2 = AE \cdot AB$.

故 $AH \cdot AD = AE \cdot AB = AC^2 \Rightarrow \dfrac{AH}{AF} = \dfrac{AC}{AD}$.

再由合分比性质,知 $\dfrac{AH}{HF} = \dfrac{AC}{CD}$.

已知在锐角 $\triangle ABC$ 中,设 AA_1 为边 BC 上的高, BB_1 为边 CA 上的高,令 $BC = a, AC = b, AA_1 = m_a, BB_1 = m_b$. 证明: $CA_1 \cdot CB_1 = ab - m_a m_b$.

(2016—2017,匈牙利数学奥林匹克)

证明 如图,连接 $A_1 B_1$.

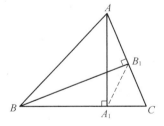

则 $S_{\triangle ABC} = \dfrac{1}{2}ab\sin C, S_{\triangle A_1 B_1 C} = \dfrac{1}{2}CA_1 \cdot CB_1 \sin C$,

$S_{\text{四边形}ABA_1B_1} = \dfrac{1}{2}m_a m_b \sin C$.

故 $\dfrac{1}{2}ab\sin C = \dfrac{1}{2}CA_1 \cdot CB_1 \sin C + \dfrac{1}{2}m_a m_b \sin C$

$\Rightarrow CA_1 \cdot CB_1 = ab - m_a m_b$.

已知四面体 $ABCD$ 满足:若 A', B', C', D' 分别为 $\triangle BCD, \triangle CDA, \triangle DAB, \triangle ABC$ 的内心,则 AA', BB', CC', DD' 四线共点.证明:

$AB \cdot CD = AC \cdot BD = AD \cdot BC$.

(2017,第 33 届意大利数学奥林匹克)

证明 设 AA', BB', CC', DD' 四线交于点 P,经过 A, P, B 三点的平面为 α.

因为直线 AP, PB 在平面 α 上,所以,点 A', B' 也在平面 α 上.

设 $\triangle ADC$ 中 $\angle A$ 的平分线与 CD 交于点 K,$\triangle BCD$ 中 $\angle B$ 的平分线与 CD 交于点 L. 于是,点 K,L 在直线 CD 上,亦在平面 α 上,且 $\dfrac{DK}{KC} = \dfrac{AD}{AC}$,$\dfrac{DL}{LC} = \dfrac{BD}{BC}$.

又直线 CD 不在平面 α 上(否则,四面体 $ABCD$ 将退化为平面图形),则直线 CD 与平面 α 上至多有一个交点.

故点 K 与 L 重合.

从而,$\dfrac{AD}{AC} = \dfrac{BD}{BC} \Rightarrow AD \cdot BC = AC \cdot BD$.

类似地,对于过 B,P,C 三点的平面有 $AB \cdot CD = AC \cdot BD$.

综上,$AB \cdot CD = AC \cdot BD = AD \cdot BC$.

将线段 B_0B_n 作 n 等分,分点依次为 B_1,B_2,$\cdots$,B_{n-1}. 设点 A 使得 $\angle B_0AB_n = 90°$. 证明:$\displaystyle\sum_{k=0}^{n} AB_k^2 = \sum_{k=0}^{n} B_0B_k^2$.

(2017,爱尔兰数学奥林匹克)

证明 设 M 为 B_0B_n 的中点,并令

$r = AM$,$d = MB_k = MB_{n-k}$.

假设 $2k \neq n$. 则点 B_k 与 B_{n-k} 互异. 作点 A',使得四边形 $AB_kA'B_{n-k}$ 为平行四边形,如图.

则 $\square AB_kA'B_{n-k}$ 的对角线交于点 M,且 $A'M = AM = r$.

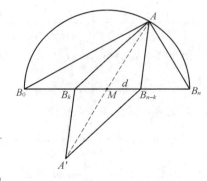

由 $2AB_k^2 + 2AB_{n-k}^2 = B_kB_{n-k}^2 + AA'^2$

$\Rightarrow AB_k^2 + AB_{n-k}^2 = 2d^2 + 2r^2$.

又 $B_0B_k^2 + B_0B_{n-k}^2 = (r-d)^2 + (r+d)^2 = 2r^2 + 2d^2$,则

$AB_k^2 + AB_{n-k}^2 = B_0B_k^2 + B_0B_{n-k}^2$. ①

当 $n = 2k$ 时,式 ① 显然成立.

将 $k = 0,1,\cdots,n$ 代入式 ① 后,再除以 2 即得要证的等式.

设 Γ_1,Γ_2 为同心圆,其中,圆 Γ_2 在圆 Γ_1 的内部. 从圆 Γ_1 上一点 A 向圆 Γ_2 引切线 AB,且点 B 在圆 Γ_2 上,C 为射线 AB 与圆 Γ_1 的第二个交点,D 为 AB 的中点. 过点 A 作一条直线与圆 Γ_2 交于 E,F 两点,使得 DE 的中垂线与 CF 的中垂线交于 AB 上一点 M. 求 $\dfrac{AM}{MC}$ 的所有可能值.

(2017,中国台湾数学奥林匹克选训营)

解 如图.

由 $AC \cdot AD = 2AB \cdot \frac{1}{2}AB = AB^2 = AE \cdot AF$

$\Rightarrow C,D,E,F$ 四点共圆.

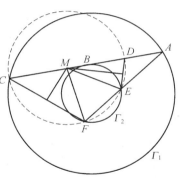

因为点 M 在 CF 与 DE 的中垂线上,所以,M 为四边形 $CDEF$ 的外接圆圆心.

又点 C,M,D 在同一条直线上,则 M 为 CD 的中点.

故 $\dfrac{AM}{MC} = \dfrac{AD + DM}{MC} = \dfrac{AD + \frac{1}{2}CD}{\frac{1}{2}CD}$

$= \dfrac{\frac{1}{4}AC + \frac{1}{2} \times \frac{3}{4}AC}{\frac{1}{2} \times \frac{3}{4}AC} = \dfrac{5}{3}$.

已知在锐角 $\triangle ABC$ 中,$\angle A = 60°$,$AB > AC$,O 为外心,两条高 BE 与 CF 交于垂心 H,点 M,N 分别在线段 BH,HF 上,且满足 $BM = CN$.求 $\dfrac{MH + NH}{OH}$ 的值.

(2017,中国台湾数学奥林匹克选训营)

解 如图,在线段 BH 上取点 K,使得 $BK = CH$,连接 OK,OB,OC.

因为 O 是 $\triangle ABC$ 的外心,所以,$\angle BOC = 2\angle A = 120°$.

由 H 为 $\triangle ABC$ 的垂心,知 $\angle BHC = 180° - \angle A = 120°$.

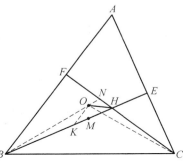

则 $\angle BOC = 120° = \angle BHC$

$\Rightarrow B,O,H,C$ 四点共圆 $\Rightarrow \angle OBH = \angle OCH$.

由 $OB = OC$,$BK = CH$,$\angle OBK = \angle OBH = \angle OCH$,知

$\triangle BOK \cong \triangle COH \Rightarrow \angle BOK = \angle COH$,$OK = OH$

$\Rightarrow \angle KOH = \angle BOC = 120°$,$\angle OKH = \angle OHK = 30°$

$\Rightarrow KH = \sqrt{3}OH$.

由于 $BM = CN$,$BK = CH$,于是,$KM = NH$.

故 $\dfrac{MH + NH}{OH} = \dfrac{MH + KM}{OH} = \dfrac{KH}{OH} = \sqrt{3}$.

四 直线垂直或平行问题

已知 $\triangle ABC$ 的内切圆 Γ 分别与三边 BC,CA,AB 切于点 D,E,F,一条过点 A 的直线与 $\overset{\frown}{EF}$(不含点 D)交于点 T,圆 Γ 在点 T 处的切线与 EF 交于点 P,过 P 且平行于 AB 的直线与 AT 交于点 H.证明:$\angle HEF = 90°$.

(2012,第 20 届朝鲜数学奥林匹克)

证明 记 Q 为 AT 与 EF 的交点,M 为 PH 的中点.

由于 F,E,Q,P 是调和点列,且 $AB /\!/ PH$,则 AE 过点 M.

由 $\angle PEM = \angle AEF = \angle AFE = \angle EPM$,得 $EM = MP$.

从而,$\angle HEP = 90°$,即 $\angle HEF = 90°$.

在锐角 $\triangle ABC$ 中,$AD \perp BC$ 于点 D,$BE \perp AC$ 于点 E,AD 与 BE 交于点 H,一条经过点 H 的直线分别与边 BC,AC 交于点 P,Q,设 $PK \perp BE$ 于点 K,$QL \perp AD$ 于点 L.证明:$DK /\!/ EL$. (2012,第 51 届荷兰数学奥林匹克)

证明 如图.

注意到,$\angle DHP = \angle LHQ$,

$\angle PDH = 90° = \angle QLH$.

则 $\triangle DHP \backsim \triangle LHQ \Rightarrow \dfrac{DH}{LH} = \dfrac{HP}{HQ}$.

类似地,$\triangle KHP \backsim \triangle EHQ \Rightarrow \dfrac{KH}{EH} = \dfrac{HP}{HQ}$.

于是,$\dfrac{DH}{LH} = \dfrac{KH}{EH}$.

又 $\angle DHK = \angle LHE$,从而,

$\triangle DHK \backsim \triangle LHE \Rightarrow \angle HKD = \angle HEL \Rightarrow DK /\!/ EL$.

如图,在 $\triangle ABC$ 中,$\angle C = 90°$,I 为内心,直线 BI 与 AC 交于点 D,过 D 作 $DE /\!/ AI$ 与 BC 交于点 E,直线 EI 与 AB 交于点 F.证明:$DF \perp AI$.

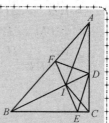

(第八届中国北方数学奥林匹克邀请赛)

证明　因为 $\angle AID$ 是 $\triangle ABI$ 的外角,

所以, $\angle AID = \angle BAI + \angle ABI = \frac{1}{2}\angle BAC + \frac{1}{2}\angle ABC = 50°$.

又 $DE \parallel AI$, 则 $\angle EDI = \angle AID = 45°$.

而 $\angle ECI = \frac{1}{2}\angle ACB = 45°$, 于是, E,C,D,I 四点共圆.

从而, $\angle DIE = 180° - \angle ACB = 90°$. 故 $\angle DIF = 90°$.

又 $\angle AIF = 90° - 45° = \angle AID$, $\angle FAI = \angle DAI$, 则

$\triangle ADI \cong \triangle AFI$, 有 $AD = AF$, 即 $\triangle ADF$ 为等腰三角形, 且 AI 为顶角的平分线.

因此, $DF \perp AI$.

在凸四边形 $ABCD$ 中, M,N 分别为边 AB,CD 的中点, 直线 CD,AB 上分别有点 P,Q, 使得 $MP \perp CD$ 于点 P, $NQ \perp AB$ 于点 Q. 证明:

$$AD \parallel BC \Leftrightarrow \frac{AB}{CD} = \frac{MP}{NQ}.$$

(2013, 第 10 届泰国数学奥林匹克)

证明　如图. 注意到,

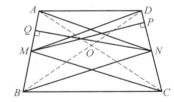

$S_{四边形ABCD} = S_{\triangle ADM} + S_{\triangle DMC} + S_{\triangle MCB}$

$= \frac{1}{2}S_{\triangle ABD} + \frac{1}{2}CD \cdot MP + \frac{1}{2}S_{\triangle ABC}$,

$S_{四边形ABCD} = S_{\triangle ADN} + S_{\triangle ANB} + S_{\triangle NBC}$

$= \frac{1}{2}S_{\triangle ADC} + \frac{1}{2}AB \cdot NQ + \frac{1}{2}S_{\triangle BCD}$.

则 $CD \cdot MP - AB \cdot NQ = S_{\triangle ADC} + S_{\triangle BCD} - S_{\triangle ABD} - S_{\triangle ABC}$

$= S_{\triangle ADC} + (S_{四边形ABCD} - S_{\triangle ABD}) - S_{\triangle ABD} - (S_{四边形ABCD} - S_{\triangle ADC})$

$= 2(S_{\triangle ADC} - S_{\triangle ADB})$.

故 $CD \cdot MP - AB \cdot NQ = 0 \Leftrightarrow S_{\triangle ADC} = S_{\triangle ADB}$.

从而, $AD \parallel BC \Leftrightarrow S_{\triangle ADB} = S_{\triangle ADC}$, 即 $AD \parallel BC \Leftrightarrow \frac{AB}{CD} = \frac{MP}{NQ}$.

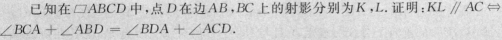

已知在 $\square ABCD$ 中, 点 D 在边 AB,BC 上的射影分别为 K,L. 证明: $KL \parallel AC \Leftrightarrow \angle BCA + \angle ABD = \angle BDA + \angle ACD$.

(2013, 第 62 届捷克和斯洛伐克数学奥林匹克决赛)

证明　由题意, 知 $\angle ABD = \angle CDB$.

又 $AD \parallel BC$, 则 $\angle ADC + \angle DCB = 180°$.

故 $\angle BCA + \angle ABD = \angle BDA + \angle ACD \Leftrightarrow \angle BCA + \angle ABD = 90°$.

如图,以 BD 为直径作 $\odot S$,分别与边 AB,BC 交于点 K,L.
于是,$\angle BDK = \angle BLK$,$\angle BKD = 90°$.

则 $\angle KLB + \angle ABD = \angle KDB + \angle KBD = 90°$.

故 $\angle BCA + \angle ABD = \angle BDA + \angle ACD = 90°$

$\Leftrightarrow \angle BCA = \angle BLK \Leftrightarrow KL \parallel AC$.

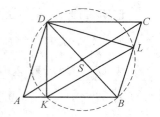

已知 $\square ABCD$ 的中心为 S,$\triangle ABD$ 的内切圆 $\odot O$ 与对角线 BD 切于点 T. 证明:$OS \parallel CT$.

(2013,第 62 届捷克和斯洛伐克数学奥林匹克)

证明 令 $AB = a$,$AD = b$,$BD = c$.

若 $a = b$,则在菱形 $ABCD$ 中,OS,CT,AC 三线合一,显然得证.

如图,若 $a \neq b(a > b)$,设 T' 为点 T 关于 S 的对称点.

则 $OS \parallel CT \Leftrightarrow OS \parallel AT'$.

延长 AO,与对角线 BD 交于点 E.

只要证:$\dfrac{AO}{OE} = \dfrac{T'S}{SE}$.

由 $a > b$,注意到,

$$DT = \frac{b+c-a}{2}, TS = T'S = \frac{c}{2} - \frac{b+c-a}{2} = \frac{a-b}{2}.$$

由三角形角平分线定理得

$$\frac{BE}{ED} = \frac{AB}{AD} = \frac{a}{b} \Rightarrow BE = \frac{ac}{a+b} \Rightarrow ES = BE - BS = \frac{ac}{a+b} - \frac{c}{2} = \frac{c(a-b)}{2(a+b)}$$

$$\Rightarrow DE = DS - ES = \frac{c}{2} - \frac{c(a-b)}{2(a+b)} = \frac{bc}{a+b} \Rightarrow \frac{AO}{OE} = \frac{AD}{DE} = \frac{b}{\dfrac{bc}{a+b}} = \frac{a+b}{c}.$$

又 $\dfrac{T'S}{SE} = \dfrac{\dfrac{a-b}{2}}{\dfrac{c(a-b)}{2(a+b)}} = \dfrac{a+b}{c} = \dfrac{AO}{OE}$,从而,$OS \parallel CT$.

在等腰 $\triangle ABC$ 中,$AB = AC$,且 $\angle BAC < 60°$,点 D 在边 AC 上,使得 $\angle DBC = \angle BAC$,BD 的垂直平分线与过点 A 且与 BC 平行的直线交于点 E,点 F 在射线 CA 上,且 $FA = 2AC$.记过点 F 且垂直于 AB 的直线为 r,过点 E 且垂直于 AC 的直线为 s,直线 BD 记为 t. 证明:

(1)$EB \parallel AC$;

(2)r,s,t 三线共点.

(2013,第 29 届意大利数学奥林匹克)

证明 记 $\angle BAC = \alpha, \angle ABC = \angle ACB = \beta.$

如图,作 $\triangle BDA$ 的外接圆,其与过点 A 且与 BC 平行的直线交于点 E'.

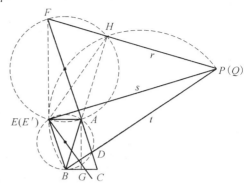

(1) 由 $\angle BAD = \angle BE'D = \alpha$,且 $E'A \parallel BC$,

知 $\angle E'DB = \angle E'AB = \angle ABC = \beta.$

于是,$\triangle BE'D \backsim \triangle BAC.$

据题意知 $\triangle BE'D$ 为等腰三角形,即 $BE' = DE'.$

从而,点 E' 在线段 BD 的垂直平分线上,即点 E' 与 E 重合.

又 $\angle BEA$ 与 $\angle ADB$ 互补,即 $\angle BEA = \beta$,故 $EB \parallel AC.$

(2) 设直线 r 与 s 交于点 P,直线 r 与 t 交于点 Q,且直线 $r \perp AB$,垂足为 H.

因为 $s \perp AC$,所以,$s \perp BE$,且 $r \perp AB$.于是,$\angle BEP = \angle BHP = 90°.$

从而,B,E,H,P 四点共圆.

因为 $\angle BHQ = 90°$,所以,$\angle BQH = 90° - (\angle ABC - \angle CBD) = 90° + \alpha - \beta.$

过点 A 作 $AG \perp BC$,垂足为 G.

由 $EA \parallel BC, AF = 2AC, \angle EAF = \beta \Rightarrow \triangle EAF \backsim \triangle GCA \Rightarrow \angle FEA = 90°.$

故 A,E,F,H 四点共圆.于是,$\angle FEH = \angle FAH = \alpha.$

从而,$\angle BEH = \angle BEA + \angle AEF - \angle FEH = \beta + 90° - \alpha.$

这表明,$\angle BQH$ 与 $\angle BEH$ 互补.

所以,B,Q,H,E 四点共圆,即点 Q 在四边形 $BEHP$ 的外接圆上.

从而,点 P 与 Q 重合,即 r,s,t 三线共点.

已知 M 为 $\triangle ABC$ 边 BC 的中点,E,F 分别为边 AB,AC 上的点,BF 与 CE 交于点 K,过点 C,B 分别作直线 $CL \parallel AB$,$BL \parallel CE$,且 CL 与 BL 交于点 L,AM 与 CL 交于点 N.证明:$KN \parallel FL.$

(2013,第 53 届乌克兰数学奥林匹克第四轮)

证明 显然,四边形 $BECL$ 为平行四边形.

因为 $AB \parallel CN$,M 为 BC 的中点,所以,四边形 $ABNC$ 也为平行四边形,且 $AE = NL.$

如图,设 BF 与 CN 的交点为 P.

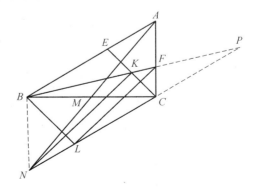

由 $FC \parallel BN \Rightarrow \triangle PBN \backsim \triangle PFC$

$\Rightarrow \dfrac{PF}{PB} = \dfrac{PC}{PN} \Rightarrow PF = \dfrac{PB \cdot PC}{PN}.$

又 $PC \parallel BE \Rightarrow \triangle PCK \backsim \triangle BEK$

$$\Rightarrow \frac{PK}{BK} = \frac{PC}{BE} \Rightarrow PK = \frac{BK \cdot PC}{BE}.$$

从而，$\dfrac{PF}{PK} = \dfrac{PB \cdot BE}{BK \cdot PN}$.

又 $\triangle BLP \backsim \triangle KEB$，得 $\dfrac{PL}{PB} = \dfrac{BE}{BK}$，且 $\dfrac{PL}{PN} = \dfrac{PB \cdot BE}{BK \cdot PN}$. 从而，$\dfrac{PF}{PK} = \dfrac{PL}{PN}$.

因此，$KN \parallel FL$.

已知 $\triangle ABC$ 是以 AB 为底的等腰三角形，点 P 在 AC 上，点 Q 在 BC 上，且满足 $AP + BQ = PQ$. 过线段 PQ 的中点 S 且与边 BC 平行的直线与线段 BC 交于点 N. $\triangle PNQ$ 的外接圆与边 AC 交于点 P，K，与边 BC 交于点 Q，L. 若 PL 与 QK 交于点 R，证明：$PQ \perp CR$.

(2013，克罗地亚国家队选拔考试)

证明 如图，设 M 为线段 AB 上的点，满足 $MP \parallel BC$.

则 $\angle PMA = \angle CBA = \angle PAM$. 故 $PA = PM$.

由于四边形 $PMBQ$ 为梯形，且 SN 为其中位线，于是，

$$SN = \frac{PM + QB}{2} = \frac{AP + QB}{2} = \frac{PQ}{2}.$$

从而，S 为 $\triangle PQN$ 的外接圆圆心，且 PQ 是该外接圆的直径.

则 $QK \perp CP$，$PL \perp CQ$. 故 R 为 $\triangle CPQ$ 的垂心.

因此，$CR \perp PQ$.

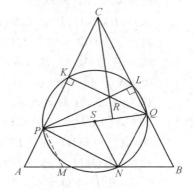

在 $\triangle ABC$ 中，$AB \neq BC$，$BE \perp AC$ 于点 E，一圆经过点 A 与 BE 切于点 P（不与点 B 重合），与 AB 交于点 X，Q 为 BP 上异于 P 的一点，使得 $BQ = BP$，CP 与 AQ 交于点 Y. 证明：C，X，Y，A 四点共圆当且仅当 $CX \perp AB$.

(2013，印度国家队选拔考试)

证明 先证明一个引理.

引理 如图1，在 $\triangle KLM$ 中，$KL \neq KM$，$KR \perp LM$ 于点 R，点 U 在 KR 上，LU 与 KM 交于点 S，MU 与 KL 交于点 T，则 L，T，S，M 四点共圆当且仅当 U 为 $\triangle KLM$ 的垂心.

证明 假设 U 不为垂心. 则设垂心为 H.

如图1，LH 与 KM 交于点 S'，MH 与 KL 交于点 T'.

显然，L，T'，S'，M 四点共圆，有 $\dfrac{KS'}{KT'} = \dfrac{KL}{KM}$.

由 L，T，S，M 四点共圆有 $\dfrac{KS}{KT} = \dfrac{KL}{KM}$. 则 $\dfrac{SS'}{TT'} = \dfrac{KL}{KM}$.

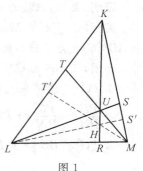

图1

由塞瓦定理得

$$\frac{LR}{RM} \cdot \frac{MS}{SK} \cdot \frac{KT}{TL} = 1, \frac{LR}{RM} \cdot \frac{MS'}{S'K} \cdot \frac{KT'}{T'L} = 1 \Rightarrow \frac{MS'}{LT'} = \frac{MS}{LT} = \frac{SS'}{TT'}$$

$$\Rightarrow \frac{MS'}{LT'} = \frac{KL}{KM} \Rightarrow MH \cdot MT' = LH \cdot LS'.$$

又由于 $LH \cdot HS' = MH \cdot HT'$, 故 $MH^2 = LH^2 \Rightarrow MH = LH \Rightarrow KL = KM$, 矛盾.

从而, U 为垂心.

引理得证.

如图 2, 设 C, X, Y, A 四点共圆, AP 与 CQ 交于点 Z.

而 $BP = BQ$, 则由切割线定理得

$$BQ^2 = BX \cdot BA.$$

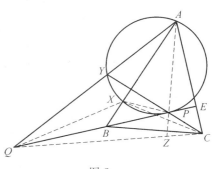

图 2

故 BQ 与 $\triangle AQX$ 的外接圆切于点 Q.

由 C, X, Y, A 四点共圆知

$$\angle BQX = \angle XAQ = \angle XCY.$$

于是, Q, X, P, C 四点共圆.

从而, $\angle XAP = \angle XPQ = \angle XCQ$.

由 $\angle XCY + \angle XCQ = \angle YCZ$, $\angle XAQ + \angle XAP = \angle YAZ$, 知 $\angle YCZ = \angle YAZ$.

于是, A, Y, Z, C 四点共圆.

由引理, 知 P 为 $\triangle QAC$ 的垂心.

再由 C, X, Y, A 四点共圆, 知 $\angle CXA = \angle CYA = 90°$. 因此, $CX \perp AB$.

反之, 设 $CX \perp AB, CP$ 与 $\triangle AXC$ 的外接圆交于点 Y', AY' 与 BP 交于点 Q', 则 P 为 $\triangle Q'AC$ 的垂心. 若 AP 与 $Q'C$ 交于点 Z', 则点 Z' 在 $\triangle AXC$ 的外接圆上.

故 $\angle Q'CX = \angle Q'CY' - \angle XCY' = \angle Z'AY' - \angle XAY' = \angle XAP = \angle Q'PX$.

于是, Q', X, P, C 四点共圆. 从而, $\angle XQ'B = \angle XCP = \angle XAY'$.

则 BQ 与 $\triangle AXQ'$ 的外接圆切于点 Q'. 故 $BQ'^2 = BX \cdot BA = BP^2$.

从而, 点 Q 与 Q' 重合.

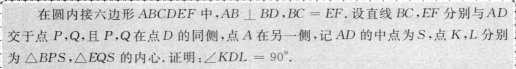

　　　在圆内接六边形 $ABCDEF$ 中, $AB \perp BD, BC = EF$. 设直线 BC, EF 分别与 AD 交于点 P, Q, 且 P, Q 在点 D 的同侧, 点 A 在另一侧, 记 AD 的中点为 S, 点 K, L 分别为 $\triangle BPS, \triangle EQS$ 的内心. 证明: $\angle KDL = 90°$.

(2013, 荷兰国家队选拔考试)

证明 由点 A 至 F 在圆上的位置及点 P, Q 在直线 AD 上的位置决定了图形是确定的. 于是, 无需分为两种情况(点 P, Q 相对于彼此的位置是无关的).

因为 AD 为六边形 $ABCDEF$ 的对角线, 且 $\angle ABD = 90°, S$ 为 AD 的中点,

所以,S 为其外接圆的圆心.

接下来证明:$\angle KDS = \angle KBS$.

由 KS 为 $\angle BSD$ 的平分线,得 $\angle BSK = \angle KSD$.

又 SD,SB 均为六边形 $ABCDEF$ 的外接圆半径,则 $SD = SB$.

故 $\triangle DSK \cong \triangle BSK \Rightarrow \angle KDS = \angle KBS$.

由 BK 为 $\angle CBS$ 的平分线得

$$\angle KBS = \angle CBK = \frac{1}{2}\angle CBS \Rightarrow \angle KDS = \frac{1}{2}\angle CBS.$$

类似地,$\angle LDS = \frac{1}{2}\angle QES$.

故 $\angle LDS = \frac{1}{2}(180° - \angle FES) = 90° - \frac{1}{2}\angle FES$.

从而,$\angle LDS + \angle KDS = 90° - \frac{1}{2}\angle FES + \frac{1}{2}\angle CBS$.

又 $\triangle SBC \cong \triangle SEF \Rightarrow \angle FES = \angle CBS \Rightarrow \angle KDL = \angle LDS + \angle KDS = 90°$.

已知 $\triangle ABC$ 的内切圆分别与 BC,CA,AB 切于点 D,E,F,EF 上存在一点 P,使得 $\angle BPC = 90°$.证明:$BP \parallel DE$ 或 $CP \parallel DF$.

(2013,第 21 届朝鲜数学奥林匹克)

证明 如图,取 $\triangle ABC$ 的内心 I,CI 与 EF 交于点 P'.
连接 BI.

由 $\angle P'IB = \frac{1}{2}\angle ABC + \frac{1}{2}\angle ACB$

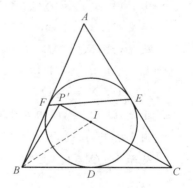

$= 90° - \frac{1}{2}\angle A = \angle AFE \Rightarrow F$,$P'$,$I$,$B$ 四点共圆.

$\Rightarrow \angle BP'I = \angle BFI = 90°$.

又 $CI \perp DE$,则 $BP' \parallel DE$.

记 BI 与 EF 交于点 P''.

类似地,$\angle BP''C = 90°$,$CP'' \parallel DF$.

从而,点 P 与 P' 或 P'' 重合.

设 H 为锐角 $\triangle ABC$ 三条高线 AA_1,BB_1,CC_1 的公共点,M,N 分别为线段 BC,AH 的中点.证明:MN 为线段 B_1C_1 的垂直平分线.

(2013,第 64 届白俄罗斯数学奥林匹克决赛)

证明 如图,连接 B_1M, B_1N, C_1M, C_1N.

注意到, B_1M, C_1M 分别为 $Rt\triangle B_1BC, Rt\triangle C_1CB$ 斜边的中线.

故 $B_1M = \frac{1}{2}CB = C_1M$,即点 M 到点 B_1, C_1 距离相等.

类似地, $B_1N = \frac{1}{2}AH = C_1N$.

从而,点 N 到点 B_1, C_1 距离相等.

因此, MN 为线段 B_1C_1 的垂直平分线.

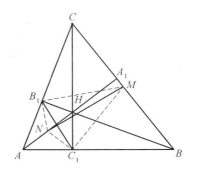

对于 $\triangle ABC$,延长边 BC 到点 D,使得 $CD = CB$,延长边 CA 到点 E,使得 $AE = 2AC$.若 $AD = BE$,证明: $\triangle ABC$ 为直角形三角形.

（2013,欧洲女子数学奥林匹克）

证明 如图,延长 AC 到点 F,使得 $AC = CF$.

则 $\triangle ACD \cong \triangle FCB \Rightarrow BF = AD = BE$.

又 $AE = 2AC = AF$,故 $\angle BAC = 90°$.

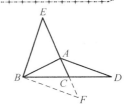

在 $\triangle ABC$ 中, B_2 为边 AC 上旁切圆圆心 B_1 关于 AC 中点的对称点, C_2 为边 AB 上旁切圆圆心 C_1 关于 AB 中点的对称点,边 BC 上旁切圆切边 BC 于点 D.证明:
$$AD \perp B_2C_2.$$

（2013,中国西部数学邀请赛）

证明 辅助线如图.设边 BC 上的旁切圆圆心为 A_1.

由旁心性质,知 B_1, A, C_1 三点共线, A_1, C, B_1 三点共线, C_1, B, A_1 三点共线,且 $A_1A \perp B_1C_1$.

在平面上取点 P 使得 $\overrightarrow{C_2P} = \overrightarrow{B_2C}$,则由 $\overrightarrow{B_2C} = \overrightarrow{AB_1}$,知 $\overrightarrow{C_2P} = \overrightarrow{AB_1}$.

又 $\overrightarrow{BC_2} = \overrightarrow{C_1A}$,而 C_1, B, A_1 三点共线,故 B, C_2, P 三点共线,且 $\overrightarrow{BP} = \overrightarrow{C_1B_1}$.

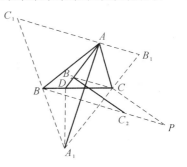

由 $\angle AC_1B = 180° - \dfrac{180° - \angle BAC}{2} - \dfrac{180° - \angle ABC}{2}$

$= \dfrac{\angle BAC + \angle ABC}{2} = \dfrac{180° - \angle ACB}{2} = \angle BCA_1$,

知 $\triangle A_1BC \cong A_1B_1C_1$.

又 A_1D, A_1A 分别为 $\triangle A_1BC, \triangle A_1B_1C_1$ 对应边上的高,则 $\dfrac{B_1C_1}{BC} = \dfrac{A_1A}{A_1D}$.

因为 $\overrightarrow{BP} = \overrightarrow{C_1B_1}$，$A_1A \perp B_1C_1$，所以，$\dfrac{BP}{BC} = \dfrac{A_1A}{A_1D}$，且 $BP \perp A_1A$，$BC \perp A_1D$.

于是，$\triangle BPC \backsim \triangle A_1AD$. 从而，$CP \perp AD$.

又 $\overrightarrow{C_2P} = \overrightarrow{B_2C}$，则 $\overrightarrow{B_2C_2} = \overrightarrow{CP}$. 因此，$AD \perp B_2C_2$.

如图 1，M 为 $\triangle ABC$ 边 BC 的中点，$\odot O$ 过点 A，C 且与 AM 相切，BA 的延长线与 $\odot O$ 交于点 D，直线 CD 与 MA 交于点 P. 证明：$PO \perp BC$.

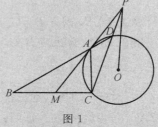

图 1

（第九届北方数学奥林匹克邀请赛）

证明 如图 2，取 CD 的中点 N，连接 OA，AN，MN.

则 $OA \perp PA$，$ON \perp PN$. 于是，P，A，N，O 四点共圆.

又 $MN /\!/ BD$，则 $\angle AMN = \angle PAD = \angle ACD$.

从而，A，M，C，N 四点共圆.

故 $\angle PMC + \angle APO = \angle PNA + \angle APO$

$= \angle POA + \angle APO = 90°$.

因此，$PO \perp BC$.

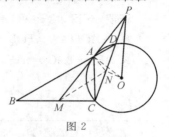

图 2

已知 P，Q 为正方形 $ABCD$ 外接圆上的两个点，且 $\angle PAQ = 45°$，AP 与 BC 交于点 M，AQ 与 CD 交于点 N. 证明：$PQ /\!/ MN$.

（2013—2014，匈牙利数学奥林匹克）

证明 如图. 连接 AC，PB，CQ.

则 $\angle BAC = \angle PAQ = 45°$.

故 $\angle PAB = 45° - \angle BAQ = \angle NAC$.

又 $\angle ACN = 180° - \angle ACD = 135°$，

$\angle APB = 180° - \angle ACB = 135°$，则

$\triangle APB \backsim \triangle ACN \Rightarrow AP \cdot AN = AB \cdot AC$.

由 $\angle ABM = \angle AQC = 90°$，

$\angle MAB = \angle PAB = \angle NAC = \angle QAC$，

则 $\triangle ABM \backsim \triangle AQC \Rightarrow AM \cdot AQ = AB \cdot AC$

$\Rightarrow AP \cdot AN = AM \cdot AQ \Rightarrow \dfrac{AP}{AQ} = \dfrac{AM}{AN} \Rightarrow PQ /\!/ MN$.

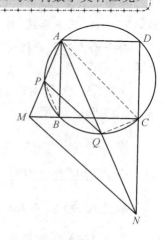

设 $\triangle ABC$ 的顶点 A 所对的旁切圆与边 BC 切于点 A_1. 类似地,分别用顶点 B,C 所对的旁切圆定义边 CA,AB 上的点 B_1,C_1. 假设 $\triangle A_1 B_1 C_1$ 的外接圆圆心在 $\triangle ABC$ 的外接圆上. 证明: $\triangle ABC$ 为直角三角形.

(第 54 届 IMO)

证明 辅助线如图.

分别记 $\triangle ABC$,$\triangle A_1 B_1 C_1$ 的外接圆为圆 Γ,Γ_1,圆 Γ 上 $\overset{\frown}{BC}$(含点 A)的中点为 A_0,类似定义 B_0,C_0.

由题设知圆 Γ_1 的圆心 Q 在圆 Γ 上.

引理 如图,$A_0 B_1 = A_0 C_1$,且 A,A_0,B_1,C_1 四点共圆.

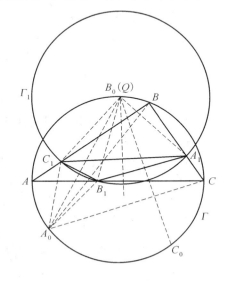

证明 若点 A_0 与 A 重合,则 $\triangle ABC$ 为等腰三角形. 从而,$AB_1 = AC_1$.

若点 A_0 与 A 不重合,由 A_0 的定义知 $A_0 B = A_0 C$.

易知,$BC_1 = CB_1 = \dfrac{1}{2}(b+c-a)$,且

$$\angle C_1 BA_0 = \angle ABA_0 = \angle ACA_0 = \angle B_1 CA_0.$$

于是,$\triangle A_0 BC_1 \cong \triangle A_0 CB_1$. 从而,$A_0 B_1 = A_0 C_1$,$\angle A_0 C_1 B = \angle A_0 B_1 C$.

因此,$\angle A_0 C_1 A = \angle A_0 B_1 A$. 故 A,A_0,B_1,C_1 四点共圆.

引理得证.

显然,点 A_1,B_1,C_1 在圆 Γ_1 的某个半圆弧上. 于是,$\triangle A_1 B_1 C_1$ 为钝角三角形,不妨设 $\angle A_1 B_1 C_1$ 为钝角.

从而,点 Q,B_1 在边 $A_1 C_1$ 的两侧.

又点 B,B_1 也在边 $A_1 C_1$ 的两侧,则点 Q,B 在边 $A_1 C_1$ 的同侧.

注意到,边 $A_1 C_1$ 的垂直平分线与圆 Γ_1 交于两点(在边 $A_1 C_1$ 的两侧),由上面的结论,知 B_0,Q 是这些交点中的点.

因为点 B_0,Q 在边 $A_1 C_1$ 的同侧,所以,点 B_0 与 Q 重合.

由引理,知直线 QA_0,QC_0 分别为边 $B_1 C_1,A_1 B_1$ 的垂直平分线,A_0,C_0 分别为 $\overset{\frown}{CB},\overset{\frown}{BA}$ 的中点,于是,

$$\angle C_1 B_0 A_1 = \angle C_1 B_0 B_1 + \angle B_1 B_0 A_1 = 2\angle A_0 B_0 B_1 + 2\angle B_1 B_0 C_0$$
$$= 2\angle A_0 B_0 C_0 = 180° - \angle ABC.$$

又由引理,得 $\angle C_1 B_0 A_1 = \angle C_1 BA_1 = \angle ABC$.

则 $\angle ABC = 180° - \angle ABC$. 从而,$\angle ABC = 90°$.

平面几何部分

已知四边形 $ABCD$ 是以 BD 为直径的圆内接四边形,点 A 关于 BD 的对称点为 A',点 B 关于 AC 的对称点为 B',直线 $A'C$ 与 BD 交于点 P,AC 与 $B'D$ 交于点 Q. 证明:$PQ \perp AC$.

(2014,新加坡数学奥林匹克)

证明 如图,设 AC 与 BD 交于点 R.

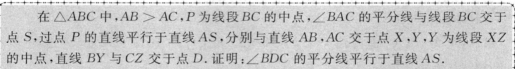

由题设条件知

$\angle BAR = \angle BAC = \angle BA'P = \angle BAP.$

于是,AB 平分 $\angle PAR$.

因为 $\angle BAD = 90°$,

所以,AD 为 $\angle PAR$ 的外角平分线.

又由角平分线定理得

$$\frac{BR}{BP} = \frac{DR}{DP} = \frac{AR}{AP}. \qquad ①$$

而点 B 与 B' 关于 AC 对称,则 $\angle BQR = \angle B'QR = \angle DQR.$

这表明,QR 平分 $\angle BQD$.

再由角平分线定理及式①,得 $\dfrac{QD}{QB} = \dfrac{RD}{RB} = \dfrac{PD}{PB}$. 由此,$QP$ 为 $\angle BQD$ 的外角平分线.

从而,$\angle RQP = 90°$,即 $PQ \perp AC$.

在 $\triangle ABC$ 中,$AB > AC$,P 为线段 BC 的中点,$\angle BAC$ 的平分线与线段 BC 交于点 S,过点 P 的直线平行于直线 AS,分别与直线 AB,AC 交于点 X,Y,Y 为线段 XZ 的中点,直线 BY 与 CZ 交于点 D. 证明:$\angle BDC$ 的平分线平行于直线 AS.

(2014,克罗地亚数学奥林匹克)

证明 如图.

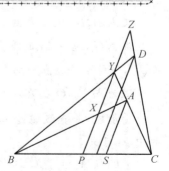

由题意并结合角平分线定理知

$$\frac{BX}{BP} = \frac{BA}{BS} = \frac{CA}{CS} = \frac{CY}{CP} \Rightarrow BX = CY.$$

注意到,$\angle XYA = \angle SAC = \angle BAS = \angle AXY.$

则 $\angle YXB = \angle CYZ.$

又 $XY = YZ$,且 $BX = CY$,故

$\triangle BXY \cong \triangle CYZ \Rightarrow \angle BYP = \angle PZC$

$\Rightarrow \angle DYZ = \angle YZD.$

因为 $\angle DYZ + \angle YZD = \angle BDC$,所以,$\angle BDC$ 的平分线 $l \parallel ZP \parallel AS$.

已知等腰 $\triangle ABC$ 满足 $AC = BC$，D 为 BA 延长线上的一点. $\triangle DAC$ 的外接圆 $\odot O_1$ 与 BC 交于点 E，过点 D 且与 $\odot O_1$ 相切的直线与 BC 交于另一点 F，$\triangle BDF$ 的外接圆 $\odot O_2$ 与 $\odot O_1$ 的不同于 D 的交点为 G，$\triangle BEG$ 的外接圆为 $\odot O$. 证明：直线 FG 与 $\odot O$ 相切当且仅当 $DG \perp FO$.

(2014，第 27 届韩国数学奥林匹克)

证明 如图，连接 DE.

首先证明：DB，DE 均与 $\odot O$ 相切.

因为 D，F，B，G 四点共圆，

所以，$\angle FDG = \angle GBE$.

又因为 FD 与 $\odot O_1$ 切于点 D，

所以，$\angle DEG = \angle FDG$.

于是，$\angle GBE = \angle DEG$.

这表明，DE 与 $\odot O$ 切于点 E.

由 A，D，C，E 四点共圆知

$\angle BED = \angle BAC = \angle ABC$.

故 $DB = DE$.

从而，DB 与 $\odot O$ 切于点 B.

因为 F 为点 D 关于 $\odot O$ 的极线 EB 上一点，

所以，由配极原则，点 D 在 F 关于 $\odot O$ 的极线上.

因此，FG 与 $\odot O$ 切于点 G 当且仅当 DG 为点 F 关于 $\odot O$ 的极线，这等价于 $DG \perp FO$.

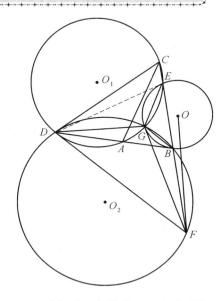

已知梯形 $ABCD$ 内接于 $\odot O$，且 AB 为 $\odot O$ 的直径，对角线 AC 与 BD 交于点 E，以 BE 为半径的 $\odot B$ 与 $\odot O$ 交于点 K，L，点 K，C 在边 AB 的同一侧，过点 E 且垂直于 BD 的直线与 CD 交于点 M. 证明：$KM \perp DL$.

(2014，第 31 届巴尔干地区数学奥林匹克)

证明 如图.

由点 O，B，C，E 在以 BE 为直径的圆 Γ_1 上，则 EM 为圆 Γ_1 的切线.

显然，圆 Γ_1 与 $\odot B$ 切于点 E. 故 $\odot O$ 和 $\odot B$，$\odot O$ 和 Γ_1，$\odot B$ 和 Γ_1 的根轴分别为 KL，BC，EM.

由蒙日定理，知这三条直线两两平行或交于一点.

于是，KL 垂直平分 MC. 从而，$KM = KC$.

故 $\angle KMC + \angle LDC$

$= \angle KCM + \angle LDB + \angle BDC$

$= \angle KCD + \angle KDB + \angle BDC = \angle KCD + \angle KDC + 2\angle BDC$

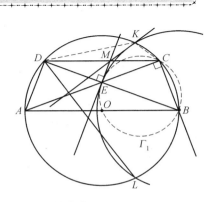

$= \angle CBD + \angle BEC = 90°.$

因此，$KM \perp DL.$

已知 $\triangle ABC$ 的内切圆 $\odot O$ 分别与边 $AB，BC$ 切于点 $D，E$，且 F 为 AO 与 DE 的交点. 证明：$CF \perp AF.$

(2014，第 58 届摩尔多瓦数学奥林匹克)

证明 注意到，$\angle DEB = \angle BDE = 90° - \dfrac{1}{2} \angle B = \dfrac{1}{2} \angle A + \dfrac{1}{2} \angle C = \angle FOC.$

从而，$O，C，F，E$ 四点共圆. 故 $\angle AFC = \angle OEC = 90° \Rightarrow AF \perp FC.$

已知圆 Γ 为锐角 $\triangle ABC$ $(AB < AC)$ 的外接圆，直线 p 与 BC 关于 AB 对称，且 p 与圆 Γ 交于点 $B，E$，以 A 为切点的直线与 p 交于点 D，点 F 与 D 关于点 A 对称，CF 与圆 Γ 交于另一点 G. 证明：$CE \parallel GB.$

(2014，第 58 届斯洛文尼亚数学奥林匹克)

证明 如图.

由弦切角定理，知 $\angle CAF = \angle CBA.$

由题意，知 $\angle CBA = \angle ABD.$

由 $A，B，E，C$ 四点共圆，知 $\angle ABD = \angle ACE.$

于是，$\angle CAF = \angle ACE，CE \parallel FD.$

下面证明：$GB \parallel FD.$

由弦切角定理，知 $\angle DAB = \angle ACB.$

又 $\angle CBA = \angle ABD，$

从而，$\triangle BAD \backsim \triangle BCA \Rightarrow \dfrac{AD}{AB} = \dfrac{CA}{CB}.$

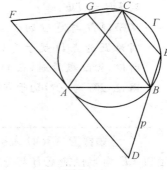

图 1

由点 F 与 D 关于点 A 对称，得 $AD = FA.$

从而，$\dfrac{FA}{AB} = \dfrac{CA}{CB} \Rightarrow \dfrac{FA}{CA} = \dfrac{AB}{CB}.$

又 $\angle CAF = \angle CBA，$ 得

$\triangle FAC \backsim \triangle ABC \Rightarrow \angle AFC = \angle BAC = \angle BGC \Rightarrow BG \parallel FD.$

在 $\triangle ABC$ 中，内切圆 $\odot I$ 与 AC 切于点 Q，E 为 AC 的中点，K 为 $\triangle BIC$ 的垂心. 证明：$KQ \perp IE.$

(2014，印度国家队选拔考试)

证明 如图,设 $\odot I$ 与边 BC 切于点 P,$\triangle BKP$ 的外接圆与 $\odot I$ 交于另一点 S,设 BS 与 $\odot I$ 交于另一点 T.

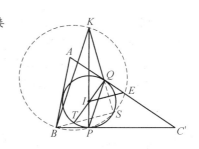

则 $\angle PQT = \angle PST = \angle PKB = \dfrac{\angle C}{2}$.

又因为 C,P,I,Q 四点共圆,所以,$\angle PQI = \dfrac{\angle C}{2}$.

于是,Q,I,T 三点共线.

从而,$\angle QST = 90° = \angle KSB$. 故 K,Q,S 三点共线.

由 QT 为 $\odot I$ 的直径及位似性质,易知,$BT \parallel IE$. 故 $IE \perp KQ$.

在非等边锐角 $\triangle ABC$ 中,$AB < AC < BC$,D,E,F 分别为边 BC,AC,AB 的中点,BK,CI 分别为边 AC,AB 上的高.过线段 DF 延长线上的一点 M 作 KI 的平行线,与 CA,BA,DE 的延长线分别交于点 J,T,N.若 $\triangle MBD$ 的外接圆 Γ_1 与直线 DN 交于点 P,$\triangle NCD$ 的外接圆 Γ_2 与直线 DM 交于点 H,证明:$JT \parallel HP$.

(2014,希腊国家队选拔考试)

证明 由题意,知四边形 $AEDF$,四边形 $FEDB$,四边形 $FECD$ 均为平行四边形.

因为 $DM \parallel CJ$,$MN \parallel KI$,所以,$\angle DMN = \angle TJC = \angle JKI$.

又 B,I,K,C 四点共圆,于是,$\angle JKI = \angle ABC$.

从而,$\angle DMN = \angle ABC$,即 M,B,D,T 四点共圆.

类似地,N,C,D,J 四点共圆.

如图.

由 B,D,P,T,M 五点共圆于圆 Γ_1,知 $\angle NTP = \angle NDM = \angle JEP$.

于是,J,T,P,E 四点共圆,记该圆为圆 Γ.

由 $\angle TPN = \angle TBD = \angle TFE$,知 T,P,E,F 四点共圆于圆 Γ.

由 DH,CJ 为圆 Γ_2 的平行弦,知 $\angle HJE = \angle JCB = \angle JEF = \angle HFE$.

于是,J,E,H,F 四点共圆于圆 Γ.

又 $\angle MTP = \angle NJH$,从而,四边形 $JTPH$ 为梯形.因此,$JT \parallel HP$.

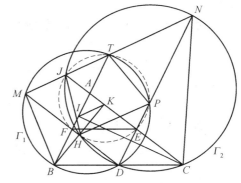

已知 M 为锐角 $\triangle ABC$ 的外接圆圆心,$\triangle ABM$ 的外接圆与 BC,AC 分别交于点 P,Q(点 P 与 B 不重合).证明:$CM \perp PQ$.

(2014,芬兰高中数学竞赛)

证明 如图. 设 CE, BF 为 $\triangle ABC$ 的外接圆直径, CE 与 PQ 的交点为 N.

因为 A, B, P, M, Q 五点共圆,

所以, $\angle NPC = \angle QPC = \angle BAQ = \angle BAC = \frac{1}{2}\overset{\frown}{BC}^{\circ}$.

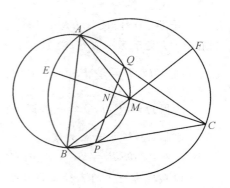

故 $\angle NPC + \angle PCN = \frac{1}{2}(\overset{\frown}{BC}^{\circ} + \overset{\frown}{BE}^{\circ}) = 90°$.

于是, $\angle CNP = 90°$. 因此, $CM \perp PQ$.

设 P 为 $\triangle ABC$ 内一点, 直线 AP, BP, CP 与边 BC, CA, AB 分别交于点 D, E, F, DE, DF 的延长线与过点 A 的直线 l 分别交于点 Q, R. 且 M, N 分别为 DB, DC 延长线上的点, 并满足

$$\frac{QN^2}{DN} + \frac{RM^2}{DM} = \frac{(DQ + DR)^2 - 2RQ^2 + 2DM \cdot DN}{MN}.$$

证明: $AD \perp BC$.

(2014, 第 22 届土耳其数学奥林匹克)

证明 先证明: 四边形 $RDNQ$, 四边形 $QDMR$ 均为平行四边形, 且 $DR = DQ$, 如图.

设 $DQ = x$, $DR = y$, $RQ = z$, $QN = p$, $RM = q$, $DM = u$, $DN = v$, $RN = e$, $QM = f$.

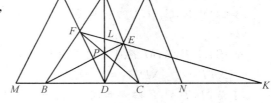

对于四边形 $RDNQ$, 四边形 $QDMR$ 有

$$y^2 + v^2 + p^2 + z^2 \geq x^2 + e^2,$$
$$x^2 + u^2 + q^2 + z^2 \geq y^2 + f^2.$$

两式相加得

$$u^2 + v^2 + p^2 + q^2 + 2z^2 \geq e^2 + f^2. \qquad ①$$

由斯特瓦尔特定理得

$$e^2 = v^2 + uv + \frac{(u+v)y^2 - q^2v}{u}, \quad f^2 = u^2 + uv + \frac{(u+v)x^2 - p^2u}{v}.$$

将其代入式 ① 得

$$u^2 + v^2 + p^2 + q^2 + 2z^2 \geq (u+v)^2 + \frac{(u+v)y^2 - q^2v}{u} + \frac{(u+v)x^2 - p^2u}{v}.$$

故 $2(z^2 - uv) \geq (u+v)\left(\frac{x^2 - p^2}{v} + \frac{y^2 - q^2}{u}\right)$

$$= (u+v)\left(\frac{x^2}{v} + \frac{y^2}{u}\right) - (u+v)\left(\frac{p^2}{v} + \frac{q^2}{u}\right).$$

由柯西不等式得 $(v+u)\left(\frac{x^2}{v} + \frac{y^2}{u}\right) \geq (x+y)^2$.

故 $2(z^2-uv) \geqslant (x+y)^2 - (u+v)\left(\dfrac{p^2}{v}+\dfrac{q^2}{u}\right)$，即

$$\dfrac{p^2}{v}+\dfrac{q^2}{u} \geqslant \dfrac{(x+y)^2-2z^2+2uv}{u+v}. \qquad ②$$

由题意，知式 ② 的等号成立.

于是，上述所有不等式的等号均成立.

因此，四边形 $RDNQ$，四边形 $QDMR$ 均为平行四边形.

由于 $u=z=v$，可结合柯西不等式等号成立的条件得 $x=y$.

因为 $QR \parallel BC$，且 $DR=DQ$，所以，$\angle EDC = \angle DQR = \angle DRQ = \angle FDB$.

设直线 FE 与 BC 交于点 K（若 $FE \parallel BC$，可假设交点在无穷远处）.

不失一般性，假设点 C 在 B，K 之间.

由梅涅劳斯定理，得 $\dfrac{CK}{KB} \cdot \dfrac{BF}{FA} \cdot \dfrac{AE}{EC} = 1$.

由塞瓦定理，得 $\dfrac{CD}{DB} \cdot \dfrac{BF}{FA} \cdot \dfrac{AE}{EC} = 1$.

于是，$\dfrac{CK}{KB} = \dfrac{CD}{DB}$. 从而，$B$，$D$，$C$，$K$ 为调和点列.

由于 AB，AD，AC，AK 为调和线束，则

F，L，E，K 为调和点列，其中，L 为 AP 与 EF 的交点.

故 $\dfrac{FL}{LE} = \dfrac{FK}{KE}$. $\qquad ③$

因为 DC 是 $\angle FDE$ 的外角平分线，所以，由外角平分线定理得

$$\dfrac{FK}{KE} = \dfrac{DF}{DE}. \qquad ④$$

由式 ③、④ 得 $\dfrac{FL}{LE} = \dfrac{DF}{DE}$. 于是，$DL$ 平分 $\angle FDE$. 这表明，$AD \perp BC$.

如图，以 $\triangle ABC$ 的三边为斜边作等腰 $Rt\triangle AUB$，等腰 $Rt\triangle CVB$，等腰 $Rt\triangle AWC$. 证明：四边形 $UVCW$ 为平行四边形.

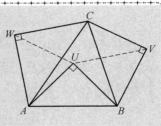

(2014，第 53 届荷兰数学奥林匹克)

证明　由已知，得 $\angle UAB = \angle CAW = 45°$，

则 $\angle WAU = 45° + \angle CAU = \angle CAB$.

在等腰 $Rt\triangle ACW$ 中，$AW = \dfrac{\sqrt{2}}{2}AC$.

类似地,$AU = \dfrac{\sqrt{2}}{2}AB$.

故 $\dfrac{AW}{AC} = \dfrac{AU}{AB} \Rightarrow \triangle WAU \backsim \triangle CAB \Rightarrow WU = \dfrac{\sqrt{2}}{2}BC = CV$.

类似地,由 $\triangle VBU \backsim \triangle CBA \Rightarrow VU = \dfrac{\sqrt{2}}{2}AC = CW$.

于是,四边形 $UVCW$ 为平行四边形.

> 已知在 $\triangle ABC$ 中,P,Q 分别为线段 AB,AC 上的点,$PQ \parallel BC$,D 为 $\triangle APQ$ 内一点,E,F 分别为 PQ 与 BD,CD 的交点,O_E,O_F 分别为 $\triangle DEQ,\triangle DFP$ 的外心.证明:$O_EO_F \perp AD$.
>
> (2014,澳大利亚数学奥林匹克)

证明 据公共弦垂直于连心线,知只需证点 A 在 $\triangle DEQ$ 外接圆和 $\triangle DFP$ 外接圆的公共弦所在直线上,即点 A 在两圆根轴上.

如图,记直线 AD 分别与 PQ,BC 交于点 K,L.

由 $PQ \parallel BC$ 得 $\triangle DKE \backsim \triangle DLB$,$\triangle DKF \backsim \triangle DLC$.

则 $\dfrac{KE}{LB} = \dfrac{DK}{DL} = \dfrac{KF}{LC} \Rightarrow \dfrac{KE}{KF} = \dfrac{LB}{LC}$. ①

类似地,$\triangle AKP \backsim \triangle ALB$,$\triangle AKQ \backsim \triangle ALC$.

则 $\dfrac{KP}{LB} = \dfrac{AK}{AL} = \dfrac{KQ}{LC} \Rightarrow \dfrac{KP}{KQ} = \dfrac{LB}{LC}$. ②

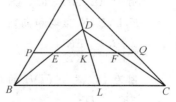

比较式①、②,得 $\dfrac{KE}{KF} = \dfrac{KP}{KQ} \Rightarrow KE \cdot KQ = KF \cdot KP$.

故点 K 关于 $\triangle DEQ$ 的外接圆与 $\triangle DFP$ 的外接圆的圆幂相等.

因此,直线 ADK 为两圆根轴.

> 在锐角 $\triangle ABC$ 中,$AB > BC$,M 为边 AC 的中点,圆 Γ 为 $\triangle ABC$ 的外接圆,圆 Γ 在点 A,C 处的切线交于点 P,线段 BP 与 AC 交于点 S,AD 为 $\triangle ABP$ 的高,$\triangle CSD$ 的外接圆与圆 Γ 交于点 K(异于点 C).证明:$\angle CKM = 90°$.
>
> (第 40 届俄罗斯数学奥林匹克)

证明 由于 $\angle AMP = \angle ADP = 90°$,于是,点 M,D 在以 AP 为直径的圆 Γ_1 上.

又 PA 为圆 Γ 的切线,则 $\angle KAP = \angle ACK$.

因为点 C,K,D,S 均位于 $\triangle CSD$ 的外接圆 Γ_2 上,所以,$\angle ACK = KDP$.

则 $\angle KAP = \angle ACK = \angle KDP$. 故 A,D,K,P 四点共圆.

于是,点 K 在圆 Γ_1 上,且 $\angle AKP = 90°$.

从而，$\angle MKP = 180° - \angle MAP = 180° - \angle ABC = \angle AKC$.

故 $\angle MKC = \angle AKC = \angle AKM = \angle MKP - \angle AKM = \angle AKP = 90°$.

在 Rt$\triangle ABC$ 中，$\angle A = 90°$，$\angle C = 30°$. 过点 A 的圆 Γ 与边 BC 切于中点 K，圆 Γ 与边 AC，$\triangle ABC$ 的外接圆分别交于点 N，M. 证明：$MN \perp BC$.

（2014，第一届伊朗几何奥林匹克）

证明　如图，由条件知 $AK = KC$.

则 $\angle KAC = \angle NKC = 30°$

$\Rightarrow \angle ANK = \angle NKC + \angle ACB = 60°$.

因为 A，K，N，M 四点共圆，所以，

$\angle KMN = \angle KAN = 30°$，$\angle AMK = \angle ANK = 60°$.

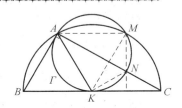

显然，K 为 $\triangle ABC$ 的外心.

从而，$KM = KC = AK$.

又 $\angle AMK = 60°$，于是，$\triangle AKM$ 为等边三角形，$\angle AKM = 60°$.

又 $\angle AKB = 60°$，则 $\angle MKC = 60°$.

再结合 $\angle KMN = 30°$，从而，$MN \perp BC$.

在 $\triangle ABC$ 的边 BC 上有两点 P，Q，其到 BC 中点的距离相等. 过点 P，Q 分别作 BC 的垂线，与 AC，AB 分别交于点 E，F，且 M 为 PF 与 EQ 的交点，H_1，H_2 分别为 $\triangle BFP$，$\triangle CEQ$ 的垂心. 证明：$AM \perp H_1H_2$.

（2014，第一届伊朗几何奥林匹克）

证明　如图.

首先证明：直线 AM 与点 P，Q 的位置无关.

事实上，只需证明 $\dfrac{\sin\angle MAB}{\sin\angle MAC}$ 为定值.

在 $\triangle AFM$，$\triangle AEM$ 中，由正弦定理知

$$\frac{\sin\angle MAB}{\sin\angle MAC} = \frac{\sin\angle AFM}{\sin\angle AEM} \cdot \frac{FM}{EM}.$$

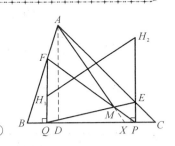

①

在 $\triangle FBP$，$\triangle CEQ$ 中，

$$\sin\angle AFM = \frac{BP}{PF}\sin B，\sin\angle AEM = \frac{CQ}{EQ}\sin C.$$

由 $BP = CQ$，知 $\dfrac{\sin\angle AFM}{\sin\angle AEM} = \dfrac{\sin B}{\sin C} \cdot \dfrac{EQ}{FP}$.

结合式 ①，得 $\dfrac{\sin\angle MAB}{\sin\angle MAC} = \dfrac{\sin B}{\sin C} \cdot \dfrac{EQ}{FP} \cdot \dfrac{FM}{EM}$.

②

由 $\triangle FMQ \backsim \triangle EMP \Rightarrow \dfrac{FM}{FP} = \dfrac{FQ}{FQ + EP}, \dfrac{EQ}{EM} = \dfrac{FQ + EP}{EP}$.

代入式 ② 得

$$\dfrac{\sin\angle MAB}{\sin\angle MAC} = \dfrac{\sin B}{\sin C} \cdot \dfrac{FQ}{EP}.$$ ③

又 $\tan B = \dfrac{FQ}{BQ}, \tan C = \dfrac{EP}{CP}, BQ = CP$, 代入式 ③ 得

$$\dfrac{\sin\angle MAB}{\sin\angle MAC} = \dfrac{\sin B}{\sin C} \cdot \dfrac{\tan B}{\tan C}(定值).$$

设 α 为 $H_1 H_2$ 与 BC 的夹角. 则 $\tan\alpha = \dfrac{H_2 P - H_1 Q}{QP}$. ④

因为 H_1, H_2 分别为 $\triangle BFP, \triangle CEQ$ 的垂心, 所以,

$$QF \cdot H_1 Q = BQ \cdot QP, EP \cdot H_2 P = CP \cdot PQ \Rightarrow H_1 Q = \dfrac{BQ \cdot QP}{FQ}, H_2 P = \dfrac{CP \cdot PQ}{EP}.$$

又 $CP = BQ$, 于是, $H_2 P - H_1 Q = \dfrac{PQ \cdot BQ(FQ - EP)}{EP \cdot FQ}$.

代入式 ④, 得 $\tan\alpha = \dfrac{BQ(FQ - EP)}{EP \cdot FQ} = \dfrac{BQ}{EP} - \dfrac{BQ}{FQ} = \dfrac{CP}{EP} - \dfrac{BQ}{FQ} = \cot C - \cot B$.

设 θ 为 AM 与 BC 的夹角.

下面证明: $\tan\alpha \cdot \tan\theta = 1$.

设 AM 与 BC 交于点 X. 则 $\dfrac{BX}{CX} = \dfrac{\sin\angle MAB}{\sin\angle MAC} \cdot \dfrac{\sin C}{\sin B} = \dfrac{\tan B}{\tan C}$.

设 AD 为 $\triangle ABC$ 的一条高, 则

$$\dfrac{BX}{CX} = \dfrac{\tan B}{\tan C} = \dfrac{\dfrac{AD}{BD}}{\dfrac{AD}{CD}} = \dfrac{CD}{BD} \Rightarrow BD = CX.$$

故 $\tan\theta = \dfrac{AD}{DX} = \dfrac{AD}{CD - CX} = \dfrac{AD}{CD - BD} = \dfrac{1}{\dfrac{CD}{AD} - \dfrac{BD}{AD}} = \dfrac{1}{\cot C - \cot B}$.

从而, 式 ⑤ 成立, 即 $AM \perp H_1 H_2$.

在不等边 $\triangle ABC$ 中, 点 D, E 分别在边 AB, AC 上, 且 $\triangle ACD$ 的外接圆, $\triangle ABE$ 的外接圆均与 BC 相切, BC 与 DE 交于点 F. 证明: AF 与 $\triangle ABC$ 的欧拉线垂直(通过三角形外心和垂心的直线为该三角形的欧拉线).

(2014, 中国香港数学奥林匹克)

证明　如图,设 $\triangle ABC$ 的垂心为 H,点 A 分别关于高线 CH,BH 的对称点为 D',E'.
则点 D',E' 分别在直线 AB,AC 上,H 为 $\triangle AD'E'$ 的外心.

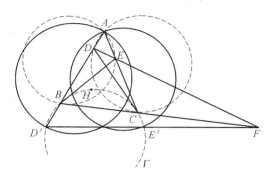

因为 $\angle BD'C = \angle BAC = \angle BE'C$,所以,$B,C,E',D'$ 四点共圆,记为圆 Γ.

下面证明:BE,CD 与圆 Γ 相切.

由 $\angle BCD = \angle BAC = \angle BD'C,\angle CBE = \angle CE'B$,

可知 BE,CD 分别与圆 Γ 切于点 B,C.

对圆内接退化六边形 $BBCCE'D'$ 应用帕斯卡定理,知 BC 与 $D'E'$ 的交点,D,E 三点共线,即 D',E',F 三点共线.

又因为点 F 关于 $\triangle ABC$ 外接圆的幂等于 $FB \cdot FC$,关于 $\triangle AD'E'$ 外接圆的幂等于 $FD' \cdot FE'$,而对圆 Γ 有 $FB \cdot FC = FD' \cdot FE'$,则点 F 位于 $\triangle ABC$ 外接圆和 $\triangle AD'E'$ 外接圆的根轴上.故 AF 为 $\triangle ABC$ 外接圆和 $\triangle AD'E'$ 外接圆的根轴.而 $\triangle ABC,\triangle AD'E'$ 的外心分别为 O,H,且两圆的根轴垂直于两圆圆心的连线,从而,所证结论成立.

已知 $\triangle ABC$ 的内切圆 $\odot I$ 与边 CA,AB 分别切于点 E,F.令 E,F 关于点 I 的对称点分别为 G,H,且 Q 为 GH 与 BC 的交点,M 为 BC 的中点.证明:$IQ \perp IM$.

(2014,中国台湾数学奥林匹克选训营)

证明　首先证明一个有关内切圆及旁切圆的简单引理.

引理　$\triangle ABC$ 的内切圆 $\odot I$ 与边 BC 切于点 D,D 关于点 I 的对称点为 D',连接 AD' 并延长,与边 BC 交于点 R.则 $BR = DC$.

证明　过点 D' 作边 BC 的平行线(亦即 $\odot I$ 的切线),与边 AB,AC 分别交于点 B',C'.则 $\triangle AB'C' \backsim \triangle ABC$.

设 $\triangle ABC$ 的旁切圆为 $\odot J$.则在以点 A 为中心的位似变换下,$\odot I$ 变为 $\odot J$.此时,切点 D' 变为切点 R.

设 $BC = a,CA = b,AB = c,p = \dfrac{1}{2}(a+b+c)$.由切线长公式得 $BR = p - c = DC$.

引理得证.

如图，作点 D 关于点 I 的对称点 D'，过 D' 作 $\odot I$ 的切线（边 BC 的平行线）与 EF 的延长线交于点 Q'，延长 AD'，与 $\odot I$ 交于点 T，与边 BC 交于点 R。

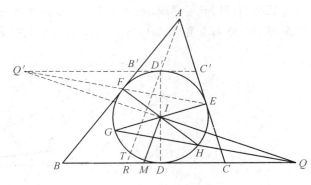

　　由于点 A 关于 $\odot I$ 的极线为直线 EF，点 Q' 在直线 EF 上，即点 Q' 在点 A 关于 $\odot I$ 的极线上，从而，点 A 在点 Q' 关于 $\odot I$ 的极线上。

　　因为 $Q'D'$ 与 $\odot I$ 相切，所以，点 D' 也在点 Q' 的极线上。

　　于是，直线 AD' 即为 Q' 关于 $\odot I$ 的极线。从而，直线 $Q'I$ 垂直于极线 AR。

　　又由引理知 $BR = DC$。而 M 为边 BC 的中点，故 $RM = MD$。

　　于是，MI 为 $\triangle RDD'$ 的中位线。从而，$IM \parallel RD'$。

　　因为 G,H,D 分别是 E,F,D' 关于点 I 的对称点，$Q'D' \parallel DQ$，所以，点 Q' 关于点 I 的对称点即为点 Q。

　　综上，$IQ \perp IM$。

　　　如图 1，$\odot O_1$ 与 $\odot O_2$ 交于 A,B 两点，延长 O_1A，与 $\odot O_2$ 交于点 C，延长 O_2A，与 $\odot O_1$ 交于点 D，过点 B 作 $BE \parallel O_2A$，与 $\odot O_1$ 交于另一点 E。若 $DE \parallel O_1A$，证明：
　　　$DC \perp CO_2$。

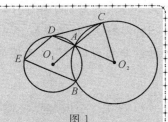

图 1

（2014，中国女子数学奥林匹克）

　　证明　辅助线如图 2。

　　由 $\angle O_1DA = \angle O_1AD = \angle O_2AC = \angle O_2CA$

　　$\Rightarrow O_1,O_2,C,D$ 四点共圆

　　$\Rightarrow \angle DO_1O_2 + \angle DCO_2 = 180°$。

　　因为 $BE \parallel AD$，所以，$AB = DE$。

　　于是，$\angle EDO_1 = \angle O_1AB$。

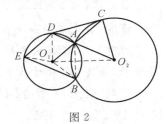

图 2

　　又 $DE \parallel O_1A$，故 $\angle DO_1A = \angle EDO_1 = \angle O_1AB$。

　　从而，$DO_1 \parallel AB$。

　　而 $AB \perp O_1O_2$，则 $DO_1 + O_1O_2 \Rightarrow \angle DO_1O_2 = 90°$。

　　因此，$\angle DCO_2 = 90° \Rightarrow DC \perp CO_2$。

如图,在钝角 $\triangle ABC$ 中,$AB > AC$,O 为其外心,边 BC,CA,AB 的中点分别为 D,E,F,中线 AD 与 OF,OE 所在直线分别交于点 M,N,直线 BM 与 CN 交于点 P. 证明:$OP \perp AP$.

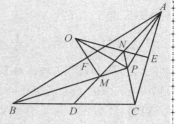

(2014,第 11 届中国东南地区数学奥林匹克)

证明 由已知得 $BM = AM$,$CN = AN$,$\angle AMP = 2\angle BAM$,$\angle PND = 2\angle CAM$. 连接 OB,OC.

由于 O 为 $\triangle ABC$ 的外心,则

$\angle BOC = 2\angle BAC = 2\angle BAM + 2\angle CAM = \angle AMP + \angle PND = \angle BPC$.

从而,B,O,P,C 四点共圆. 故 $\angle BPO = \angle BCO = \angle CBO = \angle OPN$.

对 $\triangle BCP$ 及截线 DMN 应用梅涅劳斯定理得

$$\frac{BD}{DC} \cdot \frac{CN}{NP} \cdot \frac{PM}{MB} = 1 \Rightarrow \frac{PM}{PN} = \frac{MB}{NC} = \frac{AM}{AN},$$

即 PA 为 $\angle MPN$ 的外角平分线.

又 PO 为 $\angle MPN$ 的平分线,从而,$OP \perp AP$.

已知一个正 2014 边形的顶点为 P_1,P_2,$\cdots$,P_{2014} 的排列. 证明:直线 P_1P_2,P_2P_3,$\cdots$,$P_{2013}P_{2014}$,$P_{2014}P_1$ 中有两条直线相互平行.

(2014—2015,匈牙利数学奥林匹克)

证明 将正 2014 边形顶点编号为 $1,2,\cdots,2014$.

设 P_i 编号为 a_i. 则 $P_iP_{i+1} \parallel P_jP_{j+1} \Leftrightarrow a_i + a_{i+1} \equiv a_j + a_{j+1} \pmod{2014}$.

若结论不成立,则 $a_i + a_{i+1}$($i = 1,2,\cdots,2014$)两两模 2014 不同余.

故 $2\sum\limits_{i=1}^{2014} a_i = \sum\limits_{i=1}^{2014}(a_i + a_{i+1}) \equiv 0 + 1 + \cdots + 2013 = \dfrac{2013 \times 2014}{2}$

$= 1007 \times 2013 \pmod{2014}$.

但 $2\sum\limits_{i=1}^{2014} a_i = 2\sum\limits_{i=1}^{2014} i \equiv 0 \pmod{2014}$,矛盾.

设非等腰 $\triangle ABC$ 的内切圆 $\odot I$ 与边 BC,CA,AB 分别切于点 D,E,F,BC 的中点为 M,Q 为 $\odot I$ 上的一点,且满足 $\angle AQD = 90°$,P 为直线 AI(在 $\triangle ABC$ 的内部)上一点,使得 $MD = MP$,证明:$\angle PQE = 90°$ 或 $\angle PQF = 90°$.

(2014—2015,美国国家队选拔考试)

证明 如图,不妨设 $AB < AC$,AB 的中点为 N,AI 与 DE 交于点 P'.

则 $\angle BIP' = 90° - \dfrac{\angle C}{2} = \angle CDP'$.

于是,B,D,P',I 四点共圆.

从而,$\angle BP'I = \angle BDI = 90°$,即 $\angle BP'A = 90°$.

因为 $\angle AP'N = \angle P'AN = \angle P'AC$,

所以,$NP' \parallel AC$.

又 $MN \parallel AC$,故 N,P',M 三点共线.

由于点 P' 在线段 DE 上,则 P' 在 $\triangle ABC$ 的内部.

由 $\triangle DP'M \backsim \triangle DEC$,知 $MP' = MD$.这表明,点 P' 与 P 重合.

设 DS 为 $\odot I$ 的直径.由于 $\angle SQD = 90° = \angle AQD$,则 A,S,Q 三点共线.

设 AQ 与 BC 交于点 T.则 T 为 $\triangle ABC$ 中 $\angle A$ 内的旁切圆与 BC 的切点.

于是,$MD = MP = MT$,即 M 为 $\triangle DPT$ 的外接圆 Γ 的圆心,且 DT 为圆 Γ 的直径.

因为 $\angle DQT = \angle DQS = 90°$,所以,点 Q 也在圆 Γ 上.

由于 $SD \perp DT$,则 SD 为圆 Γ 的切线.

故 $\angle PQD = \angle SDP = \angle SDE = \angle SQE$.

因为 $\angle DQS = 90°$,所以,$\angle PQE = 90°$.

已知锐角 $\triangle ABC$ 满足 $AB > BC$,$\angle ABC$ 的平分线与 $\triangle ABC$ 的外接圆 $\odot O$ 交于点 M,设以 BM 为直径的圆为 Γ,$\angle AOB$,$\angle BOC$ 的平分线与圆 Γ 分别交于点 P,Q,且 R 为 QP 延长线上的一点,且满足 $BR = MR$.证明:$BR \parallel AC$.

(第 55 届 IMO 预选题)

证明 如图,设 BM 的中点为 K.则 K 为圆 Γ 的圆心.

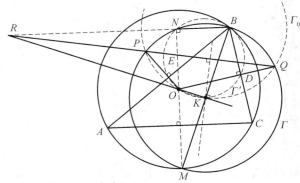

由 $AB \neq BC$,知点 K 与 O 不重合.

因为 OM,OK 分别为 AC,BM 的中垂线,所以,R 为 PQ 与 OK 的交点.

设直线 OM 与圆 Γ 的第二个交点为 N.

由于 BM 为圆 Γ 的直径,则 $BN \perp OM$.

又因为 $AC \perp OM$,所以,$BN \parallel AC$.于是,只要证 BN 过点 R.

设以 BO 为直径的圆为 Γ'.

由 $\angle BNO = \angle BKO = 90°$,知点 N,K 均在圆 Γ' 上.

设 BC 的中点为 D,AB 的中点为 E.则点 D,E 分别在 OQ,OP 上.

于是,点 B,N,E,O,K,D 均在圆 Γ' 上.

因为 $\angle EOR = \angle EBK = \angle KBD = \angle KOD$,所以,$KO$ 为 $\angle POQ$ 的外角平分线.

又因为 K 是圆 Γ 的圆心,所以,点 K 在 PQ 的中垂线上.

故 K 为 $\triangle POQ$ 的外接圆 Γ_0 的 $\overparen{POQ}$ 的中点.从而,O,K,Q,P 四点共圆.

由蒙日定理,知圆 Γ',Γ_0,Γ 两两的根轴 OK,BN,PQ 交于一点,且此点即为 R.

在锐角 $\triangle ABC$ 中,点 D 在边 BC 上,且 AD 平分 $\angle BAC$,$DF \perp AC$,$DE \perp AB$,BF 与 CE 交于点 K.证明:$AK \perp BC$.

（2015,新加坡数学奥林匹克）

证明 如图,设 AK 与 BC 交于点 N.

注意到,$AE = AF$,且 $\dfrac{BD}{DC} = \dfrac{AB}{AC}$.

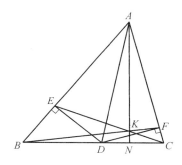

又 AN,BF,CE 三线共点于 K,由塞瓦定理得

$$\frac{BN}{NC} \cdot \frac{CF}{FA} \cdot \frac{AE}{EB} = 1 \Rightarrow \frac{BN}{NC} = \frac{EB}{CF}.$$

由 $EB = BD\cos\angle ABC$,$CF = DC\cos\angle ACB$

$$\Rightarrow \frac{BE}{CF} = \frac{BD\cos\angle ABC}{DC\cos\angle ACB} = \frac{AB\cos\angle ABC}{AC\cos\angle ACB}$$

$$\Rightarrow \frac{BN}{NC} = \frac{AB\cos\angle ABC}{AC\cos\angle ACB} \Rightarrow AN \perp BC.$$

在圆内接四边形 $ABCD$ 中,M,N,P,Q 分别为边 DA,AB,BC,CD 的中点,对角线 AC 与 BD 交于点 E,$\triangle EMN$ 的外接圆与 $\triangle EPQ$ 的外接圆交于另一点 F.证明:$EF \perp AC$.

（2015,塞尔维亚数学奥林匹克）

证明 如图,连接 MQ.

因为点 Q,N 是相似 $\triangle EAB$,$\triangle EDC$ 的对应点,

所以,$\triangle ENB \backsim \triangle EQC$.

于是,$\angle BEN = \angle QEC$.

故 $\angle MFE = \angle MNE = \angle NEB$

$= \angle QEC = \angle EQM$.

类似地,$\angle QFE = \angle EMQ$.

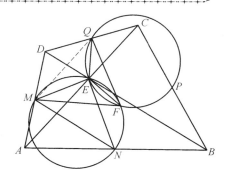

平面几何部分

从而, $\triangle MFE$ 的外接圆半径等于 $\triangle QFE$ 的外接圆半径等于 $\triangle MQE$ 的外接圆半径.

又 $\angle EMF + \angle EQF < 180°$,则 $\angle EMF = \angle EQF$.

故 $\angle MQF + \angle QFE = 90°$,即 $FE \perp MQ$.

又 $MQ /\!/ AC$,于是, $EF \perp AC$.

已知 $\odot O_1$ 与 $\odot O_2$ 交于点 A,B,直线 O_1A 与 $\odot O_2$ 的另一个交点为 C,直线 O_2A 与 $\odot O_1$ 的另一个交点为 D,过点 B 作 AD 的平行线,与 $\odot O_1$ 交于点 E.若 $O_1A /\!/ DE$,证明: $CD \perp O_2C$.

(2015,第 53 届荷兰国家队选拔考试)

证明 仅考虑下面的情况:如图,点 A,B,E,D 按顺时针方向排列, O_1,A,C 依次位于一条直线上,且 O_2,A,D 依次位于一条直线上.

其他情况可类似证明.

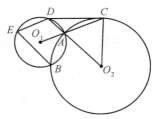

由 A,B,E,D 四点共圆,知 $\angle BED = 180° - \angle DAB$.

由平行线性质,得 $\angle BED = \angle DAO_1$.

由 $O_1A = O_1D \Rightarrow \angle DAO_1 = \angle ADO_1$.

故 $180° - \angle DAB = \angle ADO_1 \Rightarrow AB /\!/ DO_1$.

又 $O_2A = O_2C$,则

$$\angle DAO_1 = \angle O_2AC = \angle O_2CA$$

$$\Rightarrow \angle O_2DO_1 = \angle ADO_1 = \angle O_2CA = \angle O_2CO_1$$

$$\Rightarrow O_1,D,C,O_2 \text{ 四点共圆}.$$

由 O_1O_2 为 AB 的中垂线,知 $O_1O_2 \perp O_1D$,即 $\angle O_2O_1D = 90°$.

因此, $\angle O_2CD = 90°$.

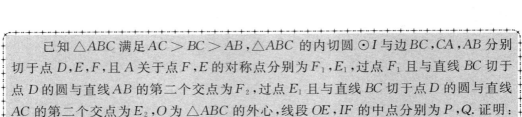

已知 $\triangle ABC$ 满足 $AC > BC > AB$, $\triangle ABC$ 的内切圆 $\odot I$ 与边 BC,CA,AB 分别切于点 D,E,F,且 A 关于点 F,E 的对称点分别为 F_1,E_1,过点 F_1 且与直线 BC 切于点 D 的圆与直线 AB 的第二个交点为 F_2,过点 E_1 且与直线 BC 切于点 D 的圆与直线 AC 的第二个交点为 E_2, O 为 $\triangle ABC$ 的外心,线段 OE,IF 的中点分别为 P,Q.证明: $AB + AC = 2BC$ 的充分必要条件为 $PQ \perp E_2F_2$.

(2015,土耳其国家队选拔考试)

证明 先证明三个引理.

引理 1 $OI \perp E_2F_2$.

引理 1 的证明 只要证点 E_2,F_2 均在 $\triangle ABC$ 的内切圆 $\odot I$ 和 $\triangle ABC$ 的外接圆 $\odot O$ 的根轴上.

如图 1.

因为 $AC > BC$，所以，点 F_1 在 AB 的延长线上.

设 $F_1F_2 = x,BF_1 = y,BF = z$. 则 $BD = z,AF = y+z$.

由圆幂定理得

$BF_1 \cdot BF_2 = BD^2 \Rightarrow y(y+x) = z^2$

$\Rightarrow (x+y+z)^2 = (x+y)(x+2y+2z)$

$\Rightarrow F_2F^2 = F_2B \cdot F_2A$.

这表明，点 F_2 在 $\odot I$ 与 $\odot O$ 的根轴上.

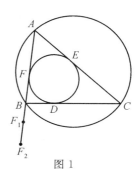

图 1

如图 2.

因为 $BC > AB$，所以，点 E_1 在线段 AC 上.

设 $AE = EE_1 = x',CE_1 = y',AE_2 = z'$.

则 $CD = x' + y'$.

由圆幂定理得

$CE_1 \cdot CE_2 = CD^2$

$\Rightarrow y'(y'+2x'+z') = (x'+y')^2 \Rightarrow x'^2 = y'z'$

$\Rightarrow (x'+z')^2 = z'(z'+2x'+y')$

$\Rightarrow E_2E^2 = E_2A \cdot E_2C$.

这表明，点 E_2 在 $\odot I$ 与 $\odot O$ 的根轴上.

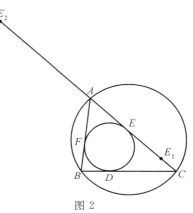

图 2

引理得证.

引理 2　$PQ \perp E_2F_2 \Leftrightarrow EF \perp E_2F_2$.

引理 2 的证明　因为 P,Q 分别为线段 OE,IF 的中点，所以，由引理 1 知

$PQ \perp E_2F_2 \Leftrightarrow EF \perp E_2F_2$.

引理 3　$EF \perp E_2F_2 \Leftrightarrow AB + AC = 2BC$.

引理 3 的证明　如图 3.

因为 $AI \perp EF$，所以，

$EF \perp E_2F_2 \Leftrightarrow AI \parallel E_2F_2$

$\Leftrightarrow AE_2 = AF_2$.

设 $BC = a,CA = b,AB = c$，

$2p = a+b+c$.

由 $BF_1 = FF_1 - BF = AF - BF$

$= p - a - (p-b) = b-a$，

则 $BF_2 = \dfrac{BD^2}{BF_1} = \dfrac{(p-b)^2}{b-a}$.

于是，$AF_2 = BF_2 + AB = \dfrac{(p-b)^2}{b-a} + c$.

又 $CE_1 = CE - EE_1 = CE - AE$

$= p - c - (p-a) = a-c$，

则 $CE_2 = \dfrac{CD^2}{CE_1} = \dfrac{(p-c)^2}{a-c}$.

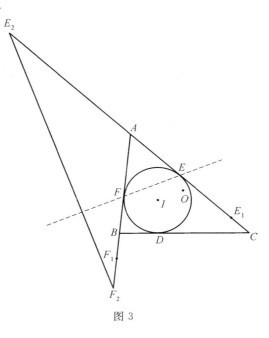

图 3

于是,$AE_2 = CE_2 - AC = \dfrac{(p-c)^2}{a-c} - b$.

故 $AE_2 = AF_2 \Leftrightarrow \dfrac{(p-c)^2}{a-c} - b = \dfrac{(p-b)^2}{b-a} + c$

$\Leftrightarrow (p-a)^2(2a-b-c) = 0 \Leftrightarrow b+c = 2a$.

引理 1、2、3 得证.

由引理 2、3 知 $AB + AC = 2BC \Leftrightarrow PQ \perp E_2F_2$.

设锐角 $\triangle ABC$ 的垂心为 H,且 K,P 分别为 BC,AH 的中点,$\angle A$ 的平分线与 KP 交于点 D.证明:$HD \perp AD$.

(2015,爱沙尼亚国家队选拔考试)

证明 如图,连接 BH 并延长,与 AC 交于点 B';连接 CH 并延长,与 AB 交于点 C'.

因为 $\angle AB'H = \angle AC'H = 90°$,

所以,点 B',C' 在以 AH 为直径的 $\odot P$ 上.

类似地,点 B',C' 在以 BC 为直径的 $\odot K$ 上.

因为两圆的交点为 B',C',

所以,PK 平分 $\odot P$ 上的 $\overparen{B'C'}$.

又在 $\odot P$ 上的 $\overparen{B'C'}$ 被 $\angle A$ 的平分线分成相等的两部分,因此,$\angle A$ 的平分线与 PK 的交点 D 在 $\odot P$ 上,即 $\angle HDA = 90°$.

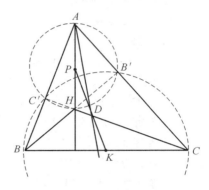

已知四边形 $ABCD$ 内接于 $\odot O$,直线 BC 与 AD 交于点 E,直线 BA 与 CD 交于点 F,点 P 在四边形 $ABCD$ 的内部,满足 $\angle EPD = \angle FPD = \angle BAD$,直线 FO 与 AD,EP,BC 分别交于点 X,Q,Y,且满足 $\angle DQX = \angle CQY$.证明:$\angle AEB = 90°$.

(2015,第 23 届土耳其数学奥林匹克)

证明 设 $\angle DXQ = \alpha$,$\angle CYQ = \beta$,$\angle DQX = \angle CQY = \theta$.如图.

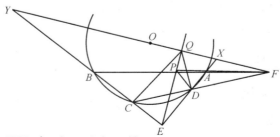

在 $\triangle DXQ$ 和 $\triangle CYQ$ 中,由正弦定理得

$\dfrac{QX}{DX} = \dfrac{\sin(\alpha+\theta)}{\sin\theta} = \sin\alpha \cdot \cot\theta + \cos\alpha$,

$$\frac{QY}{CY} = \frac{\sin(\beta + \theta)}{\sin\theta} = \sin\beta \cdot \cot\theta + \cos\beta.$$

则 $\dfrac{QX}{DX\sin\alpha} - \dfrac{QY}{CY\sin\beta} = \cot\alpha - \cot\beta.$ ①

又 α，β，DX，CY，XY 不依赖于点 Q，由式①及 $QX + QY = XY$，知 QX，QY 是唯一确定的. 从而，点 Q 是唯一的.

设对角线 AC 与 BD 交于点 K，EK 与 FO，AB，CD 分别交于点 L，M，N.

由布洛卡定理，知 $EL \perp FO$.

因为 AC，BD，EM 交于一点，所以，F，A，M，B 为调和点列.

又 EF，EA，EM，EB 为调和线束，则 F，D，N，C 为调和点列.

由 $\angle NLF = 90°$，知 $\angle DLN = \angle CLN$，$\angle DLX = \angle CLY$.

因为点 Q 是唯一的，所以，点 Q 与 L 重合.

由于 F，D，N，C 为调和点列，且 $\angle FPD = \angle DPN$，则 $\angle DPC = 90°$.

因为 $\angle ECD = \angle DAB = \angle EPD$，所以，$E$，$C$，$P$，$D$ 四点共圆.

故 $\angle AEB = \angle DEC = 180° - \angle DPC = 90°.$

已知 $\triangle ABC$ 的内心为 I，外心为 U，点 I 与 U 不重合. 对 $\triangle ABC$ 内任意一点 X，记 $d(X)$ 为点 X 到 $\triangle ABC$ 三边所在直线的距离之和. 证明：若 P，Q 为 $\triangle ABC$ 内的两点，且满足 $d(P) = d(Q)$，则 $PQ \perp UI$.

（2015，德国数学竞赛）

证明　设 U 为平面直角坐标系的原点，定义点 X 和向量 $\overrightarrow{UX} = \boldsymbol{x}$.

设 $\triangle ABC$ 的外接圆半径为单位长. 则所有向量 $\boldsymbol{a}$，$\boldsymbol{b}$，$\boldsymbol{c}$，$\boldsymbol{d}$，$\boldsymbol{e}$，$\boldsymbol{f}$ 的模长均为 1，其中，D，E，F 分别为不含点 A，B，C 的 $\overset{\frown}{BC}$，$\overset{\frown}{CA}$，$\overset{\frown}{AB}$ 的中点.

显然，$\triangle ABC$ 内一点 X 到直线 AB 的距离可由 $(\boldsymbol{a} - \boldsymbol{x}) \cdot \boldsymbol{f}$ 或 $(\boldsymbol{b} - \boldsymbol{x}) \cdot \boldsymbol{f}$ 表示.

对于 $\triangle ABC$ 内任一点，该结果一定为正数. 故

$$d(X) = (\boldsymbol{a} - \boldsymbol{x}) \cdot \boldsymbol{f} + (\boldsymbol{b} - \boldsymbol{x}) \cdot \boldsymbol{d} + (\boldsymbol{c} - \boldsymbol{x}) \cdot \boldsymbol{e}.$$

先证明：$\boldsymbol{i} = \boldsymbol{d} + \boldsymbol{e} + \boldsymbol{f}$.

由圆周角定理，知 $\angle(\boldsymbol{b}, \boldsymbol{d}) = \angle(\boldsymbol{c}, \boldsymbol{d}) = \alpha$，$\angle(\boldsymbol{e}, \boldsymbol{f}) = 180° - \alpha$.

则 $\boldsymbol{b} \cdot \boldsymbol{d} = \boldsymbol{c} \cdot \boldsymbol{d} = -\boldsymbol{e} \cdot \boldsymbol{f} = 1 \times 1 \times \cos\alpha = \cos\alpha.$

类似地，$\boldsymbol{a} \cdot \boldsymbol{e} = \boldsymbol{c} \cdot \boldsymbol{e} = -\boldsymbol{d} \cdot \boldsymbol{f} = \cos\beta$，$\boldsymbol{a} \cdot \boldsymbol{f} = \boldsymbol{b} \cdot \boldsymbol{f} = -\boldsymbol{d} \cdot \boldsymbol{e} = \cos\gamma.$

再计算向量 $\boldsymbol{d} + \boldsymbol{e} + \boldsymbol{f}$ 所对应的点分别到边 AB，BC，CA 的距离.

注意到，

$$[\boldsymbol{a} - (\boldsymbol{d} + \boldsymbol{e} + \boldsymbol{f})] \cdot \boldsymbol{f} = \boldsymbol{a} \cdot \boldsymbol{f} - \boldsymbol{d} \cdot \boldsymbol{f} - \boldsymbol{e} \cdot \boldsymbol{f} - \boldsymbol{f} \cdot \boldsymbol{f} = \cos\gamma + \cos\beta + \cos\alpha - 1,$$

$$[\boldsymbol{b} - (\boldsymbol{d} + \boldsymbol{e} + \boldsymbol{f})] \cdot \boldsymbol{d} = \cos\alpha - 1 + \cos\gamma + \cos\beta,$$

$$[\boldsymbol{c} - (\boldsymbol{d} + \boldsymbol{e} + \boldsymbol{f})] \cdot \boldsymbol{e} = \cos\beta + \cos\gamma - 1 + \cos\alpha.$$

显然，结果相等.

故向量 $\boldsymbol{d} + \boldsymbol{e} + \boldsymbol{f}$ 所对应的点为内心 I.

平面几何部分

若 $d(P) = d(Q)$，则

$$0 = d(P) - d(Q)$$
$$= (a-p) \cdot f + (b-p) \cdot d + (c-p) \cdot e - [(a-q) \cdot f + (b-q) \cdot d + (c-q) \cdot e]$$
$$= [(a-p)-(a-q)] \cdot f + [(b-p)-(b-q)] \cdot d + [(c-p)-(c-q)] \cdot e$$
$$= (q-p) \cdot (d+e+f) = (q-p) \cdot i.$$

因为 $i \neq 0$，且 $q - p \neq 0$，所以，$PQ \perp UI$.

已知圆 Γ_1，Γ_2 交于点 A, B，直线 l 与圆 Γ_1 交于点 C, E，与圆 Γ_2 交于点 D, F，点 D 在 C, E 之间，点 E 在 D, F 之间，直线 CA 与 BF 交于点 G，DA 与 BE 交于点 H. 证明：$CF \parallel HG$.

（2015，克罗地亚数学竞赛）

证明 如图 1.

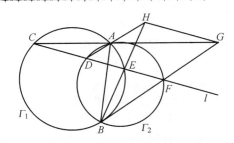

由 A, C, B, E 四点共圆，得 $\angle ECA = \angle EBA$.

在 $\triangle DEH$ 中，

$\angle AHB = \angle DHE = \angle CEB - \angle FDA$.

又 A, C, B, E 四点共圆，则 $\angle CEB = \angle CAB$.

由 A, D, B, F 四点共圆，得

$\angle FDA = \angle FBA = \angle GBA$.

故 $\angle AHB = \angle CAB - \angle GBA = \angle AGB$.

从而，A, B, G, H 四点共圆.

由 $\angle HGA = \angle HBA = \angle EBA = \angle ECA$，得 $CF \parallel HG$.

在 $\triangle ABC$ 中，M, N, K 分别为边 BC, CA, AB 的中点，Γ_B，Γ_C 分别是边 AC, AB 为直径的在三角形外部的半圆，MK 与半圆 Γ_C 交于点 X，MN 与半圆 Γ_B 交于点 Y. 过点 X 的半圆 Γ_C 的切线与过点 Y 的半圆 Γ_B 的切线交于点 Z. 证明：$AZ \perp BC$.

（2015，第二届伊朗几何奥林匹克）

证明 如图，过点 A 作 $AH \perp BC$，垂足为 H. 则 H 也为两圆交点.

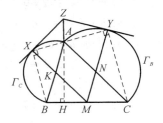

由 $KM \parallel AC$，$MN \parallel AB$

$\Rightarrow \angle AKX = \angle ANY = \angle BAC$

$\Rightarrow \angle ABX = \angle ACY = \dfrac{1}{2}\angle BAC$

$\Rightarrow \angle XAB = \angle YAC = 90° - \dfrac{1}{2}\angle BAC$

$\Rightarrow X, A, Y$ 三点共线.

由弦切角定理有

$$\angle ZXY = \angle ZYX = \frac{1}{2}\angle BAC \Rightarrow ZX = ZY.$$

于是,点 Z 在圆 Γ_B,Γ_C 的根轴上.

从而,Z,A,H 三点共线.

故 $AZ \perp BC$.

　　如图 1,锐角 $\triangle ABC$ 的外接圆为 $\odot O$,其垂心和内心分别为点 H 和 I,AH 的中点为 M,且满足 $AO \parallel MI$.设 AH 的延长线与 $\odot O$ 交于点 D,直线 AO,OD 与 BC 分别交于点 P,Q.证明:

(1) $\triangle OPQ$ 为等腰三角形;

(2) 若 $IQ \perp BC$,则 $\cos B + \cos C = 1$.

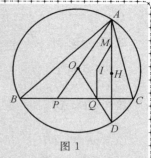

图 1

(第六届陈省身杯全国高中数学奥林匹克)

证明 (1) 显然,$\angle OAD = \angle ODA$.

因为 $AD \perp BC$,所以,$\angle OAD + \angle APC = 90°$,$\angle ODA + \angle DQC = 90°$.

又 $\angle DQC = \angle PQO$,则 $\angle ODA + \angle PQO = 90°$.

于是,$\angle PQO = \angle APC = \angle OPQ$,即 $OP = OQ$,$\triangle OPQ$ 为等腰三角形.

(2) 如图 2,由 $IQ \perp BC$,知 Q 为 $\triangle ABC$ 的内切圆 $\odot I$ 与 BC 的切点.

则 $BQ = \dfrac{BA + BC - AC}{2}$,$N$ 为 PQ 的中点.

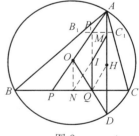

图 2

故 $BP = 2BN - BQ = \dfrac{BA + BC + AC}{2} - BA$.

于是,P 为 $\triangle ABC$ 中 $\angle A$ 内的旁切圆 $\odot I_a$ 与 BC 的切点.

设 $P_1 Q$ 为 $\odot I$ 的直径,过点 P_1 作 BC 的平行线,与 AB,AC 分别交于点 B_1,C_1.则 A 的 $\triangle AB_1C_1$ 与 $\triangle ABC$ 的位似中心.

因为 P_1,P 为对应点(P_1 为 $\triangle AB_1C_1$ 中 $\angle A$ 内的旁切圆 $\odot I$ 与 B_1C_1 的切点,P 为 $\triangle ABC$ 中 $\angle A$ 内的旁切圆 $\odot I_a$ 与 BC 的切点),所以,A,P_1,P 三点共线.

又 ON 为 $\text{Rt}\triangle PP_1Q$ 的中位线.则 $ON = \dfrac{1}{2}P_1Q = IQ$.

设 $\odot O,\odot I$ 的半径分别为 R,r.则在 $\triangle CON$ 中,有 $R\cos A = r \Rightarrow \dfrac{r}{R} = \cos A$.

由 $\cos A + \cos B + \cos C = 1 + \dfrac{r}{R} \Rightarrow \cos A + \cos B + \cos C = 1 + \cos A \Rightarrow \cos B + \cos C = 1$.

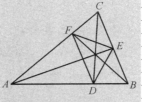

如图,点 D,E,F 分别在锐角 $\triangle ABC$ 的边 AB,BC,CA 上. 若 $\angle EDC = \angle CDF$, $\angle FEA = \angle AED$, $\angle DFB = \angle BFE$, 证明: CD,AE,BF 为 $\triangle ABC$ 的三条高.

(第 11 届中国北方数学奥林匹克)

证明 注意到, $\dfrac{BE}{EC} = \dfrac{S_{\triangle BDE}}{S_{\triangle CDE}} = \dfrac{BD \sin \angle BDE}{CD \sin \angle CDE}$, $\dfrac{AF}{FC} = \dfrac{S_{\triangle ADF}}{S_{\triangle CDF}} = \dfrac{AD \sin \angle ADF}{CD \sin \angle CDF}$.

故 $\dfrac{BE}{EC} \cdot \dfrac{FC}{AF} = \dfrac{BD}{AD} \cdot \dfrac{\sin \angle BDE}{\sin \angle ADF}$. ①

因为 CD,AE,BF 是 $\triangle DEF$ 的三条内角平分线于一点,所以,由塞瓦定理得

$\dfrac{BE}{EC} \cdot \dfrac{CF}{FA} \cdot \dfrac{AD}{DB} = 1$. ②

由式①、②,得 $\sin \angle BDE = \sin \angle ADF$.

又 $0 < \angle BDE, \angle ADF < \pi$, $\angle BDE + \angle ADF < \pi$, 则 $\angle BDE = \angle ADF$.

故 $\angle BDE + \angle CDE = \angle ADF + \angle CDF = 90° \Rightarrow CD \perp AB$.

类似地, $AE \perp BC$, $BF \perp CA$.

在圆内接四边形 $ABCD$ 中, $\dfrac{AB}{AD} = \dfrac{CD}{CB}$, 直线 AD 与 BC 交于点 X, AB 与 DC 交于点 Y, 分别记边 AB,BC,CD,DA 的中点为 E,F,G,H, $\angle AXB$ 的平分线与线段 EG 交于点 S, $\angle AYD$ 的平分线与线段 FH 交于点 T. 证明: $ST \parallel BD$.

(2016,第 26 届日本数学奥林匹克)

证明 如图.

由 A,B,C,D 四点共圆,得 $\angle XAB = \angle XCD$.

因为 $\triangle XAB \backsim \triangle XCD$, E,G 为对应边 AB,CD 的中点,所以, $\dfrac{XE}{XG} = \dfrac{AB}{CD}$.

注意到, 在这两个相似三角形中, $\angle AXB, \angle CXD$ 的平分线是对应的,且是过点 S 的同一条射线.

从而, $\angle EXS = \angle GXS$.

故 $\dfrac{ES}{GS} = \dfrac{XE}{XG} = \dfrac{AB}{CD}$.

类似地, $\dfrac{HT}{FT} = \dfrac{AD}{CB}$.

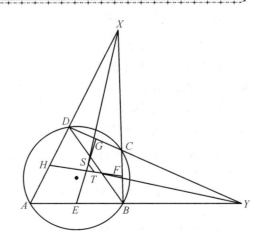

由 $\dfrac{AB}{CD} = \dfrac{AD}{BC} \Rightarrow \dfrac{ES}{GS} = \dfrac{HT}{FT}$.　　　　　　　①

由 $AE = EB, AH = HD \Rightarrow EH \parallel BD$.

类似地，$FG \parallel BD \Rightarrow EH \parallel FG \parallel BD$.

结合式 ①，得 $ST \parallel EH \parallel FG \parallel BD$.

在 $\triangle ABC$ 中，BL 为 $\angle B$ 的平分线，点 M 在线段 CL 上．记 $\triangle ABC$ 的外接圆为圆 Γ，$\triangle BLM$ 的外接圆为圆 Γ'．经过点 B 的圆 Γ 的切线与射线 CA 交于点 P，经过点 B 与经过点 M 的圆 Γ' 的两条切线交于点 Q．证明：$PQ \parallel BL$.

（2016，第 42 届俄罗斯数学奥林匹克）

证明　如图.

由 BL 为 $\angle ABC$ 的平分线，知 $\angle ABL = \angle LBC$.

由于 PB 为圆 Γ 的切线，于是，$\angle PBA = \angle BCA$.

则 $\angle PBL = \angle PBA + \angle ABL$

$= \angle BCA + \angle LBC = \angle BLP$

$\Rightarrow PB = PL \Rightarrow \angle BLP$ 为锐角.

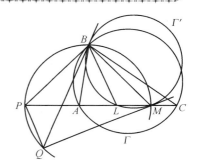

又 $\angle BLM = 180° - \angle BLP$ 为钝角，则圆 Γ' 在点 B，M 处的切线的交点为 Q，与点 L 在直线 BM 的同一侧（即与点 P 同在一侧）.

故 $\angle QBM = \angle QMB = 180° - \angle BLM = \angle BLP$

$\Rightarrow \angle BQM = 180° - 2\angle QBM = 180° - 2\angle BLP = \angle BPM$

$\Rightarrow B, M, Q, P$ 四点共圆 $\Rightarrow \angle QPM = \angle QBM = \angle BLP \Rightarrow PQ \parallel BL$.

在锐角 $\triangle ABC$ 中，点 B, C 在边 AC, AB 上的投影分别为 D, E，点 E 关于边 AC，BC 的对称点分别为 S, T，直线 AC 与 $\triangle CST$ 的外接圆 $\odot O$ 交于点 X（X 与点 C 不重合）．证明：$XO \perp DE$.

（2016，第 29 届韩国数学奥林匹克）

证明　先证明一个引理.

引理　已知 $\triangle ABC$ 的外心为 O，且 D, E 分别为边 AC, AB 上的点．若 B, C, D, E 四点共圆，则 $AO \perp DE$.

证明　由 $\angle EAO = \angle BAO = 90° - \dfrac{1}{2}\angle AOB = 90° - \angle ACB = 90° - \angle AED$

$\Rightarrow \angle EAO + \angle AED = 90° \Rightarrow AO \perp DE$.

引理得证.

如图,设 ET 与 BC 交于点 M,ES 与 AC 交于点 N.

则 C,M,E,N 四点共圆,$MN \parallel TS$.

由 $\angle ETS = \angle EMN = \angle ECN$

$= \angle XCS = \angle XTS \Rightarrow T,E,X$ 三点共线.

由 $EN \parallel BD$ 及 B,C,D,E 四点共圆

$\Rightarrow \angle ESD = \angle NED = \angle EDB = \angle ECB = \angle ENM = \angle EST$

$\Rightarrow S,D,T$ 三点共线.

因为 $\angle ETD = \angle XCS = \angle ECD$,所以,$T,C,D,E$ 四点共圆.

由引理,知 $XO \perp DE$.

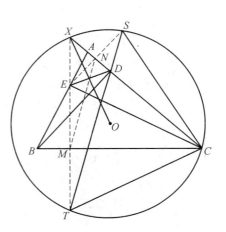

在 $\triangle ABC$ 中,$AH_a \perp BC$ 于点 H_a,$\angle BAC$ 的平分线与 BC 交于点 D.过点 A 作 $\triangle ABC$ 外接圆 $\odot O$ 的切线,与 CB 的延长线交于点 T;过点 D 作 AT 的垂线,与 AH_a 交于点 I.若 P 为线段 AB 的中点,TI 与 AB 交于点 M,PT 与 AD 交于点 F,证明:$MF \perp AO$.

（2016,第 19 届地中海数学奥林匹克）

证明 如图,取 AC 的中点 Q,设 AD 与 PQ 交于点 N.则 N 为 AD 的中点.

设 E 为 DI 与 AT 的交点,由于 DE 为 AT 的垂线,且 $OA \perp AT$,于是,$DE \parallel OA$.

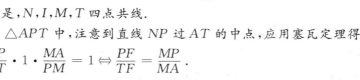

故 $\angle DAH_a = \angle OAN = \angle ADE$

$\Rightarrow \mathrm{Rt}\triangle ADE \cong \mathrm{Rt}\triangle DAH_a$

$\Rightarrow \angle DAT = \angle H_aDA \Rightarrow TA = TD$.

因为 I 是 $\triangle ADT$ 的垂心,所以,$TI \perp AD$,且 TI 与 AD 的交点为 AD 的中点 N.于是,N,I,M,T 四点共线.

在 $\triangle APT$ 中,注意到直线 NP 过 AT 的中点,应用塞瓦定理得

$$\frac{FP}{FT} \cdot 1 \cdot \frac{MA}{PM} = 1 \Leftrightarrow \frac{PF}{TF} = \frac{MP}{MA}.$$

故 $MF \parallel AT \Rightarrow MF \perp AO$.

在 $\triangle ABC$ 中,过点 A 作 $\angle B$ 的平分线的垂线,垂足为 D,过点 A 作 $\angle C$ 的平分线的垂线,垂足为 E.证明:$DE \parallel BC$.

（2016,第 32 届意大利数学奥林匹克）

证明 如图,设 AE,AD 的延长线分别与 BC 交于点 F,G.

由 $CE \perp AF$,CE 平分 $\angle ACB$,知 $AE = EF$.

类似地,$AD = DG$.

于是,$ED \parallel FG$,即 $ED \parallel BC$.

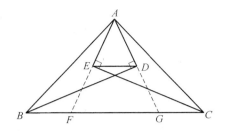

> 设 $\odot D$ 为 $\triangle ABC$ 中 $\angle A$ 所对的旁切圆,$\odot D$ 与线段 AB,AC 的延长线分别切于点 E,F,线段 BD 与 EF 交于点 J.证明:$\angle CJB = 90°$.
>
> (2016,第 32 届意大利数学奥林匹克)

证明 如图,由已知得 BD,CD 分别为 $\angle EBC$,$\angle BCF$ 的平分线.

设 $\angle ABC = \beta$,$\angle ACB = \gamma$.则

$$\angle BCD = \frac{180° - \gamma}{2},\quad \angle CBD = \frac{180° - \beta}{2}$$

$$\Rightarrow \angle BDC = \frac{\beta + \gamma}{2}.$$

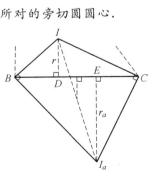

由切线长定理,知 $\triangle AEF$ 是以 EF 为底的等腰三角形.

故 $\angle AEF = \angle AFE = \dfrac{180° - \angle A}{2} = \dfrac{\beta + \gamma}{2} = \angle BDC$.

于是,D,J,C,F 四点共圆.

又 AF 与 $\odot D$ 切于点 F,则 $\angle DFA = 90°$.

故 $\angle DJC = 90°$,即 $\angle CJB = 90°$.

> 令 r,r_a 分别表示 $\triangle ABC$ 内切圆半径和顶点 A 所对的旁切圆半径.证明:若 $r + r_a = BC$,则 $\triangle ABC$ 为直角三角形.
>
> (2016,第 65 届捷克和斯伐克数学奥林匹克)

证明 如图,设 I,I_a 分别表示 $\triangle ABC$ 内切圆圆心和顶点 A 所对的旁切圆圆心.

易知,I,B,I_a,C 四点均在以 II_a 为直径的圆上.

作 $ID \perp BC$ 于点 D,$I_a E \perp BC$ 于点 E.

则 D,E 关于线段 BC 的垂直平分线对称.

由 $\triangle BID \backsim \triangle I_a BE \Rightarrow \dfrac{BD}{ID} = \dfrac{I_a E}{BE}$

$\Rightarrow BD \cdot BE = ID \cdot I_a E$.

又 $BD + BE = BD + CD = BC = r + r_a = ID + I_a E$

$\Rightarrow BD = ID$ 或 $ID = BE = CD$.

若 $BD = ID$,则 $\angle ABC = 90°$;若 $ID = CD$,则 $\angle ACB = 90°$.

综上,$\triangle ABC$ 必为直角三角形.

> 已知 $\triangle ABC$ 为锐角三角形,O 为外心,I_B,I_C 分别为与边 AC,AB 相切的旁切圆的圆心.点 E,Y 在边 AC 上,且 $\angle ABY = \angle CBY$,$BE \perp AC$.点 F,Z 在边 AB 上,且 $\angle ACZ = \angle BCZ$,$CF \perp AB$.直线 $I_B F$ 与 $I_C E$ 交于点 P.证明:$PO \perp YZ$.
>
> (2016,第 45 届美国数学奥林匹克)

证明 记 I_A 为与边 BC 相切的旁切圆的圆心,I 为内心,D 为点 A 在 BC 上的射影.设旁切圆 $\odot I_A$ 分别与 BC,AB,CA 切于点 A_1,B_1,C_1,点 I_A 关于这三个点的对称点分别为 A_2,B_2,C_2.记 $\triangle II_B I_C$ 的外心为 S,如图 1.

注意到,D,I,A_2 三点共圆,E,I_C,C_2 三点共圆,F,I_B,B_2 三点共线,且
$$B_2 C_2 \parallel B_1 C_1 \parallel I_B I_C, C_2 A_2 \parallel C_1 A_1 \parallel I_C I_A, A_2 B_2 \parallel A_1 B_1 \parallel I_A I_B.$$

于是,$\triangle II_B I_C$ 和 $\triangle A_2 B_2 C_2$ 位似,P 为位似中心(特别地,D,I,P,A_2 四点共线).

此外,点 P 在 $\triangle II_B I_C$ 的欧拉线 $I_A S$ 上,且 $I_A S$ 经过 $\triangle II_B I_C$ 的九点圆圆心 O.

从而,P,O,I_A 三点共线.

又 Y 为 $\triangle ABC$ 的外接圆 Γ_1,$\triangle II_B I_C$ 的外接圆 Γ_2 及以 II_B 为直径的圆的根心,类似地,Z 为圆 Γ_1,Γ_2 及以 II_C 为直径的圆的根心,故 YZ 为圆 Γ_1,Γ_2 的根轴.

从而,$OS \perp YZ$,即 $PO \perp YZ$.

> 已知圆内接四边形 $ABCD$ 的对角线 AC 与 BD 交于点 P,DA 的延长线与 CB 的延长线交于点 Q,边 AB 的中点为 E.若 $PQ \perp AC$,证明:$PE \perp BC$.
>
> (2016,英国数学奥林匹克)

证明 如图,设 A 关于点 P 的对称点为 A'.
则 $\angle QA'P = \angle PAQ = 180° - \angle DAC$
$= 180° - \angle DBC = \angle QBP$.
于是,Q,B,A',P 四点共圆.
又 $\angle A'PQ = 90°$,故 $\angle A'BQ = 90°$.
由 $AA' = 2AP$,$AB = 2AE \Rightarrow A'B \parallel PE$.
又 $A'B \perp BC$,所以,$PE \perp BC$.

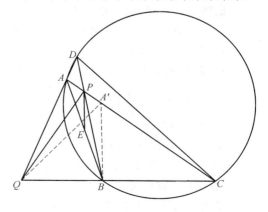

在 $\triangle ABC$ 中,$BC = a$,$AC = b(a > b)$,点 H,K 在边 BC 上,$CH = \dfrac{a+b}{3}$,$CK = \dfrac{a-b}{3}$,G 为 $\triangle ABC$ 的重心.证明:$\angle KGH = 90°$.

(2016,爱尔兰数学奥林匹克)

证明 如图,记 HK 的中点为 M.

则 $HK = \dfrac{a+b}{3} - \dfrac{a-b}{3} = \dfrac{2}{3}b$,$HM = KM = \dfrac{b}{3}$.

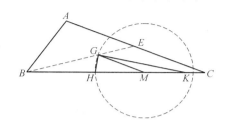

下面只需证 $MG = \dfrac{b}{3}$,即点 G 在 $\odot M$ 上.

显然,$CM = CK + MK = \dfrac{a-b}{3} + \dfrac{b}{3} = \dfrac{a}{3}$.

连接 BG,与 AC 交于点 E.

则 $\dfrac{BM}{BC} = \dfrac{BG}{BE} = \dfrac{2}{3} \Rightarrow MG = \dfrac{2}{3}EC = \dfrac{b}{3}$.

结论得证.

设 $\triangle ABC(AB > AC)$ 的内切圆 $\odot I$ 与 BC 切于点 D,M 为边 BC 的中点.证明:过点 M 作 AI 的垂线与过点 D 作 MI 的垂线的交点 S 在 $\triangle ABC$ 中过点 A 的高线或其延长线上.

(2016,塞尔维亚数学奥林匹克)

证明 过点 A 作 BC 的垂线,与 BC,MI 分别交于点 H,J,$\angle A$ 的平分线与 BC 及 $\triangle ABC$ 的外接圆分别交于点 F,G.

从而,$\dfrac{AJ}{MG} = \dfrac{IJ}{MI} = \dfrac{DH}{MD}$,$\dfrac{MG}{DI} = \dfrac{MF}{FD}$.

故 $\dfrac{AJ}{DI} = \dfrac{DH}{DF} \cdot \dfrac{MF}{MD} = \dfrac{AB+AC}{BC} \cdot \dfrac{\dfrac{AB \cdot BC}{AB+AC} - \dfrac{BC}{2}}{\dfrac{AB+BC-AC}{2} - \dfrac{BC}{2}} = 1$

$\Rightarrow AJ = ID \Rightarrow$ 四边形 $AJDI$ 为平行四边形 $\Rightarrow MS \perp DJ$

$\Rightarrow D$ 为 $\triangle MSJ$ 的垂心 $\Rightarrow JS \perp MD \Rightarrow$ 即 $AS \perp BC$.

已知圆 Γ_1 与 Γ_2 交于点 M,N,直线 l 与圆 Γ_1 交于点 A,C,与圆 Γ_2 交于点 B,D,使得点 A,B,C,D 在直线 l 上依次排列.点 X 在直线 MN 上,且 M 在点 X 与 N 之间.若直线 AX 与 BM 交于点 P,直线 DX 与 CM 交于点 Q,证明:$PQ \parallel l$.

(2016,爱沙尼亚国家队选拔考试)

证明 如图,记 Y 为直线 AX 与圆 Γ_1 的第二个交点,Z 为直线 DX 与圆 Γ_2 的第二个交点.

由点 X 在圆 Γ_1,Γ_2 的根轴上 $\Rightarrow XY \cdot XA = XZ \cdot XD$

$\Rightarrow A,Y,Z,D$ 四点共圆

$\Rightarrow \angle XZY = \angle XAD,\angle XYZ = \angle XDA.$

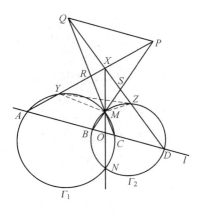

记 R 为直线 CM 与 AX 的交点,S 为直线 BM 与 DX 的交点.

注意到,点 R,X 在点 A,Y 的同侧,点 S,X 在点 D,Z 的同侧,点 S,P 在点 B,M 的同侧,A,Y,M,C 四点共圆于 Γ_1.

则 $\angle QMY = \angle RMY = \angle RAC$

$= \angle XAD = \angle XZY = \angle QZY.$

而点 Q,Y 在直线 MN 的同侧但点 Z 在另一侧,则点 M,Z 在直线 QY 的同侧.

故 $\angle QMY = \angle QZY \Rightarrow Q,Y,M,Z$ 四点共圆.

类似地,

$\angle PMZ = \angle SMZ = \angle SDB = \angle XDA = \angle XYZ = \angle PYZ$

$\Rightarrow P,Z,M,Y$ 四点共圆.

最后,因为点 Q,Y 在直线 MN 的同侧而点 P,Z 在另一侧,所以,P,Q,Y,Z 四点共圆.

故 $\angle QPA = \angle QPY = \angle QZY = \angle XZY = \angle XAD = \angle PAD.$

又点 Q,D 在直线 AP 的异侧,则 $PQ \parallel l$.

在一个圆上依次标出点 A,B,C,D,线段 AC 与 BD 交于点 P,过点 C 且垂直于 AC 的直线与过点 D 且垂直于 BD 的直线交于点 Q.证明:$AB \perp PQ$.

(2016,德国数学竞赛)

证明 由题意,知点 P 一定在圆的内部.

当 $\angle BAC < 90°,\angle DBA < 90°$ 时,如图.

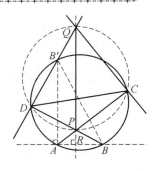

因为 $\angle PDQ = \angle QCP = 90°$,

所以,D,P,C,Q 四点共圆,且此圆以 PQ 为直径.

设 R 为直线 PQ 与 AB 的交点.则

$\angle RPB = \angle QPD$,

$\angle DQP = \angle DCP = \angle DCA = \angle DBA = \angle PBR.$

故 $\triangle DPQ \backsim \triangle RPB$,

$\angle BRP = \angle QDP = 90°.$

若 $\angle BAC = 90°$,则点 Q 与 C 重合,PQ 所在的直线与 CA 重合.

而 $CA \perp AB$,从而,$PQ \perp AB$.

类似地,当 $\angle DBA = 90°$ 或 $\angle BAC > 90°$ 或 $\angle DBA > 90°$ 时,结论仍然成立.

圆内接四边形 $ABCD$ 的对角线 AC 与 BD 交于点 P. 线段 BC 上的点 Q 满足 $PQ \perp AC$. 证明:$\triangle APD$ 与 $\triangle BQD$ 的外心连线平行于 AD.

(2016,第 42 届俄罗斯数学奥林匹克)

证明 在直线 QP 上取点 T 满足 $DT \perp DA$.

由于 $\angle APT = 90° = \angle ADT$,于是,$A,P,D,T$ 四点共圆.

从而,$\triangle APD$ 的外心位于 DT 的垂直平分线 l 上.

由 A,B,C,D 四点共圆,$\angle QBD = \angle PAD = \angle PTD$,知 B,Q,D,T 四点共圆.

从而,$\triangle BQD$ 的外心也位于 DT 的垂直平分线 l 上.

又 l,AD 均与 DT 垂直,因此,$l \parallel AD$.

在 Rt$\triangle ABC$ 中,$\angle BAC = 90°$,$\triangle ABC$ 的外接圆 Γ 在点 A 处的切线与 BC 交于点 P,M 为劣弧 $\overset{\frown}{AB}$ 的中点,线段 PM 与圆 Γ 的另一个交点为 Q,圆 Γ 在点 Q 处的切线与 AC 交于点 K. 证明:$\angle PKC = 90°$.

(2016,第三届伊朗几何奥林匹克)

证明 首先假设 $AB < AC$. 如图.

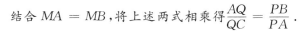

由 $\triangle PMA \backsim \triangle PAQ \Rightarrow \dfrac{AQ}{MA} = \dfrac{PQ}{PQ}$.

由 $\triangle PMB \backsim \triangle PCQ \Rightarrow \dfrac{MB}{QC} = \dfrac{PB}{PQ}$.

结合 $MA = MB$,将上述两式相乘得 $\dfrac{AQ}{QC} = \dfrac{PB}{PA}$.

由 $\triangle PBA \backsim \triangle PAC \Rightarrow \dfrac{AC}{BA} = \dfrac{PA}{PB} \Rightarrow \dfrac{AQ}{QC} = \dfrac{BA}{AC}$, ①

由 $\triangle KAQ \backsim \triangle KQC \Rightarrow \dfrac{KA}{KQ} = \dfrac{KQ}{KC} = \dfrac{AQ}{QC} \Rightarrow \dfrac{KA}{KC} = \left(\dfrac{AQ}{QC}\right)^2$. ②

由 $\triangle PBA \backsim \triangle PAC \Rightarrow \dfrac{PB}{PA} = \dfrac{PA}{PC} = \dfrac{BA}{AC} \Rightarrow \dfrac{PB}{PC} = \left(\dfrac{BA}{AC}\right)^2$. ③

结合式①、②、③ 得 $\dfrac{KA}{KC} = \dfrac{PB}{PC}$.

于是,$PK \parallel AB$. 从而,$\angle PKC = 90°$.

当 $AB > AC$ 时,证明方法相同.

在六边形 $ABCDEF$ 中，$\angle ACE = \angle BDF$，$\angle BCA = \angle EDF$. 设 AC 与 FB 交于点 A_1，BD 与 AC 交于点 B_1，CE 与 BD 交于点 C_1，DF 与 CE 交于点 D_1，EA 与 DF 交于点 E_1，FB 与 EA 交于点 F_1. 假设点 B_1，C_1，D_1，F_1 在同一个圆 Γ 上，$\triangle BB_1F_1$ 的外接圆与 $\triangle ED_1F_1$ 的外接圆的第二个交点为 P，直线 F_1P 与圆 Γ 的第二个交点为 Q. 证明：$B_1D_1 \ /\!/ \ QC_1$.

（2016，中国香港代表队选拔考试）

证明 如图.

由 $\angle B_1CD_1 = \angle B_1DD_1$，则 B_1，C，D，D_1 四点共圆.

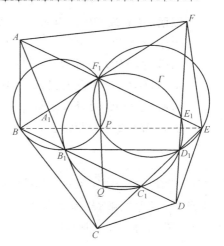

于是，$\dfrac{B_1C_1}{D_1C_1} = \dfrac{CC_1}{DC_1}$.

由 $\angle BCE = \angle BCA + \angle ACE$

$= \angle FDE + \angle BDF = \angle BDE$

$\Rightarrow B$，C，D，E 四点共圆

$\Rightarrow \dfrac{BC_1}{EC_1} = \dfrac{CC_1}{DC_1}$.

从而，$\dfrac{B_1C_1}{D_1C_1} = \dfrac{BC_1}{EC_1} \Rightarrow B_1D_1 \ /\!/ \ BE$.

又 $\angle F_1PE = \angle F_1D_1E = \angle F_1QC_1 \Rightarrow PE \ /\!/ \ QC_1$.

类似地，$PB \ /\!/ \ QC_1$.

从而，点 P 在线段 BE 上.

又 $BE \ /\!/ \ QC_1$，因此，$B_1D_1 \ /\!/ \ QC_1$.

如图 1，直线 AB 上依次有四点 B，E，A，F，直线 CD 上依次有四点 C，G，D，H，且满足 $\dfrac{AE}{EB} = \dfrac{AF}{FB} = \dfrac{DG}{GC} = \dfrac{DH}{HC} = \dfrac{AD}{BC}$.

证明：$FH \perp EG$.

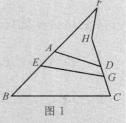

图 1

（第 12 届中国北方数学奥林匹克）

证明 如图 2，连接 CF，过点 G 作 $GJ \ /\!/ \ FH$，与 CF 交于点 J；过点 D 作 $DI \ /\!/ \ FH$，与 CF 交于点 I. 连接 EJ，AI，过点 A 作 $AK \perp DI$ 于点 K.

由 $DI \ /\!/ \ FH \Rightarrow \dfrac{FI}{FC} = \dfrac{HD}{HC} = \dfrac{FA}{FB} \Rightarrow AI \ /\!/ \ BC$.

类似地，$EJ \ /\!/ \ BC$.

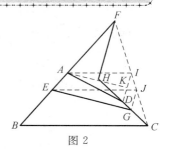

图 2

从而，$\angle AIK = \angle EJG$.

由 $\dfrac{AI}{BC} = \dfrac{AF}{BF} = \dfrac{AD}{BC}$，得 $AI = AD$，$DI = 2KI$.

因为 $\dfrac{HD}{HC} = \dfrac{DG}{CG}$，所以，$HC \cdot DG = HD \cdot CG$.

又 $HG \cdot CD = (HD + DG)(CG + DG) = HD \cdot CG + (HD + DG + CG)DG$
$= 2HD \cdot CG$，

则 $\dfrac{KI}{GJ} = \dfrac{DI}{2GJ} = \dfrac{CD}{2CG} = \dfrac{DH}{GH} = \dfrac{FI}{FJ} = \dfrac{AI}{EJ}$.

结合 $\angle AIK = \angle EJG$，知

$\triangle AIK \backsim \triangle EJG \Rightarrow \angle JGE = \angle IKA = 90° \Rightarrow JG \perp EG \Rightarrow FH \perp EG$.

在圆内接四边形 $ABCD$ 中，AC 为其外接圆 Γ 的直径，AD 与 BC 交于点 M，圆 Γ 在点 B，D 处的切线交于点 N. 证明：$AC \perp MN$.

（2016—2017，匈牙利数学奥林匹克）

证明 如图，设 AB 与 CD 交于点 P.

对圆内接退化六边形 $ABBCDD$ 应用帕斯卡定理，知 P，N，M 三点共线.

于是，在 $\triangle PMC$ 中，$MD \perp PC$，$PB \perp MC$，即 A 为 $\triangle PMC$ 的垂心.

因此，$AC \perp MN$.

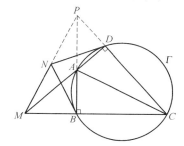

在凸四边形 $ABCD$ 中，$\angle ABC = \angle ADC < 90°$，$\angle ABC$，$\angle ADC$ 的平分线与 AC 分别交于点 E，F，且这两条角平分线交于点 P. 设 AC 的中点为 M，$\triangle BPD$ 的外接圆为 Γ，线段 BM，DM 与圆 Γ 的第二个交点分别为 X，Y，直线 XE 与 YF 交于点 Q. 证明：$PQ \perp AC$.

（第 57 届 IMO 的预选题）

证明 如图，设 $\triangle ABC$ 的外接圆为 Γ_1.

设 Y' 为射线 MD 上的点，使得 $MY' \cdot MD = MA^2$.

则 $\triangle MAY' \backsim \triangle MDA$.

又 $MC^2 = MA^2 = MY' \cdot MD$，则 $\triangle MCY' \backsim \triangle MDC$.

故 $\angle AY'C = \angle AY'M + \angle MY'C$
$= \angle MAD + \angle DCM$

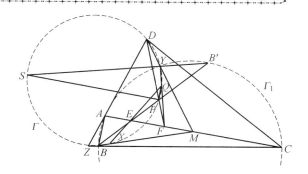

$= 180° - \angle CDA = 180° - \angle ABC.$

从而,点 Y' 在圆 Γ_1 上.

设直线 CB 与 DA 交于点 Z.

由 $\angle PDZ = \angle PBC = 180° - \angle PBZ \Rightarrow$ 点 Z 在圆 Γ 上.

由 $\angle Y'BC = \angle Y'AC = \angle Y'AM = \angle Y'DZ \Rightarrow$ 点 Y' 也在圆 Γ 上.

由于 $\angle ADC$ 为锐角,于是,$MA \neq MD, MY' \neq MD.$

从而,Y' 为 DM 与圆 Γ 的第二个交点.

因此,点 Y' 与 Y 重合.这表明,点 Y 也在圆 Γ_1 上.

由角平分线定理和三角形的相似得

$$\frac{FA}{FC} = \frac{AD}{CD} = \frac{AD}{AM} \cdot \frac{CM}{CD} = \frac{YA}{YM} \cdot \frac{YM}{YC} = \frac{YA}{YC} \Rightarrow FY \text{ 平分 } \angle AYC.$$

设 $\angle CBA$ 的平分线与圆 Γ_1 的第二个交点为 B'. 则 B' 为圆 Γ_1 的不含点 B 的 $\overparen{AC}$ 的中点. 于是,YB' 为 $\angle AYC$ 的外角平分线.

从而,$B'Y \perp FY.$

设过点 P 且平行于 AC 的直线 l 与 $B'Y$ 交于点 S. 则

$\angle PSY = \angle CYB' - \angle ACY = \angle CAB' - \angle ACY = \angle B'CA - \angle ACY$

$= \angle B'CY = \angle B'BY = \angle PBY.$

于是,点 S 在圆 Γ 上.

类似地,过点 X 且垂直于 XE 的直线也过 l 与圆 Γ 的第二个交点 S.

由 $QY \perp YS, QX \perp XS \Rightarrow$ 点 Q 在圆 Γ 上,且 QS 为直径 $\Rightarrow PQ \perp PS.$

又 $PS \parallel AC$,故 $PQ \perp AC.$

已知 $\odot O$ 为 $\triangle ABC$ 的外接圆,AD,BE 为 $\triangle ABC$ 的两条高线,直线 DE 与 $\odot O$ 交于 P,Q 两点,使得 P,E,D,Q 顺次排列. 若 $\angle APQ,\angle PQB$ 的平分线分别与 $\odot O$ 交于 K,L 两点,证明:直线 KL 与 $\angle ACB$ 的平分线垂直.

(2017,第 53 届蒙古数学奥林匹克)

证明 如图.设 $\angle ACB$ 的平分线与 $\odot O$ 交于另一点 M. 于是,L,M,K 分别为 $\overparen{PAB},\overparen{AB},\overparen{ABQ}$ 的中点.

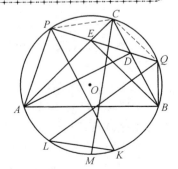

则 $\angle LKM + \angle CMK = \frac{1}{2}\overparen{LM}° + \frac{1}{2}\overparen{CK}°$

$= \frac{1}{2}\left(\overparen{LB}° - \overparen{BM}°\right) + \frac{1}{2}\left(\overparen{CQ}° + \overparen{QK}°\right)$

$= \frac{1}{4}\left(\overparen{PB}° - \overparen{AB}°\right) + \frac{1}{2}\overparen{CQ}° + \frac{1}{4}\overparen{AQ}°$

$= \frac{1}{4}\left(\overparen{PA}° + \overparen{AQ}°\right) + \frac{1}{2}\overparen{CQ}° = \frac{1}{2}\angle PCQ + \angle CPQ.$

由 $\angle OCE + \angle CEQ = \angle OCA + \angle CBA = 90°$

$\Rightarrow OC \perp PQ \Rightarrow$ 点 C 在线段 PQ 的中垂线上.

故 $\dfrac{1}{2}\angle PCQ + \angle CPQ = 90° \Rightarrow \angle LKM + \angle CMK = 90° \Rightarrow LK \perp CM$.

已知锐角 $\triangle ABC$ 的高线 AD,BE 交于点 H,O 为 $\triangle ABC$ 的外心,过 O 且与 BC 平行的直线交 AB 于点 F,M 为 AH 的中点.证明:$\angle CMF = 90°$.

（2017,第53届蒙古数学奥林匹克）

证明 如图,作 $FT \perp BC$ 于点 T,取 BC 的中点 N.

由于 O 为外心,H 为垂心,于是,

$ON \perp BC, ON = \dfrac{1}{2}AH$.

则 $ON \underset{=}{\parallel} \dfrac{1}{2}AH$.

而 $OF \parallel BC$,结合 $FT \perp TN$,$ON \perp TN$,

知四边形 $OFTN$ 为矩形.

故 $FT \underset{=}{\parallel} ON \underset{=}{\parallel} AM \underset{=}{\parallel} MH$.

于是,四边形 $AFTM$,四边形 $MFTH$ 均为平行四边形.

从而,$AF \parallel TM$,$FM \parallel TH$.

由 H 为 $\triangle ABC$ 的垂心,知 $CH \perp MT$.

又 $MH \perp CT$,则 H 为 $\triangle MTC$ 的垂心.

从而,$TH \perp MC$.因此,$\angle CMF = 90°$.

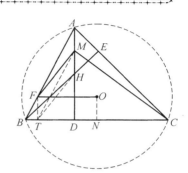

在 $\triangle ABC$ 中,高 AD,BE,CF 交于垂心 H,EF 与 AD 交于点 G,$\triangle ABC$ 的外接圆的直径 AK 与 BC 交于点 M.证明:$GM \parallel HK$.

（2017,克罗地亚数学竞赛）

证明 如图.

令 $\angle ABC = \beta$,$\angle BCA = \gamma$.

由 $\angle BFC = 90°$,知 $\angle BCF = 90° - \beta$.

又 $\angle HDC = 90°$,则 $\angle DHC = \beta$.

因为 $\angle DHC$ 与 $\angle AHF$ 是对顶角,

所以,$\angle AHF = \beta$.

由 A,B,K,C 四点共圆知

$\angle AKC = \angle ABC = \beta$,$\angle BKA = \angle BCA = \gamma$.

因为 AK 是直径,所以,$\angle ACK = 90°$.

由 $\angle AFH = \angle ACK = 90°$,且 $\angle AKC = \angle AHF = \beta$,则

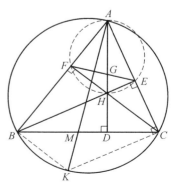

$$\triangle AFH \backsim \triangle ACK \Rightarrow \frac{AF}{AH} = \frac{AC}{AK}.$$

由 $\angle AFH + \angle HEA = 180° \Rightarrow A,F,H,E$ 四点共圆

$\Rightarrow \angle FEA = \angle FHA = \beta.$

由 $\angle BAC = \angle FAC \Rightarrow \triangle AEF \backsim \triangle ABC \Rightarrow \frac{AE}{AF} = \frac{AB}{AC}.$

在 $\triangle AFE$ 中,$\angle AFE = \gamma$,则 $\angle HFE = 90° - \gamma.$

注意到,$\angle HAE = \angle HFE = 90° - \gamma.$

故 $\triangle AGE \backsim \triangle AMB \Rightarrow \frac{AG}{AE} = \frac{AM}{AB}.$

由 $\frac{AF}{AH} = \frac{AC}{AK}, \frac{AE}{AF} = \frac{AB}{AC}, \frac{AG}{AE} = \frac{AM}{AB}$,得 $\frac{AG}{AH} = \frac{AM}{AK}.$

因此,$GM \parallel HK.$

在 $\triangle ABC$ 中,D 为边 AB 上的一点,$\angle ABC,\angle ADC$ 的平分线交于点 U,$\angle BAC,\angle BDC$ 的平分线交于点 V,记线段 UV 的中点为 S. 证明:直线 $SD \perp AB$ 当且仅当 $\triangle ADC,\triangle BDC$ 的内切圆相切.

(2017,第 67 届白俄罗斯数学奥林匹克)

证明 如图.

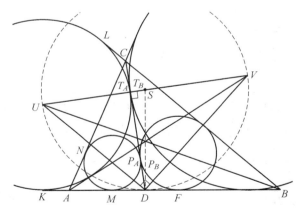

显然,$\angle UDV = \angle UDC + \angle VDC = \frac{1}{2}\angle ADC + \frac{1}{2}\angle BDC = 90°.$

则 S 为 $Rt\triangle UDV$ 的外心.

故 $SD \perp AB \Leftrightarrow$ 直线 AB 与 $\odot S$ 相切 $\Leftrightarrow \angle ADU = \angle DVU.$

记直线 UV 与 CD 交于点 T.

因为 $\angle ADU = \angle CDU$,所以,

$\angle ADU = \angle DVU \Leftrightarrow \angle UDT = \angle UVD \Leftrightarrow \angle UTD = 90°.$

于是,$SD \perp AB \Leftrightarrow UV \perp CD.$

设 $\odot U,\odot V$ 分别为 $\triangle BDC,\triangle ADC$ 的旁切圆. 记 $\odot U,\odot V$ 分别与边 CD 切于点 T_A,T_B.

则 $UV \perp CD \Leftrightarrow$ 点 T_A,T_B 均与 T 重合 $\Leftrightarrow DT_A = DT_B.$

记 $\odot U$ 与直线 AB，BC 分别切于点 K，L.

故 $BK = BL \Leftrightarrow BD + KD = BC + CL \Leftrightarrow BD + DT_A = BC + CT_A$

$\Leftrightarrow BD + DT_A = BC + CD - DT_A \Leftrightarrow DT_A = \dfrac{1}{2}(BC + CD - BD)$.

类似地，$DT_B = \dfrac{1}{2}(AC + CD - AD)$.

记 $\triangle ACD$，$\triangle BCD$ 的内切圆分别与 CD 切于点 P_A，P_B.

则 $CP_A = \dfrac{1}{2}(AC + CD - AD) = DT_B$，$CP_B = \dfrac{1}{2}(BC + CD - BD) = DT_A$.

从而，$DT_A = DT_B \Leftrightarrow CP_A = CP_B$.

这表明，$SD \perp AB \Leftrightarrow$ 点 P_A 与 P_B 重合，即 $\triangle ADC$ 的内切圆与 $\triangle BDC$ 的内切圆相切.

如图，圆内接四边形 $ABCD$ 的对角线 AC 与 BD 交于点 P，射线 AD 与 BC 交于点 Q，$\angle BQA$ 的平分线与 AC 交于点 R，$\angle APD$ 的平分线与 AD 交于点 S. 证明：$RS \parallel CD$.

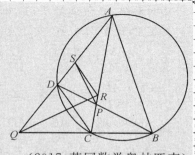

（2017，英国数学奥林匹克）

证明　设 $\angle ADB = \angle ACB = \alpha$，$\angle CBD = \angle CAD = \beta$.

则 $\dfrac{AS}{SD} = \dfrac{AP}{PD} = \dfrac{\sin\alpha}{\sin\beta} = \dfrac{\sin(\pi - \alpha)}{\sin\beta} = \dfrac{QA}{QC} = \dfrac{AR}{RC} \Rightarrow RS \parallel CD$.

已知在凸四边形 $ABCD$ 中，$\angle ABC = \angle ADC < 90°$，$\angle ABC$，$\angle ADC$ 的平分线交于点 P，并分别与 AC 交于点 E，F，M 为 AC 的中点，BM，DM 与 $\triangle BDP$ 的外接圆分别交于另一点 X，Y. EX 与 FY 交于点 Q. 证明：$AC \perp PQ$.

（2017，第68届罗马尼亚国家队选拔考试）

证明　设 $\triangle ABC$ 外接圆为 Γ_1，$\triangle ADC$ 外接圆为 Γ_2. 则 Γ_1，Γ_2 为等圆.

分四步证明原命题.

(1) 点 X 在圆 Γ_2 上，点 Y 在圆 Γ_1 上.

如图 1，MB 与圆 Γ_2 交于点 X_1，MD 与圆 Γ_1 交于点 Y_1. 圆 Γ_1，Γ_2 中 $\overset{\frown}{AC}$ 的中点分别为 T 和 K，L 和 S.

用 $\overset{\frown}{UV}°$ 表示弧 UV 对应的圆心角的度数.

设 DY_1 与圆 Γ_2 的第二个交点为 Z.

由圆 Γ_1，Γ_2 关于点 M 中心对称 $\Rightarrow MZ = MY_1$

$\Rightarrow MY_1 \cdot MD = MZ \cdot MD = MA \cdot MC = MC^2$.

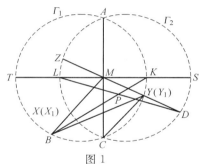

图 1

类似地,$MX_1 \cdot MB = MC^2$.

故 B, X_1, Y_1, D 四点共圆.

由 $MY_1 \cdot MD = MC^2 \Rightarrow \triangle MY_1C \backsim \triangle MCD \Rightarrow \angle MY_1C = \angle MCD$.

又 $\angle MY_1B = \angle MY_1C - \angle BY_1C = \angle MCD - \frac{1}{2}\overset{\frown}{BC}^\circ = \frac{1}{2}\overset{\frown}{AD}^\circ - \frac{1}{2}\overset{\frown}{BC}^\circ$

$= \frac{1}{2}(\overset{\frown}{AS}^\circ + \overset{\frown}{SD}^\circ - \overset{\frown}{BC}^\circ) = \frac{1}{2}(\overset{\frown}{TC}^\circ + \overset{\frown}{SD}^\circ - \overset{\frown}{BC}^\circ) = \frac{1}{2}(\overset{\frown}{SD}^\circ + \overset{\frown}{BT}^\circ)$

$= \angle BKT + \angle SLD = \angle LPB$,

则 $\angle PBY_1 = \angle PDY_1 \Rightarrow B, P, Y_1, D$ 四点共圆 $\Rightarrow B, X_1, P, Y_1, D$ 五点共圆.

又点 X_1, Y_1 分别在 MB, MD 上,于是,点 X 与 X_1 重合,点 Y 与 Y_1 重合.

因此,点 X 在圆 Γ_2 上,点 Y 在圆 Γ_1 上.

(2)X, E, S 三点共线,Y, F, T 三点共线.

由对称性,只需证 Y, F, T 三点共线.

如图 2,设 YT 与 AC 交于点 F_1.

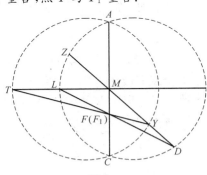

图 2

由 $1 = \dfrac{AM}{MC} = \dfrac{S_{\triangle ADZ}}{S_{\triangle CDZ}} = \dfrac{AZ \cdot AD\sin\angle ZAD}{CZ \cdot CD\sin\angle ZCD}$

$= \dfrac{CY \cdot AD}{AY \cdot CD}$(由对称性,$AZ = CY, AY = CZ$)

$\Rightarrow \dfrac{AD}{CD} = \dfrac{AY}{CY} \Rightarrow \dfrac{AF}{FC} = \dfrac{AD}{DC} = \dfrac{AY}{YC} = \dfrac{AF_1}{F_1C}$

$\Rightarrow$ 点 F 与 F_1 重合 $\Rightarrow Y, F, T$ 三点共线.

(3)记 $\triangle BPD$ 的外接圆为 Γ,则点 Q 在圆 Γ 上.

如图 3.

由 $\angle XQT = \angle XST + \angle YTS =$

$\frac{1}{2}(\overset{\frown}{XL}^\circ + \overset{\frown}{YK}^\circ) = \frac{1}{2}(\overset{\frown}{XL}^\circ + \overset{\frown}{LZ}^\circ)$

$= \frac{1}{2}\overset{\frown}{XZ}^\circ = \angle XDZ = \angle XDY$,

知 X, D, Y, Q 四点共圆,即点 Q 在圆 Γ 上.

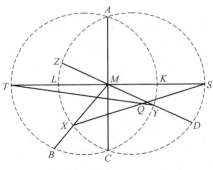

图 3

(4)$PQ \perp AC$.

如图 4.

注意到,

$\angle PQF = \angle PDY = \frac{1}{2}\overset{\frown}{LZ}^\circ = \frac{1}{2}\overset{\frown}{YK}^\circ$

$= \angle FTM = 90^\circ - \angle TFM = 90^\circ - \angle QFC$

$\Rightarrow \angle PQF + \angle QFC = 90^\circ \Rightarrow PQ \perp AC$.

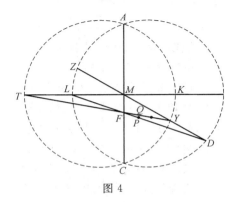

图 4

如图,在 $\triangle ABC$ 中,$AB = AC$,I 为 $\triangle ABC$ 的内心.以 AB 为半径作 $\odot A$,以 IB 为半径作 $\odot I$,过点 B,I 的圆 Γ 与 $\odot A$,$\odot I$ 分别交于点 P,Q(不同于点 B).设 IP 与 BQ 交于点 R.证明:$BR \perp CR$.

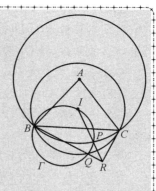

(2017,全国高中数学联合竞赛)

证明 连接 IB,IC,IQ,PB,PC.

由于点 Q 在 $\odot I$ 上,故 $IB = IQ \Rightarrow \angle IBQ = \angle IQB$.

又 B,I,P,Q 四点共圆,则 $\angle IQB = \angle IPB \Rightarrow \angle IBQ = \angle IPB$.

故 $\triangle IBP \backsim \triangle IRB \Rightarrow \angle IRB = \angle IBP$,$\dfrac{IB}{IR} = \dfrac{IP}{IB}$.

注意到,$AB = AC$,且 I 为 $\triangle ABC$ 的内心.

则 $IB = IC \Rightarrow \dfrac{IC}{IR} = \dfrac{IP}{IC}$.

于是,$\triangle ICP \backsim \triangle IRC \Rightarrow \angle IRC = \angle ICP$.

又点 P 在 $\odot A$ 的 $\overset{\frown}{BC}$ 上,从而,

$$\angle BPC = 180° - \frac{1}{2}\angle A$$

$$\Rightarrow \angle BRC = \angle IRB + \angle IRC = \angle IBP + \angle ICP$$

$$= 360° - \angle BIC - \angle BPC$$

$$= 360° - \left(90° + \frac{1}{2}\angle A\right) - \left(180° - \frac{1}{2}\angle A\right) = 90°.$$

因此,$BR \perp CR$.

如图 1,在 $\triangle ABC$ 中,D 为边 BC 上一点,设 $\triangle ABD$ 和 $\triangle ACD$ 的内心分别为 I_1 和 I_2,$\triangle AI_1D$ 和 $\triangle AI_2D$ 的外心分别为 O_1 和 O_2,直线 I_1O_2 与 I_2O_1 交于点 P.证明:$PD \perp BC$.

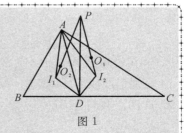

图 1

(2017,中国西部数学邀请赛)

证明 由 $O_1A = O_1I_1 = O_1D$ 及内心的性质,知 O_1 为 $\triangle ABD$ 的外接圆弧 $\overset{\frown}{AD}$ 的中点.

如图2,延长 BI_1,DI_2 交于点 J_1,则 J_1 为 $\triangle ABD$ 中 $\angle B$ 内的旁心,且 O_1 为 I_1J_1 的中点.

类似地,延长 DI_1,CI_2 交于点 J_2,则 J_2 为 $\triangle ACD$ 中 $\angle C$ 内的旁心,且 O_2 为 I_2J_2 的中点.

过点 D 作 $DP' \perp BC$.只需证明 I_1O_2,I_2O_1,DP' 三线共点.

对 $\triangle DI_1I_1$ 用角元塞瓦定理,只需证明:

$$\frac{\sin\angle P'DI_2}{\sin\angle P'DI_1} \cdot \frac{\sin\angle DI_1O_2}{\sin\angle O_2I_1I_2} \cdot \frac{\sin\angle O_1I_2I_1}{\sin\angle DI_2O_1} = 1.$$

事实上,由 $O_2J_2 = O_2I_2$,知 $S_{\triangle O_2I_1J_2} = S_{\triangle O_2I_1I_2}$.

则
$$\frac{\sin\angle DI_1O_2}{\sin\angle O_2I_1I_2} = \frac{\sin\angle O_2I_1J_2}{\sin\angle O_2I_1I_2} = \frac{\dfrac{2S_{\triangle O_2I_1J_2}}{I_1J_2 \cdot I_1O_2}}{\dfrac{2S_{\triangle O_2I_1I_2}}{I_1I_2 \cdot I_1O_2}} = \frac{I_1I_2}{I_1J_2}.$$

类似地,$\dfrac{\sin\angle O_1I_2I_1}{\sin\angle DI_2O_1} = \dfrac{I_2J_1}{I_1I_2}$.

又 $\dfrac{\sin\angle P'DI_2}{\sin\angle P'DI_1} = \dfrac{\cos\angle CDI_2}{\cos\angle BDI_1}$,故只需证明:$\dfrac{I_2J_1\cos\angle CDI_2}{I_1J_2\cos\angle BDI_1} = 1$,即 I_2J_1,I_1J_2 在 BC 上的投影长度相同.

如图3,设 I_1,I_2,J_1,J_2 在 BC 上的投影分别为 H_1,H_2,K_1,K_2.

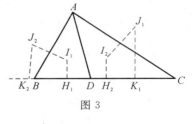

图3

则 $H_2K_1 = DK_1 - DH_2$

$= \dfrac{1}{2}(AB + AD - BD) - \dfrac{1}{2}(AD + CD - AC)$

$= \dfrac{1}{2}(AB + AC - BC)$.

类似地,$H_1K_2 = \dfrac{1}{2}(AB + AC - BC)$.

故 $H_2K_1 = H_1K_2$.

命题得证.

在锐角 $\triangle ABC$ 中,点 D,E 分别在 AB,AC 上,线段 BE 与 DC 交于点 H,且 M,N 分别为线段 BD,CE 的中点.证明:H 为 $\triangle AMN$ 的垂心的充分必要条件是 B,C,E,D 四点共圆且 $BE \perp CD$.

(2017,中国西部数学邀请赛)

证明 如图,延长 MH,与 AC 交于点 P;延长 NH,与 AB 交于点 Q.

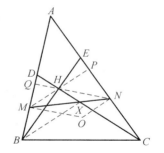

充分性.

由 B,C,E,D 四点共圆,知 $\angle BDH = \angle CEH$.

又 $BE \perp CD$,从而,$\triangle DHB$,$\triangle EHC$ 均为直角三角形.

注意到,M,N 分别为斜边 BD,CE 的中点.

则 $\angle MDH = \angle MHD$,$\angle MHB = \angle MBH$.

故 $\angle EHP + \angle HEC = \angle MHB + HDB = \angle MBH + \angle HDB = 90°$

$\Rightarrow MH \perp AC$.

类似地,$NH \perp AB$.

因此,H 为 $\triangle AMN$ 的垂心.

必要性.

若 H 为 $\triangle AMN$ 的垂心,则 $MP \perp AN$,$NQ \perp AM$.

故 $\dfrac{DQ}{QB} = \dfrac{DH\sin\angle DHQ}{BH\sin\angle BHQ} = \dfrac{DH\sin\angle CHN}{BH\sin\angle EHN} = \dfrac{DH \cdot EH}{BH \cdot CH}$.

类似地,$\dfrac{EP}{PC} = \dfrac{DH \cdot EH}{CH \cdot CH}$.

于是,$\dfrac{EP}{PC} = \dfrac{DQ}{QB}$.

利用比例性质及 $DM = MB$,$EN = NC$,知

$\dfrac{EC}{PC} = \dfrac{DB}{QB} \Rightarrow \dfrac{NC}{PC} = \dfrac{MB}{QB} \Rightarrow \dfrac{NC}{PN} = \dfrac{MB}{QM} \Rightarrow \dfrac{EN}{PN} = \dfrac{DM}{QM}$.

又因为 H 是 $\triangle AMN$ 的垂心,所以,$\angle DMH = \angle EHN$.

则 $\dfrac{QM}{MH} = \dfrac{PN}{NH} \Rightarrow \dfrac{DM}{MH} = \dfrac{EH}{NH} \Rightarrow \triangle DMH \backsim \triangle ENH$

$\Rightarrow \angle MDH = \angle NEH \Rightarrow B,C,E,D$ 四点共圆.

设四边形 $BCED$ 的外心为 O.易知,$OM \perp AB$.从而,$OM \parallel NH$.

类似地,$ON \parallel MH$.

于是,四边形 $MHNO$ 为平行四边形.从而,$MH = ON$.

过点 B 作 MH 的平行线,与 DC 交于点 X.

注意到,M 为边 BD 的中点,则 $BX = 2MH = 2ON$.

由熟知的外心性质,知 X 为 $\triangle BCE$ 的垂心.

因此,$CX \perp BE$,即 $CD \perp BE$.

如图1,△ABC 的外接圆为⊙O,D 为∠BAC 的平分线上一点,BD 与 AC 交于点 F,CD 与 AB 交于点 E,EF 与⊙O 交于点 G,H(点 E 在线段 GF 上),GD,HD 分别与⊙O 交于点 N,M.证明:MN // BC.

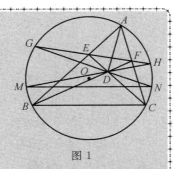

图1

(2017,中国西部数学邀请赛预选题)

证明 先证明一个引理.

引理 在圆 Γ 中,AD,BE,CF 三条弦共点于 P,AC 与 BE 交于点 X_1,AE 与 CF 交于点 X_2,X_1X_2 与圆 Γ 交于点 Q,Q′ 两点.若 QP,Q′P 与圆 Γ 分别交于点 R,R′,RR′ 分别与 BE,CF 交于点 Y_2,Y_1,则 B,Y_1,D 三点共线,F,Y_2,D 三点共线.

证明 如图2,设 BD 与 RR′ 交于点 Y,ER 与 DQ′ 交于点 Z(若平行,设其交于无穷远处).

对圆内接六边形 DBERR′Q′,由帕斯卡定理,知 Y,P,Z 三点共线.

对圆内接六边形 READQ′Q,由帕斯卡定理,知 X_2,P,Z 三点共线.

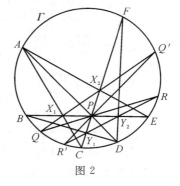

图2

于是,X_2,Y,P 三点共线.

从而,点 Y 与 Y_1 重合,此即 B,Y_1,D 三点共线.

类似地,F,Y_2,D 三点共线.

引理得证.

如图3,延长 AD,CE,BF 分别与⊙O 交于点 P,S,T,记 PS,PT 分别与 MN 交于点 Q,R.

由引理,知 S,Q,P 三点共线,T,R,P 三点共线.

连接 ST.

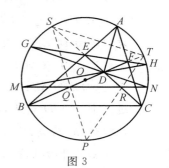

图3

由 P 为 $\overset{\frown}{BC}$ 的中点 $\Rightarrow \angle PSC = \angle PTB$

$\Rightarrow T,R,Q,S$ 四点共圆

$\Rightarrow \angle QRS = \angle QTS = \angle BTS = \angle BCS$

$\Rightarrow QR \text{ // } BC \Rightarrow MN \text{ // } BC.$

如图1,在锐角 $\triangle ABC$ 中,$AB \neq AC$,K 为中线 AD 的中点,$DE \perp AB$ 于点 E,$DF \perp AC$ 于点 F,直线 KE,KF 与 BC 分别交于点 M,N,$\triangle DEM$ 和 $\triangle DFN$ 的外心分别为 O_1,O_2. 证明:$O_1O_2 \parallel BC$.

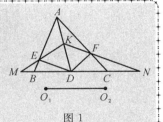

图1

(第 14 届中国东南地区数学奥林匹克)

证明 如图2,以 AD 为直径作 $\odot K$,过点 A 作 $AG \parallel BC$,与 $\odot K$ 交于点 G,连接 GE,GF.

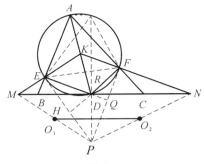

则 $\angle GAE = 180° - \angle ABC$,$\angle GAF = \angle ACB$.

故 $DE \cdot GF = DB \sin\angle ABC \cdot AD \sin\angle GAF$

$= DB \cdot AD \sin\angle ABC \cdot \sin\angle ACB$,

$DF \cdot GE = DC \sin\angle ACB \cdot AD \sin\angle GAE$

$= DC \cdot AD \sin\angle ACB \cdot \sin\angle ABC$.

又 $DB = DC$,于是,$DE \cdot GF = DF \cdot GE$.

过点 E,F 分别作 $\odot K$ 的切线 EP,FP.

设 EF 与 DG 交于点 R,ED 与 FP 交于点 Q,FD 与 EP 交于点 H.

注意到,$\angle FEH = \angle QFE$,$\angle QFD = \angle FED$,$\angle DEH = \angle DFE$.

在 $\triangle DEF$ 中,有 $\dfrac{ER}{RF} \cdot \dfrac{FH}{HD} \cdot \dfrac{DQ}{QE}$

$= \dfrac{ED \sin\angle EDG}{FD \sin\angle FDG} \cdot \dfrac{EF \sin\angle FEH}{ED \sin\angle DEH} \cdot \dfrac{FD \sin\angle QFD}{EF \sin\angle QFE}$

$= \dfrac{\sin\angle EDG}{\sin\angle FDG} \cdot \dfrac{\sin\angle FED}{\sin\angle DFE} = \dfrac{GE \cdot DF}{GF \cdot DE} = 1.$

图2

由塞瓦定理的逆定理,知 EH,FQ,RD 三线共点,即 G,D,P 三点共线.

因为 $DG \perp AG$,$BC \parallel AG$,所以,$PD \perp BC$.

又 $ME \perp PE$,于是,点 P,D,E,M 在以 PM 为直径的圆上.

故 $\triangle DEM$ 的外心 O_1 为线段 PM 的中点.

类似地,$\triangle DFN$ 的外心 O_2 为线段 PN 的中点.

因此,$O_1O_2 \parallel MN$,即 $O_1O_2 \parallel BC$.

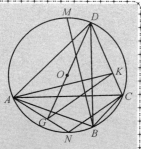

如图,在 ⊙O 的内接四边形 ABCD 中,对角线 AC,BD 互相垂直,$\overparen{ADC}$ 的中点为 M,$\overparen{ABC}$ 的中点为 N,过点 D 的直径与弦 AN 交于点 G,且 K 为边 CD 上一点,满足 CK ∥ NC.
证明:BM ⊥ AK.

(第 14 届中国东南地区数学奥林匹克)

证明 由 GK ∥ NC 及 A,N,C,D 四点共圆知

$$\angle AGK = \angle ANC = 180° - \angle ADC$$

⇒ A,G,K,D 四点共圆 ⇒ ∠AKG = ∠ADC.

又 DB ⊥ AC,则 ∠BDC = 90° − ∠ACD = ∠ADG.

故 ∠BNC = ∠BDC = ∠ADG = ∠AKG.

结合 GK ∥ NC,知 NB ∥ AK.

再由 M,N 为 ⊙O 的对径点,得 BM ⊥ NB ⇒ BM ⊥ AK.

平面几何部分

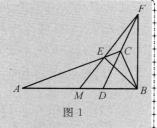

如图 1,在 Rt△ABC 中,∠ACB = 90°,M 为斜边 AB 的中点,点 D,E 分别在边 AB,AC 上,且满足 ∠ABE = ∠BCD,直线 DC 与 ME 交于点 F.证明:

FB ⊥ AB.

图 1

(2017,中国北方希望之星数学邀请赛)

证明 如图 2,过点 B 作 AB 的垂线与直线 CD 交于点 F′.只需证点 F 与 F′ 重合,即证 F′,E,M 三点共线.

作 △ABC 的外接圆 ⊙M,延长 BE,CD 与 ⊙M 分别交于点 P,Q.

由 ∠ABE = ∠BCD,知 PQ 为直径.从而,P,M,Q 三点共线.

对 ⊙M 内接六边形 ABBPQC,利用帕斯卡定理,可得 F′,E,M 三点共线.

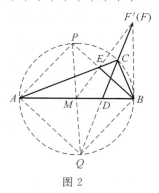

图 2

五　　点共线与线共点

证明　令 A_4 为 AA_1 的中点.

由 $\angle AA_3A_2 = 90°$,得 $A_4A_3 = A_4A$.从而,A_4 是 AA_3 的极点.

类似地定义 B_4 和 C_4.则 B_4,C_4 分别为 BB_3,CC_3 的极点.

另一方面,由帕斯卡定理,知 A_1,B_1,C_1 三点共线.

对四边形 AB_1BA_1 应用牛顿定理,知 A_4,B_4,C_4 三点共线.

由于 AA_3,BB_3,CC_3 的极点共线,从而,AA_3,BB_3,CC_3 三线共点.

证明　不妨设 $AB > AC$,设 O 和 I 分别为 $\triangle ABC$ 的外心和内心,r 为内切圆半径,$\angle BAC = \alpha$,BB_1 和 CC_1 为高.

则 $\triangle ABC \backsim \triangle AB_1C_1$,且相似比 $k = \cos\alpha$.

设 L 为点 I 关于直线 $B'C'$ 的对称点.

引理　已知 I 为 $\triangle ABC$ 的内心.若 L,I 为相似 $\triangle AB_1C_1$,$\triangle ABC$ 的对应点,则 L 为 $\triangle AB_1C_1$ 的内心.

证明　由于 $AI \perp B'C'$,点 L 位于平分线 AI 上,故只要证 $\dfrac{AL}{AI} = k$.

令 M 为 $B'C'$ 的中点.则

$$\angle MC'I = \angle C'AI = \frac{\alpha}{2},\quad AI = \frac{r}{\sin\frac{\alpha}{2}},$$

$$AL = AI - LI = AI - 2MI = \frac{r}{\sin\frac{\alpha}{2}} - 2r\sin\frac{\alpha}{2}.$$

故 $\dfrac{AL}{AI} = 1 - 2\sin^2\dfrac{\alpha}{2} = \cos\alpha = k.$

引理得证.

显然,点 A, B_1, C_1, H 位于一个以 E 为圆心的圆上.由此,E, O 也是两个相似 $\triangle ABC$, $\triangle AB_1C_1$ 的对应点.

于是,$\angle OIA = \angle ELI.$

因为点 E 和 F 关于 $B'C'$ 对称,线段 FI 和 EL 关于 $B'C'$ 也对称,

所以,$\angle FIA = \angle ELI.$

故 $\angle OIA + \angle FIA = \angle ELA + \angle ELI = 180°.$

从而,O, I, F 三点共线.

如图 1,在锐角 $\triangle ABC$ 中,$AB > AC, M, N$ 为 BC 上不同的两点,使得 $\angle BAM = \angle CAN.$ 设 $\triangle ABC$ 的外心为 O_1,$\triangle AMN$ 的外心为 O_2.证明:O_1, O_2, A 三点共线.

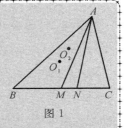

图 1

(2012,全国高中数学联合竞赛)

证明 如图 2,连接 AO_1, AO_2,过点 A 作 AO_1 的垂线 AP 与 BC 的延长线交于点 P.则 AP 为 $\odot O_1$ 的切线.

故 $\angle B = \angle PAC.$

因为 $\angle BAM = \angle CAN$,

所以,$\angle AMP = \angle B + \angle BAM$

$= \angle PAC + \angle CAN = \angle PAN.$

从而,AP 为 $\triangle AMN$ 外接圆 $\odot O_2$ 的切线.故 $AP \perp AO_2.$

因此,O_1, O_2, A 三点共线.

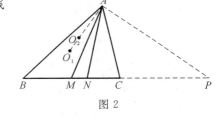

图 2

已知四边形 $ABCD$ 内接于圆 Γ,点 P 位于线段 AC 的延长线上,且 PB, PD 与圆 Γ 相切,过点 C 作圆 Γ 的切线,分别与直线 PD, AD 交于点 Q, R,直线 AQ 与圆 Γ 的另一个交点为 E.证明:B, E, R 三点共线.

(2013,第 25 届亚太地区数学奥林匹克)

证明　结论等价于证明 AD，BE，CQ 三线共点.

如图，设直线 CQ，BE 分别与 AD 交于点 R，R'.

只需证明：点 R 与 R' 重合.

易知 $\triangle PAD \backsim \triangle PDC$，

$\triangle PAB \backsim \triangle PBC$，

得 $\dfrac{AD}{DC} = \dfrac{PA}{PD} = \dfrac{PA}{PB} = \dfrac{AB}{BC}$.

于是，$AB \cdot DC = BC \cdot AD$.

结合托勒密定理得

$AB \cdot DC = BC \cdot AD = \dfrac{1}{2}CA \cdot DB$.

故 $\dfrac{DB}{AB} = \dfrac{2DC}{CA}$. ①

类似地，$\dfrac{DC}{CA} = \dfrac{2ED}{AE}$. ②

又因为 $\triangle RDC \backsim \triangle RCA$，所以，$\dfrac{RD}{RC} = \dfrac{DC}{CA} = \dfrac{RC}{RA}$.

结合式②，知 $\dfrac{RD}{RA} = \dfrac{RD}{RC} \cdot \dfrac{RC}{RA} = \left(\dfrac{DC}{CA}\right)^2 = \left(\dfrac{2ED}{AE}\right)^2$. ③

由 $\triangle ABR' \backsim \triangle EDR' \Rightarrow \dfrac{R'D}{R'B} = \dfrac{ED}{AB}$.

由 $\triangle DBR' \backsim \triangle EAR' \Rightarrow \dfrac{R'A}{R'B} = \dfrac{EA}{DB}$.

以上两式相除并结合式①、③，得 $\dfrac{R'D}{R'A} = \dfrac{ED \cdot DB}{EA \cdot AB} = \left(\dfrac{2ED}{AE}\right)^2$. ④

由式③、④即得点 R 与 R' 重合.

平面几何部分

如图1，在 Rt$\triangle ABC$ 中，$\angle ACB = 90°$，G 为重心，P 为射线 AG 上一点，满足 $\angle CPA = \angle CAB$，Q 为射线 BG 上一点，满足 $\angle CQB = \angle ABC$. 证明：$\triangle AQG$，$\triangle BPG$ 的外接圆的另一个交点在 AB 上.

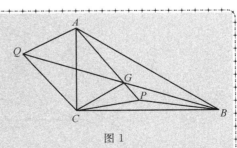

图1

（2013，第 45 届加拿大数学奥林匹克）

证明 如图 2,延长 CG,与 AB 交于点 J.则 J 为 AB 的中点.

从而,$\angle CPA = \angle CAB = \angle GCA$.

故 $\triangle AGC \backsim \triangle ACP$

$\Rightarrow AG \cdot AP = AC^2$.

类似地,$BG \cdot BQ = BC^2$.

设 $\triangle BPG$ 的外接圆 $\odot M$ 与 AB 的另一交点为 K.则由圆幂定理知

$$AK \cdot AB = AG \cdot AP = AC^2.$$

于是,$CK \perp AB$.

从而,$BK \cdot BA = BC^2 = BG \cdot BQ$.

因此,A,K,G,Q 四点共圆.

故 $\triangle AQG,\triangle BPG$ 的外接圆的另一个交点 K 在 AB 上.

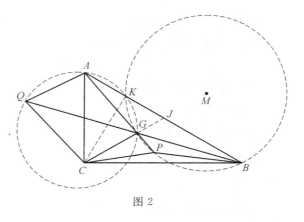

图 2

在非等腰 $\triangle ABC$ 中,$\odot I$ 为其内切圆,分别与边 BC,CA,AB 切于点 D,E,F,过点 E 且垂直于 BI 的直线与 $\odot I$ 交于点 K(K 与点 E 不重合),过点 F 且垂直于 CI 的直线与 $\odot I$ 交于点 L(L 与点 F 不重合),J 为线段 KL 的中点.证明:

(1)D,I,J 三点共线;

(2)若 B,C 为定点,A 为平面上满足 $\dfrac{AB}{AC} = k$(k 为给定常数)的动点,且 A,B,C 三点不共线,IE,IF 分别与 $\odot I$ 交于点 M,N(M 与点 E 不重合,N 与点 F 不重合),直线 MN 分别与 IB,IC 交于点 P,Q,则 PQ 的垂直平分线恒过定点.

(2013,越南数学奥林匹克)

证明 如图.

(1)由题意知 $CI \perp DE$.

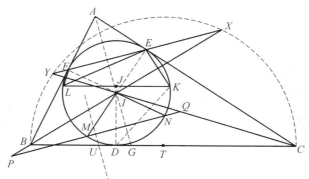

又 $FL \perp CI$,则 $DE /\!/ FL$.

类似地,$DF /\!/ EK$.

于是,$DK = EF = DL$.

从而,点 D 在 KL 的垂直平分线上.

又点 I 显然在 KL 的垂直平分线上,则 D,I,J 三点共线.

(2)记 T 为 BC 的中点,G 为 AI 与 BC 的交点,U 为点 T 关于 G 的对称点.

记 EF 分别与 BI,CI 交于点 X,Y.

则 $\angle XIC = 180° - \angle BIC = 90° - \dfrac{\angle BAC}{2} = \angle AEF = \angle XEC$.

故 C,I,E,X 四点共圆 $\Rightarrow \angle BXC = 90°$.

类似地,$\angle BYC = 90°$.

于是,B,C,X,Y 四点均在以 BC 为直径的圆上,圆心为 T.

从而,点 T 在 XY 的垂直平分线上.

又点 M 和 E,N 和 F 分别关于 I 对称,则 $EF \parallel MN$,$XY \parallel PQ$.

于是,$\triangle IEX \cong \triangle IMP$.从而,点 X 和 P 关于 I 对称.

类似地,点 Y 和 Q 也关于 I 对称.

故 XY 和 PQ 的垂直平分线也关于 AI 对称.

因此,PQ 的垂直平分线过定点 U.

在凸四边形 $ABCD$ 中,$\angle DAB + \angle ABC < 180°$,$E$ 为线段 AB 内不同于端点的点,$\triangle AED$ 的外接圆与 $\triangle BEC$ 的外接圆交于点 E,F,且点 F 在凸四边形 $ABCD$ 内,点 G 满足 $\angle DCG = \angle DAB$,$\angle CDG = \angle CBA$,$\triangle CDG$ 位于凸四边形 $ABCD$ 外.证明:E,F,G 三点共线.

(2013,爱沙尼亚数学奥林匹克)

证明　连接 FE,FC,FD,FG.

由于四边形 $AEFD$ 与四边形 $BEFC$ 均为圆内接四边形,故
$\angle CFD = \angle CBA + \angle DAB = \angle CDG + \angle DCG = 180° - \angle CGD$,
即 $\angle CFD + \angle CGD = 180°$.

从而,C,F,D,G 四点共圆.

又 $\angle CFG = \angle CDG = \angle CBA = 180° - \angle CFE$,即 $\angle CFG + \angle CFE = 180°$,故 E,F,G 三点共线.

已知 $\triangle ABC$ 不为直角三角形,O 为其外接圆圆心,P 为 $\triangle OAB$ 的外接圆 Γ_1 的直径 OP 的一个端点,Q 为 $\triangle OAC$ 的外接圆 Γ_2 的直径 OQ 的一个端点.过 P 作圆 Γ_1 的切线,过 Q 作圆 Γ_2 的切线,两切线交于点 K,CA 与圆 Γ_1 的另一交点为 X.证明:K,X,O 三点共线.

(2013,爱尔兰数学奥林匹克)

证明 （1）点 X 和 P 在直线 AO 的同侧.

如图 1,连接 OX,PA,QA.

由于 $\angle QAO = \angle PAO = 90°$,则 P,A,Q 三点共线,

且直线 PQ 与 $\odot O$ 切于点 A.

因为 $OA = OC$,且 OQ 为圆 Γ_2 的直径,

所以,点 A 和 C 关于直线 OQ 对称.

于是,$CX \perp OQ$.

从而,$\angle AXO = \angle APO = 90° - \angle KPQ$.

又 $\angle AXO = \angle CXO = 90° - \angle XOQ$,则

$\angle KPQ = \angle XOQ$.

而 $\angle KPO + \angle KQO = 90° + 90° = 180°$,故 K,P,O,Q 四点共圆.

从而,$\angle KOQ = \angle KPQ = \angle XOQ$.因此,$K$,$X$,$O$ 三点共线.

（2）点 X 和 P 在直线 AO 的异侧.

如图 2.

注意到,$\angle AXO = 180° - \angle APO$

$= 180° - (90° - \angle KPQ) = 90° + \angle KPQ$.

又 $\angle AXO = 180° - \angle CXO$

$= 180° - (90° - \angle XOQ) = 90° + \angle XOQ$,

则 $\angle XOQ = \angle KPQ$.

接下来与（1）相同.

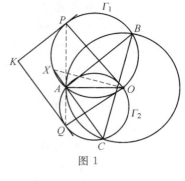

图 1

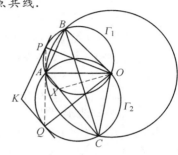

图 2

已知非等腰 $\triangle ABC$ 的内切圆 $\odot I$ 分别与边 BC,CA,AB 切于点 A_1,B_1,C_1,直线 AI 与 $\triangle ABC$ 的外接圆 B_1C_1 与 BC,A_2A_3 与 $\triangle ABC$ 的外接圆分别交于点 A_2,A_3,A_4（A_4 与点 A_2 不重合）.类似定义点 B_4,C_4.证明:AA_4,BB_4,CC_4 三线共点.

（2013,朝鲜国家队选拔考试）

证明 如图.

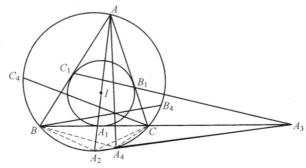

由梅涅劳斯定理,得 $\dfrac{AC_1}{C_1B} \cdot \dfrac{BA_3}{A_3C} \cdot \dfrac{CB_1}{B_1A} = 1 \Rightarrow \dfrac{A_3B}{A_3C} = \dfrac{AB_1}{CB_1} \cdot \dfrac{BC_1}{AC_1} = \dfrac{BC_1}{CB_1} = \dfrac{BA_1}{CA_1}$.

类似地, $\dfrac{B_3C}{B_3A}=\dfrac{B_1C}{B_1A}$, $\dfrac{C_3A}{C_3B}=\dfrac{C_1A}{C_1B}$.

又 $BA_1=BC_1$, $AB_1=AC_1$, $CB_1=CA_1$

$\Rightarrow \dfrac{BA_1}{A_1C}\cdot\dfrac{CB_1}{B_1A}\cdot\dfrac{AC_1}{C_1B}=1\Rightarrow\dfrac{BA_3}{A_3C}\cdot\dfrac{CB_3}{B_3A}\cdot\dfrac{AC_3}{C_3B}=1.$

接下来证明: $\dfrac{BA_4}{A_4C}\cdot\dfrac{CB_4}{B_4A}\cdot\dfrac{AC_4}{C_4B}=1.$ ①

只要证: $\dfrac{BA_4}{A_4C}=\dfrac{BA_3}{A_3C}.$

由题意得 $A_2C=A_2B$. 故 $\angle A_2CB=\angle A_2BC$.

由 $\angle A_2A_4B=\angle A_2CB=\angle A_2BA_3$, 知

$\triangle A_2BA_4\backsim\triangle A_2A_3B\Rightarrow\dfrac{BA_4}{BA_2}=\dfrac{A_3B}{A_3A_2}.$ ②

由 $\triangle A_3A_4C\backsim\triangle A_3BA_2\Rightarrow\dfrac{A_4C}{A_2B}=\dfrac{A_3C}{A_2A_3}.$ ③

②÷③ 得 $\dfrac{BA_4}{CA_4}=\dfrac{BA_3}{CA_3}.$

于是, 式 ① 得证. 故 $\dfrac{\sin\angle BAA_4}{\sin\angle CAA_4}\cdot\dfrac{\sin\angle CBB_4}{\sin\angle ABB_4}\cdot\dfrac{\sin\angle ACC_4}{\sin\angle BCC_4}=1.$

由角元塞瓦定理的逆定理, 知 AA_4, BB_4, CC_4 三线共点.

设四边形 $ABCD$ 的内切圆 Γ 与边 AB, BC, CD, DA 分别切于点 E, F, G, H, 在线段 AC 上任取一点 X(在圆 Γ 的内部), 线段 XB, XD 与圆 Γ 分别交于点 I, J. 证明: FJ, IG, AC 三线共点.

(2013, 朝鲜国家队选择考试)

证明　由牛顿定理, 知 EH, BD, FG 三线交于一点 P.

如图, 记直线 PI 与圆 Γ 的另一个交点为 J', 圆 Γ 在点 I, J' 处的切线交于点 A'.

由于直线 AC 为关于点 P 的极线, 直线 IP 为关于点 A' 的极线, 从而, 点 P 的极线经过点 A', 即 A', A, C 三点共线.

设直线 $A'I$ 与 BC, $A'J'$ 与 CD 分别交于点 B', D'.

对于四边形 $A'B'CD'$, 由牛顿定理知 IJ', $B'D'$, FG 三线交于一点, 且交点为 P.

对于 $\triangle BB'I$ 和 $\triangle DD'J'$, 由笛沙格定理知 BI 与 DJ' 的交点, A', C 三点共线, 即 BI 与 DJ' 的交点在 AC 上.

于是, 点 J' 与 J 重合.

对于四边形 $A'B'CD'$, 由牛顿定理知直线 $A'C$, IG, FJ 三线共点.

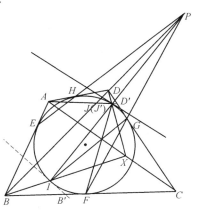

（2013，希腊国家队选拔考试）

在 $\triangle ABC$ 边 AB 所在直线上取点 A_1，B_1 满足 $AB_1 = BA_1$（点 B_1 更靠近 A），在边 BC 所在直线上取点 B_4，C_4 满足 $CB_4 = BC_4$（点 B_4 更靠近 C），在边 AC 所在直线上取点 A_4，C_1 满足 $AC_1 = CA_4$（点 A_4 更靠近 C）. 在线段 A_1A_4 上取点 A_2，A_3 满足 $A_1A_2 = A_3A_4$（点 A_2 更靠近 A_1），同样可在线段 B_1B_4，C_1C_4 上定义点 B_2 与 B_3，C_2 与 C_3. 记 BB_2 与 CC_2 交于点 D，AA_3 与 CC_2 交于点 E，AA_3 与 BB_3 交于点 F，BB_3 与 CC_3 交于点 G，AA_2 与 CC_3 交于点 H，AA_2 与 BB_2 交于点 I. 证明：DG，EH，FI 三线共点.

证明 如图，设 AA_2 与 BC 交于点 M，AA_3 与 BC 交于点 N.

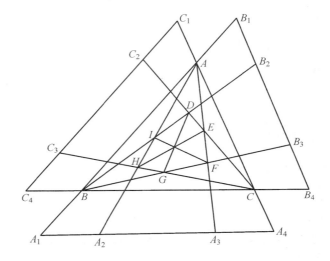

由笛沙格定理，知只要证：IE，HF，BC 三线共点.

由梅涅劳斯定理，知只要证：$\dfrac{IM \cdot AE}{AI \cdot NE} = \dfrac{MH \cdot AF}{AH \cdot FN}$.

则 $\dfrac{IM}{AI} = \dfrac{BM\sin\angle IBM}{BA\sin\angle ABI} = \dfrac{BM \cdot B_2B_4 \cdot BB_1}{BA \cdot B_1B_2 \cdot BB_4}$.

类似地，$\dfrac{AE}{NE} = \dfrac{AC \cdot C_1C_2 \cdot CC_4}{CN \cdot C_2C_4 \cdot CC_1}$.

故 $\dfrac{IM \cdot AE}{AI \cdot NE} = \dfrac{B_2B_4 \cdot BB_1 \cdot C_1C_2 \cdot CC_4 \cdot BM \cdot AC}{B_1B_2 \cdot BB_4 \cdot C_2C_4 \cdot CC_1 \cdot CN \cdot BA}$.

类似地，由 $\dfrac{MH \cdot AF}{AH \cdot FN}$，并结合 $B_1B_2 = B_3B_4$，$C_1C_2 = C_3C_4$，$BB_4 = CC_4$，知只要证

$\dfrac{BB_1 \cdot BM \cdot AC}{CC_1 \cdot CN \cdot AB} = \dfrac{CC_1 \cdot CM \cdot AB}{BB_1 \cdot BN \cdot AC}$.

又 $\dfrac{BM}{CN} = \dfrac{AB\sin\angle BAM}{AC\sin\angle CAM} = \dfrac{AB \cdot A_1A_2 \cdot AA_4}{AC \cdot A_2A_4 \cdot AA_1}$，$AA_4 = CC_1$，$AA_1 = BB_1$，故

$\dfrac{BB_1 \cdot BM \cdot AC}{CC_1 \cdot CN \cdot AB} = \dfrac{A_1A_2}{A_2A_4}$.

类似地，$\dfrac{CC_1 \cdot CM \cdot AB}{BB_1 \cdot BN \cdot AC} = \dfrac{A_4 A_3}{A_3 A_1}$.

又 $A_1 A_2 = A_3 A_4$，则 $\dfrac{BB_1 \cdot BM \cdot AC}{CC_1 \cdot CN \cdot AB} = \dfrac{CC_1 \cdot CM \cdot AB}{BB_1 \cdot BN \cdot AC}$.

故 DG, EH, FI 三线共点.

已知直线 l 上依次排列的点 X, Y, X', Y'，考虑端点为 X, Y 的圆弧 ω_1, ω_2 和端点为 X', Y' 的圆弧 ω_1', ω_2'. 若圆弧 $\omega_1, \omega_2, \omega_1', \omega_2'$ 均在直线 l 的同一侧，且圆弧 ω_1 与 ω_1'，ω_2 与 ω_2' 分别相切，证明：圆弧 ω_1 与 ω_2 的外公切线和圆弧 ω_1' 与 ω_2 的外公切线的交点在直线 l 上.

（2013，第 30 届伊朗国家队选拔考试）

证明 不失一般性，假设圆弧 ω_1 比 ω_2 短，且圆弧 ω_1' 与 ω_2 的外公切线 l' 与直线 l 交于点 O，直线 OA 与圆弧 ω_1 切于点 A，圆弧 ω_1 与 ω_1' 外切于点 B，圆弧 ω_1' 与直线 l' 切于点 C，圆弧 ω_2 与直线 l' 切于点 D，圆弧 ω_2 与 ω_2' 外切于点 E，直线 OF 与圆弧 ω_2' 切于点 F，如图.

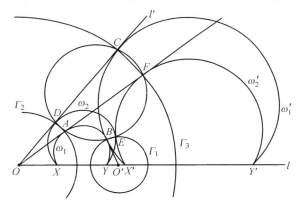

只需证：O, A, F 三点共线.

设圆弧 ω_1 和 ω_1' 的内公切线与直线 l 交于点 O'. 则 $O'X \cdot O'Y = O'B^2 = O'X' \cdot O'Y'$.
于是，点 O' 关于 ω_2 和 ω_2' 等幂.

从而，以 O' 为圆心、$O'B$ 为半径的圆 Γ_1 过点 E，且与圆弧 $\omega_1, \omega_2, \omega_1', \omega_2'$ 均直交.

因为 $OA^2 = OX \cdot OY = OD^2$，所以，以 O 为圆心、OA 为半径的圆 Γ_2 过点 D，且与圆弧 ω_1, ω_2 均直交.

又因为 $OF^2 = OX' \cdot OY' = OC^2$，所以，以 O 为圆心、OF 为半径的圆 Γ_3 过点 C，且与圆弧 ω_1', ω_2' 均直交.

本题用到下面的著名引理，不给出证明.

引理 设圆 Γ 与圆 Γ_1, Γ_2 分别直交，交点分别为 $\{A_1, B_1\}, \{A_2, B_2\}$，圆 $\Gamma, \Gamma_1, \Gamma_2$ 的圆心分别为 O, O_1, O_2. 若直角 $\angle OA_1 O_1$ 和直角 $\angle OA_2 O_2$ 的方向不同，即一个为顺时针，另一个为逆时针，则点对 $\{A_1, A_2\}$ 和 $\{B_1, B_2\}$ 为对应点，点对 $\{A_1, B_2\}$ 和 $\{A_2, B_1\}$ 为逆对应点.

由引理，知对于圆 Γ_2，其与圆弧 ω_1, ω_2 分别直交于点 A, D，则 A 与 D 为逆对应点；对于圆

Γ_1,其与圆弧 ω_1,ω_2 分别直交于点 B,E,则 B 与 E 为逆对应点.于是,A,D,B,E 四点共圆.

类似地,对于圆 Γ_1 和 Γ_3,关于圆弧 ω'_1,ω'_2 分别可得点对 $\{B,E\}$ 和 $\{C,F\}$ 为逆对应点,则 B,E,F,C 四点共圆;对于圆 Γ_2 和 Γ_3,分别关于圆弧 ω_1,ω_2 和 ω'_1,ω'_2 可得点对 $\{A,D\}$ 和 $\{C,F\}$ 为逆对应点,则 A,D,C,F 四点共圆.

由蒙日定理,知 A,B,E,F,C,D 六点共圆,设为圆 Γ_4.

因为圆 $\Gamma_2,\Gamma_3,\Gamma_4$ 有对称轴,且对称轴就是过其圆心的直线,所以,其交点也关于这条对称轴对称.

于是,O,A,F 三点共线.

【译者注】(1)关于逆对应点的定义及与其相关的定理,可参考约翰逊著,单墫译,上海教育出版社出版的《近代欧氏几何学》.

(2)原文中,在得到 A,D,B,E 和 B,E,F,C 分别四点共圆后,先对于圆 Γ_1,关于圆弧 ω'_1,ω_2 得到 B,E 为逆对应点,然后"so are C and D",于是,C,D,B,E 四点共圆.从而,A,B,E,F,C,D 六点共圆.事实上,这里只用 A,D,C,F 四点共圆即可,这可由《近代欧氏几何学》第 17 页的系和 §29 定理得到.

已知四边形 $ABCD$ 内接于圆 Γ,$\triangle ACD$ 和 $\triangle ABC$ 的内心分别为 I_1 和 I_2,$\triangle ACD$ 和 $\triangle ABC$ 的内切圆半径分别为 r_1 和 $r_2(r_1 = r_2)$,圆 Γ' 与边 AB,AD 相切,且与圆 Γ 内切于点 T,过 T,A 分别与圆 Γ 相切的直线交于点 K.证明:I_1,I_2,K 三点共线.

(2013,第 30 届伊朗国家队选拔考试)

证明 先证明一个引理.

引理 如图,已知 $\triangle ABD$ 的外接圆为圆 Γ,圆 Γ' 与边 AB,AD 分别切于点 E,F,与圆 Γ 内切于点 T,且 M,N 分别为劣弧 $\overparen{AB}$、劣弧 $\overparen{AD}$ 的中点.则过 T,A 分别与圆 Γ 相切的直线和直线 MN 共点.

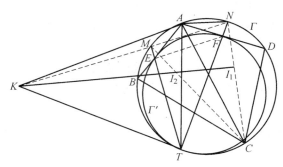

证明 由 $\angle NAF = \dfrac{1}{2}\overparen{AB}^\circ = \dfrac{1}{2}\overparen{NA}^\circ = \angle ATN$,得

$$\triangle TAN \backsim \triangle AFN \Rightarrow \frac{NF}{NA} = \frac{NA}{NT} \Rightarrow NA^2 = NF \cdot NT.$$

类似地,$MA^2 = ME \cdot MT$.

故 $\left(\dfrac{MA}{NA}\right)^2 = \dfrac{ME \cdot MT}{NF \cdot NT}$.　　　　　　　　①

因为 T 是圆 Γ 和 Γ' 的外位似中心，E，F 的对应点分别为 M，N，

所以，$EF \parallel MN$. 于是，$\dfrac{ME}{NF} = \dfrac{MT}{NT}$.

代入式 ①，得 $\left(\dfrac{MA}{NA}\right)^2 = \dfrac{ME \cdot MT}{NF \cdot NT} = \left(\dfrac{MT}{NT}\right)^2 \Rightarrow \dfrac{MA}{NA} = \dfrac{MT}{NT}$.

于是，M 为 N 的关于点 A，T 的调和共轭，即四边形 $AMTN$ 为调和四边形.

从而，过 T，A 分别与圆 Γ 相切的直线和直线 MN 共点.

引理得证.

由引理，知点 K 在直线 MN 上.

只需证明：点 K 在直线 $I_1 I_2$ 上.

事实上，由

$$\frac{KM}{KN} = \frac{AM\sin\angle MAK}{AN\sin\angle NAK} = \frac{AM\sin\angle MCA}{AN\sin\angle NCA}$$

$$= \frac{MI_2}{NI_1} \cdot \frac{\sin\angle MCA}{r_2} \cdot \frac{r_1}{\sin\angle NCA} = \frac{MI_2}{NI_1} \cdot \frac{CI_1}{CI_2},$$

则 $\dfrac{MK}{KN} \cdot \dfrac{NI_1}{I_1 C} \cdot \dfrac{CI_2}{I_2 M} = 1$.

从而，由梅涅劳斯定理的逆定理，知 I_1，I_2，K 三点共线.

> 在锐角 $\triangle ABC$ 中，以 AC 为直径的圆 Γ_1 与边 BC 交于点 F（异于点 C），以 BC 为直径的圆 Γ_2 与边 AC 交于点 E（异于点 C），射线 AF 与圆 Γ_2 交于两点 K，M，且 $AK < AM$，射线 BE 与圆 Γ_1 交于两点 L，N，且 $BL < BN$. 证明：直线 AB，ML，NK 三线交于一点.
>
> （2013，美国国家队选拔考试）

证明　如图，设 $CD \perp AB$ 于点 D，H 为 $\triangle ABC$ 的垂心. 则圆 Γ_1，Γ_2 均与 AB 交于点 D.

由圆幂定理知 $LH \cdot HN = CH \cdot HD = KH \cdot HM$.

从而，K，L，M，N 四点共圆.

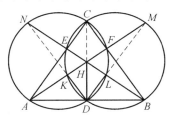

注意到，AC，BC 分别是四边形 $KLMN$ 对角线 LN，KM 的中垂线.

则四边形 $KLMN$ 的外接圆的圆心为 C.

因为 $\angle ANC = \angle ALC = 90°$，所以，$AN$，$AL$ 与四边形 $KLMN$ 的外接圆 $\odot C$ 分别切于点 N，L. 于是，点 H 在 A 关于 $\odot C$ 的极线上.

类似地，点 H 在 B 关于 $\odot C$ 的极线上.

由布洛卡定理，知 ML 与 NK 的交点在 H 关于 $\odot C$ 的极线 AB 上.

如图,在 $\triangle ABC$ 中,$AB=c$,$BC=a$,$CA=b$,点 C_1 和 C_2 在边 AB 上,点 A_1 和 A_2 在边 BC 上,点 B_1 和 B_2 在边 CA 上,且满足

$$\frac{CA_1}{a}=\frac{CB_2}{b}=\frac{a+b}{a+b+c},$$

$$\frac{AB_1}{b}=\frac{AC_2}{c}=\frac{b+c}{a+b+c},$$

$$\frac{BC_1}{c}=\frac{BA_2}{a}=\frac{a+c}{a+b+c}.$$

证明:直线 A_1C_2,C_1B_2,B_1A_2 的交点均在 $\triangle ABC$ 的外接圆上.

(2013,第 64 届白俄罗斯数学奥林匹克决赛)

证明 设 $\angle BAC$,$\angle CBA$,$\angle ACB$ 的平分线分别与外接圆交于点 K,L,N,$\triangle ABC$ 的内心为 I,线段 NL 与 AC 交于点 B_2',CN 与 AB 交于点 M.

由熟知定理得 $AL=IL$,即 $\triangle AIL$ 为等腰三角形.

由 $\angle ALN=\angle ACN=\angle NCB=\angle BLN$,知 LN 为底边 AI 的垂直平分线.

故 $\triangle AB_2'I$ 也为等腰三角形.

从而,$\angle IAB_2'=\angle B_2'IA$.

又 AK 为 $\angle BAC$ 的平分线,则 $\angle IAB_2'=\angle BAI$.故 $AB \parallel B_2'I$.

因为 $\dfrac{AM}{AB}=\dfrac{AC}{AC+BC}$,所以,$\dfrac{CB_2'}{B_2'A}=\dfrac{CI}{MI}=\dfrac{AC}{AM}=\dfrac{AC+BC}{AB}=\dfrac{a+b}{c}$.

故 $\dfrac{CB_2'}{AC}=\dfrac{a+b}{a+b+c}$.

于是,点 B_2' 与 B_2 重合.

类似地,点 C_1 在线段 NL 上.

类似地,点 B_1 和 A_2 均在 KL 上,点 A_1 和 C_2 均在 KN 上.

已知凸四边形 $ABCD$ 的两条对角线相等且交于点 O,点 P 位于 $\triangle AOD$ 的内部,使得 $CD \parallel BP$,$AB \parallel CP$.证明:点 P 位于 $\angle AOD$ 的平分线上.

(2013,第五届欧拉数学竞赛)

证明 由 $AB \parallel CP$,$CD \parallel BP$,知 $S_{\triangle APC}=S_{\triangle BPC}$,$S_{\triangle BPC}=S_{\triangle BPD}$.

于是,$S_{\triangle APC}=S_{\triangle BPD}$.

因为 $AC=BD$,所以,这两个三角形的边 AC 与 BD 上的高相等.

这表明,位于 $\angle AOD$ 内部的点 P 到该角两边的距离相等,即点 P 位于 $\angle AOD$ 的平分线上.

在锐角 $\triangle ABC$ 中,$CA > BC > AB$,点 O,H 分别为 $\triangle ABC$ 的外心、垂心,D,E 分别为 $\triangle ABC$ 的外接圆上劣弧 $\overset{\frown}{AB}$,劣弧 $\overset{\frown}{AC}$ 的中点,D' 为点 D 关于边 AB 的对称点,E' 为点 E 关于边 AC 的对称点.证明:O,D',H,E' 四点共圆当且仅当 A,D',E' 三点共线.

（2013,中国香港数学奥林匹克）

证明 如图,连接 DD',EE'.

由垂径定理,知 DD',EE' 均过圆心 O.

计算角度知

$\angle AD'B = \angle ADB = 180° - \angle C = \angle AHB$.

从而,点 A,D',H,B 四点共圆.

类似地,A,H,E',C 也四点共圆.

故 $\angle D'HE' = \angle AHE' - \angle AHD'$

$= (180° - \angle ACE') - \angle ABD'$

$= 180° - \angle ACE - \angle ABD = 180° - \dfrac{\angle B + \angle C}{2}$.

注意到,$\angle D'OE' = 180° - \angle DOE = \angle BAC$.

故 A,D',E' 三点共线 $\Rightarrow \angle BAD' + \angle CAE' = \angle BAC$

$\Rightarrow \dfrac{\angle B + \angle C}{2} = \angle BAC \Leftrightarrow \angle D'OE' + \angle D'HE' = 180°$

$\Leftrightarrow O,D',H,E'$ 四点共圆.

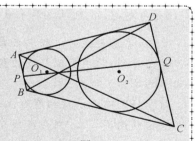

如图 1,在梯形 $ABCD$ 中,$AB \parallel CD$,$\odot O_1$ 分别与边 DA,AB,BC 相切,$\odot O_2$ 分别与边 BC,CD,DA 相切.设 P 为 $\odot O_1$ 与边 AB 的切点,Q 为 $\odot O_2$ 与边 CD 的切点.证明:AC,BD,PQ 三线共点.

图 1

（2013,中国女子数学奥林匹克）

证明 如图 2,设直线 AC 与 BD 交于点 R.连接 O_1A, $O_1B,O_1P,O_2C,O_2D,O_2Q,PR,QR$.

由于 BA,BC 为 $\odot O_1$ 的切线,故

$\angle PBO_1 = \angle CBO_1 = \dfrac{1}{2}\angle ABC$.

类似地,$\angle QCO_2 = \dfrac{1}{2}\angle BCD$.

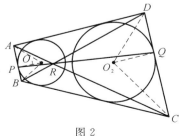

图 2

平面几何部分

由 $AB \parallel CD$，知 $\angle ABC + \angle BCD = 180°$.

则 $\angle PBO_1 + \angle QCO_2 = 90°$.

故 $\mathrm{Rt}\triangle O_1BP \backsim \mathrm{Rt}\triangle CO_2Q \Rightarrow \dfrac{O_1P}{BP} = \dfrac{CQ}{O_2Q}$.

类似地，$\dfrac{AP}{O_1P} = \dfrac{Q_2Q}{DQ}$.

两式相乘得 $\dfrac{AP}{BP} = \dfrac{CQ}{DQ}$.

再由等比定理，知 $\dfrac{AP}{AP+BP} = \dfrac{CQ}{CQ+DQ} \Rightarrow \dfrac{AP}{AB} = \dfrac{CQ}{CD}$.

由 $AB \parallel CD \Rightarrow \triangle ABR \backsim \triangle CDR \Rightarrow \dfrac{AR}{AB} = \dfrac{CR}{CD}$.

再与 $\dfrac{AP}{AB} = \dfrac{CQ}{CD}$ 比较，得 $\dfrac{AR}{AP} = \dfrac{CR}{CQ}$.

又 $\angle PAR = \angle QCR$，则 $\triangle PAR \backsim \triangle QCR \Rightarrow \angle PRA = \angle QRC$.

从而，P,R,Q 三点共线，即 AC,BD,PQ 三线共点.

> 已知凸五边形 $A_1A_2A_3A_4A_5$ 在平面直角坐标系中的所有顶点的横、纵坐标均为有理数，对于每个整数 $i(1 \leqslant i \leqslant 5)$，定义 B_i 为边 $A_{i+1}A_{i+2}$ 和 $A_{i+3}A_{i+4}$ 所在的直线的交点 $(A_j = A_{j+5}, j \in \mathbf{Z})$. 证明：直线 $A_iB_i(1 \leqslant i \leqslant 5)$ 中最多有三条直线交于一点.
>
> （2013—2014，第 31 届伊朗数学奥林匹克）

证明 若平面直角坐标系中的两个横、纵坐标为有理数的点（有理点）的坐标分别为 $(x_1,y_1),(x_2,y_2)$，则过这两个点的直线方程为 $\dfrac{y-y_1}{x-x_1} = \dfrac{y_2-y_1}{x_2-x_1}$.

于是，这条直线的方程中只有有理数，可称这样的直线为有理直线.

容易看到，两条有理直线的交点为有理点. 同一条直线上的两条端点为有理点的线段的长的比为有理数.

对于任意四个共线的有理点的十字比也为有理数.

假设结论不成立. 则存在顶点均为有理点的凸五边形 $A_1A_2A_3A_4A_5$（有理五边形），使得直线 $A_iB_i(1 \leqslant i \leqslant 5)$ 中至少有四条直线交于一点.

不失一般性，假设这四条直线为 $A_iB_i(1 \leqslant i \leqslant 4)$，公共点为 O，如图.

设 A_1B_1 与 A_3A_4 交于点 X，A_2B_2 与 A_4A_5 交于点 Y，A_3B_3 与 A_5A_1 交于点 Z，A_4B_4 与 A_1A_2 交于点 T.

设 $\lambda = (B_1A_3, A_2B_4)$. 则

$\lambda = (B_1A_3, A_2B_4)$

$= (B_1A_4, YA_5)$（从点 B_2 的射影）

$= (B_1B_4, A_2U)$（从点 O 的射影），

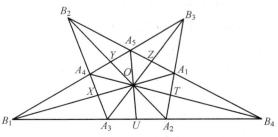

$$\lambda = (B_1A_3, A_2B_4) = (A_5Z, A_1B_4)（从点 B_3 的射影）$$
$$= (UA_3, B_1B_4)（从点 O 的射影）= (B_1B_4, UA_3).$$

由十字比的性质,得 $\lambda^2 = (B_1B_4, A_2U)(B_1B_4, UA_3) = (B_1B_4, A_2A_3) = \dfrac{\lambda}{\lambda-1}$.

于是,λ 为方程 $x^2 = x + 1$ 的一个根.

由于每个点 $A_i(1 \leqslant i \leqslant 5)$ 均为有理点,则图中的所有直线和点均为有理的.

因为共线的四个点为有理点,所以,这四个点的十字比为有理数.

又因为满足 $\lambda^2 = \lambda + 1$ 的 λ 为无理数,与 $\lambda = (B_1A_3, A_2B_4)$ 为有理数,矛盾,所以,直线 $A_iB_i(1 \leqslant i \leqslant 5)$ 中最多有三条直线交于一点.

在锐角 $\triangle ABC$ 中,垂心为 H,W 为边 BC 上的一点,与顶点 B,C 均不重合,M 和 N 分别为过顶点 B 和 C 的高的垂足.记 $\triangle BWN$ 的外接圆为圆 Γ_1,设 X 为圆 Γ_1 上的一点,且 WX 为圆 Γ_1 的直径.类似地,记 $\triangle CWM$ 的外接圆为圆 Γ_2,设 Y 为圆 Γ_2 上的一点,且 WY 为圆 Γ_2 的直径.证明:X,Y,H 三点共线.

(第 54 届 IMO)

证明　如图,设 AL 为边 BC 上的高,Z 为圆 Γ_1 与圆 Γ_2 的不同于点 W 的另一个交点.

接下来证明:X,Y,Z,H 四点共线.

因为 $\angle BNC = \angle BMC = 90°$,所以,$B$,$C$,$M$,$N$ 四点共圆,记为圆 Γ_3.

由于 WZ,BN,CM 分别为圆 Γ_1 与圆 Γ_2,圆 Γ_1 与圆 Γ_3,圆 Γ_2 与圆 Γ_3 的根轴,从而,三线交于一点.

又 BN 与 CM 交于点 A,则 WZ 过点 A.

由于 WX,WY 分别为圆 Γ_1,圆 Γ_2 的直径,故 $\angle WZX = \angle WZY = 90°$.

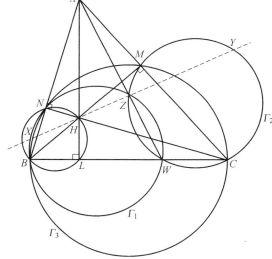

从而,点 X,Y 在过点 Z 且与 WZ 垂直的直线 l 上.

因为 $\angle BNH = \angle BLH = 90°$,所以,$B$,$L$,$H$,$N$ 四点共圆.

由圆幂定理,知 $AL \cdot AH = AB \cdot AN = AW \cdot AZ$. 　①

若点 H 在直线 AW 上,则点 H 与 Z 重合.

若点 H 不在直线 AW 上,则由式 ① 得

$$\frac{AZ}{AH} = \frac{AL}{AW} \Rightarrow \triangle AHZ \backsim \triangle AWL \Rightarrow \angle HZA = \angle WLA = 90°.$$

因此,点 H 也在直线 l 上.

在凸六边形 $ABCDEF$ 中,$AB = DE$,$BC = EF$,$CD = FA$,且 $\angle A - \angle D = \angle C - \angle F = \angle E - \angle B$.证明:对角线 AD,BE,CF 三线交于一点.

(第 54 届 IMO 预选题)

证明 如图.

设 $\theta = \angle A - \angle D$

$= \angle C - \angle F = \angle E - \angle B$.

不失一般性,假设 $\theta \geqslant 0$.

记 $AB = DE = x$,$CD = FA = y$,

$BC = EF = z$.

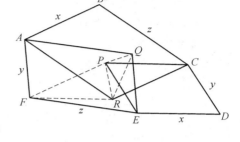

考虑点 P,Q,R,使得四边形 $CDEP$,四边形 $EFAQ$,四边形 $ABCR$ 均为平行四边形.

则 $\angle PEQ = \angle FEQ + \angle DEP - \angle E = (180° - \angle F) + (180° - \angle D) - \angle E$

$= 360° - \angle D - \angle E - \angle F = \dfrac{1}{2}(\angle A + \angle B + \angle C - \angle D - \angle E - \angle F) = \dfrac{3\theta}{2}$.

类似地,$\angle QAR = \angle RCP = \dfrac{3\theta}{2}$.

(1) 若 $\theta = 0$,由 $PC = ED = AB = RC$,则点 R 与 P 重合.

于是,$AB \underline{\underline{\parallel}} RC \underline{\underline{\parallel}} PC \underline{\underline{\parallel}} ED$.从而,四边形 $ABDE$ 为平行四边形.

类似地,四边形 $BCEF$,四边形 $CDFA$ 也为平行四边形.

因此,AD,BE,CF 三线交于一点,该点即为线段 AD,BE,CF 的中点.

(2) 若 $\theta > 0$,由 $\triangle PEQ$,$\triangle QAR$,$\triangle RCP$ 均为等腰三角形,且顶角均相等,得

$\triangle PEQ \backsim \triangle QAR \backsim \triangle RCP$,且相似比为 $y : z : x$.

于是,$\triangle PQR$ 相似于边长分别为 y,z,x 的三角形. ①

考虑到 $\dfrac{RQ}{QP} = \dfrac{z}{y} = \dfrac{RA}{AF}$,及两条射线之间的有向角

$\sphericalangle(RQ, QP) = \sphericalangle(RQ, QE) + \sphericalangle(QE, QP) = \sphericalangle(RQ, QE) + \sphericalangle(RA, RQ)$

$= \sphericalangle(RA, QE) = \sphericalangle(RA, AF)$

$\Rightarrow \triangle PQR \backsim \triangle FAR$.

因为 $FA = y$,$AR = z$,所以,由结论 ① 得 $FR = x$.

类似地,$FP = x$.

于是,四边形 $CRFP$ 为菱形.从而,CF 为 PR 的中垂线.

类似地,BE,AD 分别为 PQ,QR 的中垂线.

因此,AD,BE,CF 三线交于一点,该点即为 $\triangle PQR$ 的外心.

平面几何部分

已知锐角 $\triangle ABC$ 内接于 $\odot O$,其中,BC 为定线段,A 为一动点.在射线 AB 上取点 M,在射线 AC 上取点 N,满足 $MA = MC$,$NA = NB$,$\triangle AMN$ 的外接圆与 $\triangle ABC$ 的外接圆交于另一点 P,直线 MN 与 BC 交于点 Q.证明:

　　(1)A,P,Q 三点共线;

　　(2)若 D 为 BC 的中点,以 M,N 为圆心且经过点 A 的两个圆交于另一点 K,过 A 且垂直于 AK 的直线与 BC 交于点 E,$\triangle ADE$ 的外接圆与 $\odot O$ 交于不同于点 A 的点 F,则当点 A 在 $\odot O$ 上移动时,直线 AF 恒过一个定点.

（2014,越南数学奥林匹克）

证明　（1）如图,不妨设 $AB \leqslant AC$.

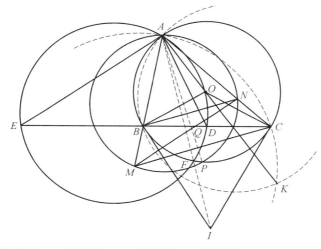

由题意,知 $\angle NBA = \angle NAB = \angle MAC = \angle MCA$.

则 B,M,C,N 四点共圆,有 $QM \cdot QN = QB \cdot QC$.

故点 Q 在 $\odot O$ 和 $\triangle AMN$ 外接圆的根轴 AP 上.

因此,A,P,Q 三点共线.

（2）首先,$OD \perp DC$.

故 $\triangle ODC$ 的外接圆圆心为 OC 的中点.于是,$\triangle ODC$ 的外接圆与 $\odot O$ 内切于点 C.

从而,这两个圆的根轴为 $\odot O$ 在点 C 处的切线 d.

其次证明:A,O,D,E 四点共圆.

考虑经过点 A 的两个圆 $\odot M$,$\odot N$,知 $AK \perp MN$.

因为 $NA = NB$,$OA = OB$,所以,ON 垂直平分 AB.

类似地,OM 垂直平分 AC.

故 O 为 $\triangle AMN$ 的垂心,$AO \perp MN$.于是,A,O,K 三点共线.从而,$\angle OAE = 90°$.

又 $\angle ODE = 90°$,则 A,O,D,E 四点共圆.

观察 $\triangle ADE$ 的外接圆,$\triangle ODC$ 的外接圆及 $\odot O$,其两两的根轴分别为 OD,d,AF,三线共点.

因此,直线 AF 过定点,即直线 OD 与直线 d 的交点 I.

已知点 P 在 $\triangle ABC$ 的内部,线段 AP,BP,CP 的延长线分别与 $\triangle ABC$ 的外接圆交于点 A',B',C'. 设 $\triangle BCP$,$\triangle APC$,$\triangle APB$ 的外心分别为 O_A,O_B,O_C,$\triangle B'C'P$,$\triangle A'C'P$,$\triangle A'B'P$ 的外心分别为 O'_A,O'_B,O'_C. 证明:$O_AO'_A$,$O_BO'_B$,$O_CO'_C$ 三线共点.

(2014,英国数学奥林匹克)

证明 先证明一个引理.

引理 如图,在 $\odot O$ 的内接四边形 $ABCD$ 中,$\triangle APD$ 的外心和垂心分别为 O_1 和 O_2,$\triangle BPC$ 的外心和垂心分别为 H_1 和 H_2.则线段 O_1O_2 与 OP 互相平分.

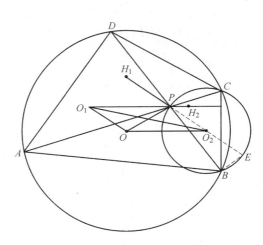

证明 由 $\triangle APD \backsim \triangle BPC$

$\Rightarrow \angle DPO_1 = \angle CPO_2$.

延长 PO_2,与 $\odot O_2$ 交于点 E,连接 BE.

于是,$\angle CPO_2 = \angle CBE$.

又 PE 为 $\odot O_2$ 的直径,则

$\angle CBE + \angle PBC = 90°$.

由 $PH_2 \perp BC \Rightarrow \angle PBC + \angle BPH_2 = 90°$

$\Rightarrow \angle CPO_2 = \angle CBE = \angle BPH_2$

$\Rightarrow O_1$,P,H_2 三点共线.

类似地,O_2,P,H_1 三点共线.

又点 O,O_2 均在线段 BC 的中垂线上,则 $OO_2 \perp BC$,$O_1H_2 \perp BC \Rightarrow OO_2 \parallel O_1H_2$.

类似地,$OO_1 \parallel O_2H_1$.

从而,四边形 O_1OO_2P 为平行四边形,即 OP 与 O_1O_2 互相平分.

引理得证.

依据引理,依次考虑圆内接四边形 $BC'B'C$,圆内接四边形 $CA'C'A$,圆内接四边形 $AB'A'B$,则可得到线段 $O_AO'_A$,$O_BO'_B$,$O_CO'_C$ 均与线段 OP 互相平分.

从而,$O_AO'_A$,$O_BO'_B$,$O_CO'_C$ 三线共点于线段 OP 的中点.

已知 $\triangle ABC$ 内接于 $\odot O$,以线段 AO 为直径的圆与 $\triangle OBC$ 的外接圆交于另一点 S.由点 B,C 所作 $\odot O$ 的切线交于点 P.证明:A,S,P 三点共线.

(2014,第 40 届俄罗斯数学奥林匹)

证明 如图.

由于 BP,CP 均为 $\odot O$ 的切线,则

$\angle OBP = \angle OCP = 90°$.

于是,点 P 在 $\triangle OBC$ 的外接圆上,PO 为该圆的直径.

故 $\angle OSP = 90°$.

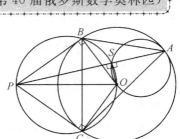

又 AO 为经过点 A,O,S 的圆的直径,则

$\angle OSA = 90°$.

从而,A,S,P 三点共线.

已知 $\triangle ABC$ 的内切圆 $\odot I$ 与边 AB,BC,CA 分别切于点 N,K,P. $AB > BC$,且 $\angle A,\angle C$ 的平分线分别与直线 NK 交于点 Q,T,直线 AQ 与 TP 交于点 S,直线 CT 与 PQ 交于点 F. 证明:NK,SF,AC 三线共点.

(2014,第 54 届乌克兰数学奥林匹克)

证明 如图.

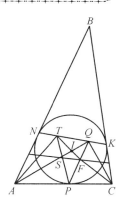

注意到,

$\angle NQA = \angle BNK - \angle NAQ$

$= \left(90° - \dfrac{1}{2}\angle B\right) - \dfrac{1}{2}\angle BAC = \dfrac{1}{2}\angle ACB.$

故 $\angle TQI = \angle KCI = \dfrac{1}{2}\angle ACB.$

于是,I,Q,K,C 四点共圆.

从而,$\angle AQC = \angle IQC = \angle IKC = 90°$.

类似地,$\angle CTA = 90°$.

显然,$IP \perp AC$. 则 A,T,I,P 四点共圆,C,Q,I,P 四点共圆.

故 $\angle PTI = \angle PAI = \angle CAQ = \angle ITQ$.

于是,TI 为 $\angle PTQ$ 的平分线.

类似地,QI 为 $\angle PQT$ 的平分线.

从而,I 为 $\triangle TPQ$ 的内心. 故 PI 为 $\angle TPQ$ 的平分线.

而 $AB > BC$,记 NK 与 AC 交于点 R.

注意到,PC 为 $\angle TPQ$ 的外角平分线.

由角平分线定理和外角平分线定理,得 $\dfrac{PS}{ST} = \dfrac{PQ}{QT}, \dfrac{TR}{RQ} = \dfrac{PT}{PQ}, \dfrac{QF}{FP} = \dfrac{QT}{TP}$.

以上三式相乘,得 $\dfrac{PS}{ST} \cdot \dfrac{TR}{RQ} \cdot \dfrac{QF}{FP} = \dfrac{PQ}{QT} \cdot \dfrac{PT}{PQ} \cdot \dfrac{QT}{TP} = 1$.

由梅涅劳斯定理的逆定理,知 S,F,R 三点共线. 于是,NK,SF,AC 三线共点.

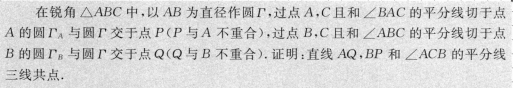

在锐角 $\triangle ABC$ 中,以 AB 为直径作圆 Γ,过点 A,C 且和 $\angle BAC$ 的平分线切于点 A 的圆 Γ_A 与圆 Γ 交于点 P(P 与 A 不重合),过点 B,C 且和 $\angle ABC$ 的平分线切于点 B 的圆 Γ_B 与圆 Γ 交于点 Q(Q 与 B 不重合). 证明:直线 AQ,BP 和 $\angle ACB$ 的平分线三线共点.

(2014,第 63 届捷克和斯洛伐克数学奥林匹克)

证明 如图,取圆 Γ_B 优弧 $\overparen{BC}$ 上任意一点 A'.

因为圆 Γ_B 与 $\angle ABC$ 的平分线切于点 B,所以,$\angle CA'B = \angle IBC = \frac{1}{2}\angle ABC$.

又因为 C,Q,B,A' 四点共圆,所以,$\angle BQC = 180° - \frac{1}{2}\angle ABC$.

由于 AB 为圆 Γ 的直径,则

$$\angle AQB = 90°, \angle AQB + \angle BQC = 270° - \frac{1}{2}\angle ABC > 180°,$$

即点 Q 在 $\triangle ABC$ 内部. 故 $\angle AQC = 90° + \frac{1}{2}\angle ABC$.

由于 I 为 $\triangle ABC$ 内心,则 $\angle AIC = 90° + \frac{1}{2}\angle ABC$. 故 $\angle AIC = \angle AQC$.

于是,A,I,Q,C 四点共圆,设为圆 Γ'. 从而,AQ 为圆 Γ 和圆 Γ' 的根轴.

类似地,B,I,P,C 四点共圆,设为圆 Γ''.

故 BP 为圆 Γ 和圆 Γ'' 的根轴.

而 CI 为圆 Γ' 和圆 Γ'' 的根轴,故三条根轴交于根心,即直线 AQ,BP 和 $\angle ACB$ 的平分线三线共点.

已知 M 为 $\triangle ABC$ 内的任意一点,直线 AM,BM,CM 分别与 $\triangle ABC$ 的外接圆交于点 D,E,F. 记 $\triangle BCM,\triangle CAM,\triangle ABM$ 的外心分别为 O_1,O_2,O_3. 证明:DO_1, EO_2, FO_3 三线共点.

(第 50 届蒙古数学奥林匹克)

证明 如图,设 H 为 DO_1 与 $\triangle ABC$ 的外接圆交点,O'_2 为 CO_2 与 EH 的交点.

下面证明:点 O_2 与 O'_2 重合.

设 $\angle MAC = \angle DAC = \alpha$,$\angle CBM = \angle CBE = \beta$.

由于 A,D,C,E 四点共圆,则

$$\angle O_1HE = \angle DHE = \angle DHC + \angle CHE$$
$$= \angle DAC + \angle CBE = \alpha + \beta.$$

又易知 $\angle MO_2C = 2\angle MAC = 2\alpha$,

$\angle CO_1M = 2\angle CBM = 2\beta$,

$O_2M = O_2C, O_1M = O_1C$,

故 $\angle O_1O_2C = \frac{1}{2}\angle MO_2C = \alpha$,$\angle CO_1O_2 = \frac{1}{2}\angle CO_1M = \beta$.

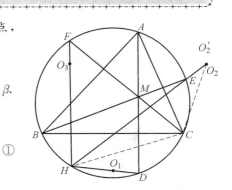

①

于是,$\angle O_1CO_2 = 180° - \alpha - \beta$.　　　　　②

由式①、②得

$\angle O_1CO_2' = \angle O_1CO_2 = 180° - \alpha - \beta = 180° - \angle O_1HE = 180° - \angle O_1HO_2'$.

于是,O_1, C, O_2', H 四点共圆.

故 $\angle O_1O_2'C = \angle O_1HC = \angle DHC = \angle DAC = \alpha = \angle O_1O_2C$.

从而,点 O_2 与 O_2' 重合,即 EO_2 过点 H.

类似地,FO_3 也过点 H.

　　已知 $\odot P$ 与 $\triangle ABC$ 的边 BC 交于点 A_1 和 A_2,与 CA 交于点 B_1 和 B_2,与 AB 交于点 G 和 C_2,其中,A_1, B_1, C_1 分别更靠近点 B, C, A. 设 $\triangle A_1A_2P, \triangle B_1B_2P, \triangle C_1C_2P$ 的外心分别为 A', B', C'. 证明:AA', BB', CC' 三线共点.

（2014,土耳尔国家队选拔考试）

证明 如图 1,设点 P 在边 BC, CA, AB 上的投影分别为 A_3, B_3, C_3.

则点 A', B', C' 分别在 PA_3, PB_3, PC_3 上.

由勾股定理得

$A'P^2 - A'A_3^2 = A'A_1^2 - A'A_3^2$

$= A_1P^2 - A_3P^2 = A_1P^2 - (A_3A' + A'P)^2$.

故 $PA' \cdot PA_3 = \dfrac{PA_1^2}{2}$.

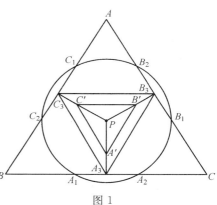

图 1

类似地,$PB' \cdot PB_3 = \dfrac{PB_1^2}{2}, PC' \cdot PC_3 = \dfrac{PC_1^2}{2}$.

于是,$PA' \cdot PA_3 = PB' \cdot PB_3 = PC' \cdot PC_3$.

这表明,A_3, C_3, C', A' 四点共圆,B_3, A_3, A', B' 四点共圆,C_3, B_3, B', C' 四点共圆.

在 $\triangle AB_3A'$ 和 $\triangle AC_3A'$ 中,由正弦定理得

$\dfrac{A'B_3}{AA'} = \dfrac{\sin\angle A'AB_3}{\sin\angle AB_3A'} = \dfrac{\sin\angle A'AB_3}{\cos\angle A'B_3P}, \dfrac{A'C_3}{AA'} = \dfrac{\sin\angle A'AC_3}{\sin\angle AC_3A'} = \dfrac{\sin\angle A'AC_3}{\cos\angle A'C_3P}$.

于是,$\dfrac{\sin\angle A'AB_3}{\sin\angle A'AC_3} = \dfrac{A'B_3\cos\angle A'B_3P}{A'C_3\cos\angle A'C_3P}$.

类似地,$\dfrac{\sin\angle B'BC_3}{\sin\angle B'BA_3} = \dfrac{B'C_3\cos\angle B'C_3P}{B'A_3\cos\angle B'A_3P}, \dfrac{\sin\angle C'CA_3}{\sin\angle C'CB_3} = \dfrac{C'A_3\cos\angle C'A_3P}{C'B_3\cos\angle C'B_3P}$.

由角元塞瓦定理的逆定理,知要证明 AA', BB', CC' 三线共点,只要证

$\dfrac{A'B_3}{A'C_3} \cdot \dfrac{B'C_3}{B'A_3} \cdot \dfrac{C'A_3}{C'B_3} \cdot \dfrac{\cos\angle A'B_3P}{\cos\angle A'C_3P} \cdot \dfrac{\cos\angle B'C_3P}{\cos\angle B'A_3P} \cdot \dfrac{\cos\angle C'A_3P}{\cos\angle C'B_3P} = 1$.

由 $\angle A'C_3P = \angle C'A_3P, \angle B'A_3P = \angle A'B_3P, \angle C'B_3P = \angle B'C_3P$,则

$\dfrac{\cos\angle A'B_3P}{\cos\angle A'C_3P} \cdot \dfrac{\cos\angle B'C_3P}{\cos\angle B'A_3P} \cdot \dfrac{\cos\angle C'A_3P}{\cos\angle C'B_3P} = 1$.

从而,只要证$\dfrac{A'B_3}{A'C_3} \cdot \dfrac{B'C_3}{B'A_3} \cdot \dfrac{C'A_3}{C'B_3} = 1$.

因为$\triangle PA_3C' \backsim \triangle PC_3A'$,所以,$\dfrac{C'A_3}{A'C_3} = \dfrac{PA_3}{PC_3}$.

类似地,$\dfrac{A'B_3}{B'A_3} = \dfrac{PB_3}{PA_3}, \dfrac{B'C_3}{C'B_3} = \dfrac{PC_3}{PB_3}$.

故$\dfrac{A'B_3}{A'C_3} \cdot \dfrac{B'C_3}{B'A_3} \cdot \dfrac{C'A_3}{C'B_3} = \dfrac{PA_3}{PC_3} \cdot \dfrac{PB_3}{PA_3} \cdot \dfrac{PC_3}{PB_3} = 1$.

已知在$\triangle ABC$中,AA',BB',CC'为三条高线,点X在线段AA'上.圆Γ_B为过点B和X且圆心在边BC上的圆,圆Γ_C为过点C和X且圆心在边BC上的圆.圆Γ_B与AB交于点M,圆Γ_B与BB'交于点M',圆Γ_C与AC交于点N,圆Γ_C与CC'交于点N'.证明:M,M',N,N'四点共线.

(2014,第65届罗马尼亚国家队选拔考试)

平面几何部分

证明 如图1,设H为$\triangle ABC$的垂心,X关于BC的对称点为X'.则$XX' \perp BC$.

而$AX \perp BC$,故A,X,X'三点共线.

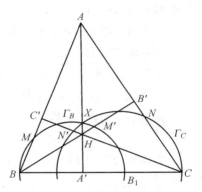

因为圆Γ_B,Γ_C均以直线BC为对称轴,所以,X'为圆Γ_B与Γ_C的另一个交点,即直线XX'为圆Γ_B与Γ_C的根轴.

又$AM \cdot AB = AX \cdot AX' = AN \cdot AC$,则$B,M,N,C$四点共圆.故$\angle AMN = \angle ACB$.

而B,C',B',C四点共圆,则$\angle AC'B' = \angle ACB$.

于是,$MN \parallel C'B'$.

又$HM' \cdot HB = HX \cdot HX' = HN' \cdot HC$,则$B,N',M',C$四点共圆.

故$\angle N'M'B = \angle N'CB = \angle C'B'B$.从而,$N'M' \parallel C'B'$.

设圆Γ_B上的点B的对径点为B_1.于是,$B_1M \perp AB$,$B_1M \parallel CC'$.

又因为M,M',B_1,B四点共圆,所以,$\angle MM'B = \angle MB_1B = \angle C'CB = \angle C'B'B$.从而,$MM' \parallel C'B'$.

由$MN \parallel C'B',M'N' \parallel C'B',MM' \parallel C'B'$,知$M,M',N,N'$四点共线.

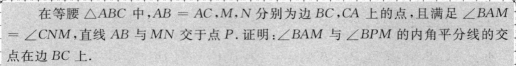

在等腰$\triangle ABC$中,$AB = AC$,M,N分别为边BC,CA上的点,且满足$\angle BAM = \angle CNM$,直线AB与MN交于点P.证明:$\angle BAM$与$\angle BPM$的内角平分线的交点在边BC上.

(2014,第65届罗马尼亚国家队选拔考试)

证明 如图 1,记 I 为 $\angle BAM$ 的平分线与边 BC 的交点,且 D 为 A 关于 BC 的对称点.

则 $\angle BMD = \angle BMA = \angle CMN$.

从而,P,M,D 三点共线.

又 DI 为 $\angle BDM$ 的平分线,且 BI 为 $\angle ABD$ 的平分线,则 I 为 $\triangle PBD$ 的内心.

于是,PI 为 $\angle BPM$ 的平分线.

故得结论成立.

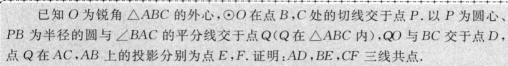

已知 O 为锐角 $\triangle ABC$ 的外心,$\odot O$ 在点 B,C 处的切线交于点 P.以 P 为圆心、PB 为半径的圆与 $\angle BAC$ 的平分线交于点 $Q(Q$ 在 $\triangle ABC$ 内$)$,QO 与 BC 交于点 D,点 Q 在 AC,AB 上的投影分别为点 E,F.证明:AD,BE,CF 三线共点.

(2014,第 65 届罗马尼亚国家队选拔考试)

证明 如图,设 AB 与 $\odot P$ 交于点 R,连接 CR,OB.

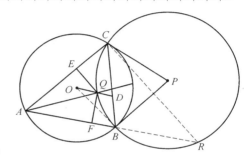

由 $\angle ACR = \angle ACB + \angle BCR$

$= \dfrac{\angle AOB + \angle BPR}{2}$

$= \dfrac{(\pi - 2\angle OBA) + (\pi - 2\angle PBR)}{2}$

$= \pi - (\angle OBA + \angle PBR) = \angle PBO = 90°,$

则 $AC \perp CR$.

又 $QE \perp AC$,故 $QE \parallel RC \Rightarrow \angle CQE = \angle QCR$.

注意到,B,Q,C,R 四点共圆.于是,$\angle QBF = \angle QCR = \angle CQE$.

故 $\triangle BQF \backsim \triangle QCE \Rightarrow \dfrac{BQ}{QC} = \dfrac{BF}{QE} = \dfrac{QF}{CE}$.

而由 AQ 为 $\angle BAC$ 的平分线,得 $QE = QF$.

从而,$\dfrac{BQ^2}{QC^2} = \dfrac{BF}{QE} \cdot \dfrac{QF}{CE} = \dfrac{BF}{CE}$.

再对 $\triangle OBC$ 及点 Q 应用角元塞瓦定理得

$\dfrac{\sin\angle DOC}{\sin\angle DOB} \cdot \dfrac{\sin\angle OBQ}{\sin\angle QBC} \cdot \dfrac{\sin\angle BCQ}{\sin\angle QCO} = 1.$

因为 OC,OB 均为 $\odot P$ 的切线,所以,$\angle QCO = \angle QBC$,$\angle BCQ = \angle OBQ$.

故 $\dfrac{\sin\angle DOC}{\sin\angle DOB} = \dfrac{\sin^2\angle QBC}{\sin^2\angle BCQ} = \left(\dfrac{QC}{QB}\right)^2.$

而 $\dfrac{\sin\angle DOC}{\sin\angle DOB} = \dfrac{\frac{1}{2}CO \cdot OD\sin\angle DOC}{\frac{1}{2}BO \cdot OD\sin\angle DOB} = \dfrac{S_{\triangle COD}}{S_{\triangle BOD}} = \dfrac{CD}{BD}$,则 $\dfrac{BQ^2}{QC^2} = \dfrac{BD}{CD}.$

故 $\dfrac{AF}{FB} \cdot \dfrac{BD}{DC} \cdot \dfrac{CE}{EA} = \dfrac{BD}{DC} \cdot \dfrac{CE}{FB} = 1$.

由塞瓦定理的逆定理,知 AD,BE,CF 三线共点.

已知 O 为 $\triangle A_0 A_1 A_2$ 的外心,$OA_k(k=0,1,2)$ 与 $A_{k+1}A_{k+2}$ 交于点 B_k,$\odot O$ 在点 A_k 处的切线与 $B_{k+1}B_{k+2}$ 交于点 C_k,且下标均取模 3 的余数. 证明:C_0,C_1,C_2 三点共线.

(2014,第 65 届罗马尼亚国家队选拔考试)

证明 如图.

注意到,
$$\dfrac{B_1 C_2}{B_0 C_2} = \dfrac{S_{\triangle B_1 A_2 C_2}}{S_{\triangle B_0 A_2 C_2}}$$
$$= \dfrac{B_1 A_2 \sin\angle B_1 A_2 C_2}{B_0 A_2 \sin\angle B_0 A_2 C_2} = \dfrac{B_1 A_2 \sin A_1}{B_0 A_2 \sin A_0} \cdot \quad ①$$

类似地,
$$\dfrac{B_0 C_1}{B_2 C_1} = \dfrac{B_0 A_1 \sin A_0}{B_2 A_1 \sin A_2}, \qquad\qquad\qquad ②$$
$$\dfrac{B_2 C_0}{B_1 C_0} = \dfrac{B_2 A_0 \sin A_2}{B_1 A_0 \sin A_1}. \qquad\qquad\qquad ③$$

对 $\triangle A_0 A_1 A_2$ 及点 O 应用塞瓦定理有 $\dfrac{A_0 B_1}{B_1 A_2} \cdot \dfrac{A_2 B_0}{B_0 A_1} \cdot \dfrac{A_1 B_2}{B_2 A_0} = 1$. $\qquad ④$

由式 ① ~ ④,得 $\dfrac{B_1 C_2}{C_2 B_0} \cdot \dfrac{B_0 C_1}{C_1 B_2} \cdot \dfrac{B_2 C_0}{C_0 B_1} = 1$.

由梅涅劳斯定理的逆定理,知 C_0,C_1,C_2 三点共线.

已知 $\triangle ABC$ 的内心为 I,过点 I 作 AI 的垂线与 AC,AB 分别交于点 B',C'. 点 B_1,C_1 分别在射线 BC,CB 上,使得 $AB = BB_1$,$AC = CC_1$. 若 $\triangle AB_1 C'$ 的外接圆与 $\triangle AC_1 B'$ 的外接圆的第二个交点为 T,证明:$\triangle ATI$ 的外心在直线 BC 上.

(第 31 届伊朗国家队选拔考试)

证明 如图,设 $\triangle ABC$ 的外接圆 Γ,$\angle A$ 内的旁切圆为 Γ_A,圆心分别为 O,I_A.

先以 A 为反演中心,$AB \cdot AC$ 为反演幂作反演变换,再作以 $\angle BAC$ 的平分线为对称轴的对称变换,记这两次变换的复合变换为 h. 则此变换 h 将 B' 变为直线 AB 上的点 B'',将 C' 变为直线 AC 上的点 C''.

由 $AB' \cdot AC'' = AC' \cdot AB''$
$= AB \cdot AC = AI \cdot AI_A$,

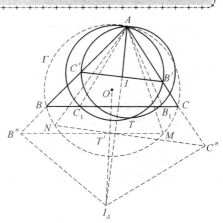

则 I, I_A, C'', B' 四点共圆, I, I_A, B'', C' 四点共圆.

因为 $\angle I_A I B' = 90°$ 所以, $I_A C'' \perp AC''$.

于是, C'' 为圆 Γ_A 与直线 AC 的切点.

类似地, B'' 为圆 Γ_A 与直线 AB 的切点.

下面求点 B_1, C_1 在变换 h 下的像.

设 M, N 分别为圆 Γ 的 $\overparen{ACB}, \overparen{ABC}$ 的中点. 则 $\angle BAC_1 = \angle CAM$.

易知, 在变换 h 下, 直线 BC 变为圆 Γ. 于是, 点 C_1 变为 M.

类似地, 在变换 h 下, 点 B_1 变为 N.

故 T 变为直线 NC'' 与 MB'' 的交点, 记为 T'.

注意到, 过点 N 与圆 Γ 相切的直线与过点 C'' 与圆 Γ_A 相切的直线平行. 则圆 Γ 与圆 Γ_A 的位似中心 T'' 在直线 NC'' 上.

类似地, 点 T'' 在直线 MB'' 上.

从而, 点 T'' 与 T' 重合, 且点 T' 在直线 OI_A 上. 这表明, 直线 $T'I_A$ 垂直于圆 Γ.

因为变换 h 保角, 且在变换 h 下, 直线 $T'I_A$ 变为 $\triangle ATI$ 的外接圆, 圆 Γ 变为直线 BC, 所以, $\triangle ATI$ 的外接圆垂直于直线 BC. 故 $\triangle ATI$ 的外接圆的圆心在直线 BC 上.

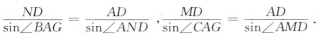

已知 $\triangle ABC$ 的三条中线 AA', BB', CC' 与其九点圆分别交于点 D, E, F, 直线 BC, CA, AB 上的点 L, M, N 分别为 $\triangle ABC$ 的三条高线的垂足, 九点圆上以 D, E, F 为切点的三条切线与直线 MN, LN, LM 分别交于点 P, Q, R. 证明: P, Q, R 三点共线.

(2014, 第 17 届地中海地区数学竞赛)

证明 如图, 设 $\triangle ABC$ 的重心为 G.

由梅涅劳斯定理的逆定理, 知只要证

$$\frac{NP}{PM} \cdot \frac{MR}{RL} \cdot \frac{LQ}{QN} = 1. \qquad ①$$

易见, $\triangle PDN \backsim \triangle PMD$.

故 $\dfrac{NP}{PM} = \dfrac{S_{\triangle PDN}}{S_{\triangle PDM}} = \dfrac{ND^2}{DM^2}$.

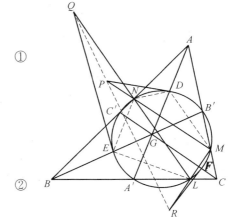

类似地, $\dfrac{MR}{RL} = \dfrac{MF^2}{FL^2}, \dfrac{LQ}{QN} = \dfrac{LE^2}{EN^2}$.

为证式 ①, 只要证 $\dfrac{ND}{DM} \cdot \dfrac{MF}{FL} \cdot \dfrac{LE}{EN} = 1. \qquad ②$

由正弦定理知

$$\frac{ND}{\sin\angle BAG} = \frac{AD}{\sin\angle AND}, \frac{MD}{\sin\angle CAG} = \frac{AD}{\sin\angle AMD}.$$

两式相除得 $\dfrac{ND}{DM} \cdot \dfrac{\sin\angle CAG}{\sin\angle BAG} = \dfrac{\sin\angle AMD}{\sin\angle AND} = \dfrac{\sin\angle B'A'D}{\sin\angle C'A'D} = \dfrac{B'D}{C'D}. \qquad ③$

类似地, $\dfrac{MF}{FL} \cdot \dfrac{\sin\angle BCG}{\sin\angle ACG} = \dfrac{A'F}{B'F}, \qquad ④$

$$\frac{LE}{EN} \cdot \frac{\sin\angle ABG}{\sin\angle CBG} = \frac{C'E}{A'E}. \qquad ⑤$$

由角元塞瓦定理,知 $\frac{\sin\angle BAG}{\sin\angle CAG} \cdot \frac{\sin\angle ACG}{\sin\angle BCG} \cdot \frac{\sin\angle CBG}{\sin\angle ABG} = 1.$ ⑥

③ ～ ⑥ 四式相乘得 $\frac{ND}{DM} \cdot \frac{MF}{FL} \cdot \frac{LE}{EN} = \frac{B'D}{C'D} \cdot \frac{A'F}{B'F} \cdot \frac{C'E}{A'E}.$ ⑦

又由 D,C',E,F,A',B' 六点共圆,有 $\frac{B'D}{A'E} = \frac{DG}{EG}, \frac{A'F}{C'D} = \frac{FG}{DG}, \frac{C'E}{B'F} = \frac{EG}{FG}.$

三式相乘代入式 ⑦,即得式 ②.

设 $\triangle ABC$ 的内切圆 $\odot I$ 与三边 BC,CA,AB 的切点分别为 $A_1,B_1,C_1,\triangle BC_1B_1$ 的外接圆与 BC 分别交于点 $B,K,\triangle CB_1C_1$ 的外接圆与 BC 分别交于点 C,L. 证明:直线 LC_1,KB_1,IA_1 三线共点.

(2014,第65届白俄罗斯数学奥林匹克)

证明 如图,设直线 LC_1 与 KB_1 交于点 X.

只需证明:X,I,A_1 三点共线.

设 $\angle CAB = \alpha,\angle ABC = \beta,\angle BCA = \gamma$.

因为 L,C_1,B_1,C 四点共圆,

所以,$\angle C_1LC = \angle C_1B_1A = \angle B_1C_1A$

$= 90° - \frac{\alpha}{2} = \frac{\beta+\gamma}{2}.$

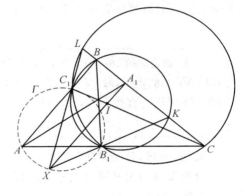

类似地,$\angle B_1KB = \frac{\beta+\gamma}{2}.$

故 $\triangle LXK$ 为等腰三角形($XL = XK$),且

$\angle C_1XB_1 = \angle LXK = 180° - (\beta+\gamma) = \alpha.$

又 $IC_1 \perp AB,IB_1 \perp AC$,则 $\angle C_1IB_1 = 180° - \alpha.$

故 I,C_1,A,X,B_1 五点共圆 $\Gamma,\angle C_1AB_1$ 的平分线与圆 Γ 交于点 A,I.

于是,$\angle C_1XI = \angle C_1AI = \angle IAB_1 = \angle IXB_1.$

从而,XI 为 $\angle C_1XB_1$ 的平分线.

因为 $\triangle LXK$ 是等腰三角形,所以,XI 为该三角形的高线.

由于 $IA_1 \perp BC$,因此,点 X,I,A_1 位于同一条直线上.

在 $\triangle ABC$ 中,D,E 分别为边 AB,AC 上的点,且满足 $DB = BC = CE$,设直线 CD 与 BE 交于点 F. 证明:$\triangle ABC$ 的内心 I,$\triangle DEF$ 的垂心 H,$\triangle ABC$ 的外接圆的 $\overset{\frown}{BAC}$ 的中点 M 三点共线.

(2014,欧洲女子数学奥林匹克)

平面几何部分

证明 如图1.

由 $DB = BC = CE$，知 $BI \perp CD, CI \perp BE$，故 I 为 $\triangle BFC$ 的垂心.

记直线 BI 与 CD 交于点 K，直线 CI 与 BE 交于点 L. 则由圆幂定理知 $IB \cdot IK = IC \cdot IL$.

过点 D 作 EF 的垂线，垂足为 U，过点 E 作 DF 的垂线，垂足为 V. 则由圆幂定理知 $DH \cdot HU = EH \cdot HV$.

记以线段 BD, CE 为直径的圆分别为 $\odot O_1, \odot O_2$.

于是，点 I, H 对 $\odot O_1$ 和 $\odot O_2$ 的幂相等，即直线 IH 为 $\odot O_1$ 与 $\odot O_2$ 的根轴.

又 $MB = MC, BO_1 = CO_2, \angle MBO_1 = \angle MCO_2$，故 $\triangle MBO_1 \backsim \triangle MCO_2 \Rightarrow MO_1 = MO_2$.

因为 $\odot O_1$ 与 $\odot O_2$ 半径相等，所以，点 M 对 $\odot O_1$ 和 $\odot O_2$ 的幂相等，即点 M 在这两个圆的根轴上.

从而，M, I, H 三点共线.

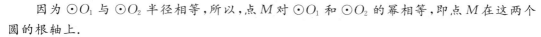

如图1，锐角 $\triangle ABC$ 的外心为 O，点 A 的在边 BC 上的射影为 H_A，AO 的延长线与 $\triangle BOC$ 的外接圆交于点 A' 在直线 AB, AC 上的射影分别是 D, E，$\triangle DEH_A$ 的外心为 O_A. 类似定义点 H_B, O_B，及 H_C, O_C. 证明：$O_A H_A, O_B H_B, O_C H_C$ 三线共点.

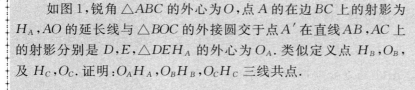

图1

（2014，中国国家集训队选拔考试）

证明 如图2，设 T 是点 A 关于 BC 的对称点，点 A' 在边 BC 上的射影为点 F，T 在直线 AC 上的射影为 M.

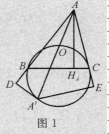

由 $AC = CT$，知 $\angle TCM = 2\angle TAM$.

又 $\angle TAM = \dfrac{\pi}{2} - \angle ACB = \angle OAB$，则

$\angle TCM = 2\angle OAB = \angle A'OB = \angle A'CF$，

且 $\angle TCH_A = \angle A'CT + \angle A'CT$

$= \angle TCM + \angle A'CT = \angle A'CE$.

注意到，$\angle CH_AT, \angle CMT, \angle CEA', \angle CFA'$ 均为直角.

故 $\dfrac{CH_A}{CM} = \dfrac{CH_A}{CT} \cdot \dfrac{CT}{CM}$

$= \dfrac{\cos\angle TCH_A}{\cos\angle TCM} = \dfrac{\cos\angle A'CE}{\cos\angle A'CF} = \dfrac{CE}{CA'} \cdot \dfrac{CA'}{CF} = \dfrac{CE}{CF}$

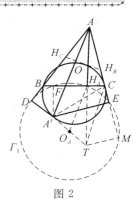

图2

$\Rightarrow CH_A \cdot CF = CM \cdot CE$.

从而,H_A,F,M,E 四点共圆 Γ_1.

类似地,设 T 在直线 AB 上的射影为 N(图中未画出),则 H_A,F,N,D 四点共圆 Γ_2.

由四边形 $A'FH_AT$ 及四边形 $A'EMT$ 均为直角梯形,知线段 H_AF 与 EM 的中垂线交于线段 $A'T$ 的中点 K,即圆 Γ_1 的圆心为 K,半径为 KF.

类似地,圆 Γ_2 的圆心也为 K,半径也为 KF.

故圆 Γ_1 与 Γ_2 重合,即 N,D,F,H_A,E,M 六点共圆.

于是,O_A 即为线段 $A'T$ 的中点 K.

从而,$O_AH_A \parallel AA'$.

由 $\angle H_cAO + \angle AH_cH_B = \dfrac{\pi}{2} - \angle ACB + \angle ACB = \dfrac{\pi}{2}$,知 $AA' \perp H_BH_C$.

因此,$O_AH_A \perp H_BH_C$.

故 O_AH_A,O_BH_B,O_CH_C 三线共点于 $\triangle H_AH_BH_C$ 的垂心.

在非等边 $\triangle ABC$ 中,BC,CA,AB 的中点分别为 M_a,M_b,M_c,S 为 $\triangle ABC$ 的欧拉线上一点,直线 M_aS,M_bS,M_cS 与 $\triangle ABCD$ 的九点圆的第二个交点分别为 X,Y,Z. 证明:AX,BY,CZ 三线交于一点.

(2014—2015,美国国家队选拔考试)

证明 如图,设 $\triangle ABC$ 的垂心为 H,九点圆的圆心为 N,点 A,B,C 在边 BC,CA,AB 上的投影分别为 H_a,H_b,H_c,线段 AH,BH,CH 的中点分别为 T_a,T_b,T_c,M_cH_b 与 M_bH_c 交于点 P.

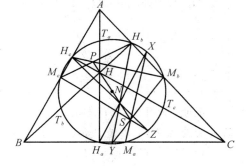

对于圆内接六边形 $M_bT_bH_bM_cT_cH_c$,由帕斯卡定理,知点 P,M_bT_b 与 M_cT_c 的交点 N,T_bH_b 与 T_cH_c 的交点 H 三点共线.

于是,点 P 在 $\triangle ABC$ 的欧拉线 NH 上.

对于圆内接六边形 $M_bYH_bM_cZH_c$,由帕斯卡定理,知 H_bY 与 H_cZ 的交点,M_bY 与 M_cZ 的交点 S,M_bH_c 与 M_cH_b 的交点 P 三点共线.

类似地,H_bY 与 H_aX 的交点也在 $\triangle ABC$ 的欧拉线上.

于是,H_aX,H_bY,H_cZ 三线交于一点.

由角元塞瓦定理,得 $\prod \dfrac{\sin\angle H_cH_aX}{\sin\angle H_bH_aX} = 1$.

则 $\prod \dfrac{\sin\angle BAX}{\sin\angle CAX} = \prod \dfrac{\sin\angle M_cAX}{\sin\angle M_bAX} = \prod \dfrac{\dfrac{M_cX}{AX}\sin\angle AM_cX}{\dfrac{M_bX}{AX}\sin\angle AM_bX}$

$$= \left(\prod \frac{\sin \angle AM_cX}{\sin \angle AM_bX} \right) \left(\prod \frac{M_cX}{M_bX} \right) = \prod \frac{\sin \angle H_cH_aX}{\sin \angle H_bH_aX} = 1.$$

由角元塞瓦定理的逆定理,知 AX,BY,CZ 三线交于一点.

已知 $\triangle ABC$ 的外接圆为圆 Γ,内心为 I,过点 I 且垂直于 CI 的直线与线段 BC 交于点 U,与圆 Γ 的 $\overset{\frown}{BC}$(不含点 A)交于点 V,过点 U,V 且平行于 AI 的直线与 AV,AB 分别交于点 X,Y.设 AX,BC 的中点分别为 W,Z.证明:若 I,X,Y 三点共线,则 $I,W,$ Z 也三点共线.

(第 55 届 IMO 预选题)

证明 设 $\alpha = \dfrac{\angle BAC}{2}$,$\beta = \dfrac{\angle ABC}{2}$,$\gamma = \dfrac{\angle ACB}{2}$.则 $\alpha + \beta + \gamma = 90°$.

由 $\angle UIC = 90°$,知 $\angle IUC = \alpha + \beta$.

故 $\angle BIV = \angle IUC - \angle IBC = \alpha = \angle BAI = \angle BYV$.

这表明,B,Y,I,V 四点共圆.

如图,设直线 XU 与 AB 交于点 N.

因为 $AI \parallel UX \parallel VY$,所以,

$$\frac{NX}{AI} = \frac{YN}{YA} = \frac{VU}{VI} = \frac{XU}{AI}.$$

于是,$NX = XU$.

又因为 $\angle BIU = \alpha = \angle BNU$,所以,$B,U,I,N$ 四点共圆.

由于 BI 平分 $\angle UBN$,则 $NI = UI$.

于是,在等腰 $\triangle NIU$ 中,由 X 为 NU 的中点,知 $\angle IXN = 90°$.

从而,$\angle YIA = 90°$.

设线段 VC 的中点为 S,直线 AX 与 SI 交于点 T,记 $\angle BAV = \angle BCV = \theta$.

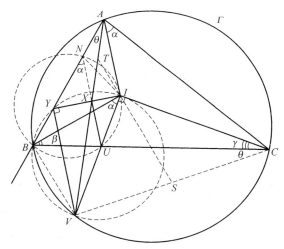

由 $\angle CIA = 90° + \beta$,$SI = SC$,得

$$\angle TIA = 180° - \angle AIS = 90° - \beta - \angle CIS$$
$$= 90° - \beta - \gamma - \theta = \alpha - \theta = \angle TAI.$$

这表明,$TI = TA$.

因为 $\angle XIA = 90°$,所以,T 为 AX 的中点,即点 T 与 W 重合.

接下来,只要证 IS 与 BC 的交点就是线段 BC 的中点.

由于 S 为线段 VC 的中点,只要证 $BV \parallel IS$.

因为 B,Y,I,V 四点共圆,所以,$\angle VBI = \angle VYI = \angle YIA = 90°$.

这表明,BV 为 $\angle ABC$ 的外角平分线.

于是,$\angle VAC = \angle VCA$,即

$$2\alpha - \theta = 2\gamma + \theta \Rightarrow \alpha = \gamma + \theta = \angle SCI \Rightarrow \angle VSI = 2\alpha = 180° - \angle BVC.$$

于是,$BV \parallel IS$.

在锐角 $\triangle ABC$ 中,高 AA_1 与 BB_1 交于点 H. 考虑 $\odot H$、$\odot B$,其半径分别为 HB_1、BB_1,令 CN、CK 分别为 $\odot H$、$\odot B$ 的切线(点 N 与 B_1 不重合,点 K 与 B_1 不重合).证明:A_1、N、K 三点共线.

(2015,第55届乌克兰数学奥林匹克)

证明 如图,令 CC_1 为高线.

由 A、B_1、H、C_1 四点共圆

$\Rightarrow \angle BAC = 180° - \angle C_1HB_1 = \angle B_1HC$.

由 $\triangle B_1HC \cong \triangle NHC \Rightarrow \angle BAC = \angle CHN$.

由 $\angle HA_1C = \angle HNC = \angle AC_1C = 90°$

$\Rightarrow H$、A_1、N、C;A、C_1、A_1、C 分别四点共圆

$\Rightarrow 180° - \angle C_1A_1C = \angle BAC$

$= \angle CHN = \angle CA_1N$.

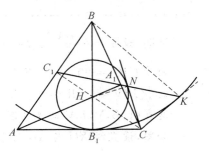

从而,C_1、A_1、N 三点共线.

又 B、A_1、H、C_1 四点共圆,则 $\angle HC_1A_1 = \angle HBA_1$.

注意到,$\angle A_1BK = \angle HBA_1$.

由 C、C_1、B、K 四点共圆得 $\angle CBK = \angle KC_1C$. 故 C_1、A_1、K 三点共线.

又点 C_1 与 A_1 不同,则 C_1、A_1、N、K 四点共线.

在非等腰 $\triangle ABC$ 中,$\angle ABC$ 及其外角的平分线分别与直线 AC 交于点 B_1 和 B_2. 由点 B_1、B_2 分别作 $\triangle ABC$ 内切圆 $\odot I$ 的不同于 AC 的切线,这两条切线分别与 $\odot I$ 切于点 K_1、K_2. 证明:B、K_1、K_2 三点共线.

(2015,第41届俄罗斯数学奥林匹克)

证明 设边 AC 与 $\odot I$ 切于点 D,如图.

由于直线 BB_1 经过内心 I,则点 D 与 K_1 关于直线 BB_1 对称.

故 BI 为 $\angle K_1BD$ 的平分线.

接下来证明:BI 也为 $\angle K_2BD$ 的平分线,由此即可得证题中结论.

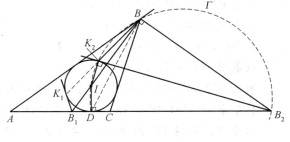

由于内外角平分线相互垂直,而 B_2K_2、B_2D 均与 $\odot I$ 相切,

故 $\angle B_2BI = \angle B_2K_2I = \angle B_2DI = 90°$.

这表明，I, B, D, K_2 四点均在以 $B_2 I$ 为直径的圆 Γ 上.

又 $ID = IK_2$，它们在圆 Γ 上所对的圆弧相等，从而，BI 为 $\angle K_2 BD$ 的平分线.

已知在不等边 $\triangle ABC$ 中，I 为内心，直线 AI, BI, CI 与 $\triangle ABC$ 的外接圆分别交于点 D, E, F，过点 I 作 BC, AC, AB 的平行线，分别与 EF, DF, DE 交于点 K, L, M. 证明：K, L, M 三点共线.

(2015，第 32 届巴尔干地区数学奥林匹克)

证明　如图.

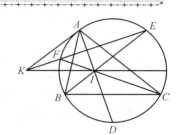

易知，EF 为线段 AI 的垂直平分线.

故 $\angle KAF = \angle KIF = \angle BCI = \angle BEF = \angle KEA$.

从而，$\triangle KFA \backsim \triangle KAE \Rightarrow \dfrac{KF}{KE} = \left(\dfrac{AF}{AE}\right)^2$.

类似地，$\dfrac{LD}{LF} = \left(\dfrac{BD}{BF}\right)^2$，$\dfrac{ME}{MD} = \left(\dfrac{CE}{CD}\right)^2$.

故 $\dfrac{KF}{KE} \cdot \dfrac{LD}{LF} \cdot \dfrac{ME}{MD} = 1$.

由梅涅劳斯定理的逆定理，知 K, L, M 三点共线.

已知 L, P, Q 分别为 $\triangle ABC$ 的边 AB, AC, BC 上的点，且四边形 $PCQL$ 为平行四边形. 以 AB 的中点 M 为圆心、CM 为半径的圆与以 CL 为直径的圆的第二个交点为 T. 证明：AQ, BP, LT 三线共点.

(2015，第 64 届保加利亚数学奥林匹克)

证明　因为 $AC \parallel LQ$，$BC \parallel LP$，

所以，$S_{\triangle ALQ} = S_{\triangle CLQ} = S_{\triangle PLC} = S_{\triangle PLB}$.

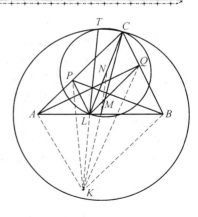

如图，作 $\square AKBC$.

则 $S_{\triangle AKQ} = S_{\triangle AKC} = S_{\triangle CKB} = S_{\triangle PKB}$.

于是，点 X 的轨迹是一条过 AQ, BP 的交点的直线 l，其中，点 X 满足 $\triangle AXQ$ 和 $\triangle PXB$ 的转向相同，且面积相等.

从而，直线 l 与 KL 重合. 这表明，AQ, BP, KL 三线共点.

设 CL 的中点为 N. 则以 C 为位似中心、2 为位似比的位似变换将直线 MN 变为 KL.

因为点 T 和 C 关于直线 MN 对称，所以，点 T 在直线 KL 上.

在 $\triangle ABC$ 中, $AB = AC$, Γ_1 为 $\triangle ABC$ 的外接圆, Γ_2 是以 A 为圆心, AB 为半径的圆, 过点 A 的直线与圆 Γ_1 交于点 Z, 与圆 Γ_2 交于点 X, Y, BX 与 CY 交于点 P. 证明: CX, BY, PZ 三线共点.

(2015, 第 34 届哥伦比亚数学奥林匹克)

证明 因为 XY 是直径, $\angle XBY = \angle XCY = 90°$, 所以, BY, CX 为 $\triangle PXY$ 的高.

又 B, C 为两条高的垂足, A 为 XY 的中点, 则圆 Γ_1 为 $\triangle PXY$ 的九点圆.

从而, Z 为点 P 到 XY 垂线的垂足.

又 BY, CX 为另两条高, 于是, CX, BY, PZ 三线共点.

在锐角 $\triangle ABC$ 中, $CA > BC > AB$, H 和 O 分别为 $\triangle ABC$ 的垂心和外心, D 和 E 分别为 $\overarc{AB}$(不含点 C) 和 $\overarc{AC}$(不含点 B) 的中点, D' 为点 D 关于 AB 的对称点, E' 为点 E 关于 AC 的对称点. 证明: O, E', H, D' 四点共圆当且仅当 A, D', E' 三点共线.

(2015, 印度国家队选拔考试)

证明 由 $CA > BC > AB$, 得 $\angle B > 60° > \angle C$.

由 D 为 $\overarc{AB}$ 的中点, 则

$$AD = 2R\sin\frac{C}{2} < 2R\sin\frac{60°}{2} = R = OA \text{(R 为 $\triangle ABC$ 的外接圆半径)}.$$

设直线 OD 与 AB 的交点为 M.

因为 $OD \perp AB$, 且 $OA > AD$, 所以, $OM > DM$.

于是, 点 D' 在线段 OM 内, 即 D' 在线段 OD 内.

类似地, 由于 $\angle B > 60°$, 则点 E' 在 EO 的延长线上.

由 $CA > BC \Rightarrow \tan B > \tan A \Rightarrow \sin B \cdot \cos A > \sin A \cdot \cos B \Rightarrow AC\cos A > BC\cos B \Rightarrow AN > BN$($N$ 为点 C 在 AB 上的投影) $\Rightarrow$ 点 B 与 H 在 OD 同侧.

类似地, 点 H 与 A 在线段 EO 同侧.

如图, 延长 DD', 与 $\odot O$ 交于点 F; 延长 $D'D$, 与 $\triangle ABH$ 的外接圆交于点 K.

显然, $\triangle ABH$ 的外接圆与 $\odot O$ 为等圆, 点 F 与 K 关于 AB 对称.

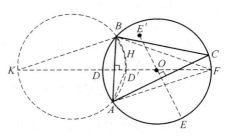

故 $\angle HD'O = \angle HBK = \angle HBA + \angle ABK$

$= (90° - \angle BAC) + \angle ABF$

$= (90° - \angle BAC) + \left(90° - \dfrac{\angle AFB}{2}\right)$

$= (90° - \angle BAC) + \left(90° - \dfrac{\angle ACB}{2}\right)$

$= 180° - \angle BAC - \dfrac{1}{2}\angle ACB.$

类似地, $\angle HE'O = 180° - \angle BAC - \dfrac{1}{2}\angle ABC.$

平面几何部分

故 O, E', H, D' 四点共圆

$$\Leftrightarrow \left(180° - \angle BAC - \frac{1}{2}\angle ACB\right) + \left(180° - \angle BAC - \frac{1}{2}\angle ABC\right) = 180°$$

$$\Leftrightarrow \angle BAC = 60°.$$

注意到, A, D', E' 三点共线 $\Leftrightarrow \angle BAD' + \angle CAE' = \angle BAC.$

而 $\angle BAD' = \angle BAD = \frac{1}{2}\angle ACB, \angle CAE' = \angle CAE = \frac{1}{2}\angle ABC,$ 则

A, D', E' 三点共线 $\Leftrightarrow \frac{1}{2}\angle ABC + \frac{1}{2}\angle ACB = \angle BAC \Leftrightarrow \angle BAC = 60°.$

故 A, D', E' 三点共线 $\Leftrightarrow O, E', H, D'$ 四点共圆.

　　已知 AD, BE 为锐角 $\triangle ABC$ 的两条高线且交于点 H. 以 HE 为半径作 $\odot H$, 过点 C 作 $\odot H$ 的切线, 切点为 P; 以 BE 为半径作 $\odot B$, 过点 C 作 $\odot B$ 的切线, 切点为 Q. 证明: D, P, Q 三点共线.

(2015, 爱沙尼亚国家队选拔考试)

证明　若 $AC = BC$, 则点 D 与 P 重合.

不妨设 $AC \neq BC$.

据题意, 知点 P 与 E 关于直线 CH 对称, 点 Q 与 E 关于直线 CB 对称.

则 $CP = CE = CQ, \angle ECH = \angle PCH, \angle ECB = \angle QCB.$

又 $\triangle PCQ$ 为等腰三角形, 且 $\angle PCQ = \angle ECQ - \angle ECP$, 故

$$\angle CPQ = 90° - \frac{\angle PCQ}{2} = 90° - \left(\frac{\angle ECQ}{2} - \frac{\angle ECP}{2}\right)$$

$$= 90° - (\angle ECD - \angle ECH) = 90° - \angle HCD.$$

因为 $\angle HDC = \angle HPC = 90°$, 所以, 点 C, H, D, P 均在以 CH 为直径的圆上.

(1) 若 $AC > BC$ (如图 1), 由 C, H, D, P 四点共圆得

$$\angle HPD = \angle HCD,$$

$$\angle HPD + \angle HPC + \angle CPQ = \angle HCD + 90° + (90° - \angle HCD) = 180°.$$

故 D, P, Q 三点共线.

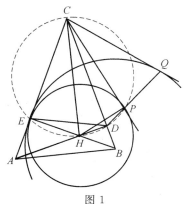

图 1

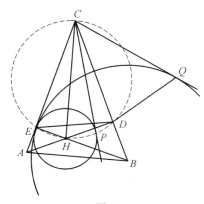

图 2

(2) 若 $AC < BC$(如图 2),由 C,H,P,D 四点共圆,得

$\angle HPD = 180° - \angle HCD$,

$\angle CPD = \angle HPD - \angle HPC = (180° - \angle HCD) - 90° = \angle CPQ$.

故 D,P,Q 三点共线.

已知 I 为 $\triangle ABC$ 的内心,圆 Γ 过点 A,B,圆 Γ 与 AI,BI 的延长线分别交于点 P,Q,圆 Γ 与线段 AC,BC 分别交于内点 R,S,点 A,B,P,Q,R,S 不重合.证明:PS,QR,CI 三线共点.

(2015,第 46 届奥地利数学竞赛)

证明 如图,令 $\angle BAC = \alpha,\angle CBA = \beta$.

由 A,B,S,R 四点共圆得

$\angle BSR = 180° - \alpha \Rightarrow \angle RSC = \alpha$.

类似地,$\angle CRS = \beta$.

若点 P 在 $\triangle ABC$ 内,则 $\angle RSP = \angle RAP = \dfrac{\alpha}{2}$.

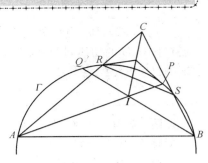

于是,PS 平分 $\angle CSR$.

若点 Q 在 $\triangle ABC$ 外,则 $\angle QRA = \angle QBA = \dfrac{\beta}{2}$.

于是,QR 平分 $\angle SRC$.

由点 Q 与 P 不重合,可知 QR,PS,CI 为 $\triangle CRS$ 的内角平分线.

因此,QR,PS,CI 三线共点.

在 $\triangle ABC$ 中(点 A,B,C 按逆时针方向排列),M 为边 AB 的中点,$\overrightarrow{AB_1}$ 为 $\overrightarrow{AB}$ 绕点 A 逆时针方向旋转 $\theta_1 = \angle ACM$ 后所得的向量,$\overrightarrow{BA_1}$ 为 $\overrightarrow{BA}$ 绕点 B 顺时针方向旋转 $\theta_2 = \angle BCM$ 后所得的向量.证明:AB_1,BA_1,CM 三线共点.

(2015,德国数学竞赛)

证明 如图,记 AB_1 与 CM 交于点 N_1,BA_1 与 CM 交于点 N_2.

由 $\angle N_1AM = \theta_1 = \angle ACM$,$\angle N_2BM = \theta_2 = \angle BCM$,

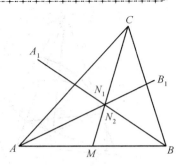

$\angle N_1MA = \angle AMC$,$\angle N_2MB = \angle BMC$,

则 $\triangle MAN_1 \backsim \triangle MCA$,$\triangle MBN_2 \backsim \triangle MCB$.

故 $MN_1 \cdot MC = MA^2 = MB^2 = MN_2 \cdot MC$

$\Rightarrow MN_1 = MN_2$.

从而,点 N_1 与 N_2 重合.因此,AB_1,BA_1,CM 三线共点.

设 Γ 是以 $\triangle ABC$ 的边 AB 为直径的圆,$\angle BAC$ 的平分线,$\angle ABC$ 的平分线分别与圆 Γ 交于点 D,E,$\triangle ABC$ 的内切圆分别与 BC,AC 切于点 F,G.证明:D,F,G,E 四点共线.

(2015,北欧数学竞赛)

证明 如图,设 DE 分别与 AC,BC 交于点 G',F',AD 与 BE 交于 $\triangle ABC$ 的内心 I.

因为 $\overset{\frown}{BD}$ 所对的角

$\angle DAB = \angle DEB = \angle G'EI$,

且 $\angle DAB = \angle CAD = \angle G'AI$,

所以,E,A,I,G' 四点共圆.

于是,$\angle AEI = \angle AG'I$.

而 AB 为圆 Γ 的直径,则

$\angle AEB = \angle AEI = 90°$.

故 $IG' \perp AC$,即 G' 为过点 I 作 AC 的垂线的垂足.这表明,点 G' 与 G 重合.

类似地,点 F' 与 F 重合.

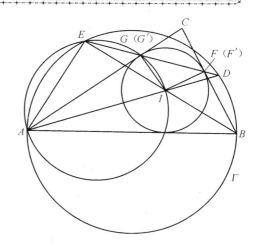

已知圆 Γ_1 与圆 Γ_2 交于点 M 和 N,直线 l 与圆 Γ_1 交于点 A 和 C,与圆 Γ_2 交于点 B 和 D,点 X 在直线 MN 上,且点 M 在点 X,N 之间,直线 AX 与 BM 交于点 P,直线 DX 与 CM 交于点 Q.若 K,L 分别为线段 AD,BC 的中点,证明:直线 XK 与 ML 的交点在直线 PQ 上.

(2015,克罗地亚数学奥林匹克)

证明 如图,设 Y 为直线 AX 与圆 Γ_1 的另一个交点,Z 为直线 DX 与圆 Γ_2 的另一个交点.

由直线 AY,DZ,MN 均过点 X,则由根心定理的逆定理,知 A,Y,Z,D 四点共圆.

从而,$\angle YZX = \angle XAD$.

又 A,Y,M,C 四点共圆,则 $\angle YMQ = \angle YAC = \angle XAD$.

故 $\angle YMQ = \angle YZX = \angle YZQ$.

于是,Q,Y,M,Z 四点共圆.

类似地,P,Y,M,Z 四点共圆.

故点 P,Q,Z,Y,M 在同一圆上.

于是,$\angle YPQ = \angle YZQ = \angle XAD$.从而,$PQ /\!/ AD$.

因此,四边形 $ADPQ$,四边形 $BCPQ$ 均为梯形.

又梯形底边的中点与其对角线的交点共线,故直线 KX 与 LM 过线段 PQ 的中点.

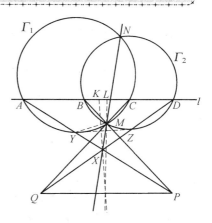

平面几何部分

设 H 为 $\triangle ABC$ 的垂心,$l_1 \perp l_2$ 且均过点 H,直线 l_1 与边 BC,线段 AB 的延长线分别交于点 D,Z,且直线 l_2 与边 BC,线段 AC 的延长线分别交于点 E,X.设点 Y 使得 $YD \parallel AC$,且 $YE \parallel AB$.证明:X,Y,Z 三点共线.

(2015,第二届伊朗几何奥林匹克)

证明 如图,设 ZH 的延长线与 AC 交于点 P,XH 的延长线与 AB 交于点 Q,连接 HB,HC.

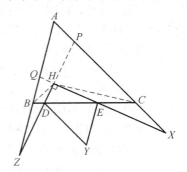

在 $\triangle AQX$ 和 $\triangle APZ$ 中分别运用梅涅劳斯定理有

$$\frac{CX}{XE} \cdot \frac{EQ}{QB} \cdot \frac{BA}{AC} = 1,　①$$

$$\frac{AC}{CP} \cdot \frac{PD}{DZ} \cdot \frac{ZB}{BA} = 1.　②$$

又 H 为 $\triangle ABC$ 的垂心,则 $BH \perp AC$.

因为 $\angle DHE = 90°$,所以,$\angle HXA = \angle BHZ \triangleq \alpha$.

类似地,$\angle HZA = \angle CHX \triangleq \theta$.

则 $\dfrac{PC}{CX} = \dfrac{PH\sin\angle PHC}{HX\sin\theta} = \dfrac{PH}{HX} \cdot \dfrac{\cos\theta}{\sin\theta} = \dfrac{\tan\alpha}{\tan\theta}$.

类似地,$\dfrac{BZ}{BQ} = \dfrac{\tan\alpha}{\tan\theta}$.

故 $\dfrac{PC}{CS} = \dfrac{BZ}{BQ}$.　③

①×②×③ 得

$$\frac{QE}{EX} \cdot \frac{PD}{DZ} = 1 \Rightarrow \frac{EX}{QE} = \frac{PD}{DZ}.　④$$

设过点 E 平行于 AB 的直线与 ZX 交于点 Y_1. 则 $\dfrac{Y_1 X}{ZY_1} = \dfrac{EX}{QE}$.

设过点 D 平行于 AC 的直线与 ZX 交于点 Y_2. 则 $\dfrac{Y_2 X}{ZY_2} = \dfrac{PD}{ZD}$.

由式 ④ 得 $\dfrac{Y_1 X}{ZY_1} = \dfrac{Y_2 X}{ZY_2}$,即点 Y_1 与 Y_2 重合(即点 Y).

故 X,Y,Z 三点共线.

在 $\triangle ABC$ 的外部作矩形 ABA_1B_2,矩形 BCB_1C_2,矩形 CAC_1A_2. 设点 C' 使得 $C'A_1 \perp A_1C_2$,且 $C'B_2 \perp B_2C_1$;点 A',B' 类似.证明:AA',BB',CC' 三线共点.

(2015,第二届伊朗几何奥林匹克)

证明　如图1,设 l_A 表示过点 A 垂直于 $B_2 C_1$ 的直线,
l_B, l_C 类似.

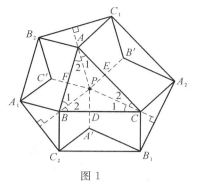

令 $CB_1 = BC_2 = x, BA_1 = AB_2 = y$,

$AC_1 = CA_2 = z$.

则 $\dfrac{y}{z} = \dfrac{AB_2}{AC_1} = \dfrac{\sin\angle B_2 C_1 A}{\sin\angle C_1 B_2 A} = \dfrac{\sin A_1}{\sin A_2}$,其中, A_1 表示

$\angle A$ 分出的标有数字 1 的角,其他类似.

类似地, $\dfrac{x}{y} = \dfrac{\sin B_1}{\sin B_2}, \dfrac{z}{x} = \dfrac{\sin C_1}{\sin C_2}$.

故 $\dfrac{\sin A_1}{\sin A_2} \cdot \dfrac{\sin B_1}{\sin B_2} \cdot \dfrac{\sin C_1}{\sin C_2} = 1$.

图 1

由角元塞瓦定理知 l_A, l_B, l_C 三线共点,设共点于 P.

易证, $\triangle PBC \cong \triangle A' C_2 B_1 \Rightarrow PB = C_2 A'$.

又 $PB \parallel C_2 A'$,则四边形 $PBC_2 A'$ 为平行四边形.

于是, $PA' = BC_2 = x, PA' \parallel BC_2$.

因为 $BC_2 \perp C_2 B_1$,所以, $PA' \perp C_2 B_1$.

又 $BC \parallel B_1 C_2$,从而, $PA' \perp BC$.

类似地, $PC' = y, PB' = z, PC' \perp AB, PB' \perp AC$.

设 PA', PB', PC' 分别与 BC, CA, AB 交于点 D, E, F.

令 $PD = m, PE = n, PF = t$,则

$\dfrac{y}{z} = \dfrac{\sin A_1}{\sin A_2} = \dfrac{n}{t}, \dfrac{x}{y} = \dfrac{\sin B_1}{\sin B_2} = \dfrac{t}{m}, \dfrac{z}{x} = \dfrac{\sin C_1}{\sin C_2} = \dfrac{m}{n}$.

设 $n = ky$.则 $t = kz, m = \dfrac{kyz}{x}$.

如图2,过点 A' 作 BC 的平行线,与 AB, AC 的延长线交于点
B_3, C_3.连接 AA',与 BC 交于点 A''.

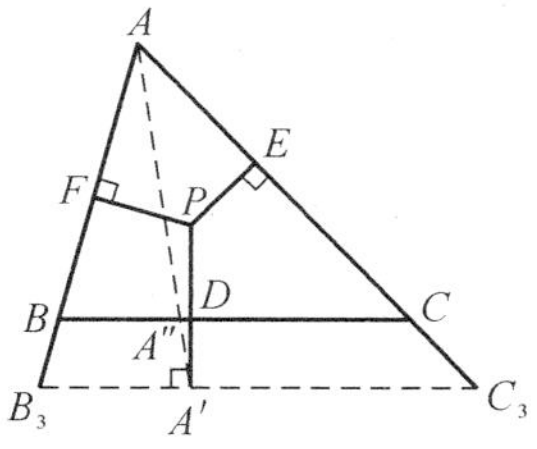

则 $\dfrac{BA''}{CA''} = \dfrac{B_3 A'}{C_3 A'}$.

设 $\angle B_3 PA' = \alpha, \angle C_3 PA' = \theta$.

易知, P, F, B_3, A' 四点共圆, P, E, C_3, A' 四点共圆.

则 $\angle PA'F = \angle PB_3 F = \angle ABC - \angle PB_3 A'$

$= \angle ABC - (90° - \alpha) = \angle ABC + \alpha - 90°$,

$\angle PFA' = \angle PB_3 A' = 90° - \alpha$.

故 $\angle B_3 FA' = \alpha, \angle C_3 EA' = \theta$.

在 $\triangle PFA'$ 中运用正弦定理得

$\dfrac{t}{x} = \dfrac{PF}{PA'} = \dfrac{\sin\angle PA'F}{\sin\angle PFA'} = \dfrac{\sin(\angle ABC + \alpha - 90°)}{\sin(90° - \alpha)} = \dfrac{\cos(\angle ABC + \alpha)}{\cos\alpha}$

$= \cos\angle ABC - \tan\alpha \cdot \sin\angle ABC$

图 2

 215

$$\Rightarrow \tan\alpha = \frac{\cos\angle ABC - \dfrac{t}{x}}{\sin\angle ABC}.$$

类似地,$\tan\theta = \dfrac{\cos\angle ACB - \dfrac{n}{x}}{\cos\angle ACB}.$

则 $\dfrac{BA''}{CA''} = \dfrac{B_3A'}{C_3A'} = \dfrac{PA'\tan\alpha}{PA'\tan\theta} = \dfrac{\tan\alpha}{\tan\theta} = \dfrac{x\cos\angle ABC - t}{x\cos\angle ACB - n} \cdot \dfrac{\sin\angle ACB}{\sin\angle ABC}.$

类似地,可以得到另外两个式子.

故 $\dfrac{BA''}{CA''} \cdot \dfrac{CB''}{AB''} \cdot \dfrac{AC''}{BC''} = \dfrac{x\cos\angle ABC - t}{x\cos\angle ACB - n} \cdot \dfrac{z\cos\angle ACB - m}{z\cos\angle BAC - t} \cdot \dfrac{y\cos\angle BAC - n}{y\cos\angle ABC - m}$

$$= \dfrac{x\cos\angle ABC - kz}{x\cos\angle ACB - ky} \cdot \dfrac{z\cos\angle ACB - \dfrac{kyz}{x}}{z\cos\angle BAC - kz} \cdot \dfrac{y\cos\angle BAC - ky}{y\cos\angle ABC - \dfrac{kyz}{x}}$$

$$= \dfrac{x\cos\angle ACB - kz}{x\cos\angle ACB - ky} \cdot \dfrac{x\cos\angle ACB - ky}{x\cos\angle ACB - kx} \cdot \dfrac{x\cos\angle BAC - kx}{x\cos\angle ABC - kz} = 1.$$

由塞瓦定理的逆定理知,AA',BB',CC' 三线共点.

已知 $\triangle ABC$ 的外接圆为 $\odot O$,$\odot O_1$,$\odot O_2$ 分别与射线 AB,AC 及 $\odot O$ 相切,其中,$\odot O_1$ 在 $\odot O$ 的内部,$\odot O_2$ 在 $\odot O$ 的外部.设 $\odot O_1$,$\odot O$ 的公切线与 $\odot O_2$,$\odot O$ 的公切线交于点 X,$\odot O$ 上不含点 A 的 $\overset{\frown}{BC}$ 的中点为 M,A 关于 $\odot O$ 的对径点为 A'.证明:X,M,A' 三点共线.

(2015,中国台湾数学奥林匹选训营)

证明 只需证明:MA' 为 $\odot O_1$,$\odot O_2$ 的根轴.

如图,记 I 为 $\triangle ABC$ 的内心,I_A 为 $\angle A$ 所对的旁心,

MA' 分别与 AB,AC 交于点 M_1,M_2,

$\odot O_1$ 分别与 AB,AC 切于点 N_1,N_2,

$\odot O_2$ 分别与 AB,AC 切于点 W_1,W_2.

由曼海姆定理,知 N_1,I,N_2 三点共线,W_1,I_A,W_2 三点共线,

且 $W_1W_2 \perp AI_A$,$N_1N_2 \perp AI$.

再由熟知的定理得 $IM = I_AM$.

故 $N_1M_1 = W_1M_1 = N_2M_2 = W_2M_2$.

因此,MA' 为 $\odot O_1$,$\odot O_2$ 的根轴.

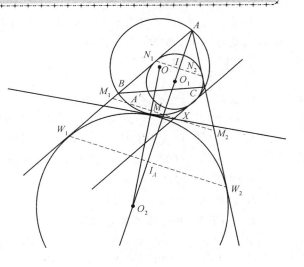

在平面中,对任意给定的凸四边形 $ABCD$,证明:存在正方形 $A'B'C'D'$(其顶点可以按顺时针或逆时针标记),使得点 A' 与 A,点 B' 与 B,点 C' 与 C,点 D' 与 D 分别不重合,且直线 AA',BB',CC',DD' 经过同一个点.

（第 31 届中国数学奥林匹克）

证明　当四边形 $ABCD$ 为矩形时,在 $\angle BAD$ 的平分线上取一点 A',使得 A' 在射线 AB,AD 上的投影分别为 B',D',满足点 B' 与 B,点 D' 与 D 分别不重合.

再令点 C' 与 A 重合.此时,四边形 $A'B'C'D'$ 为正方形,且 AA',BB',CC',DD' 经过点 A.如图 1.

当四边形 $ABCD$ 不为矩形时,四个内角中必有锐角,不妨设 $\angle BAD$ 为锐角,点 C 在 $\angle BAD$ 内.

如图 2,在 AC 延长线上取一点 C',使得 C' 在 AB,AD 上的投影 H,J 分别在 AB,AD 的延长线上.设 HC' 与 AJ 的延长线交于点 K,JC' 与 AH 的延长线交于点 L.分别延长 AL,AK 至点 B',D',使得

$$LB' = KC', \quad KD' = LC'.$$

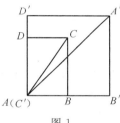

图 1

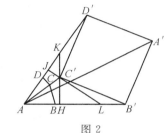

图 2

又注意到,$\angle B'LC' = 90° + \angle LAK = \angle C'KD'$.

则 $\triangle B'LC' \cong \triangle C'KD'$

$\Rightarrow B'C' = C'D'$,

$\quad \angle B'C'D' = 180° - \angle KC'D' - \angle B'C'H$

$\quad = 180° - \angle LB'C' - (90° - \angle LB'C') = 90°$.

于是,存在以 B',C',D' 为三个顶点的正方形 $A'B'C'D'$,其中,点 A' 在 $\angle B'C'D'$ 内.故点 A' 与 A 不重合.

此时,直线 AA',BB',CC',DD' 经过点 A.

已知 $\odot O$ 为 $\triangle ABC$ 的外接圆,以 A 为圆心的一个圆 Γ 与线段 BC 交于 D,E 两点,使得点 B,D,E,C 互不相同,且按此顺序排列在直线 BC 上.设 F,G 为 $\odot O$ 与圆 Γ 的两个交点,且使得点 A,F,B,C,G 按此顺序排列在 $\odot O$ 上.设 K 为 $\triangle BDF$ 的外接圆与线段 AB 的另一个交点,L 为 $\triangle CGE$ 的外接圆与线段 CA 的另一个交点.若直线 FK 与 GL 不相同,且交于点 X,证明:点 X 在直线 AO 上.

（第 56 届 IMO）

证明 如图.

由于 $AF = AG$,而 AO 为 $\angle FAG$ 的平分线,故点 F 和 G 关于直线 AO 对称.

要证明点 X 在直线 AO 上,只需证明

$\angle AFK = \angle AGL$.

首先,注意到,

$\angle AFK = \angle DFG + \angle GFA - \angle DFK$.

由 D,F,G,E 四点共圆,A,F,B,G 四点共圆,D,B,F,K 四点共圆得

$\angle DFG = \angle CEG$,$\angle GFA = \angle GBA$,

$\angle DFK = \angle DBK$.

则 $\angle AFK = \angle CEG + \angle GBA - \angle DBK$

$= \angle CEG - \angle CBG$.

再由 C,E,L,G 四点共圆,C,B,A,G 四点共圆得

$\angle CEG = \angle CLG$,$\angle CBG = \angle CAG$.

故 $\angle AFK = \angle CLG - \angle CAG = \angle AGL$.

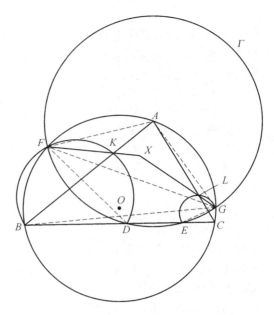

在凸四边形 $ABCD$ 中,P,Q,R,S 分别为边 AB,BC,CD,DA 上的点,PR 与 QS 交于点 O.若四边形 $APOS$,四边形 $BQOP$,四边形 $CROQ$,四边形 $DSOR$ 均有内切圆,证明:直线 AC,PQ,RS 要么交于一点,要么互相平行.

(第 56 届 IMO 预选题)

证明 对于直线 PQ 和 $\triangle ABC$ 及直线 SR 和 $\triangle ACD$,由梅涅劳斯定理知直线 AC 与 PQ,RS 交于同一点(可能是无穷远点)当且仅当

$$\frac{AP}{PB} \cdot \frac{BQ}{QC} \cdot \frac{CR}{RD} \cdot \frac{DS}{SA} = 1. \qquad ①$$

从而,只要证明式 ① 成立.

引理 设四边形 $EFGH$ 有内切圆,其圆心为 M,则 $\dfrac{EF \cdot FG}{GH \cdot HE} = \dfrac{FM^2}{HM^2}$.

证明 如图 1.

由 $\angle EMH + \angle GMF = \angle FME + \angle HMG = 180°$,

$\angle FGM = \angle MGH$,$\angle HEM = \angle MEF$,

结合正弦定理得

$$\frac{EF}{FM} \cdot \frac{FG}{FM} = \frac{\sin\angle FME}{\sin\angle MEF} \cdot \frac{\sin\angle GMF}{\sin\angle FGM}$$

$$= \frac{\sin\angle HMG}{\sin\angle MGH} \cdot \frac{\sin\angle EMH}{\sin\angle HEM} = \frac{GH}{HM} \cdot \frac{HE}{HM}.$$

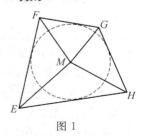

图 1

引理得证.

设四边形 $APOS$,四边形 $BQOP$,四边形 $CROQ$,四边形 $DSOR$ 的内切圆圆心分别为 I,J,K,L.

由引理,得 $\dfrac{AP\cdot PO}{OS\cdot SA}\cdot\dfrac{BQ\cdot QO}{OP\cdot PB}\cdot\dfrac{CR\cdot RO}{OQ\cdot QC}\cdot\dfrac{DS\cdot SO}{OR\cdot RD}=\dfrac{PI^2}{SI^2}\cdot\dfrac{QJ^2}{PJ^2}\cdot\dfrac{RK^2}{QK^2}\cdot\dfrac{SL^2}{RL^2}.$

则 $\dfrac{AP}{PB}\cdot\dfrac{BQ}{QC}\cdot\dfrac{CR}{RD}\cdot\dfrac{DS}{SA}=\dfrac{PI^2}{PJ^2}\cdot\dfrac{QJ^2}{QK^2}\cdot\dfrac{RK^2}{RL^2}\cdot\dfrac{SL^2}{SI^2}.$ ②

因为 $\angle IPJ=\angle JOI=90°$,点 I,J 在 OP 的异侧,所以,I,P,J,O 四点共圆.

如图 2.

类似地,由 $\angle JQK=\angle JOK=90°$,得 J,Q,K,O 四点共圆.

则 $\angle QKJ=\angle QOJ=\angle JOP=\angle JIP.$

从而,$Rt\triangle IPJ\backsim Rt\triangle KQJ\Rightarrow\dfrac{PI}{PJ}=\dfrac{QK}{QJ}.$

类似地,$\dfrac{RK}{RL}=\dfrac{SI}{SL}.$

于是,式 ② 等号右边为 1.从而,式 ① 成立.

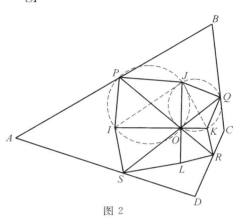

图 2

> 已知线段 AB 与 CD 交于点 E,且 X,Y 为平面上的点,且四边形 $AECX$,四边形 $BEDY$ 均为平行四边形.证明:AD,BC,XY 要么两两平行要么交于一点.
>
> (2016,白俄罗斯数学奥林匹我)

证明 记线段 XY 与 AB,CD 分别交于点 F,G.

由 $AX\parallel DC\parallel YB\Rightarrow\triangle AXF\backsim\triangle BYF\Rightarrow\dfrac{AF}{BF}=\dfrac{AX}{BY}.$

类似地,$\dfrac{DG}{CG}=\dfrac{DY}{CX}.$

若 $AD\parallel BC$,则

$\triangle BEC\backsim\triangle AED\Rightarrow\dfrac{BE}{AE}=\dfrac{EC}{ED}\Rightarrow\dfrac{AF}{BF}=$

$\dfrac{AX}{BY}=\dfrac{EC}{ED}=\dfrac{BE}{AE}=\dfrac{DY}{CX}=\dfrac{DG}{CG}$

$\Rightarrow FG\parallel AD.$

从而,$AD\parallel BC\parallel XY.$

如图,若 AD 与 CB 交于一点,不妨设射线 AD 与 CB 交于点 Z,直线 ZY 与 AB 交于点 F',DY 与 CB 交于点 H,XC 与 BY 交于点 I.

注意到,$DY\parallel AB\parallel XC,DG\parallel YB.$

故得到 $\square BECI$,且 $\triangle BHY\backsim\triangle BCI.$

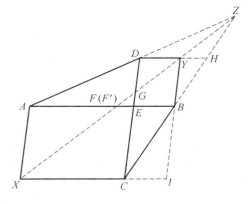

平面几何部分

则 $\dfrac{AF'}{BF'} = \dfrac{DY}{YH} = \dfrac{CI}{YH} = \dfrac{BI}{YB} = \dfrac{AX}{YB} = \dfrac{AF}{BF}$.

因此, $\dfrac{AF'}{BF'} = \dfrac{AF}{BF}$, 即点 F 与 F' 重合.

由此, 直线 AD, BC, XY 三线交于一点.

设 $\triangle ABC$ 的内切圆 Γ 分别与边 AB, BC, CA 切于点 N, P, K, 线段 BK 与圆 Γ 交于另外一点 L, 与 PN 交于点 F, 线段 AL 与 NK 交于点 T, 线段 CL 与 KP 交于点 Q. 证明: BK, NQ, PT 三线共点.

(2016, 第 56 届乌克兰数学奥林匹克)

证明 角的表示如图.

在 $\triangle AKT$, $\triangle ATN$ 中, 由正弦定理得

$$\frac{NT}{TK} = \frac{AN\sin\alpha_1}{AK\sin\alpha_2} = \frac{\sin\alpha_1}{\sin\alpha_2}.$$

类似地, $\dfrac{NF}{FP} = \dfrac{BN\sin\beta_1}{BP\sin\beta_2} = \dfrac{\sin\beta_1}{\sin\beta_2}$,

$$\frac{PQ}{QK} = \frac{PC\sin\gamma_1}{KC\sin\gamma_2} = \frac{\sin\gamma_1}{\sin\gamma_2}.$$

由三式相乘及 AL, BL, CL 三线共点得

$$\frac{NT}{TK} \cdot \frac{KQ}{QP} \cdot \frac{PF}{FN} = \frac{\sin\alpha_1}{\sin\alpha_2} \cdot \frac{\sin\beta_2}{\sin\beta_1} \cdot \frac{\sin\gamma_2}{\sin\gamma_1} = 1.$$

由塞瓦定理的逆定理, 得 BK, NQ, PT 三线共点.

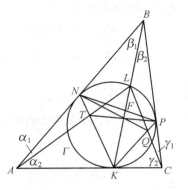

已知 $\triangle ABC$ 的 $\angle ABC$ 的平分线与 $\triangle ABC$ 的外接圆交于点 K, 过 K 作 $KN \perp AB$ 于点 N, P 为线段 NB 的中点, 过点 P 作与 BC 平行的直线, 与 BK 交于点 T. 证明: 直线 NT 过线段 AC 的中点.

(2016, 第 56 届乌克兰数学奥林匹克)

证明 如图, 设 NT 与 AC 交于点 M.

由 BK 平分 $\angle ABC \Rightarrow \angle KBC = \angle KBA \triangleq \alpha$.

又 $PT \parallel BC \Rightarrow \angle KBC = \angle PTB = \alpha \Rightarrow PT = PB = PN$.

故 $\triangle BNT$ 为直角三角形, 斜边为 BN.

由于 $\triangle BNK$ 为直角三角形, 则

$\angle KNT = \angle KBC = \alpha = \angle KAC \Rightarrow K$, A, N, M 四点共圆

$\Rightarrow \angle KMA = \angle KNA = 90° \Rightarrow KM \perp AC$.

因为 K 是 $\overparen{AC}$ 的中点,

所以, KM 垂直平分 AC, M 为 AC 的中点.

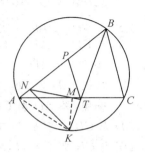

平面几何部分

给定 $\triangle ABC$，$\odot Q$ 与 BC 相切且与 $\triangle ABC$ 的外接圆 $\odot O$ 切于点 A．设 BC 的中点为 M，N 为 $\overset{\frown}{BAC}$ 的中点，S 在边 BC 上，满足 $\angle BAM = \angle SAC$．证明：N,Q,S 三点共线．

（2016，第 56 届乌克兰数学奥林匹克）

证明　如图，设 W 为劣弧 $\overset{\frown}{BC}$ 的中点．

显然，N,O,M,W 在线段 BC 的中垂线上．

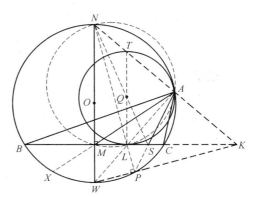

由阿基米德（Archimedes）定理，知劣弧 $\overset{\frown}{BC}$ 的中点 W，$\odot Q$ 与 BC 的切点 L，$\odot Q$ 与 $\odot O$ 的切点 A 三点共线．

故 L 也为 BC 与 AW 的交点，即 $\angle BAC$ 的平分线与 BC 的交点．

设 AM,AS 与 $\odot O$ 分别交于点 X,P．

由 $\angle BAX = \angle BAM = \angle SAC = \angle PAC$，知点 X 和 P 关于直线 MN 对称．

则 $\angle XAW = \angle WAP$．

由于 WN 为 $\odot O$ 的直径，于是，$\angle NML = \angle NAL = 90°$，即 A,L,M,N 四点共圆．

故 $\angle WNP = \angle WAP = \angle XAW = \angle MNL$．

从而，N,L,P 三点共线．

又 LM,NA,WP 为 $\triangle NWL$ 的三条高线，且交于一点，设为 K．再设 NA 与 $\odot Q$ 交于点 T．显然，存在 $\odot O$ 到 $\odot Q$ 的位似变换（位似中心为 A），该变换下点 N 变到 T，点 W 变到 L．又 WN 为 $\odot O$ 的直径，则 TL 为 $\odot Q$ 的直径．从而，Q 为 TL 的中点．

接下来证明 N,Q,S 三点共线．

由梅涅劳斯定理知只需证明 $\dfrac{TN}{NK} \cdot \dfrac{KS}{SL} \cdot \dfrac{LQ}{QT} = 1$．

而 $TQ = QL$，则只需证明 $\dfrac{TN}{NK} = \dfrac{SL}{KS}$．

易知，AL,AK 分别为 $\angle MAS$ 的内、外角平分线．

故 $\dfrac{ML}{LS} = \dfrac{MK}{SK} \Rightarrow \dfrac{ML}{MK} = \dfrac{SL}{SK}$．

又 $TL /\!/ NW \Rightarrow \dfrac{TN}{NK} = \dfrac{LM}{MK}$．

从而，$\dfrac{TN}{NK} = \dfrac{SL}{SK}$．

平面几何部分

在等腰锐角 $\triangle ABC$ 中，$AB = AC$，CD 为 $\triangle ABC$ 的高，以 CD 为半径的 $\odot C$ 与 AC 交于点 K，与 AC 的延长线交于点 Z，与以 BD 为半径的 $\odot B$ 交于点 E（E 与点 D 不重合），DZ 与 $\odot B$ 交于点 M. 证明：

(1) $\angle ZDE = 45°$；

(2) E, M, K 三点共线；

(3) $BM /\!/ EC$.

（2016，第 33 届希腊数学奥林匹克）

证明 如图，连接 DE，与 BC 交于点 T.

则 BC 垂直平分 DE，有

$\angle DCB + \angle TDZ + \angle ZDC = 90°$.

故 $\angle TDZ + \angle ZDC = \angle CBD = \angle BCA$. ①

在等腰 $\triangle CDZ$ 中，

$\angle CDZ = \angle CZD$，$\angle DCA = 2\angle CZD = 90° - \angle A$.

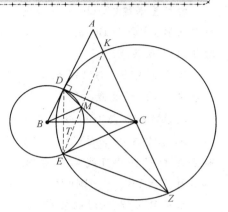

于是，$\angle CDZ = 45° - \dfrac{\angle A}{2}$. ②

在 $\triangle ABC$ 中，$\angle ABC = 90° - \dfrac{\angle A}{2}$. ③

由式 ① ～ ③ 知

$\angle EDZ + \angle ZDC = \angle ABC = \angle BCA \Leftrightarrow \angle EDZ = \angle ABC - \angle ZDC$

$\Leftrightarrow \angle EDZ = 90° - \dfrac{\angle A}{2} - \left(45° - \dfrac{\angle A}{2}\right) = 45°$.

(2) 由 CD 与 $\odot B$ 切于点 D，知 $\angle DEM = \angle CDZ$.

又 $\angle DEK = \angle DZK$，$\angle CDZ = \angle DZK$，则 $\angle DEM = \angle DEK$.

从而，E, M, K 三点共线.

(3) 由 $\angle DBM = 2\angle DEM = 2\angle ZDC = \angle DCA = 90° - \angle A \Rightarrow BM \perp AC$.

又 $\angle EKZ = \angle EDZ = 45°$，则 $\triangle EZK$ 为等腰直角三角形.

由 EC 为等腰 $\text{Rt}\triangle EKZ$ 的中线，知 $EC \perp KZ$.

从而，$BM /\!/ EC$.

在 $\triangle ABC$ 中，$AB \geqslant AC \geqslant BC$，$A_1, B_1, C_1$ 分别为边 BC, AC, AB 的中点，边 AB 上的点 C_2, C_3 满足 $\triangle BA_1C_2$ 的周长等于四边形 ACA_1C_2 的周长，且 $\triangle AB_1C_3$ 的周长等于四边形 BCB_1C_3 的周长；边 AC 上的点 B_2 满足 $\triangle AB_2C_1$ 的周长等于四边形 BCB_2C_1 的周长. 证明：A_1C_2, B_1C_3, C_1B_2 三线共点.

（2016，白俄罗斯数学奥林匹克）

证明 如图.

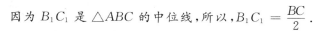

由已知得 $AB_2 + B_2C_1 + C_1A = BC + CB_2 + B_2C_1 + C_1B$.

又 $C_1A = C_1B$,于是,

$$AB_2 = BC + CB_2 = BC + (AC - AB_2)$$

$$\Rightarrow AB_2 = \frac{AC + BC}{2}.$$

因为 B_1C_1 是 $\triangle ABC$ 的中位线,所以,$B_1C_1 = \dfrac{BC}{2}$.

于是,$B_1B_2 = AB_2 - AB_1 = \dfrac{AC + BC}{2} - \dfrac{AC}{2} = \dfrac{BC}{2} = B_1C_1$.

从而,$\angle B_1B_2C_1 = \angle B_1C_1B_2$.

由 A_1C_1 为 $\triangle ABC$ 的中位线,知 $A_1C_1 \parallel AC$,$\angle B_1B_2C_1 = \angle B_2C_1A_1$.

故 $\angle B_1C_1B_2 = \angle B_2C_1A_1$,即 C_1B_2 为 $\triangle A_1B_1C_1$ 中 $\angle C_1$ 的平分线.

类似地,B_1C_3,A_1C_2 分别为 $\triangle A_1B_1C_1$ 中 $\angle B_1$,$\angle A_1$ 的平分线.

从而,A_1C_2,B_1C_3,C_1B_2 为 $\triangle A_1B_1C_1$ 的三条角平分线,交于一点.

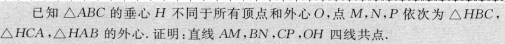

已知 $\triangle ABC$ 的垂心 H 不同于所有顶点和外心 O,点 M,N,P 依次为 $\triangle HBC$,$\triangle HCA$,$\triangle HAB$ 的外心.证明:直线 AM,BN,CP,OH 四线共点.

(2016,罗马尼亚数学奥林匹克)

证明 如图,延长 AH,与 $\odot O$ 交于点 E.

由垂心的性质,知 $\triangle HBC \cong \triangle EBC$,且关于边 BC 对称.

则 $\odot O$ 关于边 BC 对称的 $\odot M$ 为 $\triangle HBC$ 的外接圆.

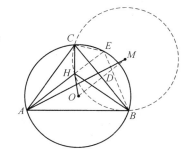

从而,OM 垂直平分边 BC,交点为 D.

由欧拉线性质,知 $AH = 2OD = OM$.

又 $AH \parallel OM$,则四边形 $AHMO$ 为平行四边形.

进而,AM 过线段 OH 的中点.

类似地,BN,CP 也过此中点.

因此,AM,BN,CP,OH 四线共点.

在锐角 $\triangle ABC$ 中,高线 AD,BE 交于点 H,M 为边 AB 的中点,$\triangle DEM$ 的外接圆与 $\triangle ABH$ 的外接圆交于点 P,Q,且点 P,A 在直线 CH 的同侧.证明:ED,PH,MQ 交于一点,且此点在 $\triangle ABC$ 的外接圆上.

(2016,加拿大数学奥林匹克)

证明 如图,设 ED 与 PH 交于点 R.

由 E,C,D,H 四点共圆,A,P,H,B 四点共圆

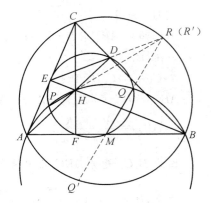

$$\Rightarrow \angle RDA = 180° - \angle EDH$$
$$= 180° - \angle ECH = 90° + \angle CAB,$$
$$\angle RPA = \angle HPA = 180° - \angle HBA$$
$$= 90° + \angle CAB$$

$\Rightarrow A,P,D,R$ 四点共圆.

由 $\angle PBE = \angle PBH = \angle PAH$
$= \angle PAD = \angle PRD = \angle PRE$

$\Rightarrow P,B,R,E$ 四点共圆.

设点 C 在边 AB 上的投影为 F.则 D,E,F,M 均在 $\triangle ABC$ 的九点圆上.

因为 B,C,E,F 四点共圆,A,C,D,F 四点共圆,

所以,$\angle ARB = \angle PRB - \angle PRA = \angle PEB - \angle PDA$
$= \angle PEF + \angle FEB - \angle PDF + \angle ADF = \angle FEB + \angle ADF$
$= \angle FCB + \angle ACF = \angle ACB.$

于是,点 R 在 $\triangle ABC$ 的外接圆上.

设 MQ 与 $\triangle ABC$ 的外接圆交于点 Q',R',且按 Q',M,Q,R' 的次序排列.

又 $\triangle ABC$ 的外接圆半径为

$$\frac{AB}{2\sin C} = \frac{AB}{2\sin(180° - \angle ACB)} = \frac{AB}{2\sin \angle AHB} = \triangle ABH \text{ 的外接圆半径},$$

从而,这两个圆关于点 M 对称.特别地,$MQ = MQ'$.

由于 $\angle AEB = \angle ADB = 90°$,于是,$M$ 为过点 A,B,D,E 的圆的圆心.

则 $MA = ME = MD = MB$.

由圆幂定理,得 $MQ \cdot MR' = MQ' \cdot MR' = MA \cdot MB = MD^2$.

这表明,MD 与 $\triangle DR'Q$ 的外接圆切于点 D.

故 $\angle MR'D = \angle MDQ$.

类似地,$MQ \cdot MR' = ME^2$.

则 $\angle MR'E = \angle MEQ = \angle MDQ = \angle MR'D$.

这表明,点 R' 在直线 ED 上.

类似地,MP 与 $\triangle ABC$ 的外接圆的一个交点 R'' 也在直线 ED 上.

故 R,R',R'' 均为直线 ED 与 $\triangle ABC$ 的外接圆的交点.从而,点 R,R',R'' 中一定有两个点重合.

又直线 MP 与 PH 交于点 P,于是,点 R'' 与 R 不重合.

因为直线 MP 与 MQ 交于点 M,所以,点 R'' 与 R' 不重合.

因此,点 R' 与 R 重合.

> 已知 O 为锐角 $\triangle ABC$ 的外心,圆 Γ_1,Γ_2 分别为 $\triangle ABO$ 的外接圆,$\triangle ACO$ 的外接圆,点 P,Q 分别在圆 Γ_1,Γ_2 上,使得 OP,OQ 分别为圆 Γ_1,Γ_2 的直径.T 为圆 Γ_1 在点 P 处的切线与圆 Γ_2 在点 Q 处的切线的交点,D 为直线 AC 与圆 Γ_1 的第二个交点.证明:D,O,T 三点共线.
>
> （2016,爱沙尼亚国家队选拔考试）

证明　因为 $\angle OAP = \angle OAQ = 90°$,所以,$P$,$A$,$Q$ 三点共线.

又 $\angle OPT = \angle OQT = 90°$,则 O,P,T,Q 四点共圆.

又由 $OA = OB$,于是,$OP \perp AB$.从而,$PT \parallel AB$.

则 $\angle TOQ = \angle TPQ = \angle TPA = \angle BAP = \angle BOP = 90° - \angle ABO$.

如图所示的两种不同情况,均有 $\angle CDO = \angle ABO$.

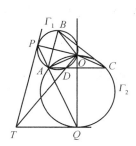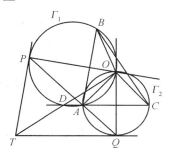

故 $\angle DOQ = 90° - \angle CDO = 90° - \angle ABO$.

综上,$\angle TOQ = \angle DOQ$,即 D,O,T 三点共线.

> 已知 $\triangle ABC$ 的外接圆为 $\odot O$,半径为 R,$AB < AC < BC$,D,E,Z 分别为 BC,AC,AB 的中点,过点 A 作 $AK \perp BC$ 于点 K,分别以 AB,AC 为直径在 $\triangle ABC$ 外作半圆,记为圆 Γ_1,Γ_2,直线 DZ,KZ 分别与圆 Γ_1 交于点 F,G,直线 DE,KE 分别与圆 Γ_2 交于点 P,T,FG 与 PT 交于点 M.证明:
>
> （1）FP 与 GT 交于点 A;
>
> （2）FP 与 MD 的交点在 $\odot O$ 上.
>
> （2016,希腊国家队选拔考试）

证明　（1）如图.

易证,四边形 $AKBG$,四边形 $AKCT$ 均为矩形.

于是,$AG \underline{\underline{\parallel}} KB$,$AT \underline{\underline{\parallel}} KC$.

从而,G,A,T 三点共线.

由 $ZA = ZF$,知 $\triangle ZAF$ 为等腰三角形.

则 $\angle ZAF = \angle ZFA \triangleq \alpha$,$\angle AZD = 2\alpha$.

类似地,$\triangle EAP$ 也为等腰三角形,

$\angle EAP = \angle EPA \triangleq \beta$,$\angle AED = 2\beta$.

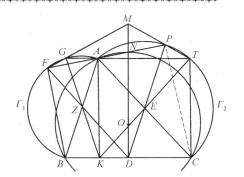

由四边形 $AEDZ$ 为平行四边形知

$\angle AZD = \angle AED$.

故 $\alpha = \beta, \alpha + \beta + \angle BAC = 180°$.

从而, F, A, P 三点共线.

因此, FP 与 GT 交于点 A.

(2) 由 A, B, F, G 四点共圆, A, C, T, P 四点共圆知

$\angle MGT = \angle FBA \triangleq \gamma, \angle FZA = \angle BZD = 2\gamma$;

$\angle MTG = \angle PCA \triangleq \theta, \angle AEP = \angle CED = 2\theta$.

由四边形 $AEDZ$ 为平行四边形, 知 $\angle FZA = \angle AEP \Leftrightarrow \gamma = \theta$.

从而, $\triangle MGT$ 为等腰三角形.

又由(1), 知四边形 $BCTG$ 为矩形. 于是, MD 为 GT, BC 的垂直平分线, 即 MD 过点 O.

设 MD 与 $\odot O$ 交于点 N, 且 N 在优弧 $\overparen{BC}$ 上. 从而, N 为优弧 $\overparen{BC}$ 的中点.

故 $\angle NAC = 90° - \dfrac{1}{2}\angle BAC$.

又由 A, F, P 三点共线及四边形 $AEDZ$ 为平行四边形, 知 $\angle PAC = 90° - \dfrac{1}{2}\angle BAC$.

于是, P, N, A 三点共线.

因此, FP 与 MD 的交点在 $\odot O$ 上.

　　已知 $\triangle ABC$ 的高 AD, BF, CE 交于一点, 点 P 和 Q 分别在直线 EF 上, 满足 $EP = DF$(点 E 在 P, F 之间), $QF = DE$(点 F 在 E, Q 之间). 若 DQ 的中垂线与 AB 所在直线交于点 X, DP 的中垂线与 AC 所在直线交于点 Y, 证明: 线段 BC 的中点在直线 XY 上.

（第 33 届伊朗国家队选拔考试）

证明 先证明一个引理.

引理 点 D 在 $\triangle ABC$ 的边 AB 的延长线上, 使得点 A 在 B, D 之间且 $AD = BC$. 令 O 为 $\triangle ABC$ 中 $\angle B$ 的外角平分线与 CD 的中垂线的交点. 证明: 点 O 在 AB 的中垂线上.

证明 如图 1, 在射线 AB 的延长线上取点 E, 使得点 B 在 E, A 之间且 $BE = BC$.

由于 $\triangle EBC$ 为等腰三角形, 则 $\angle ABC$ 的外角平分线即为 EC 的中垂线. 从而, O 为 DC 的中垂线与 CE 的中垂线的交点, 这表明, O 为 $\triangle DEC$ 的外心, 即点 O 在 DE 的中垂线上.

因为 $BE = AD$, 所以, 点 O 也在 AB 的中垂线上.

引理得证.

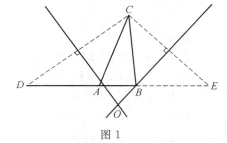

图 1

如图 2.

由 AE，AF 为 $\triangle DEF$ 的外角平分线及引理，对 $\triangle DEF$ 与 EF 延长线上的点 Q，可得点 X 在 EF 的中垂线上.

类似地，点 Y 也在 EF 的中垂线上.

这表明，XY 为 EF 的中垂线.

又因为 $\angle BEC = \angle BFC = 90°$，所以，$E$，$F$，$C$，$B$ 四点共圆于圆 Γ，且 BC 的中点为圆 Γ 的圆心，其在 EF 的中垂线即 XY 上.

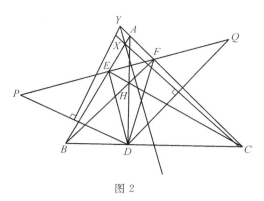

图 2

如图，在锐角 $\triangle ABC$ 中，边 BC 的中点为 M，点 X 在 $\angle AMB$ 的平分线上，且 $\angle BXM = 90°$，点 Y 在 $\angle AMC$ 的平分线上，且 $\angle CYM = 90°$，线段 AM 与 XY 交于点 Z. 证明：Z 为 XY 的中点.

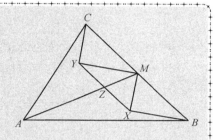

（2016，第 55 届荷兰数学奥林匹克）

证明 易知，

$$\angle CMY = \frac{1}{2}\angle CMA = \frac{1}{2}(180° - \angle AMB) = 90° - \frac{1}{2}\angle AMB = \angle MBX.$$

又 $CM = MB$，则 $\mathrm{Rt}\triangle CMY \cong \mathrm{Rt}\triangle MBX \Rightarrow CY = MX$，$BX = MY$.

又 $XM = MX$，故

$$\mathrm{Rt}\triangle XMY \cong \mathrm{Rt}\triangle MXB \Rightarrow \angle MXY = \angle XMB = \angle AMX \Rightarrow MZ = XZ.$$

类似地，$MZ = YZ$.

因此，$YZ = XZ$.

在 $\triangle ABC$ 中，点 D 在线段 BC 上，且 D 与 B，C 均不重合，$\triangle ABD$ 的外接圆与线段 AC 的另一个交点为 E. $\triangle ACD$ 的外接圆与线段 AB 的另一个交点为 F. 记 A' 为点 A 关于直线 BC 的对称点，直线 $A'C$ 与 DE 交于点 P，且直线 $A'B$ 与 DF 交于点 Q. 证明：直线 AD，BP，CQ 三线共点或互相平行.

（2016，第八届罗马尼亚大师杯数学竞赛）

证明 如图,记 σ 为关于 BC 的对称变换.

由 A,E,D,F 四点共圆得

$$\angle BDF = \angle BAC = \angle CDE.$$

则直线 DE 与 DF 在变换 σ 下互为对方的像.

故直线 AC 与 DF 交于点 $P' = \sigma(P)$,直线 AB 与 DE 交于点 $Q' = \sigma(Q)$.

于是,直线 $PQ,P'Q' = \sigma(PQ),BC$ 交于同一点 R(有可能是无穷远点).

又直线对 $(CA;QD),(AB;DP),(BD;PQ)$ 的三个交点共线(三个交点分别为 P',Q',R),则 $\triangle ABC$ 与 $\triangle DPQ$ 互为透视三角形.

由笛沙格定理,知 AD,BP,CQ 三线共点或互相平行.

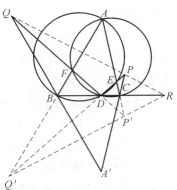

> 空间中的三条不共面的线段 A_1A_2,B_1B_2,C_1C_2 共点于 P,Q_{ijk} 为过点 A_i,B_j,C_k,P 的球的球心.证明:直线 $O_{111}O_{222},O_{112}O_{221},O_{121}O_{212},O_{211}O_{122}$ 共点.
>
> (2016,第 42 届俄罗斯数学奥林匹克)

证明 过线段 A_iP 的中点且与 A_1A_2 垂直的平面记为 α_i,过线段 B_jP 的中点且与 B_1B_2 垂直的平面记为 β_j,过线段 C_kP 的中点且与 C_1C_2 垂直的平面记为 γ_k.

显然,O_{ijk} 为平面 $\alpha_i,\beta_j,\gamma_k$ 的交点.

由对称性,知直线 $O_{111}O_{222},O_{112}O_{221},O_{121}O_{212},O_{211}O_{122}$ 共点于 $\alpha_i,\beta_i,\gamma_i(i = 1,2)$ 所围成的平行六面体的中心.

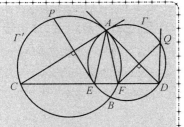

> 如图,圆 Γ,Γ' 交于 A,B 两点.圆 Γ 在点 A 处的切线与圆 Γ' 的另一个交点为 C,圆 Γ' 在点 A 处的切线与圆 Γ 的另一个交点为 D,线段 CD 与两圆分别交于点 E,F.过点 E 作 AC 的垂线,与圆 Γ' 交于点 P;过点 F 作 AD 的垂线,与圆 Γ 交于点 Q(点 A,P,Q 在直线 CD 的同侧).证明:A,P,Q 三点共线.
>
> (2016,第三届伊朗几何奥林匹克)

证明 注意到,

$$\angle AFC = \angle AED = 180° - \angle CAD$$
$$\Rightarrow \angle AFD = 180° - \angle AFC = 180° - \angle AED = \angle AQD.$$

于是,点 Q 和 F 关于直线 AD 对称.

类似地,点 P 和 E 关于直线 AC 对称.

结合弦切角定理有

$$\angle DAQ = \angle DAF = \angle ACD,\angle CAP = \angle CAE = \angle CDA.$$

则 $\angle DAQ + \angle CAD + \angle CAP = \angle ACD + \angle CAD + \angle CDA = 180°$.

从而, A,P,Q 三点共线.

在 $\triangle ABC$ 中, AD 为 $\angle BAC$ 的平分线,与 BC 交于点 D,过点 B 作 AD 的垂线,与 $\triangle ABD$ 外接圆的第二个交点为 E.证明: E,A 与 $\triangle ABC$ 的外心 O 三点共线.

（2016,中国香港代表队选拔考试）

证明 如图.

由题意,知 $\angle OAC = 90° - \angle ABC$.

注意到,

$\angle EAC = \angle DAC - \angle DAE$

$= \angle BAD - \angle EBC$.

又 $\angle EBC = \angle ABC - \angle ABE$,则

$\angle EAC = \angle BAD - \angle ABC + \angle ABE = 90° - \angle ABC$.

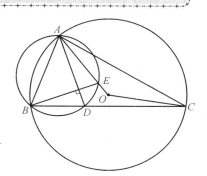

因此, E,A,O 三点共线.

设 AB 为 $\odot O$ 的弦, M 为劣弧 $\overarc{AB}$ 的中点.由 $\odot O$ 外一点 C 向 $\odot O$ 引切线,切点分别为 S,T.令线段 MS,MT 与线段 AB 的交点分别为 E,F.由 E,F 作线段 AB 的垂线,分别与 OS,OT 交于点 X,Y.由点 C 向 $\odot O$ 引一割线,设两交点依次为 P,Q,线段 MP 与 AB 交于点 R.令 $\triangle PQR$ 的外心为 Z.证明: X,Y,Z 三点共线.

（2016,中国台湾数学奥林匹克选训营）

证明 如图,连接 OM.

由垂径定理,知 $OM \perp AB$.

于是, $OM \parallel EX$.

由 $OM = OS$,知 $XE = XS$.

以 X 为圆心、XE 为半径作圆,

则 $\odot X$ 与 AB,SC 均相切.

再作 $\triangle RQP$ 的外接圆,连接 MA,AP,MC.

由 $\overarc{AM} = \overarc{BM}$

$\Rightarrow \angle MAB = \angle MPA = \angle MSA$

$\Rightarrow \triangle AMR \backsim \triangle PMA, \triangle MAE \backsim \triangle MSA$

$\Rightarrow MR \cdot MP = MA^2 = ME \cdot MS$.

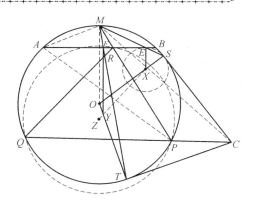

又由切割线定理,知 $CQ \cdot CP = CS^2$.则 M,C 两点均在 $\odot Z$ 与 $\odot X$ 的根轴上.

从而, $ZX \perp MC$.

类似地, $ZY \perp MC$.

因此, X,Y,Z 三点共线.

如图1,设△ABC 的外接圆为Γ,在点 B,C 处分别作圆Γ的切线,两条切线交于点 D. 由△ABC 的边 AB 和 CA 分别向形外作正方形 BAGH 和正方形 ACEF,设 EF 与 HG 交于点 X. 证明:X,A,D 三点共线.

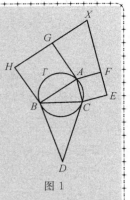

图1

(2016,第七届陈省身杯全国高中数学奥林匹克)

证明 如图 2,设点 A 在 GF 上的投影为 R,AR 与 BC 交于点 M.

由面积法知

$$\frac{BM}{CM} = \frac{S_{\triangle ABM}}{S_{\triangle ACM}} = \frac{\frac{1}{2}AB \cdot AM\sin\angle BAM}{\frac{1}{2}AC \cdot AM\sin\angle CAM}$$

$$= \frac{AB\cos\angle RAG}{AC\cos\angle RAF} = \frac{AG\cos\angle RAG}{AF\cos\angle RAF} = 1.$$

故 M 为边 BC 的中点.

设 XA 与 BC 交于点 K. 则由 G,A,F,X 四点共圆得

$$\angle CAK = 90° - \angle FAX = 90° - \angle FGX$$

$$= \angle AGF = 90° - \angle GAR = \angle BAM,$$

即 AX 在 AM 的共轭中线上.

在边 BC 上作一点 M',使得 $\angle CAD = \angle BAM'$.

由面积法知

$$\frac{BM'}{M'C} = \frac{S_{\triangle ABM'}}{S_{\triangle ACM'}} = \frac{\frac{1}{2}AB \cdot AM'\sin\angle BAM'}{\frac{1}{2}AC \cdot AM'\sin\angle CAM'} = \frac{AB\sin\angle CAD}{AC\sin\angle BAD}$$

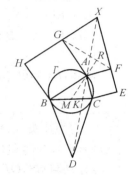

图2

$$= \frac{AB \cdot \frac{CD\sin\angle ACD}{AD}}{AC \cdot \frac{BD\sin\angle ABD}{AD}} = \frac{AB\sin\angle ACD}{AC\sin\angle ABD} = \frac{AB\sin\angle ABC}{AC\sin\angle ACB} = 1.$$

故点 M' 与 M 重合.

从而,AD 也在 AM 的共轭中线上.

综上,X,A,D 三点共线.

如图 1,在锐角 $\triangle ABC$ 中,D,E,F 分别为边 BC, CA,AB 上的点;L,M,N 分别为线段 EF,FD,DE 的中点.证明:(1)AL,BM,CN 三线共点的充分必要条件是 AD,BE,CF 三线共点;

(2)若 AD,BE,CF 为 $\triangle ABC$ 的三条高线,X,Y, Z 分别为线段 EF,FD,DE 上的点,且满足 $DX \parallel AL$, $EY \parallel BM,FZ \parallel CN$,设 $\triangle ABC,\triangle XYZ$ 的外接圆半径分别为 R,r,则

$$r = 2R\cos A \cdot \cos B \cdot \cos C(\angle A,\angle B,\angle C \text{ 表示 } \triangle ABC \text{ 的内角})$$

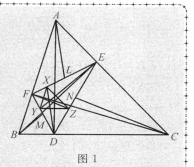

图 1

(2016,第七届陈省身杯全国高中数学奥林匹克)

证明 (1) 设 $\angle CAL = \alpha_1,\angle BAL = \alpha_2,\angle ABM = \beta_1,\angle CBM = \beta_2,\angle BCN = \gamma_1$, $\angle ACN = \gamma_2$.

由分角线定理知

$$1 = \frac{EL}{LF} = \frac{AE\sin\alpha_1}{AF\sin\alpha_2},1 = \frac{FM}{MD} = \frac{BF\sin\beta_1}{BD\sin\beta_2},1 = \frac{DN}{NE} = \frac{CD\sin\gamma_1}{CE\sin\gamma_2}.$$

三式相乘得

$$\frac{\sin\alpha_1}{\sin\alpha_2} \cdot \frac{\sin\beta_1}{\sin\beta_2} \cdot \frac{\sin\gamma_1}{\sin\gamma_2} = \frac{AF}{AE} \cdot \frac{BD}{BF} \cdot \frac{CE}{CD} = \frac{AF}{FB} \cdot \frac{BD}{DC} \cdot \frac{CE}{EA}. \qquad ①$$

由塞瓦定理,知 AD,BE,CF 三线共点的充分必要条件是 $\dfrac{AF}{FB} \cdot \dfrac{BD}{DC} \cdot \dfrac{CE}{EA} = 1$.

又由角元塞瓦定理,知 AL,BM,CN 三线共点的充分必要条件是

$$\frac{\sin\alpha_1}{\sin\alpha_2} \cdot \frac{\sin\beta_1}{\sin\beta_2} \cdot \frac{\sin\gamma_1}{\sin\gamma_2} = 1.$$

因此,由式 ① 知 AL,BM,CN 三线共点 $\Leftrightarrow AD,BE,CF$ 三线共点.

(2) 先证明一个引理.

引理 设 $\triangle ABC$ 的内切圆 $\odot I$ 与边 BC 切于点 D,$\angle A$ 内的旁切圆为 $\odot I_1$,M 为边 BC 的中点,则 $AD \parallel MI_1$.

证明 如图 2,设 $\odot I_1$ 与边 BC 切于点 E,EE_1 为 $\odot I$ 的直径,过点 E_1 作 BC 的平行线,与直线 AB,AC 分别交于点 B_1, C_1.则 B_1C_1 与 $\odot I_1$ 切于点 E_1.

因为 A 是 $\triangle ABC$ 与 $\triangle AB_1C_1$ 的位似中心,D,E_1 为对应点,所以,A,D,E_1 三点共线.

由 $BD = CE$,知 M 为线段 DE 的中点.

于是,$DE_1 \parallel MI_1$,即 $AD \parallel MI_1$.

引理得证.

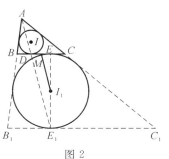

图 2

因为 B,C,E,F 四点共圆,所以,$\angle AEF = \angle B$.

类似地,$\angle CED = \angle B$.

于是,EA 为 $\angle DEF$ 的外角平分线,且 $\angle DEF = 180° - 2\angle B$.

类似地,FA 为 $\angle EFD$ 的外角平分线.

从而,A 为 $\triangle DEF$ 中 $\angle D$ 内的旁心.

又 $DX \parallel AL$,$EY \parallel BM$,$FZ \parallel CN$,由引理知 X 为 $\triangle DEF$ 的内切圆(圆心为 $\triangle ABC$ 的垂心 H)与边 EF 的切点.

类似地,Y,Z 为 $\triangle DEF$ 的内切圆分别与边 FD,DE 的切点.

从而,$\triangle XYZ$ 的外接圆就是 $\triangle DEF$ 的内切圆.

设 $\triangle DEF$ 的外接圆半径为 R_1.

因为 $\triangle DEF$ 的外接圆是 $\triangle ABC$ 的九点圆,所以,$R = 2R_1$.

由于 $\angle DEF = 180° - 2\angle B$,类似得

$\angle FDE = 180° - 2\angle A$,$\angle EFD = 180° - 2\angle C$.

故 $r = 4R_1 \sin \dfrac{\angle FDE}{2} \cdot \sin \dfrac{\angle DEF}{2} \cdot \sin \dfrac{\angle EFD}{2} = 2R\cos A \cdot \cos B \cdot \cos C$.

如图1,在等腰 $\triangle ABC$ 中,$\angle CAB = \angle CBA = \alpha$,点 P,Q 分别位于线段 AB 的两侧,且 $\angle CAP = \angle ABQ = \beta$,$\angle CBP = \angle BAQ = \gamma$.证明:$P$,$C$,$Q$ 三点共线.

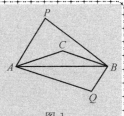

图1

（第 12 届中国北方数学奥林匹克）

证明 如图2,连接 PC,分别与 AQ,BQ,AB 交于点 Q_2,Q_1,D.

注意到,

$$\frac{CD \cdot PQ_2}{PC \cdot DQ_2} = \frac{S_{\triangle ACD} \cdot S_{\triangle APQ_2}}{S_{\triangle APC} \cdot S_{\triangle ADQ_2}} = \frac{\sin\alpha \cdot \sin(\alpha + \beta + \gamma)}{\sin\beta \cdot \sin\gamma},$$

$$\frac{CD \cdot PQ_1}{PC \cdot DQ_1} = \frac{S_{\triangle BCD} \cdot S_{\triangle BPQ_1}}{S_{\triangle BPC} \cdot S_{\triangle BDQ_1}} = \frac{\sin\alpha \cdot \sin(\alpha + \beta + \gamma)}{\sin\beta \cdot \sin\gamma}.$$

故 $\dfrac{CD \cdot PQ_1}{PC \cdot DQ_1} = \dfrac{CD \cdot PQ_2}{PC \cdot DQ_2} \Rightarrow \dfrac{PQ_1}{DQ_1} = \dfrac{PQ_2}{DQ_2}$.

于是,点 Q_1 与 Q_2 重合.从而,P,C,Q 三点共线.

在 $\triangle BCF$ 中,$\angle B = 90°$.在直线 CF 上取点 A,使得 $FA = FB$,且 F 在点 A 和 C 之间;取点 D,使得 $DA = DC$,且 AC 为 $\angle DAB$ 的平分线;取点 E,使得 $EA = ED$,且 AD 为 $\angle EAC$ 的平分线.设 M 为线段 CF 的中点,取点 X 使得四边形 $AMXE$ 为平行四边形,$AM \parallel EX$,$AE \parallel MX$.证明:BD,FX,ME 三线共点.

（第 57 届 IMO）

证明 如图.

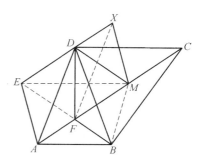

由条件得
$$\angle FAB = \angle FBA = \angle DAC = \angle DCA$$
$$= \angle EAD = \angle EDA = \alpha.$$

由 $\triangle ABF \backsim \triangle ACD \Rightarrow \dfrac{AB}{AC} = \dfrac{AF}{AD}$

$\Rightarrow \triangle ABC \backsim \triangle AFD.$

又 $EA = ED$,有

$$\angle AFD = \angle ABC = 90° + \alpha = 180° - \dfrac{1}{2}\angle AED.$$

于是,点 F 在以 E 为圆心、EA 为半径的圆周上.

特别地,$EF = EA = ED.$

又 $\angle EFA = \angle EAF = 2\alpha = \angle BFC$,知 B,F,E 三点共线.

由于 $\angle EDA = \angle MAD$,于是,$ED \parallel AM$.从而,E,D,X 三点共线.

由 M 为 $\text{Rt}\triangle CBF$ 斜边 CF 的中点,知 $MF = MB$.

在等腰 $\triangle EFA$,等腰 $\triangle MFB$ 中,由

$$\angle EFA = \angle MFB,AF = BF \Rightarrow \triangle AEF \cong \triangle BMF$$

$$\Rightarrow BM = AE = XM,BE = BF + FE = AF + FM = AM = EX.$$

从而,$\triangle EMB \cong \triangle EMX.$

又 $EF = ED$,点 D 与 F,点 X 与 B 分别关于 EM 对称,于是,直线 BD 与 XF 关于 EM 对称.由此,BD,FX,ME 三线共点.

已知非等腰 $\triangle ABC$ 的内心为 I,$\angle A$ 内的旁心为 I_A,I_A 关于直线 BC 的对称点为 I'_A,直线 AI'_A 关于直线 AI 对称的直线为 l_A.类似定义 I_B,I'_B,l_B.设直线 l_A 与 l_B 交于点 P.

(1)证明:点 P 在直线 OI 上,其中,O 为 $\triangle ABC$ 的外心.

(2)过点 P 作 $\triangle ABC$ 的内切圆的切线中的一条与 $\triangle ABC$ 的外接圆交于 X,Y 两点.证明:$\angle XIY = 120°$.

(第 57 届 IMO 预选题)

证明 (1)如图,设点 A 关于直线 BC 的对称点为 A',直线 AI 与 $\triangle ABC$ 的外接圆 $\odot O$ 的第二个交点为 M.

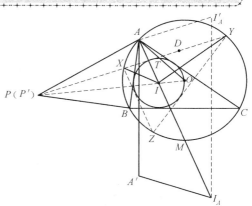

由于 $\triangle ABA'$,$\triangle AOC$ 均为等腰三角形,且 $\angle ABA' = 2\angle ABC = \angle AOC$,于是,
$$\triangle ABA' \backsim \triangle AOC.$$

因为 $\triangle ABI_A \backsim \triangle AIC$,所以,

$$\dfrac{AA'}{AI_A} = \dfrac{AA'}{AB} \cdot \dfrac{AB}{AI_A} = \dfrac{AC}{AO} \cdot \dfrac{AI}{AC} = \dfrac{AI}{AO}.$$

又 $\angle A'AI_A = \angle IAO$,则 $\triangle AA'I_A \backsim \triangle AIO$.

设直线 AP 与 OI 交于点 P'.则

$\angle MAP' = \angle I'_AAI_A = \angle I'_AAA' - \angle I_AAA'$

$= \angle AA'I_A - \angle AMO = \angle AIO - \angle AMO = \angle MOP'$

$\Rightarrow M,O,A,P'$ 四点共圆.

设 $\odot O,\triangle ABC$ 的内切圆 $\odot I$ 的半径分别为 R,r.则

$$IP' = \frac{IA \cdot IM}{IO} = \frac{R^2 - IO^2}{IO},$$

可见 IP' 不依赖于点 A.

故 BP 与 OI 的交点也为 P'.这表明,点 P' 与 P 重合.

因此,点 P 在直线 OI 上.

(2) 由彭赛列闭合定理,知分别过点 X,Y 作 $\odot I$ 的不同于 XY 的切线的交点 Z 在 $\odot O$ 上.

设 XY 与 $\odot I$ 切于点 T,XY 的中点为 D.则

$$OD = IT \cdot \frac{OP}{IP} = r\left(1 + \frac{OI}{IP}\right) = r\left(1 + \frac{OI^2}{OI \cdot IP}\right) = r\left(1 + \frac{R^2 - 2Rr}{R^2 - IO^2}\right)$$

$$= r\left(1 + \frac{R^2 - 2Rr}{2Rr}\right) = \frac{R}{2} = \frac{OX}{2}$$

$$\Rightarrow \angle XZY = 60° \Rightarrow \angle XIY = 120°.$$

已知 O 为锐角 $\triangle ABC$ 的外心,AD,BE,CF 为高线,M 为边 BC 的中点,AD 与 EF,AO 与 BC 分别交于点 X,Y,线段 XY 的中点为 Z.证明:A,Z,M 三点共线.

(2017,日本数学奥林匹克)

证明 如图,记 H 为 $\triangle ABC$ 的垂心,AG 为 $\triangle ABC$ 的外接圆直径.连接 CG,BG.

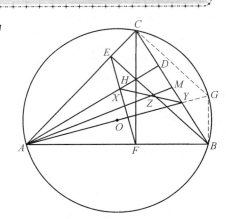

由 $BH \perp AC$,$GC \perp AC \Rightarrow BH // GC$.

类似地,$CH // GB$.

于是,四边形 $BHCG$ 为平行四边形.

因为 M 是线段 BC 的中点,

所以,H,M,G 三点共线且 $HM = MG$.

由 $\angle AEH = \angle AFH = 90°$

$\Rightarrow A,E,H,F$ 四点共圆,且 AH 为直径.

由 $\angle BFC = \angle BEC = 90°$

$\Rightarrow B,C,E,F$ 四点共圆

$\Rightarrow \angle AFE = \angle ACB$,$\angle AEF = \angle ABC \Rightarrow \triangle AEF \backsim \triangle ABC$.

于是,四边形 $AEHF \backsim$ 四边形 $ABGC$,X 与 Y 为对应点.

则 $\dfrac{AX}{XH} = \dfrac{AY}{YG}$.从而,$HG // XY$.

又 Z 为线段 XY 的中点,M 为线段 BC 的中点,因此,A,Z,M 三点共线.

已知 $\triangle ABC$ 的外接圆为 Γ，$AB < AC$. 过点 C 作圆 Γ 的切线，与过点 B 且平行于 AC 的直线交于点 D，过点 B 作圆 Γ 的切线，与过点 C 且平行于 AB 的直线交于点 E，与直线 CD 交于点 L. 若 $\triangle BDC$ 的外接圆 Γ_1 与 AC 交于另一点 T，$\triangle BEC$ 的外接圆 Γ_2 与 AB 交于另一点 S，证明：ST，BC，AL 三线共点.

（2017，第 34 届巴尔干地区数学奥林匹克）

证明 如图.

由 $BD \parallel AC$，知 $\angle DBC = \angle ACB$.

又 $\angle BCD = \angle BAC$，则

$\triangle ABC \backsim \triangle CDB$

$\Rightarrow \angle BDC = \angle ABC$

$\Rightarrow$ 圆 Γ_1 与 AB 切于点 B.

类似地，圆 Γ_2 与 AC 切于点 C.

故 $\angle ABT = \angle ACB$，$\angle BSC = \angle ACB$

$\Rightarrow \angle ABT = \angle BSC \Rightarrow BT \parallel SC$.

令 ST 与 BC 交于点 K.

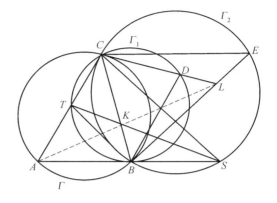

由梯形 $BTCS$，得 $\dfrac{BK}{KC} = \dfrac{BT}{SC}$.

由 $\triangle ABT \backsim \triangle ASC \Rightarrow \dfrac{BT}{SC} = \dfrac{AB}{AS}$.

由以上两式，得 $\dfrac{BK}{KC} = \dfrac{AB}{AS}$.

由圆幂定理，得 $AC^2 = AB \cdot AS \Rightarrow AS = \dfrac{AC^2}{AB}$.

代入 $\dfrac{BK}{KC} = \dfrac{AB}{AS}$，得 $\dfrac{BK}{KC} = \dfrac{AB^2}{AC^2}$.

于是，点 K 在 $\triangle ABC$ 的一条陪位中线上.

因为 LB，LC 均为圆 Γ 的切线，所以，直线 AL 为 $\triangle ABC$ 的一条陪位中线.

从而，点 K 在 AL 上.

因此，ST，BC，AL 三线共点.

设 AD 为锐角 $\triangle ABC$ 的高线，$\angle BAD$，$\angle CAD$ 的平分线分别与边 BC 交于点 E，F，$\triangle AEF$ 的外接圆分别与边 AB，AC 交于点 G，H. 证明：EH，FG，AD 三线共点.

（2017，第 66 届保加利亚数学奥林匹克）

证明 如图,设 FG 与 AE,EH 与 AF 的交点分别为 K,L.

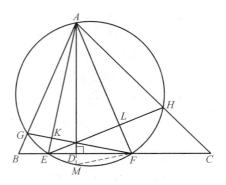

则 $\angle AGF + \angle GAE = \angle AED + \angle AED = 90°$

$\Rightarrow \angle AKG = 180° - (\angle AGF + \angle GAE) = 90°$.

于是,直线 FK 为 $\triangle AEF$ 的高.

类似地,EL 也为 $\triangle AEF$ 的高.

因此,FK 与 EL 的交点为 $\triangle AEF$ 的垂心,且其也位于它的第三条高 AD 上.

已知 AD,BE,CF 分别为锐角 $\triangle ABC$ 边 BC,AC,AB 上的高线,H 为垂心,DF 与 BE 交于点 P,过 P 且垂直于 BC 的直线与 AB 交于点 Q,EQ 与 AD 交于点 N. 证明:N 为 AH 的中点.

(2017,第 48 届奥地利数学奥林匹克)

证明 如图.

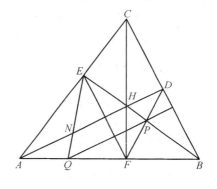

由 H,E,A,F 四点共圆

$\Rightarrow \angle FEH = \angle FAH = \angle FQP$

$\Rightarrow F$,P,E,Q 四点共圆

$\Rightarrow \angle QFP + \angle QEP = 180°$.

由 A,F,D,C 四点共圆

$\Rightarrow \angle AFD + \angle ACD = 180°$.

从而,$\angle ACD = \angle QEP = \angle NEH$.

又 $\angle NEH + \angle AEN = \angle ACD + \angle EAN$

$= \angle EHA + \angle EAN = 90°$,

则 $\angle AEN = \angle EAN$,$\angle NEH = \angle NHE$.

因此,$AN = EN = NH$,即 N 为 AH 的中点.

已知锐角 $\triangle ABC$ 各边互不相等,O,H 分别为外心、垂心,BE,CF 为高线,AH 与外接圆 $\odot O$ 的第二个交点为 D.

(1) 若 AH 的中点为 I,直线 EI 与 BD、FI 与 CD 分别交于点 M,N,证明:$MN \perp OH$;

(2) 若直线 DE,DF 与 $\odot O$ 分别交于异于点 D 的点 P,Q,$\triangle AEF$ 的外接圆与 $\odot O$ 交于另一点 S,与 AO 交于另一点 R,证明:BP,CQ,RS 三线共点.

(2017,越南数学奥林匹克)

证明　(1) 记 ⊙J 表示 △ABC 的九点圆. 易知, J 为 OH 的中点, ⊙J 经过点 E,I,F. 如图1.

由点 H 与 D 关于 BC 对称, 则

$$BD = BH.$$

又因为 $IE = IH$, 所以,

$$\angle IEH = \angle IHE = \angle BHD = \angle BDH$$

$\Rightarrow B,D,E,I$ 四点共圆

$\Rightarrow ME \cdot MI = MB \cdot MD.$

这表明, 点 M 关于 ⊙O, ⊙J 的幂相等.

类似地, 点 N 关于 ⊙O, ⊙J 的幂相等.

于是, MN 为 ⊙O 与 ⊙J 的根轴.

因此, $MN \perp OJ$, 即 $MN \perp OH$.

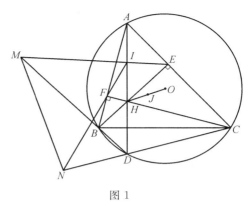

图1

(2) 如图2, 记 X 为 EF 的中点, K 为 AH 与 BC 的交点.

易知, △$BFE \backsim$ △KHE.

则 △$BFX \backsim$ △DHE

$\Rightarrow \angle FBX = \angle HDE = \angle FBP$

$\Rightarrow B,X,P$ 三点共线.

类似地, C,X,Q 三点共线.

记 AL 为 ⊙O 的直径.

由 AH 为 △AEF 外接圆的直径知

$$\angle ASH = 90°.$$

于是, SH 过点 L.

又 BH,LC 均与 AC 垂直, LB,CH 均与 AB 垂直, 则四边形 $HBLC$ 为平行四边形.

从而, HL 过 BC 的中点 M.

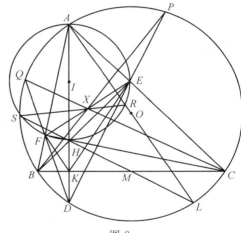

图2

由 $\angle SFE = 180° - \angle SAE = \angle SBC$,

$\angle SEF = \angle SAB = \angle SCB$, 得 △$SEF \backsim$ △SCB.

又 SX,SM 分别为上述三角形的对应中线, 则 $\angle FSX = \angle BSM$.

由 $\angle SFR = 180° - \angle SAR = \angle SBL$, $\angle SRF = \angle SAB = \angle SLB$, 得

△$SFR \backsim$ △$SBL \Rightarrow \angle FSR = \angle BSL = \angle BSM = \angle FSX$

$\Rightarrow S,X,R$ 三点共线.

因此, BP,CQ,RS 三线共点.

在等腰 △ABC 中, $AC = AB > BC$. 以 A 为圆心作过点 B,C 的圆, H,G 分别为 △ABC 的边 AC 上的高线、中线的延长线与 ⊙A 的交点, GH 与 AC 交于点 X. 证明: C 为 AX 的中点.

(2017, 瑞士数学奥林匹克)

证明 如图,设 D 为 AC 的中点.

易知,$\angle HGB = \dfrac{1}{2}\angle HAB = \angle HAD$.

则 G,A,D,H 四点共圆.

由割线定理得

$$(CX + 2AC)CX = XH \cdot XG = XD \cdot XA$$

$$= \left(CX + \dfrac{1}{2}AC\right)(CX + AC)$$

$$\Rightarrow AC = CX.$$

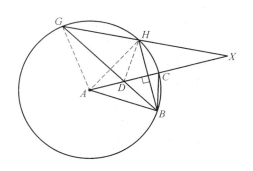

设 $\triangle ABC$ 的内切圆 $\odot I$ 与边 BC,CA,AB 分别切于点 D,E,F.记 $\odot I_B,\odot I_C$ 分别为 $\triangle ABC$ 的顶点 B,C 所对的旁切圆,P,Q 分别为 $I_B E,I_C F$ 的中点,AB 与 $\triangle PAC$ 的外接圆的第二个交点为 R,AC 与 $\triangle QAB$ 的外接圆的第二个交点为 S.

(1) 证明:PR,QS,AI 三线共点;

(2) 若 DE,DF 与 $I_B I_C$ 交于点 K,J,且 EJ 与 FK 交于点 M,PE 与 $\triangle PAC$ 的外接圆交于点 X,QF 与 $\triangle QAB$ 的外接圆交于点 Y,证明:BY,CX,AM 三线共点.

(2017,越南国家队选拔考试)

证明 (1) 易知,$EF \perp AI$,$I_B I_C \perp AI$.

于是,四边形 $I_B I_C FE$ 为梯形,PQ 为梯形 $I_B I_C FE$,$\triangle AEF$ 的中位线所在的直线.

如图 1,注意到,P,Q 在点圆 A 和 $\odot I$ 的根轴上.

则 $QA^2 = QF \cdot QY = QB^2$.

故 $\triangle QAB$ 的外接圆与 $\odot I$ 切于点 Y.

类似地,$\triangle PAC$ 的外接圆与 $\odot I$ 切于点 X.

对 $\triangle ASB$,由曼海姆定理,知 EF 的中点 N 为 $\triangle ASB$ 的内心.

于是,S,N,Q 三点共线.

类似地,R,N,P 三点共线.

从而,PR,QS,AI 三线共点.

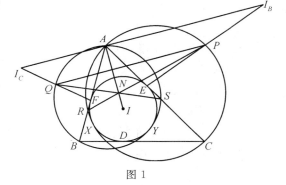

图 1

(2) 在 $\odot I$ 中,由 $I_B I_C$ 为点 N 的极线,知 JE,KF,DN 交于 $\odot I$ 上的点 M.

先给出施泰因巴特(Steinbart)定理:$\triangle ABC$ 的内切圆 $\odot I$ 与边 BC,CA,AB 分别切于点 D,E,F,在 $\odot I$ 上取三点 X,Y,M,则 AX,BY,CM 三线共点当且仅当 DX,EY,FM 三线共点.

由此定理,只需证明 FX,EY,DM 三线共点.

由 $\angle EYF = \angle AEF = \angle I_B AC$,知 I_C,A,E,Y 四点共圆.

类似地,A,I_B,X,F 四点共圆.

这表明,(1)中的切点 X,Y 与本问相同.

记变换 $\mathscr{S}$ 表示先进行以 A 为中心、$AB \cdot AC$ 为幂的反演变换,再进行关于直线 AI 的轴对称变换.

则 $\mathscr{S}$ 将 $\triangle ABC$ 外接圆 $\odot O$ 变换到直线 BC,$\odot I$ 变换到 $\triangle ABC$ 的 A 所对伪旁切圆 $\odot T$.

如图 2,记 $\odot T$ 与边 AC,AB 切于点 E',F',分别为变换 $\mathscr{S}$ 下点 E,F 的像.

据曼海姆定理,知 I_A 为 $E'F'$ 的中点.

又由帕普斯定理,$I_B E',I_C F'$ 交于 BC 上点 Z.

记 $\odot T$ 与 $\odot O$ 切于点 G,$I_A G$ 过 $\overparen{BAC}$ 的中点 L,且 L 为 $I_B I_C$ 的中点.

又由 $I_B I_C \parallel E'F'$,知 L,Z,G,I_A 四点共线.

于是,变换 $\mathscr{S}$ 将 $E'I_B$ 变为 $\triangle I_C AE$ 的外接圆,将 $F'I_C$ 变为 $\triangle I_B AF$ 的外接圆,将 D 变为 G,将 I 变为 I_A,将 GI_A 变为 $\triangle AID$ 的外接圆.则
$$NM \cdot ND = NE \cdot NF = NA \cdot NI$$
$$\Rightarrow A,M,I,D \text{ 四点共圆}.$$

设 $\triangle I_C AE$ 的外接圆、$\triangle I_B AF$ 的外接圆分别与 $\odot I$ 的根轴交于一点 U,有 EY 与 FX 交于点 U;设 $\triangle I_C AE$ 的外接圆、$\triangle AID$ 的外接圆分别与 $\odot I$ 的根轴交于一点 U',有 MD 与 EY 交于点 U'.

由于 $E'I_B,F'I_C,I_A G$ 三线交于一点,于是,$\triangle I_C AE$ 的外接圆、$\triangle I_B AF$ 的外接圆、$\triangle AID$ 的外接圆共根轴.进而,点 U 与 U' 重合,即 MD,EY,FX 三线共点.

原命题得证.

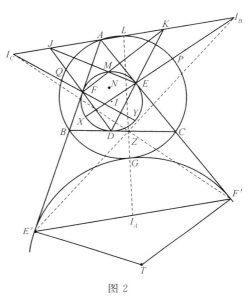

图 2

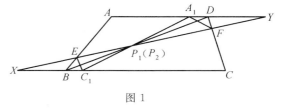

已知四边形 $ABCD$ 为梯形,$AD \parallel BC$,E,F 分别为 AB,CD 上的点,$\triangle AEF$ 的外接圆与 AD 交于另一点 A_1,$\triangle CEF$ 的外接圆与 BC 交于另一点 C_1.证明:$A_1 C_1,BD,EF$ 三线共点.

(2017,第 68 届罗马尼亚国家队选拔考试)

证明 (1)当 $EF \not\parallel AD$ 时,设 EF 与 $BC,AD,A_1 C_1,BD$ 分别交于点 X,Y,P_1,P_2,如图 1.

则 $\angle YA_1 F = \angle YEA = \angle XEB$,$\angle A_1 YF = \angle EXB$.

故 $\triangle XEB \backsim \triangle YA_1 F \Rightarrow \dfrac{XE}{XB} = \dfrac{YA_1}{YF}$

图 1

平面几何部分

$\Rightarrow XB \cdot YA_1 = XE \cdot YF.$

类似地,$YD \cdot XC_1 = XE \cdot YF.$

则 $XB \cdot YA_1 = YD \cdot XC_1 \Rightarrow \dfrac{XB}{YD} = \dfrac{XC_1}{YA_1}$

$\Rightarrow \dfrac{XP_1}{YP_1} = \dfrac{XC_1}{YA_1} = \dfrac{XB}{YD} = \dfrac{XP_2}{YP_2}$

$\Rightarrow$ 点 P_1 与 P_2 重合 $\Rightarrow A_1C_1, BD, EF$ 三线共点.

(2) 当 $EF /\!/ AD$ 时,设 BD 与 A_1C_1, EF 分别交于点 Q_1,

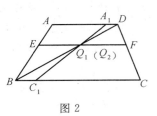

图 2

Q_2,如图 2.

则 $\angle FA_1D = \angle AEF = \angle EBC_1$

$\angle FDA_1 = \angle CFE = \angle EC_1B.$

故 $\triangle FA_1D \backsim \triangle EBC_1$

$\Rightarrow \dfrac{DQ_1}{Q_1B} = \dfrac{A_1D}{BC_1} = \dfrac{DF}{EC_1} = \dfrac{DF}{FC} = \dfrac{DQ_2}{Q_2B}$

$\Rightarrow$ 点 Q_1 与 Q_2 重合 $\Rightarrow A_1C_1, BD, EF$ 三线共点.

已知 $\odot O$ 的直径为 AK,点 M 在 $\odot O$ 的内部但不在 AK 上,直线 AM 与 $\odot O$ 的第二个交点为 Q,过点 M 作 AK 的垂线与过点 Q 作 $\odot O$ 的切线交于点 P,过 P 作 $\odot O$ 的另一条切线,切点为 L. 证明:K, L, M 三点共线.

(2017,第 55 届荷兰国家队选拔考试)

证明 如图,设 MP 与 AK 交于点 V.

先证明:$\angle PVL = \angle POL$.

若点 V 与 O 重合,则结论成立.

若点 V 与 O 不重合,则

$\angle OVP = 90° = \angle OLP.$

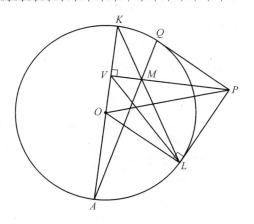

于是,O, V, P, L 四点共圆(事实上,点 Q 也在此圆上).

故 $\angle PVL = \angle POL.$

由 PL 与 PQ 为 $\odot O$ 的切线

$\Rightarrow \triangle OQP \cong \triangle OLP$

$\Rightarrow \angle POL = \dfrac{1}{2} \angle QOL = \angle QAL.$

则 $\angle MVL = \angle POL = \angle QAL = \angle MAL$

$\Rightarrow M, V, A, L$ 四点共圆

$\Rightarrow \angle ALM = 180° - \angle AVM = 90°.$

由 $\angle ALK = 90° \Rightarrow \angle ALM = \angle ALK$

$\Rightarrow K, L, M$ 三点共线.

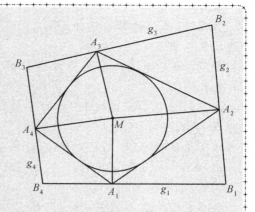

如图,$\odot M$ 为凸四边形 $A_1A_2A_3A_4$ 的内切圆,过点 $A_i(i=1,2,3,4)$ 作直线 g_i 与 A_iM 垂直. 若直线 g_1,g_2,g_3,g_4 依次交于点 B_1,B_2,B_3,B_4,证明:直线 B_1B_3 与 B_2B_4 交于点 M.

(2017,德国数学竞赛)

证明 因为 $A_3M \perp A_3B_2,A_2M \perp A_2B_2$,所以,$A_2,B_2,A_3,M$ 四点共圆.

则 $\angle B_2MA_2 = \angle B_2A_3A_2 = 90° - \angle MA_3A_2$.

又 $\odot M$ 为四边形 $A_1A_2A_3A_4$ 的内切圆,故

$$\angle MA_3A_2 = \angle MA_3A_4 = \frac{1}{2}\angle A_2A_3A_4.$$

于是,$\angle B_2MA_2 = 90° - \dfrac{1}{2}\angle A_2A_3A_4$.

类似地,$\angle B_4MA_1 = 90° - \dfrac{1}{2}\angle A_3A_4A_1$,$\angle A_1MB_1 = 90° - \dfrac{1}{2}\angle A_1A_2A_3$,

$\angle A_2MB_1 = 90° - \dfrac{1}{2}\angle A_2A_1A_4$.

故 $\angle A_1MB_4 + \angle A_1MB_1 + \angle A_2MB_1 + \angle B_2MA_2$

$= 360° - \dfrac{1}{2}(\angle A_1A_4A_3 + \angle A_1A_2A_3 + \angle A_2A_1A_4 + \angle A_2A_3A_4)$

$= 360° - \dfrac{1}{2} \times 360° = 180°$.

这表明,B_2,M,B_4 三点共线.

类似地,B_1,M,B_3 三点共线.

因此,直线 B_1B_3 与 B_2B_4 交于点 M.

已知 Γ 为 $\triangle ABC$ 中 $\angle A$ 内的旁切圆,且与 BC 切于点 K,与 AB,AC 的延长线分别切于点 L,M,以 BC 为直径的圆与 LM 交于 P,Q 两点,且 P 在点 L,Q 之间. 证明:直线 BP 与 CQ 的交点与圆 Γ 的圆心重合.

(2017,克罗地亚数学竞赛)

证明 如图.

注意到,圆 Γ 的圆心与 $\angle CBL$,$\angle BCM$ 的平分线的交点重合.

于是,只需证这两条角平分线分别与直线 LM 交于点 P,Q.

设 $\angle KBL$,$\angle KCM$ 的平分线分别与直线 LM 交于点 P',Q'.

接下来证明:点 P' 与 P 重合,点 Q' 与 Q 重合.

由 $KB = LB$,$\angle KBP' = \angle LBP'$,$BP' = BP'$

$\Rightarrow \triangle KBP' \cong \triangle LBP' \Rightarrow \angle P'KB = \angle BLP = \angle ALM$.

由 $\triangle ALM$ 为等腰三角形

$\Rightarrow \angle AMP' = \angle AML = \angle ALM = \angle P'KB = 180° - \angle P'KC$

$\Rightarrow M$,C,K,P' 四点共圆.

又 $MC = KC$,则 $\angle MP'C = \angle KP'C$.

注意到,$\angle KP'B = \angle LP'B$.

故 $180° = \angle MP'C + \angle KP'C + \angle KP'B + \angle LP'B$

$= 2(\angle KP'C + \angle KP'B) = 2\angle CP'B$

$\Rightarrow \angle CP'B = 90°$.

于是,点 P' 在以 BC 为直径的圆上.

类似地,点 Q' 也在以 BC 为直径的圆上.

又以 BC 为直径的圆与直线 LM 交于点 P,Q,从而,点 P 与 P' 重合,点 Q 与 Q' 重合.

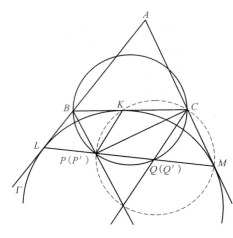

在等腰梯形 $ABCD$ 中,$BC \parallel AD$,且 AB 与 CD 不平行. 过点 B,C 的圆 Γ 与线段 AB,BD 分别交于点 X,Y,圆 Γ 在点 C 处的切线与射线 AD 交于点 Z. 证明:X,Y,Z 三点共线.

(第 43 届俄罗斯数学奥林匹克)

证明 由 $BC \parallel AD$,ZC 为圆 Γ 的切线,知 $\angle ADB = \angle YBC = \angle YCZ$.

于是,$\angle YDZ + \angle YCZ = 180°$.

从而,C,Y,D,Z 四点共圆. 如图.

故 $\angle CYZ = \angle CDZ$.

又由题意知 $\angle XBC = \angle BCD = \angle CDZ = \angle CYZ$.

因为 B,C,Y,X 四点共圆,

所以,$\angle XBC + \angle CYX = 180°$.

从而,$\angle CYZ + \angle CYX = 180°$.

故 X,Y,Z 三点共线.

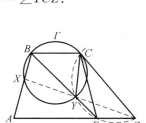

设直线 $BC \parallel EF$,点 D 在线段 BC 上,直线 BF 与 CE 交于点 I.记 $\triangle CDE$ 的外接圆为 Γ_1,$\triangle BDF$ 的外接圆为 Γ_2,两圆分别与 EF 切于点 E,F.令 A 为两圆的第二个交点,直线 DF 与圆 Γ_1 的第二个交点为 Q,直线 DE 与圆 Γ_2 的第二个交点为 R,EQ 与 FR 交于点 M.证明:I,A,M 三点共线.

(2017,中国台湾数学奥林匹克选训营)

证明 如图.

由题意知

$\angle FBD = \angle EFD = \angle FDB$,

$\angle ECD = \angle FED = \angle EDC$.

则 E,F 分别为 $\overparen{CED}$,$\overparen{BFD}$ 的中点

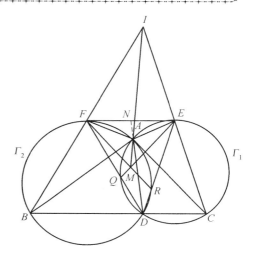

$\Rightarrow BF = DF$,$CE = DE$

$\Rightarrow \angle EFD = \angle FDB = \angle DBF = \angle EFI$.

类似地,$\angle FED = \angle FEI$.

于是,$\triangle DEF \cong \triangle IEF$.

由 $\angle EAF = 180° - \angle AEF - \angle AFE$

$= 180° - \angle ADE - \angle ADF$

$= \angle EDC + \angle FDB = \angle ICB + \angle IBC =$

$180° - \angle BIC$

$\Rightarrow A$,E,I,F 四点共圆,记为圆 Γ.

设 AD 与 EF 交于点 N.则

$NF^2 = NA \cdot ND = NE^2 \Rightarrow NF = NE \Rightarrow AD$ 为 $\triangle DEF$ 的中线.

注意到,

$\angle ADF = \angle AEQ = \angle FEQ - \angle FEA = \angle EDQ - \angle FIA = \angle FIE - \angle FIA = \angle AIE$.

类似地,$\angle ADE = \angle AEF = \angle AIF$.

于是,AI 为 $\triangle EIF$ 的陪位中线,EQ,FR 为圆 Γ 在点 E,F 的切线.

从而,$\triangle EIF$ 的陪位中线过 EQ,FR 的交点 M,即点 M 在直线 AI 上.

如图1,在 $\triangle ABC$ 中,$\angle A = 60°$,M 为 BC 的中点,点 N 在 AB 上,且 $\angle MNB = 30°$,D,E 分别为边 AB,AC 上任意点,F,G,H 分别为边 BE,CD,DE 的中点,O 为 $\triangle FGH$ 的外心.证明:点 O 在 MN 上.

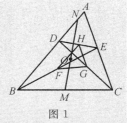

图1

(第13届中国北方数学奥林匹克)

证明 如图 2,连接 FM,GM.

由中点及中位线定理知

$FM \parallel AC$,$HG \parallel AC$,$HF \parallel AB$,$GM \parallel AB$

$\Rightarrow FM \parallel HG$,$GM \parallel HF$

$\Rightarrow$ 四边形 $HFMG$ 为平行四边形,且

$\angle FMG = \angle FHG = 60°$.

由于 O 为 $\triangle HFG$ 的外心,则 $\angle FOG = 120°$.

从而,O,F,M,G 四点共圆.

又 $OF = OG$,则

$\angle GMO = \angle GFO = 30° = \angle BNM = \angle GMN$.

因此,点 O 在 MN 上.

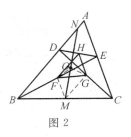

图 2

如图,在梯形 $ABCD$ 中,$AD \parallel BC$,对角线 AC,BD 交于点 E,点 M 在线段 BC 上,且 $MA = MD$. 设 $\triangle ABM$ 的外接圆与 $\triangle CDM$ 的外接圆交于点 N(异于点 M). 证明:M,E,N 三点共线.

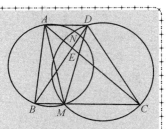

(2017,中国北方希望之星数学邀请赛)

证明 设 AC 与 $\triangle ABM$ 的外接圆交于点 P,BD 与 $\triangle CDM$ 的外接圆交于点 Q. 连接 BP,CQ.

因为 $MA = MD$,所以,$\angle MAD = \angle MDA$.

则 $\angle BPE = \angle BMA = \angle MAD = \angle MDA = \angle CMD = \angle CQE$

$\Rightarrow \angle BPC = \angle BQC \Rightarrow B$,$C$,$P$,$Q$ 四点共圆 $\Rightarrow \dfrac{EP}{EQ} = \dfrac{EB}{EC}$.

由 $AD \parallel BC \Rightarrow \dfrac{EB}{EC} = \dfrac{ED}{EA}$.

故 $\dfrac{EP}{EQ} = \dfrac{ED}{EA} \Rightarrow AE \cdot EP = DE \cdot EQ \Rightarrow$ 点 E 对题设两圆的幂相等

$\Rightarrow$ 点 E 在两圆根轴上 $\Rightarrow M$,E,N 三点共线.

六　　点共圆或圆共点或圆相切

设四边形 $ABCD$ 为平行四边形,$\angle A$ 为钝角,H 为点 A 在边 BC 的垂直投影,$\triangle ABC$ 过顶点 C 的中线的延长线与其外接圆的第二个交点为 K.证明:K,H,C,D 四点共圆.

(第38届俄罗斯数学奥林匹克)

证明 令 E 为点 B 在边 AD 上的投影.则四边形 $AHBE$ 为矩形.

故 $\angle HED = \angle ABC = 180° - \angle BCD$.于是,$D,C,H,E$ 位于某圆 Γ 上.

设 M 为矩形 $AHBE$ 对角线的交点.则 $MA = MB = MH = ME$.

因为 A,B,C,K 四点共圆,所以,$MK \cdot MC = MA \cdot MB = MH \cdot ME$.

从而,C,K,H,E 位于 $\triangle CHE$ 的外接圆 Γ 上.因此,K,H,C,D 位于圆 Γ 上.

在锐角 $\triangle ABC$ 中,H 为垂心,O 为外心(A,H,O 三点不共线),点 D 是点 A 在边 BC 上的射影,线段 AO 的中垂线与直线 BC 交于点 E.证明:线段 OH 的中点在 $\triangle ADE$ 的外接圆上.

(2012,中国西部数学奥林匹克)

证明 如图,设 AO,HO 的中点分别为 F,N.延长 HD,与 $\triangle ABC$ 的外接圆交于点 H',连接 FN,DN,BH,BH',OH'.

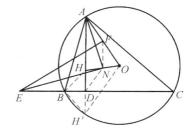

因为 H 是垂心,所以,$\angle CBH' = \angle CAH' = \angle CBH$.故 D 为 HH' 的中点.

则 DN 为 $\triangle HOH'$ 的中位线.于是,$DN = \dfrac{1}{2}OH'$.

由 $OH' = OA$,F 为 AO 的中点,知

$$DN = \frac{1}{2}OH' = \frac{1}{2}OA = AF.$$

又 F,N 分别为 AO,OH 的中点,故 $FN \parallel AH$.

于是,四边形 $AFND$ 为等腰梯形.从而,A,F,N,D 四点共圆.

由 $\angle ADE = 90° = \angle AFE$,知 A,F,D,E 四点共圆.

因此,A,F,N,D,E 五点共圆.故 $\triangle ADE$ 的外接圆过线段 OH 的中点 N.

【注】 利用九点圆的半径等于外接圆半径的一半,及 N 为 $\triangle ABC$ 的九点圆圆心,即可得四边形 $AFND$ 为等腰梯形.

> 已知 $\odot O$ 为锐角 $\triangle ABC$ 的外接圆, $\odot O_1$ 与 $\odot O$ 内切于点 A, 且与边 BC 切于点 D. 设 $\triangle ABC$ 的内心为 I, $\triangle IBC$ 的外接圆 $\odot O_2$ 与 $\odot O_1$ 交于点 E 和 F. 证明: O_1, E, O_2, F 四点共圆.
>
> (2012, 第三届陈省身杯全国高中数学奥林匹克)

证明 由熟知的性质, 知 O_2 为 $\odot O$ 的 $\overset{\frown}{BC}$ 的中点, 且 A, I, O_2 三点共线.

如图, 设 AD 与 $\odot O$ 的第二个交点为 O'_2.

因为点 A 是 $\odot O_1$ 与 $\odot O$ 的位似中心, 所以,

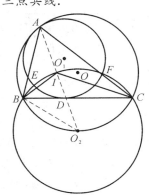

BC 与过点 O'_2 且与 $\odot O$ 相切的直线平行.

于是, 点 O'_2 与 O_2 重合.

连接 O_2B.

由 $\angle O_2BD = \angle O_2BC = \angle CAO_2 = \angle O_2AB$

$\Rightarrow \triangle O_2BD \backsim \triangle O_2AB \Rightarrow \dfrac{O_2B}{O_2A} = \dfrac{O_2D}{O_2B}$.

又 $O_2E^2 = O_2B^2 = O_2D \cdot O_2A$, 知 O_2E 与 $\odot O_1$ 切于点 E.

从而, $\angle O_2EO_1 = 90°$.

类似地, $\angle O_2FO_1 = 90°$.

因此, O_1, E, O_2, F 四点共圆.

> 已知两个半径不等的 $\odot O, \odot O'$ 外离, 两圆的一条内公切线 l 与两条外公切线 l_1, l_2 分别交于点 B 和 C, 过 B 且与 $\odot O, \odot O'$ 均外切的 $\odot O_1$ 与 l 的第二个交点为 P, 过 C 且与 $\odot O, \odot O'$ 均外切的 $\odot O_2$ 与 l_2 的第二个交点为 Q. 证明: B, P, C, Q 四点共圆.
>
> (2012, 第三届陈省身杯全国高中数学奥林匹克)

证明 设 $\odot O, \odot O'$ 的半径分别为 r, r', 且不妨设 $r < r', l$ 的选取如图所示.

设直线 l_1, l_2 交于点 $A, \odot O_1, \odot O_2$ 的半径分别为 R_1, R_2.

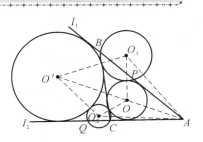

则 A, O, O' 三点共线, 且

$OO_1 = r + R_1, O'O_1 = r' + R_1$,

$OO_2 = r + R_2, O'O_2 = r' + R_2$.

在 $\triangle OO'O_1$ 中, 由斯特瓦尔特定理得

$AO_1^2 = \dfrac{O'A \cdot OO_1^2 - AO \cdot O'O_1^2}{O'O} + O'A \cdot AO$

$= \dfrac{O'A(r + R_1)^2 - AO(r' + R_1)^2}{O'O} + O'A \cdot AO$.

类似地, $AO_2^2 = \dfrac{O'A(r + R_2)^2 - AO(r' + R_2)^2}{O'O} + O'A \cdot AO$.

故 $AO_1^2 - AO_2^2 = \dfrac{O'A[R_1^2 - R_2^2 + 2r(R_1 - R_2)] - AO[R_1^2 - R_2^2 + 2r'(R_1 - R_2)]}{O'O}$

$= \dfrac{O'O(R_1^2 - R_2^2) + 2(R_1 - R_2)(O'A \cdot r - AO \cdot r')}{O'O}$.

由 $\sin \dfrac{A}{2} = \dfrac{r}{AO} = \dfrac{r'}{O'A} \Rightarrow O'A \cdot r - AO \cdot r' = 0$

$\Rightarrow AO_1^2 - AO_2^2 = R_1^2 - R_2^2 \Rightarrow AO_1^2 - R_1^2 = AO_2^2 - R_2^2$.

又 $AO_1^2 - R_1^2 = AP \cdot AB$，$AO_2^2 - R_2^2 = AQ \cdot AC$，从而，$AP \cdot AB = AQ \cdot AC$.

因此，B, P, C, Q 四点共圆.

已知平面上三个圆依次为 $\odot O, \odot O_1, \odot O_2$，半径为 r, r_1, r_2，$\odot O$ 内切 $\odot O_1$ 于点 E_1，$\odot O_2$ 内切 $\odot O$ 于点 E_2（不同于点 E_1），直线 $O_1 O_2 \perp E_1 E_2$. 试用 r_1, r_2 表示 r.

(2012—2013，匈牙利数学奥林匹克)

证明 如图.

由 O_1, O, E_1 和 O, O_2, E_2 分别三点共线，且 $O_1 O_2 \perp E_1 E_2$，$OE_1 = OE_2$，则

$$\angle OO_1 O_2 = 90° - \angle OE_1 E_2 = \dfrac{1}{2} \angle E_2 OE_1$$

$$\Rightarrow OO_1 = OO_2 \Rightarrow r = \dfrac{1}{2}(r_1 + r_2).$$

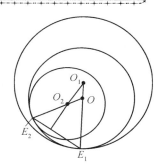

已知 O 为圆 Γ_1 上一点，以 O 为圆心的圆 Γ_2 与圆 Γ_1 交于 P, Q 两点，圆 Γ_3 与圆 Γ_2 外切于点 R，与圆 Γ_1 内切于点 S，且直线 RS 过点 Q. 若 PR, OR 与圆 Γ_1 的第二个交点分别为 X, Y，证明：$QX \parallel SY$.

(2012—2013，第30届伊朗数学奥林匹克)

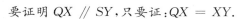

证明 如图.

因为 S 是圆 Γ_1 和圆 Γ_3 的位似中心，所以，$\overset{\frown}{SR}° = \overset{\frown}{SQ}°$.

又 R 为圆 Γ_2 和圆 Γ_3 的位似中心，则 $\overset{\frown}{SR}° = \overset{\frown}{QR}°$.

由 $\overset{\frown}{QR}° = 2\angle RPQ = 2\angle XPQ = \overset{\frown}{XQ}°$，得 $\overset{\frown}{SQ} = \overset{\frown}{XQ}$.

故 $\overset{\frown}{SQ} = \overset{\frown}{XQ}$. ①

要证明 $QX \parallel SY$，只要证：$\overset{\frown}{QX} = \overset{\frown}{XY}$.

因为 O 是圆 Γ_2 的圆心，所以，$OP = OR$.

由 $\angle OPR = \angle ORP$，知 $\overset{\frown}{OX} = \overset{\frown}{OP} + \overset{\frown}{XY}$，即 $\overset{\frown}{OQ} + \overset{\frown}{QX} = \overset{\frown}{OP} + \overset{\frown}{XY}$.

于是，$\overset{\frown}{QX} = \overset{\frown}{XY}$. ②

由式①、②，知 $\overset{\frown}{SQ} = \overset{\frown}{XQ} = \overset{\frown}{XY}$. 因此，$QX \parallel SY$.

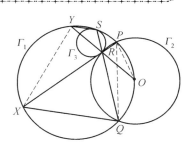

> 已知圆内接四边形 $ABCD$ 的对角线 AC 与 BD 交于点 E, DA, CB 的延长线交于点 F, 点 G 满足四边形 $ECGD$ 为平行四边形, H 为点 E 关于直线 AD 的对称点. 证明: D, H, F, G 四点共圆.
>
> (第 53 届 IMO 预选题)

证明 如图.

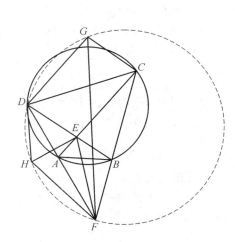

因为四边形 $ECGD$ 为平行四边形, 且 A, B, C, D 四点共圆, 所以,

$$\angle GDC = \angle DCE = \angle DCA = \angle DBA,$$
$$\angle CDA = \angle ABF.$$

故 $\angle GDF = \angle GDC + \angle CDA$
$= \angle DBA + \angle ABF = \angle EBF.$

又因为 $GD = CE$, $\triangle EDC \backsim \triangle EAB$,
$\triangle FAB \backsim \triangle FCD$, 所以,

$$\frac{GD}{EB} = \frac{CE}{EB} = \frac{CD}{AB} = \frac{FD}{FB}.$$

于是, $\triangle FDG \backsim \triangle FBE$.

故 $\angle FGD = \angle FEB$.

由于点 H 和 E 关于直线 FD 对称, 则

$$\angle FHD = \angle FED = 180° - \angle FEB = 180° - \angle FGD.$$

因此, D, H, F, G 四点共圆.

> 在 $\triangle ABC$ 中, $AB \neq AC$, O 为 $\triangle ABC$ 的外心, $\angle BAC$ 的角平分线与 BC 交于点 D, 点 E 与 D 关于 BC 的中点对称, 过点 D, E 分别作垂直于 BC 的直线, 与 AO, AD 交于点 X, Y. 证明: B, X, C, Y 四点共圆.
>
> (第 53 届 IMO 预选题)

证明 如图.

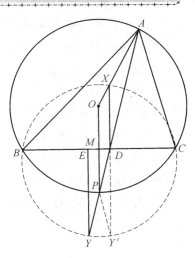

设 $\angle BAC$ 的平分线与 BC 的中垂线交于点 P. 则 P 为 $\overparen{BC}$ 的中点.

设 OP 与 BC 交于点 M, 则 M 为 BC 的中点.

设点 Y 关于直线 OP 的对称点为 Y'.

由于 $\angle BYC = \angle BY'C$, 于是,

只要证 B, X, C, Y' 四点共圆即可.

由 EY 和 OP 均垂直于 BC, 则 $EY \parallel OP$.

又因为 $OA = OP$, 所以,

$$\angle XAP = \angle OPA = \angle EYP.$$

由点 Y 与 Y', E 与 D 分别关于直线 OP 对称, 知 X,

平面几何部分

D,Y' 三点共线,且 $\angle EYP = \angle DY'P$.

则 $\angle XAP = \angle DY'P = \angle XY'P$.

这表明,X,A,Y',P 四点共圆.

由相交弦定理,得 $XD \cdot DY' = AD \cdot DP = BD \cdot DC$.

从而,B,X,C,Y' 四点共圆.

在 $\triangle ABC$ 中,$\angle BCA = 90°$,D 为过顶点 C 的高的垂足.设 X 为线段 CD 内部的一点,K 为线段 AX 上一点,使得 $BK = BC$,L 为线段 BX 上一点,使得 $AL = AC$.设 M 为 AL 与 BK 的交点.证明:$MK = ML$.

(第 53 届 IMO)

证明　如图,设 C' 为点 C 关于直线 AB 的对称点,圆 Γ_1,Γ_2 是以点 A 和 B 为圆心,分别以 AL 和 BK 为半径的圆.

因为 $AC' = AC = AL$,$BC' = BC = BK$,所以,点 C,C' 均在圆 Γ_1,Γ_2 上.

由 $\angle BCA = 90°$,知直线 AC 与圆 Γ_2 切于点 C,直线 BC 与圆 Γ_1 切于点 C.

设 K_1 为直线 AX 与圆 Γ_2 的不同于点 K 的另一个交点,L_1 为直线 BX 与圆 Γ_1 的不同于点 L 的另一个交点.

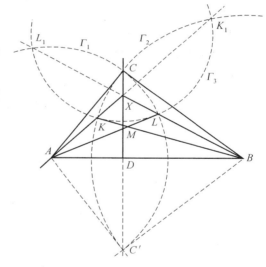

由圆幂定理得 $XK \cdot XK_1 = XC \cdot XC' = XL \cdot XL_1$.

故 K_1,L,K,L_1 四点共圆,记该圆为圆 Γ_3.

对圆 Γ_2 应用圆幂定理得

$$AL^2 = AC^2 = AK \cdot AK_1.$$

这表明,直线 AL 与圆 Γ_3 切于点 L.

类似地,直线 BK 与圆 Γ_3 切于点 K.

于是,MK,ML 为从点 M 到圆 Γ_3 的两条切线.

从而,$MK = ML$.

已知 $\triangle ABC$ 的外心和内心分别为 O 和 I,点 D,E,F 分别在边 BC,CA,AB 上,且满足 $BD + BF = CA$,$CD + CE = AB$,$\triangle BFD$ 与 $\triangle CDE$ 的外接圆交于不同于点 D 的点 P.证明:$OP = OI$.

(第 53 届 IMO 预选题)

证明 记 $\triangle AEF$，$\triangle BFD$，$\triangle CDE$ 的外接圆分别为圆 Γ_A，Γ_B，Γ_C.

由密克定理知，圆 Γ_A 过点 P.

如图 1，设直线 AI，BI，CI 与圆 Γ_A，Γ_B，Γ_C 分别交于不同于 A，B，C 的点 A'，B'，C'.

由 $BD+BF=CA$，$CD+CE=AB$，知

$$AE+AF=AC-CE+AB-BF$$
$$=(AC-BF)+(AB-CE)$$
$$=BD+CD=BC.$$

先证明一个引理.

引理 已知 $\angle A=\alpha$，过点 A 的圆 Γ' 与 $\angle A$ 的平分线交于点 L，与 $\angle A$ 的两条夹边分别交于点 X，Y. 则

$$AX+AY=2AL\cos\frac{\alpha}{2}.$$

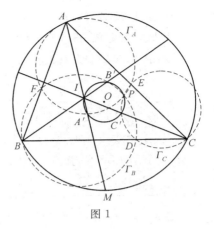

图 1

证明 如图 2. 由 L 为圆 Γ' 的 $\overparen{XLY}$ 的中点，知

$$XL=YL.$$

设 $XL=YL=u$，$XY=v$.

由托勒密定理，得 $AX\cdot YL+AY\cdot XL=AL\cdot XY$.

故 $(AX+AY)u=AL\cdot v$.

因为 $\angle LXY=\dfrac{\alpha}{2}$，$\angle XLY=180°-\alpha$，所以，

由正弦定理得

$$\frac{u}{\sin\frac{\alpha}{2}}=\frac{v}{\sin(180°-\alpha)}\Rightarrow v=2u\cos\frac{\alpha}{2}.$$

于是，$AX+AY=2AL\cos\dfrac{\alpha}{2}$.

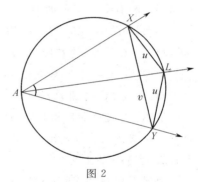

图 2

引理得证.

设 $\angle BAC=\alpha$，$\angle CBA=\beta$，$\angle ACB=\gamma$.

由引理，知 $2AA'\cos\dfrac{\alpha}{2}=AE+AF=BC$.

类似地，$2BB'\cos\dfrac{\beta}{2}=CA$，$2CC'\cos\dfrac{\gamma}{2}=AB$.

故点 A'，B'，C' 不依赖于 D，E，F 的选择.

设圆 Γ 是以 AI 为直径的圆，X，Y 分别为 $\triangle ABC$ 的内切圆与边 AB，AC 的切点. 则

$$AX=AY=\frac{1}{2}(AB+AC-BC).$$

由引理，知 $2AI\cos\dfrac{\alpha}{2}=AB+AC-BC$.

若圆 Γ 为 $\triangle ABC$ 的外接圆 $\odot O$，直线 AI 与 $\odot O$ 交于不同于 A 的点 M，由引理知

$$2AM\cos\frac{\alpha}{2}=AB+AC.$$

则
$$
\begin{cases}
2AA'\cos\dfrac{\alpha}{2}=BC,\\[2mm]
2AI\cos\dfrac{\alpha}{2}=AB+AC-BC,\\[2mm]
2AM\cos\dfrac{\alpha}{2}=AB+AC.
\end{cases}
\qquad ①
$$

这表明，$AA'+AI=AM$. 于是，AM 与 IA' 的中点重合. 从而，点 I,A' 到 O 的距离相等.

类似地，点 I 与 B'，I 与 C' 分别到 O 的距离也相等，即 $OI=OA'=OB'=OC'$.

于是，I,A',B',C' 四点共圆，且该圆的圆心为 O.

要证明 $OP=OI$，只要证 I,A',B',C',P 五点共圆，且不妨假设点 P 与 I,A',B',C' 均不重合.

用 $\langle l,m\rangle$ 表示直线 l 和 m 所夹的有向角. 则

$$\langle l,m\rangle=-\langle m,l\rangle,\langle l,m\rangle+\langle m,n\rangle=\langle l,n\rangle,$$

其中，l,m,n 为任意直线.

故四个不同的非共线的点 U,V,X,Y 四点共圆当且仅当 $\langle UX,VX\rangle=\langle UY,VY\rangle$.

假设 A',B',P,I 是不同的四个点且不共线，只要证：$\langle A'P,B'P\rangle=\langle A'I,B'I\rangle$.

因为点 A,F,P,A' 均在圆 Γ_A 上，所以，

$$\langle A'P,FP\rangle=\langle A'A,FA\rangle=\langle A'I,AB\rangle.$$

类似地，$\langle B'P,FP\rangle=\langle B'I,AB\rangle$.

故 $\langle A'P,B'P\rangle=\langle A'P,FP\rangle+\langle FP,B'P\rangle=\langle A'I,AB\rangle-\langle B'I,AB\rangle=\langle A'I,B'I\rangle$.

这里，假设点 P 与 F 不重合. 否则，若点 P 与 F 重合，则 P 是不同于 D 和 E 的点，且有类似的结论.

若 $\triangle ABC$ 为正三角形，则由方程组 ①，知 A',B',C',I,O,P 六点重合. 故 $OP=OI$.

否则，A',B',C' 中最多有一个点与 I 重合. 不妨设点 C' 与 I 重合，则 $OI\perp CI$.

于是，点 A' 和 B' 均不与 I 重合，点 A' 不与 B' 重合.

由 I,A',B',C' 四点共圆，知 A',B',I 三点不共线.

综上，$OP=OI$.

　　在凸四边形 $ABCD$ 中，边 BC 与 AD 不平行，E 为边 BC 上一点，且四边形 $ABED$，四边形 $AECD$ 均有内切圆. 证明：在边 AD 上存在一点 F，使得四边形 $ABCF$、四边形 $BCDF$ 均有内切圆的充分必要条件是 $AB \parallel CD$.

（第 53 届 IMO 预选题）

证明 如图 1,设四边形 $ABED$、四边形 $AECD$ 的内切圆分别为 $\odot O_1$ 和 $\odot O_2$. 则满足条件的点 F 存在当且仅当 $\odot O_1$ 和 $\odot O_2$ 也分别为四边形 $ABCF$、四边形 $BCDF$ 的内切圆.

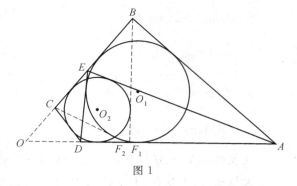

设由点 B 向 $\odot O_2$ 引不同于 BC 的切线与 AD 交于点 F_1,由点 C 向 $\odot O_1$ 引不同于 BC 的切线与 AD 交于点 F_2. 只要证:点 F_1 与 F_2 重合的充分必要条件为 $AB \parallel CD$.

图 1

引理 已知 $\odot O_1$,$\odot O_2$ 均与以 O 为顶点的角的两条边相切,点 P 和 S 在 $\angle O$ 的一条边上,点 Q 和 R 在另一条边上,且 $\odot O_1$ 为 $\triangle PQO$ 的内切圆,$\odot O_2$ 为 $\triangle RSO$ 中 $\angle O$ 内的旁切圆,设 $p = OO_1 \cdot OO_2$.则下面的三个关系式恰有一个成立:

$$OP \cdot OR < p < OQ \cdot OS,\ OP \cdot OR > p > OQ \cdot OS,\ OP \cdot OR = p = OQ \cdot OS.$$

证明 如图 2.

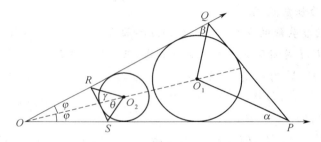

图 2

设 $\angle OPO_1 = \alpha$,$\angle OQO_1 = \beta$,$\angle OO_2R = \gamma$,$\angle OO_2S = \theta$,$\angle POQ = 2\varphi$.

由 PO_1 和 QO_1 为 $\triangle PQO$ 的平分线,RO_2 和 SO_2 为 $\triangle RSO$ 的外角平分线,知

$$\alpha + \beta = \gamma + \theta = 90° - \varphi. \qquad ①$$

由正弦定理,知 $\dfrac{OP}{OO_1} = \dfrac{\sin(\alpha + \varphi)}{\sin\alpha}$,$\dfrac{OO_2}{OR} = \dfrac{\sin(\gamma + \varphi)}{\sin\gamma}$.

又 γ,α,φ 均为锐角,则

$$OP \cdot OR \geqslant p \Leftrightarrow \frac{OP}{OO_1} \geqslant \frac{OO_2}{OR} \Leftrightarrow \sin\gamma \cdot \sin(\alpha + \varphi) \geqslant \sin\alpha \cdot \sin(\gamma + \varphi)$$

$$\Leftrightarrow \sin(\gamma - \alpha) \geqslant 0 \Leftrightarrow \gamma \geqslant \alpha,$$

即 $OP \cdot OR = p$ 当且仅当 $\gamma = \alpha$.

类似地,$p \geqslant OQ \cdot OS \Leftrightarrow \beta \geqslant \theta$,即当且仅当 $\beta = \theta$ 时,$p = OQ \cdot OS$.

由式 ①,知 $\gamma \geqslant \alpha$ 和 $\beta \geqslant \theta$ 等价,且 $\gamma = \alpha$ 当且仅当 $\beta = \theta$.

引理得证.

设直线 BC 与 AD 交于点 O,对四点组 $\{B,E,D,F_1\}$,$\{A,B,C,D\}$ 和 $\{A,E,C,F_2\}$ 应用引理.

假设 $OE \cdot OF_1 > p \Rightarrow OB \cdot OD < p \Rightarrow OA \cdot OC > p \Rightarrow OE \cdot OF_2 < p$.

另一方面,$OE \cdot OF_1 > p$.

这表明，$OB \cdot OD < p < OA \cdot OC, OE \cdot OF_1 > p > OE \cdot OF_2$.

类似地，$OE \cdot OF_1 < p$，也表明，

$OB \cdot OD > p > OA \cdot OC, OE \cdot OF_1 < p < OE \cdot OF_2$.

在这两种情况中，点 F_1 与 F_2 不重合，$OB \cdot OD \neq OA \cdot OC$，即 AB 与 CD 不平行.

剩下的情况为 $OE \cdot OF_1 = p$.

由引理，得 $OB \cdot OD = p = OA \cdot OC, OE \cdot OF_1 = p = OE \cdot OF_2$.

因此，点 F_1 与 F_2 重合，$AB \parallel CD$，即点 F_1 与 F_2 重合的充分必要条件为 $AB \parallel CD$.

> 已知直线 l 与 $\triangle ABC$ 的外接圆 $\odot O$ 没有公共点，O 在直线 l 上的投影为 P，直线 BC, CA, AB 与 l 分别交于不同于点 P 的点 X, Y, Z. 证明：$\triangle AXP$ 的外接圆、$\triangle BYP$ 的外接圆、$\triangle CZP$ 的外接圆要么有一个不同于点 P 的公共点，要么互相切于点 P.
>
> （第 53 届 IMO 预选题）

证明　设圆 $\Gamma_A, \Gamma_B, \Gamma_C, \Gamma$ 分别为 $\triangle AXP, \triangle BYP, \triangle CZP, \triangle ABC$ 的外接圆. 要证问题成立，只需构造一个点 Q，使得 Q 关于这四个圆等幂. 则 P, Q 均分别关于圆 $\Gamma_A, \Gamma_B, \Gamma_C$ 等幂. 于是，这三个圆共根轴. 从而，这三个圆要么有另外一个公共点 P'，要么互相切于点 P.

如图 1，设圆 Γ 与 Γ_A 的不同于点 A 的交点为 A'，类似地定义点 B', C'.

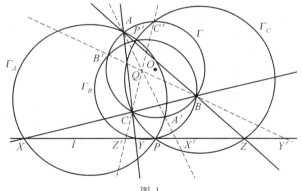

图 1

先证明：AA', BB', CC' 交于一点 Q.

若此结论成立，则点 Q 在圆 Γ 与 Γ_A，Γ 与 Γ_B，Γ 与 Γ_C 的根轴上.

于是，点 Q 关于圆 $\Gamma, \Gamma_A, \Gamma_B, \Gamma_C$ 等幂.

设 $\triangle ABC$ 的外接圆半径为 r，直线 AA', BB', CC' 与 l 分别交于点 X', Y', Z'.

显然，点 X', Y', Z' 是存在的.

事实上，若 $AA' \parallel l$，由于 P 为点 O 在直线 l 上的投影，则圆 Γ_A 与直线 l 相切.

于是，点 X 与 P 重合，矛盾.

类似地，BB', CC' 均不平行于直线 l.

因为点 X' 关于圆 Γ_A, Γ 等幂，所以，

$X'P(X'P + PX) = X'P \cdot X'X = X'A' \cdot X'A = X'O^2 - r^2$.

故 $X'P \cdot PX = X'O^2 - r^2 - X'P^2 = OP^2 - r^2$.

类似地,对于点 Y' 和 Z',有类似的结论.

故 $X'P \cdot PX = Y'P \cdot PY = Z'P \cdot PZ = OP^2 - r^2 \triangleq k^2$, ①

其中,所有线段均为有向线段,且后面的线段也是如此.

再用塞瓦定理证明: AA', BB', CC' 三线交于一点,且两条直线平行看作这两条直线交于无穷远点.

如图 2,设 AA' 与 BC 交于点 U, BB' 与 CA 交于点 V, CC' 与 AB 交于点 W.

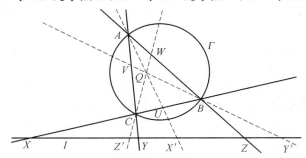

图 2

对于 $\triangle ABC$,由梅涅劳斯定理有 $\dfrac{BX}{XC} \cdot \dfrac{CY}{YA} \cdot \dfrac{AZ}{ZB} = 1$.

则 $\dfrac{BU}{CU} \cdot \dfrac{CV}{AV} \cdot \dfrac{AW}{BW} = \dfrac{\dfrac{BU}{CU}}{\dfrac{BX}{CX}} \cdot \dfrac{\dfrac{CV}{AV}}{\dfrac{CY}{AY}} \cdot \dfrac{\dfrac{AW}{BW}}{\dfrac{AZ}{BZ}}$.

从点 A 将直线 BC 射影到直线 l,则 BC 和 UX 的十字比等于 ZY 和 $X'X$ 的十字比. 对于直线 CA 和 AB 亦有类似的结论.

故 $\dfrac{BU}{CU} \cdot \dfrac{CV}{AV} \cdot \dfrac{AW}{BW} = \dfrac{\dfrac{ZX'}{YX'}}{\dfrac{ZX}{YX}} \cdot \dfrac{\dfrac{XY'}{ZY'}}{\dfrac{XY}{ZY}} \cdot \dfrac{\dfrac{YZ'}{XZ'}}{\dfrac{YZ}{XZ}} = -\dfrac{ZX'}{YX'} \cdot \dfrac{XY'}{ZY'} \cdot \dfrac{YZ'}{XZ'}$.

由式 ①,知变换 $t \to -\dfrac{k^2}{t}$ 保持十字比不变,且点 X, Y, Z 与 X', Y', Z' 交换.

则 $\dfrac{BU}{CU} \cdot \dfrac{CV}{AV} \cdot \dfrac{AW}{BW} = -\dfrac{\dfrac{ZX'}{YX'}}{\dfrac{ZZ'}{YZ'}} \cdot \dfrac{\dfrac{XY'}{ZY'}}{\dfrac{XZ'}{ZZ'}} = -\dfrac{\dfrac{Z'X}{Y'X}}{\dfrac{Z'Z}{Y'Z}} \cdot \dfrac{\dfrac{XY'}{ZY'}}{\dfrac{XZ'}{ZZ'}} = -1$.

由塞瓦定理的逆定理,知 AA', BB', CC' 三线交于一点 Q.

在锐角 $\triangle ABC$ 中,边 AC 的中垂线分别与直线 AB, BC 交于点 B_1, B_2,边 AB 的中垂线分别与直线 AC, BC 交于点 C_1, C_2. 而 $\triangle BB_1B_2$ 的外接圆与 $\triangle CC_1C_2$ 的外接圆交于点 P 和 Q. 证明: $\triangle ABC$ 的外心在直线 PQ 上.

(2013,第 39 届俄罗斯数学奥林匹克联邦区域赛)

证明　如图,将 $\triangle ABC$ 的外心记为 O.

只要证:直线 OB 与 $\triangle BB_1B_2$ 的外接圆 Γ_B 相切.

设 $AB < BC$.

于是,边 AC 的中垂线与边 BC 交于点 B_2, 而与边 AB 的延长线交于点 B_1.

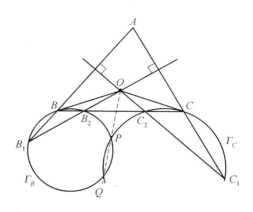

则 $\angle B_2B_1A = \angle OB_1A = 90° - \angle A$.

又由 $\triangle BOC$ 为等腰三角形知

$$\angle B_2BO = \angle CBO = 90° - \frac{1}{2}\angle BOC = 90° - \angle A.$$

由此,知直线 OB 与弦 BB_2 之间的夹角等于圆周角 $\angle B_2B_1B$.

由弦切角的逆定理,知直线 OB 与 $\triangle BB_1B_2$ 的外接圆 Γ_B 相切.

$AB > BC$ 情况的证明类似,只需交换字母 A 与 C 的位置即可.

类似地,直线 OC 与 $\triangle CC_1C_2$ 的外接圆 Γ_C 相切.

接下来不难证明:直线 OP 经过点 Q.

假若不然,则直线 OP 分别与圆 Γ_B、Γ_C 交于不同的点 Q_B、Q_C.

根据切割线定理,得 $OQ_B \cdot OP = OB^2 = OC^2 = OQ_C \cdot OP$.

故 $OQ_B = OQ_C$.

由于点 Q_B、Q_C 均在直线 OP 上,又均与点 P 在点 O 的同一侧,从而,点 Q_B 与 Q_C 重合.

【注】(1) 对于非锐角三角形也有类似题中的结论,只不过 $\triangle BB_1B_2$ 的外接圆与 $\triangle CC_1C_2$ 的外接圆未必相交.在其不相交时,可用圆 Γ_B 与圆 Γ_C 的根轴来代替交线 PQ.

(2) 不难证明顶点 A 在直线 PQ(圆 Γ_B 与圆 Γ_C 的根轴)上.

在锐角 $\triangle ABC$ 中,AA_1 和 CC_1 为两条高线,$\triangle ABC$ 的外接圆 Γ 与直线 A_1C_1 交于点 A' 和 C',由点 A'、C' 所作的圆 Γ 的切线交于点 B'.证明:直线 BB' 经过圆 Γ 的圆心.

(2013,第 39 届俄罗斯数学奥林匹克)

证明　如图.

因为 $\angle AA_1C = \angle AC_1C = 90°$,所以, A、C_1、A_1、C 四点共圆,且 AC 为直径.

这表明,$\angle BA_1C_1 = 180° - \angle CA_1C_1 = \angle BAC$.

于是,$\angle BA_1C_1 = \angle BA_1C' = \frac{1}{2}(\overset{\frown}{BC'}{}^° + \overset{\frown}{CA'}{}^°)$.

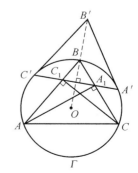

另一方面,$\angle BAC = \frac{1}{2}(\overset{\frown}{BA'}{}^° + \overset{\frown}{CA'}{}^°)$.

这表明,$\overset{\frown}{BA'}{}^° = \overset{\frown}{BC'}{}^°$.从而,$BA' = BC'$.

又 $B'A' = B'C'$，则点 B' 和 B 均在圆 Γ 的弦 $A'C'$ 的中垂线上.

因此，圆 Γ 的圆心也在该中垂线上.

已知 O 为非等腰锐角 $\triangle ABC$ 的外心，点 P 在边 AB 上，满足 $\angle BOP = \angle ABC$，点 Q 在边 AC 上，满足 $\angle COQ = \angle ACB$，$\odot K$ 为 $\triangle APQ$ 的外接圆.证明：BC 关于 PQ 对称的直线与 $\odot K$ 相切.

(2013，第 45 届加拿大数学奥林匹克)

证明 如图，作 $\triangle ABC$ 的外接圆 $\odot O$，与 $\odot K$ 的另一交点为 D，延长 PQ 与 BC 交于点 E，连接 DE.

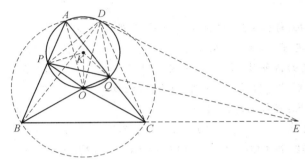

则 $\angle POQ = 360° - \angle BOP - \angle COQ - \angle BOC$

$= 360° - \angle ABC - \angle ACB - 2\angle BAC = 180° - \angle BAC$.

故 $A，P，O，Q$ 四点共圆，即点 O 在 $\odot K$ 上.

因为 $\angle DQE = \angle DAP = \angle DCE$，所以，$D，Q，C，E$ 四点共圆.

又因为 $\angle DPE = \angle DAQ = \angle DBE$，所以，$D，P，B，E$ 四点共圆.

由 $\angle KOP = 90° - \angle PAO = \angle ACB$，则

$\angle KOB = \angle KOP + \angle BOP = \angle ACB + \angle ABC$.

于是，$KO \perp BC \Rightarrow AD \parallel BC$.

故 $\angle EDQ = \angle QCB = \angle DBC = \angle DAQ = \angle DPE$.从而，$ED$ 与 $\odot K$ 切于点 D.

又 $\angle POD = 180° - \angle PAD = \angle BCD = \angle ABC = \angle POB$，于是，

$\triangle POD \cong \triangle POB \Rightarrow PD = PB$.

从而，PE 平分 $\angle BED$.

因此，DE 关于 PQ 与 BC 对称，且为 $\odot K$ 的切线.

已知 $\odot O$ 为 $\triangle ABC$ 的外接圆，点 D 在边 BC 上且不与 BC 的中点重合，$\triangle BOD$ 的外接圆 Γ_1 与 $\odot O$ 交于点 K，与直线 AB 交于点 Z，$\triangle COD$ 的外接圆 Γ_2 与 $\odot O$ 交于点 M，与直线 AC 交于点 E，$\triangle AEZ$ 的外接圆 Γ_3 与 $\odot O$ 交于点 N.证明：

$$\triangle ABC \cong \triangle NKM.$$

(2013，第 30 届希腊数学奥林匹克)

证明 首先证明:点 O 在圆 Γ_3 上.

如图,连接并延长 DO,与 MN 交于点 P.

由点 O,D,C,E 四点共圆 Γ_2 知

$\angle EOP = \angle ACB$.

类似地,在圆 Γ_1 中,$\angle POZ = \angle ABC$.

则 $\angle EOP + \angle POZ = \angle ABC + \angle ACB$

$\Rightarrow \angle EOZ = \angle ABC + \angle ACB$

$\qquad = 180° - \angle BAC$

$\Rightarrow A,E,O,Z$ 四点共圆 Γ_3.

其次证明:圆 $\Gamma_1,\Gamma_2,\Gamma_3$ 为等圆.

由 O,D,B,Z 四点共圆知

$\angle AZO = \angle BDO$.

类似地,$\angle AZO = \angle OEC$.

于是,$\angle BDO = \angle AZO = \angle OEC$.

又因为 $OB = OC = OA$,所以,圆 $\Gamma_1,\Gamma_2,\Gamma_3$ 为等圆.

在等圆 Γ_1 和 Γ_2 中,由 $\angle KZO,\angle ODM$ 分别对应等弦 OK,OM,则 $\angle KZO = \angle ODM$.

于是,K,D,M 三点共线.

类似地,M,E,N 三点共线,N,Z,K 三点共线.

又 $\angle BDK = \angle CDM,\angle CEM = \angle AEN$,则 $BK = MC = AN$.

注意到,$\triangle ABC$ 与 $\triangle NKM$ 有公共圆心 O,且 $\triangle NKM$ 为 $\triangle ABC$ 旋转 $\angle AON$ 的度数得到的,从而,$\triangle ABC \cong \triangle NKM$.

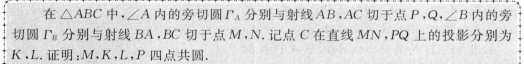

在 $\triangle ABC$ 中,$\angle A$ 内的旁切圆 Γ_A 分别与射线 AB,AC 切于点 P,Q,$\angle B$ 内的旁切圆 Γ_B 分别与射线 BA,BC 切于点 M,N.记点 C 在直线 MN,PQ 上的投影分别为 K,L.证明:M,K,L,P 四点共圆.

(2013,第 30 届巴尔干地区数学奥林匹克)

证明 如图,记 $\triangle ABC$ 的内心为 I.

只需证明:$\triangle AIB \sim \triangle KCL$.

事实上,由 I 为 $\triangle ABC$ 的内心及 $\triangle APQ,\triangle BMN$ 均为等腰三角形,知 $AI \perp PQ,CL \perp PQ \Rightarrow AI \parallel CL$.

类似地,$BI \parallel CK$.

故 $\angle BIA = \angle KCL$.

设 $BC = a,CA = b,AB = c,p = \dfrac{1}{2}(a+b+c)$. 则

$$AI = \frac{p-a}{\sin\left(90° - \dfrac{\angle CAB}{2}\right)}, BI = \frac{p-b}{\sin\left(90° - \dfrac{\angle ABC}{2}\right)}.$$

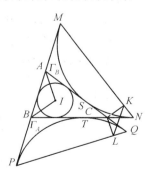

于是，$\dfrac{AI}{BI} = \dfrac{(p-a)\sin\left(90° - \dfrac{\angle ABC}{2}\right)}{(p-b)\sin\left(90° - \dfrac{\angle CAB}{2}\right)}$.

记圆 Γ_B 与 AC 切于点 S，圆 Γ_A 与 BC 切于点 T.

易知，$CT = CQ = p - b$，$CS = CN = p - a$.

则 $CK = CN\sin\angle CNK = (p-a)\sin\left(90° - \dfrac{\angle ABC}{2}\right)$，

$CL = CQ\sin\angle LQC = (p-b)\sin\left(90° - \dfrac{\angle CAB}{2}\right)$.

于是，$\dfrac{CK}{CL} = \dfrac{(p-a)\sin\left(90° - \dfrac{\angle ABC}{2}\right)}{(p-b)\sin\left(90° - \dfrac{\angle CAB}{2}\right)} = \dfrac{AI}{BI}$. 从而，$\triangle AIB \backsim \triangle KCL$.

故 $\angle PLK = 90° + \angle CLK = 90° + \angle ABI = 90° + \dfrac{\angle ABC}{2}$

$= 180° - \left(90° - \dfrac{\angle ABC}{2}\right)$

$= 180° - \angle NMB = 180° - \angle KMP$.

因此，M，K，L，P 四点共圆.

已知 M 为 $\triangle ABC$ 内角平分线 AD 的中点，以 AC 为直径的圆 Γ_1 与线段 BM 交于点 E，以 AB 为直径的圆 Γ_2 与线段 CM 交于点 F. 证明：B，E，F，C 四点共圆.

(2013，第 53 届乌克兰数学奥林匹克)

证明 若 $AB = AC$，则结论显然成立.

不失一般性，不妨设 $AB < AC$.

如图，设 AH 为两圆的公共弦. 则点 H 在 BC 上. 过点 A 作 AD 的垂线与圆 Γ_1，Γ_2 分别交于点 L，K.

接下来证明：BL 通过点 M.

设 BL 与 AD 交于点 X.

因为 $KB \parallel AD \parallel LC$，所以，

$\dfrac{AX}{KB} = \dfrac{LA}{LK}$，$\dfrac{DX}{CL} = \dfrac{BD}{BC}$，$\dfrac{BD}{BC} = \dfrac{KA}{LK}$.

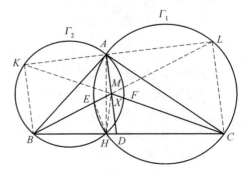

从而，$AX = \dfrac{KB \cdot LA}{LK}$，$DX = \dfrac{CL \cdot KA}{LK}$.

又 $\angle KAB = \angle LAC$，故 $\triangle AKB \backsim \triangle ALC \Rightarrow \dfrac{KA}{LA} = \dfrac{KB}{LC} \Rightarrow KA \cdot LC = KB \cdot LA$.

从而，$AX = DX$，即点 X 与 M 重合.

类似地，CK 通过点 M.

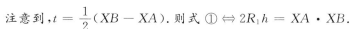
六　点共圆或圆共点或圆相切

故 $\angle DME = \angle LMA = \angle CLE = 180° - \angle DHE$.

从而,E,M,D,H 四点共圆.

又 K,B,H,F 四点共圆于圆 Γ_2,则

$\angle DMF = \angle KMA = \angle MKB = 180° - \angle BHF = \angle DHF$.

故 M,H,D,F 四点共圆.于是,M,H,D,F,E 五点共圆.

在 Rt$\triangle HAD$ 中,由 HM 为斜边上的中线,有 $MD = MH$.

于是,$\angle MDH = \angle MHD = \angle MED$.

注意到,$\triangle MDE$ 和 $\triangle MBD$ 有公共角 $\angle M$.

故 $180° - \angle CFE = \angle MFE = \angle MDE = \angle MBD$.

从而,B,E,F,C 四点共圆.

已知 $\odot O_1$ 与 $\odot O_2$ 交于两点,记其中一个交点为 Q,$\odot O_2$ 上一点 P 在 $\odot O_1$ 内,直线 PQ 与 $\odot O_1$ 交于点 X(不同于点 Q),过点 X 作 $\odot O_1$ 的切线与 $\odot O_2$ 交于 A 和 B 两点,过点 P 作 AB 的平行线 l.证明:过点 A,B 且与直线 l 相切的 $\odot O$ 与 $\odot O_1$ 相切.

（2013,德国数学奥林匹克决赛）

证明 如图.易知 OO_2 与 AB 交于 AB 的中点 M.

设 $OA = R$,$AB = 2t$,直线 l 与 AB 距离为 h.

在 Rt$\triangle OAM$ 中,

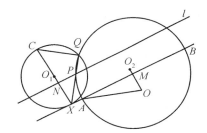

$R^2 = t^2 + (R-h)^2$

$\Rightarrow t^2 + h^2 = 2Rh$

$\Rightarrow R = \dfrac{t^2 + h^2}{2h}$.

故 $(R_1 + R)^2 = (O_1X + OM)^2 + XM^2$

$\Leftrightarrow (R_1 + R)^2 = (R_1 + R - h)^2 + \left(\dfrac{XA + XB}{2}\right)^2$

$\Leftrightarrow h^2 - 2h(R_1 + R) + \left(\dfrac{XA + XB}{2}\right)^2 = 0$

$\Leftrightarrow R_1 + R = \dfrac{h^2 + \left(\dfrac{XA + XB}{2}\right)^2}{2h} \Leftrightarrow R_1 + \dfrac{t^2 + h^2}{2h} = \dfrac{h^2 + \left(\dfrac{XA + XB}{2}\right)^2}{2h}$

$\Leftrightarrow R_1 = \dfrac{\left(\dfrac{XA + XB}{2}\right)^2 - t^2}{2h}$. ①

注意到,$t = \dfrac{1}{2}(XB - XA)$.则式 ① $\Leftrightarrow 2R_1h = XA \cdot XB$.

设 XO_1 与直线 l 交于点 N,与 $\odot O_1$ 交于点 C(不同于点 X).则 $\angle XNP = \angle XQC = 90°$.

故 $2R_1h = XC \cdot XN = XP \cdot XQ = XA \cdot XB$.

于是,$(R_1 + R)^2 = (O_1X + OM)^2 + XM^2$.

从而,$R_1 + R = OO_1$,即 $\odot O$ 与 $\odot O_1$ 相切.

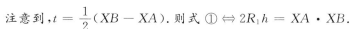

平面几何部分

> 以 $\triangle ABC$ 的三条高线构成 $\triangle A_1B_1C_1$,以 $\triangle A_1B_1C_1$ 的三条高线构成 $\triangle A_2B_2C_2$.
> 证明:$\triangle A_2B_2C_2 \backsim \triangle ABC$.
>
> (2013,爱尔兰数学奥林匹克)

证明 设 $\triangle ABC$ 的三边 BC,AC,AB 上的高线分别为 AD,BE,CF,长度依次记为 p,q,r.

由 $\triangle BEC \backsim \triangle ADC \Rightarrow \dfrac{p}{q} = \dfrac{AD}{BE} = \dfrac{AC}{BC}$.

不妨设 $\triangle A_1B_1C_1$ 的边长分别为 $B_1C_1 = p, C_1A_1 = q, A_1B_1 = r, B_1C_1, A_1C_1, A_1B_1$ 三条边上的高线长分别为 p_1, q_1, r_1.

同上,$\dfrac{p_1}{q_1} = \dfrac{A_1C_1}{B_1C_1} = \dfrac{q}{p} \Rightarrow \dfrac{p_1}{q_1} = \dfrac{BC}{AC}$.

类似地,$\dfrac{q_1}{r_1} = \dfrac{AC}{AB}, \dfrac{r_1}{p_1} = \dfrac{AB}{BC}$.

故 $\triangle A_2B_2C_2 \backsim \triangle ABC$.

> 已知四边形 $ABCD$ 内接于半径为 r 的 $\odot O$,且不为梯形,AC 与 BD 交于点 E,$\angle AEB$ 的平分线分别与直线 AB,BC,CD,DA 交于点 M,N,P,Q. 证明:
>
> (1) $\triangle AQM, \triangle BMN, \triangle CNP, \triangle DPQ$ 的外接圆交于一点 K;
>
> (2) 若 $m = \min\{AC, BD\}$,则 $OK \leqslant \dfrac{2r^2}{\sqrt{4r^2 - m^2}}$.
>
> (2013,越南国家队选拔考试)

证明 (1) 记 AD 与 BC 交于点 R,AB 与 CD 交于点 S.

不妨设点 B 在 A,S 之间,也在 C,R 之间,如图.

设 K 为 $\triangle RAB$ 的外接圆与 $\triangle SBC$ 的外接圆的交点.

则 $\angle BKR + \angle BKS$
$= \angle BAD + \angle BCD = 180°$.

于是,R,K,S 三点共线.

故 $RK \cdot RS = RB \cdot RC = RA \cdot RD$,
$SK \cdot SR = SB \cdot SA = SC \cdot SD$.

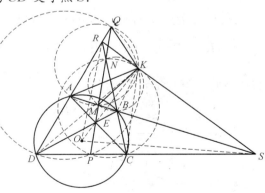

于是,A,D,S,K 和 C,D,R,K 分别四点共圆,

即 K 也为 $\triangle RCD$ 的外接圆与 $\triangle ASD$ 的外接圆的交点.

又 $\angle AKD = \angle ASD = \angle BSC = \angle BKC, \angle ADK = \angle ASK = \angle BSK = \angle BCK$,

则 $\triangle KAD \backsim \triangle KBC$. 故 $\dfrac{KA}{KB} = \dfrac{AD}{BC} = \dfrac{AE}{BE} = \dfrac{AM}{BM}$.

从而,KM 为 $\angle AKB$ 的平分线.

又由 $\angle RNQ = \angle BNE = \angle CBD - \angle BEN = \angle CAD - \angle AEQ = \angle RQN$，得

$\angle ARB = 2\angle BNM$.

故 $\angle BKM = \dfrac{1}{2}\angle AKB = \dfrac{1}{2}\angle ARB = \angle BNM$.

从而，B,M,N,K 四点共圆.

类似地，可证点 K 也在 $\triangle AQM$，$\triangle CNP$，$\triangle DPQ$ 的外接圆上.

接下来证明：K 为 $\triangle AQM$，$\triangle BMN$，$\triangle CNP$，$\triangle DPQ$ 的外接圆的唯一公共点.

事实上，$\triangle AQM$ 的外接圆与 $\triangle BMN$ 的外接圆交于点 K,M，$\triangle BMN$ 的外接圆与 $\triangle CNP$ 的外接圆交于点 K 和 N. 若四个圆有两个不同的公共点，则必然导致点 M 与 N 重合，矛盾.

从而，$\triangle AQM$，$\triangle BMN$，$\triangle CNP$，$\triangle DPQ$ 的外接圆交于一点 K.

（2）由圆幂定理知

$RK \cdot RS = RB \cdot RC = RO^2 - r^2$，$SK \cdot SR = SB \cdot SA = SO^2 - r^2$.

故 $RO^2 - SO^2 = RK \cdot RS - SK \cdot SR = RK^2 - SK^2$.

从而，$OK \perp RS$.

因为 RE 是点 S 关于 $\odot O$ 的极线，所以，$RE \perp OS$.

又 SE 为点 R 关于 $\odot O$ 的极线，则 $SE \perp RO$.

于是，E 为 $\triangle ORS$ 的垂心. 从而，$OE \perp RS$.

因此，O,E,K 三点共线.

故 $\angle RKA + \angle SKC = \angle RBA + \angle SBC = 2\angle ADC = \angle AOC$.

所以，$\angle AKC + \angle AOC = 180°$，即 A,O,C,K 四点共圆.

而 $EO \cdot EK = EA \cdot EC = r^2 - OE^2 \Rightarrow EO(EO + EK) = r^2 \Rightarrow OK = \dfrac{r^2}{EO}$.

又 $EO \geqslant \max\{d(O,AC), d(O,BD)\}$

$= \max\left\{ \dfrac{1}{2}\sqrt{4r^2 - AC^2}, \dfrac{1}{2}\sqrt{4r^2 - BD^2} \right\} = \dfrac{1}{2}\sqrt{4r^2 - m^2}$，

故 $OK \leqslant \dfrac{2r^2}{\sqrt{4r^2 - m^2}}$.

在不等边锐角 $\triangle ABC$ 中，$\angle A = 45°$，高线 AD，BE，CF 交于垂心 H，直线 EF 与 BC 交于点 P，I 为线段 BC 的中点，IF 与 PH 交于点 Q. 证明：

（1）$\angle IQH = \angle AIE$；

（2）记 $\triangle AEF$ 的垂心为 K，$\triangle KPD$ 的外接圆为 $\odot J$，直线 CK 与 $\odot J$ 交于点 G（G 与点 K 不重合），直线 IG 与 $\odot J$ 交于点 M（M 与点 G 不重合），直线 JC 与以 BC 为直径的圆交于点 N（N 与点 C 不重合），则 G,N,M,C 四点共圆.

（2013，越南国家队选拔考试）

证明 （1）不失一般性，设 $AB < AC$. 则点 B 在 P, C 之间，如图.

首先证明：$PH \perp AI$.

记 U, V 分别为 AH, IH 的中点. 则 $UV \parallel AI$.

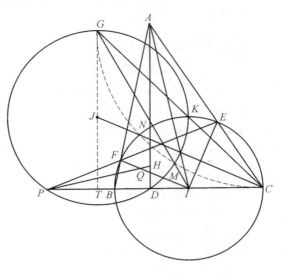

易知，P, B, D, C 为调和点列，得

$$PB \cdot PC = PD \cdot PI.$$

又 $PE \cdot PF = PB \cdot PC$，故

$$PE \cdot PF = PD \cdot PI,$$

即点 P 在以 AH 为直径的圆和以 IH 为直径的圆的根轴上.

又点 H 显然也在这条根轴上，于是，$PH \perp UV$.

从而，$PH \perp AI$.

又 $\angle BAC = 45°$，则 $\angle EIF = 90°$.

故 $\angle IQH = 90° - \angle AIF = \angle EIF - \angle AIF = \angle AIE$.

（2）由 $\angle EKF + \angle ECF = \angle EKF + \angle EAF = 180°$，知点 K 在以 BC 为直径的圆上.

因为 P, B, D, C 是调和点列，所以，$IC^2 = ID \cdot IP = IM \cdot IG$.

故 $\triangle IMC \backsim \triangle ICG \Rightarrow \angle IMC = \angle ICG = \angle ICK = 45°$. ①

记 T 为 PD 的中点. 则 $CB \cdot CT = CD \cdot CP = CK \cdot CG$.

从而，G, T, B, K 四点共圆 $\Rightarrow \angle BKG = 90°$.

故 $\angle GTD = 90° \Rightarrow GT \perp PD$.

于是，G, J, T 三点共线，且 $\angle KGJ = 45°$.

又 $CN \cdot CJ = CB \cdot CT = CK \cdot CG$，则 K, N, J, G 四点共圆.

故 $\angle JNG = \angle JKG = \angle JGK = 45°$. ②

由式 ①、②，得 $\angle GMC = \angle GNC = 135°$.

因此，G, N, M, C 四点共圆.

已知不等边锐角 $\triangle ABC$ 内接于半径为 R 的 $\odot O$，$AB < AC$，以 AB 为半径的 $\odot B$ 与边 AC 交于点 K，与 $\odot O$ 交于点 E，直线 KE 与 $\odot O$ 交于点 F，直线 BO 分别与 KE，AC 交于点 L，M，直线 AE 与 BF 交于点 D. 证明：D，L，M，F 四点共圆，且 B，D，K，M，E 五点共圆.

（2013，希腊国家队选拔考试）

证明 如图.

在 $\odot O$ 内,由 $AB = BE$,得

$$\angle BAE = \angle AFB = \angle BFE$$
$$= \angle BEA = \angle BCA. \qquad \textcircled{1}$$

又因为 BO 是 $\odot O$ 与 $\odot B$ 的连心线,BO 为公共弦 AE 的中垂线,所以,$AD \perp BM$.

由 $\angle BKE = \angle BFK + \angle FBK$, $\qquad \textcircled{2}$

$BE = BK$,

则 $\angle BKE = \angle BEK$

$= \angle BED + \angle DEK$. $\qquad \textcircled{3}$

由 A,B,E,F 四点共圆 $\Rightarrow \angle ABF = \angle AEF$. $\qquad \textcircled{4}$

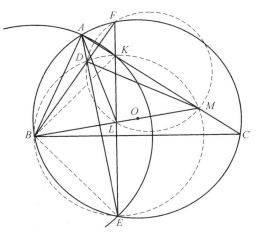

由式 $\textcircled{1} \sim \textcircled{4}$,得 $\angle ABF = \angle FBK$.则 $\triangle ABF \cong \triangle KBF$.

故 BF 为 AK 的中垂线.

由 $AD \perp BM$,则 D 为 $\triangle ABM$ 的垂心.

于是,$\angle DMB = \angle BAE = \angle BFE$.

从而,D,L,M,F 四点共圆.

由于 $\angle AEK = \angle FBK$,则 D,K,E,B 四点共圆.

因为 $\angle BEA = \angle DMB$,所以,D,B,E,M 四点共圆.故 B,D,K,M,E 五点共圆.

> 设两个锐角三角形的六个顶点在同一个圆上.若其中一个三角形的两边中点落在另一个三角形的九点圆上,证明:这两个三角形的九点圆重合.
>
> (2013,罗马尼亚国家队选拔考试)

证明 由三角形欧拉线的基本性质,知外接圆圆心到一边的距离等于该边所对顶点到垂心距离的一半.

因为同一个三角形的外接圆与九点圆关于该三角形的垂心位似,且位似比为 $\dfrac{1}{2}$,所以,得以下基本性质:

性质 如图1,$\odot O$ 与 $\odot O_1$ 为 $\triangle ABC$ 的外接圆及九点圆,则点 O 关于线段 BC 的对称点 O' 在线段 AO_1 上,且 O_1 为 $O'A$ 的中点.

如图2,记 $\triangle ABC,\triangle XYZ$ 内接于圆 Γ_1,且 XY 和 XZ 的中点在 $\triangle ABC$ 的九点圆 Γ 上,换言之,点 Y 和 Z 分别位于圆 Γ 以点 X 为中心、2 为位似比的圆 Γ_2 与圆 Γ_1 的两个交点处.

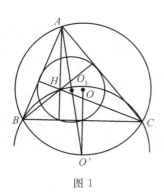

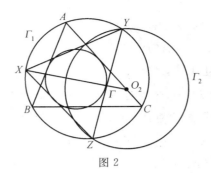

图 1   图 2

若圆 Γ_2 与圆 Γ_1 不重合,则其关于公共弦 YZ 对称.故其圆心也关于 YZ 对称.记圆 Γ_2 的圆心为 O_2.则由前述性质,知 $\triangle XYZ$ 的九点圆圆心为 XO_2 的中点,且半径为外接圆的一半.

故 $\triangle ABC$ 的九点圆与 $\triangle XYZ$ 的九点圆完全重合.

若圆 Γ_2 与圆 Γ_1 重合,由于 $\triangle ABC$ 的九点圆 Γ 与外接圆 Γ_1 以垂心 H 为位似中心,$\dfrac{1}{2}$ 为位似比,故点 H 与 X 重合.

从而,$\triangle ABC$ 为直角三角形,与题意要求的锐角三角形不符.

已知凸四边形 $ABCD$ 的对角线 AC 与 BD 交于点 E,且 $\angle EDC = \angle DEC = \angle BAD$.若 F 为线段 BC 上一点,且 $\angle BAF + \angle EBF = \angle BFE$,证明:$A,B,F,D$ 四点共圆.

(2013,土耳其国家队选拔考试)

证明 易知,当点 A,B,C,D 确定后,点 F 是唯一的.

如图,设 $\triangle ABD$ 的外接圆与 BC 交于点 F'.

则 $\angle DBF' = \angle DAF'$.

于是,$\angle BAF' + \angle EBF' = \angle BAD$.

又由于 $\angle DEC = \angle BAD = \angle DF'C$,

则 D,E,F',C 四点共圆.

故 $\angle BF'E = \angle EDC = \angle BAD = \angle BAF' + \angle EBF'$.

因此,点 F' 与 F 重合.

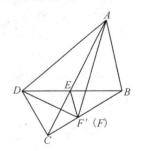

在锐角 $\triangle ABC$ 中,H 为垂心,D 是使四边形 $AHCD$ 为平行四边形的一点,过边 BC 的中点 A_1 的直线 p 垂直 AB 于点 E,F 为 A_1E 的中点,过点 A 作 BD 的平行线与直线 p 交于点 G.证明:A,F,A_1,C 四点共圆当且仅当直线 BF 过 CG 的中点.

(2013,克罗地亚国家队选拔考试)

证明　如图.

由四边形 $AHCD$ 为平行四边形知

$$\angle ADC = \angle CHA = \angle 180° - \angle B.$$

则点 D 在 $\triangle ABC$ 的外接圆圆周上.

类似地,

$$\angle ACD = \angle HAC = 90° - \angle ACB.$$

由于 A,B,C,D 四点共圆,则 $\angle ABD = \angle ACD$.

又 $AG \parallel BD$,故

$$\angle GAB = \angle ABD = 90° - \angle ACB.$$

注意到,

A,F,A_1,C 四点共圆

$\Leftrightarrow \angle AFE = \angle ACA_1 = \angle ACB$

$\Leftrightarrow \angle FAE = 90° - \angle ACB = \angle GAE \Leftrightarrow \triangle AEF \cong \triangle AEG \Leftrightarrow EG = EF.$

由于 F 为 A_1E 的中点,于是,$EG = EF$,即 $FG = 2FA_1$.

由于 GA_1 为 $\triangle BCG$ 的中位线,故

$FG = 2FA_1 \Leftrightarrow F$ 为 $\triangle BCG$ 的重心 $\Leftrightarrow BF$ 过 CG 的中点.

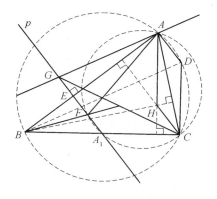

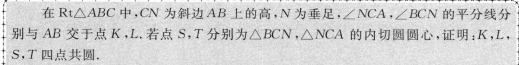

在 Rt$\triangle ABC$ 中,CN 为斜边 AB 上的高,N 为垂足,$\angle NCA$,$\angle BCN$ 的平分线分别与 AB 交于点 K,L.若点 S,T 分别为 $\triangle BCN,\triangle NCA$ 的内切圆圆心,证明:K,L,S,T 四点共圆.

（2013,克罗地亚国家队选拔考试）

证明　如图.

设 $\angle CAB = \alpha$,$\angle ABC = \beta$.则

$$\angle BCN = \alpha,\quad \angle ACN = \beta.$$

因为 CS,CT 分别为 $\angle BCN$,$\angle ACN$ 的平分线,所以,C,S,L 和 C,T,K 分别三点共线.

故 $\angle BCK = \angle BCN + \angle NCK = \alpha + \dfrac{1}{2}\beta$.

类似地,$\angle BKC = \angle CAK + \angle ACK = \alpha + \dfrac{1}{2}\beta$.

于是,$\angle BCK = \angle BKC$.则 $\triangle BCK$ 为等腰三角形,即 $BK = BC$.

由此,点 S 在线段 CK 的中垂线上.则 $SK = SC$.故 $\angle SKT = \angle SCT$.

类似地,$\triangle ACL$ 为等腰三角形,且点 T 在线段 CL 的中垂线上.

从而,$\angle SLT = \angle SCT$.因此,K,L,S,T 四点共圆.

已知 D 为 $\mathrm{Rt}\triangle ABC$ 的斜边 AB 上一点(不同于 B),满足 $CD=CB$,O 为 $\triangle ACD$ 的外心,延长 OD 与 CB 交于点 P,过 O 作 AB 的垂线,与 CD 的延长线交于点 Q. 若 A,C,P,Q 四点共圆,证明:四边形 $ACPQ$ 为正方形.

(2013,爱沙尼亚国家队选拔考试)

证明 如图.

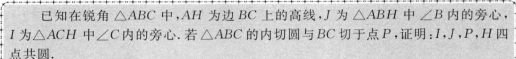

因为 OQ 是 AD 的中垂线,所以,

$\angle QAD = \angle QDA = \angle CDB = \angle CBD$.

故 $AQ \parallel BC$,$\angle QAC = 180° - \angle ACP = 90°$.

由于 A,C,P,Q 四点共圆,于是,

$\angle AQP = 180° - \angle ACP = 90°$,

$\angle QPC = 180° - \angle QAC = 90°$.

从而,四边形 $ACPQ$ 为矩形.

又 $\angle DOC = 2\angle DAC = 2(90° - \angle CBA)$

$= 180° - 2\angle CBA = 180° - \angle CBD - \angle BDC = \angle DCB$,

则两个等腰 $\triangle BDC$ 与 $\triangle CDO$ 的底角也相等,即 $\angle BDC = \angle DCO$.

于是,$OC \parallel AB$.

而 $OQ \perp AB$,则 $\angle QOC = 90° = \angle QAC$. 故点 O 在矩形 $ACPQ$ 的外接圆上.

于是,$\angle ACQ = \angle AOQ = \dfrac{1}{2}\angle AOD = \dfrac{1}{2}\angle AOP = \dfrac{1}{2}\angle ACP$.

从而,矩形 $QACP$ 的对角线 QC 平分 $\angle ACP$. 因此,矩形 $QACP$ 为正方形.

已知在锐角 $\triangle ABC$ 中,AH 为边 BC 上的高线,J 为 $\triangle ABH$ 中 $\angle B$ 内的旁心,I 为 $\triangle ACH$ 中 $\angle C$ 内的旁心. 若 $\triangle ABC$ 的内切圆与 BC 切于点 P,证明:I,J,P,H 四点共圆.

(2013,第 30 届伊朗国家队选拔考试)

证明 如图,设点 J,I 在直线 BC 上的投影分别为 J',I',记 $\triangle XYZ$ 的半周长为 $p(XYZ)$,面积为 $S(XYZ)$.

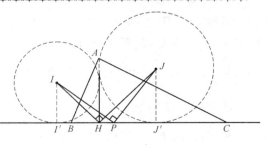

因为 J' 是 $\triangle ABH$ 中 $\angle B$ 内的旁切圆与直线 BH 的切点,所以,

$$BJ' = p(ABH) = \frac{AB + BH + AH}{2}.$$

由于 $BP = \dfrac{AB + BC - CA}{2}$,则

$$PJ' = BJ' - BP = \frac{AH + CA - CH}{2}.$$

又因为 II' 是 $\triangle ACH$ 中 $\angle C$ 内的旁切圆的半径,所以,

$$II' = \frac{S(ACH)}{p(ACH) - AH} = \frac{AH \cdot CH}{AC + CH - AH}.$$

下面证明：$PJ' = II'$.

事实上，

$$PJ' = II' \Leftrightarrow \frac{AH + CA - CH}{2} = \frac{AH \cdot CH}{AC + CH - AH}$$

$$\Leftrightarrow 2AH \cdot CH = CA^2 - (CH - AH)^2 = CA^2 - CH^2 - AH^2 + 2CH \cdot AH$$

$$\Leftrightarrow CA^2 = CH^2 + AH^2.$$

由勾股定理，知结论成立.

类似地，$PI' = JJ'$.

于是，$\triangle PII' \cong \triangle JPJ'$.

由 $\angle IPI' = \angle PJJ' = 90° - \angle JPJ'$，得 $\angle IPJ = 90°$.

因为 HI, HJ 分别为 $\angle AHB, \angle AHC$ 的平分线，所以，

$$\angle IHJ = \frac{1}{2}(\angle AHB + \angle AHC) = 90°.$$

由 $\angle IPJ = \angle IHJ = 90°$，知 I, J, P, H 四点共圆.

已知 $\triangle ABC$ 的边 BC 上的点 D 和 H 满足 AD 平分 $\angle A, AH \perp BC, AD$ 的中垂线与以 AB, AC 为直径且在 $\triangle ABC$ 的外部的半圆分别交于点 X, Y. 证明：X, Y, D, H 四点共圆.

(2013，第 30 届伊朗国家队选拔考试)

证明 如图，设 AB, AC, AD 的中点分别为 M, N, P，则 M, N 分别是以 AB, AC 为直径的圆的圆心.

因为 AD 为 $\angle BAC$ 的平分线，所以，

$$\frac{MP}{NP} = \frac{BD}{CD} = \frac{AB}{AC} = \frac{AM}{AN} = \frac{MX}{NY}.$$

于是，$\angle PXM + \angle PYN = 180°$ 或 $\angle PXM = \angle PYN$.

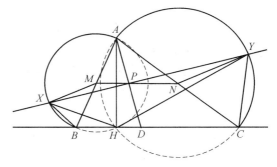

由 $\angle PXM < \angle BXA = 90°$，

$\angle PYN < \angle AYC = 90°$，

则第一种情况不成立.

从而，$\angle PXM = \angle PYN$.

又因为 $\angle MPX = \angle NPY$，所以，

$\triangle PXM \backsim \triangle PYN \Rightarrow \angle PMX = \angle PNY$

$\Rightarrow 180° - \angle B + 180° - 2\angle ABX = \angle C + 2\angle ACY$

$\Rightarrow \angle ABX + \angle ACY = 180° - \angle B - \angle C + 90° - \angle ABX + 90° - \angle ACY$

$\Rightarrow \angle ABX + \angle ACY = \angle BAC + \angle XAB + \angle CAY = \angle XAY.$

由 $\angle AHB = \angle AHC = 90°$，知点 H 在 $\triangle AXB$ 和 $\triangle AYC$ 的外接圆上.

则 $\angle ABX = \angle AHX, \angle ACY = \angle AHY.$

故 $\angle XHY = \angle XHA + \angle AHY = \angle ABX + \angle ACY = \angle XAY$.

因为 XY 是 AD 的中垂线,所以,$\angle XAY = \angle XDY$.

故 $\angle XHY = \angle XDY$. 因此,X,Y,D,H 四点共圆.

已知一个以 AB 为底边且底角为锐角的梯形 $ABCD$,AC 与 BD 交于点 O,且 $AC \perp BD$,以 BD 为直径的圆与 OA 交于点 M,以 AC 为直径的圆与 OB 交于点 N. 证明:M,N,C,D 四点共圆.

(2013,克罗地亚数学竞赛)

证明 如图.

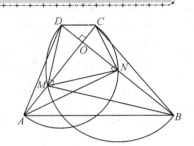

由题意,知 $\triangle ABO \backsim \triangle CDO \Rightarrow \dfrac{OA}{OB} = \dfrac{OC}{OD}$.

由射影定理得

$$OM^2 = OB \cdot OD,$$
$$ON^2 = OA \cdot OC.$$

于是,$\dfrac{OM^2}{ON^2} = \dfrac{OB \cdot OD}{OA \cdot OC} = \dfrac{OD^2}{OC^2}$.

由 $\dfrac{OM}{ON} = \dfrac{OD}{OC}$,且 $\angle MON = \angle COD = 90°$,得

$$\triangle MON \backsim \triangle DOC \Rightarrow \angle MNO = \angle DCO.$$

从而,$\angle MND = \angle DCM$.

因此,C,D,M,N 四点共圆.

已知圆 Γ_1,Γ_2 的直径分别为 AP,AQ,T 为圆 Γ_1 与圆 Γ_2 的另一个交点,Q' 为圆 Γ_1 与直线 AQ 的另一个交点,P' 为圆 Γ_2 与直线 AP 的另一个交点,圆 Γ_3 过点 T,P,P',圆 Γ_4 过点 T,Q,Q'. 证明:圆 Γ_3 与圆 Γ_4 的公共弦所在直线过点 A.

(2013,克罗地亚数学竞赛)

证明 如图.

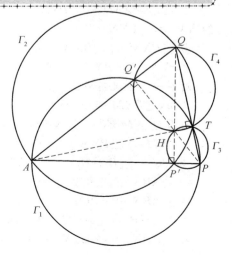

由题意,知 $\angle ATQ = \angle ATP = 90°$.

于是,P,Q,T 三点共线.

类似地,$\angle AQ'P = \angle AP'Q = 90°$.

则 $\triangle APQ$ 的高分别为 AT,PQ',QP'.

令 H 为 $\triangle APQ$ 的垂心. 则由泰勒斯定理,知 T,P,P',H 四点共圆.

从而,点 H 在圆 Γ_3 上.

类似地,点 H 在圆 Γ_4 上.

从而,圆 Γ_3 和圆 Γ_4 的公共弦为 TH.

由于点 A,H,T 在由点 A 到 PQ 的高上,则结论成立.

设四边形 $ABCD$ 内接于 $\odot O$,直线 AB 与 DC 交于点 E,直线 BC 与 AD 交于点 F.证明:以 EF 为直径的圆与 $\odot O$ 正交.

(2013,地中海地区数学竞赛)

证明 设 $O(X)$ 为点 X 到 $\odot O$ 的幂.

首先证明:$EF^2 = O(E) + O(F)$.

作 $\triangle AED$ 的外接圆与 EF 交于点 K.则 $\angle FKD = \angle BAD = \pi - \angle DCB = \angle FCD$.

于是,F,K,C,D 四点共圆.

故 $EF^2 = \overrightarrow{EF} \cdot \overrightarrow{EK} + \overrightarrow{FK} \cdot \overrightarrow{FE} = \overrightarrow{EC} \cdot \overrightarrow{ED} + \overrightarrow{FA} \cdot \overrightarrow{FD} = O(E) + O(F)$.

设 EF 的中点为 M,$\odot O$ 半径为 R.

由中线长公式,有 $OM^2 = R^2 + \dfrac{1}{2}(O(E) + O(F)) - \dfrac{1}{4}EF^2 = R^2 + \left(\dfrac{1}{2}EF\right)^2$.

于是,以 EF 为直径的圆与 $\odot O$ 正交.

在圆内接四边形 $ABCD$ 中,$BC = CD$,$\odot C$ 与直线 BD 相切,I 为 $\triangle ABD$ 的内心.证明:过点 I 且与 AB 平行的直线与 $\odot C$ 相切.

(2013,第13届捷克—波兰—斯洛伐克数学竞赛)

证明 如图,设直线 p 与四边形 $ABCD$ 的外接圆 Γ 切于点 D.

因为 $BC = CD$,所以,点 C 平分 $\overset{\frown}{BD}$.

由弦切角定理得
$$\angle(CD, p) = \angle CAD = \angle BAC = \angle BDC.$$

从而,直线 p 与 $\odot C$ 相切.

类似地,设点 E 平分 $\overset{\frown}{AD}$,作 $\odot E$ 与直线 AD 相切.则直线 p 与 $\odot E$ 相切.

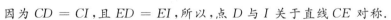

作直线 q 与 p 关于直线 CE 对称,则直线 q 与 $\odot C$ 和 $\odot E$ 均相切.

因为 $CD = CI$,且 $ED = EI$,所以,点 D 与 I 关于直线 CE 对称.

又点 D 在直线 p 上,则点 I 在直线 q 上.

由 $\angle(q, IC) = \angle(CD, p) = \angle CAD = \angle BAC$,

则直线 q 与 AB 平行.

已知圆 Γ 为 $\triangle ABC$ 的外接圆,P 为 $\overset{\frown}{BAC}$ 的中点,以 CP 为直径作圆与 $\angle BAC$ 的平分线交于点 K 和 L(K 在 A 和 L 之间),点 M 与 L 关于直线 BC 对称.证明:$\triangle BKM$ 的外接圆平分线段 BC.

(2013,第13届捷克—波兰—斯洛伐克数学竞赛)

证明 如图,设 D 为 $\overset{\frown}{BC}$ 的中点,N 为 BC 的中点,点 P 在 AC 上的投影为 X.则 X,K,L,N,C,P 六点共圆.

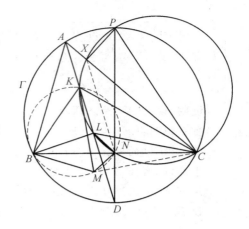

由 $\angle PNX = \angle PCA = \angle PDA \Rightarrow NX \parallel KL$ $\Rightarrow LN = KX, \angle LCN = \angle KCA$.

又 $\angle BAK = \angle LAC$,则 K 和 L 关于 $\triangle ABC$ 等角共轭.

于是,$\angle MBC = \angle CBL = \angle KBA$,

$\angle BCM = \angle LCB = \angle ACK$.

从而,点 A 和 M 关于 $\triangle KBC$ 等角共轭,有 $\angle BNM = \angle LNB = \angle LKC = \angle BKM$.

因此,B,M,N,K 四点共圆.

已知四边形 $ABCD$ 内接于 $\odot O$,$\odot O_1$ 与 AC 和 BD 均相切,与劣弧 $\overset{\frown}{BC}$ 切于点 T_1,$\odot O_2$ 与 AB 和 CD 均相切,与劣弧 $\overset{\frown}{BC}$ 切于点 T_2.证明:点 T_1 与 T_2 重合.

(2013,第 21 届朝鲜数学奥林匹克)

证明 如图,分别取 $\overset{\frown}{AB}$,$\overset{\frown}{CD}$,$\overset{\frown}{BAD}$,$\overset{\frown}{ADC}$ 的中点 E,F,G,H.I_1,I_2 分别为 $\triangle ABC$,$\triangle DBC$ 的内心,且 I_1C 与 I_2B 交于点 I.设 I_1I_2 分别与 BD,AC,AB,CD 交于点 P,Q,R,S.

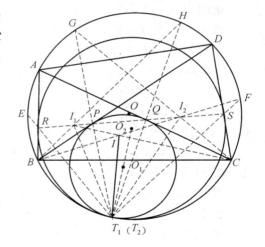

由 $\angle BI_2C = \dfrac{\pi}{2} + \dfrac{1}{2}\angle BDC$

$= \dfrac{\pi}{2} + \dfrac{1}{2}\angle BAC = \angle BI_1C$,

知 B,I_1,I_2,C 四点共圆.

又 $\angle II_1I_2 = \angle IBC = \angle PBI$,则 P,I_1,B,I 四点共圆.

类似地,Q,I,C,I_2 四点共圆.

设两圆交点为 I 和 T.

由 $\angle BTC = \angle BTI + \angle ITC = 2\pi - \angle BI_1C - \angle BI_2C = \pi - \angle BDC$,知点 T 位于 $\odot O$ 上.

又 $\angle DPQ = \angle I_1IB = \angle IBC + \angle ICB = \angle IBP + \angle ICQ = \angle ITP + \angle ITQ = \angle PTQ = \angle I_2IC = \angle AQP$,

则 $\triangle TPQ$ 的外接圆 $\odot O_1'$ 与 BD 和 AC 均相切.

由 $\angle PTB = \pi - \angle PI_1B = \angle I_2CB = \angle GTB$,知 T,P,G 三点共线.

类似地, T,Q,H 三点共线.

因为 I_1,B,C,I_2 与 G,B,C,H 分别四点共圆, 所以, $PQ\parallel GH$.

于是, T 为 $\odot O$ 和 $\odot O'_1$ 的相似中心.

从而, $O'_1P\parallel OG, O'_1Q\parallel OH$, 且 T 为两圆的切点.

因此, $\odot O'_1$ 与 $\odot O_1$ 重合, 点 T_1 与 T 重合.

类似地, R,B,T,I_2 与 I_1,T,C,S 分别四点共圆, 且 E,R,T 与 F,S,T 分别三点共线.

因为 $\angle I_1ST=\angle I_1CT=\angle II_2T$, 所以, $\angle FI_2S=\angle I_2TS$.

故 $\angle I_2TS=\angle SI_2F=\angle RI_2B=\angle BTR$,

$\angle ARS=\angle BTI_2=\angle BTR+\angle RTI_2=\angle I_2TS+\angle I_2TR=\angle RTS$.

类似地, $\angle DSR=\angle RTS$, $RS\parallel EF$.

于是, $\triangle TRS$ 的外接圆与 AB 和 CD 均相切, 且同时与 $\overset{\frown}{BC}$ 相切.

从而, 点 T_2 与 T 重合.

已知以 AB 为直径的圆 Γ 与 $\odot A$ 交于点 C 和 D, 且 E 为 $\odot A$ 上一点, 满足 E 在圆 Γ 的外部, E 和 C 在直线 AB 的同侧. 直线 BE 与 $\odot A$ 的第二个交点为 F, K 为圆 Γ 上一点, K 和 A 在圆 Γ 的过点 C 的直径的同侧, 且满足 $2CK\cdot AC=CE\cdot AB$. 直线 KF 与圆 Γ 的第二个交点为 L. 证明: 点 D 关于直线 BE 的对称点在 $\triangle LFC$ 的外接圆上.

(2013, 第 21 届土耳其数学奥林匹克)

证明 如图, 设 D 关于直线 BE 的对称点为 D', 圆 Γ、$\odot A$ 的半径分别为 R_1,R_2.

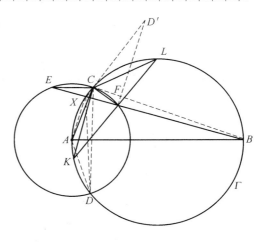

则 $2CK\cdot AC=CE\cdot AB\Rightarrow\dfrac{CK}{CE}=\dfrac{R_1}{R_2}$.

由正弦定理得

$$\sin\angle CLF=\frac{CK}{2R_1}=\frac{CE}{2R_2}=\sin\angle CFE.$$

因为 $\angle CLF+\angle CFE<180°$,

所以, $\angle CLF=\angle CFE$.

设直线 BE 与圆 Γ 的第二个交点为 X.

因为 AB 为圆 Γ 的直径, $AC=AD$,

所以, 劣弧 $\overset{\frown}{BC}$ 与劣弧 $\overset{\frown}{BD}$ 相等.

于是, $\angle D'XB=\angle DXB=\angle CXB$. 从而, X,C,D' 三点共线.

因为 $\angle AXB=90°$, 所以, $EX=FX$.

又 $\angle ACB=90°$, 知直线 BC 与 $\odot A$ 切于点 C.

从而, $\angle FCB=\angle BEC$.

又由 $\angle DCF = \angle DEF$,得 $\angle DEC = \angle DCB = \angle DXB = \angle CXB$.

故 $\angle ECX = \angle DEX$,$\angle CEX = \angle EDX$.

于是,$\triangle ECX \backsim \triangle DEX$,且 $XC \cdot XD' = XC \cdot XD = XE^2 = XF^2$.

因为 $\angle CLF = \angle CFE$,所以,直线 XF 与 $\triangle LFC$ 的外接圆切于点 F.

又 $XC \cdot XD' = XF^2$,因此,点 D' 在 $\triangle LFC$ 的外接圆上.

　　已知四边形 $ABCD$ 内接于 $\odot O$,直线 AB 与 CD 交于点 P,AD 与 BC 交于点 Q,对角线 AC 与 BD 交于点 R.若 M 为线段 PQ 的中点,K 为线段 MR 与 $\odot O$ 的交点,证明:$\odot O$ 与 $\triangle KPQ$ 的外接圆相切.

(2013,罗马尼亚大师杯数学竞赛)

证明　注意到,P,Q,R 为(关于 $\odot O$ 的)QR,RP,PQ 的极点.

从而,$OP \perp OR$,$OQ \perp RP$,$OR \perp PQ$.故 R 为 $\triangle OPQ$ 的垂心.

若 $MR \perp PQ$,则 M,R,O 三点共线,且 $\triangle PQR$ 关于这条直线对称.结论显然成立.

否则,过点 O 作直线 MR 的垂线,垂足为 V,直线 OV 与 PQ 交于点 U.

由 $OU \perp MR$,U 为线段 UR 的一个端点,知 UK 为 $\odot O$ 的切线.

从而,只要证 $UK^2 = UP \cdot UQ$.

事实上,由 $\triangle OKU$ 为直角三角形,知 $UK^2 = UV \cdot UO$.

延长 RM,与 $\triangle OPQ$ 的外接圆 Γ 交于点 R'.

由 $\angle OVR' = 90°$,知点 V 也在圆 Γ 上.因此,$UP \cdot UQ = UV \cdot UO = UK^2$.

　　设 $\triangle ABC$ 的内切圆 $\odot I$ 与 $\triangle AIB$ 的外接圆 Γ 交于点 X 和 Y,其公切线交于点 Z.证明:$\triangle ABC$ 的外接圆与 $\triangle XYZ$ 的外接圆相切.

(第 39 届俄罗斯数学奥林匹克)

证明　设 CI 与 $\triangle ABC$ 的外接圆 Γ' 交于点 S.则 S 为 $\triangle AIB$ 外接圆 Γ 的圆心.

由对称性,点 Z 在 SC 上.

设 $\odot I$,圆 Γ 的两条公切线与圆 Γ 切于点 M 和 N.

由 SI 为 MN 的垂直平分线,知 $\angle IMN = \angle INM = \angle IMZ$.

又 $\odot I$ 为 $\triangle ZMN$ 的内切圆,则 $\odot I$ 与 MN 切于中点 Z'.

由 $\triangle SZ'M \backsim \triangle SMZ \Rightarrow SZ \cdot SZ' = SM^2$.

这表明,关于圆 Γ 的反演变换将点 Z,Z' 互变.由于 $\odot I$ 与直线 AB 相切,故它们关于圆 Γ 的反演下的像——$\triangle XYZ$ 的外接圆与圆 Γ'——也相切.

已知等边 $\triangle ABC$ 的中心为点 O，一条通过点 C 的直线与 $\triangle AOB$ 的外接圆交于点 D 和 E. 证明：点 A, O 与线段 BD, BE 的中点四点共圆.

(2013, 第 35 届国际城市数学竞赛)

证明　设 C' 为 BC 的中点，点 E 在 CD 之间，E' 为 BE 的中点，D' 为 BD 的中点，如图.

则在 $\triangle BDC$ 中，由中位线定理，知点 E' 在中位线 $C'D'$ 上.

在等边 $\triangle ABC$ 中，由 A, O, C' 三点共线，知

$\angle OBC' = 30° = \angle BAC'$.

于是，BC 为 $\triangle AOB$ 外接圆的切线.

故 $C'E' \cdot C'D' = \dfrac{1}{4}CE \cdot CD = \dfrac{1}{4}BC^2$

$= BC'^2 = C'O \cdot C'A$.

从而，A, O, E', D' 四点共圆.

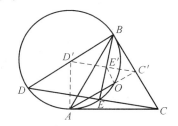

在 $\triangle ABC$ 中，过点 A 作 $\angle ABC$ 平分线的垂线，过点 B 作 $\angle CAB$ 平分线的垂线，垂足分别为 D, E. 证明：直线 DE 与边 AC, BC 的交点为 $\triangle ABC$ 内切圆 $\odot I$ 与 AC, BC 的切点.

(2013—2014, 匈牙利数学奥林匹克)

证明　如图，设直线 DE 与 AC, BC 分别交于点 P, Q. 连接 IP, IQ.

若要证明 P 为 $\odot I$ 与 AC 的切点，只要证：$IP \perp AC$.

因为 $\angle ADB = \angle AEB = 90°$，

所以，A, B, E, D 四点共圆.

故 $\angle BDE = \angle BAE = \angle CAE = \angle PAI$.

于是，A, I, D, P 四点共圆.

从而，$IP \perp AC$. 因此，P 为 $\odot I$ 与 AC 的切点.

类似地，Q 为 $\odot I$ 与 BC 的切点.

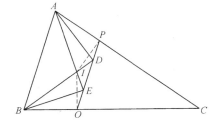

已知 I 为锐角 $\triangle ABC$ 的内心，射线 AI, BI 分别与 $\triangle ABC$ 的外接圆 Γ 交于点 D, E, 线段 DE 与 CA 交于点 F, 过点 E 且平行于直线 FI 的直线与圆 Γ 交于点 G, 直线 FI 与 DG 交于点 H. 证明：直线 CA, BH 分别与 $\triangle DFH$ 的外接圆切于点 F, H.

(2014, 克罗地亚数学奥林匹克)

证明 如图,记线段 DE 与 CB 交于点 J.连接 AE,EC,CD,DB.

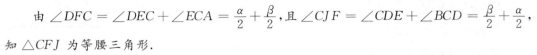

令 $\angle BAC = \alpha$,$\angle CBA = \beta$,$\angle ACB = \gamma$.

由于 $\angle BED$,$\angle BCD$,$\angle BAD$ 所对的弦为 BD,故

$\angle BED = \angle BCD = \angle BAD = \dfrac{\alpha}{2}$.

类似地,

$\angle DEC = \angle DBC = \angle DAC = \dfrac{\alpha}{2}$,

$\angle ECA = \angle EBA = \dfrac{\beta}{2}$,$\angle CDE = \angle CBE = \dfrac{\beta}{2}$.

由 $\angle DFC = \angle DEC + \angle ECA = \dfrac{\alpha}{2} + \dfrac{\beta}{2}$,且 $\angle CJF = \angle CDE + \angle BCD = \dfrac{\beta}{2} + \dfrac{\alpha}{2}$,

知 $\triangle CFJ$ 为等腰三角形.

又由 $FH \parallel EG$,得

$\angle DHF = \angle DGE = 180° - \angle ECD = 180° - (\angle ECA + \angle ACB + \angle BCD)$

$= 180° - \left(\dfrac{\beta}{2} + \gamma + \dfrac{\alpha}{2}\right) = \dfrac{\alpha}{2} + \dfrac{\beta}{2} = \angle DFC$.

故由弦切角定理的逆定理,知直线 CA 与 $\triangle DFH$ 的外接圆切于点 F.

因为直线 CI 为 $\angle FCJ$ 的平分线,所以,$CI \perp DE$.

由 $\angle BED = \angle DEC$,知直线 DE 平分线段 CI,且 $\angle IFD = \angle DFC = \dfrac{\alpha}{2} + \dfrac{\beta}{2}$.

则 $\angle HFD = \angle DFC = \angle CJE = \angle BJD$.故 $FH \parallel BC$.

由 $\angle FHD = \angle CFD = \dfrac{\alpha + \beta}{2} = \angle HFD$,知 $\triangle DFH$ 为等腰三角形.

因为 D 为 $\overset{\frown}{BC}$ 的中点,$\triangle DCB$,$\triangle DFH$ 为等腰三角形,且 $BC \parallel FH$,

所以,直线 BH 与 CF 关于线段 FH 的中垂线对称.

因此,直线 BH 与 $\triangle DFH$ 的外接圆切于点 H.

如图 1,圆 Γ_1 与 Γ_2 交于点 A,B, M 为圆 Γ_1 的 $\overset{\frown}{AB}$ 的中点(在圆 Γ_2 内),圆 Γ_1 的弦 MP 与圆 Γ_2 交于点 Q(在圆 Γ_1 内),直线 l_P 为圆 Γ_1 过点 P 的切线,直线 l_Q 为圆 Γ_2 过点 Q 的切线.证明:由直线 l_P,l_Q,AB 围成的三角形的外接圆与圆 Γ_2 相切.

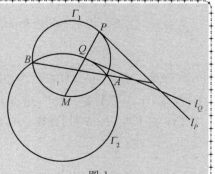

图 1

(2014,第 26 届亚太地区数学奥林匹克)

证明　利用位似.

如图 2,记 AB 与直线 l_P,l_Q 分别交于点 X,Y,l_P 与 l_Q 交于点 Z.

不妨设 $AX > AY$.记 MP 与 AB 交于点 F,R 为直线 PQ 与圆 Γ_2 的第二个交点,在圆 Γ_2 上取点 S,T 分别使得 $SR \ /\!/ \ AB$,$RT \ /\!/ \ l_P$.

因为 M 为圆 Γ_1 $\overset{\frown}{AB}$ 的中点,所以,过点 M 的圆 Γ_1 的切线 $l_M \ /\!/ \ AB$.

从而,$\angle XFP = \angle XPF$.

故 $\angle PRT = \angle MPX$

$= \angle PFX = \angle PRS$.

这表明,Q 为 $\overset{\frown}{TQS}$ 的中点.

于是,$ST \ /\!/ \ l_Q$,即 $\triangle RST$ 与 $\triangle XYZ$ 的对应边互相平行.

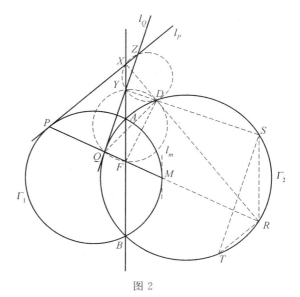

图 2

从而,存在一个位似变换 h,将 $\triangle RST$ 映成 $\triangle XYZ$.

记 D 为 XR 与圆 Γ_2 的第二个交点.

下面证明:D 为位似变换 h 的位似中心.进而,由点 D 在圆 Γ_2 上,知 $\triangle RST$ 的外接圆与 $\triangle XYZ$ 的外接圆相切.

而要证明 D 为位似变换 h 的位似中心,只要证明点 D 在直线 SY 上.

事实上,由 $\angle PFX = \angle XPF$,则

$$XF^2 = XP^2 = XA \cdot XB = XD \cdot XR \Rightarrow \frac{XF}{XD} = \frac{XR}{XF} \Rightarrow \triangle XDF \backsim \triangle XFR$$

$$\Rightarrow \angle DFX = \angle XRF = \angle DRQ = \angle DQY.$$

这表明,D,Y,Q,F 四点共圆.

则 $\angle YDQ = \angle YFQ = \angle SRQ = 180° - \angle SDQ.$

故 Y,D,S 三点共线,且点 D 在 Y,S 之间.

已知 $\triangle ABC$ 内接于圆 Γ,直线 l 为圆 Γ 在点 A 处的切线,点 D,E 分别在边 AB,AC 上,满足 $\dfrac{BD}{DA} = \dfrac{AE}{EC}$,直线 DE 与圆 Γ 交于 F 和 G 两点,过点 D 且平行于 AC 的直线与 l 交于点 H,过点 E 且平行于 AB 的直线与 l 交于点 I.证明:F,G,I,H 四点共圆,且直线 BC 为该圆的一条切线.

(2014,第 24 届日本数学奥林匹克决赛)

证明 如图,延长 HD,与 BC 交于点 X.

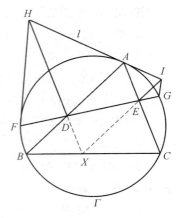

因为 $\dfrac{BX}{XC} = \dfrac{BD}{DA} = \dfrac{AE}{EC}$,所以,$EX \parallel AB$.

从而,I,E,X 三点共线.

因为直线 IA 与圆 Γ 切于点 A,且 $IX \parallel AB$,所以,$\angle IAC = \angle ABC = \angle IXC$.

故 A,I,C,X 四点共圆.

由相交弦定理知

$AE \cdot CE = IE \cdot XE$,$AE \cdot CE = FE \cdot GE$

$\Rightarrow IE \cdot XE = FE \cdot GE$.

于是,I,F,X,G 四点共圆.

类似地,H,F,X,G 四点共圆.

于是,F,H,I,G,X 五点共圆.

因为 $AC \parallel HX$,所以,$\angle IHX = \angle IAC = \angle IXC$.

这表明,直线 BC 与过点 H,I,G,F 的圆切于点 X.

> 已知等腰 $\triangle ABC$ 满足 $AC = BC > AB$,边 AC,AB 的中点分别为 E,F,AC 的中垂线 l 与 AB 的延长线交于点 K,过点 B 且平行于 KC 的直线与 AC 交于点 L,P 为线段 BF 上一点,H 为 $\triangle ACP$ 的垂心,线段 BH 与 CP 交于点 J,直线 FJ 与 l 交于点 M,FL 与 l 交于点 W. 证明:$AW = PW$ 当且仅当 B,F,E,M 四点共圆.
>
> (2014,第27届韩国数学奥林匹克)

证明 设 W' 为 $\triangle ACP$ 的外心,直线 FW' 与边 AC 交于点 L',AH 与 PC 交于点 T. 则 $AT \perp PC$.

因为 $CF \perp AB$,所以,C,A,F,T 四点共圆.

于是,$\angle PAT = \angle PCF$.

由 $AC = BC$,知 CF 为线段 AB 的中垂线.

则 $\angle HAF = \angle HBF$.

故 $\angle PBJ = \angle HCJ$.

由于 $\angle PJB = \angle HJC$,则 $\triangle PBJ \backsim \triangle HCJ$.

如图,设 J 在 FP,FC 上的投影分别为 X,Y.

则 $\dfrac{JX}{JY} = \dfrac{BP}{CH}$.

设 W' 在 AP 上的投影为 S. 则

$HC = 2W'S$,

$BP = BF - PF = AF - (PS - FS)$

$= AF - (AS - FS) = 2FS$.

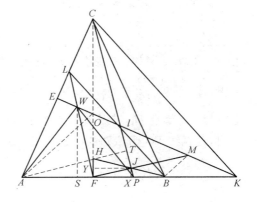

故 $\dfrac{XJ}{XF} = \dfrac{JX}{JY} = \dfrac{BP}{CH} = \dfrac{2FS}{2W'S} = \dfrac{FS}{W'S}$

$\Rightarrow \triangle JXF \backsim \triangle FSW' \Rightarrow \angle JFX = \angle FW'S.$

由 $W'S \parallel CF$,知 $\angle FW'S = \angle CFW'.$

于是,$\angle JFX = \angle CFW'.$

又 $\angle PFC = 90°$,则 $\angle JFW' = 90°.$

由于 $\angle MEL' = 90°$,则点 E 和 F 均在以 ML' 为直径的圆上.

必要性.

若 $AW = PW$,则 $PW = AW = CW$.故 W 为 $\triangle APC$ 的外心.

由前面的证明,知点 E 和 F 均在以 ML 为直径的圆上.

设 CF 与 l 交于点 O.则 O 为 $\triangle ABC$ 的外心,也为 $\triangle ACK$ 的垂心.

于是,$AO \perp CK.$

因为 $BL \parallel CK$,所以,$AO \perp BL$.从而,$\angle ABL + \angle BAO = 90°.$

又 A,F,O,E 四点共圆,则 $\angle BAO = \angle MEF.$

故 $\angle FBL + \angle FEL = \angle ABL + 90° + \angle MEF = \angle ABL + \angle BAO + 90° = 180°.$

因此,B,F,E,L 四点共圆.

结合 E,F,M,L 四点共圆,得 F,B,M,L,E 五点共圆.

充分性.

若 B,F,E,M 四点共圆,考虑到点 E 和 F 均在以 ML' 为直径的圆上,则 F,B,M,L', E 五点共圆.

于是,$\angle MBL' = 90°$,$\angle MBK = \angle MEF = \angle BAO.$

从而,$BM \parallel AO.$

因此,$AO \perp BL'.$

因为 $AO \perp CK$,所以,$BL' \parallel CK.$

于是,点 L' 与 L 重合,点 W' 与 W 重合,即 W 为 $\triangle ACP$ 的外心.

从而,$AW = PW.$

在 $\triangle ABC$ 中,AB 为最长边,点 M 和 N 在 AB 上,且满足 $AM = AC, BN = BC$, P,R 分别为 MC,NC 的中点,$\triangle ABC$ 的内切圆与边 BC, AC 分别切于点 D,E.证明: P,R,E,D 四点共圆.

(2014,第 58 届斯洛文尼亚数学奥林匹克决赛)

证明　如图,令 I 为 $\triangle ABC$ 的内心.

因为 $\triangle AMC$ 是以 A 为顶点的等腰三角形,所以,AP 为底边上的高线,即为 $\angle MAC$ 的平分线.

于是,点 I 在 AP 上.

类似地,点 I 在 BR 上.

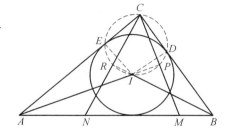

从而，$\angle CPI = \angle CPA = \dfrac{\pi}{2}$，且

$$\angle IRC = \angle BRC = \dfrac{\pi}{2}.$$

故点 P 和 R 在以 CI 为直径的圆上.

因为 D 和 E 是 $\triangle ABC$ 内切圆的切点，所以，$\angle CDI = \angle IEC = \dfrac{\pi}{2}$.

故点 D 和 E 在以 CI 为直径的圆上. 因此，P,R,E,D 四点共圆.

已知四边形 $ABCD$ 内接于圆 Γ，对角线 AC 与 BD 交于点 E，DA，CB 的延长线交于点 F. 证明：过 $\triangle ABE$ 和 $\triangle ABF$ 的内心的直线与过 $\triangle CDE$ 和 $\triangle CDF$ 的内心的直线的交点在圆 Γ 上.

(2014，第 63 届保加利亚数学奥林匹克)

证明 如图，设 $\triangle ABE$，$\triangle ABF$，$\triangle CDE$，$\triangle CDF$ 的内心分别为 I_e，I_f，J_e，J_f，直线 AI_e 与 BI_f 交于点 P，AI_f 与 BI_e 交于点 Q，CJ_e 与 DJ_f 交于点 U，CJ_f 与 DJ_e 交于点 V.

则 P 为 $\triangle ABC$ 中 $\angle A$ 内的旁心，Q 为 $\triangle ABD$ 中 $\angle B$ 内的旁心，U,V 分别为 $\triangle ACD$，$\triangle BCD$ 的内心.

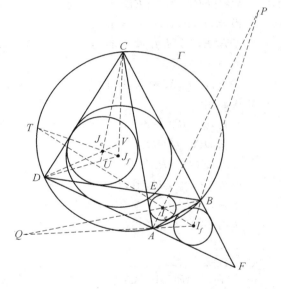

由 $\angle APB = \dfrac{1}{2}\angle ACB$

$= \dfrac{1}{2}\angle ADB = \angle AQB$，

则 A,B,P,Q 四点共圆.

又 $\angle CUD = 90° + \dfrac{1}{2}\angle CAD$

$= 90° + \dfrac{1}{2}\angle CBD = \angle CVD$，

故 C,D,U,V 四点共圆.

由 $\angle UDV = \angle UCV = \angle DCV - \angle DCU = \dfrac{1}{2}\angle DCB - \dfrac{1}{2}\angle DCA$

$= \dfrac{1}{2}\angle ACB = \angle APB = \angle AQB$，

$\angle APQ = \angle ABQ = \dfrac{1}{2}\angle ABD = \dfrac{1}{2}\angle ACD = \angle UCD$，

$\angle BQP = \angle BAP = \dfrac{1}{2}\angle BAC = \dfrac{1}{2}\angle BDC = \angle VDC$，

知四边形 $ABPQ$ 与四边形 $UVCD$ 相似,且转向相同.

设 T 为这两个四边形的位似旋转中心.

则 $\triangle TAQ \backsim \triangle TUD$. 于是,$\triangle TAU \backsim \triangle TQD$.

又 $\angle UAI_e = \angle UAC + \angle CAI_e = \dfrac{1}{2}\angle DAC + \dfrac{1}{2}\angle CAB = \dfrac{1}{2}\angle DAB$

$= 180° - \dfrac{1}{2}\angle ABD - \left(90° + \dfrac{1}{2}\angle ADB\right) = \angle DQB$,

则 $\angle ATQ = \measuredangle(AU, QD) = \angle AI_eQ$.

从而,点 T 在 $\triangle AI_eQ$ 的外接圆上.

类似地,点 T 在 $\triangle BI_eP$,$\triangle CJ_eV$,$\triangle DJ_eU$ 的外接圆上.

又 $\angle ATB = \angle ATI_e + \angle I_eTB = \angle AQB + \angle APB = 2\angle APB = \angle ACB$,

则点 T 在圆 Γ 上.

设 T' 为 I_fI_e 延长线上的一点,使得 $I_fA \cdot I_fQ = I_fB \cdot I_fP = I_fI_e \cdot I_fT'$.

则 T' 为 $\triangle AI_eQ$ 的外接圆和 $\triangle BI_eP$ 的外接圆的不同于点 I_e 的交点.

从而,点 T' 与 T 重合,即点 T 在直线 I_eI_f 上.

类似地,点 T 在直线 J_eJ_f 上.综上,I_eI_f 与 J_eJ_f 的交点 T 在圆 Γ 上.

设 $\triangle ABC$ 的外接圆为 Γ,AD,AL 分别为 $\triangle ABC$ 的高线,角平分线.记 W 为直线 AL 与圆 Γ 的另一个交点,T 为直线 WD 与圆 Γ 的另一个交点,A' 为直线 TL 与圆 Γ 的另一个交点.证明:AA' 为圆 Γ 的直径.

(2014,第 54 届乌克兰数学奥林匹克)

证明 若 $AB = AC$,结论显然成立.

下面考虑 $AB \neq AC$ 的情形.

如图.

由 AL 为 $\angle BAC$ 的平分线 $\Rightarrow \angle BAW = \angle WAC$

$\Rightarrow \overset{\frown}{WC} = \overset{\frown}{WB}$.

又 $\angle TAL = \dfrac{1}{2}\overset{\frown}{WT}°$,

$\angle TDB = \dfrac{1}{2}\left(\overset{\frown}{TB}° + \overset{\frown}{WC}°\right) = \dfrac{1}{2}\left(\overset{\frown}{TB}° + \overset{\frown}{WB}°\right)$

$= \dfrac{1}{2}\overset{\frown}{TW}°$,

因此,$\angle TAL = \angle TDB$.

于是,A,T,D,L 四点共圆,即 $\angle A'TA = \angle LTA = \angle LDA = 90°$.从而,$AA'$ 为圆 Γ 的直径.

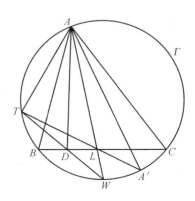

已知 A 和 B 是半径为 R 的 $\odot O$ 上两点,且 $R < AB < 2R$,半径为 $r(0 < r < R)$ 的 $\odot A$ 与 $\odot O$ 交于点 C 和 D(点 C 在劣弧 $\overset{\frown}{AB}$ 上),过点 B 作 $\odot A$ 的两条切线,与 $\odot A$ 分别切于点 E、F,且 E 在 $\odot O$ 外.若 EC 与 DF 交于点 M,证明:B,C,F,M 四点共圆.

(2014,第 31 届希腊数学奥林匹克)

证明 如图,设 EF 与 CD 交于点 Q,ED 与 CF 交于点 T.

在退化六边形 $EEDFFC$ 中,由帕斯卡定理知 T,B,M 三点共线.

因为四边形 $ECFD$ 外接于 $\odot A$,且 T,M 为对边交点,Q 为对角线交点,

所以,直线 TM 为点 Q 关于 $\odot A$ 的极线.从而,$AQ \perp TM$.

又 $AB \perp EF$,则 $EF \parallel TM$.

故 $\angle BMC = \angle MEF = \angle CFB$,即 B,C,F,M 四点共圆.

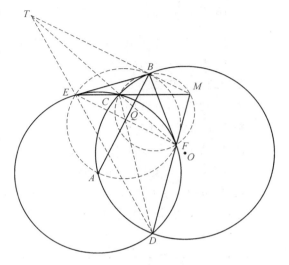

在凸四边形 $ABCD$ 中,$\angle B = \angle C = 120°$,且 $AB^2 + BC^2 + CD^2 = AD^2$.证明:四边形 $ABCD$ 为圆外切四边形.

(第 50 届蒙古数学奥林匹克)

证明 设 AB 与 CD 交于点 E.

由于 $\angle B = \angle C = 120°$,故 $\triangle BCE$ 为正三角形.

设 BE 的长度为 x.在 $\triangle ADE$ 中,由余弦定理得
$$(AB + x)^2 + (CD + x)^2 - (AB + x)(CD + x) = AD^2.$$
于是,$ABx + CDx - AB \cdot CD = 0$.

故 $(AB + CD - x)^2 = AB^2 + CD^2 + x^2 - 2(ABx + CDx - AB \cdot CD)$
$= AB^2 + CD^2 + x^2 = AD^2$.

从而,$AB + CD = AD + x = AD + BC$.因此,四边形 $ABCD$ 为圆外切四边形.

在锐角 $\triangle ABC$ 中,$BC > AC$,$AM \perp BC$,且 $BN \perp AC$,$\triangle ABC$ 的外接圆 $\odot O$ 与 $\triangle MNC$ 的外接圆 $\odot S$ 交另一点 D.若 P 为线段 AB 的中点,证明:P,O,S,D 四点共圆.

(2014,克罗地亚国家队选拔考试)

证明 注意到,⊙S 过 △ABC 的垂心 H,CH 为 △MNC 的外接圆直径.

如图,由于 CD 为 ⊙O 与 ⊙S 的公共弦,则 CD ⊥ SO.

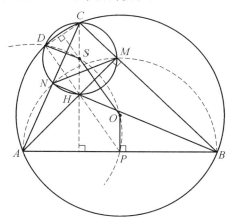

因为 ∠HDC = 90°,所以,DH // SO.

由 CH = 2OP,得 SH = OP.

又 CH ⊥ AB,OP ⊥ AB,则 CH // OP.

故四边形 SHPO 为平行四边形.

于是,SO // HP.

从而,D,H,P 三点共线.

由 OP = SH = SD,知四边形 DPOS 为等腰梯形.

因此,P,O,S,D 四点共圆.

已知 △ABC 的内切圆 Γ 与边 BC,CA 分别切于点 P,Q,∠C 内的旁心为 J,△JBP 的外接圆与 △JAQ 的外接圆的第二个交点为 T. 证明:△ABT 的外接圆与圆 Γ 相切.

(2014,保加利亚国家队选拔考试)

证明 如图,设圆 Γ 与 AB 切于点 R.

记 ∠BAC = α,∠ABC = β,∠ACB = γ,则

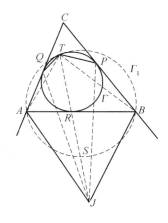

$$\angle PTJ = 180° - \angle PBJ = 90° - \frac{\beta}{2} = \angle PRB,$$

$$\angle QTJ = 180° - \angle QAJ = 90° - \frac{\alpha}{2} = \angle QRA.$$

故 ∠PTQ = ∠PTJ + ∠QTJ

$$= 180° - \left(\frac{\alpha}{2} + \frac{\beta}{2}\right) = 180° - \angle PRQ.$$

于是,点 T 在圆 Γ 上.

因为 ∠PTR = ∠PRB = ∠PTJ,所以,T,R,J 三点共线.

设 △ABT 的外接圆为圆 Γ₁,TR 的延长线与圆 Γ₁ 交于点 S.

因为 △CPJ ≌ △CQJ,所以,∠ATJ = ∠AQJ = ∠BPJ = ∠BTJ.

于是,S 为弧 $\overset{\frown}{AB}$ 的中点.

由于以 T 为位似中心的位似变换 h 将点 R 变为 S,则变换 h 将圆 Γ 变为圆 Γ₁.

从而,这两个圆切于点 T.

平
面
几
何
部
分

已知 $\odot O$ 为锐角 $\triangle ABC$ 的外接圆,以 O 为圆心与边 BC 相切的圆为 Γ. 过点 A 作圆 Γ 的两条切线,与直线 BC 分别交于点 X,Y,其中,点 X 和 B 在直线 AO 的同侧. 过点 X 作与 AC 平行的直线与过点 B 作 $\odot O$ 的切线交于点 T,过点 Y 作与 AB 平行的直线与过点 C 作 $\odot O$ 的切线交于点 S.证明:直线 TS 与 $\odot O$ 相切.

(第31届伊朗国家队选拔考试)

证明 如图,设点 O 在 BY,AY 上的投影分别为 M,N.

则 $OM = ON$.

因为 $OA = OB$,所以,$AN^2 = OA^2 - ON^2 = OB^2 - OM^2 = BM^2$.

则 $BY = BM + MY = AN + NY = AY$.

故 $\angle AYS = \angle BAY = \angle ABY = \angle ACS$.

于是,A,Y,C,S 四点共圆.

从而,$\angle SAC = \angle SYC = \angle ABC$.

因此,SA 与 $\odot O$ 切于点 A.

类似地,TA 与 $\odot O$ 也切于点 A.

这表明,直线 TS 与 $\odot O$ 切于点 A.

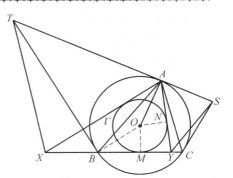

已知 P 为等腰 $\triangle OAB$ 的底边 AB 上一点,$\triangle OAP$ 的内切圆与 $\triangle OBP$ 的边 BP 上的旁切圆均为单位圆.求点 A 到 OB 的距离.

(2014,第31届阿根廷数学奥林匹克)

解 如图,记 S,T,U 和 D,E,F 分别是两个单位圆 $\odot O_1$ 和 $\odot O_2$ 与各边的切点.

设 $AS = AT = a, PU = PT = PE = PD = b$,
$BE = BF = c, OS = OU = e$.

则 $OB = OA = a + e$.

由 $OD = OF$,得 $e + 2b = a + e + c$.

于是,$2b = a + c$.

设点 A 到 OB 的距离为 h.则

$$S_{\triangle AOB} = \frac{h}{2}(a + e), S_{\triangle OAP} = a + b + e,$$

$$S_{\triangle OBP} = S_{\triangle O_2 PO} + S_{\triangle O_2 BO} - S_{\triangle O_2 BP}$$

$$= \frac{e+b}{2} + \frac{a+e}{2} - \frac{b+c}{2} = \frac{a+2e-c}{2}.$$

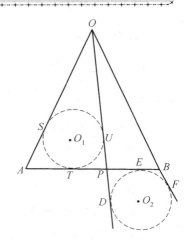

故 $S_{\triangle AOB} = a + b + e + \dfrac{a+2e-c}{2} = \dfrac{3a+4e+2b-c}{2} = \dfrac{4a+4e}{2}$.

从而,$h = 4$.

已知在 $\triangle ABC$ 中，H 为垂心，点 A_1，B_1，C_1 分别为高线 AA_1，BB_1，CC_1 对应的垂足，记 D，K，L，M，N 分别为线段 AC，BC_1，BA_1，HA_1，HC_1 的中点，P，Q，R 分别为直线 AL 与 CK，AN 与 CK，AL 与 CM 的交点．证明：直线 DQ 与 $\triangle PQR$ 的外接圆相切．

（2014，第 65 届白俄罗斯数学奥林匹克）

证明 如图．

注意到，所有的 $\mathrm{Rt}\triangle ABA_1$，$\mathrm{Rt}\triangle AHC_1$，$\mathrm{Rt}\triangle CBC_1$，$\mathrm{Rt}\triangle CHA_1$ 均两两相似．

又由于 L，N，K，M 分别为对应线段的中点，则
$$\triangle ALB \backsim \triangle ANH \backsim \triangle CKB \backsim \triangle CMH.$$

故 $\angle LAB = \angle NAH = \angle KCB = \angle MCH \triangleq \theta$．

设 $\angle CAB = \alpha$．则
$$\angle RCA + \angle RAC = (\angle RCC_1 + \angle C_1CA) + (\angle CAB$$
$$-\angle BAL) = (\theta + 90^\circ - \alpha) + (\alpha - \theta) = 90^\circ.$$

于是，$\angle ARC = 90^\circ$．

类似地，$\angle AQC = 90^\circ$．

故 A，R，Q，C 四点共圆，且 AC 为该圆的直径．

于是，$DC = DQ$，$\angle PQR = \angle CAP$．从而，$\triangle DQC$ 为等腰三角形．

故 $\angle RQD = 180^\circ - \angle PQR - \angle DQC$
$$= 180^\circ - \angle CAP - \angle ACP = \angle APC = \angle RPQ.$$

因此，直线 DQ 与 $\triangle PQR$ 的外接圆相切（切点为 Q）．

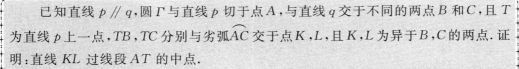

已知直线 $p \parallel q$，圆 Γ 与直线 p 切于点 A，与直线 q 交于不同的两点 B 和 C，且 T 为直线 p 上一点，TB，TC 分别与劣弧 $\overset{\frown}{AC}$ 交于点 K，L，且 K，L 为异于 B，C 的两点．证明：直线 KL 过线段 AT 的中点．

（2014，克罗地亚数学竞赛）

证明 如图，设 P 为直线 p 与 KL 的交点．

令 $\angle TBC = \alpha$．则由已知得 $\angle BTA = \angle TBC = \alpha$．

由 B，C，L，K 四点共圆，知 $\angle KLT = \angle TBC = \alpha$．

因为在 $\triangle PKT$，$\triangle PTL$ 中，$\angle P$ 为公共角，且 $\angle KTP = \angle PLT = \alpha$，所以，
$$\triangle PKT \backsim \triangle PTL \Rightarrow \frac{PK}{PT} = \frac{PT}{PL} \Rightarrow PK \cdot PL = PT^2.$$

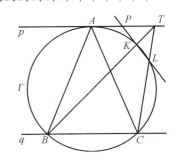

在圆 Γ 中,由切割线定理知 $PK \cdot PL = PA^2$.

因此,$PA = PT$,即 P 为线段 AT 的中点.

已知内接于圆 Γ 的梯形 $ABCD$ 两底分别为 AB 和 CD,过点 C 和 D 的一个圆 Γ_1 与线段 CA,CB 分别交于点 A_1(异于点 C),B_1(异于点 D). 若 A_2,B_2 为 A_1,B_1 分别关于 CA,CB 中点的对称点,证明:A,B,A_2,B_2 四点共圆.

(第 40 届俄罗斯数学奥林匹克)

证明 结论等价于 $CA_2 \cdot CA = CB_2 \cdot CB$.

由于 $AA_1 = CA_2$,$BB_1 = CB_2$,只要证 $AA_1 \cdot AC = BB_1 \cdot BC$.

令 D_1 是圆 Γ_1 与 AD 的第二个交点.

由对称性,知 $AD = BC$,$AD_1 = BB_1$.

故 $AA_1 \cdot AC = AD_1 \cdot AD = BB_1 \cdot BC$.

已知 M 为 $\triangle ABC$ 的边 AC 的中点,点 P,Q 分别在线段 AM,CM 上,且满足 $PQ = \dfrac{AC}{2}$,$\triangle ABQ$ 的外接圆与边 BC 交于点 X(异于点 B),$\triangle BCP$ 的外接圆与边 AB 交于点 Y(异于点 B). 证明:B,X,M,Y 四点共圆.

(第 40 届俄罗斯数学奥林匹克)

证明 在线段 PQ 上取点 Z 满足 $CQ = QZ$.

由 $AC = 2PQ \Rightarrow AP + QC = AC - PQ = PQ \Rightarrow PZ = PQ - QZ = PQ - QC = AP$.

由于 B,Y,P,C 四点共圆,则 $AB \cdot AY = AP \cdot AC = 2AP \cdot \dfrac{AC}{2} = AZ \cdot AM$.

类似地,$CX \cdot CB = CZ \cdot CM$.

若点 Z 不与 M 重合,上面两个等式表明 B,Y,Z,M,X 五点共圆.

若点 Z 与 M 重合,上面两个等式表明,点 X 和 Y 位于过点 B 且与 AC 切于点 M 的圆(唯一)上.

在锐角 $\triangle ABC$ 中,$AC > AB$,其外接圆 $\odot O$ 在点 A 处的切线与线段 CB 的延长线交于点 P,X 为线段 OP 上一点,满足 $\angle AXP = 90°$. E,F 分别为边 AB,AC 上两点(在 OP 同侧),使得 $\angle EXP = ACX$,$\angle FXO = \angle ABX$. 若直线 EF 与 $\odot O$ 的交点为 K,L,证明:OP 与 $\triangle KLX$ 的外接圆相切.

(2014,第一届伊朗几何奥林匹克)

平面几何部分

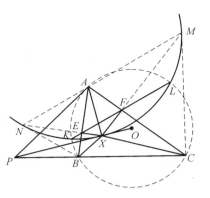

证明　如图,设 XE,XF 的延长线与 $\triangle XKL$ 的外接圆分别交于点 N,M.

显然,$XF \cdot FM = FL \cdot FK = AF \cdot FC$.

故 A,M,C,X 四点共圆.

于是,$\angle AMX = \angle ACX$.

类似地,A,N,B,X 四点共圆.

欲证 OP 与 $\triangle KLX$ 的外接圆相切,只需证 OP 与 MXN 的外接圆相切,即 $\angle NXP = \angle NMX$.

注意到,$\angle NXP = \angle ACX = AMX$.

故只需证明 $\angle AMX = \angle NMX$,即 A,N,M 三点共线.

事实上,

$\angle FAM = \angle FXC = \angle FXO + \angle OXC = \angle ABX + \angle EXP$

$= \angle ABX + \angle ACX = \angle BXC - \angle BAC$.

则 $\angle NAM = \angle NAE + \angle BAC + \angle FAM = \angle EXB + \angle BAC + (\angle BXC - \angle BAC)$

$= \angle EXB + \angle BXC = 180°$.

从而,A,N,M 三点共线.

在 $\triangle ABC$ 中,点 D 在边 BC 上,且 AD 平分 $\angle BAC$,AD 的中点为 M,以边 AC 为直径的圆 Γ_1 与 BM 交于点 E,以 AB 为直径的圆 Γ_2 与 CM 交于点 F.证明:B,E,F,C 四点共圆.

(2014,中国台湾数学奥林匹克选训营)

证明　如图,记 H 为两圆的另一个交点(不同于点 A).

由于直径所对的圆周角为直角,故 AH 恰为边 BC 上的高.

在线段 MB 上取一点 X,使得

$MX \cdot MB = MA^2$.

则 $\triangle MAX \backsim \triangle MBA$.

对于 Rt$\triangle AHD$,由于 HM 为斜边上的中线,故 $MA = MH = MD$.

从而,$MX \cdot MB = MA^2 = MH^2$. 则 $\triangle MHX \backsim \triangle MBH$.

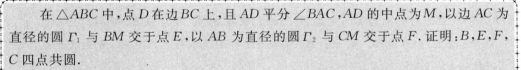

故 $\angle AXH = \angle AXM + \angle MXD = \angle BAD + \angle MHB = \dfrac{1}{2}\angle BAC + 180° - \angle MHD$

$$= \frac{1}{2}\angle BAC + 180° - \angle ADB = \angle BAC + \angle ABC = 180° - \angle ACB.$$

于是,A,X,H,C 四点共圆.从而,点 X 与 E 重合.因此,$ME \cdot MB = MH^2$.

类似地,$MF \cdot MC = MH^2$.因此,B,E,F,C 四点共圆.

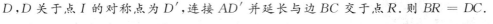

已知 I 和 O 分别为 $\triangle ABC$ 的内心和外心,直线 $l \parallel BC$ 且与 $\odot I$ 相切.设直线 l 与 IO 交于点 X,在直线 l 上选一点 Y,使得 $YI \perp IO$.证明:A,X,O,Y 四点共圆.

(2014,中国台湾数学奥林匹克选训营)

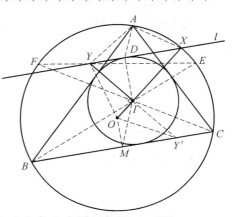

证明 如图,设直线 l 与 $\odot I$ 切于点 D,IY 与边 BC 交于点 Y',M 为边 BC 的中点.

由于点 Y 所在的直线 l 与点 Y' 所在的边 BC 关于点 I 对称,则 Y 与 Y' 关于点 I 对称.

于是,$\angle YOI = \angle Y'OI$.

由题意,知 $YI \perp IO$.

而 $OM \perp BC$,故 I,O,M,Y' 四点共圆.

从而,$\angle YOI = \angle Y'OI = \angle IMY'$.

引理 $\triangle ABC$ 的内切圆 $\odot I$ 与边 BC 切于点 D,D 关于点 I 的对称点为 D',连接 AD' 并延长与边 BC 交于点 R.则 $BR = DC$.

证明 过点 D' 作边 BC' 的平行线(亦即 $\odot I$ 的切线),与边 AB,AC 分别交于点 B',C'.则 $\triangle AB'C \backsim \triangle ABC$.

设其旁切圆为 $\odot J$.则在以点 A 为中心的位似变换下,$\odot I$ 变为 $\odot J$.此时,切点 D' 变为切点 R.

设 $BC = a,CA = b,AB = c,p = \frac{1}{2}(a+b+c)$.

由切线长公式,得 $BR = p - c = DC$.

由引理,知 $AD \parallel IM \Rightarrow \angle ADY = \angle IMB$.

故 A,X,O,Y 四点共圆

$\Leftrightarrow \angle XAY = 180° - \angle YOX = 180° - \angle Y'MI = \angle IMB = \angle ADY$

$\Leftrightarrow \triangle AXY \backsim \triangle DAY \Leftrightarrow AY^2 = YD \cdot YX = YI^2 \Leftrightarrow AY = YI.$

延长 BI,CI 分别与 $\odot O$ 交于点 E,F.设 EF 与直线 YY' 交于点 Y''.对于 $\odot O$,因为 $YI \perp IO$,所以,I 为 $Y'Y''$ 所在弦的中点.

由蝴蝶定理,知过中点 I 的两条弦 BE 和 CF,在 $Y'Y''$ 所在弦上截得的线段相等,即 $Y''I = Y'I$.

故点 Y'' 与 Y 重合,即 Y,E,F 三点共线.

又 I 为内心,则 $EA = EC = EI, FA = FB = FI$.

从而,EF 为线段 AI 的垂直平分线.

而点 Y 在 EF 上,则 $AY = YI$.原命题得证.

设 M 为 $\triangle ABC$ 的外接圆弧 $\overparen{BC}$ 上一点.自点 M 引与 $\triangle ABC$ 的内切圆相切的两条直线,分别与 BC 交于点 X_1 和 X_2.证明:$\triangle MX_1X_2$ 的外接圆与 $\triangle ABC$ 的外接圆的第二个交点(即不同于点 M 的交点)为 $\triangle ABC$ 的外接圆与 $\angle A$ 所对的伪内切圆的切点,这里,$\angle A$ 所对的伪内切圆是指与边 AB 和 AC 均相切且内切于 $\triangle ABC$ 的外接圆的圆.

(2014,中国台湾数学奥林匹克选训营)

证明　用反演变换.

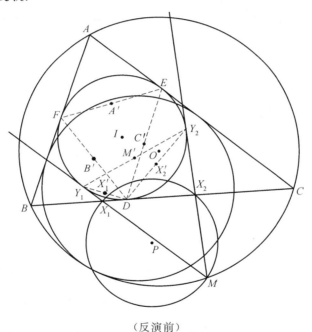

(反演前)

图 1

如图 1,设 $\odot I$ 为 $\triangle ABC$ 的内切圆,半径为 r,记点 D, E, F, Y_1, Y_2 分别为 $\odot I$ 与边 BC, CA, AB, MX_1, MX_2 的切点.

考虑以 I 为中心、r^2 为幂的反演变换 Ψ.其将点 A, B, C, M, X_1, X_2 分别变为边 $EF, FD, DE, Y_1Y_2, Y_1D, DY_2$ 的中点 $A', B', C', M', X_1', X_2'$,也将 $\triangle ABC$ 的外接圆 $\odot O$ 变成 $\triangle A'B'C'$ 的外接圆 $\odot O'$,将 $\triangle MX_1X_2$ 的外接圆 $\odot P$ 变成 $\triangle M'X_1'X_2'$ 的外接圆 $\odot P'$,如图 2.

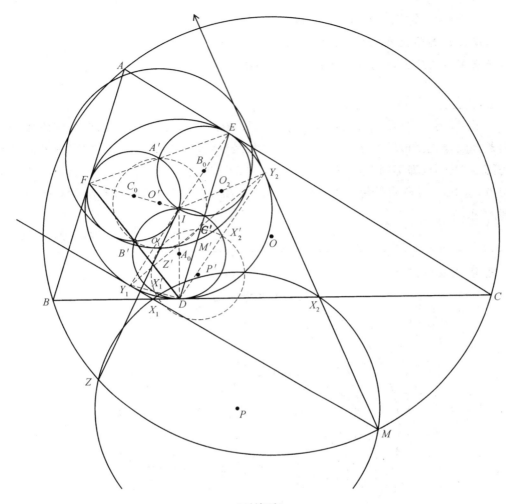

(反演后)

图 2

因为 $\triangle A'B'C'$,$\triangle M'X_1'X_2'$ 的外接圆分别是 $\triangle DEF$,$\triangle DY_1Y_2$ 的九点圆,且 $\triangle DEF$,$\triangle DY_1Y_2$ 的外接圆均为 $\odot I$,所以,其九点圆 $\odot O'$,$\odot P'$ 的半径均为 $\dfrac{r}{2}$.

由于边 BC,CA,AB,MX_1,MX_2 与 $\odot I$ 相切,于是,反演变换 Ψ 将其变成了以线段 ID,IE,IF,IY_1,IY_2 为直径的等圆 Γ_a,Γ_b,Γ_c,Ω_1,Ω_2. 这表明,$\odot O'$,圆 Γ_b,Γ_c 的半径均为 $\dfrac{r}{2}$ 且经过点 A'. 从而,一个以点 A' 为圆心、r 为半径的 $\odot A'$ 与以上三个圆均相切,三个切点为点 A' 关于这个圆的对径点.

又内角平分线 AI 经过反演中心,则变换后依旧为自身.

因为伪内切圆 K_a 与伪外切圆 L_a 是仅有的两个圆心在 AI 上,且与 CA,AB,$\odot O$ 相切的圆,所以,圆 K_a,L_a 的像——圆 K_a',L_a' 为仅有的圆心在 AI 上且与 $\odot O'$,圆 Γ_b,Γ_c 相切的圆. 若伪外切圆 L_a 在 $\odot O$ 外,则更在 $\odot I$ 外. 故与 AI 的交点均在射线 IL_a 上. 从而,不

可能与 $\odot A'$ 完全重合.

而由前述,知 $\odot A'$ 是与 $\odot O'$,圆 Γ_b,Γ_c 均相切的圆.于是,它一定是 $\angle A$ 的伪内切圆在反演变换 Ψ 下的像.进一步,伪内切圆 K_a 与 $\odot O$ 的切点 Z 在反演变换下的像为 $\odot A'$ 与 $\odot O'$ 的切点 Z',且点 A' 与点 Z' 是 $\odot O'$ 上的对径点.

下面记 A_0,B_0,C_0,O_1,O_2 分别为等圆 Γ_a,Γ_b,Γ_c,Ω_1,Ω_2 的圆心.

注意到,圆 Γ_a 与 $\odot O'$ 均经过点 B' 和 C'.于是,圆 Γ_a 为 $\odot O'$ 关于 $B'C'$ 的对称圆.

另一方面,因为 I 是 $\triangle DEF$ 的外心,所以,I 为 $\triangle A'B'C'$ 的垂心.

而 O' 为 $\triangle A'B'C'$ 的外心,故 I 和 O' 关于 $\triangle A'B'C'$ 是等角共轭点.

注意到,点 A' 与点 Z' 是 $\odot O'$ 上的一对对径点.从而,$Z'C' \perp A'C'$,$B'Z' \perp A'B'$.

而 I 为 $\triangle A'B'C'$ 的垂心,则 $IC' \perp A'B'$,$IB' \perp A'C'$.

故 $B'Z' \parallel IC'$,$IB' \parallel Z'C'$,即四边形 $B'Z'C'I$ 为平行四边形.进一步得 $B'C'$ 与 IZ' 互相平分.

因为圆 Γ_a 与 $\odot O'$ 关于 $B'C'$ 对称,所以,$O'A_0$ 与 $B'C'$ 相互平分.从而,$O'A_0$ 与 IZ' 相互平分,即四边形 $O'Z'A_0I$ 为平行四边形.

再证明四边形 $A_0IO_1X_1'$ 是边长为 $\dfrac{r}{2}$ 的菱形.

由于 A_0,O_1,X_1' 分别为边 ID,IY_1,Y_1D 的中点,且 $\triangle IY_1D$ 为等腰三角形,$IY_1 = ID = \dfrac{r}{2}$,及 $\square O'Z'A_0I$,知 $O'Z' \underline{\underline{\parallel}} IA_0 \underline{\underline{\parallel}} O_1X_1'$.

故四边形 $O_1X_1'Z'O'$ 为平行四边形.

因为点 O_1,O_2,M' 分别为 IY_1,IY_2,Y_1Y_2 的中点,

所以,$M'O_1 = \dfrac{1}{2}IY_2 = \dfrac{r}{2}$,$M'O_2 = \dfrac{1}{2}IY_1 = \dfrac{r}{2}$.

又点 X_1 和 X_2 在 $\odot P$ 上,故反演后的像 X_1' 和 X_2' 在 $\odot P'$ 上.

由之前证明的 $\odot P'$ 半径为 $\dfrac{r}{2}$ 知 $P'X_1' = P'X_2' = \dfrac{r}{2} = M'O_1 = M'O_2$.

结合中位线 $O_1O_2 \underline{\underline{\parallel}} \dfrac{1}{2}Y_1Y_2 \underline{\underline{\parallel}} X_1'X_2' \Rightarrow \triangle M'O_1O_2 \cong \triangle P'X_1'X_2' \Rightarrow M'O_1 \underline{\underline{\parallel}} P'X_1'$.

在 $\square O_1X_1'Z'O'$ 中,结合 $O'O_1 \underline{\underline{\parallel}} X_1'Z'$,知 $\triangle P'X_1'Z' \cong \triangle M'O_1O'$.

于是,$P'Z' = M'O' = \dfrac{r}{2}$.

故点 Z' 在 $\odot P'$ 上,即原像 Z 在 $\triangle MX_1X_2$ 的外接圆上.

而点 Z 本来即为 $\triangle ABC$ 的外接圆与 $\angle A$ 所对的伪内切圆的切点,故点 Z 为 $\triangle MX_1X_2$ 的外接圆与 $\triangle ABC$ 的外接圆的交点.

原命题得证.

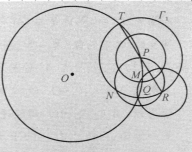

如图 1,P 为定圆 $\odot O$ 上的一个动点. 以 P 为圆心作半径小于 $\odot O$ 半径的圆 Γ,与 $\odot O$ 交于点 T 和 Q. 设 TR 为圆 Γ 的直径,分别以 R 和 P 为圆心、RQ 为半径作圆,设两圆与点 Q 在直线 PR 同侧的交点为 M,以 M 为圆心、MR 为半径的圆与圆 Γ 交于点 R 和 N. 证明:以 T 为圆心、TN 为半径的圆过点 O.

图 1

(2014,第 11 届中国东南地区数学奥林匹克)

证明 设 $\angle QTR = \alpha$. 由题意知 $\overset{\frown}{TP} = \overset{\frown}{PQ}$.

故 $\angle TOP = 2\angle TQP = 2\angle QTR = 2\alpha$.

设 $QR = x, TP = r$. 则 $\dfrac{x}{2r} = \dfrac{QR}{TR} = \sin\alpha = \dfrac{\frac{TP}{2}}{OT} = \dfrac{\frac{r}{2}}{OT} \Rightarrow OT = \dfrac{r^2}{x}$.

如图 2,作 $PK \perp TN$ 于点 K,$ML \perp TR$ 于点 L.

则 $\angle TPK = \angle KPN$. ①

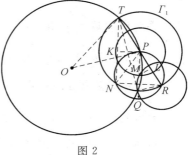

注意到,$NM = PM = RM = QR = x$.

于是,$\triangle PNM \cong \triangle PRM \Rightarrow \angle NPM = \angle RPM$. ②

由式 ①、②,知 $\angle KPN + \angle NPM = 90°$.

而 $\angle PML + \angle NPM = \angle PML + \angle RPM = 90°$,

则 $\angle KPN = \angle PML$.

图 2

故 $\dfrac{\frac{TN}{2}}{r} = \sin\angle KPN = \sin\angle PML = \dfrac{\frac{r}{2}}{x}$.

从而,$TN = \dfrac{r^2}{x} = OT$,即以 T 为圆心、TN 为半径的圆过点 O.

如图 1,两圆 Γ,Γ_1 内切于点 A,弦 PQ 在圆 Γ 上变动且与圆 Γ_1 相切. 证明:$\triangle AQP$ 的内心的轨迹是一个与圆 Γ 切于点 A 的另一个圆.

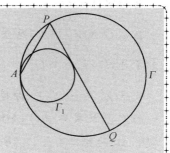

(2014—2015,英国数学奥林匹克)

证明 设 L 为 PQ 与圆 Γ_1 的切点,AL 与圆 Γ 交于点 T.

易知,圆 Γ 在点 T 处的切线与 PQ 平行.

于是,T 为 $\overset{\frown}{PQ}$ 的中点,且在 $\angle PAQ$ 的平分线上.

从而,点 I 在线段 AT 上.

故 $\dfrac{AI}{IL} = \dfrac{AP}{PL} = \dfrac{TQ}{TL} = \dfrac{IT}{TL} = \dfrac{AT - AI}{TL}$

$\Rightarrow AI(TL + IL) = AT \cdot IL$

$\Rightarrow AI^2 - 2AT \cdot AI + AT \cdot AL = 0$.

令 $a = \dfrac{AI}{AL}, k = \dfrac{AT}{AL}$.

则 $a^2 - 2ka + k = 0 \Rightarrow a = k \pm \sqrt{k^2 - k}$.

因为 $AI < AT$,所以,$a < k$. 故 $a = k - \sqrt{k^2 - k}$(常数).

从而,点 I 位于与圆 Γ_1 切于点 A 的圆上,该圆与圆 Γ_1 的位似比为 a.

在圆 Γ 外的一点作该圆的一条割线 l 与两条切线,设两个切点为 A 和 B. 过点 A 平行于 l 的直线与圆 Γ 交于另一点 C. 证明:BC 平分直线 l 与圆 Γ 所交的弦.

(2014—2015,匈牙利数学奥林匹克)

证明 如图. 设 l 与圆 Γ 交于点 D 和 E.

因为 $AC \parallel DE$,所以,$\angle CBE = \angle ABD$.

又 $\angle BEM = \angle DAB$,故

$\triangle BAD \backsim \triangle BEM \Rightarrow EM = \dfrac{AD \cdot BE}{AB}$.

由 $\triangle PAD \backsim \triangle PEA \Rightarrow \dfrac{AD}{AE} = \dfrac{PD}{PA}$.

类似地,$\dfrac{BD}{BE} = \dfrac{PD}{PB}$.

于是,$AD \cdot BE = BD \cdot AE$.

由托勒密定理,得 $AB \cdot DE = AD \cdot BE + BD \cdot AE = 2AD \cdot BE$.

故 $EM = \dfrac{1}{2}DE$,即 M 为 DE 的中点.

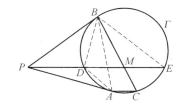

在凸四边形 $ABCD$ 中,$\angle ABC = \angle CDA = 90°$,$H$ 是点 A 向 BD 引的垂线的垂足,点 S 在边 AB 上,点 T 在边 AD 上,使得点 H 在 $\triangle SCT$ 的内部,且 $\angle CHS - \angle CSB = 90°$,$\angle THC - \angle DTC = 90°$. 证明:直线 BD 与 $\triangle TSH$ 的外接圆相切.

(第 55 届 IMO)

平面几何部分

证明 如图 1,设过点 C 且垂直于直线 SC 的直线与 AB 交于点 Q.

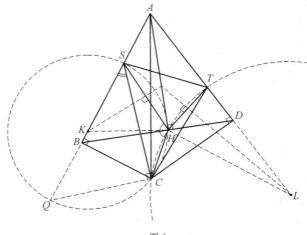

图 1

则 $\angle SQC = 90° - \angle BSC = 180° - \angle SHC$.

从而,C,H,S,Q 四点共圆.

由于 SQ 为此圆直径,于是,$\triangle SHC$ 的外心 K 在 AB 上.

类似地,$\triangle CHT$ 的外心 L 在 AD 上.

要证明 BD 与 $\triangle SHT$ 的外接圆相切,只需证明 HS 与 HT 的中垂线的交点在 AH 上,而上述两条线段的中垂线恰为 $\angle AKH,\angle ALH$ 的平分线.

由内角平分线定理,只需证明 $\dfrac{AK}{KH} = \dfrac{AL}{LH}$.   ①

如图 2,设直线 KL 与 HC 交于点 M.

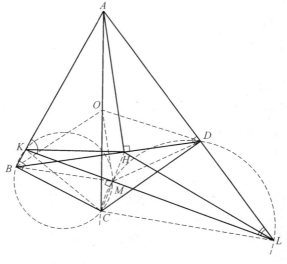

图 2

因为 $KH = KC,LH = LC$,所以,点 H 和 C 关于直线 KL 对称.

于是,M 为边 HC 的中点.

设 O 为四边形 $ABCD$ 的外接圆圆心. 则 O 为 AC 的中点.

故 $OM /\!\!/ AH$, 进而, $OM \perp BD$.

结合 $OB = OD$, 知 OM 为 BD 的中垂线. 从而, $BM = DM$.

又 $CM \perp KL$, 则 B, C, M, K 四点共圆, 且该圆以 KC 为直径.

类似地, L, C, M, D 四点共圆, 且该圆以 LC 为直径.

由正弦定理, 得 $\dfrac{AK}{AL} = \dfrac{\sin\angle ALK}{\sin\angle AKL} = \dfrac{DM}{CL} \cdot \dfrac{CK}{BM} = \dfrac{CK}{CL} = \dfrac{KH}{LH}$, 即知式 ① 成立.

命题得证.

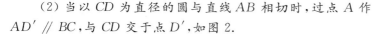

在凸四边形 $ABCD$ 中, 以 AB 为直径的圆与直线 CD 相切. 证明: 当且仅当 $BC /\!\!/ AD$ 时, 有以 CD 为直径的圆与 AB 相切.

(第 54 届德国数学奥林匹克)

证明 (1) 当 $BC /\!\!/ AD$ 时, 设 AB, CD 的中点分别为 M, N, 如图 1.

则 $BC /\!\!/ MN /\!\!/ AD$.

作 $MM_1 \perp CD$, $NN_1 \perp AB$.

记 $\angle ABC = \angle AMN = \alpha$,

$\angle DNM = \angle DCB = \beta$.

因为 $\odot M$(以 AB 为直径的圆)与 CD 相切,

所以, MM_1 为 $\odot M$ 的半径.

于是, $AB = 2MM_1 = 2MN\sin\beta$.

又 $AB\sin\alpha = CD\sin\beta$,

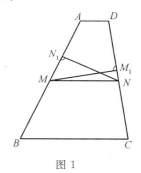

图 1

则 $CD = AB\dfrac{\sin\alpha}{\sin\beta} = 2MN\sin\alpha = 2NN_1$.

故 NN_1 为 $\odot N$(以 CD 为直径的圆)半径.

从而, 以 CD 为直径的圆与直线 AB 相切.

(2) 当以 CD 为直径的圆与直线 AB 相切时, 过点 A 作 $AD' /\!\!/ BC$, 与 CD 交于点 D', 如图 2.

由(1), 知以 CD' 为直径的圆与直线 AB 相切.

假设点 D 与 D' 不重合.

设 CD, CD' 的中点分别为 N, N'.

作 $NN_1 \perp AB$ 于点 N_1, $N'N_1' \perp AB$ 于点 N_1'.

则 $NN_1 /\!\!/ N'N_1' \Rightarrow \angle CNN_1 = \angle CN'N_1'$.

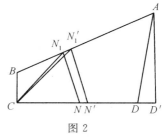

图 2

又 $\odot N, \odot N'$ 均与直线 AB 相切

$\Rightarrow NN_1 = CN, N'N_1' = CN' \Rightarrow \triangle CNN_1 \backsim \triangle CN'N_1'$

$\Rightarrow \angle N_1CN = \angle N_1'CN' \Rightarrow C, N_1, N_1'$ 三点共线 $\Rightarrow C, A, B$ 三点共线.

这与四边形 $ABCD$ 为凸四边形矛盾. 故假设不成立.

从而, 点 D 与 D' 重合, $BC /\!\!/ AD$.

> 设 $\triangle ABC$ 为非等腰三角形,其外接圆为圆 Γ. 设 D,E 分别为 $\triangle ABC$ 内切圆 $\odot I$ 与边 AB,AC 的切点,圆 Γ 与 $\triangle BEI$ 的外接圆交于异于点 B 的另一点 P,圆 Γ 与 $\triangle CDI$ 的外接圆交于异于点 C 的另一点 Q. 证明:D,E,P,Q 四点共圆.
>
> (2015,第 25 届日本数学奥林匹克决赛)

证明 设 $\angle CAB = 2\alpha,\angle ABC = 2\beta,\angle BCA = 2\gamma$.

因为点 P 在 $\overset{\frown}{AC}$(不含点 B)上,所以,$\angle APB = \angle ACB = 2\gamma$.

下面分情况证明:$\angle APE = \alpha + \gamma$.

(1) 当 $BA < BC$ 时,由

$\angle BPE = 180° - \angle BIE = 180° - \angle AIB - \angle AIE$

$= 180° - (90° + \gamma) - (\beta + \gamma) = \alpha - \gamma$,

故 $\angle APE = \angle APB + \angle BPE = 2\gamma + (\alpha - \gamma) = \alpha + \gamma$.

(2) 当 $BA > BC$ 时,由

$\angle BPE = 180° - \angle BIE = 180° - \angle CIB - \angle CIE$

$= 180° - (90° + \alpha) - (\beta + \alpha) = \gamma - \alpha$,

则 $\angle APE = \angle APB - \angle BPE = 2\gamma - (\gamma - \alpha) = \alpha + \gamma$.

故只要 $AB \neq AC$,即有 $\angle APE = \alpha + \gamma$.

由 $\angle APC = 180° - \angle ABC = 2\alpha + 2\gamma = 2\angle APE$,故射线 PE 平分 $\angle APC$.

设 M 为圆 Γ 的 $\overset{\frown}{AC}$(含点 B)的中点.则 P,E,M 三点共线.

类似地,设 N 为圆 Γ 的 $\overset{\frown}{AB}$(含点 C)的中点.则 Q,D,N 三点共线.

如图,设直线 l_1,l_2 分别为与圆 Γ 切于点 M,N 的直线.则 $l_1 \parallel AC,l_2 \parallel AB$.

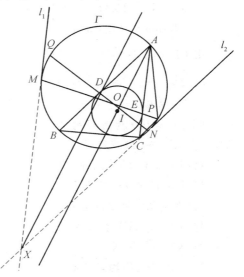

设 l_1 与 l_2 交于点 X.则 $\angle BAC$ 与 $\angle MXN$ 的平分线互相平行.

由于 $AD = AE$,于是,DE 垂直于 $\angle BAC$ 的平分线.

又 $XM = XN$,从而,MN 垂直于 $\angle MXN$ 的平分线.

因此,$DE \parallel MN$.

设 O 为 PE 与 QD 的交点.

则 $\dfrac{OE}{OD} = \dfrac{OM}{ON}$.

由相交弦定理,知 $OP \cdot OM = OQ \cdot ON$.

于是,$OP \cdot OE = OQ \cdot OD$.

而 O,P,E 三点共线,O,D,Q 三点共线,由圆幂定理得 D,E,P,Q 四点共圆.

在 $\triangle ABC$ 中,$\angle BAC$ 的平分线与对边 BC 交于点 K,$\angle BAC$ 靠近边 AC 的三等分线与对边 BC 交于点 J,在射线 AJ 上取点 B' 和 C',使得 $AB = AB'$,$AC = AC'$.证明:当且仅当 $C'K \parallel BB'$ 时,A,B,B',C 四点共圆.

(2015,第 31 届意大利数学奥林匹克)

证明　如图,设 $\angle CAJ = \theta$.则 $\angle JAB = 2\theta$,$\angle JAK = \dfrac{\theta}{2}$.

若 A,B,B',C 四点共圆,则 $\angle CBB' = \angle CAB' = \theta$.

由 $AB = AB' \Rightarrow \angle AB'B = \angle ABB' = 90° - \theta$

$\Rightarrow \angle JBB' + \angle BB'J = 90° \Rightarrow AJ \perp BC$.

又 $\angle AC'C = \angle ACC' = 90° - \dfrac{\theta}{2}$,则

$\angle JCC' = 90° - \angle JC'C = \dfrac{\theta}{2} \Rightarrow \angle C'CK = \dfrac{\theta}{2} = \angle C'AK$

$\Rightarrow A,K,C',C$ 四点共圆 $\Rightarrow \angle CKC' = \angle CAC' = \angle CBB' = \theta$

$\Rightarrow C'K \parallel BB'$.

若 $C'K \parallel BB'$,则由

$AB = AB' \Rightarrow \angle ABB' = \angle AB'B = 90° - \theta$

$\Rightarrow \angle AC'K = \angle AB'B = 90° - \theta$.

又 $AC = AC'$,则

$\angle AC'C = \angle ACC' = 90° - \dfrac{\theta}{2} \Rightarrow \angle KC'C = \angle AC'K + \angle AC'C = 180° - \dfrac{3}{2}\theta$

$\Rightarrow \angle KC'C + \angle KAC = 180° \Rightarrow A,K,C',C$ 四点共圆

$\Rightarrow \angle C'AC = \angle C'KC = \angle B'BC = \theta$

$\Rightarrow A,B,B',C$ 四点共圆.

如图,线段 AB 为圆 Γ 的弦,C 为线段 AB 上一点,过 C 的直线 l 与圆 Γ 交于点 D 和 E(D,E 分别在线段 AB 垂直平分线的两侧),过点 D 作圆 Γ 的外切圆 Γ_D 与直线 AB 切于点 F,过点 E 作圆 Γ 的外切圆 Γ_E 与直线 AB 切于点 G.证明:当且仅当 $CF = CG$ 时,$CA = CB$.

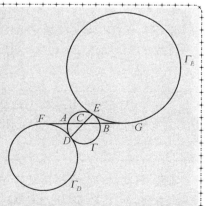

(2015,第 31 届意大利数学奥林匹克)

证明 设圆 Γ 的圆心为 O.

必要性.

若 $CA = CB$,过点 D 作圆 Γ_D 的切线与 AB 交于点 M,过点 E 作圆 Γ_E 的切线与 AB 交于点 N.

由 $\angle NEO = \angle NCO = 90°$,$\angle MDO = \angle MCO = 90°$,

知 C, O, E, N 四点共圆,C, O, M, D 四点共圆.

设 $\angle DCM = \angle ECN = \alpha$.则

$\angle MOD = \angle MCD = \alpha$,$\angle NOE = \angle NCE = \alpha$.

由 $\angle NOE = \angle MOD$,$\angle OEN = \angle ODM = 90°$,$OE = OD$,

$\Rightarrow \triangle OEN \cong \triangle ODM \Rightarrow NE = MD$,$OM = ON$.

又 NE 和 NG 为圆 Γ_E 的切线,则 $NE = NG$.

类似地,$MD = MF$.

于是,$NG = MF$.

又因为 $OC \perp AB$,且 $OM = ON$,所以,在等腰 $\triangle MON$ 中,$CM = CN$.

故 $CG = NG + CN = MF + CM = CF$.

充分性.

若 $CG = CF$,同必要性知 $CN + NE = CM + MD$.

因为 $OE = OD$,设 $\angle ODE = \angle OED = \beta$,

所以,$\angle CEN = 90° + \beta$,$\angle CDM = 90° - \beta$.

故 $\sin\angle CDM = \sin\angle CEN = \cos\beta$.

又在 $\triangle CDM$,$\triangle CEN$ 中,由正弦定理分别得

$$\frac{CM}{\cos\beta} = \frac{DM}{\sin\alpha}, \frac{CN}{\cos\beta} = \frac{NE}{\sin\alpha} \Rightarrow \frac{CM}{CN} = \frac{DM}{NE}.$$

又 $CM + MD = CN + NE$,故

$$\frac{CM}{CN} = \frac{DM}{NE} = \frac{CM + MD}{CN + NE} = 1 \Rightarrow CM = CN, DM = NE.$$

又 $\angle OEN = \angle ODM = 90°$,$OD = OE$,则 $\triangle MDO \cong \triangle NEO \Rightarrow OM = ON$.

由 $CM = CN$,知 OC 为 $\triangle MON$ 的中线.

从而,$OC \perp MN$,即 $OC \perp AB$. 因此,$CA = CB$.

在 $\triangle ABC$ 中,AL 为 $\angle BAC$ 的平分线,线段 AL 的中垂线与 $\triangle ABC$ 的外接圆交于点 P 和 Q. 证明:$\triangle PLQ$ 的外接圆与边 BC 相切.

(2015,第 41 届俄罗斯数学奥林匹克)

证明 将 $\triangle ABC$ 的外接圆记作 Γ.

由条件,知 $\triangle PLQ$ 与 $\triangle PAQ$ 关于直线 PQ 对称.

经过点 A 作圆 Γ 的切线 XY.

如图.

注意到,点 A,B,C,P,Q 均在圆 Γ 上.则 Γ 就是 $\triangle PAQ$ 的外接圆.

故只需证明:直线 XY 与 BC 关于直线 PQ 对称.

又点 A 与 L 关于直线 PQ 对称,则只需证明

$$\angle XAL = \angle BLA.$$

由题设知

$$\angle XAL = \angle XAB + \angle BAL = \angle ACB + \angle CAL$$
$$= \angle ACL + \angle CAL = \angle BLA.$$

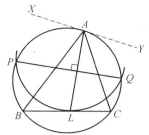

已知四边形 $ABCD$ 既有外接圆(圆心为 O)又有内切圆,DA 与 CB 交于点 E,BA 与 CD 交于点 F,AC 与 BD 交于点 S,且点 E' 在边 AB 上,点 F' 在边 AD 上,满足 $\angle BEE' = \angle AEE'$,$\angle AFF' = \angle DFF'$,$M$ 为 $\odot O$ 的 $\overset{\frown}{BAD}$ 的中点,点 X 在直线 OE' 上,且 $\dfrac{XA}{XB} = \dfrac{EA}{EB}$;点 Y 在直线 OF' 上,且 $\dfrac{YA}{YD} = \dfrac{FA}{FD}$.证明:以 OS 为直径的圆,$\triangle OAM$ 的外接圆及 $\triangle OXY$ 的外接圆共轴.

(第 32 届伊朗国家队选拔考试)

证明 如图.以 O 为反演中心、四边形 $ABCD$ 的外接圆半径 r 为反演半径作反演变换,将以 OS 为直径的圆变换到直线 EF,将 $\triangle OAM$ 的外接圆变换到直线 AM.

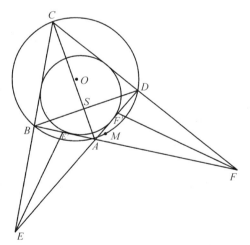

因为 XO 平分 $\angle AXB$,$OA = OB$,

所以,A,X,B,O 四点共圆,且 $OE' \cdot OX = r^2$.

类似地,$OF' \cdot OY = r^2$.

于是,在反演变换下,$\triangle OXY$ 的外接圆变成了直线 $E'F'$.

下面只需证明:直线 EF,$E'F'$,AM 三线共点.

记圆 Γ 为四边形 $ABCD$ 的内切圆,Γ_E 为 $\triangle ABE$ 的内切圆,Γ_F 为 $\triangle ADF$ 的内切圆.则 E 和 E' 分别为圆 Γ,Γ_E 的外位似中心和内位似中心,且 F 和 F' 分别为圆 Γ,Γ_F 的外位似中心和内位似中心.

因此,EF 与 $E'F'$ 的交点为圆 Γ_E 和圆 Γ_F 的外位似中心,记其为 T.

显然,点 T 在 $\angle EAB$ 的内角平分线上.而点 M 也在 $\angle EAB$ 的内角平分线上,故 A,M,T 三点共线,即 EF,$E'F'$,AM 共点于 T.

> 已知 AD, BE, CF 为锐角 $\triangle ABC$ 的三条高线, 点 Z 在 AD 上, 点 X, Y 分别在 BE, CF 的延长线上, 且 $\angle AYB = \angle BZC = \angle CXA = 90°$. 证明: X, Y, Z 三点共线的充分必要条件是点 A 到 $\triangle ABC$ 的九点圆的切线之长等于点 B, C 到 $\triangle ABC$ 的九点圆的切线之长的和.
>
> （第 32 届伊朗国家队选拔考试）

证明 先证明一个引理.

引理 对 $x, y, z > 0$, 且 $xy + yz + zx = 1$, 有

$$\sqrt{x} = \sqrt{y} + \sqrt{z} \Leftrightarrow 1 + \sqrt{yz} = x.$$

证明 （1）若 $\sqrt{x} = \sqrt{y} + \sqrt{z}$, 则 $x = y + z + 2\sqrt{yz}$. ①

又 $x = \dfrac{1 - yz}{y + z}$, 则

$$\frac{1 - yz}{y + z} = y + z + 2\sqrt{yz}$$

$$\Rightarrow 1 = y^2 + z^2 + 3yz + 2\sqrt{yz}(y + z) = (y + z + \sqrt{yz})^2$$

$$\Rightarrow y + z + \sqrt{yz} = 1.$$

代入式 ①, 得 $x = 1 + \sqrt{yz}$.

（2）若 $x = 1 + \sqrt{yz}$, 由 $x = \dfrac{1 - yz}{y + z}$, 有

$$1 + \sqrt{yz} = \frac{1 - yz}{y + z} = \frac{(1 - \sqrt{yz})(1 + \sqrt{yz})}{y + z}.$$

故 $1 = \dfrac{1 - \sqrt{yz}}{y + z}$, $y + z + \sqrt{yz} = 1$, $(\sqrt{y} + \sqrt{z})^2 = 1 + \sqrt{yz} = x$.

于是, $\sqrt{x} = \sqrt{y} + \sqrt{z}$.

引理得证.

如图.

易知, 点 A, B, C 到 $\triangle ABC$ 的九点圆的切线的长依次为

$$\sqrt{\frac{1}{2}AF \cdot AB}, \sqrt{\frac{1}{2}BD \cdot BC}, \sqrt{\frac{1}{2}CD \cdot BC}.$$

记 $\triangle ABC$ 的三个内角分别为 α, β, γ.

一方面,

$$\sqrt{\frac{1}{2}AF \cdot AB} = \sqrt{\frac{1}{2}BD \cdot BC} + \sqrt{\frac{1}{2}CD \cdot BC}$$

$$\Leftrightarrow \sqrt{cb\cos\alpha} = \sqrt{ab\cos\gamma} + \sqrt{ac\cos\beta}$$

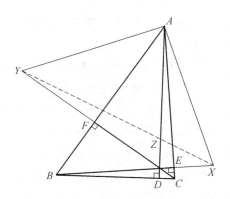

$$\Leftrightarrow \sqrt{\frac{\cos\alpha}{a}} = \sqrt{\frac{\cos\gamma}{c}} + \sqrt{\frac{\cos\beta}{b}} \Leftrightarrow \sqrt{\cot\alpha} = \sqrt{\cot\gamma} + \sqrt{\cot\beta}.$$

另一方面,由 $BZ^2 = BD \cdot BC = BF \cdot BA = BY^2 \Rightarrow BZ = BY.$

类似地,$CZ = CX, AX = AY.$

故 $\angle BZY = \dfrac{\pi}{2} - \dfrac{1}{2}\angle YBZ, \angle CZX = \dfrac{\pi}{2} - \dfrac{1}{2}\angle ZCX.$

因为 B, C, Z, F 四点共圆,

所以,$\angle ABZ = \angle FCZ, \angle ABZ + \angle ACZ = \angle ACF = \dfrac{\pi}{2} - \alpha.$

故 X, Y, Z 三点共线 $\Leftrightarrow \angle BZY + \angle CZX = \dfrac{\pi}{2}$

$$\Leftrightarrow \left(\frac{\pi}{2} - \frac{1}{2}\angle YBZ\right) + \left(\frac{\pi}{2} - \frac{1}{2}\angle ZCX\right) = \frac{\pi}{2}$$

$$\Leftrightarrow \angle YBZ + \angle ZCX = \pi \Leftrightarrow \left(\frac{\pi}{2} - \angle BAY\right) + \left(\frac{\pi}{2} - \alpha\right) + \left(\frac{\pi}{2} - \angle CAX\right) = \pi$$

$$\Leftrightarrow \angle BAY + \angle CAX = \frac{\pi}{2} - \alpha \Leftrightarrow \cos(\angle BAY + \angle CAX) = \sin\alpha$$

$$\Leftrightarrow \cos\angle BAY \cdot \cos\angle CAX - \sin\angle BAY \cdot \sin\angle CAX = \sin\alpha$$

$$\Leftrightarrow \frac{AF}{AY} \cdot \frac{AE}{AX} - \frac{\sqrt{BF \cdot FA}}{AY} \cdot \frac{\sqrt{CE \cdot EA}}{AX} = \sin\alpha$$

$$\Leftrightarrow \frac{AF \cdot AE}{AY^2} - \frac{\sqrt{BF \cdot FA}}{AY \cdot AX} \frac{\sqrt{CE \cdot EA}}{} = \sin\alpha$$

$$\Leftrightarrow \frac{AF \cdot AE}{AF \cdot AB} - \frac{\sqrt{BF \cdot FA}}{\sqrt{AF \cdot AB}} \cdot \frac{\sqrt{CE \cdot EA}}{\sqrt{AE \cdot AC}} = \sin\alpha$$

$$\Leftrightarrow \cos\alpha - \sqrt{\frac{BF}{CF}} \sqrt{\frac{CE}{BE}} \sqrt{\frac{BE}{AB}} \sqrt{\frac{CF}{AC}} = \sin\alpha$$

$$\Leftrightarrow \cos\alpha - \sin\alpha \sqrt{\cot\beta \cdot \cot\gamma} = \sin\alpha \Leftrightarrow \cot\alpha = 1 + \sqrt{\cot\beta \cdot \cot\gamma}.$$

结合引理,知结论成立.

> 从圆 Γ 外一点 A 作圆 Γ 的两条切线 AS 和 AT(S 和 T 为切点),X, Y 分别为 AT,AS 的中点,过点 X 作圆 Γ 的另一条切线 XR(R 为切点),P, Q 分别为 XT, XR 的中点.已知 XY 与 PQ 交于点 K,SX 与 TK 交于点 L.证明:K, R, L, Q 四点共圆.
>
> （第 32 届伊朗国家队选拔考试）

证明　由于 XY 是点圆 A 和圆 Γ 的根轴,PQ 是点圆 X 和圆 Γ 的根轴,而 XY 与 PQ 交于点 K,则 K 为点圆 A,圆 Γ,点圆 X 的根心.

故 $KA = KX$,即点 K 在 XA 的中垂线上.

平面几何部分

如图,设 AK 与 TS 交于点 U. 则 K 为 AU 的中点.

故 $\angle STA = \angle KXA = \angle KAX$.

于是,等腰 $\triangle UAT \backsim$ 等腰 $\triangle AST$.

从而,TK 和 SX 是两个相似形的对应中线.

所以,$\angle XSA = \angle UTK$.

而 AS 为切线,则点 L 在圆 Γ 上.

由 $RT \parallel PQ$,得 $\angle RTK = \angle PKT$.

因为 XR 为圆 Γ 的切线,所以,

$\angle QRL = \angle LTR = \angle QKL$.

因此,K,R,L,Q 四点共圆.

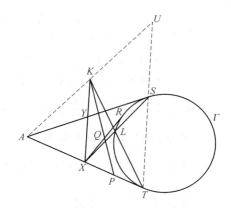

> 　　在 $\triangle ABC$ 中,定义顶点 B 在 $\angle ACB$ 平分线上的投影为点 B_c,类似定义点 A_B, A_c,B_A,C_A,C_B. $\odot A'$ 表示过边 BC 的中点,B_c,C_B 的圆,类似地确定点 B',C'. 证明: $\triangle ABC$ 的九点圆与 $\triangle A'B'C'$ 的外接圆共圆心.
>
> （2015,第 66 届罗马尼亚国家队选拔考试）

证明 所有的角度均在模 π 意义下.

记 $\angle BAC = 2\alpha,\angle CBA = 2\beta,\angle ACB = 2\gamma,BC = 2a,CA = 2b,AB = 2c,I$ 为 $\triangle ABC$ 的内心,M_A,M_B,M_C 分别为边 BC,CA,AB 的中点,顶点 X 在直线 YI 上的投影记为 $X_Y(X,Y \in \{A,B,C\})$,$\triangle M_A B_C C_B,\triangle M_B C_A A_C,\triangle M_C A_B B_A$ 的外接圆分别记为 $\Gamma_A,\Gamma_B,\Gamma_C$,圆心即为 A',B',C'. 如图 1.

因为 $\angle AA_B B = 90°$,所以,$M_C A = M_C B = M_C A_B = c$.

故 $\angle M_C A_B B = \angle A_B B M_C = \angle CBA_B = \beta$.

这表明,$M_C A_B \parallel BC$,即点 A_B 落在直线 $M_B M_C$ 上.

从而,M_A,M_B,C_A,C_B 四点共线,A_B,A_C,M_B,M_C 四点共线,M_A,B_C,B_A,M_C 四点共线.

如图 2,记 A'' 为 $\triangle AM_B M_C$ 的内心,即 A'' 为 AI 的中点.

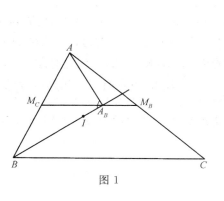

图 1

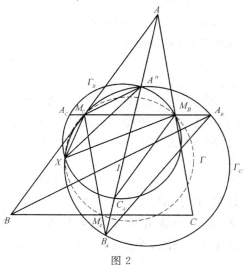

图 2

下面证明：点 A'' 在圆 Γ_B，Γ_C 上.

注意到，A，B，B_A，A_B 四点共圆，且该圆以 AB 为直径.

故 $\angle A_B B_A A = \angle A_B B A = \beta$.

而点 A_B，A_C，M_B，M_C 所在的直线平行于 BC，于是，

$$\angle A_B M_C A'' = \angle M_B M_C A'' = \beta = \angle A_B B_A A''.$$

这表明，点 A'' 在圆 Γ_C 上.

类似地，点 A'' 在圆 Γ_B 上.

记点 X 为圆 Γ_B 与 Γ_C 的第二个交点（不同于点 A''），由前述知

$$\angle M_B X A'' = \angle M_B C_A A'' = \alpha.$$

类似地，$\angle M_C X A'' = \alpha$.

故 $\angle M_B X M_C = \angle M_B X A'' + \angle M_C X A'' = 2\alpha = \angle M_B M_A M_C$.

从而，点 X 也在 $\triangle M_A M_B M_C$ 的外接圆 Γ 上，即在 $\triangle ABC$ 的九点圆上，记其圆心为 O'.

因为直线 $A''X$，$M_B X$，$M_C X$ 分别为圆 Γ_B，Γ_C，Γ 的根轴，$A''X$ 分别与 $M_B X$，$M_C X$ 形成的角相等（均为 α），而根轴垂直于连心线，所以，$\triangle O'B'C'$ 为等腰三角形，$O'B' = O'C'$.

类似地，$O'B' = O'A'$.

因此，O' 也为 $\triangle A'B'C'$ 的外心.

【注】 本题中 X 为 $\triangle ABC$ 的费尔巴哈（Feuerbach）点，该点为三角形内切圆与九点圆的切点.

如图1，两圆 Γ，Γ_1 交于点 A，B，圆 Γ_1 在点 A 处的切线与圆 Γ 交于点 C（不同于点 A），圆 Γ 在点 A 处的切线与圆 Γ_1 交于点 C_1（不同于点 A），且点 A 和 B 落在直线 CC_1 的两侧，圆 Γ_0 与圆 Γ，Γ_1 均外切，与直线 CC_1 相切，且与点 B 在直线 CC_1 的同侧.

证明：过点 A 所作的圆 Γ_0 的一条切线被圆 Γ，Γ_1 所截得的线段等长.

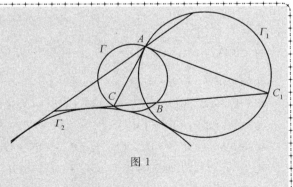

图1

（2015，第66届罗马尼亚国家队选拔考试）

证明 以 A 为反演中心、任意圆半径为反演幂作反演变换，记点 X' 为点 X（不同于点 A）在该反演变换下的像.

由于圆 Γ，Γ_1 过点 A，从而，反演变换后的像分别为直线 $B'C'$，$B'C_1'$.

过点 A 的切线 AC，AC_1 反演后仍为过点 A 的直线，且分别与直线 $B'C'$，$B'C_1'$ 平行，直线 CC_1 反演后变成了 $\triangle AC'C_1'$ 的外接圆.

平面几何部分

由于题中"点 A 和 B 落在直线 CC_1 的两侧"等价于"点 B' 落在 $\triangle AC'C_1'$ 的外接圆的内部",于是,四边形 $AC'B'C_1'$ 为平行四边形.

如图2,过点 A 作 $C'C_1'$ 的平行线,与直线 $B'C'$,$B'C_1'$ 分别交于点 D,D_1.

则 A,C',C_1' 分别为 $\triangle B'DD_1$ 三边的中点.

由 $AD = AD_1$,知直线 DD_1 是那条过点 A 在圆 Γ,Γ_1 上所截得的线段等长的直线在反演变换下的像.

注意到,$\triangle AC'C_1'$ 的外接圆是 $\triangle B'DD_1$ 的九点圆.

由费尔巴哈定理,知其与该三角形内切圆相切.

由于圆 Γ_0 与圆 Γ,Γ' 均外切,与直线 CC_1 相切,从而,该内切圆便是圆 Γ_0 在反演变换后的像.

原题结论成立.

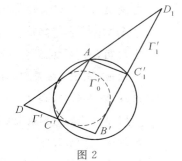

图 2

已知凸四边形 $ABCD$ 的对角线 AC 与 BD 交于点 O,且 I_1,I_2,I_3,I_4 分别为 $\triangle AOB$,$\triangle BOC$,$\triangle COD$,$\triangle DOA$ 的内心,点 J_1,J_2,J_3,J_4 分别为 $\triangle AOB$,$\triangle BOC$,$\triangle COD$,$\triangle DOA$ 的顶点 O 所对的旁心.证明:I_1,I_2,I_3,I_4 四点共圆当且仅当 J_1,J_2,J_3,J_4 四点共圆.

(2015,印度国家队选拔考试)

证明 显然,J_1,I_1,O,I_3,J_3 五点共线,J_4,I_4,O,I_2,J_2 五点共线.

由 $\angle OI_1B = 90° + \dfrac{1}{2}\angle OAB = \angle OAJ_1$,$\angle I_1OB = \angle AOJ_1$

$\Rightarrow \triangle OAJ_1 \backsim \triangle OI_1B \Rightarrow \dfrac{OA}{OI_1} = \dfrac{OJ_1}{OB} \Rightarrow OI_1 \cdot OJ_1 = OA \cdot OB$.

类似地,$OI_3 \cdot OJ_3 = OC \cdot OD$.

故 $OI_1 \cdot OI_3 \cdot OJ_1 \cdot OJ_3 = OA \cdot OB \cdot OC \cdot OD$.

类似地,$OI_2 \cdot OI_4 \cdot OJ_2 \cdot OJ_4 = OA \cdot OB \cdot OC \cdot OD$.

从而,$OI_1 \cdot OI_3 \cdot OJ_1 \cdot OJ_3 = OI_2 \cdot OI_4 \cdot OJ_2 \cdot OJ_4$.

故 I_1,I_2,I_3,I_4 四点共圆 $\Leftrightarrow OI_1 \cdot OI_3 = OI_2 \cdot OI_4 \Leftrightarrow OJ_1 \cdot OJ_3 = OJ_2 \cdot OJ_4$

$\Leftrightarrow J_1$,J_2,J_3,J_4 四点共圆.

在非等边锐角 $\triangle ABC$ 中,记 O 为其外心,H 为其垂心,圆 Γ 通过点 B 且与直线 AC 切于点 A,圆 Γ' 的圆心在射线 BH 上且与直线 AB 切于点 A,圆 Γ 与圆 Γ' 交于点 X(点 X 与 A 不重合).证明:$\angle HXO = 180° - \angle BAC$.

(2015,第15届捷克 — 波兰 — 斯洛伐克数学竞赛)

平面几何部分

证明 如图,设 E 为直线 AC 与圆 Γ' 的异于点 A 的交点.

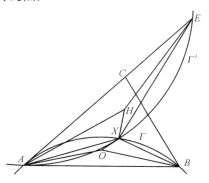

因为圆 Γ 在半平面 ACB 内,圆 Γ' 在半平面 ABC 内,

所以,交点 X 在 $\angle BAC$ 内.

由弦切角定理有

$$\angle XAE = \angle XBA,\ \angle XAB = \angle XEA.$$

由此,$\triangle ABX \backsim \triangle EAX$.

记 $\angle ACB = \gamma$,则 $\angle AOB = 2\gamma$.

又直线 BH 经过圆 Γ' 的圆心且垂直于弦 AE,

则 BH 为线段 AE 的垂直平分线.

故 $AH = HE$.

由等腰 $\triangle EAH$ 及 $AH \perp BC$,得 $\angle EAH = 90° - \gamma$.

从而,$\angle AHE = 2\gamma$.

又 $\triangle ABO$ 和 $\triangle EAH$ 均为等腰三角形,且其顶角相等,

故 $\triangle ABO \backsim \triangle EAH$,相似比为 $\dfrac{AB}{EA}$.

因为点 O,X 位于边 AB 的同侧,点 H 和 X 位于边 EA 的同侧,所以,

四边形 $ABXO \backsim$ 四边形 $EAXH$(四边形有可能是退化的,即其中三个顶点共线).

考虑以点 X 为中心的旋转变换,使得射线 XB 旋转到射线 XA.

由于相似的关系,射线 XO 通过旋转与射线 XH 重合,于是,

$$\angle HXO = \angle AXB = 180° - \angle BAC,$$

其中,$\angle AXB$ 为圆 Γ 中弦 AB 所对的圆周角,而 $\angle CAB$ 的两边分别是这条弦和圆的切线,且点 X 和 C 位于这条弦的同侧.

在不等边 $\triangle ABC$ 中,$\angle ACB > 90°$,内切圆 $\odot I$ 分别与边 AB,BC,CA 切于点 D,E,F,直线 AI,BI 分别与 EF 交于点 M,N.若 G 为边 AB 的中点,证明:M,N,D,G 四点共圆.

(2015,泰国数学奥林匹克)

证明 先证明:点 M 和 N 在 $\triangle ABC$ 的形外.

设 AI 与 BC 交于点 T.

由 $\angle ACB > 90°$,得 $\angle ATC < 90°$.

又 $\angle CIT = \angle CAT + \angle ICA = \dfrac{1}{2}\angle CAB + \dfrac{1}{2}\angle BCA < 90°$,知 $\triangle CIT$ 为锐角三角形.

由 $IE \perp BC$,知 E 为过点 I 作 CT 的垂线的垂足,故点 E 位于 C,T 之间.

又 E 和 F 为内切圆与边的切点,则

$$CF = CE,\ \angle CFE = 90° - \dfrac{1}{2}\angle ACB = \dfrac{1}{2}(\angle BAC + \angle ABC) > \dfrac{1}{2}\angle BAC = \angle CAT.$$

于是,EF 与 AI 相交.

由点的位置可确定此交点 M 在 $\triangle ABC$ 的形外,且与点 A 分别位于直线 BC 的两侧.

类似地,点 N 位置如图1.

再证明:四边形 $EMBI$,四边形 $FNAI$,四边形 $ABMN$ 均为圆内接四边形.

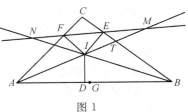

图 1

由 $\angle MEB = \angle CEF = \dfrac{1}{2}(\angle BAC + \angle CBA)$

$= \angle MIB$,

结合图 2 中 M,I 分别位于直线 BC 的两侧,知 E,M,B,I 四点共圆.

由 $\angle IDB = \angle IEB = 90°$,知 I,D,B,E 四点共圆.

类似地,N,F,I,D,A 五点共圆.

故 $\angle NMA = \angle EMI = \angle EBI$

$= \dfrac{1}{2}\angle CBA = \angle NBA$.

于是,A,B,M,N 也四点共圆.

由 I,E,M,B,D 五点共圆知

$\angle IMB = \angle IEB = 90°$.

类似地,$\angle INA = \angle IFA = 90°$.

从而,AB 的中点 G 即为四边形 $ABMN$ 的外接圆圆心.

注意到,五边形 $EMBDI$ 的外接圆圆心为 IB 的中点,

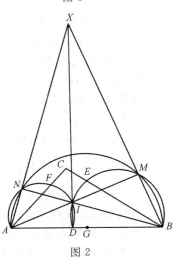

图 2

五边形 $FNADI$ 的外接圆圆心为 AI 的中点,四边形 $ABMN$ 的外接圆圆心为 G,此三个圆心不共线.

设 AN 与 BM 交于点 X,如图 2.

因为三个圆两两的根轴交于一点,所以,DI 也过点 X.

考虑 $\triangle ABX$.显然,M,N,D 为三边上的垂足.

则 $\triangle MND$ 的外接圆即为 $\triangle ABX$ 的九点圆,显然经过 AB 的中点.

因此,M,N,D,G 位于 $\triangle ABX$ 的九点圆上.

【注】此题对任意 $\triangle ABC$ 且点 D 与 G 不重合时,均成立.

在 $\triangle ABC$ 中,$\angle ACB = 90°$,D 和 Z 为边 AB 上的点,且 $CD \perp AB$,$AC = AZ$,$\angle BAC$ 的平分线分别与边 CB,CZ 交于点 X,Y.证明:B,X,Y,D 四点共圆.

(2015,澳大利亚数学奥林匹克)

证明 由条件知 $\triangle ACZ$ 为等腰三角形,如图.

则由 AX 为 $\angle BAC$ 的平分线

$\Rightarrow AX \perp CZ$

$\Rightarrow \angle CYA = 90° = \angle CDA$

$\Rightarrow A,D,Y,C$ 四点共圆

$\Rightarrow \angle YDC = \angle YAC \triangleq \alpha,\angle BDY = 90° - \alpha$.

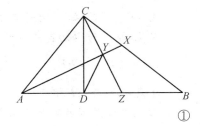

①

而 $\angle AXB = 90° + \alpha$, 故

$\angle YXB = 90° + \alpha$. ②

由式①、②,知 $\angle BDY + \angle YXB = 180°$.

从而, B, X, Y, D 四点共圆.

在锐角 $\triangle ABC$ 中, $AB > AC$, $AA_1 \perp BC$ 于点 A_1, $CC_1 \perp AB$ 于点 C_1, D 为 $\triangle ABC$ 的外接圆与 $\triangle A_1BC_1$ 的外接圆的交点(异于点 B). AZ、CZ 为 $\triangle ABC$ 的外接圆的切线且交于点 Z, 直线 ZA、ZC 分别与 A_1C_1 交于点 X、Y. 证明: 点 D 在 $\triangle XYZ$ 的外接圆上.

(2015, 克罗地亚数学奥林匹克)

证明 如图,

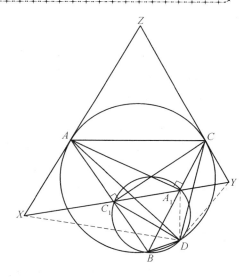

令 $\angle BAC = \alpha$, $\angle CBA = \beta$, $\angle ACB = \gamma$.

因为 $\angle CAZ = \angle ZCA = \beta$,

所以, $\angle XZY = \angle AZC = 180° - 2\beta$.

由于 C, A, C_1, A_1 四点共圆, 则

$\angle C_1A_1B = \angle YA_1C = \alpha$,

$\angle BC_1A_1 = \angle AC_1X = \gamma$.

又 $\angle XAC_1 = 180° - \angle CAZ - \angle BAC$

$= 180° - \beta - \alpha = \gamma$,

且 $\triangle AXC_1$ 为等腰三角形, 故

$\angle C_1XA = 180° - 2\gamma$.

类似地, 由 $\triangle A_1YC$ 为等腰三角形知

$\angle CYA_1 = 180° - 2\alpha$.

因为 A_1, C_1, B, D 四点共圆, C, A, B, D 四点共圆,

所以, $\angle C_1DB = \angle C_1A_1B = \alpha$, $\angle ADB = \angle ACB = \gamma$.

故 $\angle ADC_1 = \angle ADB - \angle C_1DB = \gamma - \alpha$.

此外, $\angle A_1DC_1 = \angle A_1BC_1 = \beta$.

则 $\angle A_1DA = \angle A_1DC_1 - \angle ADC_1 = \beta - (\gamma - \alpha) = \alpha + \beta - \gamma = 180° - 2\gamma = \angle A_1XA$.

从而, A_1, A, X, D 四点共圆.

类似地, $\angle CDC_1 = \angle CDA + \angle ADC_1 = \beta + (\gamma - \alpha) = 180° - 2\alpha = \angle CYC_1$.

于是, C, C_1, D, Y 四点共圆.

故 $\angle YDX = \angle YDC + \angle CDA + \angle ADX = \angle YC_1C + \angle CBA + \angle AA_1X$

$= \angle A_1C_1C + \angle CBA + \angle AA_1C_1 = (90° - \gamma) + \beta + (90° - \alpha) = 2\beta$.

从而, $\angle XZY + \angle YDX = 180°$.

因此, X, D, Y, Z 四点共圆.

在 $\triangle ABC$ 中,过点 C 的中线不垂直于 CA 和 CB,且 X,Y 分别为这条中线的中垂线与 CA,CB 的交点.求所有的 $\triangle ABC$,使得 A,B,Y,X 四点共圆.

(2015,第 64 届捷克和斯洛伐克数学奥林匹克)

证明 若 A,B,Y,X 四点共圆,则

$$\angle CYX = \angle CAB \Rightarrow \angle BCD = 90° - \angle CAB.$$

如图,设 $\triangle ABC$ 的外心为 O.则点 O 在 CD 上.

故 $CD \perp AB \Rightarrow AC = BC$.

又当 $AC = BC$ 时,四边形 $AXYB$ 为等腰梯形,

即 A,X,Y,B 四点共圆.

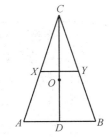

在四边形 $ABCD$ 中,AB 与 CD 不平行.设 AD,BC 的中点分别为 M,N,直线 MN 与对角线 AC,BD 分别交于点 K,L.证明:$\triangle AKM$ 的外接圆与 $\triangle BNL$ 的外接圆的一个交点在直线 AB 上.

(2015,保加利亚国家队选拔考试)

证明 (1)若 AD 与 BC 不平行,设 AD 与 BC 交于点 P.

如图 1,设 $\triangle PAC$ 的外接圆与
$\triangle PBD$ 的外接圆交于另一点 Q.

则 $\angle QAD = \angle QCB$,

$\angle QDA = \angle QBC$

$\Rightarrow \triangle QAD \backsim \triangle QCB$.

由 M 为 AD 的中点,N 为 BC 的
中点

$\Rightarrow \triangle QMA \backsim \triangle QNC$

$\Rightarrow \angle QMA = \angle QNC$

$\Rightarrow P,M,Q,N$ 四点共圆

$\Rightarrow \angle QMK = \angle QPC = \angle QAK$

$\Rightarrow A,M,Q,K$ 四点共圆.

类似地,B,N,Q,L 四点共圆.

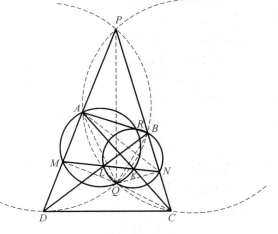

图 1

设 $\triangle AKM$ 的外接圆与 $\triangle BLN$ 的外接圆交于 Q 和 R 两点.

则 $\angle ARQ + \angle BRQ = \angle QMD + \angle CNQ = 360° - \angle PMQ - \angle PNQ = 180°$.

从而,A,R,B 三点共线.

(2)若 AD 与 BC 平行,由 AB 与 CD 不平行,可设 AB 与 CD 交于点 P,则 AC,BD,MN 三线共点,即点 K 与 L 重合.

如图 2,设 $\triangle AMK$ 的外接圆与 $\triangle BNL$ 的外接圆交于点 Q.

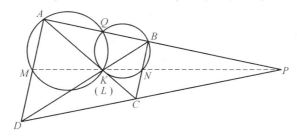

图 2

则 $\angle AQK + \angle BQL = \angle BNM + \angle AMN = 180°$.

从而,A,Q,B 三点共线.

在 $\triangle ABC$ 中,AC 上有 D 和 E 两点且满足点 D 在 C 和 E 之间,过点 E 作 BC 的平行线,与 $\triangle ABD$ 的外接圆交于点 F,且 E 和 F 在直线 AB 的两侧,过点 E 作 AB 的平行线,与 $\triangle BCD$ 的外接圆交于点 G,且 E,G 在直线 BC 的两侧.证明:D,E,F,G 四点共圆.

(2015,克罗地亚数学竞赛)

证明 如图,设 F' 为 $\triangle ABD$ 的外接圆与 BG 的交点(异于点 B).

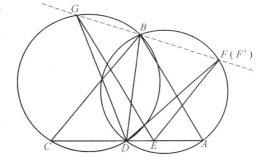

由 D,A,F',B 四点共圆

$\Rightarrow \angle BF'D = \angle BAD = \angle BAC$.

由 $GE \parallel AB \Rightarrow \angle BAC = \angle GEC$.

于是,$\angle GF'D = \angle GEC$.

故 D,E,F',G 四点共圆.

从而,$\angle AEF' = \angle DGF' = \angle DGB$.

由 C,D,B,G 四点共圆

$\Rightarrow \angle DGB = \angle DCB$.

则 $F'E \parallel BC$.

故过点 E 且与 BC 平行的直线与 $\triangle ABD$ 的外接圆交于点 F'.

从而,点 F' 与 F 重合.

因此,D,E,F,G 四点共圆.

已知 M 为锐角 $\triangle ABC(AB < AC)$ 的重心,AH 为 $\triangle ABC$ 的高.射线 MH 与 $\triangle ABC$ 的外接圆 Γ 交于点 A'.证明:$\triangle A'HB$ 的外接圆与 AB 相切.

(第 41 届俄罗斯数学奥林匹克)

平面几何部分

证明 在圆 Γ 上取点 D,使得 $AD \parallel BC$.

令 H' 为点 D 向 BC 作的投影,K 为边 BC 的中点.则 $HH' = AD$,且 HH' 的中点也为 K.令 X 为 AK 与 DH 的交点.

于是,$\triangle ADX \backsim \triangle KHX$.从而,$\dfrac{AX}{KX} = \dfrac{AD}{KH} = \dfrac{2KH}{KH} = 2$.

故点 X 与 M 重合,A',H,M,D 四点共线.

所以,$\angle ABC = \angle BCD = \angle BA'H$,即 $\triangle A'HB$ 的外接圆与 AB 相切.

在锐角 $\triangle ABC$ 中,$CD \perp AB$ 于点 D,$\angle ABC$ 的平分线与 CD 交于点 E,与 $\triangle ADE$ 的外接圆 Γ 交于点 F.若 $\angle ADF = 45°$,证明:CF 与圆 Γ 相切.

(2015,欧洲女子数学奥林匹克)

证明 如图.

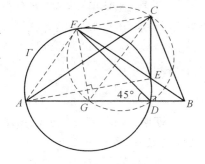

由 $\angle CDF = 90° - 45° = 45°$,知直线 DF 平分 $\angle CDA$.于是,点 F 落在线段 AE 的垂直平分线上,并设该线与 AB 交于点 G.

令 $\angle ABC = 2\beta$.

因为 A,D,E,F 四点共圆,$\angle AFE = 90°$,所以,$\angle FAE = 45°$.

又 BF 平分 $\angle ABC$,则 $\angle FAB = 90° - \beta$.

故 $\angle EAB = \angle AEG = 45° - \beta$,$\angle AED = 45° + \beta$.

于是,$\angle GED = 2\beta$.

则 $\mathrm{Rt}\triangle EDG \backsim \mathrm{Rt}\triangle BDC \Rightarrow \dfrac{GD}{CD} = \dfrac{DE}{DB} \Rightarrow \mathrm{Rt}\triangle DEB \backsim \mathrm{Rt}\triangle DGC$

$\Rightarrow \angle GCD = \angle DBE = \beta$.

又 $\angle DFE = \angle DAE = 45° - \beta$,故 $\angle GFD = 45° - \angle DFE = \beta$.

于是,G,D,C,F 四点共圆.故 $\angle GFC = 90°$.

这表明,CF 垂直于圆 Γ 的半径 FG,即 CF 为圆 Γ 的切线.

已知圆 Γ 的直径为 AB,直线 l 与圆 Γ 相离且与 AB 垂直,点 X,Y,X',Y' 在直线 l 上但不在直线 AB 上,满足 AX 与 BX' 的交点 P,AY 与 BY' 的交点 Q 均在圆 Γ 上.证明:$\triangle AXY$ 的外接圆、$\triangle AX'Y'$ 的外接圆与圆 Γ 交于点 A 及另外一点或三圆切于点 A.

(2015,中国香港代表队选拔考试)

证明 依题意,记 AX',AY' 分别与圆 Γ 交于点 P',Q'.

由 $AB \perp l$,$\angle APX' = 90°$,知 B 为 $\triangle AXX'$ 的垂心.从而,点 P' 在直线 BX 上.类似地,点 Q' 在直线 BY 上.

对六边形 $APQBP'Q'$ 应用帕斯卡(Pascal)定理,得 X,Y',PQ 与 $P'Q'$ 的交点三点共

线,即 PQ 与 $P'Q'$ 的交点在直线 l 上,或 PQ,$P'Q'$,直线 l 互相平行.

下面考虑以 A 为反演中心、圆 Γ 与直线 l 之间的反演变换.

不难发现,$\triangle AXY$ 的外接圆、$\triangle AX'Y'$ 的外接圆分别为直线 PQ,$P'Q'$ 在该变换下的反演圆.由前述结论,这两个反演圆必交于圆 Γ 上异于点 A 的一点或均与圆 Γ 切于点 A.

设非等腰 $\triangle ABC$ 的内切圆为 $\odot I$,外接圆为圆 Γ,令 D 为 $\odot I$ 与边 BC 的切点,并令 M 为 ID 的中点.设 A' 为点 A 在圆 Γ 上的对径点(即 AA' 为直径),设 X 为直线 $A'M$ 与圆 Γ 的另一个交点.证明:$\triangle AXD$ 的外接圆与 BC 相切.

(2015,中国台湾数学奥林匹克选训营)

证明　考虑一个过点 A 并与直线 BC 切于点 D 的圆.

如图,设此圆与圆 Γ 的另一个交点为 Y.

下面证明:Y,M,A' 三点共线,

这表明,点 X 与 Y 重合,从而,完成原题证明.

设 $\odot I$ 分别与 AC,AB 切于点 E,F,EF 与 BC 交于点 P,AY 与 BC 交于点 J.

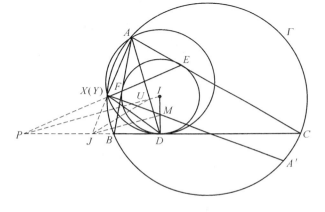

由梅涅劳斯定理及切线长定理

知 $\dfrac{CP}{PB} \cdot \dfrac{BF}{FA} \cdot \dfrac{AE}{EC} = 1$,

$FB = BD$,$EC = CD$.

从而,$\dfrac{PC}{PB} = \dfrac{DC}{DB}$.　　　　　　　　①

故 B,C,D,P 为调和点列.

将式 ① 改写成

$$\frac{PJ + JC}{PJ + JB} = \frac{JC - JD}{JD - JB} \Rightarrow (2JD - JC - JB)PJ = 2JB \cdot JC - (JC + JB)JD.$$

由于 $JB \cdot JC = JA \cdot JY = JD^2$,则 $PJ = JD$.故 $JM \parallel PI$.

又直线 EF 为点 A 关于 $\odot I$ 的极线,而点 P 在 EF 上,则点 A 在点 P 关于 $\odot I$ 的极线上.

而 PD 与 $\odot I$ 相切,故点 D 在该极线上.

于是,AD 即为点 P 关于 $\odot I$ 的极线.

从而,$PI \perp AD$,设垂足为 U.

因为 JM 为 $\triangle PID$ 的中位线,所以,JM 为 UD 的中垂线.

故 $\angle JUD = \angle JDU = \angle JYD$,$\angle JDU = \angle PDU = \angle PID = \angle JMD$.

从而,J,Y,U,M,D 五点共圆,有 $\angle AYM = \angle JDM = 90°$.

因此,YM 与圆 Γ 交于点 A 的对径点 A',即 Y,M,A' 三点共线.

> 设 $\triangle ABC$ 的内切圆 $\odot I$ 与边 BC 切于点 D,AD 与 $\odot I$ 的另一个交点为 L,$\triangle ABC$ 在 $\angle A$ 内的旁心为 K,M 为 BC 的中点,N 为 KM 的中点. 证明:B,L,C,N 四点共圆.

(2015,中国台湾数学奥林匹克选训营)

证明 如图,记 D' 为点 D 关于点 M 的对称点. 于是,$BD = CD'$.

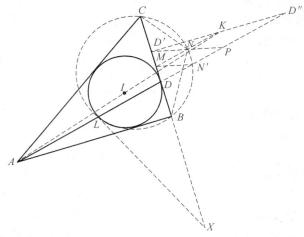

由切线长定理,计算知 D' 为旁切圆 $\odot K$ 与 BC 的切点,有 $KD' \perp BC$.

记 D'' 为点 D' 关于点 K 的对称点.

由于 A 为内切圆与旁切圆的位似中心,$ID \parallel D'D''$,于是,$\dfrac{AI}{IK} = \dfrac{ID}{KD'} = \dfrac{ID}{KD''}$.

进而,A,D,D'' 三点共线.

记 N' 为点 N 关于 BC 中垂线的对称点.

由于 D',N,P 三点共线,且 $D'P$ 为直角 $\triangle DD'D''$ 斜边上的中线,于是,$\triangle D'DP$ 为等腰三角形. 从而,点 N' 一定落在直线 AD 上.

设 A 关于 $\odot I$ 的极线与 BC 的交点为 X. 则 AD 为点 X 关于 $\odot I$ 的极线.

故 XL 与 $\odot I$ 相切,知 $XL = XD$.

而 $N'M = N'D$,则 $\angle XLD = \angle LDX = \angle N'DM = \angle DMN'$,

即 L,X,N',M 四点共圆.

从而,$DL \cdot DN' = DX \cdot DM$.

又由 X,D,B,C 成调和点列,则 $\dfrac{XB}{XC} = \dfrac{DB}{DC}$.

故 $DX \cdot DM = (DB + XB)\dfrac{DC - DB}{2} = \dfrac{DB \cdot DC}{2} - \dfrac{DB^2}{2} + \dfrac{XB \cdot DC}{2} - \dfrac{XB \cdot DB}{2}$

$= \dfrac{DB \cdot DC}{2} - \dfrac{DB^2}{2} + \dfrac{DB \cdot XC}{2} - \dfrac{XB \cdot DB}{2} = DB \cdot DC$.

从而,L,B,N',C 四点共圆.

注意到,四边形 $NN'BC$ 为等腰梯形.

因此,点 N 在四边形 $LBN'C$ 的外接圆上.

设不等边 $\triangle ABC$ 的内切圆 $\odot I$ 分别与边 CA，AB 切于点 E，F，$\triangle AEF$ 的外接圆在点 E，F 处的两条切线交于点 S，直线 EF 与 BC 交于点 T．证明：以 ST 为直径的圆垂直于 $\triangle BIC$ 的九点圆（两圆垂直是指以两圆的任一交点对两圆所引的切线互相垂直）．

（2015，中国台湾数学奥林匹克选训营）

证明 首先证明三个引理.

引理 1 设两个点关于一个已知圆共轭（每一个在另一个的极线上）．则以这两点为直径两端的圆与已知圆正交．

引理 1 的证明 如图 1，设 A 和 B 关于 $\odot O_2$ 共轭，AB 为直径的圆为 $\odot O_1$．设 $\odot O_2$ 与 $\odot O_1$ 交于点 T，AB 与 $\odot O_2$ 交于点 X 和 Y．

由于点 B 在点 A 关于 $\odot O_2$ 的极线上，于是，A，X，B，Y 成调和点列，即 $\dfrac{AX}{AY} = \dfrac{BX}{BY}$．

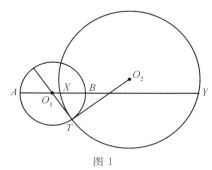

图 1

转换得
$$(AO_1 + O_1X)(O_1Y - O_1B)$$
$$= (AO_1 + O_1Y)(O_1B - O_1X).$$

利用 $AO_1 = BO_1$，展开得 $BO_1^2 = O_1X \cdot O_1Y$．

从而，$TO_1^2 = O_1X \cdot O_1Y$．因此，$TO_2 \perp TO_1$．

引理 2 如图 2，若点 A，B，C，D 所在直线外有一点 X，则称 $X(A,B,C,D)$（包含 XA，XB，XC，XD 这四条直线）为调和线束当且仅当 A，B，C，D 为调和点列．对于任意一条直线截一个线束于四点，则这四点调和当且仅当此线束是调和的．

引理 2 的证明 由正弦定理得
$$\frac{AB}{BC} = \frac{\sin\angle AXB}{\sin\angle BXC} \cdot \frac{XA}{XC},$$
$$\frac{AD}{DC} = \frac{\sin(\angle AXB + \angle BXC + \angle CXD)}{\sin\angle CXD} \cdot \frac{XA}{XC}.$$

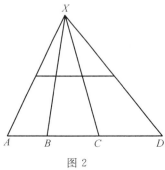

图 2

故 A，B，C，D 为调和点列 $\Longleftrightarrow \dfrac{\sin\angle AXB}{\sin\angle BXC} \cdot \dfrac{\sin\angle CXD}{\sin(\angle AXB + \angle BXC + \angle CXD)} = 1.$

该有关角度的等式恰仅与线束本身的性质有关，而与截的直线无关．

引理 3 若 $\triangle ABC$ 的内切圆 $\odot I$ 与边 BC，CA，AB 分别切于点 D，E，F，EF 与 DI 交于点 K，BC 的中点为 M，则 A，K，M 三点共线.

引理 3 的证明 如图 3，过点 K 作边 BC 的平行线与 AB 交于点 U，AC 交于点 V．

因为 $\angle IKU = \angle IFU = 90°$，所以，$U$，$F$，$I$，$K$ 四点共圆．

故 $\angle KUI = \angle KFI$．

类似地，$\angle KVI = \angle KEI$．

注意到，$\angle KFI = \angle KEI$．

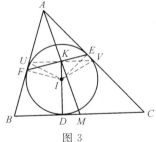

图 3

平面几何部分

于是,$\angle KUI = \angle KVI$.

而 $KI \perp UV$,则 K 为 UV 的中点.

又 $UV \parallel BC$,则 AK 过 BC 的中点.

引理 1、2、3 得证.

如图 4,记 D 为 $\odot I$ 在边 BC 上的切点,X,Y 分别为点 B,C 对 CI,BI 作高的垂足.

因为 $\angle IFB = \angle BXI = 90°$,

所以,B,I,X,F 四点共圆.

由 $\angle AFX = \angle XIB$

$= 90° - \dfrac{1}{2}\angle A = \angle AFE = \angle TFB$,

知点 X 落在直线 EF 上.

类似地,点 Y 也在直线 EF 上.

记 BC 的中点为 M.

由九点圆的性质,知 $\triangle BIC$ 的九点
圆即为四边形 $DMYX$ 的外接圆 Γ.

由引理 1,知原题要证的结论等价

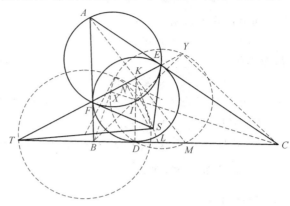

图 4

于点 T 落在 S 关于圆 Γ 的极线上.

记 K 为 ID 与 EF 的交点.由引理 3,知 K,A,M 三点共线.

再记 N 为 EF 的中点,L 为 KS 与 BC 的交点.

显然,A,N,I,S 四点共线,且点 I 在等腰 $\triangle AEF$ 的外接圆上.

因为点 E,F 处的切线交于点 S,所以,EF 为点 S 的极线.故 S,I,N,A 成调和点列.

由引理 2,知 KS,KI,KN,KA 成调和线束.

于是,L,D,T,M 成调和点列.

又由梅涅劳斯定理和塞瓦定理,知 T,B,D,C 成调和点列.

由引理 2,知 IT,IB,ID,IC 成调和线束.从而,T,X,K,Y 成调和点列.

注意到,MD 与 XY 的交点为 T.从而,KL 为点 T 对圆 Γ 的极线.因此,T 和 S 是共轭点.

再利用引理 1 便完成了证明.

如图 1,在凸四边形 $ABCD$ 中,K,L,M,N 分别为边
AB,BC,CD,DA 上的点,满足
$$\dfrac{AK}{KB} = \dfrac{DA}{BC},\dfrac{BL}{LC} = \dfrac{AB}{CD},\dfrac{CM}{MD} = \dfrac{BC}{DA},\dfrac{DN}{NA} = \dfrac{CD}{AB},$$
延长 AB,DC 交于点 E,延长 AD,BC 交于点 F.设 $\triangle AEF$
的内切圆在边 AE,AF 上的切点分别为 S,T,$\triangle CEF$ 的内
切圆在边 CE,CF 上的切点分别为 U,V.证明:若 K,L,
M,N 四点共圆,则 S,T,U,V 四点共圆.

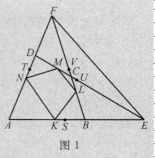

图 1

(第 31 届中国数学奥林匹克)

证明　设 $AB = a, BC = b, CD = c, DA = d$.

由已知得

$$AK = \frac{ad}{b+d}, \quad BK = \frac{ab}{b+d}, \quad BL = \frac{ab}{a+c}, \quad CL = \frac{bc}{a+c},$$

$$CM = \frac{bc}{b+d}, \quad DM = \frac{cd}{b+d}, \quad DN = \frac{cd}{a+c}, \quad AN = \frac{ad}{a+c}.$$

若 $a+c > b+d$, 则 $AK > AN \Rightarrow \angle AKN < \angle KNA$.

类似地, $\angle BKL < \angle KLB, \angle CML < \angle MLC, \angle DMN < \angle MND$.

由此推出

$$2\pi - \angle AKN - \angle BKL - \angle CML - \angle DMN$$

$$> 2\pi - \angle KNA - \angle KLB - \angle MLC - \angle MND$$

$$\Rightarrow \angle NML + \angle NKL > \angle MNK + \angle MLK.$$

这与 K, L, M, N 四点共圆矛盾. 故 $a+c > b+d$ 不成立.

类似地, $a+c < b+d$ 也不成立.

从而, $a+c = b+d$. 故四边形 $ABCD$ 有内切圆 Γ.

如图 2, 设圆 Γ 与边 AB, BC, CD, DA 分别切于点 W, X, Y, Z.

则 $AE - AF = WE - ZF$

$= EY - FX = EC - CF$.

设 $\triangle AEF$ 的内切圆, $\triangle CEF$ 的内切圆在边 EF

上的切点分别为 G, H. 则

$$2(FG - FH)$$

$$= (EF + AF - AE) - (EF + CF - CE)$$

$$= (AF - AE) - (CF - CE) = 0.$$

从而, $\triangle AEF$ 的内切圆, $\triangle CEF$ 的内切圆与边

EF 切于同一点, 仍记为 G.

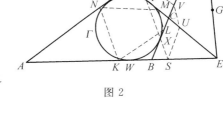

图 2

由 $ES = EG = EU$ 及 $FT = FG = FV$, 知

$$\angle EUS = \frac{\pi - \angle UES}{2} = \frac{\angle A + \angle ADC}{2}, \quad \angle FTV = \frac{\pi - \angle TFV}{2} = \frac{\angle A + \angle ABC}{2}.$$

而 $\angle ATS = \dfrac{\pi - \angle A}{2}, \angle CUV = \dfrac{\pi - \angle BCD}{2}$, 故

$$\angle VTS + \angle VUS = (\pi - \angle FTV - \angle ATS) + (\angle CUV + \pi - \angle EUS)$$

$$= \left(\pi - \frac{\angle A + \angle ABC}{2} - \frac{\pi - \angle A}{2}\right) + \left(\frac{\pi - \angle BCD}{2} + \pi - \frac{\angle A + \angle ADC}{2}\right) = \pi.$$

从而, S, T, V, U 四点共圆.

如图 1,在等腰 $\triangle ABC$ 中,$AB = AC > BC$,D 为 $\triangle ABC$ 内一点,满足 $DA = DB + DC$.边 AB 的中垂线与 $\angle ADB$ 的外角平分线交于点 P,边 AC 的中垂线与 $\angle ADC$ 的外角平分线交于点 Q.证明:B,C,P,Q 四点共圆.

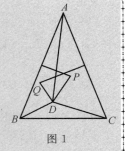

图 1

(2015,中国国家集训队选拔考试)

证明 先证明 A,B,D,P 四点共圆.

事实上,如图 2,取 $\overset{\frown}{ADB}$ 的中点 P',则 P' 在线段 AB 的中垂线上.

任取 BD 延长线上一点 X,则由 $P'A = P'B$ 及 A,B,D,P' 四点共圆,知

$$\angle P'DA = \angle P'BA = \angle P'AB = \angle P'DX,$$

即点 P' 在 $\angle ADB$ 的外角平分线上.

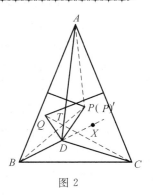

图 2

故点 P' 与 P 重合,即 A,B,D,P 四点共圆.

接下来,由托勒密定理得

$$AB \cdot DP + BD \cdot AP = AD \cdot BP.$$

结合 $PA = PB$ 及 $AD = BD + CD$,知

$$AB \cdot DP = AD \cdot BP - BD \cdot AP = AP(AD - BD) = AP \cdot CD \Rightarrow \frac{AP}{DP} = \frac{AB}{CD}.$$

记 BP 与 AD 的交点为 T.

注意到,$\angle BAP + \angle BDP = 180°$.

故 $\dfrac{AT}{TD} = \dfrac{S_{\triangle ABP}}{S_{\triangle DBP}} = \dfrac{\frac{1}{2}AB \cdot AP \sin\angle BAP}{\frac{1}{2}DB \cdot DP \sin\angle BDP} = \dfrac{AB}{DB} \cdot \dfrac{AP}{DP} = \dfrac{AB}{DB} \cdot \dfrac{AB}{CD} = \dfrac{AB^2}{BD \cdot CD}.$

类似地,A,C,D,Q 四点共圆,且若记 CQ 与 AD 的交点为 T',则

$$\frac{AT'}{T'D} = \frac{AC^2}{BD \cdot CD}.$$

又 $AB = AC$,于是,$\dfrac{AT'}{T'D} = \dfrac{AT}{TD}$.

从而,点 T' 与 T 重合.

由圆幂定理得 $TB \cdot TP = TA \cdot TD = TC \cdot TQ$.

于是,B,C,P,Q 四点共圆.

平面几何部分

已知凸四边形 $ABCD$ 的对角线 AC,BD 交于点 $O,\triangle AOB,\triangle BOC,\triangle COD,$
$\triangle DOA$ 的内心分别为点 I_1,I_2,I_3,I_4，且 $\triangle AOB,\triangle BOC,\triangle COD,\triangle DOA$ 中
$\angle AOB,\angle BOC,\angle COD,\angle DOA$ 内的旁心分别为点 J_1,J_2,J_3,J_4．证明：I_1,I_2,I_3,I_4
四点共圆的充分必要条件为 J_1,J_2,J_3,J_4 四点共圆.

（2015，第六届陈省身杯全国高中数学奥林匹克）

证明 先证明一个引理.

引理　设 $\triangle ABC$ 的内心，$\angle A$ 内的旁心分别为点 I,I_a. 则 $AI \cdot AI_a = AB \cdot AC$.

证明　注意到，$\angle AI_aC = \pi - \dfrac{\angle A}{2} - \left(\angle C + \dfrac{\pi - \angle C}{2}\right) = \dfrac{\angle B}{2} = \angle ABI$.

则 $\triangle AI_aC \backsim \triangle ABI \Rightarrow \dfrac{AI_a}{AB} = \dfrac{AC}{AI}$.

引理得证.

由引理，知 $OI_1 \cdot OJ_1 = OA \cdot OB, OI_2 \cdot OJ_2 = OB \cdot OC,$

$OI_3 \cdot OJ_3 = OC \cdot OD, OI_4 \cdot OJ_4 = OD \cdot OA.$

故 $OI_1 \cdot OJ_1 \cdot OI_3 \cdot OJ_3 = OA \cdot OB \cdot OC \cdot OD = OI_2 \cdot OJ_2 \cdot OI_4 \cdot OJ_4.$

这表明，$OI_1 \cdot OI_3 = OI_2 \cdot OI_4 \Leftrightarrow OJ_1 \cdot OJ_3 = OJ_2 \cdot OJ_4$，即 I_1,I_2,I_3,I_4 四点共圆
的充分必要条件为 J_1,J_2,J_3,J_4 四点共圆.

平面几何部分

如图，A,B,C 为圆 Γ 上的点，圆 Γ 在点 B 和 C 处的切线交
于点 D,AB 与 CD 交于点 E,AC 与 BD 交于点 F,AD 与 EF 交
于点 G,GC 与圆 Γ 交于点 H（异于点 C）．证明：FH 为圆的切线.

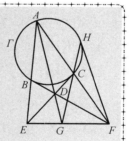

（2015，中国西部数学邀请赛预选题）

证明 连接 AH,BC.

由 EC 为圆 Γ 的切线，知 $\angle HAC = \angle ECG$.

在 $\triangle AHC$ 中，由正弦定理得 $\dfrac{AH}{HC} = \dfrac{\sin\angle ACH}{\sin\angle HAC} = \dfrac{\sin\angle FCG}{\sin\angle ECG}$.

在 $\triangle ECG,\triangle FCG$ 中，分别由正弦定理得

$\dfrac{EG}{EC} = \dfrac{\sin\angle ECG}{\sin\angle EGC}, \dfrac{FG}{FC} = \dfrac{\sin\angle FCG}{\sin\angle FGC} \Rightarrow \dfrac{FG \cdot EC}{EG \cdot FC} = \dfrac{\sin\angle FCG}{\sin\angle ECG} \Rightarrow \dfrac{AH}{HC} = \dfrac{FG \cdot EC}{EG \cdot FC}$.

再对 $\triangle AEF$ 及点 D 利用塞瓦定理得

$$\frac{FG}{GE} \cdot \frac{EB}{BA} \cdot \frac{AC}{CF} = 1 \Rightarrow \frac{FG}{GE} = \frac{BA \cdot CF}{BE \cdot AC} \Rightarrow \frac{AH}{HC} = \frac{BA}{BE} \cdot \frac{EC}{AC} = \frac{BA}{AC} \cdot \frac{EC}{BE}.$$

而由 $\triangle EAC \backsim \triangle ECB \Rightarrow \dfrac{EC}{BE} = \dfrac{AC}{CB}$. 于是,$\dfrac{AH}{HC} = \dfrac{AB}{BC}$.

由 $\triangle FBA \backsim \triangle FCB \Rightarrow \dfrac{AB}{BC} = \dfrac{AF}{BF} = \dfrac{FB}{FC} \Rightarrow \dfrac{AF}{FC} = \left(\dfrac{AB}{BC}\right)^2$.

过点 H 作圆 Γ 的切线,与 AC 交于点 F'.

类似地,$\dfrac{AF'}{F'C} = \left(\dfrac{AH}{CH}\right)^2$.

从而,$\dfrac{AF'}{F'C} = \dfrac{AF}{FC}$,即点 F' 与 F 重合. 因此,结论成立.

证明 如图,在高线 AH 上取点 K,使 $KH = O_1F$.
设 $\odot O_1$ 与 AB 切于点 X,$\odot O_2$ 与 AC 切于点 Y.

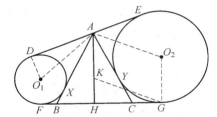

于是,$AX + XB = AY + YC$.

从而,$AD - AE = CG - BF = HG - HF$.

又 $AD + AE = HF + HG$,则 $HG = AD$.

故 $\triangle KHG \cong \triangle O_1DA$

$\Rightarrow \angle HKG = \angle AO_1D = 90° - \dfrac{1}{2}\angle DAB = \angle HAO_2$

$\Rightarrow AO_2 \parallel KG$.

又 $O_2G \parallel AK$,于是,四边形 $AKGO_2$ 为平行四边形. 从而,$AK = O_2G$.

因此,$AH = r + R$.

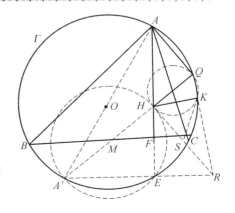

证明 如图,设点 D 在 AB 上的投影为 K.

则 $AH = HK$.

因为 $PH \parallel DK$,所以,

$$\frac{PD}{PB} = \frac{HK}{HB} = \frac{AH}{HB}. \qquad ①$$

设点 Q 在 DB 上的投影为 L.

由于 PQ 与半圆 Γ 切于点 Q,

$\angle DQB = \angle BLQ = 90°$,

则 $\angle PQD = \angle QBP = \angle DQL$.

于是,QD 为 $\angle PQL$ 的内角平分线,QB 为 $\angle PQL$ 的外角平分线.

由内、外角平分线定理得

$$\frac{PD}{DL} = \frac{QP}{QL} = \frac{PB}{BL}. \qquad ②$$

由式①、②,得 $\dfrac{AH}{HB} = \dfrac{PD}{PB} = \dfrac{DL}{LB}$.

于是,以 B 为位似旋转中心的位似旋转变换 τ 将点 A 变为点 D,将点 H 变为点 L,将过点 C 的以 AB 为直径的半圆 Γ 变为过点 Q 的以 DB 为直径的半圆.

由 $CH \perp AB$,$QL \perp DB$,知 $\tau(C) = Q$.

故 $\triangle ABD \backsim \triangle CBQ \Rightarrow \angle ADB = \angle CQB$.

设直线 AD 与 CQ 交于点 T.则 $\angle BDT = \angle BQT$.

这表明,点 T 在半圆 Γ 上.

在锐角 $\triangle ABC$ 中,$AB > AC$.设 Γ 为其外接圆,H 为垂心,F 为由顶点 A 处所引高的垂足,M 为边 BC 的中点,圆 Γ 上的点 Q 和 K,使得 $\angle HQA = \angle HKQ = 90°$.若点 A,B,C,K,Q 互不相同,且按此顺序排列在圆 Γ 上,证明:$\triangle KQH$ 的外接圆与 $\triangle FKM$ 的外接圆相切.

(第 56 届 IMO)

证明 如图,延长 QH,与圆 Γ 交于点 A'.

由 $\angle AQH = 90°$,知 AA' 为圆 Γ 的直径.

由于 $A'B \perp AB$,故 $A'B \parallel CH$.

类似地,$A'C \parallel BH$.

于是,四边形 $BA'CH$ 为平行四边形.

从而,M 为 $A'H$ 的中点.

延长 AF,与圆 Γ 交于点 E.

由于 $A'E \perp AE$,故 $A'E \parallel BC$.于是,MF 为 $\triangle HA'E$ 的中位线,F 为 HE 的中点.

平面几何部分

设直线 $A'E$ 与 QK 交于点 R.

据圆幂定理得 $RK \cdot RQ = RE \cdot RA'$.

注意到,$\triangle HKQ$ 的外接圆 Γ_1,$\triangle HEA'$ 的外接圆 Γ_2 分别是以 HQ,HA' 为直径的圆,这两个圆外切于点 H.而 R 为这两个圆的等幂点,于是,点 R 在这两个圆的根轴上,即 RH 为这两圆的公切线.

故 $RH \perp A'Q$.

设直线 MF 与 HR 交于点 S.则 S 为 HR 的中点.

由于 $\triangle RHK$ 为直角三角形,S 为斜边 RH 的中点,故 $SH = SK$.

再由 SH 为圆 Γ_1 的切线,知 SK 也为圆 Γ_1 的切线.

在 Rt$\triangle SHM$ 中,由 HF 为斜边上的高,知 $SF \cdot SM = SH^2 = SK^2$.

故 SK 也为 $\triangle KMF$ 的外接圆的切线.

于是,SK 与 $\triangle KQH$ 的外接圆,$\triangle FKM$ 的外接圆均切于点 K 处.

因此,这两个圆也在点 K 处相切.

在凸四边形 $ABCD$ 中,点 K 和 L 在边 AB 上(K 在点 A 与 L 之间),点 M 和 N 在边 CD 上(M 在点 C 与 N 之间).已知 $AK = KN = DN$,$BL = BC = CM$.证明:若 B,C,N,K 四点共圆,则 A,D,M,L 也四点共圆.

(2016,第 42 届俄罗斯数学奥林匹克)

证明 若 $AB \parallel CD$,则 $BC = KN$.于是,$AK = BL = CM = DN$.

这表明,四边形 $LMDA$ 可由四边形 $BCNK$ 平移向量 $\overrightarrow{BL}$ 得到.

若 AB 与 CD 不平行,设它们所在的两条直线交于点 P,如图.

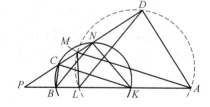

由 $\dfrac{PB}{BL} = \dfrac{PB}{BC} = \dfrac{PN}{NK} = \dfrac{PN}{ND} \Rightarrow BN \parallel LD$.

类似地,$CK \parallel MA$.

故 $\angle ALD = \angle KBN$,$\angle KCN = \angle AMD$.

由于 B,C,N,K 四点共圆,于是,

$\angle KBN = \angle KCN$.

从而,$\angle ALD = \angle AMD$,A,D,M,L 四点共圆.

在等腰梯形 $ABCD$ 中,BC 与 AD 为底边,$\odot I$ 在梯形内部与边 AB,CD,DA 均相切,$\triangle BIC$ 的外接圆与边 AB 的第二个交点为 E.证明:直线 CE 与 $\odot I$ 相切.

(2016,第 42 届俄罗斯数学奥林匹克)

证明　因为点 I 到等腰梯形 $ABCD$ 两腰的距离相等,所以,点 I 在梯形的对称轴上.

如图.

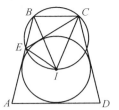

于是,$\angle ICD = \angle IBA$.

由于 C,B,E,I 四点共圆,

故 $\angle ICD = \angle IBA = \angle IBE = \angle ICE$,

即 CI 为 $\angle DCE$ 的平分线.

由 CD 与 $\odot I$ 相切,知关于 CI 与之对称的 CE 也与 $\odot I$ 相切.

　　设 AB 和 AC 为不共线的两条射线,$\odot O$ 与射线 AC,AB 分别切于点 E,F,且 R 为线段 EF 上一点,过点 O 且平行于 EF 的直线与 AB 交于点 P,PR 与 AC 交于点 N,过点 R 且平行于 AC 的直线与 AB 交于点 M.证明:直线 MN 与 $\odot O$ 相切.

（2016,第 28 届亚太地区数学奥林匹克）

证明　如图,过点 N 作 $\odot O$ 的不同于 NE 的切线,与 $\odot O$ 切于点 X,与直线 AB 交于点 M'.只要证 $M'R \parallel AC$.

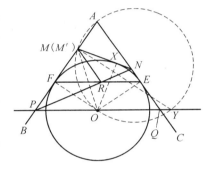

设直线 PO 与 AC 交于点 Q,与 $\triangle AM'O$ 的外接圆交于点 Y.

则 $\angle AYM' = \angle AOM' = 90° - \angle M'OP$.

由于点 F 与 E,P 与 Q 均关于直线 AO 对称,于是,

$\angle EOQ = \angle FOP = 90° - \angle AOF$

$= \angle M'AO = \angle M'YP$,

$\angle EQO = \angle M'PY$.

从而,$\triangle M'YP \backsim \triangle EOQ$.

注意到,

$\angle M'OP = \angle M'OF + \angle FOP = \dfrac{1}{2}\angle FOX + \dfrac{1}{2}(\angle FOP + \angle EOQ)$

$= \dfrac{180° - \angle XOE}{2} = 90° - \dfrac{\angle XOE}{2}$.

由 $\angle AYM' + \angle M'OP = 90° \Rightarrow \angle AYM' = \dfrac{\angle XOE}{2} = \angle NOE$.

这表明,在相似 $\triangle M'YP,\triangle EOQ$ 中,A 与 N 是对应点.

故 $\dfrac{AM'}{M'P} = \dfrac{NE}{EQ} = \dfrac{NR}{RP}$.从而,$M'R \parallel AC$.

因此,点 M' 与 M 重合.

已知四边形 $ABCD$ 有外接圆, $AB < CD$, 对角线交于点 F, DA 与 CB 交于点 E. 设点 F 在边 AD, BC 上的垂足分别为 K, L, 且 EF, CF, DF 的中点分别为 M, S, T. 证明: $\triangle MKT$ 的外接圆 Γ_1 与 $\triangle MLS$ 的外接圆 Γ_2 的第二个交点在边 CD 上.

(2016, 第 33 届巴尔干数学奥林匹克)

证明 设 CD 的中点为 N. 只要证圆 Γ_1 和 Γ_2 均过点 N.

首先证明: 圆 Γ_2 过点 N.

设 EC 的中点为 Q. 由于圆 Γ_2 为 $\triangle EFC$ 的九点圆, 于是, 圆 Γ_2 过点 Q.

如图.

只要证 $\angle SLQ$ 与 $\angle QNS$ 相等或互补. ④

事实上, 由 LS 为 $\mathrm{Rt}\triangle FLC$ 的中线得

$SL = SC$, $\angle SLC = \angle SCL = \angle ACB$.

由 $DN = NC$, $FS = SC \Rightarrow SN \parallel FD$.

类似地, $QN \parallel ED$.

则 $\angle EDB$ 与 $\angle QNS$ 相等或互补.

又 $AB < CD$, 知 $\angle EDB < 90°$.

故四边形 $LNSQ$ 有外接圆, 记其为 Γ.

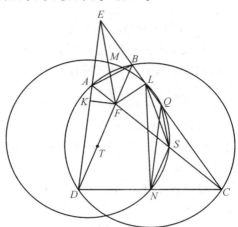

由圆 Γ_2 过点 Q, 知圆 Γ 过点 M. 则 M, L, Q, S, N 五点共圆, 即 $\triangle MLS$ 的外接圆过点 N.

由结论圆 Γ_2 过点 N 和 Q 及 $\angle SLQ$ 与 $\angle QNS$ 相等或互补, 知结论圆 Γ_1 和 Γ_2 均过点 N 成立.

类似地, $\triangle MKT$ 的外接圆过点 N.

从而, 结论成立.

在等腰 $\triangle ABC$ 中, $AC = BC$, D 为 AC 延长线上的一点, 满足 $AC > CD$, $\angle BCD$ 的平分线与 BD 交于点 N, M 为 BD 的中点, 过点 M 作 $\triangle AMD$ 外接圆的切线, 与边 BC 交于点 P. 证明: A, P, M, N 四点共圆.

(2016, 第 65 届保加利亚数学奥林匹克)

证明 设 $\angle MAD = \varphi$. 则 $\angle PMB = \varphi$.

如图, 过点 D 作 AB 的平行线 l, 与 BC 交于点 Q, 设 T 为 AQ 的中点, BT 与直线 l 交于点 K.

由对称性, 得 $\angle KBQ = \varphi$.

故 $\dfrac{KQ}{QD} = \dfrac{AB}{QD} = \dfrac{BC}{CD} = \dfrac{BN}{DN}$.

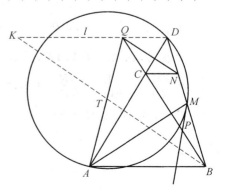

这表明, $BK \parallel QN$. 从而, $\angle CQN = \varphi$.

设 $\angle QAD = \angle QBD = \gamma$.

则 $\angle QAM = \varphi + \gamma = \angle DNQ$.

故 Q,A,M,N 四点共圆.

因为 $\angle PMB = \varphi = \angle NQB$,

所以,Q,N,M,P 四点共圆.

于是,A,P,M,N,Q 五点共圆.

在 $\triangle ABC$ 中,K 为边 AB 上的点,N 为边 AC 上的点,且 $KB = KN$,$\angle ACB$ 的平分线与 $\triangle ABC$ 的外接圆交于点 R,过 R 且垂直于 AB 的直线与 BN 交于点 D.证明:A,K,D,N 四点共圆.

(2016,白俄罗斯数学奥林匹克)

证明 如图.

因为 R 为 $\overparen{AB}$ 的中点,

所以,通过点 R 的直径与 AB 垂直.

于是,RD 平分线段 AB.

故 $AD = BD$,$\angle ABD = \angle BAD$.

由 $KB = KN \Rightarrow \angle KBN = \angle KNB$

$\Rightarrow \angle KAD = \angle BAD = \angle ABD$

$\qquad = \angle KBN = \angle KNB = \angle KND$

$\Rightarrow \angle KAD = \angle KND$,且位于线段 KD 同侧

$\Rightarrow A,K,D,N$ 四点共圆.

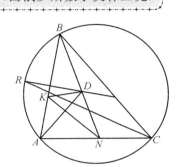

在 $\triangle ABC$ 中,点 P 在边 BC(且异于点 B,C 上),且 I_1 为 $\triangle ABP$ 的内心,I_2 为 $\triangle APC$ 的内心,直线 BC 与 $\triangle I_1 P I_2$ 的外接圆交于点 P 和 Q.证明:$AB + QC = AC + QB$.

(2016,白俄罗斯数学奥林匹克)

证明 不妨设 Q 为线段 PC 上的点.记 $\triangle ABC$ 的内切圆与边 AB,BC,CA 的切点分别为 C_1,A_1,B_1.则

$$AB_1 = AC_1 = \frac{AB + AC - BC}{2}, BA_1 = BC_1 = \frac{BA + BC - AC}{2},$$

$$CA_1 = CB_1 = \frac{CA + CB - AB}{2}.$$

设 $\triangle ABP$,$\triangle APC$ 的内切圆 $\odot I_1$,$\odot I_2$ 不同于 AP 的内公切线 l 与 BC 交于点 Q'.

下面证明:I_1,P,Q',I_2 四点共圆,即知点 Q' 与 Q 重合.

设 R 为直线 l 与 AP 的交点.

因为 I_1 位于 $\angle PQ'R$ 的内角平分线上,I_2 位于 $\angle PQ'R$ 的外角平分线上,所以,

$\angle I_1 Q' I_2 = 90°$.

类似地,$\angle I_1 P I_2 = 90°$.

于是,I_1,P,Q',I_2 四点共圆,即点 Q' 与 Q 重合.

设 $\odot I_1,\odot I_2$ 与 BC 分别切于点 D,E.

则 $DP=\dfrac{PB+PA-AB}{2}$,$PE=\dfrac{PC+PA-AC}{2}$.

引理　设 $\triangle ABC$ 顶点 A 所对的旁切圆与边 BC,直线 AB,CA 分别切于点 A_0,C_0,B_0. 则

$$BA_0=BC_0=\frac{AC+CB-BA}{2},CA_0=CB_0=\frac{CB+BA-AC}{2}.$$

此引理显然成立.

由引理,得 $DP=QE=PE-PQ$.

则 $PQ=PE-DP=\dfrac{AB+PC-AC-PB}{2}$.

故 $AC+QB=AC+BP+2PQ-PQ=AB+PC-PQ=AB+QC$.

已知 $\triangle ABC$ 的顶点 A 所对的旁切圆 Γ_A 与边 BC 切于点 P,$\triangle ABP$ 与边 BP 相切的旁切圆的圆心为 I_1,$\triangle APC$ 与边 PC 相切的旁切圆的圆心为 I_2. 证明:$\triangle I_1I_2P$ 的外接圆与圆 Γ_A 相切.

(2016,白俄罗斯数学奥林匹克)

证明　如图,记 F_1,F_2 分别为 $\odot I_1,\odot I_2$ 与射线 AP 的切点.

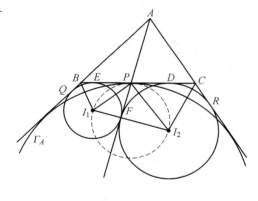

下面证明:点 F_1 与 F_2 重合.

由上题的引理得

$$2PF_1=PB+BA-AP$$
$$=\frac{AC+CB-BA}{2}+BA-AP$$
$$=\frac{AC+CB+BA}{2}-AP,$$

$$2PF_2=PC+CA-AP$$
$$=\frac{CB+BA-AC}{2}+AC-AP$$
$$=\frac{AC+CB+BA}{2}-AP.$$

则 $PF_1=PF_2$,即点 F_1 与 F_2 重合,记为 F.

于是,$I_1F\perp AP$,且 $I_2F\perp AP$. 从而,I_1,F,I_2 三点共线.

设 $\angle BPF=2x$. 则 $\angle CPF=180°-2x$.

因为 $\odot I_1$ 与 PA,PB 分别相切,所以,PI_1 平分 $\angle BPF$.

类似地,PI_2 平分 $\angle CPF$.

于是,$\angle I_1PI_2=90°$.

故 $\angle I_1I_2P=90°-\angle FPI_2=90°-(90°-x)=x=\angle BPI_1$.

从而,直线 BC 与 $\triangle I_1I_2P$ 的外接圆切于点 P.

因此,$\triangle I_1I_2P$ 的外接圆与圆 Γ_A 相切.

已知 AE 为 $\triangle ABC$ 外接圆的直径,$\triangle ABC$ 的垂心为 H,连接 EH 并延长,与圆交于另一点 D.证明:HD 的中点在 $\triangle ABC$ 的九点圆上.

(2016,爱尔兰数学奥林匹克)

证明 如图,连接 AD,EC,EB.

由 $EC \perp AC$,$BH \perp AC \Rightarrow EC \parallel BH$.

类似地,$CH \parallel BE$.

于是,四边形 $BECH$ 为平行四边形.

故 BC 的中点 M 也为 HE 的中点.

记 AH,DH 的中点分别为 K,F.

由于 KF 为 $\triangle HAD$ 的中位线,于是,

$\angle KFM = \angle KFH = \angle ADE = 90°$.

又 KM 为九点圆的直径,从而,点 F 在九点圆上.

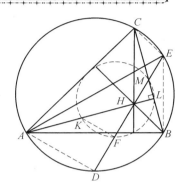

已知 Γ 为四边形 $ABCD$ 的外接圆,且过点 B,D 的切线与直线 AC 交于同一点,点 E,F 在圆 Γ 上且满足 $AC \parallel DE \parallel BF$,$M$ 为 BE 与 DF 的交点.若 P,Q,R 为 $\triangle ABC$ 边上的垂足,证明:P,Q,R,M 四点共圆.

(2016,克罗地亚数学奥林匹克)

证明 如图.

易知,$\triangle ABC$ 各边的中点和垂足在其九点圆上.

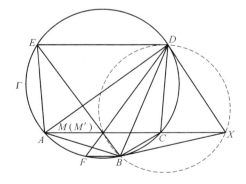

只需证明:M 为 AC 的中点即可.

设 M' 为直线 BE 与 AC 的交点.

下面证明:M' 为 AC 的中点.

令 X 为过点 B,D 的切线与 AC 的交点.

由 $AC \parallel DE$,得 $\angle XM'B = \angle DEB = \angle XDB$.

从而,X,D,M',B 四点共圆.

因为 $XB = XD$,所以,$\angle XM'D = \angle XBD = \angle XDB = \angle XM'B$.

由四边形 $ACDE$ 为圆内接梯形,知 $CD = AE$,$\angle DCM' = \angle M'AE$.

故 $\triangle AM'E \cong \triangle CM'D \Rightarrow AM' = CM'$.于是,直线 BE 过 AC 的中点 M'.

类似地,直线 DF 也过 AC 的中点.

由于两条不重合的直线最多有一个交点,且 BE 与 DF 交于点 M,于是,点 M' 与 M 重合.

因此,M 为 AC 的中点.

已知 P 为 $\triangle ABC$ 内一点,满足 $\dfrac{AP+BP}{AB}=\dfrac{BP+CP}{BC}=\dfrac{CP+AP}{CA}$,直线 AP,BP,CP 与 $\triangle ABC$ 的外接圆分别交于点 A',B',C'. 证明:$\triangle ABC$ 的内切圆即为 $\triangle A'B'C'$ 的内切圆.

(2016,克罗地亚数学奥林匹克)

证明 如图 1.

设 $\triangle ABC$ 的各边长分别为 a,b,c,半周长为 p,内切圆,外接圆的半径分别为 r,R,面积为 S;$\triangle A'B'C'$ 的各边长分别为 a',b',c',半周长为 p',内切圆,外接圆的半径分别为 r',R',面积为 S'.

先证明:$r=r'$.

设 $\dfrac{AP+BP}{AB}=\lambda$. 则

$$\begin{cases} AP+BP=\lambda c,\\ BP+CP=\lambda a,\\ CP+AP=\lambda b \end{cases} \Rightarrow \begin{cases} AP=\lambda(p-a),\\ BP=\lambda(p-b),\\ CP=\lambda(p-c). \end{cases} \quad ①$$

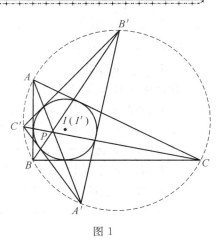

图 1

三式相乘,结合海伦公式及 $S=rp$,得

$$AP\cdot BP\cdot CP=\lambda^3(p-a)(p-b)(p-c)=\dfrac{\lambda^3 S^2}{p}=\lambda^3 Sr. \qquad ②$$

由 $\triangle PBC \backsim \triangle PC'B' \Rightarrow \dfrac{a'}{a}=\dfrac{B'C'}{BC}=\dfrac{C'P}{BP}=\dfrac{B'P}{CP}. \qquad ③$

类似地,$\dfrac{b'}{b}=\dfrac{C'A'}{CA}=\dfrac{A'P}{CP}=\dfrac{C'P}{AP}$,$\dfrac{c'}{c}=\dfrac{A'B'}{AB}=\dfrac{B'P}{AP}=\dfrac{A'P}{BP}$.

故 $\dfrac{a'b'c'}{abc}=\dfrac{A'P\cdot B'P\cdot C'P}{AP\cdot BP\cdot CP}. \qquad ④$

又由于 $\triangle ABC$ 和 $\triangle A'B'C'$ 有相同的外接圆,且 $S=\dfrac{abc}{4R}$,于是,

$$\dfrac{a'b'c'}{abc}=\dfrac{S'}{S}. \qquad ⑤$$

由式 ③,得 $\dfrac{B'P+C'P}{B'C'}=\dfrac{BP+CP}{BC}=\lambda$.

类似地,$\dfrac{A'P+B'P}{A'B'}=\dfrac{C'P+A'P}{C'A'}=\lambda$.

则点 P 关于 $\triangle ABC$ 和 $\triangle A'B'C'$ 有相同的性质.

故在 $\triangle A'B'C'$ 中,由方程组 ① 类似得

$$A'P\cdot B'P\cdot C'P=\lambda^3 S'r'. \qquad ⑥$$

结合式 ②、④、⑤、⑥ 得

$$\dfrac{S'}{S}=\dfrac{S'r'}{Sr} \Rightarrow r'=r.$$

如图 2,设 I 为 $\triangle ABC$ 的内心,BC 与 $\odot I$ 切于点 D.在 $\triangle A'B'C'$ 中,类似定义 I' 和 D'.

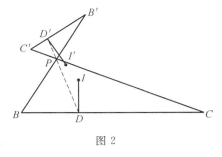

易知,$BD = p - b$,$CD = p - c$.

由方程组 ①,得 $\dfrac{BP}{CP} = \dfrac{BD}{CD}$.

由角平分线定理,知 PD 平分 $\angle BPC$.

类似地,PD' 平分 $\angle B'PC'$.

于是,P,D,D' 三点共线.

注意到,

$$\angle C'D'P = 180° - \angle D'PC' - \angle PC'D' = 180° - \frac{1}{2}\angle B'PC' - \angle CC'B'$$

$$= 180° - \frac{1}{2}\angle BPC - \angle CBB' = 180° - \angle BPD - \angle DBP = \angle PDB.$$

由 $I'D' \perp B'C'$,$ID \perp BC$,得 $\angle DD'I' = \angle IDD'$.

若点 I 与 I' 不重合,则要么四边形 $D'DII'$ 为等腰梯形,要么四边形 $D'DI'I$ 为等腰梯形.

从而,$II' \parallel DD'$.

类似地,II' 平行于过点 P 的其他两条直线,且过 $\triangle ABC$ 的内切圆与一边的切点.

由于这三条直线互不相同,矛盾.

从而,点 I 与 I' 重合.

故 $\triangle ABC$ 与 $\triangle A'B'C'$ 有相同的内切圆.

设 O 为 $\triangle ABC$ 的外心,t 为 $\triangle BOC$ 外接圆的切线,与 AB,AC 分别交于点 D,E(D 和 E 均不为点 A),点 A 关于直线 t 的对称点为 A'.证明:$\triangle ABC$ 的外接圆与 $\triangle A'DE$ 的外接圆相切.

(2016,塞尔维亚数学奥林匹克)

证明　如图,设 K 为直线 t 与 $\triangle BOC$ 外接圆的切点,记 $\triangle BDK$ 外接圆与 $\triangle CEK$ 外接圆的第二个交点为 X.

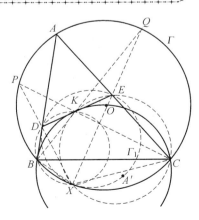

由 $\angle BXC = \angle BXK + \angle KXC$
$= \angle ADK + \angle AEK = 180° - \angle A$
$\Rightarrow$ 点 X 在 $\triangle ABC$ 的外接圆 Γ 上.

又 $\angle DXE = \angle DXK + \angle KXE = \angle DBK + \angle KCE$

$= \angle BKC - \angle A = \angle A = \angle DA'E$

$\Rightarrow$ 点 X 也在 $\triangle A'DE$ 的外接圆 Γ_1 上.

设 CK 与 XD 交于点 P.则

$\angle XPC = \angle XDK - \angle CKE$

$= \angle XBK - \angle CBK = \angle XBC.$

从而,点 P 在圆 Γ 上.

类似地,直线 BK 与 XE 的交点 Q 也在圆 Γ 上.

由 $\angle XPQ = \angle XBQ = \angle XDK$,知 $DE \parallel PQ$.

因此,$\triangle XDE$ 与 $\triangle XPQ$ 关于点 X 位似,故它们的外接圆切于点 X.

在等腰 $\triangle ABC$ 中,$AB = AC$,D 为边 BC 的中点,过 D 的一条直线与 AB,AC 分别交于点 K,L.E 为边 BC 上不同于点 D 的一点,P 为射线 AE 上一点,且满足 $AP > AE$,$\angle KPL = 90° - \dfrac{1}{2}\angle KAL$,直线 PK,PL 与 $\triangle PDE$ 外接圆的不同于点 P 的交点分别为 X,Y,直线 DX 与 AB 交于点 M,直线 DY 与 AC 交于点 N.证明:P,M,A,N 四点共圆.

（2016,土耳其国家队选拔考试）

证明 如图.

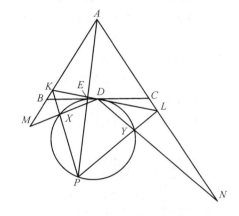

因为 AD 平分 $\angle MAN$,

$\angle MDN = \angle XDY = 180° - \angle XPY$

$= 180° - \angle KPL = 90° + \dfrac{1}{2}\angle KAL$

$= 90° + \dfrac{1}{2}\angle MAN$,

所以,D 为 $\triangle AMN$ 的内心.

故 $\angle KPA = \angle XPE = \angle XDE$

$= \angle MDA - 90° = \dfrac{1}{2}\angle MNA$

$= \angle MND = \angle DNA$.

类似地,$\angle LPA = \angle NMD = \angle DMA$.

一旦 $\triangle AMN$ 与点 K 和 L 确定,则 $\angle KPA$,$\angle LPA$ 也被确定.

于是,P 是唯一确定的点.

于是,若 $\triangle AMN$ 的外接圆 Γ 上有一点 P' 满足

$\angle KP'A = \angle DNA$,$\angle LP'A = \angle DMA$,则点 P' 与 P 重合.

设 S 和 T 分别为圆 Γ 的 $\overset{\frown}{AM}$ 和 $\overset{\frown}{AN}$ 的中点.

若 SK 与 TL 的交点 P' 在圆 Γ 上,则

$\angle KP'A = \angle SP'A = \dfrac{1}{2}\angle MP'A = \dfrac{1}{2}\angle MNA = \angle DNA$.

类似地,$\angle LP'A = \angle DMA$.

接下来只要证明 SK 与 TL 的交点在圆 Γ 上.

设 SK 与圆 Γ 的交点为 P'.

由于 SP' 与 AM 交于点 K,SN 与 TM 交于点 D,对于圆 Γ 的内接六边形 $AMTP'SN$,由帕斯卡定理得 TP' 与 AN 的交点在直线 KD 上.

平面几何部分

由于 KD 与 AN 交于点 L,于是,TP' 与 AN 的交点即为点 L.这表明,T,L,P' 三点共线,即 SK 与 TL 的交点在圆 Γ 上.

已知点 X,Y 分别位于 $\triangle ABC$ 的边 AB,AC 上(点 X,Y 均与 A 不重合),使得 BC 关于 XY 的对称直线与 $\triangle AXY$ 的外接圆 Γ 相切.若用 O 表示 $\triangle ABC$ 的外心,证明:圆 Γ 与 $\triangle BOC$ 的外接圆相切.

(第 33 届伊朗国家队选拔考试)

证明　如图.

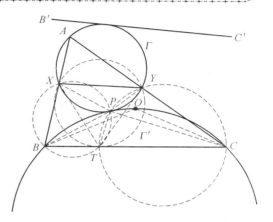

因为 BC 关于 XY 的对称直线 $B'C'$ 与圆 Γ 相切,所以,圆 Γ 关于 XY 的对称 Γ' 与直线 BC 相切,切点为 T.

故 $\angle XTY = \angle XAY = \angle BAC$.

设 P 为 $\triangle BXT$ 的外接圆与 $\triangle CYT$ 的外接圆的交点(不同于点 T).

则 $\angle BPC = \angle BPT + \angle CPT$
$= \angle BXT + \angle CYT$
$= \angle XAY + \angle XTY$
$= 2\angle BAC = \angle BOC$.

于是,点 P 在 $\triangle BOC$ 的外接圆上.

又 $180° - \angle BAC = \angle XBT + \angle YCT = \angle XPY$,故点 P 在圆 Γ 上.

接下来只需证明两圆在点 P 处有相同的切线,这等价于

$\angle BPX = \angle BCP + \angle XAP$.

由 $\angle BCP = \angle TYP,\angle XAP = \angle XYP$
$\Rightarrow \angle BCP + \angle XAP = \angle TYP + \angle XYP = \angle XYT = \angle XTB = \angle BPX$.

这便完成了证明.

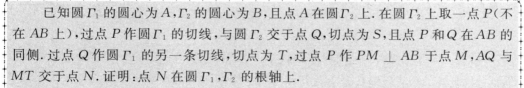

已知圆 Γ_1 的圆心为 A,Γ_2 的圆心为 B,且点 A 在圆 Γ_2 上.在圆 Γ_2 上取一点 P(不在 AB 上),过点 P 作圆 Γ_1 的切线,与圆 Γ_2 交于点 Q,切点为 S,且点 P 和 Q 在 AB 的同侧.过点 Q 作圆 Γ_1 的另一条切线,切点为 T,过点 P 作 $PM \perp AB$ 于点 M,AQ 与 MT 交于点 N.证明:点 N 在圆 Γ_1,Γ_2 的根轴上.

(2016,第 54 届荷兰国家队选拔考试)

证明　设点 P 在圆 Γ_1 的外部.否则,不存在圆 Γ_1 的切线 PS.

因为点 P 和 Q 在 AB 同侧,所以,点 S 也与 P 和 Q 在 AB 的同侧,且在圆 Γ_2 的外部.

特别地,若点 P 在 AB 上,则由泰勒斯定理,知 S 为圆 Γ_1,Γ_2 的交点.

考虑点 Q 在 P,S 之间的情况(另一位置类似可证). 易知,点 Q 在劣弧 $\overset{\frown}{AP}$ 上. 如图.

由 $\angle ASP = 90° = \angle AMP$

$\Rightarrow A,S,P,M$ 四点共圆

$\Rightarrow \angle PSM = \angle PAM = \angle PAB$

$= 90° - \dfrac{1}{2}\angle ABP$

$= 90° - (180° - \angle AQP)$

$= 90° - \angle AQS = \angle QAS.$

①

又 QT 和 QS 为圆 Γ_1 的切线,知 A,S,Q,T 四点共圆 Γ_3,且 $QT = QS$.

故 $\angle QAS = \angle QTS = \angle QST.$

结合式 ① 得

$\angle PSM = \angle QST = \angle PST \Rightarrow S,T,M$ 三点共线 $\Rightarrow N$ 为 ST 与 AQ 的交点.

在圆 Γ_3 中,由相交弦定理得 $NT \cdot NS = NA \cdot NQ.$

对于点 N,上式左边为在圆 Γ_1 中的乘积,右边为在圆 Γ_2 中的乘积,

因此,点 N 在圆 Γ_1,Γ_2 的根轴上.

已知 H 为锐角 $\triangle ABC$ 的垂心,$\triangle ABH$ 的外接圆 $\odot S$ 与线段 BC 交于点 B 和 D,且 P 为直线 DH 与线段 AC 的交点,Q 为 $\triangle ADP$ 的外接圆圆心. 证明:B,D,Q,S 四点共圆.

(2016,克罗地亚数学竞赛)

证明 如图,令 E 为直线 BH 与 AC 的交点.

故 $\angle SBD = 90° - \dfrac{1}{2}\angle DSB = 90° - \angle PHE$

$= \angle EPH = 180° - \angle APD.$

若 M 为线段 AD 的中点,则 M,Q,S 三点共线,且

$\angle DQM = \dfrac{1}{2}\angle AQD = 180° - \angle APD = \angle SBD.$

因此,B,D,Q,S 四点共圆.

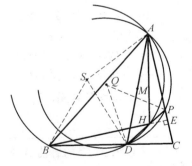

已知圆 Γ 与 $\angle BAC$ 的两边分别切于点 B 和 C,一条直线 l 与线段 AB,AC 分别交于点 K,L,直线 l 与圆 Γ 交于点 P 和 Q. 线段 BC 上的点 S 和 T 满足 $KS \parallel AC$,$LT \parallel AB$. 证明:P,Q,S,T 四点共圆.

(2016,第 42 届俄罗斯数学奥林匹克)

证明 若直线 $l \parallel BC$,则四边形 $PQTS$ 为等腰梯形. 故结论成立.

假设直线 l 与 BC 交于点 X. 则由题设知 $\dfrac{XB}{XT} = \dfrac{XK}{XL} = \dfrac{XS}{XC}.$

又因为点 B,C,P,Q 均在圆 Γ 上,所以,$XB \cdot XC = XP \cdot XQ$.

故 $XT \cdot XS = XB \cdot XC = XP \cdot XQ$.

从而,P,Q,S,T 四点共圆.

设 Γ 为锐角 $\triangle ABC$ 的外接圆.已知 $AC < BC$,M 为 AB 的中点,CC' 为圆 Γ 的直径,直线 CM 与 AC',BC' 分别交于点 K,L.过点 K 且与 AC' 垂直的直线为 l_1,过点 L 且与 BC' 垂直的直线为 l_2.证明:l_1,l_2 和直线 AB 所围出的三角形的外接圆与圆 Γ 相切.

(2016,第 42 届俄罗斯数学奥林匹克)

证明　先证明一个引理.

引理　设 T 为圆 Γ 上的一点,且 $\angle ACT = \angle BCM$,R 为 l_2 与 AB 的交点.则 $RT \perp BT$.

证明　过点 T 作 TB 的垂线与 AB 交于点 R'.只需证明:点 R 与 R' 重合.

在 $\mathrm{Rt}\triangle BLR$ 中,

$$RB = \frac{LB}{\cos\angle ABC'} = \frac{LB}{\sin\angle ABC} = \frac{CB}{\cos\angle LCB} \cdot \frac{\sin\angle LCB}{\sin\angle ABC} = \frac{CB}{\cos\angle LCB} \cdot \frac{MB}{CM}$$

$$= \frac{CB}{\cos\angle LCB} \cdot \frac{MA}{CM} = \frac{CB}{\cos\angle LCB} \cdot \frac{\sin\angle ACM}{\sin\angle CAB} = \frac{CB}{\cos\angle LCB} \cdot \frac{\sin\angle TCB}{\sin\angle CAB}$$

$$= \frac{CB}{\cos\angle LCB} \cdot \frac{\sin\angle TCB}{\sin\angle CTB} = \frac{TB}{\cos\angle LCB} \cdot \frac{TB}{\cos\angle ACT} = \frac{TB}{\cos\angle ABT} = R'B.$$

引理得证.

令 AA' 和 BB' 为圆 Γ 的直径,l_1 与 l_2 交于点 N.

由 $l_1 \parallel AC$,$l_2 \parallel BC \Rightarrow \angle RNS = \angle BCA$.

则由引理,知 T,R,B' 三点共线.

类似地,设 S 为直线 l_1 与 AB 的交点,则 T,S,A' 三点共线.

故 $\angle RTS = \angle B'C'A' = \angle BCA = \angle RNS$.从而,$R,S,N,T$ 四点共圆.

注意到,$\triangle TSR$ 与 $\triangle TB'A'$ 以点 T 为中心位似,故它们的外接圆切于点 T.

记 M_A,M_B,M_C 分别为 $\triangle ABC$ 的边 BC,CA,AB 的中点,M 为 $\triangle ABC$ 的重心.圆 Γ_A 过 AM 的中点且与 BC 切于点 M_A.类似定义圆 Γ_B,Γ_C.证明:圆 $\Gamma_A,\Gamma_B,\Gamma_C$ 共点.

(2016,第 42 届俄罗斯数学奥林匹克(十一年级))

证明　设 AM,BM,CM 的中点分别为 K_A,K_B,K_C,$\triangle K_A M_B M_C$ 的外接圆与 $\triangle K_B M_A M_C$ 的外接圆交于点 X.不妨设点 K_A,X 位于直线 $M_B M_C$ 的同侧(异侧情况可类似讨论).

则 $\angle M_A X M_B = \angle M_C X M_B - \angle M_C X M_A = \angle M_C K_A M_B - (180° - \angle M_C K_B M_A)$

$\qquad = \angle M_C M M_B + \angle M_C M M_A - 180°$

$\qquad = 180° - \angle M_A M M_B = 180° - \angle M_A K_C M_B.$

故 M_A,K_C,M_B,X 四点共圆,即 $\triangle K_A M_B M_C$、$\triangle K_B M_A M_C$、$\triangle K_C M_A M_B$ 的外接圆共

点于 X.

又 $\angle K_B X M_B = \angle M_C X M_B - \angle M_C X K_B = \angle M_C K_A M_B - \angle K_B M_A M_C$

$= \angle BMC - \angle MCA = MM_B C$,

这表明,点 X 在圆 Γ_B 上.

类似地,点 X 也在圆 Γ_A、Γ_C 上,即圆 Γ_A、Γ_B、Γ_C 共点于 X.

给定凸六边形 $A_1 B_1 A_2 B_2 A_3 B_3$,其顶点在半径为 R 的圆 Γ 上. 对角线 $A_1 B_2$、$A_2 B_3$、$A_3 B_1$ 三线共点于 X. 对于 $i = 1, 2, 3$,记圆 Γ_i 为与线段 XA_i、XB_i、$\overparen{A_i B_i}$(不包含六边形其他顶点的弧)均相切的圆,记 r_i 为圆 Γ_i 的半径.

(1) 证明:$R \geqslant r_1 + r_2 + r_3$;

(2) 若 $R = r_1 + r_2 + r_3$,证明:圆 Γ_i 与对角线 $A_1 B_2$、$A_2 B_3$、$A_3 B_1$ 相切的六个顶点共圆.

(2016,第八届罗马尼亚大师杯数学竞赛)

证明 (1) 如图 1,记 l_1 为圆 Γ 的切线,且与直线 $A_2 B_2$ 平行,与圆 Γ_1 在直线 $A_2 B_3$ 同侧.类似地,定义切线 l_2、l_3. 直线 l_1 与 l_2、l_2 与 l_3、l_3 与 l_1 分别交于点 C_3、C_1、C_2. 直线 $C_2 C_3$ 与射线 XA_1、XB_1 分别交于点 S_1、T_1;类似定义点 S_2、T_2 及 S_3、T_3.

记 $\triangle_1 = \triangle XS_1 T_1$,$\triangle_2 = \triangle XS_2 T_2$,$\triangle_3 = \triangle XS_3 T_3$,$\triangle = \triangle C_1 C_2 C_3$.

则 $\triangle_1 \backsim \triangle_2 \backsim \triangle_3 \backsim \triangle$.

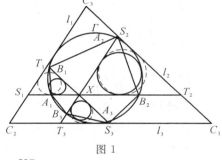

图 1

记 $k_i (i = 1, 2, 3)$ 为 $\triangle_i$ 与 $\triangle$ 的相似比 $\left(\text{如 } k_1 = \dfrac{XS_1}{C_1 C_2}\right)$.

因为 $S_1 X = C_2 T_3$,$XT_2 = S_3 C_1$,

所以,$k_1 + k_2 + k_3 = 1$.

记 $\rho_i = (i = 1, 2, 3)$ 为 $\triangle_i$ 的内切圆半径.

则 $\rho_1 + \rho_2 + \rho_3 = R$.

最后,注意到圆 Γ_i 在 $\triangle_i$ 内部,故 $r_i \leqslant \rho_i$. 从而,$R \geqslant r_1 + r_2 + r_3$.

(2) 由(1),知 $R = r_1 + r_2 + r_3$ 当且仅当对任意 i,均有 $r_i = \rho_i$,即圆 Γ_i 为 $\triangle_i$ 的内切圆.

如图 2,记 K_i、L_i、M_i 分别为圆 Γ_i 与边 XS_i、XT_i、$S_i T_i$ 的切点.

下面证明:点 K_i、$L_i (i = 1, 2, 3)$ 到点 X 距离相等.

显然,$XK_i = XL_i$.

故只需证明 $XK_2 = XL_1$,$XK_3 = XL_2$.

由三角形相似得

$\angle T_1 M_1 L_1 = \angle C_3 M_1 M_2$,

$\angle S_2 M_2 K_2 = \angle C_3 M_2 M_1$.

因此,M_1、M_2、L_1、K_2 四点共线.

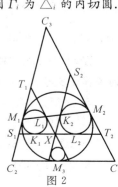

图 2

故 $\angle XK_2L_1 = \angle C_3M_1M_2 = \angle C_3M_2M_1 = \angle XL_1K_2$. 从而, $XK_2 = XL_1$.

类似地, $XK_3 = XL_2$.

综上, 结论成立.

在圆内接四边形 $ABCD$ 中, 对角线 AC 与 BD 交于点 X. C_1, D_1, M 分别为线段 CX, DX, CD 的中点, 直线 AD_1 与 BC_1 交于点 Y, 直线 MY 分别与 AC, BD 交于不同的点 E, F. 证明: 直线 XY 与过 E, F, X 三点的圆相切.

(2016, 欧洲女子数学奥林匹克)

证明 如图.

只需证明 $\angle EXY = \angle EFX$ 或

$\angle AYX + \angle XAY = \angle BYE + \angle XBY$.

由 A, B, C, D 四点共圆, 知 $\triangle XAD \backsim \triangle XBC$.

由 AD_1, BX_1 分别为相似 $\triangle XAD$, $\triangle XBC$ 中对应的中线, 知 $\angle XAY = \angle XAD_1 = \angle XBC_1 = \angle XBY$.

下面只需证明: $\angle AYX = \angle BYF$.

事实上, 由 $\angle XAB = \angle XDC = \angle MC_1D_1$,

$\angle XBA = \angle XCD = \angle MD_1C_1$,

易知, 点 X, M 分别为相似 $\triangle ABY$, $\triangle C_1D_1Y$ 中的对应点.

故 $\angle AYX = \angle C_1YM = \angle BYF$.

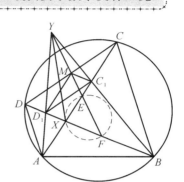

已知半径相等的两个圆 Γ_1, Γ_2 交于 X_1 和 X_2 两点, 圆 Γ 与 Γ_1 外切于点 T_1, 且与圆 Γ_2 内切于点 T_2. 证明: 直线 X_1T_1 与 X_2T_2 的交点在圆 Γ 上.

(2016, 欧洲女子数学奥林匹克)

证明 如图, 设直线 X_kT_k 与圆 Γ 的另一个交点为 X'_k, 过点 X_k 的圆 Γ_k 的切线为 t_k, 过点 X'_k 的圆 Γ 的切线为 t'_k ($k = 1, 2$).

注意到, $t_k \parallel t'_k$.

又由圆 Γ_1 和 Γ_2 为等圆, 知 $t_1 \parallel t_2$.

从而, $t'_1 \parallel t'_2$.

因为点 X'_1 与 X'_2 位于直线 T_1T_2 的同侧, 它们不可能是对径点, 所以, X'_1 与 X'_2 重合.

结论得证.

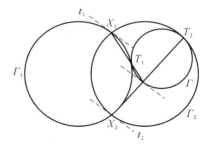

已知圆 Γ,Γ' 交于 A 和 B 两点.圆 Γ 在点 A 处的切线与圆 Γ' 的另一个交点为 C,圆 Γ' 在点 A 处的切线与圆 Γ 的另一个交点为 D.设 $\angle CAD$ 的内角平分线与圆 Γ,Γ' 分别交于 E,F 两点,$\angle CAD$ 的外角平分线与圆 Γ,Γ' 分别交于 X,Y.证明:线段 XY 的垂直平分线与 $\triangle BEF$ 的外接圆相切.

(2016,第三届伊朗几何奥林匹克)

证明 如图,设直线 XE 与 FY 交于点 P.

结合已知条件和弦切角定理,设

$$\angle EXA = \angle EAC = \angle EAD = \angle FYA = \alpha.$$

于是,$PX = PY$.

由 $\angle ABE = \angle AXE = \alpha$,

$\angle ABF = 180° - \angle AYF = 180° - \alpha$,

知 $\angle EBF = \angle ABF - \angle ABE = (180° - \alpha) - \alpha = 180° - 2\alpha$.

显然,$\angle EPF = 2\alpha$.

从而,P,E,B,F 四点共圆.

又 $\angle PEF = \angle AEX = 90° - \alpha = \angle AFY \Rightarrow PE' = PF$,从而,

P 为 $\triangle BEF$ 的外接圆上的 $\overparen{EF}$ 的中点.

而线段 XY 的垂直平分线平行于 EF 且通过点 P,故线段 XY 的垂直平分线与 $\triangle BEF$ 的外接圆切于点 P.

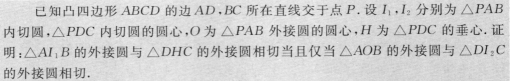

已知凸四边形 $ABCD$ 的边 AD,BC 所在直线交于点 P.设 I_1,I_2 分别为 $\triangle PAB$ 内切圆、$\triangle PDC$ 内切圆的圆心,O 为 $\triangle PAB$ 外接圆的圆心,H 为 $\triangle PDC$ 的垂心.证明:$\triangle AI_1B$ 的外接圆与 $\triangle DHC$ 的外接圆相切当且仅当 $\triangle AOB$ 的外接圆与 $\triangle DI_2C$ 的外接圆相切.

(2016,第三届伊朗几何奥林匹克)

证明 如图,设 $\triangle AI_1B$ 的外接圆与 $\triangle DHC$ 的外接圆切于点 K,Q 为 $\triangle AKD$ 的外接圆与 $\triangle BKC$ 的外接圆的另一个交点.

则 $\angle DHC = \angle DKC = 180° - \angle P$.

注意到,

$\angle PDK + \angle PCK = \angle DKC - \angle P = 180° - 2\angle P.$

由 A,Q,K,D 四点共圆知

$\angle AQK = 180° - \angle PDK.$

由 B,Q,K,C 四点共圆知

$\angle BQK = 180° - \angle PCK.$

故 $\angle AQB = 360° - \angle AQK - \angle BQK$

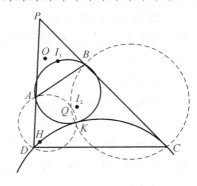

$$= \angle PDK + \angle PCK = 180° - 2\angle P = 180° - \angle AOB.$$

于是，A,O,B,Q 四点共圆.

又 $\angle AKD = \angle AQD$，$\angle BKC = \angle BQC$，$\angle AQB = \angle DKC - \angle P$，则

$$\angle CQD = 360° - \angle AQD - \angle BQC - \angle AQB = \angle AKB + \angle P$$

$$= 180° - \angle AI_1B + \angle P = 90° + \frac{\angle P}{2} = \angle DI_2C.$$

从而，C,D,Q,I_2 四点共圆.

由 $\triangle AI_1B$ 的外接圆与 $\triangle DHC$ 的外接圆切于点 K 知

$$\angle ABK + \angle DCK = \angle AKD$$

$$\Rightarrow (\angle ABQ + \angle KBQ) + (\angle DCQ - \angle KCQ) = \angle AKD.$$

又 $\angle KBQ = \angle KCQ$，$\angle AKD = \angle AQD \Rightarrow \angle ABQ + \angle DCQ = \angle AQD$，

因此，$\triangle AOB$ 的外接圆与 $\triangle DI_2C$ 的外接圆切于点 Q.

反之，假设 $\triangle CI_2D$ 的外接圆与 $\triangle AOB$ 的外接圆切于点 Q，K 为 $\triangle AQD$ 的外接圆与 $\triangle BQC$ 的外接圆的另一个交点.

类似地，$\triangle AI_1B$ 的外接圆与 $\triangle DHC$ 的外接圆切于点 K.

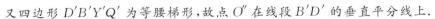

在凸四边形 $ABCD$ 中，边 AB 和 CD 所在直线交于点 E，边 AD 和 BC 所在直线交于点 F，对角线 AC 与 BD 交于点 P. 过点 D 的圆 Γ_1 与 AC 切于点 P，过点 C 的圆 Γ_2 与 BD 切于点 P. AD 与圆 Γ_1 交于点 X，BC 与圆 Γ_2 交于点 Y. 设圆 Γ_1，Γ_2 交于除点 P 外的另一点 Q. 证明：过点 P 且垂直于 EF 的直线通过 $\triangle XQY$ 外接圆的圆心.

（2016，第三届伊朗几何奥林匹克）

证明　设 $\triangle XQY$ 的外接圆圆心为 O.

以 P 为反演中心关于某个圆作反演变换，得到的图形如图.

于是，点 X' 为点 X 在反演变换下的像，其余的类似.

接下来证明：PO' 为 $\triangle E'PF'$ 的外接圆的直径.

设 O'' 为 $\triangle X'Q'Y'$ 的外接圆圆心.

于是，P,O',O'' 三点共线.

下面只需证明 PO'' 通过 $\triangle E'PF'$ 的外接圆圆心.

设 O_1,O_2,O_3,O_4 为图中四个圆的圆心，K 为 O_1O_3 与 O_2O_4 的交点.

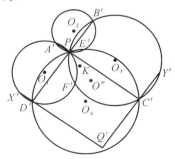

由 K 为线段 PE'，PF' 的垂直平分线的交点，知 K 为 $\triangle PE'F'$ 的外接圆圆心.

又四边形 $D'B'Y'Q'$ 为等腰梯形，故点 O'' 在线段 $B'D'$ 的垂直平分线上.

类似地，点 O'' 也在线段 $A'C'$ 的垂直平分线上.

假设 $A'C'$ 分别与 O_1O_2，O_3O_4 交于点 M,T，且 $B'D'$ 分别与 O_2O_3，O_1O_4 交于点 N,L.

过点 K,O'' 作 $A'C'$ 的垂线，垂足分别为 U,V；过点 K,O'' 作 $B'D'$ 的垂线，垂足分别为 R,S.

由 $O_1O_2 \perp A'C'$，$O_3O_4 \perp A'C' \Rightarrow O_1O_2 \parallel O_3O_4$．

类似地，$O_2O_3 \parallel O_1O_4$．

于是，四边形 $O_1O_2O_3O_4$ 为平行四边形．这表明，K 为线段 O_1O_3，O_2O_4 的中点．

从而，$UM = UT$．

又 $A'M = PM$，$C'T = PT$，则

$$PV = A'V - A'P = (PM + PT) - 2PM = PT - PM$$

$$\Rightarrow TV = PT - PV = PM \Rightarrow UP = UV.$$

类似地，$RP = RS$．

从而，点 K 在线段 PV，PS 的垂直平分线上，即 K 为 $\triangle PSV$ 的外接圆圆心．

因此，P，K，O' 三点共线．

设凸五边形 $AXYZB$ 内接于一个以 AB 为直径的半圆，过点 Y 作 AB 的垂线，垂足为 K，记 O 为 AB 的中点．令 L 为 XZ 与 YO 的交点．在直线 KL 上取一点 M，使得 $MA = MB$，点 I 与 O 关于 XZ 对称．证明：若 X，K，O，Z 四点共圆，则 Y，I，M，O 也四点共圆．

(2016，中国台湾数学奥林匹选训营)

证明 如图，将 AB 为直径的半圆延伸为 $\odot O$，直线 LK 与 $\odot O$ 交于 P 和 Q 两点，在射线 OM 上找一点 W，满足 $OW \cdot OM = OA \cdot OB$．记 MO 与 $\odot O$ 的交点为 P' 和 Q'．

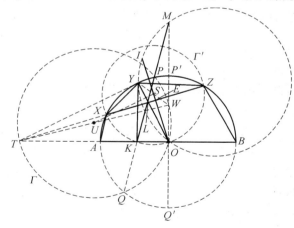

注意到，

$$MP \cdot MQ = MP' \cdot MQ' = (MO - OA)(MO + OA)$$

$$= MO^2 - AO^2 = MO^2 - OW \cdot OM = MW \cdot OM.$$

于是，P，Q，O，W 四点共圆，记该圆为圆 Γ．

对于三个圆：$\odot O$，圆 Γ 及过 X，K，O，Z 的圆 Γ'，因为根轴 XZ 与 PQ 的交点为 L，所以，三个圆的根心为点 L．

于是，直线 YO 为圆 Γ' 与圆 Γ 的根轴．

设 XZ 与 AB 的交点为 T．

由点 T 对 $\odot O$ 及圆 Γ' 的圆幂,知 $TA \cdot TB = TX \cdot TZ = TK \cdot TO$.

而 $YK \perp TO$,于是,TY 为 $\odot O$ 的切线.从而,$\triangle TYO$ 为直角三角形.

又在 $\mathrm{Rt}\triangle AYB$ 中,由射影定理知 $KO \cdot KT = KY^2 = KA \cdot KB = KP \cdot KQ$.

于是,T,Q,O,W,P 五点共圆于圆 Γ,其圆心为 TW 的中点 U.

令 YW 的中点为 S.

因为 $SU \parallel TY$,所以,$SU \perp YO$.

而直线 YO 为圆 Γ' 与圆 Γ 的根轴,于是,SU 过圆 Γ' 的圆心.

注意到,$YK \perp AB$,$WO \perp AB$,S 为 YW 的中点.则点 S 在 KO 的中垂线上.而圆 Γ' 的圆心也在该中垂线上,从而,S 即为圆 Γ' 的圆心.故点 S 在 XZ 的中垂线 OI 上,即 I,S,O 三点共线.

下面计算 $OS \cdot OI$.

作 $SF \perp OX$,垂足为 F.令 E 为 OI 与 XZ 的交点.

由 $\angle EXO = \angle XZO = \dfrac{1}{2}\angle XSO = \angle FSO$

$\Rightarrow \mathrm{Rt}\triangle XEO \backsim \mathrm{Rt}\triangle SFO \Rightarrow OS \cdot OI = 2OS \cdot OE = 2OF \cdot XO = XO^2$.

以 O 为反演中心、OA^2 为反演幂作反演变换,知 Y,I,M 反演后的像为 Y,S,W.

由于 Y,S,W 三点共线,于是,Y,I,M,O 四点共圆.

设 $\triangle ABC$ 的外心为 O,$\triangle BOC$ 的外接圆为 Γ,直线 AO 与圆 Γ 的第二个交点为 G.设边 BC 的中点为 M,且 BC 中垂线与圆 Γ 交于 O 和 N 两点.证明:线段 AN 的中点位于 $\triangle OMG$ 的外接圆 Γ_1 与以 AO 为直径的圆的根轴上.

(2016,中国台湾数学奥林匹克选训营)

证明 如图,过点 A 作 BC 的垂线,垂足为 H.设点 O 在 AN 上的投影为 S.

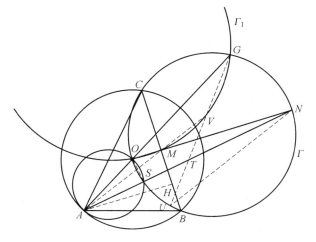

则分别以 AO,ON 为直径的圆交于点 S.

设 AM 与圆 Γ_1 的另一交点为 V;GV 与圆 Γ 的另一个交点为 U,且与 AN 交于点 T.

由 $\angle NUG = \angle MOG = \angle MVU \Rightarrow UN \ /\!/ \ AV.$

由于 AN 为 $\triangle ABC$ 的陪位中线,于是,AN 和 AM 等角共轭.

则 $\angle TGA = \angle AMO = \angle HAM = \angle SAO = \angle TAG.$

又 $\angle AGN = 90°$,故 T 为 AN 的中点.

综上,四边形 $AVNU$ 为平行四边形,且 T 为 VU 的中点.

故 $TS \cdot TA = TS \cdot TN = TU \cdot TG = TV \cdot TG.$

因此,点 T 在两圆的根轴上.

如图,在锐角 $\triangle ABC$ 中,$AB > AC$,$\odot O$ 为 $\triangle ABC$ 的外接圆,$\odot I$ 为 $\triangle ABC$ 的内切圆,$\odot I$ 与边 BC 切于点 D,直线 AO 与边 BC 交于点 X,AY 为边 BC 上的高,$\odot O$ 在点 B,C 处的切线交于点 L,PQ 为过点 I 的 $\odot O$ 直径. 证明:A,D,L 三点共线当且仅当 P,X,Y,Q 四点共圆.

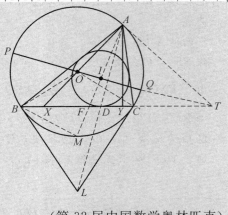

(第 32 届中国数学奥林匹克)

证明 记 $a = BC$,$b = CA$,$c = AB$,$p = \dfrac{1}{2}(a+b+c).$

于是,$BD = p - b$,$CD = p - c.$

首先,A,D,L 三点共线 $\Longleftrightarrow \dfrac{S_{\triangle ABL}}{S_{\triangle ACL}} = \dfrac{BD}{CD}.$

注意到,$\dfrac{BD}{CD} = \dfrac{p-b}{p-c} = \dfrac{a-b+c}{a+b-c}$,

$$\frac{S_{\triangle ABL}}{S_{\triangle ACL}} = \frac{\dfrac{1}{2}AB \cdot BL \sin\angle ABL}{\dfrac{1}{2}AC \cdot CL \sin\angle ACL} = \frac{c}{b} \cdot \frac{\sin\angle ABL}{\sin\angle ACL} = \frac{c}{b} \cdot \frac{\sin\angle ACB}{\sin\angle ABC} = \frac{c^2}{b^2}.$$

只要证 $\dfrac{c^2}{b^2} = \dfrac{a-b+c}{a+b-c}.$

再由 $b < c$,化简得 $b^2 + c^2 = a(b+c).$

故 A,D,L 三点共线 $\Longleftrightarrow b^2 + c^2 = a(b+c).$

过点 A 作 $\odot O$ 的切线,与 BC 的延长线交于点 T,延长 AI,与 BC 交于点 F.

下面证明:O,I,T 三点共线 $\Longleftrightarrow b^2 + c^2 = a(b+c).$

由梅涅劳斯定理知

O,I,T 三点共线 $\Longleftrightarrow \dfrac{AO}{OX} \cdot \dfrac{XT}{TF} \cdot \dfrac{FI}{IA} = 1.$ ①

记 $\angle ATX = \theta, \angle BAC = \alpha, \angle ABC = \beta, \angle ACB = \gamma$.

则 $\theta = \angle ACB - \angle CAT = \gamma - \beta$.

由面积比与面积正弦定理知

$$\frac{AO}{OX} = \frac{S_{\triangle AOB} + S_{\triangle AOC}}{S_{\triangle BOC}} = \frac{\sin 2\beta + \sin 2\gamma}{\sin 2\alpha} = \frac{2\sin(\beta + \gamma) \cdot \cos(\beta - \gamma)}{2\sin\alpha \cdot \cos\alpha} = \frac{\cos\theta}{\cos\alpha}.$$

取 $\overarc{BC}$ 的中点 M,由 $\triangle AFC \backsim \triangle ABM$,结合弦切角定理有

$$\angle TAF = \angle ABM = \angle AFC \Rightarrow TF = TA.$$

故 $\dfrac{XT}{TF} = \dfrac{XT}{TA} = \dfrac{1}{\cos\theta}$.

由角平分线定理及比例性质,得 $\dfrac{FI}{IA} = \dfrac{BF}{c} = \dfrac{CF}{b} = \dfrac{BF + CF}{b + c} = \dfrac{a}{b + c}$.

故式 ① 左边 $\dfrac{AO}{OX} \cdot \dfrac{XT}{TF} \cdot \dfrac{FI}{IA}$

$$= \frac{\cos\theta}{\cos\alpha} \cdot \frac{1}{\cos\theta} \cdot \frac{a}{b + c} = \frac{1}{\cos\alpha} \cdot \frac{a}{b + c} = \frac{2abc}{(b + c)(b^2 + c^2 - a^2)}.$$

由 $(b + c)(b^2 + c^2 - a^2) - 2abc = (a + b + c)[b^2 + c^2 - a(b + c)]$,知式 ① 成立等价于 $b^2 + c^2 = a(b + c)$.

从而,A, D, L 三点共线当且仅当 O, I, T 三点共线.

当 O, I, T 三点共线时,点 T 也在直线 PQ 上.

由圆幂定理以及 $\mathrm{Rt}\triangle XAT$ 中的射影定理,有 $TQ \cdot TP = TA^2 = TY \cdot TX$.

故 P, X, Y, Q 四点共圆.

反之,若 P, X, Y, Q 四点共圆,考虑 $\triangle ABC$ 的外接圆 Γ_1,点 P, X, Y, Q 所在圆周 Γ_2 以及 $\triangle AXY$ 的外接圆 Γ_3.

由 $\angle BAX = \dfrac{\pi}{2} - \gamma = \angle CAY$

$$\Rightarrow \angle TAY = \angle TAC + \angle CAY = \beta + \angle BAX = \angle AXC.$$

从而,TA 也为圆 Γ_3 的切线,圆 Γ_1 与 Γ_3 切于点 A.

注意到,圆 Γ_1 与 Γ_3、圆 Γ_1 与 Γ_2、圆 Γ_2 与 Γ_3 的根轴分别为直线 AT, PQ, XY.

由蒙日定理,知 AT, PQ, XY 三线共点,即 O, I, T 三点共线.

从而,A, D, L 三点共线当且仅当 O, I, T 三点共线,当且仅当 P, X, Y, Q 四点共圆.

　　如图 1,在圆内接四边形 $ABCD$ 中,$AB > BC$,$AD > DC$,点 I, J 分别为 $\triangle ABC$、$\triangle ADC$ 的内心.以 AC 为直径的圆与线段 IB 交于点 X,与 JD 的延长线交于点 Y.证明:若 B, I, J, D 四点共圆,则点 X, Y 关于 AC 对称.

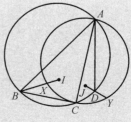

图 1

(2016,中国国家集训队选拔考试)

证明 如图 2，延长 BI,DJ，设其交点为 K，且与四边形 $ABCD$ 的外接圆 $\odot O$ 分别交于点 M,N，连接 MN.

显然，M 为 $\overparen{ADC}$ 的中点，N 为 $\overparen{ABC}$ 的中点.

于是，MN 为垂直于弦 AC 的直径，垂足即为 AC 的中点 T.

结合 $AB > BC,AD > DC$，知 B,D 与点 C 位于 MN 的同侧.

由 B,I,J,D 四点共圆得

$$\angle MIJ = \angle JDB = \angle NDB = \angle NMB.$$

于是，$IJ \parallel MN$.

由内心的性质，知 $NA = NJ,MA = MI$.

故 $\dfrac{NT}{TY} = \dfrac{NT}{TA} = \cot\angle ANM = \dfrac{NA}{AM} = \dfrac{NJ}{MI} = \dfrac{NK}{KM}$.

从而，由正弦定理得 $\dfrac{\sin\angle TYN}{\sin\angle TNY} = \dfrac{NT}{TY} = \dfrac{NK}{KM} = \dfrac{\sin\angle KMN}{\sin\angle KNM}$.

又 $\angle TNY = \angle KNM$，则 $\sin\angle TYN = \sin\angle KMN$.

显然，$\angle KMN = \angle BMN < 90°$.

又由点 Y 和 N 在直线 AC 两侧，知 $\angle TYN = \angle MTY - \angle TNY < 90°$.

于是，$\angle TYN = \angle KMN$.

从而，T,K,Y,M 四点共圆.

类似地，T,K,X,N，四点共圆.

故 $\angle MTY = \angle MKY = \angle NKX = \angle NTX$.

注意到，点 X 和 Y 位于 AC 的两侧，且在 MN 的同侧.

于是，射线 TX 和 TY 关于 AC 对称.

此外，点 X 和 Y 也在以 AC 为直径的圆周上，从而，点 X 和 Y 关于 AC 对称.

如图，PAB 和 PCD 为 $\odot O$ 的两条割线，AD 与 BC 交于点 Q，T 为线段 BQ 上一点，线段 PT 与 $\odot O$ 交于点 K，直线 QK 与线段 PA 交于点 S.证明：若 $ST \parallel PQ$，则 B,S,K,T 四点共圆.

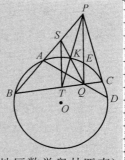

（第 13 届中国东南地区数学奥林匹克）

证明 连接 AK.

由 $ST \parallel PQ \Rightarrow \dfrac{SK}{KQ} = \dfrac{TK}{KP}$.   ①

注意到，$\dfrac{SK}{KQ} = \dfrac{S_{\triangle ASK}}{S_{\triangle AKQ}} = \dfrac{AS\sin\angle SAK}{AQ\sin\angle KAQ}$.

由 $\angle SAK = \angle TCK, \angle KAQ = \angle PCK$，则 $\dfrac{SK}{KQ} = \dfrac{AS\sin\angle TCK}{AQ\sin\angle PCK}$． ②

注意到，$\dfrac{TK}{KP} = \dfrac{S_{\triangle CTK}}{S_{\triangle CKP}} = \dfrac{CT\sin\angle TCK}{CP\sin\angle PCK}$．

结合式①、②，知 $\dfrac{AS}{AQ} = \dfrac{CT}{CP}$．

又 $\angle SAQ = 180° - \angle BAD = 180° - \angle BCD = \angle TCP$，故

$\triangle ASQ \backsim \triangle CTP \Rightarrow \angle ASK = \angle CTK$．

因此，B, S, K, T 四点共圆．

如图 1，$\triangle ABC$ 内接于 $\odot O$，$\angle ABC$ 的平分线与 $\odot O$ 交于点 D．分别过点 B, C 引 $\odot O$ 的两条切线 PB, PC 交于点 P．连接 PD，与 AC 交于点 E，与 $\odot O$ 交于点 F，设 BC 的中点为 M．证明：M, F, C, E 四点共圆．

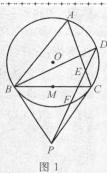

图 1

（第 12 届中国北方数学奥林匹克）

证明 如图 2，设 BD 与 AC 交于点 X．延长 BD，与 PC 的延长线交于点 Y；过点 P 作 $PZ \parallel BD$，与 AC 的延长线交于点 Z．连接 ME, DC．

由梅涅劳斯定理，知 $\dfrac{XD}{DY} \cdot \dfrac{YP}{PC} \cdot \dfrac{CE}{EX} = 1$． ①

由题意有

$\angle YCD = \angle CBD = \angle ABD = \angle ACD$．

则 CD 平分 $\angle XCY$．

于是，$\dfrac{XD}{DY} = \dfrac{CX}{CY}$． ②

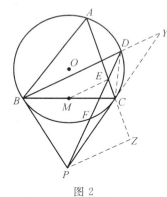

图 2

又 $PZ \parallel BD \Rightarrow \triangle PCZ \backsim \triangle YCX$

$\Rightarrow \dfrac{CX}{CY} = \dfrac{CZ}{CP} = \dfrac{ZC + CX}{PC + CY} = \dfrac{ZX}{PY}$． ③

由式①、②、③ 知 $\dfrac{ZX}{PC} \cdot \dfrac{CE}{EX} = 1$． ④

注意到，$\angle PBD = \angle PBC + \dfrac{1}{2}\angle ABC, \angle BXZ = \angle A + \dfrac{1}{2}\angle ABC$．

由 PB 为切线，知 $\angle PBC = \angle BAC$．

于是，四边形 $PBXZ$ 为等腰梯形，得 $ZX = PB = PC$．

代入式④ 得 $CE = EX$．

从而,ME 为 $\triangle BCX$ 的中位线,$ME \parallel BD$.

故 $\angle MEF = \angle BDF = \angle FCB$.

因此,M,F,C,E 四点共圆.

已知 $\triangle ABC$ 的外接圆为 Γ,内心为 I,BC 的中点为 M,点 I 在边 BC 上的投影为 D,过点 I 且与 AI 垂直的直线与边 AB,AC 分别交于点 F,E. 若 $\triangle AEF$ 的外接圆与圆 Γ 的第二个交点为 X,证明:直线 XD 与 AM 的交点在圆 Γ 上.

(第 57 届 IMO 预选题)

证明 如图,设直线 AM 与圆 Γ 的第二个交点为 Y,XY 与 BC 交于点 D'.

只要证:点 D' 与 D 重合.

引理 对于任意圆内接四边形 $PQRS$,若对角线 PR 与 QS 交于点 T,则

$$\frac{QT}{TS} = \frac{PQ \cdot QR}{PS \cdot SR}.$$

证明 由 $\angle PQR + \angle PSR = 180°$,则

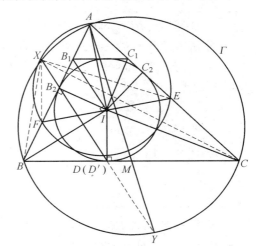

$$\frac{QT}{TS} = \frac{S_{\triangle PQR}}{S_{\triangle PSR}} = \frac{\dfrac{1}{2}PQ \cdot QR\sin\angle PQR}{\dfrac{1}{2}PS \cdot SR\sin\angle PSR}$$

$$= \frac{PQ \cdot QR}{PS \cdot SR}.$$

引理得证.

对于圆内接四边形 $ABYC$,圆内接四边形 $XBYC$,由引理分别得

$$1 = \frac{BM}{MC} = \frac{AB \cdot BY}{AC \cdot CY}, \quad \frac{BD'}{D'C} = \frac{XB \cdot BY}{XC \cdot CY}.$$

故 $\dfrac{BD'}{CD'} = \dfrac{XB}{XC} \cdot \dfrac{BY}{CY} = \dfrac{XB}{XC} \cdot \dfrac{AC}{AB}$.　　　　　①

由 $\angle XBF = \angle XBA = \angle XCA = \angle XCE$,$\angle XFB = \angle XEC$

$\Rightarrow \triangle XBF \backsim \triangle XCE \Rightarrow \dfrac{XB}{XC} = \dfrac{BF}{CE}$　　　②

又 $\angle FIB = \angle AIB - 90° = \dfrac{1}{2}\angle ACB = \angle ICB$,$\angle FBI = \angle IBC$,于是,

$\triangle BFI \backsim \triangle BIC$.

类似地,$\triangle CEI \backsim \triangle CIB$.

故 $\dfrac{FB}{IB} = \dfrac{IB}{BC}$,$\dfrac{EC}{IC} = \dfrac{IC}{BC}$.　　　③

设直线 $B_1C_1 \parallel BC$,且与 $\triangle ABC$ 的内切圆 $\odot I$ 相切,其中,点 B_1,C_1 分别在边 AB,AC

上,$\odot I$ 分别与 AB,AC 切于点 B_2,C_2.

由于 A 为 $\triangle ABC$ 与 $\triangle AB_1C_1$ 的位似中心,于是,B_1I 平行于 $\angle ABC$ 的外角平分线.

从而,$\angle B_1IB = 90°$.

因为 $\angle BB_2I = 90°$,所以,由射影定理得 $BB_2 \cdot BB_1 = BI^2$.

类似地,$CC_2 \cdot CC_1 = CI^2$.

故 $\dfrac{BI^2}{CI^2} = \dfrac{BB_2}{CC_2} \cdot \dfrac{BB_1}{CC_1} = \dfrac{BB_1}{CC_1} \cdot \dfrac{BD}{CD} = \dfrac{AB}{AC} \cdot \dfrac{BD}{CD}$.   ④

由式 ① ~ ④,得 $\dfrac{BD'}{CD'} = \dfrac{XB}{XC} \cdot \dfrac{AC}{AB} = \dfrac{BF}{CE} \cdot \dfrac{AC}{AB} = \dfrac{BI^2}{CI^2} \cdot \dfrac{AC}{AB} = \dfrac{BD}{CD}$.

因此,点 D' 与 D 重合.

在 $\triangle ABC$ 中,$AB = AC \neq BC$,内心为 I,直线 BI 与 AC 交于点 D,过 D 作 AC 的垂线,与 AI 交于点 E. 证明:点 I 关于 AC 的对称点在 $\triangle BDE$ 的外接圆上.

(第 57 届 IMO 预选题)

证明 如图,设以 E 为圆心且过点 B 和 C 的圆为 Γ.

因为 $ED \perp AC$,

所以,C 关于点 D 的对称点 F 在圆 Γ 上.

由 $\angle DCI = \angle ICB = \angle CBI$,知直线 DC 与 $\triangle IBC$ 的外接圆切于点 C.

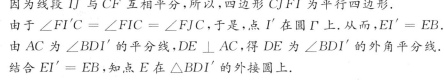

设 I 关于点 D 的对称点为 J.

由 $DC \cdot DF = DC^2 = DI \cdot DB = DJ \cdot DB$,知点 J 在圆 Γ 上.

设 I 关于 AC 的对称点为 I'.

因为线段 IJ 与 CF 互相平分,所以,四边形 $CJFI$ 为平行四边形.

由于 $\angle FI'C = \angle FIC = \angle FJC$,于是,点 I' 在圆 Γ 上. 从而,$EI' = EB$.

由 AC 为 $\angle BDI'$ 的平分线,$DE \perp AC$,得 DE 为 $\angle BDI'$ 的外角平分线.

结合 $EI' = EB$,知点 E 在 $\triangle BDI'$ 的外接圆上.

已知锐角 $\triangle ABC$ 的外接圆 $\odot O$ 的半径为 R,$AB < AC < BC$,$\triangle ABC$ 的内切圆 $\odot I$ 分别与边 BC,AC,AB 切于点 D,E,F,$\triangle AEF$ 的外接圆 Γ_1,$\triangle BDF$ 的外接圆 Γ_2,$\triangle CDE$ 的外接圆 Γ_3 与 $\odot O$ 分别交于另一点 A',B',C'. 证明:

(1)D,E,A',B' 四点共圆;

(2)DA',EB',FC' 三线共点.

(2017,希腊国家队选拔考试)

证明 如图,取 AA' 延长线上一点 T.

因为 A',A,I,F 四点共圆,所以,

$$\angle AA'I = \angle AFI = 90° = \angle TA'I.$$

由 C,D,I,E 四点共圆,B,D,I,F 四点共圆,B,D,I,B' 四点共圆,B,B',A',A 四点共圆知

$$\angle EDI = \frac{1}{2}\angle ACB,$$

$$\angle FDI = \frac{1}{2}\angle DBF,$$

$$\angle B'DF = \angle B'BF,$$

$$\angle B'DF = \angle TA'B' = 90° - \angle B'A'I.$$

于是,$\angle B'DF + \angle B'A'I = 90°$.

又 A,E,I,A' 四点共圆,则 $\angle IA'E = \frac{1}{2}\angle BAC$.

故 $\angle B'DF + \angle FDI + \angle IDE + \angle IA'E + \angle B'A'I = 180°$.

从而,A',E,D,B' 四点共圆.

类似地,D,F,A',C' 四点共圆,F,E,C',B' 四点共圆.

因此,DA',EB',FC' 三线共点于圆 $\Gamma_1,\Gamma_2,\Gamma_3$ 根轴的交点.

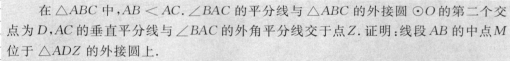

在 $\triangle ABC$ 中,$AB < AC$.$\angle BAC$ 的平分线与 $\triangle ABC$ 的外接圆 $\odot O$ 的第二个交点为 D,AC 的垂直平分线与 $\angle BAC$ 的外角平分线交于点 Z.证明:线段 AB 的中点 M 位于 $\triangle ADZ$ 的外接圆上.

(2017,第 29 届亚太地区数学奥林匹克)

证明 如图,设 E 为 AZ 与 $\triangle ABC$ 的外接圆 $\odot O$ 的交点.

由 AD 为 $\angle BAC$ 的内角平分线,AE 为 $\angle BAC$ 的外角平分线,则 $\angle EAD = 90°$.

于是,ED 为 $\odot O$ 的直径.连接 BD.

由 A,B,D,E 四点共圆

$\Rightarrow \angle ZEO = \angle ZED = \angle ABD$.

又 $AC \perp ZO$,$\angle EAD = 90°$,及 AD 平分 $\angle BAC$,知

$\angle OZA = 90° - \angle ZAC = \angle CAD = \angle BAD$.

则 $\triangle ZEO \backsim \triangle ABD \Rightarrow \dfrac{ZE}{EO} = \dfrac{AB}{BD}$.

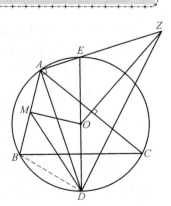

故 $\dfrac{ZE}{ED} = \dfrac{ZE}{2EO} = \dfrac{AB}{2BD} = \dfrac{MB}{BD} \Rightarrow \triangle ZED \backsim \triangle MBD$

$\Rightarrow \angle DMB = \angle DZE = \angle DZA \Rightarrow A,M,D,Z$ 四点共圆.

因此,线段 AB 的中点 M 位于 $\triangle ADZ$ 的外接圆上.

已知圆 Γ 为四边形 $ABCD$ 的外接圆, 对角线 AC 与 BD 交于点 E, 过 E 的直线 l 分别与 AB, BC 交于 P, Q 两点, 过 D 和 E 且与直线 l 相切的圆与圆 Γ 交于点 R. 证明: B, P, R, Q 四点共圆.

（2017, 第 53 届蒙古数学奥林匹克）

证明 如图, 设直线 RE 与圆 Γ 的第二个交点为 K, 连接 KB.

则 $\angle QER = \angle EDR = \angle BDR = \angle BKR$

$\Rightarrow BK \parallel PQ$.

结合正弦定理知

$$\frac{RA}{RC} = \frac{\sin\angle RCA}{\sin\angle RAC} = \frac{\sin\angle AKE}{\sin\angle CKE} = \frac{AE\sin\angle KAE}{CE\sin\angle KCE}.$$

而 $\angle KAE = \pi - \angle KBC$

$= \pi - \angle EQC = \angle EQB$,

类似地, $\angle KCE = \angle BPQ$.

故 $\dfrac{RA}{RC} = \dfrac{AE\sin\angle EQB}{CE\sin\angle BPQ} = \dfrac{AE \cdot BP}{CE \cdot BQ}$.

对 $\triangle ABC$ 及截线 QEP 运用梅涅劳斯定理, 有 $\dfrac{CQ}{QB} \cdot \dfrac{BP}{PA} \cdot \dfrac{AE}{EC} = 1$.

则 $\dfrac{RA}{RC} = \dfrac{AP}{CQ}$. 而 $\angle RAP = \angle RCQ$, 故

$\triangle RAP \backsim \triangle RCQ \Rightarrow \angle RPB = \angle RQC \Rightarrow B$, P, R, Q 四点共圆.

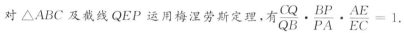

设 $\odot C_1$ 与 $\odot C_2$ 交于 A 和 B 两点, P, Q 分别为 $\odot C_1$ 与 $\odot C_2$ 上异于 A 和 B 的两点, 且点 P, Q, B 在同一直线上, 其中, 点 B 位于 P, Q 之间, 直线 PC_1 与 QC_2 交于点 R, I 为 $\triangle PQR$ 的内心, S 为 $\triangle PIQ$ 的外心. 证明: 当点 P 在 $\odot C_1$ 上运动时, S 的运动轨迹为某段圆弧, 且该圆弧的圆心, A, C_1, C_2 四点共圆.

（2017, 第 19 届菲律宾数学奥林匹克）

证明 如图, 设过点 A, C_1, C_2 的圆与 $\angle C_1AC_2$ 的平分线的交点为 C.

只需证明: $CS = CA$.

令 $\angle C_1AC_2 = \angle C_1BC_2 = 2\alpha$,

$\angle C_1PB = \angle C_1BP = 2\beta$,

$\angle C_2QB = \angle C_2BQ = 2\gamma$.

则 $\angle C_1RC_2 = 180° - \angle C_1PB - \angle C_2QB$

$= 180° - \angle C_1BP - \angle C_2BQ$

$= \angle C_1BC_2 = 2\alpha$

$\Rightarrow R$, A, C_1, C_2, C 五点共圆.

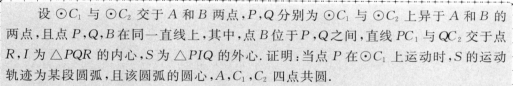

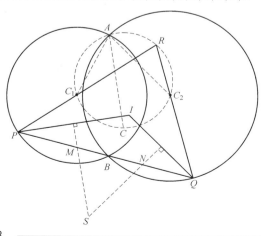

因为 RI 平分 $\angle C_1RC_2$，所以，$\angle C_1RI = \alpha = \angle C_1RC$.

故 C, R, I 三点共线.

由 $\triangle PQR$ 的内角和等于 $180°$，知 $\alpha + \beta + \gamma = 90°$.

设 PI 与 QI 的垂直平分线分别与 PQ 交于点 M, N.

因为 $SP = SI = SQ$，所以，$\angle SIM = \angle SPM = \angle SQN = \angle SIN$.

于是，SI 平分 $\angle MIN$，且

$\angle MIN = 180° - (\angle MIP + \angle MPI) - (\angle NIQ + \angle NQI) = 180° - 2\beta - 2\gamma = 2\alpha$.

故 $\alpha = \angle SIM = \angle SIN$

$\Rightarrow \angle PIS = \angle PIM + \angle SIM = \beta + \alpha = \angle IPR + \angle IRP = 180° - \angle RIP$

$\Rightarrow S, R, I, C$ 四点共线.

由于 $\angle SQP = \angle SIN = \alpha = \angle SRP$，于是，$P, R, Q, S$ 四点共圆.

对点 C_1, A, C_2, C 所在的圆应用托勒密定理得

$CA \cdot C_1C_2 = CC_1 \cdot AC_2 + CC_2 \cdot AC_1 = CC_1(AC_1 + AC_2) = CC_1(PC_1 + QC_2)$

$= CC_1(RP - RC_1 + RQ - RC_2) = CC_1(RP + RQ) - CC_1(RC_1 + RC_2)$.

分别对点 C_1, R, C_2, C 所在的圆和 P, R, Q, S 所在的圆应用托勒密定理，

结合 $\triangle C_1CC_2 \backsim \triangle PSQ$，得

$CA = \dfrac{SP}{PQ}(RP + RQ) - \dfrac{CC_1}{C_1C_2}(RC_1 + RC_2)$

$\quad = \dfrac{SQ \cdot RP + SP \cdot RQ}{PQ} - \dfrac{CC_2 \cdot RC_1 + CC_1 \cdot RC_2}{C_1C_2}$

$\quad = \dfrac{RS \cdot PQ}{PQ} - \dfrac{RC \cdot C_1C_2}{C_1C_2}$

$\quad = RS - RC = CS$.

命题得证.

设正 $\triangle ABC$ 的外接圆为 Γ_1，正 $\triangle ABC$ 的内切圆为 Γ_2，点 P, Q 分别在边 AC, AB 上，使得线段 PQ 与圆 Γ_2 相切. 以 P 为圆心的圆 Γ_P 经过顶点 B，以 Q 为圆心的圆 Γ_Q 经过顶点 C. 证明：圆 $\Gamma_1, \Gamma_P, \Gamma_Q$ 交于同一点.

(2017，第 43 届俄罗斯数学奥林匹克)

证明 设 $\triangle ABC$ 的中心为 O，圆 Γ_2 分别与线段 BQ, QP, PC 切于点 K, L, M，如图.

由正三角形的对称性，知射线 BO, CO 分别经过点 M, K.

在射线 LO 上截取线段 OX，使得 $OX = OB$.

从而，点 X 在圆 Γ_1 上.

因为 PL 与 PM 均与圆 Γ_2 相切，所以，$\angle POL = \angle POM$.

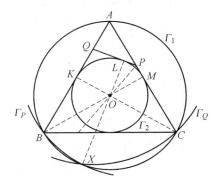

于是，$\angle POB = \angle POX$，且 $\triangle POB \cong \triangle POX$.

因而，$PX = PB$，这表明，点 X 在圆 Γ_P 上.

类似地，点 X 在圆 Γ_Q 上.

因此，X 为圆 Γ_1，Γ_P，Γ_Q 的公共点.

已知 $\odot I$ 内切于四边形 $ABCD$，射线 BA 与 CD 交于点 P，射线 AD 与 BC 交于点 Q. 若点 P 在 $\triangle AIC$ 的外接圆 Γ 上，证明：点 Q 也在圆 Γ 上.

（2017，第 43 届俄罗斯数学奥林匹克）

证明　由于点 P 在圆 Γ 上，于是，A，I，C，P 四点共圆.

则 $\angle PCI = 180° - \angle PAI = \angle BAI$.

换言之，$\angle DCI = \angle BAI$（如图）.

注意到，内切于四边形的圆的圆心 I 位于该四边形的角平分线上.

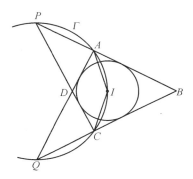

故 $\angle DCI = \angle BCI$，$\angle DAI = \angle BAI$.

从而，$\angle DAI = \angle BCI$.

这表明，$\angle QAI = \angle BCI = 180° - \angle QCI$.

由上式，知 A，I，C，Q 四点共圆，亦即点 Q 也在经过 A，C，I 三点的圆 Γ 上.

已知正 $\triangle ABC$ 内接于圆 Γ_1 且外切于圆 Γ_2，在边 AC，AB 上分别取点 P，Q，使得线段 PQ 经过 $\triangle ABC$ 的中心. 分别以线段 BP，CQ 为直径作圆 Γ_b，Γ_c. 证明：圆 Γ_b 与圆 Γ_c 的两个交点一个在圆 Γ_1 上，一个在圆 Γ_2 上.

（2017，第 43 届俄罗斯数学奥林匹克）

证明　记正 $\triangle ABC$ 的中心为 O，且 B_2，C_2 分别为圆 Γ_2 与边 AC，AB 的切点，B_1，C_1 分别为顶点 B，C 在圆 Γ_1 上的对径点，如图.

因此，B_1，C_1 分别为点 O 关于边 AC，AB 的对称点.

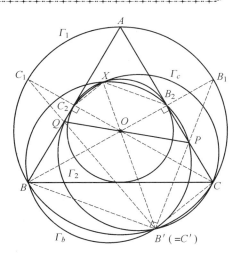

从而，$\angle OB_1P = \angle B_1OP$，

$\angle OC_1Q = \angle C_1OQ$.

记射线 B_1P，C_1Q 分别与圆 Γ_1 交于点 B'，C'.

于是，$\angle PB'B = \angle B_1B'B = 90°$.

这表明，点 B' 在圆 Γ_b 上.

类似地，点 C' 在圆 Γ_c 上.

又 $\overset{\frown}{BB'}^{\circ} + \overset{\frown}{CC'}^{\circ} = 2(\angle BB_1B' + \angle CC_1C')$

$$= 2(\angle B_1 OP + \angle C_1 OQ)$$
$$= 2(180° - \angle B_1 OC_1) = 120° = \overset{\frown}{BC}°,$$

这表明，点 B' 与 C' 重合.

因而，圆 Γ_b 与圆 Γ_c 交于点 B'，其在圆 Γ_1 上.

因为 $\angle BB_2 P = \angle CC_2 Q = 90°$，所以，点 B_2，C_2 分别在圆 Γ_b，Γ_c 上.

延长线段 $B'O$，与圆 Γ_2 交于点 X. 则 $OX = OB_2 = OC_2$，$OB' = OB = OC$.

故 $OB \cdot OB_2 = OB' \cdot OX = OC \cdot OC_2$，其中，前一个等式表明 B，X，B_2，B' 四点共圆，即点 X 在圆 Γ_c 上；第二个等式表明点 X 在圆 Γ_b 上.

从而，点 X 为圆 Γ_b 与圆 Γ_c 的第二个交点，其在圆 Γ_2 上.

已知 $\triangle ABC(AB \neq AC)$，外接圆为 Γ，内心为 I，射线 AI 与 BC 交于点 D，与圆 Γ 的第二个交点为 M. 以线段 DM 为直径的圆与圆 Γ 的第二个交点为 K，直线 MK 与 BC 交于点 S，线段 IS 的中点为 N，$\triangle KID$ 的外接圆与 $\triangle MAN$ 的外接圆交于点 L_1 和 L_2. 证明：圆 Γ 通过 IL_1 的中点或 IL_2 的中点.

(2017，第 46 届美国数学奥林匹克)

证明 如图，记线段 BC 的中点为 W，点 M 的对径点为 X.

由于直线 KD 通过点 X，于是，直线 BC，MK，XA 交于 $\triangle DMX$ 的垂心，即为 S.

记 I_A 为 $\triangle ABC$ 顶点 A 所对的旁心.

设点 I 在直线 XI_A 上的投影为 E. 显然，点 E 在以 M 为圆心且通过点 B，I，C，I_A 的圆上，记此圆为 Γ_1.

于是，S 为圆 Γ_1，Γ 及以 IX 为直径的圆的根心，即 SI 通过点 E.

从而，I 为 $\triangle XSI_A$ 的垂心.

过点 X 作 $I_A S$ 的垂线，垂足为 L.

下面证明：L 为 $\triangle KID$ 的外接圆与 $\triangle MAN$ 的外接圆的公共点.

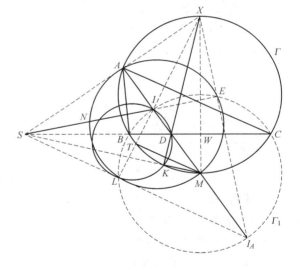

因为 $\triangle MAN$ 的外接圆是 $\triangle XSI_A$ 的九点圆，所以，点 L 在这个九点圆上.

由 $\triangle MWI$ 与 $\triangle MIX$ 有公共角 $\angle IMX$ 且 $MW \cdot MX = MB^2 = MI^2$，知
$$\triangle MWI \backsim \triangle MIX$$
$$\Rightarrow \angle IWM = \angle MIX = 180° - \angle LIM = 180° - \angle MLI$$
$$\Rightarrow M，W，I，L \text{ 四点共圆}.$$

又由 IL，DK，WM 三线交于点 X 知
$$XD \cdot XK = XM \cdot XW = XI \cdot XL \Rightarrow K，D，I，L \text{ 四点共圆}.$$

平面几何部分

于是,只要说明线段 IL 的中点 T 位于圆 Γ 上即可.

事实上,由 $TM \parallel I_AL$,得 $\angle MTX = 90°$.

问题得证.

在等腰 $\triangle ABC$ 中,$AB = BC$,K,M 分别为线段 AB,AC 的中点,$\triangle CKB$ 的外接圆与直线 BM 的第二个交点为 N,过点 N 且与 AC 平行的直线与 $\triangle ABC$ 的外接圆交于点 A_1 和 C_1.证明:$\triangle A_1BC_1$ 为正三角形.

(2017,第 67 届白俄罗斯数学奥林匹克)

证明 如图,记 O 为 $\triangle ABC$ 的外心.

由 K,B,C,N 四点共圆,且 BM 为 $\angle ABC$ 的平分线,知 $NK = NC$.

又点 N 在 AC 的垂直平分线上,故 $NA = NC$.

于是,N 为 $\triangle AKC$ 的外心.

过点 N,O 分别作 AB 的垂线,垂足分别为 T,K.

由垂径定理,知 T 为 AK 的中点.

则 $KT = \dfrac{1}{2}KA = \dfrac{1}{2}KB \Rightarrow \dfrac{BK}{KT} = 2$

$\Rightarrow \dfrac{BO}{ON} = \dfrac{BK}{KT} = 2$.

故等腰 $\triangle C_1BA_1$ 的外心 O 也为重心.

因此,$\triangle A_1BC_1$ 为正三角形.

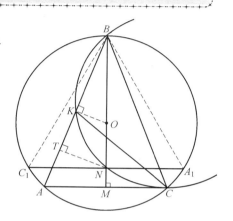

已知凸四边形 $ABCD$ 的对角线 AC 和 BD 交于点 O,点 A_1,B_1,C_1,D_1 分别在线段 OA,OB,OC,OD 上,满足 $AA_1 = CC_1$,$BB_1 = DD_1$,$\triangle AOB$ 的外接圆与 $\triangle COD$ 的外接圆第二个交点为 M,$\triangle AOD$ 的外接圆与 $\triangle BOC$ 的外接圆第二个交点为 N,$\triangle A_1OB_1$ 的外接圆与 $\triangle C_1OD_1$ 的外接圆第二个交点为 P,$\triangle A_1OD_1$ 的外接圆与 $\triangle B_1OC_1$ 的外接圆的第二个交点为 Q.证明:M,N,P,Q 四点共圆.

(2017,第 66 届捷克和斯洛伐克数学奥林匹克)

证明 如图.由 $\angle MAC = \angle MBD$,$\angle MCA = \angle MDB$

$\Rightarrow \triangle MAC \backsim \triangle MBD$.

设 AC,BD 的中点分别为 X,Y.则 $\angle MXC = \angle MYD$.

于是,点 M 在 $\triangle OXY$ 的外接圆上.

类似地,点 N 也在 $\triangle OXY$ 的外接圆上.

因为 X,Y 分别为 A_1C_1,B_1D_1 的中点,所以,对于四边形 $A_1B_1C_1D_1$,用同样的方法,可知点 P,Q 也在 $\triangle OXY$ 的外接圆上.

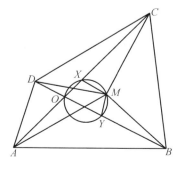

设锐角 $\triangle ABC$ 的垂心为 H,$\angle BHC$ 的平分线与边 BC 交于点 D. 设 E,F 分别为点 D 关于 AB,AC 的对称点. 证明:$\triangle AEF$ 的外接圆过 $\overset{\frown}{BAC}$ 的中点.

(2017,第 66 届保加利亚数学奥林匹克)

证明 设 $\angle CAB = \alpha$. 显然,有向角 $\angle EAF = 2\alpha$. 令 H_2,H_3 分别为垂心 H 关于边 AC,AB 的对称点.

易知,点 H_2 和 H_3 在 $\triangle ABC$ 的外接圆 Γ 上,如图.

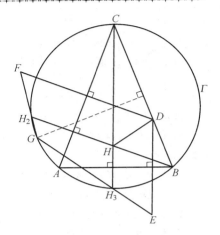

由 DH 为 $\angle BHC$ 的平分线且 $CH \parallel DE$,知

$$\angle H_3ED = \angle HDE = \angle DHC$$
$$= \frac{1}{2}\angle BHC = 90^\circ - \frac{1}{2}\alpha.$$

令 G 为 $\overset{\frown}{BAC}$ 的中点.

由于在圆 Γ 上的 $\overset{\frown}{CG}$ 为 $\overset{\frown}{CAB}$ 的一半,于是,有向角 $\angle CH_3G$ 所对的圆弧 $\overset{\frown}{CG}$ 的弧度等于 $90^\circ - \frac{1}{2}\alpha$,即

$$\angle CH_3G = \angle DEH_3.$$

由 $CH_3 \parallel DE$,知 G,H_3,E 三点共线.

类似地,G,H_2,F 三点共线.

故 $\angle EGF = \angle H_3GH_2 = \angle H_3AH_2 = \angle H_3AH + \angle HAH_2 = 2\alpha = \angle EAF$.

已知 $\triangle ABC$ 的外接圆 $\odot O$ 的半径为 R,$AB < AC < BC$,以 AC 为半径的 $\odot A$ 与 $\odot O$,CB 的延长线分别交于点 D,E,直线 AE 与 $\odot O$ 交于点 F. 若点 E 关于点 B 的对称点为 G,证明:F,E,D,G 四点共圆.

(2017,第 34 届希腊数学奥林匹克)

证明 如图.

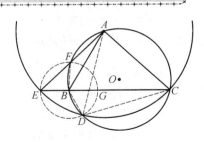

因为四边形 $AFBC$ 内接于 $\odot O$,

所以,$\angle EFB = \angle ACB$.

由 $\triangle ACE$ 为等腰三角形,知 $\angle AEB = \angle ACB$.

则 $\angle EFB = \angle AEB \Rightarrow BE = BF$.

注意到,在 $\odot O$,$\odot A$ 中分别有

$\angle BAD = \angle BCD \triangleq \alpha$,$\angle EAD = 2\angle ECD = 2\alpha$.

则 $\angle EAB = \angle BAD = \alpha \Rightarrow AB$ 为等腰 $\triangle EAD$ 的角平分线

$\Rightarrow AB \perp ED \Rightarrow EB = BD \Rightarrow BE = BF = BG = BD$

$\Rightarrow F$,E,D,G 四点共圆.

已知 $\triangle ABC$ 的内切圆 Γ 分别与边 BC,CA,AB 切于点 D,E,F,过点 A,B 的圆与直线 DE 分别交于点 P,Q.证明:AB 的中点在 $\triangle PQF$ 的外接圆上.

(2017,新加坡数学奥林匹克)

证明 设 M 为边 AB 的中点.

若 $DE \parallel AB$,则 $\triangle ABC$ 为等腰三角形,有 $CA = CB$.于是,点 F 与 M 重合.

若 DE 与 AB 不平行,如图,则直线 DE 与

AB 的延长线交于点 X.

由圆 Γ 为 $\triangle ABC$ 的内切圆知

$AE = AF,BF = BD,CD = CE$.

由梅涅劳斯定理得

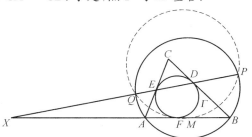

$\dfrac{AX}{XB} \cdot \dfrac{BD}{DC} \cdot \dfrac{CE}{EA} = 1$

$\Rightarrow XA \cdot BF = XB \cdot AF$

$\Rightarrow XA(XB - XF) = XB(XF - XA)$

$\Rightarrow 2XA \cdot XB = (XA + XB)XF = 2XM \cdot XF$

$\Rightarrow XM \cdot XF = XA \cdot XB = XP \cdot XQ$

$\Rightarrow P,Q,F,M$ 四点共圆.

已知 AM 为不等边 $\triangle ABC$ 的中线,$\triangle ABC$ 的内切圆与边 BC 切于点 K.证明:若 $2BC = AB + AC$,则 $\angle BAC$ 的平分线过线段 KM 的中点.

(2017,爱沙尼亚数学奥林匹克)

证明 设 $\angle BAC$ 的平分线与边 BC 交于点 N.

不妨设 $AC > AB$,如图.

由角平分线定理,得 $\dfrac{NC}{NB} = \dfrac{AC}{AB}$.

将 $NC = BC - NB$ 代入上式,化简得

$NB = \dfrac{AB \cdot BC}{AB + AC} = \dfrac{AB}{2}$.

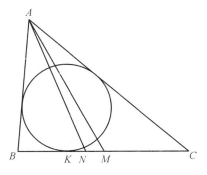

由内切圆性质,知 $BK = \dfrac{AB + BC - AC}{2}$.

故 $KN = BN - BK = \dfrac{AC - BC}{2}$

$= \dfrac{BC - AB}{2} = BM - BN = MN$,

即 $\angle BAC$ 的平分线过线段 KM 的中点.

已知 B 和 C 为 $\odot O$ 上两个定点,且 BC 不为直径,动点 A 在 $\odot O$ 上,满足 $AB > AC$,M 为线段 AC 的中点,以 BM 为直径的圆与 $\odot O$ 的第二个交点为 R. 设 RM 与 $\odot O$ 的第二个交点为 Q,与 BC 交于点 P,以 BP 为直径的圆分别与 AB,BO 交于点 K,S.

(1)证明:SR 经过 KP 的中点;

(2)记 N 为线段 BC 的中点,以 AN,BM 为直径的圆的根轴与 SR 交于点 E,证明:ME 恒过定点.

(2017,越南国家队选拔考试)

证明 (1)易知,BQ 为 $\odot O$ 的直径. 记 I 为 SR 与 PK 的交点. 则

$\angle SPI = \angle SBK = \angle QCA$,$\angle PSI = \angle PBR = \angle CQR$.

于是,$\triangle PSI \backsim \triangle CQM$.

类似地,$\triangle KSI \backsim \triangle AQM$.

由 M 为线段 AC 的中点,知 I 为线段 KP 的中点.

(2)如图,记 $\triangle ABC$ 的三条高线的垂足分别为 D,L,F,$\triangle ABC$ 的垂心为 H.

先证明:点 F 与 E 重合.

由 L,M,N,D 四点共圆

$\Rightarrow CM \cdot CL = CN \cdot CD$.

又由 $HA \cdot HD = HB \cdot HL$,知 CH 为以 AN,BM 为直径的圆的根轴.

由 $\angle BFH = \angle BRP = 90°$

$\Rightarrow B$,F,H,R 四点共圆

$\Rightarrow \angle HRF = \angle FBH = \angle OBC$

$\qquad = \angle PBS = \angle PRS$

$\Rightarrow S$,R,F 三点共线

$\Rightarrow$ 点 F 与 E 重合.

记 X 为 EM 与 BQ 的交点,T 为线段 AB 的中点.

则 E,T,M,L 四点共圆

$\Rightarrow \angle MEC = 90° - \angle MET$

$\qquad = 90° - \angle ALT = 90° - \angle BAC = \angle ABL = \angle QBC$

$\Rightarrow B$,C,X,E 四点共圆 $\Rightarrow \angle BXC = \angle BEC = 90°$

$\Rightarrow EM$ 恒过定点 X(C 在 BQ 上的投影).

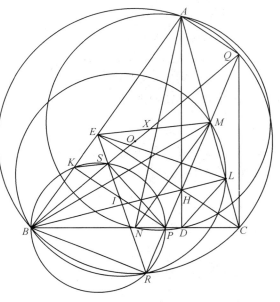

在等腰 $\triangle ABC$ 中,$AB = AC > BC$,I 为内心,BI 与边 AC 交于点 D,过 D 作 $ED \perp AC$,与 AI 交于点 E. 若点 I 关于 AC 的对称点为 J,证明:点 J 在 $\triangle BDE$ 的外接圆上.

(2017,克罗地亚国家队选拔考试)

证明 如图,以 E 为圆心、过点 B 和 C 的圆记作 Γ.

因为 $ED \perp AC$,

所以,点 C 关于点 D 的对称点 F 在圆 Γ 上.

由 $\angle DCI = \angle ICB = \angle CBI$,知 DC 为 $\triangle IBC$ 外接圆的切线.

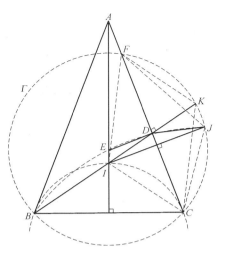

设点 I 关于点 D 的对称点为 K.

由切割线定理,得

$$DC \cdot DF = DC^2 = DI \cdot DB = DK \cdot DB.$$

从而,点 K 在圆 Γ 上.

由 IK 与 CF 互相平分,知四边形 $CKFI$ 为平行四边形.

由 $\angle FJC = \angle FIC = \angle FKC$,知点 J 在圆 Γ 上,即 $EJ = EB$.

注意到,AC 为 $\angle BDJ$ 的平分线,$DE \perp AC$.

从而,DE 为 $\angle BDJ$ 的外角平分线.

再由 $EJ = EB$,知点 E 在 $\triangle BDJ$ 的外接圆上.

在 $\triangle ABC$ 中,$AB = AC \neq BC$,I 为其内心,BI 与 AC 交于点 D,过 D 作 AC 的垂线,与 AI 交于点 E.证明:点 I 关于 AC 的对称点 I' 落在 $\triangle BDE$ 的外接圆上.

（2017,瑞士国家队选拔考试）

平面几何部分

证明 如图,连接 II'.则 $II' \perp AC$.

设 $\angle ABI = \angle CBI = \angle ACI = \theta$.

则 $\angle ADB = 3\theta$,$\angle AID = \dfrac{\pi}{2} - \theta$.

在 $\triangle IDE$ 中,由正弦定理知

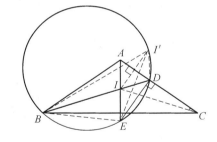

$$\frac{\sin\left(\dfrac{\pi}{2} - \theta\right)}{\sin 2\theta} = \frac{DE}{DI} = \frac{DE}{DI'}.$$

而 $\dfrac{BI}{II'} = \dfrac{CI}{II'} = \dfrac{1}{2\sin\theta}$,于是,$\dfrac{BI}{II'} = \dfrac{DE}{DI'}$.

由 $\angle BII' = \dfrac{\pi}{2} + 3\theta = \angle EDI' \Rightarrow \triangle BII' \backsim \triangle EDI'$

$\Rightarrow \angle I'BD = \angle I'ED \Rightarrow I', B, E, D$ 四点共圆.

命题得证.

在锐角 $\triangle ABC$ 中,$AB \neq AC$,点 G 为其重心,点 H 为其垂心,$AD \perp BC$ 于点 D,M 为边 BC 的中点,$\triangle ABC$ 的外接圆 $\odot O$ 分别与射线 MH,DG 交于点 P,Q.证明:PD 与 QM 的交点在 $\odot O$ 上.

（2017,第 68 届罗马尼亚国家队选拔考试）

证明 如图,设 AO,PD 与 $\odot O$ 的第二个交点分别为 E,R,连接 RM 并延长,与 $\odot O$ 交于点 T.

由 $BE \perp AB,CH \perp AB$,知 $BE /\!/ CH$.

类似地,$BH /\!/ CE$.

从而,四边形 $BECH$ 为平行四边形.

故 E,M,H 三点共线.

由 $1 = \dfrac{BM}{MC} = \dfrac{S_{\triangle EBP}}{S_{\triangle ECP}} = \dfrac{BP}{CP} \cdot \dfrac{BE}{CE} = \dfrac{BP}{CP} \cdot \dfrac{\cos C}{\cos B}$

$\Rightarrow \dfrac{BP}{CP} = \dfrac{\cos B}{\cos C}$.

而 $\dfrac{\tan C}{\tan B} = \dfrac{BD}{DC} = \dfrac{S_{\triangle PBR}}{S_{\triangle PCR}} = \dfrac{PB}{PC} \cdot \dfrac{BR}{CR} = \dfrac{\cos B}{\cos C} \cdot \dfrac{BR}{CR}$

$\Rightarrow \dfrac{BR}{CR} = \dfrac{\sin C}{\sin B} = \dfrac{AB}{AC}$.

由 $1 = \dfrac{BM}{MC} = \dfrac{S_{\triangle TBR}}{S_{\triangle TCR}} = \dfrac{TB}{TC} \cdot \dfrac{RB}{RC} = \dfrac{TB}{TC} \cdot \dfrac{AB}{AC} \Rightarrow \dfrac{TB}{TC} = \dfrac{AC}{AB} \Rightarrow \triangle TBC \backsim \triangle ACB$.

故 $\triangle TBC \cong \triangle ACB$.

于是,点 T 和 A 关于 OM 对称.

作 T 关于 BC 的对称点 F,则点 A 和 F 关于点 M 对称.

从而,$TF = 2AD$.

设 DT 与 AF 交于点 G'.则

$\dfrac{AG'}{G'F} = \dfrac{AD}{TF} = \dfrac{1}{2} \Rightarrow \dfrac{AG'}{G'M} = 2 \Rightarrow$ 点 G' 与 G 重合

$\Rightarrow D,G,T$ 三点共线 $\Rightarrow$ 点 T 与 Q 重合.

因此,PD 与 MQ 的交点 R 在 $\triangle ABC$ 的外接圆上.

已知不等腰 $\triangle ABC$ 的内切圆 $\odot I$ 与边 BC,CA 分别切于点 D,E,H 为 $\triangle ABI$ 的垂心,AI 与 BH 交于点 K,BI 与 AH 交于点 L.证明:$\triangle DKH$ 的外接圆与 $\triangle ELH$ 的外接圆的第二个交点在 $\odot I$ 上.

(2017,第 55 届荷兰国家队选拔考试)

证明 考虑如图的情况(其他位置类似可证).

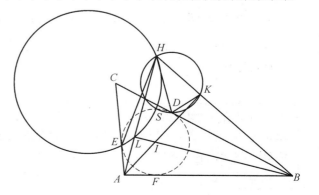

注意到,$\angle IDB = 90° = \angle IKB$.

则 B,K,D,I 四点共圆.

由 $\angle ALB = 90° = \angle AKB$

$\Rightarrow B,K,L,A$ 四点共圆.

故 $\angle BKD = 180° - \angle BID$

$= 180° - \left(90° - \dfrac{1}{2}\angle ABC\right)$

$= 180° - \angle BAL = \angle BKL$.

从而, K,D,L 三点共线.

类似地, K,E,L 三点共线.

从而, K,D,E,L 四点共线.

设 $\triangle DKH$ 的外接圆与 $\triangle ELH$ 的外接圆的第二个交点为 S. 则

$\angle DSE = 360° - \angle DSH - \angle HSE = \angle DKH + 180° - \angle HLE$

$= \angle LKH + \angle HLK = 180° - \angle KHL.$

由 $\angle BLH = \angle AKH = 90° \Rightarrow H,L,I,K$ 四点共圆

$\Rightarrow 180° - \angle KHL = \angle KIL = \angle AIB = 180° - \angle IBA - \angle IAB$

$\quad = 180° - \dfrac{1}{2}\angle CBA - \dfrac{1}{2}\angle CAB$

$\Rightarrow \angle DSE = 180° - \dfrac{1}{2}\angle CBA - \dfrac{1}{2}\angle CAB.$

设 $\odot I$ 与 AB 切于点 F. 则

A,F,I,E 四点共圆, B,F,I,D 四点共圆

$\Rightarrow \angle DFE = \angle DFI + \angle IFE = \angle DBI + \angle IAE = \dfrac{1}{2}\angle CBA + \dfrac{1}{2}\angle CAB$

$\Rightarrow \angle DFE + \angle DSE = 180°$

$\Rightarrow$ 点 S 在 $\triangle DEF$ 的外接圆即 $\triangle ABC$ 的内切圆 $\odot I$ 上.

在 $\triangle ABC$ 中, M 为边 AB 的中点, N 为 CM 的中点, 点 X 与 B 位于 CM 的两侧, 且 $\angle XMC = \angle MBC$, $\angle XCM = \angle MCB$, 圆 Γ 为 $\triangle AMX$ 的外接圆. 证明:

(1) CM 与圆 Γ 相切;

(2) NX 与 AC 的交点在圆 Γ 上.

（2017,第 55 届荷兰国家队选拔考试）

证明　考虑如图的情况, 其他位置情况类似.

(1) 由已知得

$\triangle XMC \backsim \triangle MBC$

$\Rightarrow \angle AMX = 180° - \angle XMC - \angle BMC$

$\quad = 180° - \angle XMC - \angle MXC = \angle MCX,$

$\dfrac{MC}{CX} = \dfrac{BM}{MX} = \dfrac{AM}{MX}$

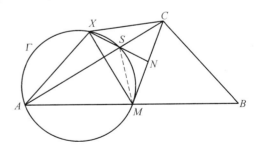

$\Rightarrow \triangle AMX \backsim \triangle MCX$

$\Rightarrow \angle XAM = \angle XMC$

$\Rightarrow CM$ 为圆 Γ 的切线.

(2) 设 AC 与圆 Γ 的第二个交点为 S(若 AC 与圆 Γ 相切, 则 A 为切点). 连接 SM.

只要证: 点 S 在 NX 上.

由弦切角定理, 得 $\angle SMC = \angle SAM = \angle CAM.$

(若 AC 与圆 Γ 相切, 亦有 $\angle SMC = \angle CAM.$)

故 $\triangle CSM \backsim \triangle CMA \Rightarrow \dfrac{CM}{CA} = \dfrac{SM}{MA}$.

将 $CM = 2MN, MA = \dfrac{1}{2}AB$ 代入上式得 $\dfrac{MN}{CA} = \dfrac{SM}{AB}$.

再结合 $\angle SMN = \angle SMC = \angle CAM = \angle CAB$, 得

$\triangle SNM \backsim \triangle BCA \Rightarrow \angle MSN = \angle ABC$.

由(1), 知 $\angle XAM = \angle XMC = \angle MBC = \angle ABC$.

故 $\angle XSM = 180° - \angle ABC = 180° - \angle MSN$.

因此, 点 S 在线段 XN 上.

已知在锐角 $\triangle ABC$ 中, $AB > AC$, O 为外接圆圆心, OQ 为 $\triangle BOC$ 的外接圆直径, 过点 A 分别作平行于 BC, CQ 的直线, 与直线 CQ, BC 交于点 M, N, AQ 与 MN 交于点 T. 证明: 点 T 在 $\triangle BOC$ 的外接圆上.

(2017, 克罗地亚数学竞赛)

证明 如图, 设直线 AQ 与 $\triangle BOC$ 的外接圆的第二个交点为 T'.

注意到, OQ 为 $\triangle BOC$ 的外接圆直径.

则 $\angle OT'Q = 90°$.

设 P 为线段 AC 的中点.

由于 O 为 $\triangle ABC$ 的外接圆圆心, $\angle OPA = 90°$, 则

$\angle OT'A = 180° - \angle OT'Q = 90° = \angle OPA$

$\Rightarrow A, O, T', P$ 四点共圆.

由四边形 $ANCM$ 为平行四边形, P 为对角线 AC 的中点, 从而, P 为 MN 的中点.

故 $\angle AT'M = \angle AOP = \dfrac{1}{2}\angle AOC = \angle ABC$

$\Rightarrow A, B, N, T'$ 四点共圆, 且 M, N, T 三点共线

$\Rightarrow$ 点 T' 与 T 重合.

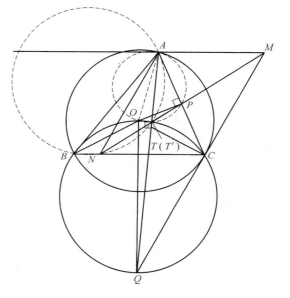

已知不等边 $\triangle ABC$ 的垂心为 H, 外心为 O, 且 M, N 分别为 AH, BC 的中点, 以 AH 为直径的圆 Γ 与 $\triangle ABC$ 的外接圆交于不同于点 A 的点 G, 与 AN 交于不同于点 A 的点 Q. 过点 G 作圆 Γ 的切线, 与直线 OM 交于点 P. 证明: $\triangle GNQ$ 的外接圆与 $\triangle MBC$ 的外接圆的一个交点在直线 PN 上.

(第 58 届美国国家队选拔考试)

证明　如图,设 AD,BE,CF 分别为 $\triangle ABC$ 的三条高线.

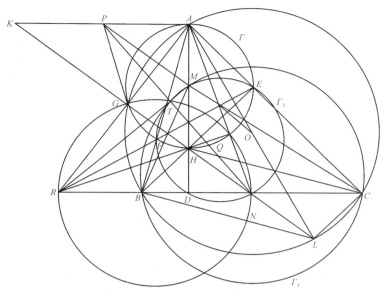

则 B,C,E,F 四点共圆,且圆心为 N,记此圆为 $\odot N$.

由于圆 Γ 过点 E 和 F,对于 $\odot O$,$\odot N$ 及圆 Γ,由蒙日定理得 AG,EF,CB 三线交于一点 R.

因为 OM 是 AG 的中垂线,所以,PA 与圆 Γ 切于点 A.

于是,P,A,M,G 四点共圆,记为 Γ_1.

设 $\triangle ABC$ 的九点圆为 Γ_2.则点 M,F,D,N,E 在圆 Γ_2 上.

设 $\triangle MBC$ 的外接圆为 Γ_3.则 M 为圆 Γ_1,Γ_2,Γ_3 的公共点.

因为点 R 关于圆 Γ_1,Γ_2,Γ_3 等幂,所以,直线 RM 为圆 Γ_1,Γ_2,Γ_3 的公共的根轴.

设圆 Γ_1,Γ_2,Γ_3 的第二个交点为 T.则点 T 在直线 RM 上.

由 PM,MN 分别为圆 Γ_1,Γ_2 的直径得

$$\angle PTM = \angle MTN = 90°.$$

从而,P,T,N 三点共线.

设 HN 与 AO 交于点 L.

由 $AH \underline{\underline{\parallel}} 2ON$,知 O 为 AL 的中点.

于是,点 L 在 $\odot O$ 上.

由 $\angle AGH = \angle AGL = 90°$,知 G,H,L 三点共线.

从而,H 为 $\triangle ARN$ 的垂心.

又 $\angle RGN = \angle RTN = \angle RQN = 90°$,则 R,G,T,Q,N 五点共圆,即点 T 在 $\triangle GNQ$ 的外接圆上.

因此,$\triangle GNQ$ 的外接圆与 $\triangle MBC$ 的外接圆的一个交点 T 在直线 PN 上.

> 已知 $\triangle ABC$ 的内切圆 $\odot I$ 与边 BC,CA,AB 分别切于点 D,E,F,且 D 在 EF 上的投影为 K. $\triangle AIB$ 的外接圆与 $\odot I$ 交于两点 C_1 和 C_2,$\triangle AIC$ 的外接圆与 $\odot I$ 交于两点 B_1 和 B_2. 证明:$\triangle BB_1B_2$ 与 $\triangle CC_1C_2$ 的外接圆的根轴过 DK 的中点 M.
>
> (第 58 届美国国家队选拔考试)

证明 如图,设 EF,FD,DE 的中点分别为 X,Y,Z,且 G 为 $\triangle ABC$ 的格尔刚点(即 AD,BE,CF 三线的交点).

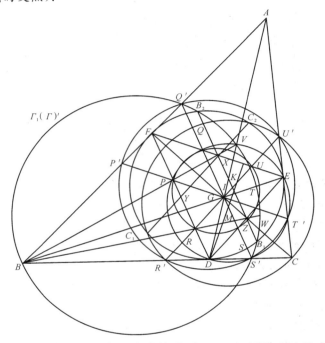

对于过点 A,E,I,F 的圆,$\triangle DEF$ 的外接圆 $\odot I$ 及 $\triangle AIC$ 的外接圆,由蒙日定理,知 B_1,X,B_2 三点共线.

类似地,B_1,Z,B_2 三点共线.

于是,直线 B_1B_2 与 XZ 重合.

类似地,直线 C_1C_2 与 XY 重合.

特别地,直线 B_1B_2 与 C_1C_2 交于点 X,故 X 在 $\triangle BB_1B_2$ 的外接圆 Γ_1 与 $\triangle CC_1C_2$ 的外接圆 Γ_2 的根轴上.

由于 G 为 $\triangle DEF$ 的陪位重心,于是,XG 过 DK 的中点 M.

故只要证点 G 在圆 Γ_1,Γ_2 的根轴上.

构造 $\square GPEQ,\square GRDS,\square GTEU$,使得点 P 和 R 在线段 DF 上,点 S 和 T 在线段 DE 上,点 Q 和 U 在线段 EF 上.

又 FG 平分线段 PQ,且 FG,FZ 为 $\angle DFE$ 的等角线,则 P,Q,E,D 四点共圆.

从而,P,Q,U,R 也四点共圆.

类似地,R,S,T,P 四点共圆,T,U,Q,S 四点共圆.

由于 PR,ST,QU 三线不共点,于是,P,Q,U,T,S,R 六点共圆.

由 $\angle FPQ = \angle FED = \angle BFD$,知 $PQ \parallel AB$.

以 G 为位似中心、2 为位似比将点 P,Q 变为 P',Q'.则点 P' 和 Q' 在 AB 上.

因为 PQ 与 GF 互相平分,所以,F 为 $P'Q'$ 的中点.

类似地,定义边 BC 上的点 R' 和 S',边 CA 上的点 T' 和 U'.

因为 $\angle DS'Q = \angle DRS = \angle DEF$,所以,$D,S',E,Q$ 四点共圆.

从而,D,S',E,Q,P 五点共圆,记为圆 Γ.

由于 $GP' \parallel EF$,于是,B,P,X 三点共线.

设直线 BX 与圆 Γ 的第二个交点为 V.

则 $\angle BVS' = \angle PVS' = \angle PQS' = \angle BQ'S'$.

从而,B,Q',V,S' 四点共圆.

又 $FB \parallel QP$,故 E,V,F,B 四点共圆.于是,$XV \cdot XB = XE \cdot XF$.

这表明,点 X 在 $\triangle BS'Q'$ 的外接圆 Γ' 与 $\odot I$ 的根轴上.

类似地,定义 BZ 上的点 W,则点 W 也在 $\triangle BS'Q'$ 的外接圆 Γ' 上,且点 Z 也在圆 Γ' 与 $\odot I$ 的根轴上.

于是,XZ 为圆 Γ' 与 $\odot I$ 的根轴,即直线 B_1B_2 为圆 Γ' 与 $\odot I$ 的根轴.

从而,圆 Γ_1 与 Γ' 重合.

类似地,圆 Γ_2 与 $\triangle CR'U'$ 的外接圆也重合.

因为 Q,R,S,U 四点共圆,所以,Q',R',S',U' 四点共圆.

由于 $Q'S'$ 与 $R'U'$ 交于点 G,于是,$GQ' \cdot GS' = GR' \cdot GU'$.

因此,点 G 在圆 Γ_1 与 Γ_2 的根轴上.

平面几何部分

在锐角 $\triangle ABC$ 中,$AB = AC$,点 O 为 $\triangle ABC$ 的外心,射线 BO,CO 分别与边 AC,AB 交于点 B',C',直线 l 过点 C' 且与 AC 平行.证明:直线 l 与 $\triangle B'OC$ 的外接圆相切.

（第 43 届俄罗斯数学奥林匹克）

证明　如图,连接 AO 并延长,与直线 l 交于点 T,连接 $B'T$.

易知,AO 为 $\triangle ABC$ 的对称轴,且点 B' 和 C' 关于 AO 对称.

故 $\angle B'TO = \angle C'TO$.　　　　　　　①

而 $l \parallel AC$,则 $\angle C'TO = \angle OAC = \angle OCA$.　②

由式①、②,得 $\angle B'TO = \angle OCA$.

从而,点 T 在 $\triangle B'OC$ 的外接圆上.

又由对称性,知 $\angle OB'T = \angle OC'T = \angle OCA = \angle OTC'$.

因此,$C'T$ 与 $\triangle B'OC$ 的外接圆相切.

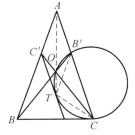

设点 O 和 I 分别为不等边 $\triangle ABC$ 的外心和内心,B' 为点 B 关于直线 OI 的对称点,且 B' 在 $\angle ABI$ 的内部.证明:$\triangle BIB'$ 的外接圆在点 B' 和 I 处的两条切线与 AC 三线共点.

(第 43 届俄罗斯数学奥林匹克)

证明 如图,连接 BI 并延长,与 $\odot O$ 交于点 S.

易知,$SA = SC = SI$.

延长 SB',与直线 CA 交于点 T.

由对称性,知 $IB = IB'$.

于是,$\angle IB'B = \angle IBB' \triangleq \alpha$.

又 $OB = OB'$,则点 B' 在 $\odot O$ 上.

故 $\angle ATS = \angle SAC - \angle ASB'$

$= \angle SCA - \angle ACB' = \angle SCB' = \angle B'AS$

$\Rightarrow \triangle SAB' \backsim \triangle STA \Rightarrow SB' \cdot ST = SA^2 = SI^2$.

记 $\triangle TB'I$ 的外接圆为 Γ.则 SI 为圆 Γ 的切线.

故 $\angle ITB' = \angle B'IS = 2\alpha$.

从而,$\angle ITA = \angle ITB' - \alpha = 2\alpha - \alpha = \alpha$.

设 AC 与圆 Γ 交于点 K.

由 $\angle KB'I = \angle KTI = \alpha = \angle IB'B$,$\angle KIB' = \angle KTB' = \alpha = \angle IB'B$,

知 KI 和 KB' 均为 $\triangle BB'I$ 外接圆的切线.

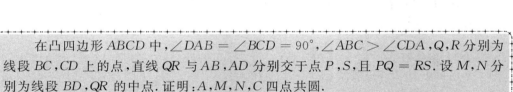

在凸四边形 $ABCD$ 中,$\angle DAB = \angle BCD = 90°$,$\angle ABC > \angle CDA$,$Q,R$ 分别为线段 BC,CD 上的点,直线 QR 与 AB,AD 分别交于点 P,S,且 $PQ = RS$.设 M,N 分别为线段 BD,QR 的中点.证明:A,M,N,C 四点共圆.

(2017,欧洲女子数学奥林匹克)

证明 如图.

因为 N 也是线段 PS 的中点,所以,在 $\mathrm{Rt}\triangle PAS$,$\mathrm{Rt}\triangle CQR$ 中,分别有

$\angle ANP = 2\angle ASP$,$\angle CNQ = 2\angle CRQ$.

则 $\angle ANC = \angle ANP + \angle CNQ$

$= 2(\angle ASP + \angle CRQ)$

$= 2(\angle RSD + \angle DRS) = 2\angle ADC$.

类似地,在 $\mathrm{Rt}\triangle BAD$,$\mathrm{Rt}\triangle BCD$ 中有

$\angle AMC = 2\angle ADC$.

故 $\angle AMC = \angle ANC$.从而,A,M,N,C 四点共圆.

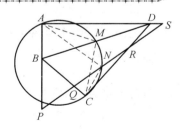

在不等边锐角 $\triangle ABC$ 中,重心 G,外心 O 关于 BC,CA,AB 的对称点分别记为 G_1,G_2,G_3 和 O_1,O_2,O_3. 证明:$\triangle G_1G_2C,\triangle G_1G_3B,\triangle G_2G_3A,\triangle O_1O_2C,\triangle O_1O_3B,\triangle O_2O_3A$ 与 $\triangle ABC$ 的外接圆有一个公共点.

(2017,欧洲女子数学奥林匹克)

证明 为叙述方便,记 $\triangle XYZ$ 的外接圆为 $\odot(XYZ)$;若无特殊说明,点 X 关于 BC,CA,AB 的对称点分别记为 X_1,X_2,X_3.

引理 如图 1,若 P 为 $\triangle ABC$ 内一点,则 $\odot(P_1P_2C)$,$\odot(P_1P_3B)$,$\odot(P_2P_3A)$ 交于 $\odot(ABC)$ 上一点 T_P.

证明 设 $\odot(P_1P_2C)$ 与 $\odot(ABC)$ 交于另一点 T(与点 C 不重合)(若两圆相切,则点 T 与 C 重合).

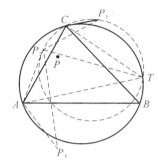

图 1

下面仅需证明点 T 也在 $\odot(P_1P_3B)$,$\odot(P_2P_3A)$ 上.

由对称性,知 $P_1C=P_2C$.

则 $\angle CTP_2=\angle CP_1P_2=90°-\dfrac{1}{2}\angle P_2CP_1=90°-\angle ACB$.

类似地,$\angle AP_3P_2=90°-\angle BAC$.

故 $\angle P_2TA=\angle CTA-\angle CTP_2=\angle CBA-(90°-\angle ACB)$
$=90°-\angle BAC=\angle P_2P_3A$.

从而,点 T 在 $\odot(P_2P_3A)$ 上.

类似地,点 T 在 $\odot(P_1P_3B)$ 上.

引理得证.

为叙述方便,对某一点 P,上述四圆所共点记为 T_P.

特别地,由上述证明,知 T_P 为 $\odot(ABC)$ 上满足 $\angle CT_PP_2=90°-\angle ACB$ 的唯一点. ①

如图 2,设 H 为 $\triangle ABC$ 的垂心.

则由熟知结论,知点 H_2 在 $\odot(ABC)$ 上.

而 G,O,H 三点共线(欧拉(Euler)线),于是,由对称性,知 G_2,O_2,H_2 三点也共线.

设 G_2H_2 与 $\odot(ABC)$ 的另一个交点为 T(与 H_2 不重合),下面只需证明 T,T_G,T_O 三点重合.

图 2

事实上,
$\angle CTG_2=\angle CTO_2=\angle CTH_2=\angle CBO_2$
$=90°-\angle ACB$.

由结论 ① 即得 T,T_G,T_O 三点重合.

由此,七圆共点于 T,命题得证.

【注】 本题证明方法很多,读者可尝试利用欧拉线 e 及其关于 BC,CA,AB 的对称直线 e_1,e_2,e_3 的性质证明(事实上,e_1,e_2,e_3 三线共点于 T),或利用复数计算.

> 记四边形 $ABCD$ 是凸的，P,Q,R,S 分别为线段 AB,BC,CD,DA 内的点. 假设相交的两条线段 PR 与 QS 将凸四边形 $ABCD$ 分为四个对角线互相垂直的凸四边形. 证明：P,Q,R,S 四点共圆.
>
> （第九届罗马尼亚大师杯数学邀请赛）

证明 先证明一个引理.

引理 若 P,Q,R,S 四点共圆，PR 与 QS 交于点 O，过点 O 作 $l_A \perp PS$，$l_B \perp PQ$，$l_C \perp QR$，$l_D \perp RS$. 设点 A 在 l_A 上，AP 与 l_B 交于点 B，BQ 与 l_C 交于点 C，CR 与 l_D 交于点 D，DS 与 l_A 交于点 A'. 则点 A 与 A' 重合.

证明 如图，只需证：$OA = OA'$.

由张角定理知

$$\frac{\sin\angle AOP}{OB} + \frac{\sin\angle BOP}{OA} = \frac{\sin\angle AOB}{OP}, \quad ①$$

$$\frac{\sin\angle BOQ}{OC} + \frac{\sin\angle COQ}{OB} = \frac{\sin\angle BOC}{OQ}, \quad ②$$

$$\frac{\sin\angle COR}{OD} + \frac{\sin\angle ROD}{OC} = \frac{\sin\angle COD}{OR}, \quad ③$$

$$\frac{\sin\angle DOS}{OA'} + \frac{\sin\angle SOA'}{OD} = \frac{\sin\angle DOA'}{OS}. \quad ④$$

注意到，$\angle AOP = 90° - \angle OPS = 90° - \angle RQO = \angle COQ$.

类似地，$\angle BOP = \angle DOS$，$\angle BOQ = \angle DOR$，$\angle COR = \angle AOS$.

故 ① + ③ - ② - ④ 得

$$OA = OA' \Leftrightarrow \frac{\sin\angle AOB}{OP} + \frac{\sin\angle COD}{OR} = \frac{\sin\angle BOC}{OQ} + \frac{\sin\angle DOA}{OS}.$$

又 $\angle AOB = 180° - \angle SPQ$，$\angle COD = 180° - \angle SRQ$，

记四边形 $PQRS$ 的外接圆直径为 d，

则 $\sin\angle AOB = \sin\angle COD = \dfrac{QS}{d}$，$\sin\angle BOC = \sin\angle DOA = \dfrac{PR}{d}$.

故 $OA = OA' \Leftrightarrow \dfrac{OS \cdot PR}{OP \cdot OR} = \dfrac{QS \cdot PR}{OS \cdot OQ}$.

由相交弦定理知上式成立.

引理得证.

若 P,Q,R,S 四点不共圆，设 $OS \cdot OQ < OP \cdot OR$，在 OS 射线上取 S'，使得 $OS' \cdot OQ = OP \cdot OR$.

作 $OA_1 \perp PS'$，与直线 AB 交于点 A_1；作 $OD_1 \perp RS'$，与直线 CD 交于点 D_1.

则由 $OS' > OS$，知点 A_1 与 B 在点 A 同侧.

类似地,点 D_1 与 C 在点 D 同侧.

故 A_1D_1 与 OS 的交点与 O 在点 S 同侧,而由引理,A_1,D_1,S' 三点共线,矛盾.

已知 $\triangle ABC$ 的外接圆为 $\odot O$,A' 为点 A 在 $\odot O$ 上的对径点.作正 $\triangle BCD$,使得点 A 和 D 位于 BC 的异侧,过点 A' 作 $A'D$ 的垂线,分别与 AC,AB 交于 E,F 两点.以 EF 为底,作底角为 30° 的等腰 $\triangle ETF$,并使得点 A 和 T 位于 EF 的异侧.证明:AT 经过 $\triangle ABC$ 的九点圆圆心 N.

(2017,中国台湾数学奥林匹克选训营)

证明　先证明两个引理.

引理 1　设 P 和 Q 为 $\triangle ABC$ 的一对等角共轭点.若 O,O_a,O_b,O_c,T 分别为 $\triangle ABC$,$\triangle BPC,\triangle CPA,\triangle APB,\triangle O_aO_bO_c$ 的外心,则 $PQ \parallel OT$.

引理 1 的证明　如图 1,设 $\triangle Q_aQ_bQ_c$ 为点 Q 关于 $\triangle ABC$ 的垂足三角形,$\triangle P_aP_bP_c$ 为点 P 关于 $\triangle ABC$ 的垂足三角形,且设 V 为 $\triangle Q_aQ_bQ_c$ 的外心.

由 $\angle PAQ_c = \angle QAQ_b = \angle QQ_cQ_b$

$\Rightarrow Q_bQ_c \perp AP$.

类似地,$Q_cQ_a \perp BP$,$Q_aQ_b \perp CP$.

则 $Q_bQ_c \parallel O_bO_c$,$Q_cQ_a \parallel O_cO_a$,$Q_aQ_b \parallel O_aO_b$.

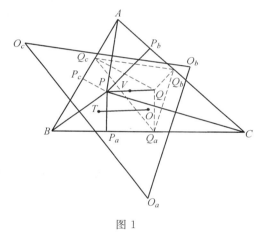

图 1

于是,$\triangle Q_aQ_bQ_c$ 与 $\triangle O_aO_bO_c$ 位似,点 Q 与 O 对应,外心 V 与 T 对应.故 $QV \parallel OT$.

又 $\angle AQ_cQ_b = \angle AQQ_b = 90^\circ - \angle QAQ_b$

$= 90^\circ - \angle PAP_c = \angle APP_c = \angle AP_bP_c$

$\Rightarrow \angle AP_cP_b = \angle AQ_bQ_c$

$\Rightarrow P_c,P_b,Q_b,Q_c$ 四点共圆.

类似地,Q_a,Q_b,Q_c,P_a,P_b,P_c 六点共圆,圆心为 Q_aP_a,P_bQ_b,P_cQ_c 的中垂线的交点.

注意到,PQ 的中点在 Q_aP_a,P_bQ_b,P_cQ_c 的中垂线上.

于是,$\triangle Q_aQ_bQ_c$ 的外心 V(即六边形 $Q_aP_aP_cQ_cP_bQ_b$ 的外接圆圆心)为 PQ 的中点.

从而,$PQ \parallel OT$.

引理 2　给定 $\triangle ABC$ 与一点 U,使得 $\triangle BUC$ 为正三角形.若 V 为 U 关于 $\triangle ABC$ 的等角共轭点,则 UV 与 $\triangle ABC$ 的欧拉线平行.

引理 2 的证明 如图 2, 设 BV, CV 分别与 $\triangle ABC$ 的外接圆交于 E, F 两点, 且令 N 为 EF 的中点. 设 G 和 O 分别为 $\triangle ABC$ 的重心和外心, 且设 M 为 BC 的中点.

由点 U 和 V 等角共轭的性质知

$\angle ACF = 180° - \angle ACV = \angle BCU = 60°$,

$\angle ABE = \angle ABV = 180° - \angle CBU = 120°$.

于是, $\angle AEF = \angle AFE = 60°$, 即 $\triangle AEF$ 为正三角形.

从而, A, O, N 三点共线且 $\dfrac{ON}{AO} = \dfrac{1}{2} = \dfrac{GM}{AG}$.

故 MN 与 $\triangle ABC$ 的欧拉线平行.

又 $\angle VBU = 60° - \angle CBV$

$= 60° - \angle EAC = \angle FAC$,

$\angle VCU = \angle VCB - 60° = \angle BAF - 60° = \angle EAB$,

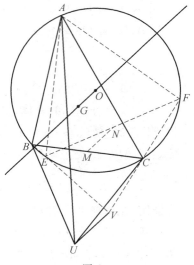

图 2

利用面积计算知

$$S_{\triangle UMV} - S_{\triangle UNV} = \frac{1}{2}(S_{\triangle UBV} + S_{\triangle UCV}) - \frac{1}{2}(S_{\triangle UEV} + S_{\triangle UFV}) = \frac{1}{2}(S_{\triangle UBE} - S_{\triangle UCF}).$$

注意到,

$$\frac{BE}{\sin\angle UCV} = \frac{BE}{\sin\angle EAB} = \frac{EA}{\sin\angle ABE} = \frac{EA}{\sin 120°} = \frac{FA}{\sin 60°}$$

$$= \frac{FA}{\sin\angle ACF} = \frac{CF}{\sin\angle CAF} = \frac{CF}{\sin\angle EBU}.$$

则 $S_{\triangle UBE} = \dfrac{1}{2}BU \cdot BE\sin\angle UBE = \dfrac{1}{2}CU \cdot CF\sin\angle UCF = S_{\triangle UCF}$.

故 $S_{\triangle UMV} = S_{\triangle UNV}$, 即 $MN \,/\!/\, UV$.

综上, UV 也与 $\triangle ABC$ 的欧拉线平行.

引理 1, 2 得证.

设 V 为点 O 关于 BC 的对称点.

由于三角形的九点圆圆心恰为垂心与外心连线的中点, 于是, 外心翻折后, $A'V$ 的中点是 $\triangle A'BC$ 的九点圆圆心且对 $\triangle ABC$ 而言, 其九点圆圆心 N 为 AV 的中点. 从而, AN 与 $\triangle A'BC$ 的欧拉线平行.

如图 3, 设 X, Y, Z, K 分别为 $\triangle BCD$, $\triangle A'BD$, $\triangle A'CD$, $\triangle XYZ$ 的外心.

因为 $XY \perp BD$, $XZ \perp CD$,

所以, $\angle YXZ = 120°$.

故 $\triangle KYZ$ 是以 YZ 为底且底角为 $30°$

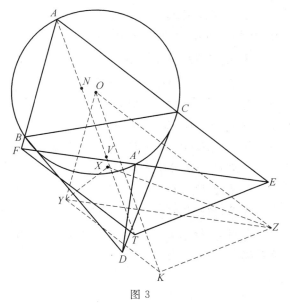

图 3

的等腰三角形.

注意到,

$$YZ \perp A'D, ZO \perp A'C, OY \perp A'B.$$

则 $\triangle AEF$ 与 $\triangle OZY$ 的对应边互相平行,即位似且点 T 与 K 对应.

从而,$AT \parallel OK$.

设 D' 为点 D 关于 $\triangle A'BC$ 的等角共轭点.

由引理 1,知 $DD' \parallel OK$.

又由引理 2,得 DD' 平行于 $\triangle A'BC$ 的欧拉线.

因此,AT 平行于 $\triangle A'BC$ 的欧拉线,即 A, T, N 三点共线.

如图 1,圆内接四边形 $ABCD$ 的对角线交于点 P,$\triangle APD$ 的外接圆,$\triangle BPC$ 的外接圆分别与线段 AB 交于另一点 E, F,且 I, J 分别为 $\triangle ADE, \triangle BCF$ 的内心,线段 IJ 与 AC 交于点 K.证明:A, I, K, E 四点共圆.

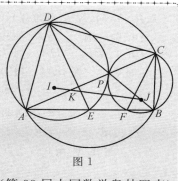

图 1

（第 33 届中国数学奥林匹克）

证明 如图 2,延长 EI 交 $\triangle APD$ 的外接圆于点 X,延长 FJ 交 $\triangle BPC$ 的外接圆于点 Y,连接 PX, PY, XA, YB.

注意到,I, J 分别为 $\triangle ADE, \triangle BCF$ 的内心.

据内心性质,知 $XI = XA, YJ = YB$.

易知,PX 和 PY 分别为 $\angle APD$ 和 $\angle BPC$ 的平分线.故 X, P, Y 三点共线.

由 $\angle APX = \angle CPY = \angle BPY$,

$\angle AXP = \angle ADP = \angle BCP = \angle BYP$,

知 $\triangle APX \backsim \triangle BPY \Rightarrow \dfrac{XA}{YB} = \dfrac{AP}{BP}$

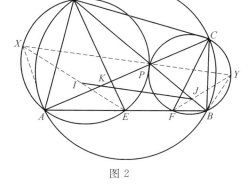

图 2

$$\Rightarrow \frac{XI \sin \angle IXP}{YJ \sin \angle JYP} = \frac{XA}{YB} \cdot \frac{\sin \angle EAP}{\sin \angle FBP} = \frac{AP}{BP} \cdot \frac{\sin \angle BAP}{\sin \angle ABP} = 1.$$

这表明,点 I, J 到直线 XY 的距离相等.

注意到,E 和 F 两点位于 XY 的同侧.

则 I 和 J 两点位于 XY 的同侧,有 $IJ \parallel XY$.

故 $\angle AKI = \angle APX = \angle AEI \Rightarrow A, I, K, E$ 四点共圆.

平面几何部分

如图,在凸四边形 $ABCD$ 中,$\angle BAD + 2\angle BCD = 180°$,$\angle BAD$ 的平分线与线段 BD 交于点 E,线段 AE 的中垂线分别与直线 CB,CD 交于点 X,Y. 证明:A,X,C,Y 四点共圆.

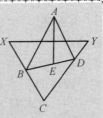

(第 16 届中国女子数学奥林匹克)

证明 设 L,M,N 分别为点 A 到直线 XY,BC,CD 的垂足,U,V 分别为点 A 关于直线 BC,CD 的对称点.

要证明 A,X,C,Y 四点共圆,由西姆松定理的逆定理,知只需证明 L,M,N 三点共线.

显然,L,M,N 分别为线段 AE,AU,AV 的中点. 故只需证明 E,U,V 三点共线.

由 $\dfrac{BU}{BE} = \dfrac{AB}{BE} = \dfrac{AD}{DE} = \dfrac{DV}{DE}$,

$\angle UBX + \angle XBD + \angle BDY + \angle YDV = \angle ABX + 180° + \angle BCD + ADY$

$= 540° + \angle BCD - \angle ABC - \angle ADC = 180° + \angle BAD + 2\angle BCD = 360°$,

则点 U 和 V 在直线 BD 的两侧,且 $\angle UBE = \angle VDE$.

故 $\triangle UBE \backsim \triangle VDE \Rightarrow \angle BEU = \angle DEV$.

结合点 U 和 V 在直线 BD 的两侧,知 E,U,V 三点共线.

如图,圆 Γ_1 为四边形 $ABCD$ 的外接圆,直线 AC 与 BD 交于点 E,直线 AD 与 BC 交于点 F. 圆 Γ_2 分别与线段 EB,EC 切于点 M,N,且与圆 Γ_1 交于点 Q 和 R,直线 BC,AD 分别与直线 MN 交于点 S,T. 证明:Q,R,S,T 四点共圆.

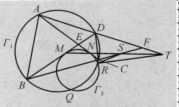

(第 16 中国女子数学奥林匹克)

证明 注意到,

$\angle FTS = \angle DTM = \angle ENM - \angle NAT = \angle EMN - \angle MBS = \angle CSN = \angle FST$.

于是,$FS = FT$.

由正弦定理知

$\dfrac{AT}{AN} = \dfrac{\sin\angle ANT}{\sin\angle ATN}, \dfrac{BS}{BM} = \dfrac{\sin\angle BMS}{\sin\angle BSM}, \dfrac{CS}{CN} = \dfrac{\sin\angle CNS}{\sin\angle CSN}, \dfrac{DT}{DM} = \dfrac{\sin\angle DMT}{\sin\angle DTM}$. ①

由 $\angle ATN = \angle DTM = \angle CSN = \angle BSM$,

$180° - \angle BMS = \angle DMT = \angle ANM = \angle CNS = 180° - \angle ANT$,

则结论 ① 中的每个等式右边的分子和分母均相同.

故 $\dfrac{AT}{AN} = \dfrac{BS}{BM} = \dfrac{CS}{CN} = \dfrac{DT}{DM} \triangleq k$.

由 $FS = FT$,知存在圆 Γ_3 与 FS,FT 分别切于点 S,T.

设圆 $\Gamma_1, \Gamma_2, \Gamma_3$ 的圆心分别为 O_1, O_2, O_3，半径分别为 r_1, r_2, r_3.

对平面上任意一点 P，定义

$$f(P) = (k^2-1)(PO_1^2 - r_1^2) - k^2(PO_2^2 - r_2^2) + (PO_3^2 - r_3^2).$$

则 $f(A) = (k^2-1)0 - k^2 AN^2 + AT^2 = 0$.

类似地，$f(B) = f(C) = f(D) = 0$.

建立平面直角坐标系，设点 $O_i(x_i, y_i)(i = 1, 2, 3)$.

则 $f(x, y) = (k^2-1)[(x-x_1)^2 + (y-y_1)^2 - r_1^2] - k^2[(x-x_2)^2 + (y-y_2)^2 - r_2^2] + [(x-x_3)^2 + (y-y_3)^2 - r_3^2]$

$= ax + by + c(a, b, c$ 为常数$)$.

若 a, b, c 不全为零，则满足 $f(x, y) = 0$ 的点 (x, y)（若存在）的轨迹是一条直线，但此直线须过 A, B, C, D 四个点，矛盾.

从而，$a = b = c = 0$，即 $f \equiv 0$.

由 $RO_1^2 = r_1^2, RO_2^2 = r_2^2$ 及 $f(R) = 0$，知 $RO_3^2 = r_3^2$，即点 R 在圆 Γ_3 上.

类似地，点 Q 在圆 Γ_3 上.

因此，Q, R, S, T 四点共圆于圆 Γ_3.

已知凸四边形 $ABCD$ 的对角线 AC 和 BD 交于点 P，边 AB, BC, CD, DA 的中点分别为 E, F, G, H，$\triangle PHE, \triangle PEF, \triangle PFG, \triangle PGH$ 的外心分别为 O_1, O_2, O_3, O_4. 证明：O_1, O_2, O_3, O_4 四点共圆的充分必要条件为 A, B, C, D 四点共圆.

(2017，第八届陈省身杯全国高中数学奥林匹克)

证明　如图.

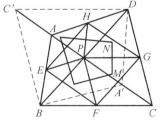

由题意知

$O_1, O_2 \perp PE, O_2O_3 \perp PF, O_3O_4 \perp PG, O_4O_1 \perp PH$.

从而，$\angle O_4O_1O_2 + \angle HPE = \pi$，

$\angle O_2O_3O_4 + \angle FPG = \pi$.

故 O_1, O_2, O_3, O_4 四点共圆

$\Leftrightarrow \angle O_4O_1O_2 + \angle O_2O_3O_4 = \pi$

$\Leftrightarrow \angle HPE + \angle FPG = \pi$. ①

设 A, C 关于点 P 的对称点分别为 A', C'. 连接 BC', DC', BA', DA'.

注意到，在 $\triangle BCC'$ 中，$FP \parallel BC', \angle FPC = \angle BC'C$；

在 $\triangle DCC'$ 中，$GP \parallel DC', \angle CPG = \angle CC'D$.

则 $\angle FPG = \angle FPC + \angle CPG = \angle BC'C + \angle CC'D = \angle BC'D$.

类似地，$\angle EPH = \angle BA'D$.

故式 ① $\Leftrightarrow \angle BC'D + \angle BA'D = \pi \Leftrightarrow B, C', D, A'$ 四点共圆

$\Leftrightarrow C'P \cdot A'P = BP \cdot DP \Leftrightarrow CP \cdot AP = BP \cdot DP \Leftrightarrow A, B, C, D$ 四点共圆.

平面几何部分

七　线段或角的计算

如图 1，在 $\triangle ABC$ 中，D 为边 AC 上一点，且 $\angle ABD = \angle C$，点 E 在边 AB 上，且 $BE = DE$，M 为边 CD 的中点，$AH \perp DE$ 于点 H. 已知 $AH = 2 - \sqrt{3}$，$AB = 1$. 求 $\angle AME$ 的度数.

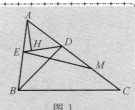

图 1

（第九届中国东南地区数学奥林匹克）

解 设 $\angle ABD = \angle C = \alpha$，$\angle DBC = \beta$.

由已知得 $\angle BDE = \alpha$，$\angle AED = 2\alpha$，

$\angle ADE = \angle ADB - \angle BDE = (\alpha + \beta) - \alpha = \beta$，

$AB = AE + EB = AE + EH + HD$.

故 $\dfrac{AB}{AH} = \dfrac{AE + EH}{AH} + \dfrac{HD}{AH} = \dfrac{1 + \cos 2\alpha}{\sin 2\alpha} + \cot\beta = \cot\alpha + \cot\beta$. ①

如图 2，作 $EK \perp AC$，$EL \perp BD$，垂足分别为 K 和 L，则 L 为 BD 的中点.

结合正弦定理，得 $\dfrac{EL}{EK} = \dfrac{DE \sin\angle EDL}{DE \sin\angle EDK} = \dfrac{\sin\alpha}{\sin\beta} = \dfrac{BD}{CD} = \dfrac{LD}{MD}$.

则 $\cot\alpha = \dfrac{LD}{EL} = \dfrac{MD}{EK} = \dfrac{MK}{EK} - \dfrac{DK}{EK} = \cot\angle AME - \cot\beta$. ②

由式 ①、② 及题设条件，知 $\cot\angle AME = \dfrac{AB}{AH} = \dfrac{1}{2 - \sqrt{3}} = 2 + \sqrt{3}$.

从而，$\angle AME = 15°$.

在 $\triangle ABC$ 中，$AC = \dfrac{AB + BC}{2}$，BL 为 $\angle ABC$ 的平分线，K 为 AB 的中点，M 为 BC 的中点，设 $\angle ABC = \beta$. 求 $\angle KLM$ 的值.

（2013，第 63 届白俄罗斯数学奥林匹克）

解 如图，设点 N 在边 AC 上且满足 $AN = \dfrac{1}{2}AB$.

由题意，知 $NC = AC - AN = \dfrac{AB + BC}{2} - \dfrac{AB}{2} = \dfrac{BC}{2}$.

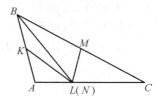

故 $\dfrac{AN}{NC} = \dfrac{AB}{BC}$.

因为 BL 是 $\angle ABC$ 的平分线,所以,$\dfrac{AL}{LC} = \dfrac{AB}{BC}$.从而,点 L 与 N 重合.

则 $\triangle KAL$,$\triangle MCL$ 均为等腰三角形,且

$$\angle AKL = \angle ALK = \frac{1}{2}(180° - \angle BAC),\angle CML = \angle CLM = \frac{1}{2}(180° - \angle BCA).$$

故 $\angle KLM = 180° - \angle ALK - \angle CLM = 180° - \frac{1}{2}(180° - \angle BAC) - \frac{1}{2}(180° - \angle BCA)$

$$= \frac{1}{2}(\angle BAC + \angle BCA) = \frac{1}{2}(180° - \angle ABC) = \frac{1}{2}(180° - \beta) = 90° - \frac{\beta}{2}.$$

在 $\triangle ABC$ 中,$BC = a$,$AC = b$,$a > b$,M 为线段 AB 的中点,且 $\triangle ACM$,$\triangle BCM$ 的内切圆分别为圆 Γ_1,Γ_2,线段 CM 与圆 Γ_1,Γ_2 分别切于点 A',B'.证明:$A'B' = \dfrac{a-b}{2}$.

(2013,第 29 届意大利数学奥林匹克)

证明 设 $MA' = x$,$MB' = y$,$CA' = r$,$CB' = s$.

由 $a > b$,得 $A'B' = x - y = s - r$.

如图,设圆 Γ_1 分别与 AB,AC 切于点 A_2,A_3,圆 Γ_2 分别与 AB,BC 切于点 B_2,B_3.

由切线长定理得

$MA_2 = x$,$MB_2 = y$,

$CA_3 = r$,$CB_3 = s$.

设 $AA_2 = AA_3 = t$,$BB_2 = BB_3 = u$.

由 M 为线段 AB 的中点得

$x + t = y + u$.

又由 $t = b - r$,$u = a - s$,得 $x + b - r = y + a - s$.

于是,$(x - y) + (s - r) = a - b$.

由式 ① 得 $A'B' = \dfrac{a-b}{2}$.

①

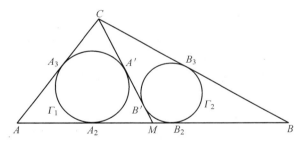

在 $\triangle ABC$ 中,$\angle B = 120°$,A_1,B_1,C_1 分别为 BC,CA,AB 上的点,满足 AA_1,BB_1,CC_1 为 $\triangle ABC$ 的角平分线.求 $\angle A_1 B_1 C_1$.

(2013,克罗地亚国家队选拔考试)

解 如图,设 X 为线段 AB 延长线上的任意一点.

注意到,$\angle ABB_1 = \angle B_1BC = \angle CBX = 60°$.

则点 A_1 在 $\angle B_1BX$ 的平分线上,也在 $\angle BAC$ 的平分线上.

故 A_1 为 $\triangle ABB_1$ 与点 A 相对的旁心.

于是,点 A_1 在 $\angle BB_1C$ 的平分线上.

从而,B_1A_1 为 $\angle BB_1C$ 的平分线.

类似地,B_1C_1 为 $\angle AB_1B$ 的平分线.

则 $\angle A_1B_1C_1 = \angle A_1B_1B + \angle BB_1C_1 = \dfrac{1}{2}\angle CB_1B + \dfrac{1}{2}\angle BB_1A = \dfrac{1}{2}\times 180° = 90°$.

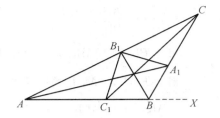

已知正方形 $ABCD$ 内一点 P,满足 $\angle DCP = \angle CAP = 25°$.求 $\angle PBA$.

（2013,德国数学竞赛）

解 如图,正方形 $ABCD$ 关于 AC 对称.

于是,$\angle DCA = \angle CAD = 45°$.

由于 $\angle DCP = 25° < 45° = \angle DCA$,则点 P 在 $\triangle ACD$ 内,且点 P 和 B 位于线段 AC 的异侧.

在 $\triangle APC$ 的外接圆 $\odot M$ 中,

$\angle CAP = 25°$,$\angle PCA = 45° - 25° = 20°$.

故 $\angle PMA = 2\angle PCA = 40°$,$\angle CMP = 2\angle CAP = 50°$.

于是,$\angle CMA = \angle CMP + \angle PMA = 90°$.

从而,点 M 与 B 重合.因此,$\angle PBA = \angle PMA = 40°$.

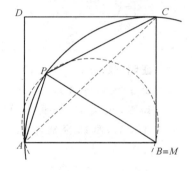

用平行于边的直线将正六边形分为七个部分,其中四个区域为正三角形,边长如图1所示.求正六边形的边长.

（2013,第52届荷兰数学奥林匹克）

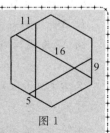

图1

解 如图2,将正六边形分成六个正三角形.

对于图3,易知,正六边形长对角线 AC 等于正六边形边长 a 的2倍.

注意到,AB 为平行四边形的边,长为 $11 + 16 = 27$.

在正 $\triangle BCE$,$\square BCDF$ 中,分别有

$BC = EB$,$CD = BF$.

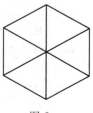

图2

结合图 2 得

$EB + BF = EF = 5 + 16 + 9 = 30.$

故 $AB + BC + CD = 27 + EB + BF = 57.$

则 $a = \dfrac{AC}{2} = CD = \dfrac{AC + CD}{3} = 19.$

因此, 所求正六边形的边长为 19.

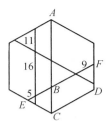

图 3

已知 $\triangle ABC$ 的三个顶点均在 $y = x^2$ 的图象上, 且 $AB \parallel x$ 轴, 点 C 位于直线 AB 和 x 轴之间, 边 AB 的长比 $\triangle ABC$ 的高线 CH 的长小 1. 求 $\angle ACB$ 的大小.

(2013, 第 64 届白俄罗斯数学奥林匹克)

解 如图, 设 $A(a, a^2), C(c, c^2)$.

因为 $AB \parallel x$ 轴, 所以, 点 A, B 位于 y 轴的两侧, 且纵坐标相等, 横坐标互为相反数.

故 $B(-a, a^2)$.

由点 H 在边 AB 上, 且 $CH \parallel y$ 轴, 知 $H(c, a^2)$.

故 $CH = a^2 - c^2, AB = 2a$(不妨设 $a > 0$).

由条件有 $a^2 - c^2 = 2a + 1.$ ①

此外, $AH = a - c, BH = c + a.$

在 $\mathrm{Rt}\triangle HCA$ 和 $\mathrm{Rt}\triangle HCB$ 中, 由勾股定理分别得

$CA^2 = (a^2 - c^2)^2 + (a - c)^2, CB^2 = (a^2 - c^2)^2 + (c + a)^2.$

在 $\triangle ABC$ 中, 由余弦定理得 $AB^2 = CA^2 + CB^2 - 2CA \cdot CB \cos \angle ACB.$

将边长关系, 式 ① 代入得

$4a^2 = (a^2 - c^2)^2 + (a - c)^2 + (a^2 - c^2)^2 + (c + a)^2 - 2\sqrt{(a^2 - c^2)^2 + (a - c)^2} \cdot$

$\sqrt{(a^2 - c^2)^2 + (c + a)^2} \cos \angle ACB$

$= 2(a^2 - c^2)^2 + 2(a^2 + c^2) - 2(a - c)(a + c) \cdot \sqrt{(a + c)^2 + 1}\sqrt{(a - c)^2 + 1} \cdot$

$\cos \angle ACB$

$= 2(a^2 - c^2)^2 + 2(a^2 + c^2) - 2(a^2 - c^2) \cdot \sqrt{(a^2 - c^2)^2 + (a + c)^2 + (a - c)^2 + 1} \cdot$

$\cos \angle ACB$

$= 2(2a + 1)^2 + 2(a^2 + a^2 - 2a - 1) - 2(2a + 1)\sqrt{(2a + 1)^2 + 2a^2 + 2c^2 + 1} \cdot$

$\cos \angle ACB$

$= 12a^2 + 4a - 2(2a + 1) \cdot \sqrt{4a^2 + 4a + 1 + 2a^2 + 2(a^2 - 2a - 1) + 1} \cdot \cos \angle ACB$

$= 12a^2 + 4a - 2(2a + 1)\sqrt{8a^2} \cos \angle ACB$

$= 12a^2 + 4a - 4\sqrt{2}a(2a + 1)\cos \angle ACB.$

故 $4\sqrt{2}(2a + 1)\cos \angle ACB = 8a + 4 \Rightarrow \cos \angle ACB = \dfrac{1}{\sqrt{2}} \Rightarrow \angle ACB = 45°.$

平面几何部分

已知 A,B,C 为单位圆圆周上的点,且 AB 为直径,$\dfrac{AC}{CB}=\dfrac{3}{4}$,$\angle ABC$ 的平分线与圆交于点 D.求线段 AD 的长.

(2013,芬兰高中数学竞赛)

解 如图.

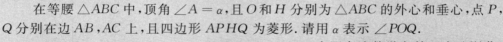

由题意,知 $AB=2,\angle ACB=90°$.

又 $\dfrac{AC}{CB}=\dfrac{3}{4}$,则 $AC:CB:AB=3:4:5$.

于是,$AC=1.2,BC=1.6$.

设 $\angle ABC$ 的平分线与 AC 交于点 E.则

$$\frac{CE}{EA}=\frac{BC}{BA}=\frac{1.6}{2}=\frac{4}{5}\Rightarrow CE=\frac{8}{15},AE=\frac{2}{3}.$$

又 $\triangle EBC$ 为直角三角形,则 $BE^2=1.6^2+\left(\dfrac{8}{15}\right)^2\Rightarrow BE=\dfrac{8\sqrt{10}}{15}$.

由 $\triangle AED\backsim\triangle BEC\Rightarrow\dfrac{AD}{AE}=\dfrac{BC}{BE}\Rightarrow AD=\dfrac{2}{3}\times1.6\div\dfrac{8\sqrt{10}}{15}=\dfrac{\sqrt{10}}{5}$.

在等腰 $\triangle ABC$ 中,顶角 $\angle A=\alpha$,且 O 和 H 分别为 $\triangle ABC$ 的外心和垂心,点 P,Q 分别在边 AB,AC 上,且四边形 $APHQ$ 为菱形.请用 α 表示 $\angle POQ$.

(2013,中国台湾数学奥林匹克选训营)

解 如图,记菱形 $APHQ$ 的对角线 PQ 与 AH 交于点 M.则 M 为 AH 的中点.取 $\triangle ABC$ 各边中点 M_A,M_B,M_C.

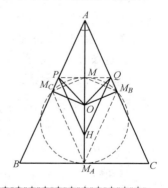

由九点圆性质,知 M,M_A,M_B,M_C 四点共圆.

故 $\angle M_BMM_C=180°-\angle A=180°-\alpha$.

因为 O,M_C,P,M 及 O,M_B,Q,M 分别四点共圆,所以,

$\angle POQ=\angle POM+\angle QOM=\angle PM_CM+\angle QM_BM$

$=\angle M_BMM_C-\angle A=180°-2\alpha$.

在 $\triangle ABC$ 中,AD 为边 BC 上的高,M 为线段 BC 的中点,且 $\angle BAD=\angle DAM=\angle MAC$.求 $\triangle ABC$ 的三个内角.

(2014,爱尔兰数学奥林匹克)

解 如图.

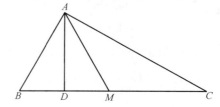

由题意知

$\triangle ADB\cong\triangle ADM$

$\Rightarrow BD=DM$

$\Rightarrow 2MD=BM=MC$.

又 $\angle DAM = \angle MAC$，AM 平分 $\angle DAC$，故

$$\cos\angle DAC = \frac{AD}{AC} = \frac{MD}{MC} = \frac{1}{2}.$$

则 $\angle DAC = 60° \Rightarrow \angle ACD = 30°$，$\angle DAM = 30°$

$\Rightarrow \angle BAC = 90°$，$\angle ABC = 60°$.

故三内角分别为 $30°,60°,90°$.

彼得画了一个菱形 $ABCD$，并在边 AB，BC 上分别取点 E_1，F_1，使得 $\triangle DE_1F_1$ 为等边三角形. 但彼得又惊讶地发现，在边 AB，BC 上再另外分别取点 E_2，F_2，使得 $\triangle DE_2F_2$ 为等边三角形，求此菱形 $ABCD$ 顶角的度数.

（2014，爱沙尼亚数学奥林匹克）

解 如图.

由 $\angle E_1DF_1 = \angle E_2DF_2 = 60°$，同减去公共角 $\angle E_2DF_1$ 得

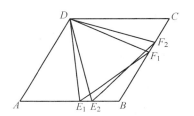

$$\angle E_1DE_2 = \angle F_1DF_2.$$

又 $DE_1 = DF_1$，$DE_2 = DF_2$，

于是，$\triangle E_1DE_2 \cong \triangle F_1DF_2$.

从而，$\angle DE_1E_2 = \angle DF_1F_2$.

则 D,E_1,B,F_1 四点共圆.

故 $\angle B = 180° - \angle E_1DF_1 = 120°$，$\angle A = 60°$.

因此，此菱形顶角的度数为 $60°,120°$.

已知 O 为 $\triangle ABC$ 的外心，直线 l 过线段 BC 的中点且垂直于 $\angle BAC$ 的平分线. 若 l 过线段 AO 的中点，求 $\angle BAC$ 的大小.

（2014，第 24 届日本数学奥林匹克）

解 如图，记 l 与线段 AO 交于点为 X.

设 $\angle BAC$ 的平分线与 $\odot O$ 交于另一点 D，过 D 作 $\odot O$ 的直径 DA'.

因为 $\angle BAD = \angle CAD$，所以，D 为 $\overparen{BC}$（不含点 A）的中点. 从而，A' 为 $\overparen{BAC}$ 的中点.

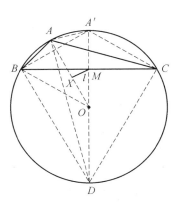

取线段 BC 的中点 M.

因为 $A'B = A'C$，所以，$A'M \perp BC$.

类似地，$DM \perp BC$.

从而，A',M,D 三点共线.

接下来证明：$A'M = MO$.

显然，若点 A' 与 A 重合，则点 M 与 X 重合.

因为 X 为 AO 的中点,所以,$A'M = MO$.

若点 A' 与 A 不重合,由 $A'D$ 为 $\odot O$ 的直径,知 $A'A \perp AD$.

又 $MX \perp AD$,故 $A'A \parallel MX$.

注意到,$AX = XO$.于是,$A'M = MO$.

由上分析,知 BM 垂直平分线段 $A'O$.则 $A'B = OB = OA'$.

故 $\triangle A'BO$ 为正三角形,有 $\angle BA'O = 60°$.

从而,$\angle BAD = \angle BA'D = \angle BA'O = 60°$.

因此,$\angle BAC = 2\angle BAD = 120°$.

通过圆 Γ 外的一点 A 画两条割线,其中一条割线与圆 Γ 交于点 B 和 C,使得 $AB = 6$,$AC = 10$;另一条割线与圆 Γ 交于点 D 和 E,其中,点 D 位于点 A 和 E 之间.再画一条经过点 D 的直线,使其平行于线段 AC 并与圆 Γ 交于点 F(F 与 D 不重合).连接 FA,与圆 Γ 交于点 G(G 与 F 不重合),再画直线 EG 使其与直线 AC 交于点 M.求线段 AM 的长度.

(2014,第 63 届立陶宛数学奥林匹克)

解 如图.

因为 $\angle MAF = \angle AFD = \angle GED$,所以,
$\triangle MAG \backsim \triangle MEA \Rightarrow MA^2 = MG \cdot ME$.

又由割线定理知

$MG \cdot ME = MB \cdot MC$

$\Rightarrow MA^2 = MB \cdot MC$.

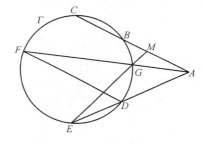

设 $AM = x$.则 $x^2 = (6-x)(10-x)$.解得 $x = \dfrac{15}{4}$.

已知四边形 $ABCD$ 内接于圆,直线 AB 与 DC 交于点 K,点 B,D 及线段 AC 与 KC 的中点位于同一个圆周上.求 $\angle ADC$ 的度数.

(2014,第 40 届俄罗斯数学奥林匹克)

解 如图,设 M,N 分别为线段 AC,KC 的中点.连接 BD,MN,BM.

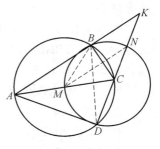

于是,MN 为 $\triangle AKC$ 的中位线.故 $\angle BAC = \angle NMC$.

因为四边形 $ABCD$ 内接于圆,所以,$\angle BAC = \angle BDC$.

假设点 N 和 M 位于直线 BD 的同一侧.则 M 位于 $\triangle BCD$ 的内部,亦位于 $\triangle BND$ 的内部,即位于其外接圆的内部.故 B,N,D,M 四点不可能共圆.

于是,点 N 和 M 位于直线 BD 的异侧,且 $\angle BDC = \angle BMN$.

因为 $MN \parallel AK$,所以, $\angle BMN = \angle ABM$.

故 $\angle BAC = \angle BDC = \angle ABM$.从而, $AM = MB$.

在 $\triangle ABC$ 中,因为 $BM = AM = \dfrac{1}{2}AC$,所以, $\angle ABC = 90°$.因此, $\angle ADC = 90°$.

已知圆 Γ_1 , Γ_2 相交,且半径均为 R ,其连心线与圆 Γ_1 交于点 A 和 C ,与圆 Γ_2 交于点 B 和 D (点 B 在 A , C 之间,点 C 在 B , D 之间).以 AD 为直径的圆 Γ_3 与圆 Γ_1 , Γ_2 分别内切于点 A , D ,过点 C 作圆 Γ_1 的切线 l_1 ,过点 B 作圆 Γ_2 的切线 l_2 , l_2 与圆 Γ_3 交于点 K .过 K 作圆 Γ_1 的两条切线分别与 l_1 交于点 P , Q .求 PQ 的长度.

(第 50 届蒙古数学奥林匹克)

解　如图.设 $AB = z$, $PQ = x$, $QC = y$,
直线 l_2 与圆 Γ_1 的交点为 E 和 F .

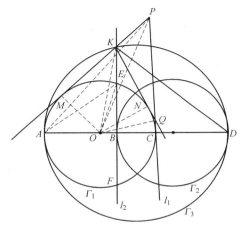

由射影定理,知 $AE = \sqrt{AB \cdot AC} = \sqrt{2zR}$.

由于 AD 为圆 Γ_3 的直径,则 $\angle AKD = 90°$.

故 $KB^2 = AB \cdot BD = z \cdot 2R$.

从而, $KB = \sqrt{2zR} = AE$.

又 $KM^2 = KE \cdot KF$

$= (KB - BE)(KB + BF) = KB^2 - BE^2$

$= AE^2 - BE^2 = z^2$,

得 $KM = AB = z$.

因为 $PM = PC$,所以,

$KM + KP = PQ + QC$

$\Rightarrow KP = x + y - z$.

又 $KQ = KN + NQ = KM + QC = z + y$,

则 $S_{\triangle KPQ} = S_{\triangle OKP} + S_{\triangle OPQ} - S_{\triangle OKQ}$

$= \dfrac{1}{2}KP \cdot OM + \dfrac{1}{2}PQ \cdot OC - \dfrac{1}{2}KQ \cdot ON$

$= \dfrac{1}{2}\left[(x + y - z) - (z + y) + x\right]R = R(x - z)$.

再由 $S_{\triangle KPQ} = \dfrac{1}{2}PQ \cdot BC = \dfrac{1}{2}x(AC - AB) = \dfrac{1}{2}x(2R - z)$,知

$R(x - z) = \dfrac{1}{2}x(2R - z) \Rightarrow x = 2R \Rightarrow PQ = 2R$.

在 $\triangle ABC$ 中,点 X , Y 分别在边 BC , CA 上,且满足 $CX = CY$, AX 与 BC 不垂直, BY 与 CA 不垂直.设圆 Γ 是以 C 为圆心、 CX 为半径的圆.求 $\triangle ABC$ 的内角度数,使得 $\triangle AXB$ 和 $\triangle AYB$ 的垂心在圆 Γ 上.

(2014,印度国家队选拔考试)

平面几何部分

解 如图,设 H 和 K 分别为 $\triangle AXB$ 和 $\triangle AYB$ 的垂心.

假设 $\angle C > 90°$. 作 $AE \perp BC$ 于点 E.

则在 $\triangle HCE$ 中得 $\angle HCE < 90°$. 于是,$\angle HCK < 90°$.

又因为 HX 和 KY 均垂直于 AB,有 $HX /\!/ KY$,

所以,$\angle XKY = \angle HXK$.

于是,$\angle XCY = \angle HCK > 90°$. 矛盾. 从而,$\angle C \leqslant 90°$.

类似地,$\angle C \geqslant 90°$.

因此,$\angle C = 90°$. 故 $\angle HXC = 45°$.

又因为 $HX \perp AB$,所以,$\angle A = \angle B = 45°$.

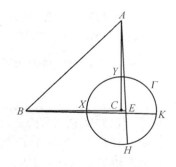

已知四边形 $ABCD$ 为凸四边形,$\angle BAD = 90°$,$\angle BAC = 2\angle BDC$,$\angle DBA + \angle DCB = 180°$. 求 $\angle DBA$.

(2014,克罗地亚数学竞赛)

解 令 $\angle BDC = \alpha$,$\angle DBA = \beta$. 则 $\angle BAC = 2\alpha$.

如图,点 P 和 Q 在 $\angle BAC$ 的平分线上,且 P 在线段 BC 上,Q 在射线 DC 上.

由于 $\angle BAQ = \angle BDQ = \alpha$,则 A,B,Q,D 四点共圆.

又 $\angle BAD$ 为直角,则 $\angle DQB$ 也为直角.

因为 $\angle DQA = \beta$,所以,$\angle AQB = 90° - \beta$.

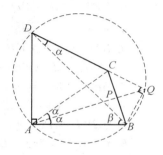

由 $\angle BCQ = 180° - \angle DCB = \beta = \angle DQA \Rightarrow PQ = PC$,

由 $\angle QBP = \angle QPC - \angle PQB = 180° - 2\beta - (90° - \beta)$

$= 90° - \beta = \angle PQB$

$\Rightarrow PB = PQ$.

故 P 为线段 BC 的中点.

又 AP 平分 $\angle BAC$,则 $AB = AC$.

则 $90° = \angle APB = \angle QPC = 180 - 2\beta$. 故 $\angle DBA = \beta = 45°$.

已知圆 Γ 过 $\triangle ABC$ 的顶点 B 和 C,分别与边 AB,AC 交于点 C_1,B_1,且 X,Y 分别为 $\overset{\frown}{B_1BC}$,$\overset{\frown}{BCC_1}$ 的中点. 求直线 XY 与 $\angle CAB$ 的平分线所成的角度.

(2014,第 65 届白俄罗斯数学奥林匹克决赛)

解 设 $\angle ABC = \alpha$,$\angle BCA = \beta$. 则 $\angle CAB = 180° - \alpha - \beta$.

设 ξ 为不含点 C 的 $\overset{\frown}{C_1B}$ 的度数,η 为不含点 B 和 C 的 $\overset{\frown}{B_1C_1}$ 的度数,ζ 为不含点 B 的 $\overset{\frown}{CB_1}$ 的度数. 则 $\beta = \dfrac{\xi + \eta}{2}$,$\alpha = \dfrac{\eta + \zeta}{2}$.

平面几何部分

如图,设直线 XY 与 BC 交于点 Z,$\angle BZX$ 为 $\triangle ZXC$ 的外角.

则 $\angle BZX = \angle ZCX + \angle CXZ$.

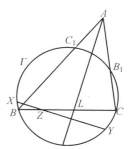

故 $\angle ZCX = \dfrac{1}{2}\left[\xi + \eta - \dfrac{1}{2}(360° - \zeta)\right]$,

$\angle CXZ = \dfrac{1}{2}\left[\dfrac{1}{2}(360° - \xi) - (\eta + \zeta)\right]$.

从而,$\angle BZX = \angle ZCX + \angle CXZ = \dfrac{\xi - \zeta}{4} = \dfrac{\beta - \alpha}{2}$.

设 $\angle CAB$ 的平分线与边 BC 交于点 L.则

$\angle ALC = \angle ABC + \angle LAB = \alpha + \left(90° - \dfrac{\beta + \alpha}{2}\right) = 90° - \dfrac{\beta - \alpha}{2}$.

因此,$\angle BZX + \angle ALC = 90° \Rightarrow AL \perp XY \Rightarrow$ 所求角度为 $90°$.

在 $\triangle ABC$ 中,$\angle C = 100°$,点 P 和 Q 均在边 AB 上,使得 $AP = BC$,$BQ = AC$,线段 AB,CP,CQ 的中点分别为 M,N,K.求 $\angle NMK$.

(2014,第六届欧拉数学竞赛)

解 如图,将 $\triangle ABC$ 扩充为 $\square ACBD$.

于是,M 为线段 CD 的中点.

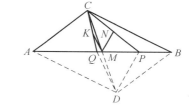

由于 $AP = BC = AD$,$BQ = AC = BD$,于是,

$\angle QDP = \angle ADP + \angle BDQ - \angle ADB$

$= \dfrac{180° - \angle DAB}{2} + \dfrac{180° - \angle DBA}{2} - 100°$

$= 80° - \dfrac{\angle DAB + \angle DBA}{2} = 40°$.

接下来证明:$\angle NMK = \angle QDP$.

因为线段 MK,MN 分别为 $\triangle CQD$,$\triangle CPD$ 的中位线,所以,$MK \parallel DQ$,$MN \parallel DP$.

从而,$\angle NMK = \angle QDP = 40°$.

已知 $\triangle ABC$ 的边长为整数,M 为 BC 的中点,内切圆 $\odot I$ 与边 AB,AC 分别切于点 E,F,且点 D 为 M 在 EF 上的投影.若四边形 $ADMI$ 为平行四边形,且 $AB + BC + CA = 65$,求 $AB \cdot BC \cdot CA$ 的值.

(2014,中国香港代表队选拔考试)

解 记 a,b,c 分别为 $\triangle ABC$ 的三条边长,r 为内切圆半径,N 为 AC 的中点,EF 与 MN 交于点 P.

因为 $AB \parallel MN$,$AE = AF$,所以,$NP = NF$.

又 $NF = \dfrac{a - c}{2}$(不妨设 $a \geqslant c$),则 $MP = \dfrac{c}{2} + \dfrac{a - c}{2} = \dfrac{a}{2}$.

故 $DM = MP \sin\angle DPM = \dfrac{1}{2}a\cos\dfrac{A}{2} = AI$

$= \dfrac{r}{\sin\dfrac{A}{2}} \Rightarrow a\sin A = 4r.$

由 $S = \dfrac{1}{2}bc\sin A = \dfrac{1}{2}r(a+b+c) \Rightarrow a(a+b+c) = 4bc \Rightarrow a = \dfrac{4bc}{65}$.

故 $65 = a+b+c = \dfrac{4bc}{65} + b + c \Rightarrow (4b+65)(4c+65) = 5^3 \times 13^2$.

易得，$(a,b,c) = (24,15,26),(24,26,15)$.

因此，$abc = 24 \times 15 \times 26 = 9360$.

在正 $\triangle ABC$ 中，D 为边 AB 上一点，E 为边 AC 上一点，且 $DE \parallel BC$. 设 F 为 CD 的中点，G 为 $\triangle ADE$ 的外心. 求 $\triangle BFG$ 的三个内角.

（2014，中国香港代表队选拔考试）

解 如图，以 BC 和 BD 为边构造 $\square BCHD$，其中，H 为另一个顶点. 则点 E 在线段 DH 上，且 $\triangle CEH$ 为正三角形.

于是，$BD = CH = HE$.

由 G 为 $\triangle ADE$ 的外心，知

$GD = GE$，$\angle BDG = 150° = \angle HEG$.

故 $\triangle BDG \cong \triangle HEG \Rightarrow \triangle BGH \backsim \triangle DGE$

$\Rightarrow \angle FBG = 30°$.

又 F 为 BH 的中点，则 $\angle BFG = 90°$，$\angle BGF = 60°$.

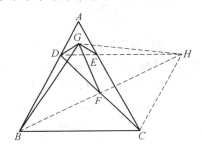

设梯形的上、下底边长分别为 a,b. 画一条平行于上、下底的直线，使得分出的两个梯形均有内切圆. 求这个梯形的周长.

（2014—2015，匈牙利数学奥林匹克）

解 如图，设梯形两腰所在直线交于点 P.

于是，两圆分别为 $\triangle PBC$，$\triangle PEF$ 的内切圆.

又 $\triangle PEF \backsim \triangle PBC$，$AD$ 与 EF 为对应边，则

$\dfrac{AD}{EF} = \dfrac{EF}{BC} \Rightarrow EF = \sqrt{ab}$

$\Rightarrow AE + DF = AD + EF = a + \sqrt{ab}$，

$EB + FC = EF + BC = \sqrt{ab} + b$.

故 $AB + BC + CD + DA = 2(a + \sqrt{ab} + b)$.

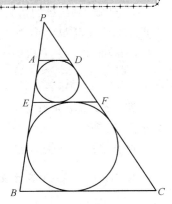

平面几何部分

> 　　在锐角 $\triangle ABC$ 中,过点 C 作 AB 的垂线,与 $\triangle ABC$ 的外接圆交于点 D,过点 B 作 AC 的垂线,与 $\triangle ABC$ 的外接圆交于点 E.若 $DE = BC$,求 $\angle BAC$.
>
> (2015,爱尔兰数学奥林匹克)

解 如图,设 CD 与 AB 交于点 F,BE 与 AC 交于点 G,BE 与 CD 交于点 P.

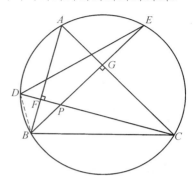

由 $\angle DPE = \angle BPC$,$\angle DEP = \angle BCP$,$DE = BC$,

$\Rightarrow \triangle DPE \cong \triangle BPC \Rightarrow DP = BP$

$\Rightarrow \angle BDP = \angle DBP$.

因为 F,P,G,A 四点共圆,

所以,$\angle DPB = \angle BAC = \angle BDC$.

故 $\triangle BDP$ 的三内角均为 $60°$.

因此,$\angle BAC = \angle BDC = 60°$.

> 　　在矩形 $ABCD$ 中,$AB = 3$,$BC = 2$,在边 AB 上取点 P,使 $\angle CDP$ 的平分线过 BC 的中点.求 BP 的长度.
>
> (2015,阿根廷数学奥林匹克)

解 记 BC 的中点为 M,DM 与 AB 交于点 Q(Q 为线段 AB 外部的点).

因为 $AB \parallel CD$,所以,$\angle BQM = \angle CDM$.

又 $\angle CDM = \angle PDM$,则 $\angle PQD = \angle PDQ \Rightarrow PQ = PD$.

由 $\triangle BQM \cong \triangle CDM$,得 $BQ = CD = 3$.

设 $BP = x$.则 $PQ = PB + BQ = x + 3$,且 $PD = PQ = x + 3$.

在 $\triangle PDA$ 中,$AP = 3 - x$,$AD = 2$,$PD = x + 3$.

再利用勾股定理,得 $(3 - x)^2 + 2^2 = (3 + x)^2 \Rightarrow x = \dfrac{1}{3}$.

> 　　在四边形 $ABCD$ 中,$\angle BAD = 110°$,$\angle CBA = 50°$,$\angle DCB = 70°$,M,N 分别为线段 AB,CD 的中点,P 为线段 MN 上的一点,满足 $\dfrac{AM}{CN} = \dfrac{MP}{NP}$,且 $AP = CP$.求 $\angle CPA$.
>
> (2015,克罗地亚国家队选拔考试)

解 如图,设直线 AD 与 BC 交于点 K.

因为 A,B,C,D 四点共圆,所以,
$\triangle AKB \backsim \triangle CKD$.

由题意知 $\angle AKM = \angle CKN$.

故 $\triangle AKM \backsim \triangle CKN \Rightarrow \dfrac{KM}{KN} = \dfrac{AM}{CN}$.

由已知条件得 $\dfrac{KM}{KN} = \dfrac{MP}{NP}$.

从而,KP 为 $\angle NKM$ 的平分线.

同时,KP 也为 $\angle AKC$ 的平分线.

下面证明:A,P,C,K 四点共圆.

令 A' 为直线 AK 上异于点 A 的一点,且满足 $A'P = AP = CP$.

则 $\triangle KA'P \cong \triangle KCP$,且四边形 $A'PCK$ 为筝形.

又 $\triangle A'AP$ 为等腰三角形得

$\angle PAK = \angle PAA' = \angle AA'P = 180° - \angle PA'K = 180° - \angle KCP$.

从而,A,P,C,K 四点共圆.

又 $\angle AKC = 180° - \angle BAD - \angle CBA = 20°$,则 $\angle CPA = 160°$.

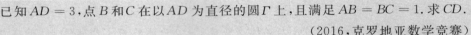

已知 $AD = 3$,点 B 和 C 在以 AD 为直径的圆 Γ 上,且满足 $AB = BC = 1$. 求 CD.

(2016,克罗地亚数学竞赛)

解 如图,记圆 Γ 的圆心为 S,T 为 SB 与 AC 的

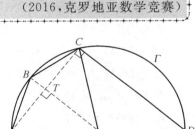

交点.

由泰勒斯定理,得 $\angle ACD = 90°$.

则 $\angle ASB = \angle CSB \Rightarrow \angle ABS = \angle CBS$

$\Rightarrow \triangle ABT \cong \triangle CBT \Rightarrow \angle ATB = \angle CTB$

$\Rightarrow \angle ATB = 90° \Rightarrow AT \perp BS$.

这表明,AT 为 $\triangle ASB$ 的高线.

令 h_a 为 $\triangle ASB$ 中由点 S 引出的高线.

由 $AB = 1,AS = \dfrac{3}{2}$,且 $\triangle ASB$ 为等腰三角形得 $h_a = \sqrt{\left(\dfrac{3}{2}\right)^2 - \left(\dfrac{1}{2}\right)^2} = \sqrt{2}$.

又 $S_{\triangle ASB} = \dfrac{BS \cdot AT}{2} = \dfrac{AB \cdot h_a}{2} \Rightarrow AT = \dfrac{2\sqrt{2}}{3} \Rightarrow AC = 2AT = \dfrac{4\sqrt{2}}{3}$,

则由勾股定理,得 $CD = \sqrt{AD^2 - AC^2} = \dfrac{7}{3}$.

在 $\square ABCD$ 中,$\angle B < 90°$,$AB < BC$. 从点 D 向 $\triangle ABC$ 的外接圆 Γ 引切线,切点分别为 E,F. 已知 $\angle EDA = \angle FDC$. 求 $\angle ABC$.

(第 41 届俄罗斯数学奥林匹克)

解 设 AD 与圆 Γ 交于点 C'.

因为 $\angle EDC' = \angle FDC$,点 E 与 F 及 C' 与 C 关于 $\angle EDF$ 的平分线对称,

所以,$C'D = CD = BA = CC'$.

于是,$\triangle C'CD$ 为等边三角形. 从而,$\angle ABC = \angle ADC = 60°$.

在 $\square ABCD$ 中,$AB < AC < BC$. 从点 D 向 $\triangle ABC$ 的外接圆 Γ 引切线,切点分别为 E 和 F. 若线段 AD 与 CE 相交,$\angle ABF = \angle DCE$,求 $\angle ABC$.

(第 41 届俄罗斯数学奥林匹克)

解 因为点 D 位于圆 Γ 外,所以,$\angle ABC$ 为锐角.

令 A' 为直线 DC 与圆 Γ 的第二个交点.

由 $BC > AC$,知 $\angle DCA = \angle CAB > \angle CBA = \angle DA'A$.

这表明,点 A' 在线段 DC 沿点 C 方向的延长线上.

又 $\overset{\frown}{ECA'} = 2(180° - \angle ECA') = 2\angle ECD = 2\angle ABF = \overset{\frown}{ACF}$,于是,$\overset{\frown}{AE} = \overset{\frown}{A'F}$.

则点 A 与 A',E 与 F 分别关于 $\angle ADC$ 的平分线对称.

故 $\angle DAA' = \angle DA'A = \angle ABC = \angle ADA'$.

因此,$\angle ABC = \angle ADA' = 60°$.

如图,$AB = CD$,$BC = 2AD$,$\angle ABC = 90°$,$\angle BCD = 30°$. 证明:$\angle BAD = 30°$.

(2015,第二届伊朗几何奥林匹克)

证明 过点 D 作 $DE \perp AB$,$DF \perp BC$,垂足分别为 E 和 F.

则 $BE = DF = \dfrac{1}{2}DC = \dfrac{1}{2}AB \Rightarrow DE$ 垂直平分线段 $AB \Rightarrow BD = AD = \dfrac{1}{2}BC$.

过点 B 作 $BH \perp CD$,垂足为 H.

则 $BH = \dfrac{1}{2}BC = BD \Rightarrow$ 点 H 与 D 重合 $\Rightarrow \angle BDC = 90°$

$\Rightarrow \angle BAD = \angle ABD = 90° - \angle CBD = \angle BCD = 30°$.

> 已知在 $\triangle ABC$ 中,$\angle A = 60°$,点 M,N,K 分别在边 BC,AC,AB 上,使得 $BK = KM = MN = NC$. 若 $AN = 2AK$,求 $\angle B$ 和 $\angle C$ 的度数.
>
> (2015,第二届伊朗几何奥林匹克)

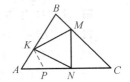

解 如图,取 AN 的中点 P. 则 $AK = AP = PN$.

于是,$\triangle APK$ 为等边三角形.

故 $\angle ANK = \dfrac{1}{2}\angle KPA = 30°$.

设 $\angle ACB = \angle NMC = \alpha$. 则

$\angle ABC = \angle KMB = 120° - \alpha$.

于是,$\angle KMN = 60°$,即 $\triangle KMN$ 为等边三角形.

从而,$\angle ANM = 90°$,$\alpha = 45°$. 故 $\angle C = 45°$,$\angle B = 75°$.

> 在 $\triangle ABC$ 中,$AB \neq AC$,内切圆 $\odot I$ 与边 BC 切于点 D,直线 AI 与 $\triangle ABC$ 的外接圆 $\odot O$ 交于另一点 M,直线 DM 与 $\odot O$ 交于另一点 P. 求 $\angle API$ 的大小.
>
> (2015,中国香港代表队选拔考试)

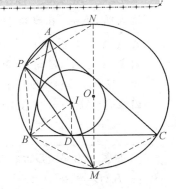

解 假设 $AB < AC$,如图,连接 BP,BM,MC,DI.

由 $\angle IBM = \dfrac{1}{2}(\angle BAC + \angle ABC) = \angle BIM$

$\Rightarrow MB = MC = MI$.

又 $\angle BPM = \dfrac{1}{2}\angle BAC = \angle MBC$,故

$\triangle DBM \backsim \triangle BPM \Rightarrow MI^2 = MB^2 = MD \cdot MP$

$\Rightarrow \triangle MPI \backsim \triangle MID \Rightarrow \angle MPI = \angle MID$.

记 N 为 MO 的延长线与 $\odot O$ 的交点.

由 $ID \parallel MN \Rightarrow \angle MID = \angle AMO$.

则 $\angle API = \angle APM - \angle IPM = \angle APM - \angle AMN$

$= \angle APM - \angle APN = \angle NPM = 90°$.

> 在 $\triangle ABC$ 中,$AB > AC$,I 为 $\triangle ABC$ 的内心.用 Γ 表示以 AI 为直径的圆.设圆 Γ 与 $\triangle ABC$ 的外接圆交于点 A 和 D,且 D 在不含点 B 的 $\overset{\frown}{AC}$ 上,过点 A 作 BC 的平行线,与圆 Γ 交于 A 及另一点 E,如图.若 DI 平分 $\angle CDE$,且 $\angle ABC = 33°$,求 $\angle BAC$ 的度数.
>
> (第 12 届中国东南地区数学奥林匹克)

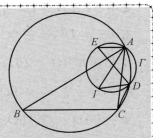

解 连接 AD.

由条件得 $\angle IDC = \angle IDE = \angle IAE = \angle IAB + \angle BAE = \dfrac{\angle BAC}{2} + \angle ABC.$ ①

注意到，$\angle IDA = 90°$.

则 $\angle IDC = \angle ADC - \angle ADI = (180° - \angle ABC) - 90° = 90° - \angle ABC.$ ②

比较式 ①、② 得

$$\dfrac{\angle BAC}{2} + \angle ABC = 90° - \angle ABC \Rightarrow \angle BAC = 2(90° - 2\angle ABC) = 48°.$$

已知 AB 为 $\triangle ABC$ 的外接圆 $\odot O$ 的直径,过点 B 和 C 作 $\odot O$ 的切线交于点 P,过点 A 垂直于 PA 的直线与 BC 的延长线交于点 D,延长 DP 到点 E,使得 $PE = PB$. 若 $\angle ADP = 40°$,求 $\angle E$ 的度数.

(第 11 届中国北方数学奥林匹克)

解 先证明：$AP \parallel BE$.

如图,设直线 DA 与 EB 交于点 F.

连接 PO,与 BC 交于点 M. 则 $PO \perp BC$,连接 AM.

由 $PA \perp AD, PM \perp DM$,知 D, A, M, P 四点共圆.

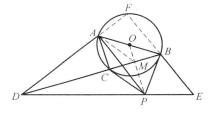

于是,$\angle AMC = \angle APD$.

又 $\angle BMP = \angle ACM, \angle MBP = \angle CAB$,则

$$\triangle PBM \backsim \triangle BAC \Rightarrow \dfrac{BM}{AC} = \dfrac{BP}{AB}.$$

又 $BM = CM$,则 $\dfrac{CM}{BP} = \dfrac{AC}{AB}$.

因为 $\angle ACM = \angle ABP$,所以,

$$\triangle ACM \backsim \triangle ABP \Rightarrow \angle AMC = \angle APB \Rightarrow \angle APD = \angle APB.$$

由 $PB = PE$,知 $\angle PBE = \angle E = \dfrac{1}{2}\angle DPB = \angle APB \Rightarrow AP \parallel BE.$

又 $AP \perp DA, DF \perp EF$,即 $\angle DFE = 90°$.因此,$\angle E = 50°$.

在 $\triangle ABC$ 中,$BC = 1$,边 BC 上存在唯一的点 D,使得 $DA^2 = DB \cdot DC$.求 $\triangle ABC$ 周长的所有可能值.

(2016,第 65 届捷克和斯洛伐克数学奥林匹克)

平面几何部分

解 如图,设 E 为直线 AD 与 $\triangle ABC$ 外接圆 Γ 的另一个交点.

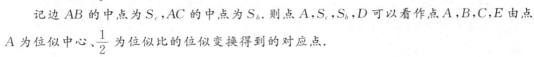

则 $DB \cdot DC = DA \cdot DE$.

结合 $DA^2 = DB \cdot DC$,得 $DA = DE$.

过点 E 作 BC 的平行线 p.

若直线 p 与圆 Γ 除了点 E 之外还有一个交点(设为 F),连接 AF,则 AF 与 BC 的交点 D' 也满足

$$D'A^2 = D'B \cdot D'C,$$

这与点 D 的唯一性矛盾.

从而,直线 p 必与圆 Γ 切于点 E.

记边 AB 的中点为 S_c,AC 的中点为 S_b.则点 A,S_c,S_b,D 可以看作点 A,B,C,E 由点 A 为位似中心、$\dfrac{1}{2}$ 为位似比的位似变换得到的对应点.

于是,A,S_c,D,S_b 必四点共圆,记为圆 Γ',且 BC 与圆 Γ' 切于点 D.

则 $BD^2 = BA \cdot BS_c = \dfrac{1}{2}BA^2$,$CD^2 = CA \cdot CS_b = \dfrac{1}{2}CA^2$.

故 $\triangle ABC$ 的周长为

$$BC + AB + AC = BC + \sqrt{2}(BD + CD) = (1 + \sqrt{2})BC = 1 + \sqrt{2}.$$

在凸四边形 $ABCD$ 中,$\angle BAC = 48°$,$\angle CAD = 66°$,$\angle CBD = \angle DBA$. 求 $\angle BDC$.

(2016,克罗地亚数学竞赛)

解 如图,设 $\triangle DAC$ 的外接圆与对角线 BD 交于另一点 G.

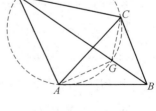

则 $\angle BGC = 180° - \angle CGD = 180° - \angle CAD$
$= 180° - 66° = 114° = \angle BAD$.

由 $\angle CBD = \angle DBA \Rightarrow \angle GCB = \angle ADB$.

由 A,G,C,D 四点共圆 $\Rightarrow \angle ACG = \angle ADG = \angle GCB$

$\Rightarrow$ 点 G 在 $\angle ACB$ 的平分线上 $\Rightarrow G$ 为 $\triangle ABC$ 的内心.

因为 A,G,C,D 四点共圆,且 AG 为 $\angle BAC$ 的平分线,所以,

$$\angle BDC = \angle GDC = \angle GAC = \frac{1}{2}\angle BAC = 24°.$$

在 $\triangle ABC$ 中,$AB \neq AC$,$\angle ACB$ 的平分线与 AB 交于点 F,$\angle ABC$ 的平分线与 AC 交于点 E,BE 与 CF 交于点 I.若 $EI = FI$,求 $\angle BAC$.

(2016,爱尔兰数学奥林匹克)

证明 注意到,

$$\angle AEI = \angle ACB + \angle EBC = \angle ACB + \frac{1}{2}\angle ABC,$$

$$\angle AFI = \angle ABC + \angle FCB = \frac{1}{2}\angle ACB + \angle ABC.$$

如图,在 AC 上取一点 F',使得

$AF' = AF$.

则 $\triangle AF'I \cong \triangle AFI$.

假设点 F' 与 E 重合.

故 $\triangle AEI \cong \triangle AFI$.

由 $\angle AEI = \angle ACB + \frac{1}{2}\angle ABC$

$= \angle AFI = \frac{1}{2}\angle ACB + \angle ABC$

$\Rightarrow \angle ACB = \angle ABC$.

矛盾.

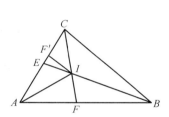 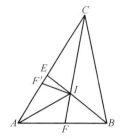

由 $\triangle AF'I \cong \triangle AFI \Rightarrow F'I = FI = EI$,$\angle AFI = \angle AF'I = 180° - \angle AEI$.

故 $\angle AFI + \angle AEI = 180° \Rightarrow \frac{3}{2}(\angle ABC + \angle ACB) = 180°$

$\Rightarrow \angle ABC + \angle ACB = 120° \Rightarrow \angle BAC = 60°$.

设 D 为锐角 $\triangle ABC$ 的边 BC 上一点,满足 $AD = AC$.若 $CP \perp AB$ 于点 P,$DQ \perp AB$ 于点 Q,且 $AP^2 + 3BP^2 = AQ^2 + 3BQ^2$,求 $\angle ABC$ 的值.

(2016,第 33 届阿根廷数学奥林匹克)

解 如图.

由已知等式,得

$AQ^2 - AP^2 = 3(BP^2 - BQ^2)$.

依题意,在 $\mathrm{Rt}\triangle ADQ$ 和 $\mathrm{Rt}\triangle ACP$ 中,由勾股定理得

$AQ^2 = AD^2 - DQ^2$,$AP^2 = AC^2 - CP^2$.

由 $AD = AC \Rightarrow AQ^2 - AP^2 = CP^2 - DQ^2$

$\Rightarrow 3(BP^2 - BQ^2) = CP^2 - DQ^2$.

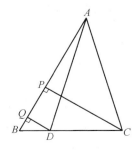

类似地,在 Rt$\triangle BCP$ 和 Rt$\triangle BDQ$ 中,

$BP^2 = BC^2 - CP^2$,$BQ^2 = BD^2 - DQ^2$.

则 $BP^2 - BQ^2 = BC^2 - BD^2 - (CP^2 - DQ^2)$

$\Rightarrow BP^2 - BQ^2 = BC^2 - BD^2 - 3(BP^2 - BQ^2)$

$\Rightarrow 4(BP^2 - BQ^2) = BC^2 - BD^2$.

注意到,$DQ \parallel PC$.令 $\dfrac{BC}{BP} = \dfrac{BD}{BQ} = x(x > 0)$.

故 $4(BP^2 - BQ^2) = x^2(BP^2 - BQ^2) \Rightarrow x = 2 \Rightarrow BD = 2BQ \Rightarrow \angle ABC = 60°$.

在凸四边形 $ABCD$ 中,$\angle ABD = 29°$,$\angle ADB = 41°$,$\angle ACB = 82°$,$\angle ACD = 58°$.求四边形四个角的度数.

(2016,第 33 届阿根廷数学奥林匹克)

解 由题意,知 $\angle BAD = 180° - (29° + 41°) = 110°$,$\angle BCD = 82° + 58° = 140°$.

考虑 $\triangle BCD$ 的外接圆 Γ.

因为 $\angle BAD + \angle BCD > 180°$,所以,点 A 在圆 Γ 内部.

如图,延长 CA,与圆 Γ 交于点 E.

则 $\angle EBD = \angle ECD = \angle ACD = 58°$,

$\angle EDB = \angle ECB = \angle ACB = 82°$.

因为 $\angle ABD = 29°$,$\angle ADB = 41°$,

所以,BA 为 $\angle EBP$ 的平分线,DA 为 $\angle EDB$ 的平分线.

故 A 为 $\triangle BDE$ 的内心,即 EA 平分 $\angle BED$.

由 B,C,D,E 四点共圆

$\Rightarrow \angle BED = 180° - \angle BCD = 40°$

$\Rightarrow \angle BDC = \angle BEC = \dfrac{1}{2}\angle BED = 20°$.

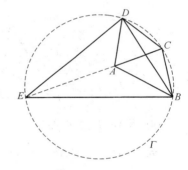

类似地,$\angle DBC = 20°$.

故 $\angle ABC = 29° + 20° = 49°$,$\angle ADC = 41° + 20° = 61°$.

在 Rt$\triangle ABC$ 中,$\angle BAC = 90°$,边 BC 上的垂直平分线与 AC 交于点 K,线段 BK 的垂直平分线与 AB 交于点 L.若 CL 平分 $\angle ACB$,求 $\angle ABC$ 和 $\angle ACB$ 的所有可能值.

(2016,第三届伊朗几何奥林匹克)

解 分三种情况考虑.

(1)$AC > AB$.

如图 1,设 $\angle LBK = \angle LKB = \alpha$.

则 $\angle KLA = 2\alpha$,$\angle LKA = 90° - \angle KLA = 90° - 2\alpha$.

由 $BK = KC$

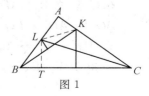

图 1

$$\Rightarrow \angle KBC = \angle KCB = \frac{1}{2}\angle BKA$$

$$= \frac{1}{2}(90° - \alpha) = 45° - \frac{1}{2}\alpha.$$

作 $LT \perp BC$，垂足为 T.

因为 CL 平分 $\angle ACB$，所以，$LT = LA$.

又 $LB = LK$，$\angle BTL = \angle KAL = 90°$

$$\Rightarrow \triangle BTL \cong \triangle KAL \Rightarrow \angle LBT = \angle LKA \Rightarrow \alpha + \left(45° + \frac{\alpha}{2}\right) = 90° - 2\alpha \Rightarrow \alpha = 18°$$

$$\Rightarrow \angle ABC = 45° + \frac{1}{2}\alpha = 54° \Rightarrow \angle ACB = 90° - \angle ABC = 36°.$$

（2）$AC < AB$.

如图 2，设 $\angle LBK = \angle LKB = \alpha$.

则 $\angle KLA = 2\alpha$，$\angle LKA = 90° - \angle KLA = 90° - 2\alpha$.

作 $LT \perp BC$，垂足为 T.

因为 CL 平分 $\angle ACB$，所以，$LT = LA$.

由 $LB = LK$，$\angle BTL = \angle KAL = 90°$

$$\Rightarrow \triangle BTL \cong \triangle KAL$$

$$\Rightarrow \angle LBT = \angle LKA = 90° - 2\alpha$$

$$\Rightarrow \angle CKB = \angle CBK = 90° - \alpha \Rightarrow CB = CK.$$

又 $BK = CK$，则 $\triangle BKC$ 为等边三角形.

故 $\angle CBK = 90° - \alpha = 60° \Rightarrow \alpha = 30°$

$$\Rightarrow \angle ABC = 90° - 2\alpha = 30°，\angle ACB = \angle KCB = 60°.$$

（3）$AC = AB$. 此时，点 K 与 A 重合，L 即边 AB 的中点.

于是，CL 既为 $\triangle ABC$ 的中线，又为 $\triangle ABC$ 的角平分线，这是不可能的.

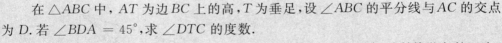

在 $\triangle ABC$ 中，AT 为边 BC 上的高，T 为垂足，设 $\angle ABC$ 的平分线与 AC 的交点为 D. 若 $\angle BDA = 45°$，求 $\angle DTC$ 的度数.

（2016—2017，匈牙利数学奥林匹克）

解 如图，过点 D 作 AC 的垂线，与 BC 交于点 E. 连接 AE.

由 $\angle ADB = 45°$，知

$\angle BDE = 45° = \angle ADB$.

又 BD 平分 $\angle ABC$，于是，

$\triangle ABD \cong \triangle EBD \Rightarrow AD = DE$

$\Rightarrow \angle DAE = 45°$.

由 $\angle ATE = \angle ADE = 90° \Rightarrow A，T，E，D$ 四点共圆 $\Rightarrow \angle DTC = \angle DAE = 45°$.

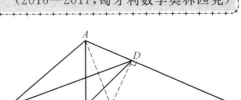

图 2

已知点 M 在凸四边形 $ABCD$ 内,且 $AM = BM$,$CM = DM$,$\angle AMB = \angle CMD = 60°$. 记线段 BC,AM,DM 的中点分别为 K,L,N. 求 $\angle LKN$ 的大小.

(2017,第 67 届白俄罗斯数学奥林匹克)

解 如图,记线段 BM,CM 的中点分别为 E,F,连接 EL,LN,NF,FK,KE.

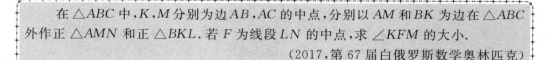

因为 $\angle AMB = \angle CMD = 60°$,所以,

$\angle BMC = 360° - \angle AMB - \angle CMD - \angle LMN$

$= 360° - 60° - 60° - \angle LMN = 240° - \angle LMN$.

由 KF 为 $\triangle CBM$ 的中位线 $\Rightarrow KF \parallel BM$

$\Rightarrow \angle KFM = 180° - \angle BMC$

$= 180° - (240° - \angle LMN) = \angle LMN - 60°$.

由 $CM = DM$ 且 $\angle CMD = 60°$,知 $\triangle CMD$ 为等边三角形.

又 FN 为 $\triangle CMD$ 的中位线,则 $\triangle FMN$ 也为等边三角形,即

$FM = NM = FN$,$\angle MFN = 60°$.

故 $\angle KFN = \angle KFM + \angle MFN = \angle LMN - 60° + 60° = \angle LMN$.

类似地,$\angle KEL = \angle LMN$,$EM = ML = EL$.

则 $\triangle KEL \cong \triangle NFK \cong \triangle NML$. 故 $KL = KN = LN$.

因此,$\triangle KLN$ 为等边三角形,$\angle LKN = 60°$.

在 $\triangle ABC$ 中,K,M 分别为边 AB,AC 的中点,分别以 AM 和 BK 为边在 $\triangle ABC$ 外作正 $\triangle AMN$ 和正 $\triangle BKL$. 若 F 为线段 LN 的中点,求 $\angle KFM$ 的大小.

(2017,第 67 届白俄罗斯数学奥林匹克)

解 首先,考虑点 A,B,C 在直线 LN 同侧的情况.

如图,记 E,D 分别为线段 AL,AN 的中点.

由 $\triangle BKL$ 为正三角形,且 K 为 AB 的中点,知 $BK = KA = KL$.

于是,$\angle BLA = 90°$.

由 $\angle KBL = 60°$,知 $\angle LAB = 30°$.

又 $\triangle AMN$ 为正三角形,则

$\angle NAM = 60°$.

故 $\angle LAN = 360° - \angle LAK - \angle NAM - \angle KAM$

$= 360° - 30° - 60° - \angle KAM = 270° - \angle KAM$.

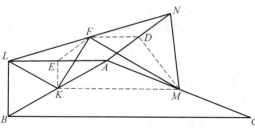

①

因为 FD 和 FE 均是 $\triangle LAN$ 的中位线,所以,$FD \parallel LA$,$FE \parallel NA$,即四边形 $EFDA$ 为平行四边形.

再结合式①有
$$\angle FDA = \angle FEA = 180° - \angle LAN = \angle KAM - 90°. \qquad ②$$

而 D 为正 $\triangle ANM$ 边 AN 的中点,故 $\angle MDA = 90°$.

由式②,有 $\angle FDM = \angle FDA + \angle MDA = \angle KAM.$ ③

类似地,$\angle FEK = \angle KAM.$ ④

又四边形 $EFDA$ 为平行四边形,于是,$FD = EA = \dfrac{\sqrt{3}}{2}KA.$

由 $DM = \dfrac{\sqrt{3}}{2}MA \Rightarrow \dfrac{FD}{DM} = \dfrac{KA}{MA} \Rightarrow \triangle FDM \backsim \triangle KAM$

$\Rightarrow \angle MFD = \angle MKA, \angle FMD = \angle KMA$

$\Rightarrow \angle KMF = \angle KMA + \angle AMF = \angle FMD + \angle AMF = \angle AMD = 30°.$

类似地,$\triangle KEF \backsim \triangle KAM \Rightarrow \angle EKF = \angle AKM.$

则 $\angle FKM = \angle FKA + \angle AKM = \angle FKA + \angle EKF = \angle EKA = 60°.$

故 $\angle KFM = 180° - \angle KMF - \angle FKM = 180° - 30° - 60° = 90°.$

其次,当点 A, B, C 不在直线 LN 的同侧时,可以类似求得.

设 G 和 O 分别为锐角 $\triangle ABC$ 的重心和外心,$\angle ACB = 45°$,$OG = 1$,$OG \parallel BC$. 求 BC 的长.

（2017,第 57 届乌克兰数学奥林匹克）

解 如图,设 H 为 $\triangle ABC$ 的垂心.

由欧拉定理,知 H, G, O 三点共线,且
$$OH = 3OG = 3.$$

设 $AH \perp BC$ 于点 A_1,$BH \perp AC$ 于点 B_1,$A_1 A_2 \perp AC$ 于点 A_2,$B_1 B_2 \perp BC$ 于点 B_2.

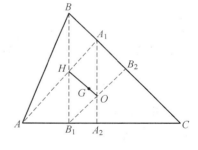

由于 $\angle ACB = 45°$,则 $\triangle AA_1C$ 和 $\triangle BB_1C$ 均为等腰直角三角形.

从而,A_2 为 AC 的中点,B_2 为 BC 的中点.

故 A_1, O, A_2 三点共线,B_1, O, B_2 三点共线.

因为 $OH \parallel A_1 B_2$,$A_1 H \parallel OB_2$,

所以,四边形 $A_1 HOB_2$ 为平行四边形.

又 $\angle OB_2 A_1 = 90°$,$\angle OA_1 B_2 = \angle HBC = 45°$,则

$\square A_1 HOB_2$ 为正方形

$\Rightarrow A_1 B_2 = OH = 3,\triangle BHA_1 \cong \triangle A_1 OB_2$

$\Rightarrow BB_2 = 2A_1 B_2 = 6 \Rightarrow BC = 2BB_2 = 12.$

在 $\triangle ABC$ 中，$AB = \dfrac{1}{2}AC + BC$. 考虑分别以 AB 和 BC 为直径在 $\triangle ABC$ 外部的两个半圆，令 X 为点 A 到这两个半圆的外公切线上的投影. 求 $\angle CAX$ 的大小.

（2017，爱沙尼亚国家队选拔考试）

解 设 K,L 分别为边 AB,BC 的中点，M 和 N 分别为两半圆的外公切线与 $\odot K$ 和 $\odot L$ 的切点，如图.

易知，KM 为 $\odot K$ 的半径，LN 为 $\odot L$ 的半径.

故 $KM = \dfrac{1}{2}AB$，$LN = \dfrac{1}{2}BC$.

设 Y 为直线 KL 与 MN 的交点.

由 $\triangle KYM \backsim \triangle LYN \Rightarrow \dfrac{KY}{LY} = \dfrac{KM}{LN}$

$\Rightarrow \dfrac{KL + LY}{LY} = \dfrac{AB}{BC}$

$\Rightarrow LY = \dfrac{KL \cdot BC}{AB - BC} = \dfrac{1}{2}AC \cdot \dfrac{BC}{\dfrac{1}{2}AC} = BC = 2LN$

$\Rightarrow \sin\angle NYL = \dfrac{LN}{LY} = \dfrac{1}{2} \Rightarrow \angle NYL = 30°$

$\Rightarrow \angle CAX = \angle LKM = 90° - \angle NYL = 60°$.

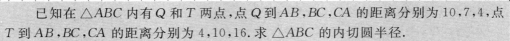

已知在 $\triangle ABC$ 内有 Q 和 T 两点，点 Q 到 AB,BC,CA 的距离分别为 $10,7,4$，点 T 到 AB,BC,CA 的距离分别为 $4,10,16$. 求 $\triangle ABC$ 的内切圆半径.

（2017，克罗地亚数学竞赛）

解 设 $BC = a$，$CA = b$，$AB = c$，$p = \dfrac{1}{2}(a+b+c)$，$\triangle ABC$ 的面积为 S，$\triangle ABC$ 的内切圆半径为 r.

如图，连接 AQ,BQ,CQ.

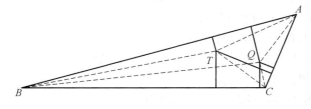

于是，$\triangle ABC$ 分为三个小三角形.

则 $S_{\triangle ABC} = S_{\triangle ABQ} + S_{\triangle BCQ} + S_{\triangle CAQ}$

$\Rightarrow 2S = 10c + 7a + 4b$.   ①

类似地，$2S = 4c + 10a + 16b$.   ②

①×2＋②，得 $6S = 24(a+b+c) = 48p \Rightarrow S = 8p$.

因为 $S = rp$，所以，$r = 8$.

　　设 H 为锐角 $\triangle ABC$ 的垂心，O' 为 $\triangle BHC$ 的外心，N 为线段 AO' 的中点，D 为 N 关于边 BC 的对称点.证明：A,B,C,D 四点共圆的充分必要条件为 $b^2 + c^2 - a^2 = 3R^2$，其中，$a = BC, b = CA, c = AB, R$ 为 $\triangle ABC$ 的外接圆半径.

（2017，第八届陈省身杯全国高中数学奥林匹克）

证明　如图，设 $\triangle BHC$ 的外接圆半径为 R', O 为 $\triangle ABC$ 的外心，$\triangle ABC$ 的三个内角为 $\angle A, \angle B, \angle C, AH$ 的延长线与 BC 交于点 E, BH 的延长线与 AC 交于点 S, CH 的延长线与 BA 交于点 T.连接 OO'，并与 BC 交于点 M.

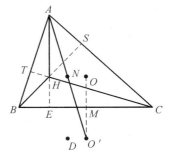

显然，A, T, H, S 四点共圆.

从而，$\angle THS = \pi - \angle A$.

在 $\triangle BHC$ 中，$\angle BHC = \angle THS = \pi - \angle A$.

由正弦定理得

$$2R\sin A = BC = 2R'\sin\angle BHC = 2R'\sin(\pi - A) = 2R'\sin A$$

$$\Rightarrow R = R' \Rightarrow OB = OC = R = R' = O'B = O'C$$

$\Rightarrow$ 四边形 $OBO'C$ 为菱形，OO' 垂直平分 BC.

由 O 与 O'，N 与 D 分别关于 BC 对称，知 $OD = O'N = \dfrac{1}{2}O'A$.

故 A, B, D, C 四点共圆 $\Leftrightarrow$ 点 D 在 $\triangle ABC$ 的外接圆上 $\Leftrightarrow OD = R \Leftrightarrow O'A = 2R$.

因为 $\angle BOC = 2\angle A$，即 $\angle BOM = \angle A$，所以，

$$BM = R\sin A, O'A = OM = R\cos A.$$

又 $AE = AB\sin B, BE = AB\cos B, \cos 2x = 1 - 2\sin^2 x$，得

$$O'A = (O'M + AE)^2 + EM^2 = (R\cos A + AB\sin B)^2 + (R\sin A - AB\cos B)^2$$

$$= AB^2 + R^2 + 2AB \cdot R(\cos A \cdot \sin B - \sin A \cdot \cos B) = c^2 + R^2 + 4R^2\sin C \cdot \sin(B - A)$$

$$= c^2 + R^2 + 4R^2\sin(B + A) \cdot \sin(B - A) = c^2 + R^2 + 2R^2(\cos 2A - \cos 2B)$$

$$= c^2 + R^2 + 4R^2(\sin^2 B - \sin^2 A) = b^2 + c^2 - a^2 + R^2.$$

综上，A, B, D, C 四点共圆的充分必要条件为

$$O'A = 2R \Leftrightarrow O'A^2 = 4R^2 \Leftrightarrow b^2 + c^2 - a^2 = 3R^2.$$

因此，原命题成立.

八　面积的等式与求值

解　如图.

由梅涅劳斯定理知

$$\frac{A_1B}{BC} \cdot \frac{CB_1}{B_1A} \cdot \frac{AP}{PA_1} = 1 \Rightarrow \lambda \cdot \frac{\lambda}{1-\lambda} \cdot \frac{AP}{PA_1} = 1$$

$$\Rightarrow \frac{AP}{PA_1} = \frac{1-\lambda}{\lambda^2} \Rightarrow \frac{AP}{AA_1} = \frac{1-\lambda}{\lambda^2 - \lambda + 1}.$$

又 $\dfrac{AR}{AA_1} = \dfrac{S_{\triangle ACC_1}}{S_{\triangle ACC_1} + S_{\triangle CC_1A_1}} = \dfrac{\lambda}{(1-\lambda)^2 + \lambda}$

$= \dfrac{\lambda}{\lambda^2 - \lambda + 1}$，则 $\dfrac{RP}{AA_1} = \dfrac{1-2\lambda}{\lambda^2 + 1 - \lambda}$.

故 $\dfrac{S_{\triangle PQR}}{S_{\triangle ABC}} = \dfrac{S_{\triangle PQR}}{S_{\triangle BRB_1}} \cdot \dfrac{S_{\triangle BRB_1}}{S_{\text{四边形}ABA_1B_1}} \cdot \dfrac{S_{\text{四边形}ABA_1B_1}}{S_{\triangle ABC}}$

$= \dfrac{1-2\lambda}{\lambda^2 - \lambda + 1} \cdot \dfrac{1-2\lambda}{\lambda^2 - \lambda + 1}[1 - \lambda(1-\lambda)] = \dfrac{(1-2\lambda)^2}{\lambda^2 - \lambda + 1} = \dfrac{4}{13}$.

于是，$\lambda = \dfrac{1}{4}$.

平面几何部分

证明　如图,过点 P 作 BC 的平行线,与 AB,AC 分别交于点 B',C'.

于是,直线 $B'C'$ 与圆 Γ 切于点 P.

设 Y 和 Z 为 BC 上的点,连接 AY, AZ,与 $B'C'$ 分别交于点 Y',Z'.则有下面的引理.

引理　$\dfrac{B'C'}{BC}=\dfrac{Y'Z'}{YZ}$.

证明　设 h_a',h_a 分别为 $\triangle AB'C'$, $\triangle ABC$ 对应边 $B'C',BC$ 上的高.

由 $\triangle AB'C' \backsim \triangle ABC,\triangle AY'Z' \backsim \triangle AYZ$,则 $\dfrac{B'C'}{BC}=\dfrac{h_a'}{h_a}=\dfrac{Y'Z'}{YZ}$.

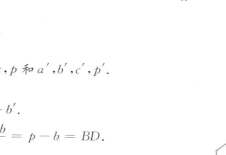

引理得证.

记 $\triangle ABC,\triangle AB'C'$ 的三边长及半周长分别为 a,b,c,p 和 a',b',c',p'.

因为圆 Γ 是 $\triangle ABC$ 的内切圆,所以,

$$B'P+PC'=a',c'+B'P=b'+PC' \Rightarrow PC'=p'-b'.$$

由引理知 $\dfrac{PC'}{MC}=\dfrac{a'}{a} \Rightarrow MC=a \cdot \dfrac{p'-b'}{a'}=a \cdot \dfrac{p-b}{a}=p-b=BD$.

延长 AC 到点 X,使得 $CX=MC$.连接 MX.

因为 $\triangle APE \backsim \triangle AMX$,所以,$\dfrac{AP}{AM}=\dfrac{AE}{AX}=\dfrac{p-a}{p}$.

在 $\triangle AMC$ 中,应用梅涅劳斯定理得

$$\dfrac{AR}{RM} \cdot \dfrac{MB}{BC} \cdot \dfrac{CN}{NA}=1 \Rightarrow \dfrac{AR}{RM}=\dfrac{a}{p-c} \cdot \dfrac{p-c}{p-a}=\dfrac{a}{p-a} \Rightarrow \dfrac{AM}{RM}=\dfrac{p}{p-a}.$$

于是,$RM=AP$.从而,$AR=PM$.

类似地,$BR=QN$.

故 $S_{\triangle ARB}=\dfrac{1}{2}AR \cdot BR\sin\angle ARB=\dfrac{1}{2}PM \cdot QN\sin\angle ARB=S_{四边形 PQMN}$.

　　已知 P 为锐角 $\triangle ABC$ 内一点,AP 与 BC 交于点 D,BP 与 CA 交于点 E,CP 与 AB 交于点 F.证明:

　　(1) $\triangle DEF$ 的面积不超过 $\triangle ABC$ 面积的四分之一;

　　(2) $\triangle DEF$ 的内切圆半径不超过 $\triangle ABC$ 外接圆半径的四分之一.

(2013,第 64 届罗马尼亚数学奥林匹克)

证明　(1) 设 $\dfrac{BD}{CD}=x,\dfrac{CE}{AE}=y,\dfrac{AF}{BF}=z$.由塞瓦定理得 $xyz=1$.

又 $\dfrac{S_{\triangle AEF}}{S_{\triangle ABC}}=\dfrac{AF \cdot AE}{AB \cdot AC}=\dfrac{z}{(z+1)(y+1)},\dfrac{S_{\triangle CDE}}{S_{\triangle ABC}}=\dfrac{CD \cdot CE}{BC \cdot AC}=\dfrac{y}{(y+1)(x+1)}$,

$$\frac{S_{\triangle BFD}}{S_{\triangle ABC}} = \frac{BD \cdot BF}{BC \cdot AB} = \frac{x}{(x+1)(z+1)},$$

故 $\dfrac{S_{\triangle DEF}}{S_{\triangle ABC}} = 1 - \sum \dfrac{z}{(z+1)(y+1)} = \dfrac{xyz+1}{(x+1)(y+1)(z+1)} = \dfrac{2}{(x+1)(y+1)(z+1)}$

$$\leqslant \frac{2}{2 + 3\sqrt[3]{(xyz)^2} + 3\sqrt[3]{xyz}} = \frac{1}{4}.$$

(2) 由著名的施瓦兹问题,知在锐角三角形的所有内接三角形中,垂足三角形周长最短.

故 $\triangle DEF$ 的周长至少是当点 P 为 $\triangle ABC$ 的垂心时 $\triangle D'E'F'$ 的周长.

设 $\triangle DEF$ 的半周长为 p,$\triangle D'E'F'$ 的半周长为 p'.

则 $\triangle DEF$ 的内切圆半径为 $r = \dfrac{S_{\triangle DEF}}{p} \leqslant \dfrac{S_{\triangle ABC}}{4p'}$.

故 $D'E' = c\cos C = R\sin 2C$($R$ 为 $\triangle ABC$ 的外接圆半径),

$p' = \dfrac{1}{2}R(\sin 2A + \sin 2B + \sin 2C) = 2R\sin A \cdot \sin B \cdot \sin C.$

因为 $S_{\triangle ABC} = 2R^2 \sin A \cdot \sin B \cdot \sin C$,所以,$R \geqslant 4r.$

设锐角 $\triangle ABC$ 三条高分别为 AD,BE,CF,且 O 为其外心. 证明:$\triangle ABC$ 被线段 OA,OF,OB,OD,OC,OE 划分为三对具有相等面积的三角形.

(2013,第 25 届亚太地区数学奥林匹克)

证明 设 M,N 分别为边 BC,AC 的中点. 则

$$\angle MOC = \frac{1}{2}\angle BOC = \angle EAB, \angle OMC = 90° = \angle AEB.$$

故 $\triangle OMC \backsim \triangle AEB \Rightarrow \dfrac{OM}{AE} = \dfrac{OC}{AB}.$

类似地,$\triangle ONA \backsim \triangle BDA \Rightarrow \dfrac{ON}{BD} = \dfrac{OA}{BA}.$

从而,$\dfrac{OM}{AE} = \dfrac{ON}{BD} \Rightarrow BD \cdot OM = AE \cdot ON.$

则 $S_{\triangle OBD} = \dfrac{1}{2}BD \cdot OM = \dfrac{1}{2}AE \cdot ON = S_{\triangle OAE}.$

类似地,$S_{\triangle OCD} = S_{\triangle OAF}$,$S_{\triangle OCE} = S_{\triangle OBF}.$

已知平面上给定一 $\odot O$ 及不在 $\odot O$ 上的一点 P,过 P 的两条动直线 l,l' 与 $\odot O$ 分别交于点 X 和 Y,X' 和 Y'. 证明:$\triangle PXY'$,$\triangle PX'Y$ 的外接圆的连心线过一定点.

(2013,罗马尼亚国家队选拔考试)

证明　如图,记 $\triangle PXY'$,$\triangle PX'Y$ 的外接圆交于点 Q.

由于相交两圆的根轴是公共弦及蒙日定理(三个圆两两间的根轴或三线共点或三线平行),知线段 PQ,XY',$X'Y$ 一定交于一点,记为 R.

以 P 为中心,P 到 $\odot O$ 的幂为反演半径的平方作反演变换,知 $\triangle PX'Y$ 的外接圆变为直线 XY',$\triangle PXY'$ 的外接圆变为直线 $X'Y$,圆心 O 不变.从而,点 Q 变为了 XY' 与 $X'Y$ 的交点 R,且 $PR \cdot PQ = P$ 到 $\odot O$ 的幂.

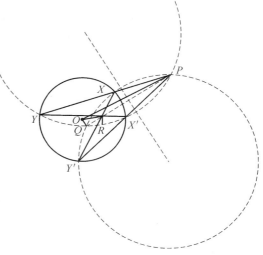

故 $PQ^2 - RQ^2 = PR(PQ + QR) = PR \cdot PQ + RX \cdot RY'$
$= P$ 到 $\odot O$ 的幂 $- R$ 到 $\odot O$ 的幂 $= OP^2 - OR^2$.

于是,$OQ \perp PR$.

因此,两外接圆连心线为 PQ 的中垂线,且与 OQ 平行.从而,一定经过 PO 的中点.

已知在六边形 $ABCDEF$ 中,对角线 AD,BE,CF 交于一点 O,且 O 为 AD,BE,CF 的中点.证明:$S_{\text{六边形}ABCDEF} = 2S_{\triangle ACE}$.

(2013,克罗地亚数学竞赛)

证明　由于四边形 $ABDE$ 的对角线互相平分,则四边形 $ABDE$ 为平行四边形.
于是,$AB \underline{\underline{\parallel}} DE$.

令点 S 满足四边形 $ABCS$ 为平行四边形,于是,$AB \underline{\underline{\parallel}} SC$.
类似地,$ED \underline{\underline{\parallel}} SC$.

从而,四边形 $CDES$ 为平行四边形.

类似地,四边形 $EFAS$ 为平行四边形.

由于每条对角线均将四边形划分为两个全等的三角形,则
$S_{\triangle ABC} = S_{\triangle CSA}$,$S_{\triangle CDE} = S_{\triangle ESC}$,$S_{\triangle EFA} = S_{\triangle ASE}$.

将以上三式相加得
$S_{\triangle ABC} + S_{\triangle CDE} + S_{\triangle EFA} = S_{\triangle CSA} + S_{\triangle ESC} + S_{\triangle ASE} = S_{\triangle ACE}$.

又 $S_{\triangle ABC} + S_{\triangle CDE} + S_{\triangle EFA} = S_{\text{六边形}ABCDEF} - S_{\triangle ACE}$,则 $S_{\triangle ACE} = S_{\text{六边形}ABCDEF} - S_{\triangle ACE}$.

因此,$S_{\text{六边形}ABCDEF} = 2S_{\triangle ACE}$.

如图1,给定边长为4的正方形 $ABCD$,在形内分别以 AB 和 BC 为直径作两个半圆.求阴影部分的面积.

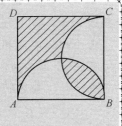

图1

（2013,第52届荷兰数学奥林匹克）

解 注意到,两个半圆均经过正方形的中心.

于是,图2中用 p,q,r,s 标注的弓形的弧长均等于半径为2的圆的 $\frac{1}{4}$.从而,这四个弓形面积相等.

故 $S_{阴影} = S_{\triangle ACD} = \frac{1}{2} \times 4 \times 4 = 8$.

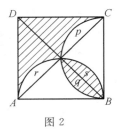

图2

已知点 B_1, A_1 分别在 $\triangle ABC$ 的边 AC, BC 上, AA_1 与 BB_1 交于点 X,记 $\triangle B_1 CA_1, \triangle B_1 XA_1, \triangle AXB$ 的面积分别为 x, y, z.求 $\triangle ABC$ 的面积.

（2013,第64届白俄罗斯数学奥林匹克）

解 记 $u = S_{\triangle AB_1 X}, v = S_{\triangle BA_1 X}$.

因为 $\triangle A_1 BB_1$ 和 $\triangle A_1 CB_1$ 等底,所以, $\dfrac{S_{\triangle A_1 BB_1}}{S_{\triangle A_1 CB_1}} = \dfrac{BA_1}{A_1 C}$.

类似地, $\dfrac{S_{\triangle A_1 BA}}{S_{\triangle A_1 CA}} = \dfrac{BA_1}{A_1 C}$.

故 $\dfrac{S_{\triangle A_1 BB_1}}{S_{\triangle A_1 CB_1}} = \dfrac{S_{\triangle A_1 BA}}{S_{\triangle A_1 CA}} \Rightarrow S_{\triangle A_1 BB_1} \cdot S_{\triangle A_1 CA} = S_{\triangle A_1 BA} \cdot S_{\triangle A_1 CB_1}$

$\Rightarrow (y+v)(y+x+u) = (v+z)x \Rightarrow y^2 + yx + yu + yv + uv = zx$.

注意到, $\dfrac{v}{y} = \dfrac{BX}{XB_1} = \dfrac{z}{u}$,即 $uv = yz$.

则 $y^2 + yx + yu + yv + yz = zx \Rightarrow y(y+x+u+v+z) = zx$

$\Rightarrow yS_{\triangle ABC} = xz \Rightarrow S_{\triangle ABC} = \dfrac{xz}{y}$.

已知点 B_1，A_1 分别在 $\triangle ABC$ 的边 AC，BC 上，AA_1 与 BB_1 交于点 X，记 $\triangle B_1CA_1$，$\triangle B_1XA_1$，$\triangle AXB$ 的面积分别为 x,y,z. 证明：

(1) $y < \dfrac{1}{\sqrt{5}}\sqrt{xz}$；

(2) $y < \dfrac{1}{3}\sqrt{xz}$.

(2013，第 64 届白俄罗斯数学奥林匹克)

证明 （1）记 $u = S_{\triangle AB_1X}$，$v = S_{\triangle BA_1X}$.

类似于上题，得 $zx = y(y+x+u+v+z)$.

则 $zx > yx$，$zx > yz \Rightarrow z > y$，$x > y$.

而 $uv = yz$，故

$$zx = y(y+x+u+v+z) \geqslant y(y+x+z+2\sqrt{uv})$$

$$= y(y+x+z+2\sqrt{yz}) > y(y+y+y+2\sqrt{yy}) = 5y^2.$$

因此，$y < \dfrac{1}{\sqrt{5}}\sqrt{xz}$.

（2）类似地，有

$$zx = y(y+x+z+u+v) \geqslant y(y+2\sqrt{xz}+2\sqrt{uv})$$

$$= y(y+2\sqrt{xz}+2\sqrt{yz}) > y(3y+2\sqrt{xz})$$

$$\Rightarrow 3y^2+2\sqrt{xz}\,y - xz < 0 \Rightarrow (y+\sqrt{xz})(3y-\sqrt{xz}) < 0 \Rightarrow 3y - \sqrt{xz} < 0.$$

已知 $\triangle ABC$ 的三个顶点均在 $y = x^2$ 的图象上，边 AC 的中线 $BM \parallel y$ 轴，$BM = 2$. 求 $\triangle ABC$ 的面积.

(2013，第 64 届白俄罗斯数学奥林匹克)

解 设点 $A(a,a^2)$，$B(b,b^2)$，$C(c,c^2)$.

不妨设 $a < c$. 如图.

因为 M 是边 AC 的中点，所以，$M\left(\dfrac{a+c}{2}, \dfrac{a^2+c^2}{2}\right)$.

又 $BM \parallel y$ 轴，则点 M 与 B 的横坐标相等，即

$$b = \dfrac{a+c}{2}.$$

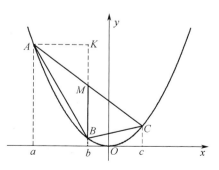

故 $BM = \dfrac{a^2+c^2}{2} - b^2 = \dfrac{a^2+c^2}{2} - \dfrac{(a+c)^2}{4}$

$$= \dfrac{(a-c)^2}{4}$$

$$\Rightarrow (a-c)^2 = 8 \Rightarrow c - a = 2\sqrt{2}.$$

又 BM 为 $\triangle ABC$ 的中线,故 $S_{\triangle ABC} = 2S_{\triangle ABM} = 2 \times \dfrac{1}{2} AK \cdot BM$,

其中,AK 表示 $\triangle ABM$ 的边 BM 上的高线.

因为 $BM \parallel y$ 轴,所以,$AK \parallel x$ 轴.

于是,线段 AK 的长等于点 K 与 A 横坐标的差.

而点 K 的横坐标等于点 B 的横坐标,则 $AK = b - a = \dfrac{a+c}{2} - a = \dfrac{c-a}{2}$.

故 $S_{\triangle ABC} = 2S_{\triangle ABM} = 2 \times \dfrac{1}{2} AK \cdot BM = \dfrac{c-a}{2} \times 2 = c - a = 2\sqrt{2}$.

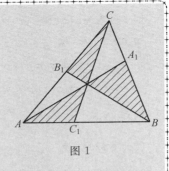

如图 1,C_1,A_1,B_1 分别为 $\triangle ABC$ 边 AB,BC,CA 上的点,且 AA_1,BB_1,CC_1 三线共点.$\triangle ABC$ 内的白色部分的面积等于阴影部分的面积.证明:线段 AA_1,BB_1,CC_1 至少有一条为 $\triangle ABC$ 的中线.

图 1

(2013,第 64 届白俄罗斯数学奥林匹克)

证明 如图 2,线段 AA_1,BB_1,CC_1 将 $\triangle ABC$ 分割成六个小

三角形,记其面积分别为 a,b,c,f,g,h.

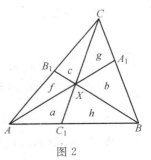

由已知,得 $a + b + c = f + g + h$.

先证明:$abc = fgh$,　　　　　　　　　　①

$ab + bc + ca = fg + gh + hf$.　　　　②

图 2

事实上,

式 ① $\Leftrightarrow \dfrac{XA \cdot XC_1 \sin\angle AXC_1}{2} \cdot \dfrac{XB \cdot XA_1 \sin\angle BXA_1}{2} \cdot$

$\dfrac{XC \cdot XB_1 \sin\angle CXB_1}{2}$

$= \dfrac{XA \cdot XB_1 \sin\angle AXB_1}{2} \cdot \dfrac{XC \cdot XA_1 \sin\angle CXA_1}{2} \cdot \dfrac{XB \cdot XC_1 \sin\angle BXC_1}{2}$.

上式显然成立.

由 $\dfrac{a+f+c}{h+b+g} = \dfrac{AC_1}{C_1B} = \dfrac{a}{h}$,得 $hf + hc = ab + ag$.　　③

类似地,$gh + ga = bc + bf$,　　　　④

$fg + fb = ca + ch$.　　　　⑤

将 ③ ~ ⑤ 求和得式 ② 成立.

于是,多项式 $(t-a)(t-b)(t-c)$ 和 $(t-f)(t-g)(t-h)$ 对应的 t^2,t 的系数以及常

数项是相等的.

从而,两个多项式也相等.

故 $\{a,b,c\} = \{f,g,h\}$.

若 $a = h$,则 $\dfrac{a}{h} = \dfrac{AC_1}{C_1B} = 1$,即 C_1 为 AB 的中点,此时,CC_1 为 $\triangle ABC$ 的中线.

类似地,当 $b = g$ 或 $c = f$ 时,也有类似关系.

若 $a = f$,则由式 ① 有 $bc = gh$.

再由式 ④ 有 $ga = bf$.

从而,$g = b$. 故 AA_1 为 $\triangle ABC$ 的中线.

类似地,当 $b = h$ 或 $c = g$ 时,也有类似关系.

下面只需考虑 $a = g$,$b = f$,$c = h$ 的情况.

此时,式 ③ 可以写成

$bc + c^2 = ab + a^2 \Rightarrow (c-a)(a+b+c) = 0 \Rightarrow a = c \Rightarrow a = h$.

所证结论成立.

已知 A 和 B 为 $\odot O$ 上的两个点,P 为劣弧 $\overparen{AB}$ 上的动点,PP' 为 $\odot O$ 的一条直径. 证明:$AP' \cdot BP' - AP \cdot BP$ 为定值.

(2013—2014,匈牙利数学奥林匹克)

证明 如图,连接 AB.作 $PH \perp AB$ 于点 H,$P'H' \perp AB$ 于点 H'.

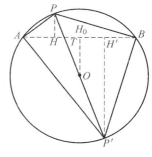

由 $\angle PHA = \angle PBP' = 90°$,$\angle PAH = \angle PP'B$

$\Rightarrow \triangle PAH \backsim \triangle PP'B \Rightarrow PA \cdot PB = PH \cdot PP'$.

又 $\angle P'H'B = \angle P'AP = 90°$,$\angle P'BH' = \angle P'PA$,

则 $\triangle P'H'B \backsim \triangle P'AP \Rightarrow P'B \cdot P'A = P'H' \cdot PP'$.

作 $OH_0 \perp AB$ 于点 H_0.设 PP' 与 AB 交于点 T,$\odot O$ 的半径为 R.则

$P'H' - PH = (P'T - PT)\sin\angle P'TH' = [(R + OT) - (R - OT)]\sin\angle P'TH'$

$= 2OT\sin\angle P'TH' = 2OH_0$(定值).

故 $AP' \cdot BP' - AP \cdot BP = 4R \cdot OH_0$ 为定值.

已知在圆内接四边形 $ABCD$ 中,AB,BC,CD,DA 的中点分别为 E,F,G,H,$\triangle AHE$,$\triangle BEF$,$\triangle CFG$,$\triangle DGH$ 的垂心分别为 W,X,Y,Z.证明:四边形 $ABCD$ 与四边形 $WXYZ$ 的面积相等.

(2014,美国国家队选拔考试)

平面几何部分

证明 先证明一个引理.

引理 对于任意四边形 $ABCD$,设 AB,BC,CD,DA 的中点分别为 E,F,G,H. 则 $S_{四边形ABCD} = 2S_{四边形EFGH}$.

证明 设对角线 AC,BD 交于点 P.

由于 HE 为 $\triangle ABD$ 的中位线,则 HE 平分线段 AP. 于是,$2S_{\triangle HPE} = S_{四边形AHPE}$.

类似地,$2S_{\triangle EPF} = S_{四边形BEPF}$,$2S_{\triangle FPG} = S_{四边形CFPG}$,$2S_{\triangle GPH} = S_{四边形DGPH}$.

上述四个等式相加即得式 ① 成立.

引理得证.

如图,设四边形 $ABCD$ 的外接圆圆心为 O,且 HE,EF,FG,GH 的中点分别为 P,Q,R,S.

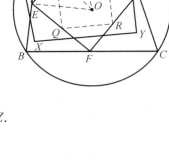

对四边形 $ABCD$ 和四边形 $EFGH$ 分别应用引理得

$$S_{四边形ABCD} = 2S_{四边形EFGH} = 4S_{四边形PQRS}.$$

因为 WH 和 OE 均垂直于 AB,所以,$WH \parallel OE$.

类似地,$WE \parallel OH$.

于是,四边形 $WHOE$ 为平行四边形.

则以 O 为位似中心、2 为位似比的位似变换将 EH 的中点 P 变为点 W.

类似地,在相同的位似变换下,将 Q,R,S 变为点 X,Y,Z.

则四边形 $WXYZ$ 为该位似变换下四边形 $PQRS$ 的像.

故 $S_{四边形WXYZ} = 4S_{四边形PQRS} = S_{四边形ABCD}$.

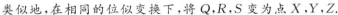

如图,在四边形 $ABCD$ 中,E,F 分别为边 AB,CD 的中点,线段 AF,BF,CE,DE,EF 将四边形 $ABCD$ 分为八个三角形. 用 a,b,c,d,p,q,r,s 分别表示这八个三角形的面积. 证明:

(1)$a + d = p + q$;

(2)$a + r = c + p$;

(3)$b + s = d + q$.

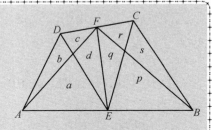

(2014,第 53 届荷兰数学奥林匹克)

证明 (1) 由 $\triangle AEF$ 与 $\triangle BEF$ 等底同高,知 $a + d = p + q$.

(2) 类似地,$c + d = r + q$. 故 $a + r = c + p$.

(3) 设 D,C,F 到 AB 的距离分别为 x,y,z.

由 F 为 CD 的中点,知 $z = \dfrac{x+y}{2}$.

故 $S_{\triangle AED} = \dfrac{1}{2}xAE$,$S_{\triangle BEC} = \dfrac{1}{2}yBE$,$S_{\triangle ABF} = \dfrac{1}{2}zAB$.

由 $AE = BE$,知

$$S_{\triangle AED} + S_{\triangle BEC} = \frac{1}{2}(x+y)AE = zAE = S_{\triangle ABF}$$

$$\Rightarrow a+b+p+s = a+d+p+q \Rightarrow b+s = d+q.$$

已知 $\triangle ABC$ 的内切圆与边 BC，AC，AB 分别切于点 D，E，F，过点 F 和 E 分别作 BC 的垂线，垂足分别为 K 和 L，这两条垂线与内切圆的第二个交点分别为 M 和 N. 证明：$\dfrac{S_{\triangle BMD}}{S_{\triangle CND}} = \dfrac{DK}{DL}$.

（2014，第一届伊朗几何奥林匹克）

证明 如图，设 I 为 $\triangle ABC$ 的内切圆圆心.

显然，$\angle BFK = 90° - \angle ABC$，

$\angle BFD = 90° - \angle ABC$.

则 $\angle DFM = \angle BFD - \angle BFK = \dfrac{1}{2}\angle ABC$.

记 r 为 $\triangle ABC$ 的内切圆半径.

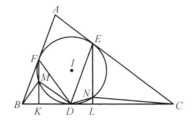

由弦切角定理知

$$\angle DFM = \angle MDK \Rightarrow \angle MDK = \frac{1}{2}\angle ABC \Rightarrow \triangle MDK \backsim \triangle BID$$

$$\Rightarrow \frac{MK}{DK} = \frac{r}{BD} \Rightarrow r = \frac{MK \cdot BD}{DK}.$$

类似地，$r = \dfrac{NL \cdot CD}{DL}$.

故 $\dfrac{MK \cdot BD}{DK} = \dfrac{NL \cdot CD}{DL} \Rightarrow \dfrac{S_{\triangle BMD}}{S_{\triangle CND}} = \dfrac{MK \cdot BD}{NL \cdot CD} = \dfrac{DK}{DL}$.

马赫迪和莫特扎各画了一个圆内接 93 边形，分别记作 $A:A_1A_2\cdots A_{93}$，$B:B_1B_2\cdots B_{93}$. 已知 $A_iA_{i+1} \parallel B_iB_{i+1} (1 \leqslant i \leqslant 93, A_{94} = A_1, B_{94} = B_1)$. 证明：$\dfrac{A_iA_{i+1}}{B_iB_{i+1}}$ 为一个与 i 无关的常数.

（2014，第一届伊朗几何奥林匹克）

证明 作与 93 边形 B 相似的 93 边形，使之内接于 93 边形 A 的外接圆. 于是，新作的 93 边形与 93 边形 B 的对应边之比为某个常数 c.

从而，只需证明两个内接于同一圆的 93 边形满足题目的条件即可.

记这两个 93 边形分别为 $A_1A_2\cdots A_{93}$，$C_1C_2\cdots C_{93}$.

因为 $A_1A_2 \parallel C_1C_2$，所以，$\overset{\frown}{A_1C_1} = \overset{\frown}{A_2C_2}$，但方向相反.

事实上，对任意的 $i(1 \leqslant i \leqslant 93)$，均有 $\overset{\frown}{A_iC_i} = \overset{\frown}{A_{i+1}C_{i+1}} (\overset{\frown}{A_{94}C_{94}} = \overset{\frown}{A_1C_1})$，且方向相反.

从而，得到 $\overset{\frown}{A_1C_1}$ 与 $\overset{\frown}{A_1C_1}$ 方向相反.

这表明，$A_1 C_1 = 0°$ 或 $180°$，即两个 93 边形要么重合，要么关于圆心中心对称.

显然，$\dfrac{A_i A_{i+1}}{C_i C_{i+1}} = 1$.

因此，$\dfrac{A_i A_{i+1}}{B_i B_{i+1}} = c$（常数）.

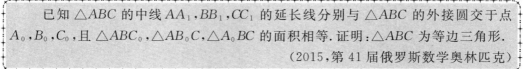

已知三角形三边内部各有一个点，两两连接把三角形分成四个面积相等的部分. 证明：这三个点分别为其所在边的中点.

（2014—2015，匈牙利数学奥林匹克）

证明 如图，只需证：

若 $S_{\triangle AEF} = S_{\triangle BDF} = S_{\triangle CDE} = S_{\triangle DEF} = \dfrac{1}{4} S_{\triangle ABC}$，

则 D,E,F 分别为 BC,CA,AB 的中点.

设 $\dfrac{AF}{AB} = a, \dfrac{BD}{BC} = b, \dfrac{CE}{CA} = c$. 则

$$S_{\triangle AEF} = a(1-c) S_{\triangle ABC} \Rightarrow a(1-c) = \dfrac{1}{4}.$$

类似地，$b(1-a) = \dfrac{1}{4}, c(1-b) = \dfrac{1}{4}$.

三式相乘得

$$\dfrac{1}{64} = a(1-c)b(1-a)c(1-b) = a(1-a)b(1-b)c(1-c) \leqslant \dfrac{1}{4} \times \dfrac{1}{4} \times \dfrac{1}{4} = \dfrac{1}{64}.$$

故 $a = b = c = \dfrac{1}{2}$，即 D,E,F 分别为 BC,CA,AB 的中点.

已知 $\triangle ABC$ 的中线 AA_1, BB_1, CC_1 的延长线分别与 $\triangle ABC$ 的外接圆交于点 A_0, B_0, C_0，且 $\triangle ABC_0, \triangle AB_0C, \triangle A_0BC$ 的面积相等. 证明：$\triangle ABC$ 为等边三角形.

（2015，第 41 届俄罗斯数学奥林匹克）

证明 先给出一个引理.

引理 若 A,B,C,D 为平面上四个不同的点，且直线

AC 与 BD 交于点 E，则 $\dfrac{S_{\triangle ABC}}{S_{\triangle ADC}} = \dfrac{BE}{DE}$.

证明略.

设 M 为 $\triangle ABC$ 的重心，如图.

由引理，知 $S_{\triangle AMB} = S_{\triangle AMC}$.

由题中条件，知 $\dfrac{S_{\triangle AMB}}{S_{\triangle AC_0 B}} = \dfrac{S_{\triangle AMC}}{S_{\triangle AB_0 C}}$.

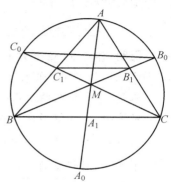
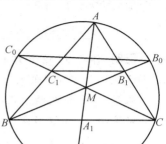

再次利用引理得 $\dfrac{MC_1}{C_1C_0} = \dfrac{MB_1}{B_1B_0}$.

故 $C_0B_0 \parallel C_1B_1 \parallel BC$.

又四边形 BCB_0C_0 内接于圆,从而,其为梯形或矩形.无论哪种情况,均有 $MB = MC$,即 $\triangle BMC$ 为等腰三角形.

从而,MA_1 为边 BC 上的高.

这表明,在 $\triangle ABC$ 中,边 BC 上的中线也为该边上的高.

因此,$AB = AC$.

类似地,$AB = BC$.

记 $\triangle ABC$ 的面积为 S,外接圆半径为 R,且 $S \geqslant R^2$.证明:$\triangle ABC$ 为非钝角三角形,且其三个内角均大于 $30°$.

(2015,爱沙尼亚数学奥林匹克)

证明 在 $\triangle ABC$ 中,记顶点 A,B,C 所对的边分别为 a,b,c.

因为三条边是其外接圆的弦,所以,$a \leqslant 2R,b \leqslant 2R,c \leqslant 2R$.

又 $\triangle ABC$ 的三边中最多只有一条边是外接圆的直径 $2R$,则上述三个不等式中至少有两个是严格不等式.

故 $R^2 \leqslant S = \dfrac{1}{2}bc\sin A < \dfrac{1}{2} \times 2R \times 2R\sin A = 2R^2\sin A$

$\Rightarrow 2\sin A > 1 \Rightarrow \angle A > 30°$.

类似地,$\angle B > 30°,\angle C > 30°$.

过点 A 作边 BC 上的高线 h.

由 $R^2 \leqslant S = \dfrac{1}{2}ah \leqslant \dfrac{1}{2} \times 2Rh = Rh \Rightarrow h \geqslant R$.

若 $\triangle ABC$ 中的 $\angle A > 90°$,则其外接圆的圆心在 $\triangle ABC$ 的外部,即 $h < R$.矛盾.

于是,$\angle A \leqslant 90°$.

类似地,$\angle B \leqslant 90°,\angle C \leqslant 90°$.

在 $\mathrm{Rt}\triangle ABC$ 中,$\angle C = 90°$,由 $\triangle ABC$ 的重心 T 分别向 BC,CA,AB 作垂线,垂足分别为 A',B',C'.求 $S_{\triangle A'B'C'} : S_{\triangle ABC}$.

(2015,克罗地亚数学竞赛)

解 如图.

设 $BC = a,CA = b,AB = c$,边 AB 上的高为 h,$\angle BAC = \alpha,\angle CBA = \beta$.

由 T 为 $\triangle ABC$ 的重心,则

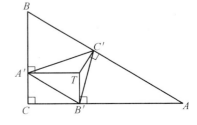

平面几何部分

$$TA' = B'C = \frac{1}{3}CA = \frac{1}{3}b,$$

$$TB' = A'C = \frac{1}{3}BC = \frac{1}{3}a, TC' = \frac{1}{3}h.$$

故 $S_{\triangle A'B'C'} = S_{\triangle A'B'T} + S_{\triangle B'C'T} + S_{\triangle C'A'T}$

$$= \frac{1}{2}(TA' \cdot TB' + TB' \cdot TC'\sin(\pi - \alpha) + TC' \cdot TA'\sin(\pi - \beta))$$

$$= \frac{1}{18}(ab + ah\sin\alpha + bh\sin\beta).$$

由 $h = a\sin\beta, h = b\sin\alpha, a = c\sin\alpha, b = c\sin\beta$,且 $c^2 = a^2 + b^2$,得

$$S_{\triangle A'B'C'} = \frac{1}{18}(ab + a^2\sin\alpha \cdot \sin\beta + b^2\sin\alpha \cdot \sin\beta) = \frac{1}{18}(ab + c^2\sin\alpha \cdot \sin\beta)$$

$$= \frac{1}{18}(ab + ab) = \frac{1}{9}ab = \frac{2}{9}S_{\triangle ABC}.$$

从而,$S_{\triangle A'B'C'} : S_{\triangle ABC} = 2 : 9$.

已知在正 $\triangle ABC$ 中,点 H 在边 BC 上,$\dfrac{BH}{HC} = \dfrac{1}{2}$. 将点 A 折到点 H 上,折痕与 AB, AC 分别交于点 M, N. 求 $\triangle BHM$ 与 $\triangle CNH$ 的面积比.

(2015—2016,匈牙利数学奥林匹克)

解 如图. 设 $BC = 3$. 则 $BH = 1, CH = 2$.

设 $CN = x$. 则 $NH = NA = 3 - x$.

由条件知

$\angle NHC = 120° - \angle MHB = \angle BMH, \angle B = \angle C = 60°$.

于是,$\triangle BMH \backsim \triangle CHN$.

在 $\triangle HCN$ 中,由余弦定理得

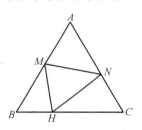

$$2^2 + x^2 - 2 \times 2x \cdot \frac{1}{2} = (3 - x)^2 \Rightarrow x = \frac{5}{4}.$$

因此,$\dfrac{S_{\triangle BHM}}{S_{\triangle CNH}} = \left(\dfrac{BH}{CN}\right)^2 = \dfrac{16}{25}$.

给定面积为 1 的 $\triangle ABC$. 安雅和贝恩德按照如下规则玩游戏:安雅在边 BC 上选一点 X,之后贝恩德在边 AC 上选一点 Y,最后,安雅在边 AB 上选一点 Z,其中,X, Y, Z 均不能与 $\triangle ABC$ 的顶点重合. 安雅试图将 $\triangle XYZ$ 的面积达到最大,贝恩德试图将 $\triangle XYZ$ 的面积达到最小. 若两人均按照每个人的策略选择,则 $\triangle XYZ$ 的面积是多少?

(2016,德国数学竞赛)

证明 若两个人均按照每个人的策略选择,则 $\triangle XYZ$ 的面积为 $\dfrac{1}{4}$.

设 M_a, M_b, M_c 分别为边 BC, CA, AB 的中点.

如图,对边 BC 上的任一点 X,设 Y_X 为边 AC 上一点,且有 $XY_X /\!/ AB$;设 Z_X 为边 AB 上一点,且有 $XZ_X /\!/ AC$.

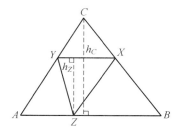

因此,对边 AC 上任意点 Y,边 AB 上的任意点 Z,有

$$S_{\triangle XY_X Z_X} = S_{\triangle XYZ_X} = S_{\triangle XY_X Z}.$$

若安雅选择点 Z 为 Z_X,贝恩德选择点 Y 为 Y_X,则两人得到的三角形满足 $S_{\triangle XYZ} = S_{\triangle XY_X Z_X}$;

若安雅选择点 X 为 M_a,则 $S_{\triangle XY_X Z_X} = S_{\triangle M_a M_b M_c} = \dfrac{1}{4}$,这表明,安雅总可以得到 $S_{\triangle XY_X Z_X} \geqslant \dfrac{1}{4}$.

对点 X 的其他选择,有 $S_{\triangle XY_X Z_X} < \dfrac{1}{4}$.此时,贝恩德选择点 Y,使得 $XY /\!/ AB$.

设 h_C 为点 C 到 AB 的距离,h_Z 为点 Z 到 XY 的距离.则 C 为 $\triangle CYX$ 与 $\triangle CAB$ 的位似中心.

由 $XY /\!/ AB$,得 $k \triangleq \dfrac{CX}{BC} = \dfrac{XY}{BA} = \dfrac{h_C - h_Z}{h_C}$.

故 $S_{\triangle XYZ} = \dfrac{XY \cdot h_Z}{2} = \dfrac{kAB(1-k)h_C}{2} = k(1-k)S_{\triangle ABC} = k(1-k) = -k^2 + k \leqslant \dfrac{1}{4}$,

当且仅当 $k = \dfrac{1}{2}$,即点 X 与 M_a 重合时,上式等号成立.这表明,贝恩德总可以使得 $S_{\triangle XY_X Z_X} \leqslant \dfrac{1}{4}$.

九　　定值问题

　　　如图1，A 和 B 为 $\odot O$ 上的两个定点，C 为优弧 $\overset{\frown}{AB}$ 的中点，D 为劣弧 $\overset{\frown}{AB}$ 上任意一点，过 D 作 $\odot O$ 的切线，与 $\odot O$ 在点 A，B 处的切线分别交于点 E，F，且 CE，CF 与弦 AB 分别交于点 G，H. 证明：线段 GH 的长为定值.

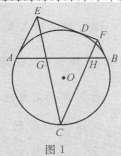

图1

（第九届北方数学奥林匹克邀请赛）

　　证明　如图2，连接 CD，与 AB 交于点 K，过点 E 作 AB 的平行线，分别与 CA，CD 的延长线交于点 P，Q. 连接 BC.

　　由 $\angle EAP = \angle CBA = \angle CAB = \angle EPA$，知 $PE = AE$.

　　类似地，$QE = DE$.

　　又 $EA = ED$，则 $PE = QE$，即 E 为 PQ 的中点.

　　因为 $AK \parallel PQ$，所以，G 为 AK 的中点.

　　类似地，H 为 BK 的中点.

　　故 $GH = GK + KH = \dfrac{1}{2}AK + \dfrac{1}{2}BK = \dfrac{1}{2}AB$（定值）.

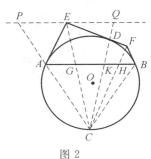

图2

　　　在锐角 $\triangle ABC$ 中，X 为 $\triangle ABC$ 的外接圆的劣弧 $\overset{\frown}{BC}$ 内的一个动点，点 X 在 CA，BC 上的投影分别为 P，Q. 过点 B 且垂直于 AC 的直线与直线 PQ 交于点 R. 设过点 P 且平行于 XR 的直线为 l. 证明：当点 X 在劣弧 $\overset{\frown}{BC}$ 上变动时，直线 l 总过一个定点.

（2014，美国国家队选拔考试）

　　证明　设 $\triangle ABC$ 的垂心为 H.

　　下面证明直线 l 过点 H. 如图.

　　设 X 关于直线 BC，CA 的对称点分别为 X_A，X_B，H 关于直线 BC 的对称点为 H_A.

　　由于 $\angle BH_AC = \angle BHC = 180° - \angle BAC$，则点 H_A 在 $\triangle ABC$ 的外接圆上.

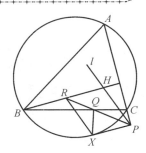

只要证明点 H 在直线 $X_A X_B$ 上.

因为 C 是 $\triangle XX_B X_B$ 的外心,所以,

$$\angle XX_A X_B = \frac{1}{2}\angle XCX_B = 180° - \angle ACX.$$

又四边形 $HH_A XX_A$ 为等腰梯形,则

$$\angle XX_A H = \angle X_A XH_A = 180° - \angle AH_A X = 180° - \angle ACX = \angle XX_A A_B.$$

于是,X_B, H, X_A 三点共线.

因为 BR 与 XP 均垂直于 AC,所以,$RH \parallel XP$.

由上述证明,知直线 PQ 平分 HX.则四边形 $PHRX$ 为平行四边形.

于是,$PH \parallel XR$,即直线 l 过点 H.

在凸四边形 $ABCD$ 中,最短边 AB 的长小于最长边 CD 的长.证明:可以在边 CD 上找到一点 E,使得对于边 CD 上的任一点 P(不同于点 E),均有 $O_1 O_2$ 为定值,其中,O_1 为 $\triangle APD$ 的外心,O_2 为 $\triangle BPE$ 的外心.

(2014,泰国数学奥林匹克)

证明 过点 B 作 AD 的平行线,与 CD 交于点 E.

首先证明:点 E 在边 CD 上.

事实上,由题意知

$$AB \leqslant AD, BC \leqslant CD \Rightarrow \angle ABD \geqslant \angle ADB, \angle CBD \geqslant \angle BDC$$

$$\Rightarrow \angle ABC = \angle ABD + \angle DCB \geqslant \angle ADB + \angle BDC = \angle ADC.$$

类似地,$\angle BAD \geqslant \angle BCD$.

则 $\angle ABC + \angle BAD \geqslant \angle BCD + \angle CDA \Rightarrow \angle ABC + \angle BAD \geqslant 180°$.

若 $\angle ABC + \angle BAD = 180° = \angle BCD + \angle CDA$

$$\Rightarrow \angle ABC = \angle ADC, \angle BAD = \angle BCD \Rightarrow 四边形 ABCD 为平行四边形.$$

与 $AB < CD$ 矛盾.

从而,$\angle ABC + \angle BAD > 180°$.

若将点 C 沿着 CD 向点 D 移动至点 E',则 $\angle ABC$ 在减小.

当 $\angle E'BA + \angle BAD = 180°$ 时,即得 $BE' \parallel AD$.

因此,点 E' 与 E 重合,且在边 CD 上.

其次证明:对边 CD 上任一点 P(点 P 与 E 不重合),均有 $\angle O_1 PO_2 = \angle APB$.

(1) 若 $\angle ADP < 90°$,则 $\angle BEC < 90°$.

故点 O_1, C 分别位于 PA 的两侧,点 O_2 和 C 分别位于 PB 的两侧,如图 1.

由 $\angle APO_1 = 90° - \angle ADP = 90° - \angle BEC = \angle BPO_2 \Rightarrow \angle O_1 PO_2 = \angle APB$.

(2) 若 $\angle ADP \geqslant 90°$,则 $\angle BEC \geqslant 90°$.

故点 O_1, C 位于 PA 的同侧,点 O_2 和 C 位于 PB 的同侧,如图 2.

由 $\angle APO_1 = \angle ADP - 90° = \angle BEC - 90° = \angle BPO_2 \Rightarrow \angle O_1 PO_2 = \angle APB$.

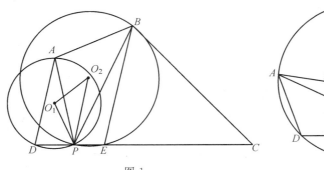

图 1　　　　　　　　图 2

在 $\odot O_1$ 和 $\odot O_2$ 中分别应用正弦定理得

$$\frac{AP}{BP} = \frac{2O_1P\sin\angle ADP}{2O_2P\sin\angle BEP} = \frac{O_1P}{O_2P} \Rightarrow \triangle APB \backsim \triangle O_1PO_2$$

$$\Rightarrow O_1O_2 = \frac{AB}{AP} \cdot O_1P = \frac{AB}{2\sin\angle ADC}.$$

上式表明,O_1O_2 的长度与边 CD 上点 P 的位置无关.

已知锐角 $\triangle ABC$ 内接于 $\odot O$,且 $\angle A < \angle B < \angle C$.在不包含点 A 的 $\overset{\frown}{BC}$ 上取点 D,假设 CD 与 AB 交于点 E,BD 与 AC 交于点 F.记点 O_1 在 $\triangle EBD$ 的内部且为与 EB,ED,$\odot O$ 均相切的圆的圆心,点 O_2 在 $\triangle FCD$ 内部且为与 FC,FD,$\odot O$ 均相切的圆的圆心.证明:

(1) 记 BE 与 $\odot O_1$ 切于点 M,CF 与 $\odot O_2$ 切于点 N,则以 MN 为直径的圆恒过定点;

(2) 过点 M 且平行于 CE 的直线与 AC 交于点 P,过点 N 且平行于 BF 的直线与 AB 交于点 Q,则 $\triangle AMP$,$\triangle ANQ$ 的外接圆恒与一个定圆相切.

(2014,越南国家队选拔考试)

证明 (1)首先证明一个定理.

沢山定理 如图 1,$\triangle ABC$ 内接于 $\odot O$,点 D 在 AB 的延长线上,$\odot K$ 分别与 DC,DA 切于点 M,N,并与 $\odot O$ 相切.则直线 MN 过 $\triangle ABC$ 顶点 A 对应的旁心.

证明 假设 $\triangle ABC$ 在点 C 处的外角平分线与 $\odot O$ 交于点 E(与 C 不重合),故 E 为 $\overset{\frown}{ACB}$ 的中点.

于是,$OE \perp AB$.

又 $NK \perp AB$,则 $NK \parallel OE$.

记 $\odot K$ 与 $\odot O$ 切于点 F.

由于 K,F,O 三点共线,且 $NK = KF$,$EO = OF$,得 E,F,N 三点共线.

故 $\triangle EAF \backsim \triangle ENA \Rightarrow EA^2 = EB^2 = EN \cdot EF$.

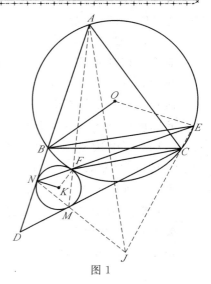

图 1

记直线 CE 与 MN 交于点 J.

则 $\angle FMN = \dfrac{1}{2}\angle FKN = \dfrac{1}{2}\angle FOE = \angle FAE = \angle FCJ$.

从而，F, M, J, C 四点共圆.

故 $\angle EFJ = 180° - \angle NFJ = 180° - (\angle NFM + \angle MFJ)$
$= 180° - (\angle JMC + \angle MCJ) = \angle MJC$.

于是，$\triangle EFJ \backsim \triangle EJN$，有 $EJ^2 = EN \cdot EF = EA^2 = EB^2$.

从而，$\angle BAJ = \dfrac{1}{2}\angle BEJ = \dfrac{1}{2}\angle BAC$，即 AJ 平分 $\angle BAC$.

因此，J 为 $\triangle ABC$ 顶点 A 对应的旁心.

定理得证.

如图 2，设 $\odot O_1$ 与 ED 切于点 G，$\odot O_2$
与 FD 切于点 H.

据定理，知直线 MG 和 NH 过 $\triangle ABC$
顶点 A 对应的旁心.

又 $\angle O_1EF + \angle O_2FE$
$= \dfrac{1}{2}\angle DEB + \dfrac{1}{2}\angle DFC + \angle BDE$
$= 90° - \angle BAC + 180° - \angle BDC$
$= 90°$，

则 $EO_1 \perp O_2F$.

由 $MG \perp EO_1$，$FO_2 \perp NH$，故
$NH \perp MG$.

从而，以 MN 为直径的圆恒过定点 J.

(2) 因为 $EM = EG$，$MP \parallel EC$，所以，
$\angle EMG = \angle MGE = \angle PMG$.

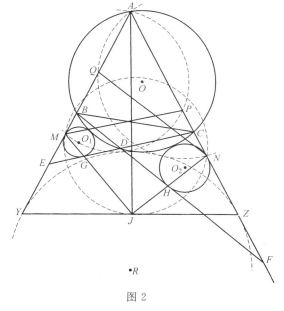

图 2

于是，MJ 平分 $\angle AMP$ 的外角.

从而，J 为 $\triangle AMP$ 顶点 A 对应的旁心.

在图 6 中，设 $\odot R$ 分别与 AB，AC 切于点 Y，Z，且与 $\odot O$ 外切.

仿照定理，可证明 YZ 过旁心 J.

又因为 $AY = AZ$，所以，AJ 垂直平分 YZ.

对照定理，知当 J 为 $\triangle AMP$ 的旁心且 $\odot R$ 与 AM，AP 分别切于点 Y，Z 及 YZ 经过
点 J 时，$\odot R$ 必与 $\triangle AMP$ 的外接圆相切.

类似地，$\odot R$ 也与 $\triangle ANQ$ 的外接圆相切.

平面几何部分

(1) 在锐角 $\triangle ABC$ 中,AD 为高线,P 为线段 AD 上一点,直线 PB 与 AC 交于点 E,PC 与 AB 交于点 F,四边形 $AEDF$ 内接于圆 Γ. 证明:

$$\frac{PA}{PD} = (\tan B + \tan C)\cot\frac{A}{2}.$$

(2) 在锐角 $\triangle ABC$ 中,垂心为 H,P 为直线 AH 上一动点,过点 C 且垂直于 AC 的直线与 BP 交于点 N,过点 B 且垂直于 AB 的直线与 CP 交于点 M,记 K 为点 A 在直线 MN 上的投影. 证明:$\angle BKC + \angle MAN$ 的值与点 P 的选取无关.

(2014,越南国家队选拔考试)

证明 (1) 如图 1,设 EF 与 CB 交于点 Q.

于是,Q,B,D,C 为调和点列.

从而,AQ,AD,AB,AC;DE,DF,DA,DQ

分别为调和线束.

因为 $DA \perp DQ$,所以,DA 平分 $\angle EDF$.

故 $AE = AF$.

设四边形 $AEDF$ 的外接圆 Γ 与线段 BC 交于另一点 G.

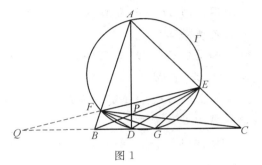

图 1

由 $\angle ADG = 90°$,知 AG 为圆 Γ 的直径.

又 $AF = AE$,则 $\triangle AEG \cong \triangle AFG$. 故 $GE = GF$,AG 平分 $\angle BAC$.

由直线 BPE 截 $\triangle ADC$,直线 CPF 截 $\triangle ABD$,利用梅涅劳斯定理

分别得

$$\frac{AE}{EC} = \frac{AP}{PD} \cdot \frac{DB}{BC},\quad \frac{AF}{FB} = \frac{AP}{PD} \cdot \frac{DC}{CB}.$$

则 $\dfrac{AF}{FB} + \dfrac{AE}{EC} = \dfrac{AP}{PD}\left(\dfrac{DB}{BC} + \dfrac{DC}{CB}\right) = \dfrac{AP}{PD}.$

故 $\dfrac{PA}{PD} = \dfrac{AF}{GF} \cdot \dfrac{GF}{FB} + \dfrac{AE}{GE} \cdot \dfrac{GE}{EC}$

$= \cot\dfrac{A}{2} \cdot \tan B + \cot\dfrac{A}{2} \cdot \tan C$

$= (\tan B + \tan C)\cot\dfrac{A}{2}.$

(2) 如图 2,设 BM 与 CN 交于点 L.

易知,$\angle BLC = 180° - \angle A$(定值).

因为 $\angle AKN = \angle ACN = 90°$,所以,$A,C,K,N$ 四点共圆.

类似地,A,B,K,M 也四点共圆.

故 $\angle MAN + \angle BKC$

$= \angle MAK + \angle NAK + \angle BKC$

$= \angle MBK + \angle NCK + \angle BKC = \angle BLC$(定值).

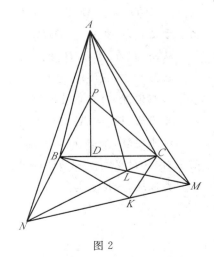

图 2

已知 D 为 $\triangle ABC$ 边 BC 上的动点, $\triangle ABC$, $\triangle ABD$, $\triangle ACD$ 的内心分别为 I, I_1, I_2, 且 $\triangle IAI_1$, $\triangle IAI_2$ 的外接圆与 $\triangle ABC$ 的外接圆分别交于点 M, N. 证明: MN 过一个定点.

(第 31 届伊朗国家队选拔考试)

证明　由 $\angle AI_1I + \angle AI_2I = \dfrac{\angle ABC + \angle BAD}{2} + \dfrac{\angle ACB + \angle CAD}{2} = 90°$, 则 $\triangle IAI_1$ 的外接圆与 $\triangle IAI_2$ 的外接圆直交.

如图, 设 $\triangle ABC$ 中 $\angle A$ 内的旁心为 I_A. 先以 A 为反演中心, $AB \cdot AC$ 为反演幂作反演变换, 再作以 $\angle BAC$ 的平分线为对称轴的对称变换, 记这两次变换的复合变换为 h. 对于变换 h, B 和 C 互为对应点, I 和 I_A 互为对应点.

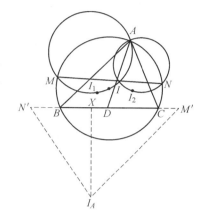

设 M, N 的对应点分别为 M', N'. 则 $\triangle IAI_1$, $\triangle IAI_2$ 的外接圆 (过反演中心) 分别变为直线 I_AM', I_AN'.

因为 $\triangle ABC$ 的外接圆与直线 BC 互为变换 h 下的像, 所以, 点 M' 和 N' 在直线 BC 上.

要证明的结论等价于当点 D 变动时, $\triangle AM'N'$ 的外接圆过一个不同于点 A 的定点.

因为变换 h 保角, 且 $\triangle IAI_1$ 的外接圆与 $\triangle IAI_2$ 的外接圆直交, 所以, $I_AM' \perp I_AN'$.

设点 I_A 在 BC 上的投影为 X. 则 $M'X \cdot N'X = I_AX^2$ 为不依赖于点 D 的常数, 即点 X 关于 $\triangle AM'N'$ 的外接圆的圆幂为常数. 于是, 这些外接圆的根轴为 AX.

因此, 动 $\triangle AM'N'$ 的外接圆过直线 AX 上不同于点 A 的一个定点.

已知圆 Γ 为定圆, A, B, C 为圆 Γ 上的三个定点, 确定的实数 $\lambda \in (0, 1)$, P 为圆 Γ 上不同于 A, B, C 的动点, M 为线段 CP 上的点, 使得 $CM = \lambda CP$. 设 $\triangle AMP$ 的外接圆与 $\triangle BMC$ 的外接圆的第二个交点为 Q. 证明: 当 P 变动时, 点 Q 在一个定圆上.

(第 55 届 IMO 预选题)

证明　记 $\measuredangle(a, b)$ 为直线 a 与 b 的有向角. 设 D 为线段 AB 上一点, 使得 $BD = \lambda BA$. 下面证明: 要么点 Q 与 D 重合, 要么 $\measuredangle(DQ, QB) = \measuredangle(AB, BC)$.

这表明, 点 Q 在过点 D 且与 BC 切于点 B 的一个定圆上.

设 $\triangle AMP$ 的外接圆为圆 Γ_A, $\triangle BMC$ 的外接圆为 Γ_B.

则直线 AP, BC, MQ 为三个圆 Γ, Γ_A, Γ_B 两两的根轴.

由蒙日定理, 知 AP, BC, MQ 要么互相平行要么交于一点.

平面几何部分

若 $AP \parallel BC \parallel MQ$,如图 1.

则 AP,QM,BC 有一条公共的中垂线,此中垂线将线段 CP 对称到线段 BA,将点 M 对称到点 Q.

于是,点 Q 在线段 AB 上,且 $\dfrac{BQ}{BA} = \dfrac{CM}{CP} = \dfrac{BD}{BA}$.

从而,点 Q 与 D 重合.

若 AP,BC,QM 三线交于一点 X,如图 2.

由密克定理,知 $\triangle ABX$ 的外接圆 Γ' 过点 Q.

设 X 关于线段 AB 的中垂线对称的点为 Y.则点 Y 在圆 Γ' 上,且 $\triangle YAB \cong \triangle XBA$.

于是,由 $\triangle XPC \backsim \triangle XBA$,得

$\triangle XPC \backsim \triangle YAB$.

因为 $\dfrac{BD}{BA} = \dfrac{CM}{CP} = \lambda$,所以,$D$ 与 M 为相似 $\triangle YAB$ 与 $\triangle XPC$ 的对应边上的对应点.

又 $\triangle YAB$ 与 $\triangle XPC$ 的转向相同,则

$\measuredangle(MX,XP) = \measuredangle(DY,YA)$.

又点 A,Q,X,Y 均在圆 Γ' 上,则 $\measuredangle(QY,YA) = \measuredangle(MX,XP)$.

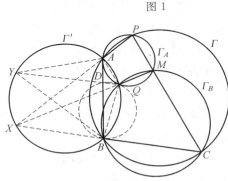

图 1

图 2

于是,$\measuredangle(QY,YA) = \measuredangle(DY,YA)$.这表明,$Y,D,Q$ 三点共线.

故 $\measuredangle(DQ,QB) = \measuredangle(YQ,QB) = \measuredangle(YA,AB) = \measuredangle(AB,BX) = \measuredangle(AB,BC)$.

已知四边形 $APBQ$ 内接于 $\odot O$,$\angle P = \angle Q = 90°$,$AP = AQ < BP$,$X$ 为线段 PQ 上的动点,直线 AX 与 $\odot O$ 交于点 S(异于点 A),点 T 在 $\overset{\frown}{AQB}$ 上,且 $XT \perp AX$ 于点 X,M 为线段 ST 的中点.证明:当点 X 在线段 PQ 上运动时,点 M 总在某个定圆上.

(2015,第 44 届美国数学奥林匹克)

证明 设 W 为线段 AO 的中点,记以 W 为圆心、线段 WP 长为半径的圆为 $\odot W$.

设 $\odot O$ 的半径为 r,分别在 $\triangle APO,\triangle SWT,\triangle ASO,\triangle ATO$ 中应用中线长公式得

$4WP^2 = 2AP^2 + 2OP^2 - AO^2 = 2AP^2 + r^2$,

$4WM^2 = 2WS^2 + 2WT^2 - ST^2$, ①

$2WS^2 = AS^2 + OS^2 - \dfrac{1}{2}AO^2 = AS^2 + \dfrac{1}{2}r^2$, ②

$2WT^2 = AT^2 + OT^2 - \dfrac{1}{2}AO^2 = AT^2 + \dfrac{1}{2}r^2$. ③

由式 ①～③,得 $4WM^2 = AS^2 + AT^2 - ST^2 + r^2$. ④

因为 $XT \perp AS$,所以,

$AT^2 - ST^2 = (AX^2 + XT^2) - (SX^2 + XT^2) = AX^2 - SX^2$
$= (AX + XS)(AX - XS) = AS(AX - XS)$

$\Rightarrow AS^2 + AT^2 - ST^2 = AS^2 + AS(AX - XS) = AS^2 + AS(2AX - AS) = 2AS \cdot AX.$ ⑤

又 $\angle PAX = \angle SAP$,且 $\angle APX = \dfrac{1}{2}\overset{\frown}{AQ}° = \dfrac{1}{2}\overset{\frown}{AP}° = \angle ASP$,故

$$\triangle APX \backsim \triangle ASP \Rightarrow AP^2 = AS \cdot AX. \qquad ⑥$$

由式 ①、④、⑤、⑥,知 $WP = WM$,即点 M 在 $\odot W$ 上.

已知 B 和 C 为 $\odot O$ 上的两个定点,A 为 $\odot O$ 上的动点,且 $\triangle ABC$ 为锐角三角形. 令 BE 和 CF 为 $\triangle ABC$ 的高,动圆 $\odot I$ 过点 E 和 F.

(1) 若 $\odot I$ 与 BC 切于点 T,证明:$\dfrac{TB}{TC} = \sqrt{\dfrac{\cot B}{\cot C}}$;

(2) 若 $\odot I$ 与 BC 交于点 M 和 N,点 H 为 $\triangle ABC$ 的垂心,P,Q 为 $\odot I$ 与 $\triangle HBC$ 外接圆的交点,$\odot K$ 过点 P 和 Q 且与 $\odot O$ 切于点 X(点 X 与 A 在 BC 同侧),证明:$\angle MXN$ 的平分线过定点.

(2015,越南数学奥林匹克)

证明 (1) 引理 在锐角 $\triangle ABC$ 中,$\odot K$ 过点 B 和 C 并分别与 CA,AB 交于点 E,F,BE 与 CF 交于点 H,AH 与 BC 交于点 D,另一圆过点 E 和 F 且与 BC 切于点 T. 则 $\dfrac{TB^2}{TC^2} = \dfrac{DB}{DC}$.

证明 记 $\triangle TEF$ 的外接圆分别与 CA,AB 交于点 M,N. 则

$$\angle EMN = 180° - \angle EFN = \angle ECB.$$

故 $MN // BC$.

从而,$\dfrac{TB^2}{TC^2} = \dfrac{BF \cdot BN}{CE \cdot CM} = \dfrac{BF}{CE} \cdot \dfrac{AN}{AM} = \dfrac{BF}{CE} \cdot \dfrac{AE}{AF} = \dfrac{DB}{DC}.$

引理得证.

当 $\odot K$ 以边 BC 为直径时,易知 AD 为高. 则 $\dfrac{TB}{TC} = \sqrt{\dfrac{DB}{DC}} = \sqrt{\dfrac{\cot B}{\cot C}}$.

(2) 只需证明如下命题:设 BC 为 $\odot O$ 的一条定弦,$\odot L$ 过点 B 和 C,$\odot L$ 上的两点 P 和 Q 在 $\odot O$ 内部,$\odot K$ 过点 P 和 Q 且内切 $\odot O$ 于点 X,使得 X 与 L 在 BC 的两侧,$\odot I$ 过点 P,Q 并与 BC 交于点 M 和 N. 则 $\angle BXM = \angle CXN$.

事实上,由根轴的性质,知 $\odot O$ 和 $\odot K$ 在点 X 处的公切线,PQ,BC 三线共点于 S.

于是,$SX^2 = SP \cdot SQ = SM \cdot SN$.

从而,$\triangle XMN$ 的外接圆也与 $\odot O$ 相切. 则 $\angle BXM = \angle CXN$.

因此,$\angle MXN$ 的平分线即为 $\angle BXC$ 的平分线,恒过劣弧 $\overset{\frown}{BC}$ 的中点.

平面几何部分

给定 $\odot O$ 与定弦 BC(非直径),动点 A 在优弧 $\overset{\frown}{BC}$ 上移动,使得 $\triangle ABC$ 为锐角三角形,且 $AB < AC$. I 为边 BC 的中点,H 为 $\triangle ABC$ 的垂心,射线 IH 与 $\odot O$ 交于点 K,AH 与 BC 交于点 D,KD 与 $\odot O$ 交于点 M,过 M 引 BC 的垂线与 AI 交于点 N,与 AK 切于点 A 的圆分别与 AB,AC 交于点 P,Q,又 J 为 PQ 的中点.证明:

(1) 点 N 在一个定圆上;

(2) AJ 过定点.

(2015,越南国家队选拔考试)

证明 只需证明两个引理.

引理 1 锐角 $\triangle ABC$ 内接于 $\odot O$,AD 为高,且 H 为 $\triangle ABC$ 的垂心,M 为 BC 的中点.以 AH 为直径的圆与 $\odot O$ 交于点 G,GD 与 $\odot O$ 交于点 K,过 K 且垂直于 BC 的直线与 AM 交于点 L.则 B,C,L,H 四点共圆.

引理 1 的证明 由于点 G 在以 AH 为直径的圆上,记 GH 与 $\odot O$ 交于点 E.则 AE 为 $\odot O$ 的直径.从而,四边形 $HBEC$ 为平行四边形,且 HE 过点 M.

令 N 为 AM 与 $\odot O$ 的交点.

由于 A,G,D,M;A,G,K,N 分别四点共圆,则

$$\angle GDM = 180° - \angle GAM = \angle GKN.$$

于是,$KN /\!/ BC$.从而,四边形 $BCNK$ 为等腰梯形.

又因为 M 为 BC 的中点,所以,$MK = MN$.

易知,$\angle LKN = 90°$,M 为 LN 的中点,也即 L 为点 K 关于 BC 的对称点.

注意到,H 关于 BC 的对称点在 $\odot O$ 上,因此,H,L,B,C 四点共圆.

引理 2 $\triangle ABC$ 内接于 $\odot O$,H 为 $\triangle ABC$ 的垂心.以 AH 为直径的圆与 $\odot O$ 交于点 G,与 AG 切于点 A 的圆分别与 CA,AB 交于点 X,Y.则 AO 平分线段 XY.

引理 2 的证明 记 GH 与 $\odot O$ 交于点 E,由引理 1 的证明,知 HE 过 BC 的中点 M.令 P 为 AE 与 $\triangle AXY$ 外接圆的交点,AP 与 XY 交于点 N.易得

$$\angle YPN = \angle YXA = \angle GAB = \angle BEM, \angle PYX = \angle PAX = \angle EBM.$$

从而,$\triangle EBM \backsim \triangle PYN$.

类似地,$\triangle ECM \backsim \triangle PXN$.

又 M 为 BC 的中点,则 N 为 XY 的中点.

引理 1,2 得证.

由引理 1,(1) 得证.由引理 2,(2) 得证.

已知 P 为 $\triangle ABC$ 内部一点,直线 AP 与 BC 交于点 A_1,BP 与 AC 交于点 B_1,CP 与 AB 交于点 C_1.若 $S_{\triangle PBA_1} + S_{\triangle PCB_1} + S_{\triangle PAC_1} = \dfrac{1}{2} S_{\triangle ABC}$,证明:点 P 至少在 $\triangle ABC$ 的一条中线上.

(2015,罗马尼亚数学奥林匹克)

证明 记 $S_{\triangle ABC} = s, S_{\triangle BPC} = s_a, S_{\triangle CPA} = s_b, S_{\triangle APB} = s_c.$

由 $\dfrac{PA_1}{AA_1} = \dfrac{S_{\triangle PBA_1}}{S_{\triangle ABA_1}} = \dfrac{S_{\triangle BPC}}{S_{\triangle ABC}} \Rightarrow \dfrac{S_{\triangle PBA_1}}{s_c + S_{\triangle PBA_1}} = \dfrac{s_a}{s} \Rightarrow S_{\triangle PBA_1} = \dfrac{s_a s_c}{s - s_a} = \dfrac{s_a s_c}{s_b + s_c}.$

类似地,得另外两个式子后知

$$\frac{s_a s_c}{s_b + s_c} + \frac{s_b s_a}{s_c + s_a} + \frac{s_c s_b}{s_a + s_b} = \frac{s_a + s_b + s_c}{2} \Leftrightarrow s(s_a - s_b)(s_b - s_c)(s_c - s_a) = 0.$$

这便说明了原结论成立.

已知半径为 R 的 $\odot O$ 是非等边 $\triangle ABC$ 的外接圆,其中,$AB < AC < BC$. $\triangle ABC$ 中 $\angle A$ 内的旁切圆 $\odot I$ 分别与 BC, AC, AB 切于点 $D, E, Z, \odot O$ 分别与直线 AI 交于点 $M, \odot O$ 与 $\triangle AZE$ 的外接圆 Γ_1 交于点 $K, \triangle OKM$ 的外接圆 Γ_2 与圆 Γ_1 的第二个交点为 N. 证明:AN 与 KI 的交点在 $\odot O$ 上.

(2015,希腊国家队选拔考试)

证明 如图.

由 AZ 和 AE 与 $\odot I$ 相切,知 $IZ \perp AZ, IE \perp AE.$

于是,A, Z, I, E 四点共圆.

因为 $\angle KNO = \angle KMO = \angle OKM$,所以,

$\angle KNA = \angle KIA = 90° - \angle IAK$

$= 90° - \angle MAK = 90° - \dfrac{1}{2}\angle MOK$

$= \angle OKM = \angle KNO.$

从而,A, N, O 三点共线.

设 AN 与 $\odot O$ 交于点 T. 则 $\angle AKT = 90°.$

于是,K, T, I 三点共线.

从而,AN 与 KI 的交点在 $\odot O$ 上.

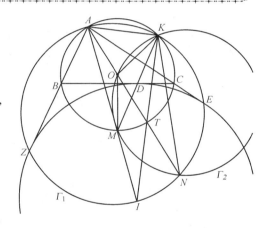

设 B 和 C 是以 r 为半径的 $\odot O$ 上的两个不同的定点,A 为 $\odot O$ 上异于点 B, C 的动点,连接 OA 并延长,使得 $OP = 2OA$. 过点 O 作 $l_1 \parallel AB$,过点 P 作 $l_2 \parallel AC, l_1$ 与 l_2 交于点 D. 证明:

(1) 当点 A 在 $\odot O$ 上移动时(与点 B, C 不重合),点 D 位于一个半径不小于 r 的确定的圆上;

(2) 当且仅当 BC 为 $\odot O$ 的直径时,点 D 位于半径等于 r 的确定的圆上.

(2015,澳大利亚数学奥林匹克)

平面几何部分

证明 如图,设直线 OC 与 PD 交于点 Q.

因为 $AC /\!/ PD$,且 A 为 OP 的中点,所以,C 为 OQ 的中点.

(1) 由 $OD /\!/ BA$,且 $DQ /\!/ AC$,知 $\angle ODQ = \angle BAC$.

因为点 A 在 $\odot O$ 上,所以,$\angle BAC$ 是确定的.

设劣弧 $\overparen{BC}$ 对应的弧度为 2α.

则 $\angle BAC = \alpha$ 或 $\pi - \alpha$.于是,$\angle ODQ = \alpha$ 或 $\pi - \alpha$.

从而,点 D 在以 OQ 为弦的一个圆周上.设此圆为 Γ,r' 为圆 Γ 的半径.

因为圆内最长的弦是直径,所以,$2r' \geqslant OQ$.

又 $OQ = 2OC = 2r$,故 $r' \geqslant r$.

(2) 由(1)知

点 D 位于半径为 r 的确定的圆上 $\Leftrightarrow r' = r \Leftrightarrow OQ$ 为圆 Γ 的直径

$\Leftrightarrow OD \perp DQ \Leftrightarrow BA \perp AC \Leftrightarrow BC$ 为 $\odot O$ 的直径.

平面几何部分

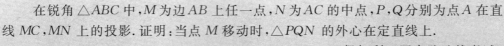

在锐角 $\triangle ABC$ 中,M 为边 AB 上任一点,N 为 AC 的中点,P,Q 分别为点 A 在直线 MC,MN 上的投影.证明:当点 M 移动时,$\triangle PQN$ 的外心在定直线上.

(2015,保加利亚国家队选拔考试)

证明 如图,过点 A 作 AB 的垂线与过点 C 作 AB 的平行线交于点 R,则 R 为定点.

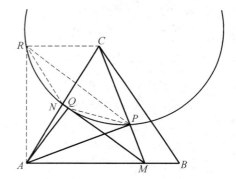

因为 $\angle AQM = \angle APM = 90°$,所以,$A,Q,P,M$ 四点共圆.

由 N 为 AC 的中点,知 $RN = NC$.

又因为 $\angle ARC = \angle APM = 90°$,所以,$A,R,C,P$ 四点共圆.

则 $\angle PRN = \angle CRN - \angle CRP$

$= \angle RCN - \angle CAP$

$= \angle CAM - \angle CAP$

$= \angle PAM = \angle PQM.$

从而,R,N,Q,P 四点共圆.

因此,$\triangle NQP$ 的外心在 RN 的中垂线上,即其外心在一条定直线上.

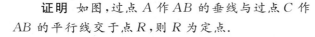

设圆 Γ 为 $\triangle ABC$ 的内切圆.已知 $AB < AC$,$\triangle ABC$ 的旁切圆与边 BC 切于点 A',X 为线段 AA' 上的点且在圆 Γ 外.过点 X 作圆 Γ 的两条切线分别与边 BC 交于点 Y,Z.证明:$XY + XZ$ 的大小不依赖于 X 的选取.

(2016,第 42 届俄罗斯数学奥林匹克)

证明　设点 Y 位于 B, Z 之间, 圆 Γ_A 表示 $\triangle ABC$ 与边 BC 相切的旁切圆, 圆 Γ' 表示 $\triangle XYZ$ 与边 XZ 相切的旁切圆. 设圆 Γ 与 BC 切于点 A''. 令 T 表示 AA' 与圆 Γ 的交点(距点 A 较近), 则以点 A 为中心的一个位似将圆 Γ 变为圆 Γ_A, 将点 T 变为点 A', 故圆 Γ 在点 T 处的切线与 BC 平行.

由于圆 Γ, Γ' 均为 $\triangle XYZ$ 的旁切圆, 则存在一个以 X 为中心的位似将圆 Γ 变为圆 Γ', 点 T 变为点 T', 圆 Γ' 在点 T' 处的切线与圆 Γ 在 T 外的切线平行. 故点 T' 与 A' 重合.

设 $\triangle XYZ$ 的半周长为 p. 则 $ZA' = YA'' = p - YZ$.

故 $XY + XZ = 2p - YZ = 2(p - YZ) + YZ = ZA' + YZ + YA'' = A'A''$(定值).

已知 K 为线段 AB 的中点, 过任意一点 C(异于 K)作 $CK \perp AB$ 于点 K. 令 CK 的中点为 M, BM 的延长线与 AC 交于点 N. 记线段 BN 的中点为 L, CL 的延长线与 AB 交于点 U. 证明: $\triangle CNL$ 与 $\triangle BUL$ 的面积之比与点 C 的选取无关.

(第 23 届马其顿数学奥林匹克)

证明　如图.

对 $\triangle AKC$ 及截线 BN, 应用梅涅劳斯定理得

$$\frac{CN}{NA} \cdot \frac{AB}{BK} \cdot \frac{KM}{MC} = 1 \Rightarrow NA = 2NC$$

$$\Rightarrow AC = 3NC \Rightarrow S_{\triangle BNC} = \frac{1}{3} S_{\triangle ABC}.$$

对 $\triangle ABN$ 及截线 CU, 应用梅涅劳斯定理得

$$\frac{AU}{UB} \cdot \frac{BL}{LN} \cdot \frac{NC}{CA} = 1 \Rightarrow AU = 3UB$$

$\Rightarrow U$ 为线段 BK 的中点

$$\Rightarrow S_{\triangle BUC} = \frac{1}{4} S_{\triangle ABC}.$$

设 $x = S_{\triangle CNL}, y = S_{\triangle BLU}$.

由于 L 为线段 BN 的中点, 则 $S_{\triangle BLC} = x$.

注意到, $x + y = S_{\triangle BLC} + S_{\triangle BLU} = S_{\triangle BUC} = \frac{1}{4} S_{\triangle ABC}$,

$$2x = S_{\triangle CNL} + S_{\triangle BLC} = S_{\triangle BNC} = \frac{1}{3} S_{\triangle ABC}.$$

则 $\dfrac{1}{2} + \dfrac{y}{2x} = \dfrac{3}{4} \Rightarrow \dfrac{y}{x} = \dfrac{1}{2}$(定值).

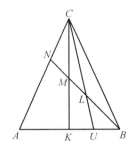

已知平面直角坐标系上的两个点 $B(-1,0)$，$C(1,0)$. 对平面上的一个非空有界子集 S，若

(1) 存在子集 S 中的一个点 T，使得对于 S 中的每个点 Q，线段 TQ 均在 S 中；

(2) 对于任意 $\triangle P_1P_2P_3$，存在 S 中唯一的一个点 A 及 $\{1,2,3\}$ 的一个排列 σ，使得 $\triangle ABC \backsim \triangle P_{\sigma(1)}P_{\sigma(2)}P_{\sigma(3)}$，则称子集 S 为"好的".

证明：存在集合 $\{(x,y) \mid x \geqslant 0, y \geqslant 0\}$ 的两个不同好子集 S, S'，使得若 $A \in S$，$A' \in S'$ 分别为满足 (2) 的唯一的点，则 $BA \cdot BA'$ 为不依赖于 $\triangle P_1P_2P_3$ 的常数.

（第 57 届 IMO 预选题）

证明 若对于 $\triangle ABC \backsim \triangle P_{\sigma(1)}P_{\sigma(2)}P_{\sigma(3)}$，$BC$ 对应着 $\triangle P_1P_2P_3$ 的最长边，则
$$BC \geqslant AB \geqslant AC.$$

因为对于第一象限内的每个点 A，均有 $AB \geqslant AC$，所以，$BC \geqslant AB$，即 $(x+1)^2 + y^2 \leqslant 4$.

定义 $S = \{(x,y) \mid (x+1)^2 + y^2 \leqslant 4, x \geqslant 0, y \geqslant 0\}$.

则 S 为圆盘 $(x+1)^2 + y^2 \leqslant 4$ 与第一象限的交，如图.

于是，S 的边界为凸的. 可以选择 S 中的任意一点 T 满足 (1).

对于 S 中的任意一点 A，均有 $BC \geqslant AB \geqslant AC$.

反之，若上述构造的集合存在，则点 A 是唯一确定的.

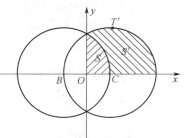

若对于 $\triangle A'BC \backsim \triangle P_{\sigma(1)}P_{\sigma(2)}P_{\sigma(3)}$，$BC$ 对应着 $\triangle P_1P_2P_3$ 的第二长边，则 $A'B \geqslant BC \geqslant A'C$.

则这两个不等式分别等价于 $(x+1)^2 + y^2 \geqslant 4$，$(x-1)^2 + y^2 \leqslant 4$.

定义 $S' = \{(x,y) \mid (x+1)^2 + y^2 \geqslant 4, (x-1)^2 + y^2 \leqslant 4, x \geqslant 0, y \geqslant 0\}$.

于是，若上述构造的集合存在，则点 A' 是唯一确定的.

对于 (1)，由 S' 包含圆盘 $(x-1)^2 + y^2 \leqslant 4$ 内的点和圆盘 $(x+1)^2 + y^2 < 4$ 外部的点，则可选择点 $T'(1,2)$，即圆 $(x-1)^2 + y^2 = 4$ 的最上面的点.

下面证明：$BA \cdot BA'$ 为常数.

假设 $\triangle P_1P_2P_3$ 满足 $P_1P_2 \geqslant P_2P_3 \geqslant P_3P_1$.

则 $BA = BC \cdot \dfrac{P_2P_3}{P_1P_2}$，$BA' = BC \cdot \dfrac{P_1P_2}{P_2P_3}$

$\Rightarrow BA \cdot BA' = BC^2 = 4$，且不依赖于 $\triangle P_1P_2P_3$.

已知 P 为正 $\triangle ABC$ 外接圆上的一点. 求所有的 $n \in \mathbf{Z}^+$，使得
$$S_n(P) = \mid PA \mid^n + \mid PB \mid^n + \mid PC \mid^n$$
不依赖于点 P 的选择.

（2017，第 20 届地中海地区数学奥林匹克）

平面几何部分

解　以 $\triangle ABC$ 的外心 O 为原点建立复平面,在 Ox 轴上标点 A 且不妨设 $|OA|=1$,复数 z_A,z_B,z_C,z 分别对应点 A,B,C,P.

则 $|z_A|=|z_B|=|z_C|=|z|=1$,且 z_A,z_B,z_C 为 $z^3=1$ 的三个根,即

$$z_A=1,\quad z_B=-\frac{1}{2}+\frac{\sqrt{3}}{2}\mathrm{i},\quad z_C=-\frac{1}{2}-\frac{\sqrt{3}}{2}\mathrm{i}.$$

设 $z=a+b\mathrm{i}(a,b\in\mathbf{R},a^2+b^2=1)$.则

$$S_n(P)=|PA|^n+|PB|^n+|PC|^n=|z-z_A|^n+|z-z_B|^n+|z-z_C|^n.$$

由 $|z-z_A|=\sqrt{2(1-a)}$,$|z-z_B|=\sqrt{2+a-b\sqrt{3}}$,$|z-z_C|=\sqrt{2+a+b\sqrt{3}}$,知

$$S_n(P)=2^{\frac{n}{2}}(1-a)^{\frac{n}{2}}+(2+a-b\sqrt{3})^{\frac{n}{2}}+(2+a+b\sqrt{3})^{\frac{n}{2}}. \qquad\qquad ①$$

若点 P 与 A 重合,则 $S_n(A)=3^{\frac{n}{2}}+3^{\frac{n}{2}}=2\times3^{\frac{n}{2}}$.

若点 P 的坐标为 $P_1\left(\frac{1}{2},\frac{\sqrt{3}}{2}\right)$,则 $a=\frac{1}{2},b=\frac{\sqrt{3}}{2}$.

代入式 ①,得 $S_n(P_1)=2^{\frac{n}{2}}\left(\frac{1}{2}\right)^{\frac{n}{2}}+\left(2+\frac{1}{2}-\frac{3}{2}\right)^{\frac{n}{2}}+\left(2+\frac{1}{2}+\frac{3}{2}\right)^{\frac{n}{2}}=2+2^n$.

由于 $S_n(P)$ 不依赖于点 P,于是,

$$S_n(A)=S_n(P_1)\Leftrightarrow 2\times3^{\frac{n}{2}}=2+2^n\Leftrightarrow n=2\ \text{或}\ 4.$$

经检验,$S_2(P)=6,S_4(P)=18$ 均不依赖于点 P.

综上,$n=2$ 或 4.

已知锐角 $\triangle ABC$ 的外心为 O,$\triangle OBC$ 的外心为 I,点 G 在 $\odot I$ 上,且与点 O 分别在弦 BC 的两侧,$\triangle ABG$ 的外接圆与 AC 的第二个交点为 E,$\triangle ACG$ 的外接圆与 AB 的第二个交点为 F.证明:

(1) 若 BE 与 CF 交于点 K,则 AK,BC,OG 三线共点;

(2) 若 D 为 $\odot I$ 上一点,且与 O 在弦 BC 的同侧,GB 与 CD 交于点 M,GC 与 BD 交于点 N,MN 与 $\odot O$ 交于点 P 和 Q,则当点 G 移动时,$\triangle GPQ$ 的外接圆恒过两个定点.

(2017,越南数学奥林匹克)

证明　(1) 由

$$\begin{aligned}
\angle EGF&=\angle BGE+\angle CGF-\angle BGC\\
&=360°-2\angle BAC-180°+2\angle BAC\\
&=180°,
\end{aligned}$$

知 E,G,F 三点共线,如图 1.

故 $\angle ABK+\angle ACK$
$=\angle AGE+\angle AGF=180°$,

即点 K 在 $\odot O$ 上.

从而,G 为完全四边形 $ABKCFE$ 的密克点,同时,由 $\triangle GBA\backsim\triangle GKC$,得

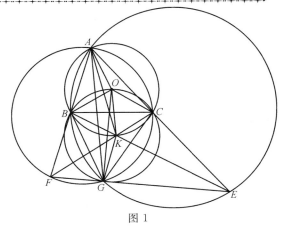

图 1

$\angle BGA = \angle KGC$.

由 GO 平分 $\angle BGC$,知 GO 也平分 $\angle AGK$.

又 $AO = OK$,则 A, O, K, G 四点共圆.

对于 $\odot O, \odot I$ 及四边形 $AOKG$ 外接圆,由蒙日定理,知 AK, BC, OG 三线共点.

(2) 证明更一般的命题:

若 $\odot O$ 和 $\odot I$ 为任意给定的两圆,交于点 B, C,其余条件与题中(2)的条件相同,证明:当点 G 移动时,$\triangle GPQ$ 的外接圆恒过两个定点.

如图 2,在广义六边形 $BBDCCG$ 中,由帕斯卡定理,知直线 MN 过 $\odot I$ 在点 B 和 C 处的切线的交点 J.

设 JD 与 $\odot I$ 交于另一点 X. 则 X 即为定点.进而,四边形 $BDCX$ 为调和四边形.则线束 $G(BC, DX)$ 的交比为 -1.

设 MN 与 BC 交于点 T. 则 $G(BC, DT)$ 的交比为 -1.

于是,GX 过点 T,进而,

$TX \cdot TG = TB \cdot TC = TP \cdot TQ$.

这表明,G, X, P, Q 四点共圆. 设此圆与 DX 的第二个交点为 Y. 则 $JX \cdot JY = JP \cdot JQ$ 为点 J 关于 $\odot O$ 的幂,且为一个定值.

因此,点 Y 也为一个定点.

综上,$\triangle GPQ$ 的外接圆恒过两个定点 X, Y.

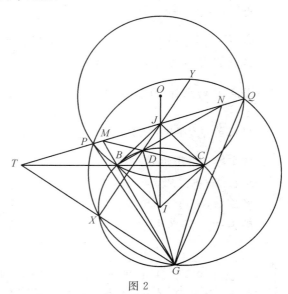

图 2

已知 A 和 B 为 $\odot O$ 上的两点,点 O 不在 AB 上,取 $\odot O$ 上异于 A, B 的第三点 C. 设 P_c 为点 A 在 BC 上的投影,Q_c 为点 B 在 AC 上的投影,O_c 为 $\triangle P_c Q_c C$ 的外心.证明:无论点 C 如何选取,点 O_c 均在某个固定的圆上.

(2017,瑞士国家队选拔考试)

证明 如图,设 AP_c 与 BQ_c 交于点 H. 则 H 为 $\triangle ABC$ 的垂心.连接 HC,则 HC 的中点为 O_c,连接 $O_c P_c$. 再取 AB 的中点 D,连接 $OD, P_c D, O_c D, OB$.

由欧拉定理,知 $OD = CO_c \Rightarrow O_c P_c = OD$.

由 Q_c, C, P_c, H 四点共圆,Q_c, P_c, B, A 四点共圆

$\Rightarrow \angle CHP_c = \angle CQ_c P_c = \angle CBA$

$\Rightarrow \text{Rt}\triangle CP_c H \backsim \text{Rt}\triangle AP_c B \Rightarrow O_c P_c \perp DP_c$.

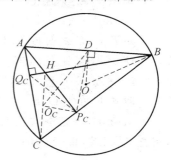

又 $P_CD = DB$,故 $\triangle O_CP_CD \cong \triangle ODB \Rightarrow O_CD = OB$.

这表明,点 O_C 在以 D 为圆心、OB 为半径的圆上.

命题得证.

已知等腰 $\triangle ABC$ 与底边相对的顶点为 A,高为 AD,在 AB 上选择异于点 B 的点 F,使得 CF 与 $\triangle ABD$ 的内切圆相切.若 $\triangle BCF$ 为等腰三角形,证明:由以上条件可确定:

(1) 等腰 $\triangle BCF$ 与底边相对的顶点为 C;

(2) $\angle BAC$ 的大小.   (2017,爱沙尼亚国家选拔考试)

证明 (1) 考虑 $\triangle BCF$ 各点位置的不同情况.

(i) 若 F 为(与底边相对的)顶点,则 F 位于底边 BC 的垂直平分线 AD 上,而点 F 还在 AB 上,故点 F 与 A 重合.

由题意,知 AC 与 $\triangle ABD$ 的内切圆相切.但该内切圆与 AB,AD 相切,由于从一点至多有两条直线与一圆相切,于是,此种情况不成立.

(ii) 若 B 为(与底边相对的)顶点,由 $\angle CBF$ 为 $\triangle ABC$ 的底角,知 $\angle CBF < 90°$.则 $\angle BCF > 45°$.

设 K 为边 CF 与 $\triangle ABD$ 内切圆的切点,L 为点 K 到边 BC 的投影.

若 r 为 $\triangle ABD$ 的内切圆半径,易知,$KL < 2r$.

又 $\angle LCK = \angle BCF > 45°$,则

$$KL > CL > CD = BD > 2r,$$

矛盾.

故此种情况亦不成立.

综上,等腰 $\triangle BCF$ 底边所对顶点必为 C,如图.

(2) 在平面上选择点 D,设 l_1,l_2 为相互垂直且交于 D 的直线,Γ 为与 l_1,l_2 相切的圆,圆 Γ 的半径为 r,在直线 l_1 上找到点 A,使得 $DA > 2r$ 且 l_1 与圆 Γ 的切点位于线段 DA 上.于是,B 为过点 A 的圆 Γ 的另一条切线与直线 l_2 的交点.

又 C 为点 B 关于 DA 的对称点,点 F 的位置由题目给出,当移动点 A 使其远离点 D 时,点 B 和 C 接近 D.故当 $\angle BAC$ 减小时,$\angle BCF$ 增大,反之亦然.

因此,当点 A 位于某一个确定位置时,$\angle BAC = \angle BCF$.

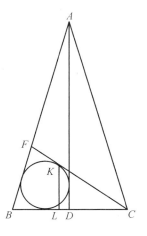

已知正六边形 $ABCDEF$ 边长为 a,两个动点 M,N 分别在边 BC,DE 上运动,且满足 $\angle MAN = 60°$.证明:$AM \cdot AN - BM \cdot DN$ 恒为定值.

(第 13 届中国北方数学奥林匹克)

证明 如图,延长 DC,分别与 AB,AM 的延长线交于点 P,Q,连接 AC,AE.

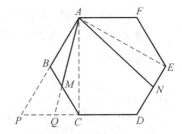

由正六边形的性质易知

$\angle CAE = 60° = \angle MAN$

$\Rightarrow \angle CAQ = \angle EAN$,

$\angle ACQ = \angle AEN = 90°$,

$AC = AE = \sqrt{3} a$,$CP = a$.

则 $\triangle CAQ \cong \triangle EAN$,$DN = a - EN = a - CQ = PQ$,

$AM \cdot AN - BM \cdot DN = AM \cdot AQ - BM \cdot PQ$.

记 $\angle CAQ = \theta$.

在 $\triangle ACM$ 中,由正弦定理得

$$\frac{CM}{\sin\theta} = \frac{AM}{\sin 30°} = \frac{\sqrt{3} a}{\sin(30° + \theta)} \Rightarrow AM = \frac{\sqrt{3} a}{2\sin(30° + \theta)}, CM = \frac{\sqrt{3} a \sin\theta}{\sin(30° + \theta)}.$$

故 $BM = a - CM = \frac{\sin(30° + \theta) - \sqrt{3} \sin\theta}{\sin(30° + \theta)} a = \frac{\cos\theta - \sqrt{3} \sin\theta}{2\sin(30° + \theta)} a.$

在 $\triangle ACQ$ 中,注意到,

$$AQ = \frac{\sqrt{3} a}{\cos\theta}, CQ = \sqrt{3} a \tan\theta = \frac{\sqrt{3} a \sin\theta}{\cos\theta}, PQ = a - CQ = \frac{\cos\theta - \sqrt{3} \sin\theta}{\cos\theta} a.$$

则 $AM \cdot AQ - BM \cdot PQ = \frac{a^2 \left[3 - (\cos\theta - \sqrt{3} \sin\theta)^2\right]}{2\sin(30° + \theta) \cdot \cos\theta}.$

而 $3 - (\cos\theta - \sqrt{3} \sin\theta)^2 = 3 - (\cos^2\theta + 3\sin^2\theta - 2\sqrt{3} \sin\theta\cos\theta)$

$= 2\cos\theta(\cos\theta + \sqrt{3} \sin\theta) = 4\cos\theta \cdot \sin(30° + \theta).$

故 $AM \cdot AN - BM \cdot DN = AM \cdot AQ - BM \cdot PQ = 2a^2$(定值).

平面几何部分

十　　轨迹问题

已知 P 为平面内线段 AB 上确定的一点，C 为平面内不在直线 AB 上的一个动点，过点 P 作直线 AC，BC 的平行线分别与 BC，AC 交于点 Q，R，$\triangle APR$ 的外接圆与 $\triangle BPQ$ 的外接圆交于异于点 P 的一点 H. 当点 C 移动时，试求点 H 的轨迹.

(2012—2013，匈牙利数学奥林匹克)

解 如图.

由 A, R, H, P 和 P, H, Q, B 分别四点共圆知

$$\angle AHP = \angle ARP = \angle C = \angle PQB = \angle PHB.$$

故 PH 平分 $\angle AHB$. 从而，$\dfrac{HA}{HB} = \dfrac{PA}{PB}$.

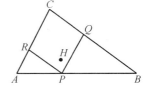

若 $PA = PB$，则 $HA = HB$，即 H 为 AB 中垂线上异于点 P 的点.

若 $PA \neq PB$，则点 H 在由点 A, B, P 确定的阿波罗尼斯圆上，且点 H 不在直线 AB 上.

给定圆内接四边形 $ABCD$，直线 l 为过四边形 $ABCD$ 外接圆的圆心 O 的一直线，P 为直线 l 上一动点. 设圆 Γ_1 是过点 P 在边 AB，BC，CA 上的三个射影的圆，圆 Γ_2 是过点 P 在边 AB，BD，DA 上的三个射影的圆，圆 Γ_1 与 Γ_2 交于 P_1 和 Q 两点，其中，P_1 为点 P 在 AB 上的射影. 求点 Q 的轨迹.

(2013，中国台湾数学奥林匹克集训营)

解 如图1，设 P_1, P_2, P_3, P_4, P_5 分别为点 P 在边 AB，BC，CA，BD，AD 上的射影.

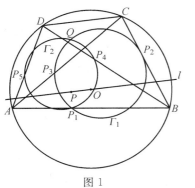

图1

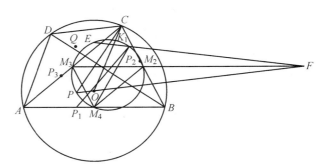

图2

如图2，设 M_1, M_2, M_3, M_4, M_5 分别为边 AB，BC，CA，BD，AD 的中点.

先介绍一个定理.

斯坦纳定理 △ABC 的外接圆上的一点 P 的关于边 BC,CA,AB 的对称点和 △ABC 的垂心 H 同在一条(与西姆松线平行的)直线上. 称该直线为点 P 关于 △ABC 的 "镜像线".

在本题中,考虑 △ABC.

由垂径定理,知外心 O 为 △$M_1M_2M_3$ 的垂心. 由斯坦纳定理,知直线 l 对 M_1M_2, M_2M_3,M_3M_1 作反射线必与 △$M_1M_2M_3$ 的外接圆(即 △ABC 的九点圆)交于点 K_1.

同样地,考虑 △ABD,定义交点 K_2.

显然,点 K_1 和 K_2 的位置与点 P 无关.

令直线 l 关于 M_2M_3 的反射线为 EK_1,与 △$M_1M_2M_3$ 的外接圆交于点 E. 则
$$\angle K_1M_1B = \angle EK_1M_1 - \angle EFM_3 = \angle EM_2M_1 - \angle PFM_3$$
$$= (\angle EM_2M_3 + \angle M_3M_2M_1) - \angle PFM_3$$
$$= (\angle OCA + \angle CM_3M_2) - \angle PFM_3 = \angle COF.$$

于是,$\angle P_1M_1K_1 = \angle POC$.

因为 O 是 △$M_1M_2M_3$ 的垂心,所以,O 关于边 M_2M_3 的对称点即为高 M_1O 与外接圆的交点 E.

从而,E,O,M_1 三点共线.

又由 △ABC 的外接圆半径 OC 等于九点圆的直径,得
$$\frac{M_1K_1}{OC} = \sin\angle K_1EM_1 = \sin\angle EOF = \frac{P_1M_1}{PO}.$$

从而,△$POC \backsim$ △$P_1M_1K_1$.

类似地,△$POB \backsim$ △$P_3M_3K_1$,△$POA \backsim$ △$P_2M_2K_1$.

由 $\angle P_3K_1P_1 = \angle M_3K_1M_1 - (\angle P_3K_1M_3 + \angle P_1K_1M_1)$
$$= \angle CAB - (\angle PBO + \angle PCO) = (\angle OAC + \angle OBC) - (\angle PBO + \angle PCO)$$
$$= (\angle OCA + \angle OCB) - (\angle PBO + \angle PCO) = \angle PCP_3 + \angle PBP_1$$
$$= \angle PP_2P_3 + \angle PP_2P_1 = \angle P_3P_2P_1,$$

知点 K_1 在圆 Γ_1 上.

类似地,点 K_2 在圆 Γ_2 上.

记点 O_1,O_2 分别为圆 Γ_1,Γ_2 的圆心.

不妨设点 P 对 O_1,O_2 的对称点分别为 I_1,I_2. 则 I_1,I_2 分别为点 P 对 △ABC,△ABD 的等角共轭点.

故 $\angle AI_1B = 180° - (\angle I_1AB + \angle I_1BA) = 180° - (\angle PAC + \angle PBC)$
$$= 180° - (\angle APB - \angle ACB).$$

类似地,$\angle AI_1B = 180° - (\angle APB - \angle ACB)$.

从而,A,B,I_1,I_2 四点共圆.

又由 $\angle I_1BI_2 = \angle CBD$,则
$$\frac{O_1O_2}{CD} = \frac{I_1I_2}{2CD} = \frac{I_1I_2}{AB} \cdot \frac{AB}{2CD} = \frac{1}{2} \cdot \frac{\sin\angle I_1BI_2}{\sin\angle AI_1B} \cdot \frac{\sin\angle ACB}{\sin\angle CBD} = \frac{1}{2} \cdot \frac{\sin\angle ACB}{\sin\angle AI_1B}$$
$$= \frac{1}{2} \cdot \frac{\sin\angle ACB}{\sin\angle P_2P_1P_3} \cdot \frac{P_2P_3}{P_2P_3} = \frac{1}{2} \cdot \frac{2O_1P_1}{PC} = \frac{O_1P_1}{PC}.$$

类似地，$\dfrac{O_1 O_2}{CD} = \dfrac{O_2 P_2}{PD}$.

从而，$\triangle P_1 O_1 O_2 \backsim \triangle PCD$.

由于 $\triangle POC \backsim \triangle P_1 M_1 K_1$，$\triangle POD \backsim \triangle P_1 M_1 K_2$，从而，$\triangle PCD \backsim \triangle P_1 K_1 K_2$.

则 $\triangle P_1 K_1 K_2 \backsim \triangle P_1 O_1 O_2$. 于是，$\angle P_1 O_1 K_1 = \angle P_1 O_2 K_2 \triangleq 2\alpha$.

故 $\angle P_1 Q K_1 + \angle P_1 Q K_2 = \alpha + (180° - \alpha) = 180°$.

从而，K_1, K_2, Q 三点共线.

而点 K_1 和 K_2 与 P 的位置无关，只与直线 l 有关，因此，当点 P 在直线 l 上移动时，点 Q 的轨迹为直线 $K_1 K_2$.

> 已知 A 为 $\odot O$ 外的一个定点，BC 为 $\odot O$ 的动直径. 求 $\triangle ABC$ 垂心的轨迹.
>
> （2014，第 63 届保加利亚数学奥林匹克）

解　如图，设以 AO 为直径的圆为圆 Γ，AA_1，BB_1，CC_1 为 $\triangle ABC$ 的三条高线，H 为 $\triangle ABC$ 的垂心.

则点 A_1 在圆 Γ 上，且点 H 关于圆 Γ 的圆幂为 $HA \cdot HA_1$.

因为点 B_1 和 C_1 在 $\odot O$ 上，所以，点 H 关于 $\odot O$ 的圆幂为 $HB \cdot HB_1 = HC \cdot HC_1$.

又 A, B, A_1, B_1 四点共圆，故 $HA \cdot HA_1 = HB \cdot HB_1$.

于是，点 H 在 $\odot O$ 与圆 Γ 的根轴 l 上.

反之，对于直线 l 上任意一点，容易证明其为满足条件的某个三角形的垂心.

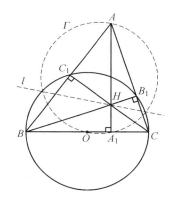

> 已知线段 AB 为给定线段，$\triangle XYZ$ 满足点 X 在边 AB 上运动，A, B, Y, Z 四点共圆，且 $\triangle XBY \backsim \triangle XZA$. 求 $\triangle XYZ$ 的边 YZ 的中点 M 的轨迹.
>
> （2014，第 63 届捷克和斯洛伐克数学奥林匹克）

解　设 $\triangle XYZ$ 满足题意. 则点 Y 和 Z 在直线 AB 的同侧.

设 Y' 为点 Y 关于直线 AB 的对称点. 则 $\triangle XBY' \cong \triangle XBY \backsim \triangle XZA$.

故 $\angle AXZ = \angle BXY = \angle BXY'$. 于是，$Z, X, Y'$ 三点共线.

又 $\angle XAZ = \angle XYB = \angle XY'B$，从而，$A, Y', B, Z$ 四点共圆，即 A, Y', B, Y, Z 五点共圆，设为圆 Γ.

由对称性，知 AB 为圆 Γ 的直径.

由于线段 AB 为给定线段，知圆 Γ 为定圆，设 O 为圆心，如图 1.

因为 M 是 YZ 的中点，所以，$OM \perp YZ$.

则 $\angle AMO < \angle ZMO = 90°$.

故点 M 在以 AO 为直径的圆 Γ_1 外.

类似地,点 M 在以 BO 为直径的圆 Γ_2 外.

从而,点 M 在以 AB 为直径的圆 Γ 内,在分别以 AO 和 BO 为直径的圆外.

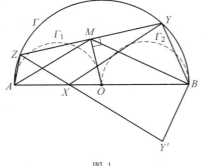

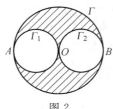

图 1   图 2

另一方面,如图 1,在圆 Γ 内,圆 Γ_1 和圆 Γ_2 外任取一点 M,连接 OM,过点 M 作 $YZ \perp OM$,与以 AB 为直径的圆交于点 Z 和 Y.则 $\triangle XBY \backsim \triangle XZA$,满足题意.

故点 M 的轨迹是以 AB 为直径的圆 Γ 内部与分别以 AO,BO 为直径的圆 Γ_1,Γ_2 外部所围成的区域,如图 2.

设平面上两个半径分别为 r_1,r_2 的 $\odot S_1,\odot S_2$,其中,$|S_1S_2| > r_1 + r_2$.点 X 不在直线 S_1S_2 上,且 XS_1 与 $\odot S_1$ 的交点 Y_1 到直线 S_1S_2 的距离等于 XS_2 与 $\odot S_2$ 的交点 Y_2 到直线 S_1S_2 的距离.求点 X 的轨迹.

(2014,第 63 届捷克和斯洛伐克数学奥林匹克)

解 如图 1,满足题意的点 X 在两个圆的外部.

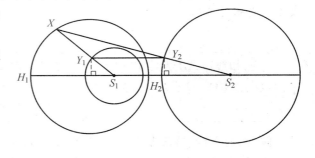

由于点 Y_1 和 Y_2 到直线 S_1S_2 的距离相等,则

$Y_1Y_2 /\!/ S_1S_2$

$\Rightarrow \triangle S_1S_2X \backsim \triangle Y_1Y_2X$

$\Rightarrow \dfrac{XY_1}{XS_1} = \dfrac{XY_2}{XS_2}$

$\Rightarrow \dfrac{XS_1}{XS_2} = \dfrac{r_1}{r_2}$.

当 $r_1 = r_2$ 时,$XS_1 = XS_2$,此时,点 X 的轨迹为线段 S_1S_2 的垂直平分线;

当 $r_1 \neq r_2$ 时,$\dfrac{XS_1}{XS_2} = \dfrac{r_1}{r_2} \neq 1$,此时,点 X 的轨迹为去掉点 H_1 和 H_2 的阿波罗尼斯圆,

其中,定比为 $\dfrac{r_1}{r_2}$,H_1 和 H_2 分别为定比 $\dfrac{r_1}{r_2}$ 分线段 S_1S_2 的外比分点和内比分点.

给定 $\triangle A_0A_1A_2$，正 $\triangle X_0X_1X_2$ 的边 $X_iX_{i+1}(i=0,1,2)$ 通过 A_{i+2}，其中，所有下标取模 3 的余数. 求 $\triangle X_0X_1X_2$ 的中心的轨迹.

（2014，第 65 届罗马尼亚国家队选拔考试）

解 如图，设圆 $\Gamma_i(i=0,1,2)$ 为 $\triangle X_iA_{i+1}A_{i+2}$ 的外接圆，M_i 为圆 Γ_i 中劣弧 $\overset{\frown}{A_{i+1}A_{i+2}}$ 的中点. 所求的轨迹为 $\triangle M_0M_1M_2$ 的外接圆.

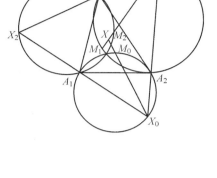

首先证明：$\triangle M_0M_1M_2$ 为正三角形.

设 $A_iA_{i+1}=a_{i+2}(i=0,1,2)$.

由于 $\angle A_0M_1A_2=120°$，$\angle M_1A_2A_0=30°$，$\angle A_1M_0A_2=120°$，$\angle M_0A_2A_1=30°$，

故 $M_1A_2=\dfrac{a_1}{\sqrt{3}}$，$M_0A_2=\dfrac{a_0}{\sqrt{3}}$，

$\angle M_0A_2M_1=|\angle A_0A_2A_1-60°|$.

由余弦定理知

$M_1M_0^2=M_0A_2^2+M_1A_2^2-2M_0A_2 \cdot M_1A_2\cos|\angle A_0A_2A_1-60°|$

$=\dfrac{a_1^2}{3}+\dfrac{a_0^2}{3}-2\times\dfrac{a_1}{\sqrt{3}}\times\dfrac{a_0}{\sqrt{3}}\left(\dfrac{a_0^2+a_1^2-a_2^2}{2a_0a_1}\times\dfrac{1}{2}+\dfrac{a_2}{2R}\times\dfrac{\sqrt{3}}{2}\right)$

$=\dfrac{a_0^2+a_1^2+a_2^2}{6}-\dfrac{a_0a_1a_2}{2\sqrt{3}R}$（$R$ 为 $\triangle A_0A_1A_2$ 的外接圆半径）.

由于上式关于 a_0,a_1,a_2 对称，故 $M_0M_1=M_1M_2=M_2M_0$.

从而，$\triangle M_0M_1M_2$ 为正三角形.

设 X_0M_0 与 X_1M_1 交于点 X. 则 X 为正 $\triangle X_0X_1X_2$ 的两条角平分线的交点. 故 X 为 $\triangle X_0X_1X_2$ 的中心，且 $\angle M_0XM_1=30°+30°=60°$.

于是，$\angle M_0M_2M_1=\angle M_0XM_1$，即点 X 在正 $\triangle M_0M_1M_2$ 的外接圆上.

反过来，在 $\triangle M_0M_1M_2$ 的外接圆上任取一点 X，连接 XM_0,X_0A_1,X_2A_0，分别与圆 $\Gamma_0,\Gamma_2,\Gamma_1$ 交于点 X_0,X_2,X_1. 易得 X_1,A_2,X_0 三点共线，且 $\triangle X_0X_1X_2$ 为正三角形，点 X 为其中心.

综上，所求的轨迹为正 $\triangle M_0M_1M_2$ 的外接圆.

在一个平面内有一条直线 l 和一个点 A（点 A 不在直线 l 上）. 对于直线 l 上的每一个点 M，点 N 使得 $\triangle AMN$ 为等边三角形（$\triangle AMN$ 的顶点按顺时针方向排列）. 求当点 M 在直线 l 上运动时，点 N 的轨迹.

（2014，第 65 届白俄罗斯数学奥林匹克）

解 不妨设点 A 位于直线 l 的下方.

下面证明：所求点 N 的轨迹为直线 BC，其中，点 B 在直线 l 上，点 C 在直线 m 上，

$m \parallel l$,点 A 在直线 m 上,且 $\triangle ABC$ 为正三角形.

首先证明:所有的点 N 在直线 BC 上.

若点 M 与 B 重合,则显然点 N 与 C 重合.

设 M 为直线 l 上异于点 B 的点,在直线 AM 分出的右侧半平面内,构造一条以 A 为顶点的射线,使这条射线与直线 AM 成 $60°$ 角.

设 K 为这条射线与直线 BC 的交点,如图.点 D 在直线 l 上(在点 B 的左侧),使得 $\triangle ABD$ 为正三角形.

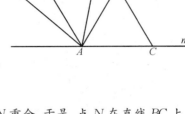

注意到,

$\angle MAD = \angle MAK - \angle DAK = 60° - \angle DAK = \angle DAB - \angle DAK = \angle KAB$,

$\angle MDA = 180° - \angle BDA = 180° - \angle ABC = \angle KBA$.

又 $AD = AB$,则 $\triangle MAD \cong \triangle KAB \Rightarrow AM = AK$.

又 $\angle MAK = 60°$,故 $\triangle MAK$ 为正三角形,即点 K 与 N 重合,于是,点 N 在直线 BC 上.

其次证明:对于直线 BC 上的任意点 N,均存在直线 l 上的点 M,使得 $\triangle NAM$ 为正三角形.

事实上,设点 N 在直线 BC 上,在直线 AN 分出的左半平面内,过点 A 作射线,使得该射线与直线 AN 成 $60°$ 角. 记 M 为该射线与直线 l 的交点.设 D 为直线 l 上一点(在点 B 的左侧)使得 $\triangle ABD$ 为正三角形.

注意到,

$\angle MAD = \angle MAN - \angle DAN = \angle DAB - \angle DAN = \angle NAB$,

$\angle MDA = 180° - \angle BDA = 180° - \angle ABC = \angle NBA$.

又 $AD = AB$,则 $\triangle MAD \cong \triangle NAB \Rightarrow AM = AN$.

又 $\angle MAN = 60°$,故 $\triangle MAN$ 为正三角形.

十一 三角形的五心

　　设 B,D 分别为线段 AE,AF 上的点,且 $\triangle ABF$ 和 $\triangle ADE$ 中 $\angle A$ 内的旁切圆是同一个圆,其圆心为 I,记 BF 与 DE 交于点 C,$\triangle IAB,\triangle IBC,\triangle ICD,\triangle IDA$,
$\triangle IAE,\triangle IEC,\triangle ICF,\triangle IFA$ 的外心分别为 $P_1,P_2,P_3,P_4,Q_1,Q_2,Q_3,Q_4$.证明:

　　(1) P_1,P_2,P_3,P_4 四点共圆,Q_1,Q_2,Q_3,Q_4 四点共圆;

　　(2) 若(1)中的两个圆的圆心分别为 O_1,O_2,则 O_1,O_2,I 三点共线.

(2012,第 20 届土耳其数学奥林匹克)

　　证明 (1)先证点 P_1 和 P_3 在直线 IF 上,点 P_2 和 P_4 在直线 IE 上.如图.

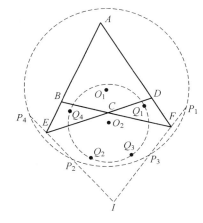

由 $\angle AP_1B = 2\angle BIA = 2(\angle EBI - \angle BAI)$

$= \angle EBF - \angle BAF = \angle AFB$,

知 A,P_1,F,B 四点共圆.

由 $\angle BP_1F = \angle BAF = 2\angle BAI = \angle BP_1I$,

知 P_1,F,I 三点共线.

类似地,点 P_3 在直线 IF 上,点 P_2 和 P_4 在直线 IE 上.

设 $\odot P_i(i=1,2,3,4)$ 的半径为 R_i.则

$2R_1\sin\angle ABI = AI = 2R_4\sin\angle ADI$,

$2R_2\sin\angle CBI = CI = 2R_3\sin\angle CDI$.

由 $\angle ABI + \angle CBI = \angle ABI + \angle EBI = 180°$,

$\angle ADI + \angle CDI = \angle ADI + \angle FDI = 180°$,

知 $\dfrac{R_1}{R_4} = \dfrac{\sin\angle ADI}{\sin\angle ABI} = \dfrac{\sin\angle CDI}{\sin\angle CBI} = \dfrac{R_2}{R_3} \Rightarrow IP_1 \cdot IP_3 = IP_2 \cdot IP_4$.

从而,P_1,P_3,P_2,P_4 四点共圆.

类似地,由点 Q_2 和 Q_4 在 BI 上,点 Q_1 和 Q_3 在 DI 上,得 Q_1,Q_3,Q_2,Q_4 四点共圆.

(2)因为 $\angle AQ_4F = 2\angle AIF = \angle ABF$,所以,$A,B,Q_4,F$ 四点共圆.

从而,A,B,Q_4,F,P_1 五点共圆.

由 $\angle AP_1Q_4 = \angle EBQ_4 = \angle EBI = \dfrac{\angle AP_1I}{2} = \angle AP_1P_4$,知点 Q_4 在直线 P_1P_4 上.

用类似方法得 P_1,Q_1,Q_4,P_4 及 P_2,Q_2,Q_3,P_3 分别四点共线.

设这两条直线交于点 G,P_1P_2 与 P_3P_4 交于点 S,Q_1Q_2 与 Q_3Q_4 分别交于点 R.

则 I 关于 $\odot O_1$ 的极线为 GS,I 关于 $\odot O_2$ 的极线为 GR.

平面几何部分

因为 GP_1, GS, GP_3, GI 为调和线束，GQ_1, GR, GQ_3, GI 也为调和线束，所以，G, S, R 三点共线.

由 $IO_1 \perp GS, IO_2 \perp GR$，知 O_1, O_2, I 三点共线.

已知 A_1, B_1, C_1 分别为 $\triangle ABC$ 边 BC, CA, AB 上的点，满足 $AB_1 - AC_1 = CA_1 - CB_1 = BC_1 - BA_1, I_A, I_B, I_C$ 分别为 $\triangle AB_1C_1, \triangle A_1BC_1, \triangle A_1B_1C$ 的内心. 证明：$\triangle I_A I_B I_C$ 的外心与 $\triangle ABC$ 的内心重合.

(第 38 届俄罗斯数学奥林匹克)

证明 设 I 为 $\triangle ABC$ 的内心，A_0, B_0, C_0 分别为内切圆与边 BC, CA, AB 的切点. 不妨设 A_1 位于线段 A_0B 上(其他情况类似讨论).

注意到，$CA_0 + AC_0 = CB_0 + AB_0 = CA, CA_1 + AC_1 = CB_1 + AB_1 = CA$.

故 $CA_0 - CA_1 = AC_1 - AC_0$，即 $A_1A_0 = C_1C_0$，点 C_1 位于线段 C_0A 上.

于是，$\mathrm{Rt}\triangle IA_0A_1 \cong \mathrm{Rt}\triangle IC_0C_1$，$\angle IA_1C = \angle IC_1B, B, C_1, I, A_1$ 四点共圆.

类似地，$A, B_1, I, C_1; C, A_1, I, B_1$ 分别四点共圆.

又点 B, I_B, I 位于 $\angle B$ 的平分线上，则

$\angle A_1 I_B I = \angle BA_1 I_B + \angle A_1 BI_B = \angle I_B A_1 C_1 + \angle C_1 BI$

$= \angle I_B A_1 C_1 + \angle C_1 A_1 I = \angle I_B A_1 I$.

从而，$II_B = IA_1$.

类似地，$II_B = IC_1 = II_A = IB_1 = II_c = IA_1$.

因此，I 为 $\triangle I_A I_B I_C$ 的外心.

已知 A_1, B_1, C_1 分别为 $\triangle ABC$ 边 BC, CA, AB 上的点，满足 $AB_1 - AC_1 = CA_1 - CB_1 = BC_1 - BA_1, O_A, O_B, O_C$ 分别为 $\triangle AB_1C_1, \triangle A_1BC_1, \triangle A_1B_1C$ 的外心. 证明：$\triangle O_A O_B O_C$ 的内心与 $\triangle ABC$ 的内心重合.

(第 38 届俄罗斯数学奥林匹克)

证明 令 I 表示 $\triangle ABC$ 的内心，A_0, B_0, C_0 分别为内切圆与边 BC, CA, AB 的切点. 设点 A_1 位于线段 A_0B 上(其他情况类似讨论).

注意到，$CA_0 + AC_0 = CB_0 + AB_0 = CA, CA_1 + AC_1 = CB_1 + AB_1 = CA$.

故 $CA_0 - CA_1 = AC_1 - AC_0$，即 $A_1A_0 = C_1C_0$，点 C_1 位于线段 C_0A 上.

则 $\mathrm{Rt}\triangle IA_0A_1 \cong \mathrm{Rt}\triangle IC_0C_1 \Rightarrow \angle IA_1C = \angle IC_1B, IA_1 = IC \Rightarrow B, C_1, I, A_1$ 四点共圆.

类似地，A, B_1, I, C_1 四点共圆，C, A_1, I, B_1 四点共圆，$IC_1 = IB_1 = IA_1$.

由直线 O_BO_C, O_CO_A, O_AO_B 分别为 IA_1, IB_1, IC_1 的垂直平分线，

知 I 到 $\triangle O_A O_B O_C$ 各边的距离相等，即 $\dfrac{IA_1}{2} = \dfrac{IC_1}{2} = \dfrac{IC_1}{2}$.

因此，I 为 $\triangle O_A O_B O_C$ 的内心.

在 $\triangle ABC$ 中，P,Q,R 依次为边 AB,BC,CA 上的点，记 $\triangle APR,\triangle BPQ,\triangle CQR$ 的外心分别为 O_1,O_2,O_3. 证明：$\triangle O_1O_2O_3 \backsim \triangle ABC$.

（2012—2013，匈牙利数学奥林匹克）

证明　如图，过点 O_1 和 O_2 分别作 AB 的垂线，垂足分别为 M_1 和 M_2.

则 M_1,M_2 分别为 AP,PB 的中点，即 $\dfrac{M_1M_2}{AB}=\dfrac{1}{2}$.

而 $O_1M_1=r_1\cos\angle ARP=\dfrac{PR}{2\sin A}\cos\angle ARP$，

$O_2M_2=r_2\cos\angle PQB=\dfrac{PQ}{2\sin B}\cos\angle PQB$，

其中，r_1 和 r_2 分别为 $\triangle APR$ 和 $\triangle BPQ$ 的外接圆半径.

则 $\dfrac{O_1M_1-O_2M_2}{\sin C}$

$=\dfrac{PR\cos\angle ARP\cdot\sin B-PQ\cos\angle PQB\cdot\sin A}{2\sin A\cdot\sin B\cdot\sin C}$.

又 $PR\cos\angle ARP\cdot\sin B=PR\cdot\dfrac{AR^2+PR^2-AP^2}{2PR\cdot AR}\sin B$

$=\dfrac{AR^2+PR^2-AP^2}{2AR}\sin B=\dfrac{AR^2+AP^2+AR^2-2AP\cdot AR\cos A-AP^2}{2AR}\sin B$

$=(AR-AP\cos A)\sin B$，

类似地，$PQ\cos\angle PQB\cdot\sin A=(BQ-BP\cos B)\sin A$.

而 $(AR-AP\cos A)\sin B-(BQ-BP\cos B)\sin A$

$=AR\sin B-BQ\sin A+(AB-AP)\cos B\cdot\sin A-AP\cos A\cdot\sin B$

$=AR\sin B-BQ\sin A+AB\cos B\cdot\sin A-AP\sin C$

$=(AC\sin B+AB\cos B\cdot\sin A)-CR\sin B-BQ\sin A-AP\sin C$

$=2r(\sin^2 B+\sin C\cdot\cos B\cdot\sin A)-CR\sin B-BQ\sin A-AP\sin C$

$=2r(\sin A\cdot\sin B\cdot\cos C+\sin A\cdot\cos B\cdot\sin C+\cos A\cdot\sin B\cdot\sin C)$

$\quad-(CR\sin B-BQ\sin A-AP\sin C)$，

其中，r 为 $\triangle ABC$ 外接圆半径.

注意到，上式轮换对称，则 $\dfrac{O_1M_1-O_2M_2}{2r\sin C}=\lambda$，$\dfrac{O_1O_2}{AB}=\sqrt{\left(\dfrac{1}{2}\right)^2+\lambda^2}$.

类似地，$\dfrac{O_2O_3}{BC}=\dfrac{O_3O_1}{CA}=\sqrt{\left(\dfrac{1}{2}\right)^2+\lambda^2}$.

故 $\triangle O_1O_2O_3 \backsim \triangle ABC$.

平面几何部分

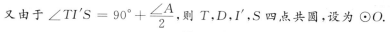

已知 $\triangle ABC$ 的内切圆与 BC,CA,AB 分别切于点 D,E,F,点 F 关于点 B 的对称点为 T,点 E 关于点 C 的对称点为 S.证明:$\triangle AST$ 的内心在 $\triangle ABC$ 的内切圆的内部或在 $\triangle ABC$ 的内切圆上.

(2012—2013,第 30 届伊朗数学奥林匹克)

证明 如图.

设 $\triangle ABC$ 的内心为 I,$\triangle AST$ 的内心为 I'.

由于 $BF = BD = BT$,则 $\angle TDF = 90°$.

类似地,$\angle SDE = 90°$.

由 $\angle EDF = \dfrac{1}{2}\angle EIF = 90° - \dfrac{\angle A}{2}$,知

$$\angle TDS = 360° - 90° - 90° - \left(90° - \dfrac{\angle A}{2}\right)$$
$$= 90° + \dfrac{\angle A}{2}.$$

又由于 $\angle TI'S = 90° + \dfrac{\angle A}{2}$,则 T,D,I',S 四点共圆,设为 $\odot O$.

因为 O 为 $\triangle AST$ 的外接圆弧 $\overset{\frown}{ST}$ 的中点,所以,A,I,I',O 四点共线,D 为 $\odot I$ 与 $\odot O$ 的交点,I' 为 $\odot I$ 与 $\odot O$ 的圆心的连线段 OI 与 $\odot O$ 的交点.

因此,点 I' 在 $\odot I$ 的内部或 $\odot I$ 上.

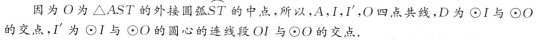

已知 J 为 $\triangle ABC$ 顶点 A 所对旁切圆的圆心.该旁切圆与边 BC 切于点 M,与直线 AB,AC 分别切于点 K,L,直线 LM 与 BJ 交于点 F,直线 KM 与 CJ 交于点 G.设 S 为直线 AF 与 BC 的交点,T 为直线 AG 与 BC 的交点.证明:M 为线段 ST 的中点.

(第 53 届 IMO)

证明 如图,设 $\angle CAB = \alpha,\angle ABC = \beta,\angle BCA = \gamma$.

由 AJ 为 $\angle CAB$ 的平分线,知

$$\angle JAK = \angle JAL = \dfrac{\alpha}{2}.$$

因为 $\angle AKJ = \angle ALJ = 90°$,所以,点 K 和 L 在以 AJ 为直径的圆 Γ 上.

又 BJ 为 $\angle KBM$ 的平分线,于是,

$$\angle MBJ = 90° - \dfrac{\beta}{2}.$$

而 $\triangle KBM$ 为等腰三角形,从而,

$$\angle BMK = \dfrac{\beta}{2}.$$

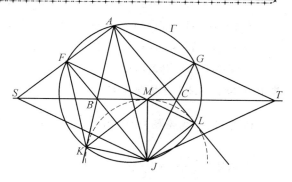

类似地, $\angle MCJ = 90° - \dfrac{\gamma}{2}$, $\angle CML = \dfrac{\gamma}{2}$.

故 $\angle LFJ = \angle MBJ - \angle BMF = \angle MBJ - \angle CML$

$= \left(90° - \dfrac{\beta}{2}\right) - \dfrac{\gamma}{2} = \dfrac{\alpha}{2} = \angle LAJ$.

从而, 点 F 在圆 Γ 上.

类似地, 点 G 也在圆 Γ 上.

由 AJ 为圆 Γ 的直径, 知 $\angle AFJ = \angle AGJ = 90°$.

因为直线 AB 与 BC 关于 $\angle ABC$ 的外角平分线 BF 对称, 又 $AF \perp BF$, $KM \perp BF$, 所以, 线段 SM 与 AK 关于 BF 对称. 故 $SM = AK$.

类似地, $TM = AL$.

因为 $AK = AL$, 所以, $SM = TM$.

在锐角 $\triangle ABC$ 中, 点 D, E, F 分别为点 A, B, C 在边 BC, CA, AB 上的投影, $\triangle AEF$, $\triangle BDF$ 的内心分别为 I_1, I_2, $\triangle ACI_1$, $\triangle BCI_2$ 的外心分别为 O_1, O_2. 证明: $I_1 I_2 \parallel O_1 O_2$.

（第 53 届 IMO 预选题）

证明　如图.

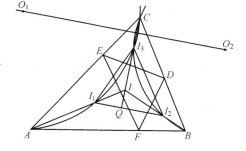

设 $\angle CAB = \alpha$, $\angle ABC = \beta$, $\angle BCA = \gamma$, AI_1 的延长线与 BI_2 的延长线交于点 I.

由 AI_1, BI_2 分别为 $\angle CAB$, $\angle ABC$ 的平分线, 知 I 为 $\triangle ABC$ 的内心.

因为点 E, F 均在以 BC 为直径的圆上, 所以, $\angle AEF = \angle ABC$, $\angle AFE = \angle ACB$.

故 $\triangle AEF \backsim \triangle ABC$, 相似比 $\dfrac{AE}{AB} = \cos\alpha$.

又因为 I_1 为 $\triangle AEF$ 的内心, I 为 $\triangle ABC$ 的内心, 所以, $I_1 A = IA \cos\alpha$.

故 $II_1 = IA - I_1 A = IA(1 - \cos\alpha) = 2IA \sin^2 \dfrac{\alpha}{2}$.

类似地, $II_2 = 2IB \sin^2 \dfrac{\beta}{2}$.

在 $\triangle ABI$ 中, 由正弦定理知 $IA \sin\dfrac{\alpha}{2} = IB \sin\dfrac{\beta}{2}$.

则 $II_1 \cdot IA = 2\left(IA \sin\dfrac{\alpha}{2}\right)^2 = 2\left(IB \sin\dfrac{\beta}{2}\right)^2 = II_2 \cdot IB$.

于是, A, B, I_2, I_1 四点共圆, 且 I 关于 $\odot O_1$, $\odot O_2$ 等幂.

从而, CI 为 $\odot O_1$ 与 $\odot O_2$ 的根轴. 故 $CI \perp O_1 O_2$.

设 CI 与 $I_1 I_2$ 交于点 Q. 则

$$\angle II_1Q + \angle I_1IQ = \angle II_1I_2 + \angle ACI + \angle CAI = \angle ABI_2 + \angle ACI + \angle CAI$$

$$= \frac{\beta}{2} + \frac{\gamma}{2} + \frac{\alpha}{2} = 90°.$$

因此,$CI \perp I_1I_2$,即 $I_1I_2 \parallel O_1O_2$.

设 P 为锐角 $\triangle ABC$ 内任意一点,P 关于边 BC,CA,AB 的对称点分别为 A_1,B_1,C_1. 证明:$\triangle A_1B_1C_1$ 的重心在 $\triangle ABC$ 的内部.

(2013,第 30 届伊朗国家队选拔考试)

证明 如图,设 B_1C_1,PA_1 的中点分别为 A_2,A'. 类似定义 B_2 和 B',C_2 和 C'.

则 $A_2C' \parallel PB_1$,$A_2B' \parallel PC_1$.

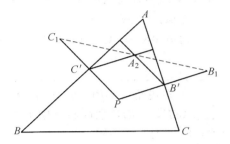

因为 $PB' \perp AC$,所以,$A_2C' \perp AC$.

类似地,$A_2B' \perp AB$.

于是,$\triangle AB'C'$ 的垂心为 A_2,且

$\angle AB'C' < \angle AB'P = 90°$.

类似地,$\angle AC'B' < 90°$.

因为 $\triangle ABC$ 为锐角三角形,所以,

$\angle B'AC' = \angle BAC < 90°$.

于是,$\triangle AB'C'$ 为锐角三角形.

从而,点 A_2 在 $\triangle AB'C'$ 的内部,也在 $\triangle ABC$ 的内部.

类似地,点 B_2 和 C_2 也在 $\triangle ABC$ 的内部.

由于 $\triangle A_2B_2C_2$ 在 $\triangle ABC$ 的内部,且 $\triangle A_2B_2C_2$ 与 $\triangle A_1B_1C_1$ 的重心重合,则 $\triangle A_1B_1C_1$ 的重心在 $\triangle ABC$ 的内部.

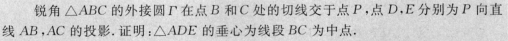

锐角 $\triangle ABC$ 的外接圆 Γ 在点 B 和 C 处的切线交于点 P,点 D,E 分别为 P 向直线 AB,AC 的投影. 证明:$\triangle ADE$ 的垂心为线段 BC 为中点.

(第 39 届俄罗斯数学奥林匹克)

证明 令 M 为 BC 的中点.

由 $\triangle BPC$ 为等腰三角形,知 $PM \perp BC$.

因为 $\angle PMC = \angle PEC = 90°$,四边形 $MCEP$ 有外接圆,所以,$\angle MEP = \angle MCP$.

由 CP 为圆 Γ 的切线知

$\angle MCP = \angle BAC$,$\angle MEP = \angle BAC$

$\Rightarrow \angle MEA + \angle BAC = (90° - \angle MEP) + \angle BAC = 90° \Rightarrow ME \perp AB$.

类似地,$MD \perp AC$.

从而,M 为 $\triangle ADE$ 的垂心.

已知 $\triangle ABC$ 的内切圆 $\odot I$ 分别与边 BC,CA,AB 切于点 A_1,B_1,C_1. 记 I_a,I_b,I_c 分别是与边 BC,CA,AB 相切的旁切圆圆心，线段 I_aB_1 与 I_bA_1 交于点 C_2，线段 I_bC_1 与 I_cB_1 交于点 A_2，线段 I_cA_1 与 I_aC_1 交于点 B_2. 证明：I 为 $\triangle A_2B_2C_2$ 的外心.

（第 39 届俄罗斯数学奥林匹克）

证明　由于 B_1C_1 和 I_bI_c 均与直线 AI 垂直，故 $B_1C_1 \parallel I_bI_c$.

类似地，$C_1A_1 \parallel I_cI_a$，$A_1B_1 \parallel I_aI_b$.

故 $\triangle A_1B_1C_1$ 与 $\triangle I_aI_bI_c$ 位似.

类似地，$\triangle A_1C_1B_2 \backsim \triangle I_cI_aB_2$，$\triangle A_1B_1C_2 \backsim \triangle I_bI_aC_2$.

于是，$\dfrac{I_aB_2}{C_1B_2} = \dfrac{I_aI_c}{A_1C_1} = \dfrac{I_aI_b}{A_1B_1} = \dfrac{I_aC_2}{B_1C_2}$.

又点 B_1 和 C_1 关于直线 AI_a 对称，则点 B_2 和 C_2 也关于该直线对称. 于是，$IB_2 = IC_2$.

类似地，$IA_2 = IB_2 = IC_2$.

从而，I 为 $\triangle A_2B_2C_2$ 的外心.

如图 1，在锐角 $\triangle ABC$ 中，$AB > AC$，$\angle BAC$ 的平分线与边 BC 交于点 D，点 E 在边 AB 上，点 F 在边 AC 上，使得 B,C,F,E 四点共圆. 证明：$\triangle DEF$ 的外心与 $\triangle ABC$ 的内心重合的充分必要条件为 $BE + CF = BC$.

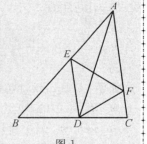

图 1

（2013，第 29 届中国数学奥林匹克）

证明　如图 2，在 $\angle BAC$ 的平分线 AD 上取 $\triangle ABC$ 的内心 I，连接 BI,CI,EI,FI.

充分性.

若 $BC = BE + CF$，则可在边 BC 内取一点 K，使得 $BK = BE$.

从而，$CK = CF$.

连接 KI.

因为 BI 平分 $\angle ABC$，CI 平分 $\angle ACB$，所以，$\triangle BIK$ 与 $\triangle BIE$，$\triangle CIK$ 与 $\triangle CIF$ 分别关于 BI,CI 对称.

故 $\angle BEI = \angle BKI = \pi - \angle CKI = \pi - \angle CFI = \angle AFI$.

从而，A,E,I,F 四点共圆.

结合 B,E,F,C 四点共圆，知 $\angle AIE = \angle AFE = \angle ABC$.

从而，B,E,I,D 四点共圆.

又 I 为 $\angle EAF$ 的平分线与 $\triangle AEF$ 外接圆的交点，故 $IE = IF$.

类似地，$IE = ID$.

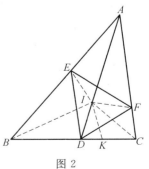

图 2

于是,$ID = IE = IF$,即 $\triangle ABC$ 的内心 I 也为 $\triangle DEF$ 的外心.

必要性.

若 $\triangle ABC$ 的内心 I 为 $\triangle DEF$ 的外心,由于 $AE \neq AF$(事实上,由 B,E,F,C 四点共圆,知 $AE \cdot AB = AF \cdot AC$.而 $AB > AC$,故 $AE < AF$),则 I 为 $\angle EAF$ 的平分线与 EF 中垂线的交点,即点 I 在 $\triangle AEF$ 的外接圆上.

因为 BI 平分 $\angle ABC$,可在射线 BC 上取点 E 关于 BI 的对称点 K,所以,
$$\angle BKI = \angle BEI = \angle AFI > \angle ACI = \angle BCI.$$

故点 K 在边 BC 上.进而,$\angle IKC = \angle IFC$.

又 $\angle ICK = \angle ICF$,则 $\triangle IKC \cong \triangle IFC$.

因此,$BC = BK + CK = BE + CF$.

如图 1,$\odot O_1$ 与 $\odot O_2$ 外切于点 T,四边形 $ABCD$ 内接于 $\odot O_1$,直线 DA,CB 分别与 $\odot O_2$ 切于点 E,F,直线 BN 平分 $\angle ABF$,且与线段 EF 交于点 N,直线 FT 与 $\overset{\frown}{AT}$(不包含点 B 的弧)交于点 M.证明:点 M 为 $\triangle BCN$ 的外心.

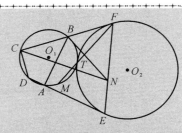

图 1

(2013,中国女子数学奥林匹克)

证明 如图 2,设 AM 的延长线与 EF 交于点 P.连接 AT,BM,BP,BT,CM,CT,ET,TP.

由 BF 与 $\odot O_2$ 切于点 F,得 $\angle BFT = \angle FET$.

由 $\odot O_1$ 与 $\odot O_2$ 外切于点 T,知 $\angle MBT = \angle FET$.

因此,$\angle MBT = \angle BFM$.

故 $\triangle MBT \backsim \triangle MFB \Rightarrow MB^2 = MT \cdot MF$.

类似地,$MC^2 = MT \cdot MF$.

又由 $\odot O_1$ 与 $\odot O_2$ 外切于点 T,得 $\angle MAT = \angle FET$.

于是,A,E,P,T 四点共圆.从而,$\angle APT = \angle AET$.

由 AE 与 $\odot O_2$ 切于点 E,得 $\angle AET = \angle EFT$.

则 $\angle MPT = \angle PFM$.

故 $\triangle MPT \backsim \triangle MFP \Rightarrow MP^2 = MT \cdot MF$.

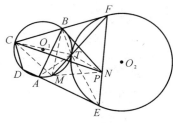

图 2

又 $MC = MB = MP$,则 M 为 $\triangle BCP$ 的外心.于是,$\angle FBP = \frac{1}{2}\angle CMP$.

而 $\angle CMP = \angle CDA = \angle ABF$,由题意得 $\angle FBN = \frac{1}{2}\angle ABF$.

从而,$\angle FBN = \angle FBP$,即点 P 与 N 重合.

已知 $\triangle ABC$ 的内切圆 $\odot I$ 与边 BC,CA,AB 分别切于点 D,E,F,直线 EF 与 $\triangle ABC$ 的外接圆交于点 P 和 Q. 若 $\triangle IAB$ 的外心为 O_1, $\triangle IAC$ 的外心为 O_2,证明: $\triangle DPQ$ 的外心在直线 O_1O_2 上.

(2015,第 28 届韩国数学奥林匹克)

证明 如图,设 BC 的中点为 M.

先证明:点 M 在 $\triangle DPQ$ 的外接圆上.

若 $AB = AC$,则点 M 与 D 重合.

若 $AB \neq AC$,不妨设 $AB > AC$,直线 PQ 与 BC 交于点 X.

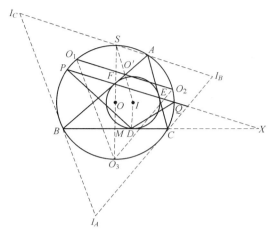

由梅涅劳斯定理得

$$\frac{BX}{XC} \cdot \frac{CE}{EA} \cdot \frac{AF}{FB} = 1.$$

因为 $AE = AF,BD = BF,CD = CE$,

所以,$BX \cdot CD = XC \cdot BD$.

故 $2XB \cdot XC = (XB + XC)XD$

$= 2XM \cdot XD$.

从而,$XP \cdot XQ = XB \cdot XC = XM \cdot XD$. 这表明,点 M 在 $\triangle DPQ$ 的外接圆上.

设线段 O_1O_2 的中点为 O'.

再证明:O' 为 $\triangle DPQ$ 的外心.

若 $AB \neq AC$,只需证点 O' 在线段 PQ 和 DM 的中垂线上.

因为 O_1,O_2 分别为 $\triangle ABC$ 的外接圆 $\odot O$ 的 $\overset{\frown}{AB},\overset{\frown}{AC}$ 的中点,所以,$AI \perp O_1O_2$.

又 $AI \perp PQ$,则 $O_1O_2 \parallel PQ$.

从而,点 O' 在 PQ 的中垂线上.

设 I_A,I_B,I_C 分别为 $\triangle ABC$ 中 $\angle A,\angle B,\angle C$ 所对的旁切圆的圆心.

则 $\odot O$ 为 $\triangle I_AI_BI_C$ 的九点圆;设 $\triangle IBC$ 的外心为 O_3. 则 O_3 为 $\odot O$ 的 $\overset{\frown}{BC}$ 的中点;设直线 OO_3 与 I_BI_C 交于点 S.则 S 为线段 I_BI_C 的中点.

因为以 I 为位似中心、2 为位似比的位似变换将 $\triangle O_1O_2O_3$ 变为 $\triangle I_CI_BI_A$,所以,O' 为线段 IS 的中点.

由于 ID 和 SM 均垂直于 BC,则 $ID \parallel SM$.

于是,点 O' 在线段 DM 的中垂线上.

若 $AB = AC$,由 $\angle AEI = \angle AFI = 90°$,知 A,F,I,E 四点共圆,且 AI 为直径.

因为 O' 为 AI 的中点,所以,O' 为其圆心.设其半径为 R.

故 $O'D^2 - R^2 = DI \cdot DA = DA^2 - AI \cdot DA$.

类似地,B,D,I,F 四点共圆.

由割线定理,得 $AI \cdot AD = AF \cdot AB$.

由于 $DA^2 = AB^2 - BD^2$,则

$O'D^2 - R^2 = AB^2 - BD^2 - AF \cdot AB = AB^2 - BF^2 - AF \cdot AB = BF \cdot AF.$

对于 $\odot O'$,由割线定理得 $O'P^2 - R^2 = PE \cdot PF$.

因为 $BF \cdot AF = QF \cdot PF = PE \cdot PF$,所以,$O'D^2 - R^2 = O'P^2 - R^2$.

于是,$O'D = O'P$.

类似地,$O'D = O'Q$.

从而,$O'P = O'D = O'Q$. 因此,O' 为 $\triangle DPQ$ 的外心.

已知 H 为锐角 $\triangle ABC$ 的垂心,过点 H,A,B 的圆 Γ 与边 BC 交于点 D(点 D 与 B 不重合),直线 DH 与边 AC 交于点 P,Q 为 $\triangle ADP$ 的外心. 证明:圆 Γ 的圆心在 $\triangle BDQ$ 的外接圆上.

(2015,第 28 届韩国数学奥林匹克)

证明 如图,设圆 Γ 的圆心为 O,BH 与 AC 交于点 E.

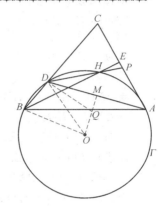

则 $\angle OBD = 90° - \dfrac{1}{2}\angle DOB = 90° - \angle DHB$

$= 90° - \angle PHE = \angle EPH = 180° - \angle APH$.

设 M 为 AD 的中点. 则 M,Q,O 三点共线.

故 $\angle MQD = \dfrac{1}{2}\angle AQD = \dfrac{1}{2}(360° - 2\angle APD)$

$= 180° - \angle APD = \angle OBD$.

因此,B,D,Q,O 四点共圆.

在半径为 r 的圆周上,依次有 A,B,C,D,E 五个点,且 $AB = CD = DE > r$. 证明:$\triangle ABD,\triangle BCD,\triangle ADE$ 的重心构成的三角形为钝角三角形.

(2015,第 15 届捷克—波兰—斯洛伐克数学竞赛)

证明 如图,设 P,Q,R 分别为 $\triangle ABD,\triangle BCD,\triangle ADE$ 的重心,记线段 BD,AD 的中点分别为 K,L,AC 与 BE 交于点 X.

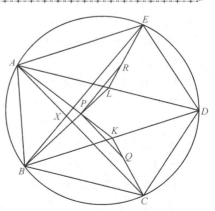

由 P 和 Q 为重心 $\Rightarrow \dfrac{AP}{PK} = \dfrac{CQ}{QK} = 2 \Rightarrow PQ \parallel AC$.

类似地,$PR \parallel BE$.

从而,$\angle QPR = \angle CXE$.

记 φ 为劣弧 $\overset{\frown}{AB}$ 所对的圆周角.

因为 $CD = DE = AB$,所以,$\angle CAE = 2\varphi$.

故 $\angle CXE = 180° - \angle AXE = \varphi + 2\varphi = 3\varphi$.

又 $AB > r$,则 $\varphi > 30°$. 于是,$\angle QPR = 3\varphi > 90°$.

在 $\triangle ABC$ 中，$\angle C$ 为钝角，AC 的中垂线 l_1 与 AB 交于点 K，BC 的中垂线 l_2 与 AB 交于点 L，l_1 与 l_2 交于点 O. 证明：$\triangle KLC$ 的内心在 $\triangle OKL$ 的外接圆上.

（2015，第 64 届捷克和斯洛伐克数学奥林匹克）

证明 如图.

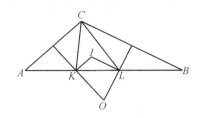

由 $\angle KIL = 90° + \dfrac{1}{2}\angle KCL$

$= 90° + \dfrac{1}{2}(\angle ACB - \angle CAB - \angle ABC)$

$= 90° + \dfrac{1}{2}(\angle ACB - 180° + \angle ACB)$

$= \angle ACB = 180° - \angle KOL$

$\Rightarrow I, K, O, L$ 四点共圆.

在锐角 $\triangle ABC$ 中，$AC > AB$，$AN \perp BC$ 于点 N. 设 P 为线段 AB 延长线上的点，Q 为线段 AC 延长线上的点，且满足 B, P, Q, C 四点共圆. 若 $NP = NQ$，证明：N 为 $\triangle APQ$ 的外接圆圆心.

（2015，克罗地亚数学竞赛）

证明 如图.

由圆内接四边形的对角和为 $180°$ 知

$\angle CQP = 180° - \angle PBC$，$\angle QPB = 180° - \angle BCQ$.

故 $\angle AQP = \angle CBA$，$\angle QPA = \angle ACB$.

设 O 为 $\triangle APQ$ 外接圆的圆心. 则 $\angle AOP = 2\angle AQP$.

因为 $\triangle AOP$ 是等腰三角形，所以，

$\angle PAO = 90° - \angle AQP = 90° - \angle ABC$.

设直线 l 与 AP 的夹角为 $90° - \angle ABC$，且直线 l 与 PQ 有交点.

由 $\angle ANB = 90°$，得 $\angle BAN = 90° - \angle ABC$，其中，点 A, N, O 均在直线 l 上.

由 $AB \neq AC$，知 $\angle AQP = \angle ABC \neq \angle ACB = \angle APQ$，即点 A 不在直线 PQ 的中垂线上. 故直线 l 与 PQ 的中垂线的交点唯一.

因此，点 N 与 O 重合.

在 $\triangle ABC$ 中，D 为 $\triangle ABC$ 内切圆在边 BC 上的切点. 设 J_b, J_c 分别为 $\triangle ABD$，$\triangle ACD$ 的内心. 证明：$\triangle AJ_bJ_c$ 的外心落在 $\angle BAC$ 的平分线上.

（第七届罗马尼亚大师杯数学邀请赛）

证明 如图,设 $\triangle ABC$ 内切圆在 AB,AC 上的切点分别为 F,E,点 J_b,J_c 在边 AD 上投影分别为 K,K',且 K 为 $\triangle ABD$ 内切圆在边 AD 上的切点,K' 为 $\triangle ADC$ 内切圆在边 AD 上的切点.

由切线长定理得

$$AE = AF, BF = BD, CD = CE,$$

$$AK = \frac{AB + AD - BD}{2} = \frac{AF + BF + AD - BD}{2}$$

$$= \frac{AF + AD}{2} = \frac{AE + AD}{2} = \frac{AE + CE + AD - CD}{2}$$

$$= \frac{AC + AD - CD}{2} = AK'.$$

于是,点 K 与 K' 重合,即 $J_b J_c \perp AD$.

设 $\triangle A J_b J_c$ 外心为 O,垂心为 H.

由于 O 和 H 关于 $\triangle A J_b J_c$ 互为等角共轭点,则

$$\angle OAJ_b = \angle HAJ_c = \angle DAJ_c = \angle CAJ_c,$$

$$\angle OAJ_c = \angle HAJ_b = \angle DAJ_b = \angle BAJ_b,$$

故 $\angle BAO = \angle BAJ_b + \angle OAJ_b = \angle OAJ_c + \angle CAJ_c = \angle CAO$,即点 O 在 $\angle BAC$ 的平分线上.

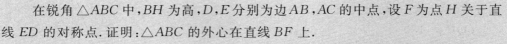

在锐角 $\triangle ABC$ 中,BH 为高,D,E 分别为边 AB,AC 的中点,设 F 为点 H 关于直线 ED 的对称点.证明:$\triangle ABC$ 的外心在直线 BF 上.

(2015,第二届伊朗几何奥林匹克)

证明 如图.

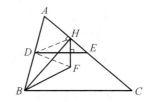

设 $\triangle ABC$ 的外心为 O.则 $\angle OBA = 90° - \angle C$.

于是,只要证:$\angle FBA = 90° - \angle C$.

因为 $AD = BD = DH = DF$,所以,

A,H,F,B 四点共圆(圆心为 D).

故 $\angle FBA = \angle FHE = 90° - \angle DEH = 90° - \angle C$.

设正 $\triangle ABC$ 的外接圆为 $\odot O$,P 为 $\overset{\frown}{BC}$ 上一点,过点 P 作 $\odot O$ 的切线,分别与 AB,AC 的延长线交于点 K,L.证明:$\angle KOL > 90°$.

(2015,第二届伊朗几何奥林匹克)

证明　如图,设 M,N 分别为 AB,AC 的中点.则 B,M,N,C 四点共圆.

因为 $\angle BPC = 120° > 90°$,所以,

点 P 在 B,M,N,C 四点所共圆的内部.

因此,$\angle MPN > \angle MBN = 30°$.

又 K,M,O,P 四点共圆,L,N,O,P 四点共圆,故

$\angle MKO = \angle MPO, \angle NLO = \angle NPO$

$\Rightarrow \angle AKO + \angle ALO = \angle MPN > 30°$

$\Rightarrow \angle KOL = \angle A + \angle AK + \angle ALO > 90°$.

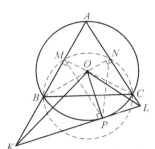

给定任意 $\triangle ABC$,令其外接圆为 $\odot O_1$,九点圆(通过三角形三边中点、三条高线的垂足、三顶点分别与垂心连线段的中点这九个点 的圆)为 $\odot O_2$,以 $\triangle ABC$ 的垂心 H 与重心 G 为直径的圆为 $\odot O_3$.证明:$\odot O_1,\odot O_2,\odot O_3$ 共轴.

(2015,中国台湾数学奥林匹克选训营)

证明　**引理**　垂心 H,重心 G 为 $\odot O_1$ 与 $\odot O_2$ 的两个位似中心.

证明　由于九点圆过 HA,HB,HC 的中点,于是,H 为两圆的位似中心.

又由于九点圆过 AB,BC,CA 的中点(分别记为点 M,N,P),且 $\dfrac{AG}{GN}=2,\dfrac{BG}{GP}=2,\dfrac{CG}{GM}=2$,因此,$G$ 也是一个位似中心.

引理得证.

当 $\angle ABC$ 为锐角时,如图,设 X 为 $\odot O_1,\odot O_2$ 的根轴与欧拉线(点 O_1,O_2,G,H 所在的直线)的交点,$\odot O_1,\odot O_2$ 的半径分别为 r_1,r_2,$XO_1 = a$,$XG = b$,$XO_2 = c$,$XH = d$.

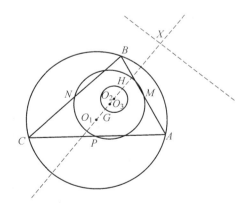

由引理,知 $\dfrac{O_1G}{O_2G}=\dfrac{O_1H}{O_2H}=\dfrac{r_1}{r_2}$.

于是,$\dfrac{a-b}{b-c}=\dfrac{a-d}{c-d}=\dfrac{r_1}{r_2}$.

解得 $b=\dfrac{cr_1+ar_2}{r_1+r_2}$,$d=\dfrac{cr_1-ar_2}{r_1-r_2}$.

再由根轴的定义,知 $a^2-r_1^2=c^2-r_2^2$.

故 $bd=\dfrac{c^2r_1^2-a^2r_2^2}{r_1^2-r_2^2}=\dfrac{(c^2-r_2^2)(r_1^2-r_2^2)}{r_1^2-r_2^2}=c^2-r_2^2$.

因此,三个圆共轴(钝角时可类似计算).

平面几何部分

在四边形 $ABCD$ 中,AC 为 $\angle A$ 的平分线,$\angle ADC = \angle ACB$,X,Y 为从点 A 分别向 BC,CD 作垂线的垂足. 证明:$\triangle AXY$ 的垂心在直线 BD 上.

(2015—2016,第 33 届伊朗数学奥林匹克)

证明 如图,设 E 为点 Y 在 AX 上的投影,P 为 YE 与 BD 的交点.

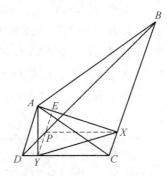

只需证明 $XP \perp AY$,即证明 $XP \parallel CD$.

由 $YE \parallel CB \Rightarrow \dfrac{DY}{YC} = \dfrac{DP}{PB}$.

又 $\triangle ADC \backsim \triangle ACB \Rightarrow \dfrac{DY}{YC} = \dfrac{CX}{XB}$.

故 $\dfrac{DP}{PB} = \dfrac{CX}{XB} \Rightarrow XP \parallel CD$.

已知 P 为非等腰锐角 $\triangle ABC$ 的过点 A 的高线上的一点,直线 BP 与边 AC 交于点 D,直线 CP 与边 AB 交于点 E,过点 D,E 分别作 $\triangle BPC$ 外接圆的切线,切点分别为 K,L(K 和 L 在 $\triangle ABC$ 的内部),直线 KD 与 $\triangle AKC$ 外接圆的第二个交点为 M,直线 LE 与 $\triangle ALB$ 外接圆的第二个交点为 N. 证明:$\dfrac{KD}{MD} = \dfrac{LE}{NE}$ 当且仅当 P 为 $\triangle ABC$ 的垂心.

(2016,土耳其国家队选拔考试)

证明 如图.

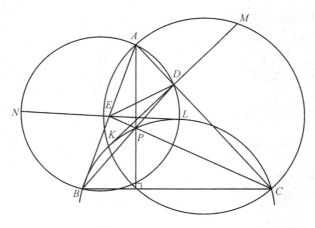

先证明三个引理.

引理 1 $\dfrac{KD}{MD} = \dfrac{LE}{NE}$ 当且仅当 $\dfrac{DP \cdot BD}{AD \cdot CD} = \dfrac{EP \cdot EC}{AE \cdot BE}$.

引理 1 的证明 由 A,K,C,M 四点共圆及相交弦定理,得 $KD \cdot MD = AD \cdot CD$.

于是,由切割线定理有 $\dfrac{KD}{MD} = \dfrac{KD^2}{KD \cdot MD} = \dfrac{DP \cdot DB}{AD \cdot CD}$.

类似地,$\dfrac{LE}{NE} = \dfrac{EP \cdot EC}{AE \cdot BE}$.

从而,结论成立.

引理 2 $\dfrac{DP \cdot DB}{AD \cdot CD} = \dfrac{EP \cdot EC}{AE \cdot BE}$ 当且仅当 B,E,D,C 四点共圆.

引理 2 的证明 设直线 BP,CP 与 $\triangle ABC$ 的外接圆分别交于点 Q,R.

由相交弦定理,得 $AD \cdot CD = BD \cdot QD, AE \cdot BE = CE \cdot RE$.

于是,$\dfrac{AD \cdot CD}{AE \cdot BE} = \dfrac{DB \cdot DQ}{EC \cdot ER}$.

故 $\dfrac{DP \cdot DB}{AD \cdot CD} = \dfrac{EP \cdot EC}{AE \cdot BE} \Leftrightarrow \dfrac{DP}{DQ} = \dfrac{EP}{ER} \Leftrightarrow DE \ /\!/ \ QR \Leftrightarrow \angle RQB = \angle EDB$.

因为 B,C,Q,R 四点共圆,所以,$\angle ECB = \angle RQB$.

则 $\angle RQB = \angle EDB \Leftrightarrow \angle EDB = \angle ECB \Leftrightarrow B,C,D,E$ 四点共圆.

从而,结论成立.

引理 3 B,C,D,E 四点共圆 $\Leftrightarrow BD \perp AC$.

引理 3 的证明 若 $BD \perp AC$,由 $AP \perp BC$,知 P 为 $\triangle ABC$ 的垂心.

于是,$CE \perp AB$.

从而,B,C,D,E 四点共圆.

若 B,C,D,E 四点共圆,设四边形 $BEDC$ 的外接圆圆心为 O,直线 DE 与 CB 交于点 S.

由布洛卡定理,知 O 为 $\triangle ASP$ 的垂心.

于是,$AP \perp OS$.

由 $AP \perp BC$,则直线 OS 与 BC 重合.故点 O 在直线 BC 上,即 BC 为 $\odot O$ 的直径.

因此,$BD \perp AC$.

引理 $1 \sim 3$ 得证.

由引理 $1 \sim 3$ 知结论成立.

在 $\triangle ABC$ 中,$AB > AC$,过点 A 作 $\triangle ABC$ 外接圆 Γ 的切线 l,以 A 为圆心、过点 C 的圆分别与线段 AB,l 交于点 D,E 和 F,且点 C 和 E 均在直线 AB 的同侧.证明:$\triangle ABC$ 的内心在直线 DE 上.

(2016,克罗地亚数学竞赛)

平面几何部分

证明 令 $\angle BAC=\alpha,\angle CBA=\beta,\angle ACB=\gamma$.

如图,令 I' 为 $\angle BAC$ 的平分线与直线 DE 的交点.

只要证点 I' 也在 $\angle BCA$ 的平分线上,即

$$\angle ACI'=\frac{1}{2}\gamma.$$

由直线 l 与圆 Γ 相切

$$\Rightarrow \angle DAF=\angle BAF=\gamma$$

$$\Rightarrow \angle DEA=\angle DEF=\frac{\gamma}{2}.$$

类似地,$\angle DEC=\frac{1}{2}\angle DAC=\frac{\alpha}{2}$.

由 AI' 为 $\angle BAC$ 的平分线,得 $\angle I'AC=\frac{\alpha}{2}$.

因为 $\angle I'AC=\angle I'EC$,所以,A,I',C,E 四点共圆.

故 $\angle ACI'=\angle AEI'=\angle FED=\frac{\gamma}{2}$.

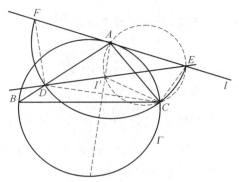

已知锐角 $\triangle ABC$ 的外心为 O,$\triangle OAB$ 和 $\triangle OAC$ 的外心分别为 O_1 和 O_2,$\triangle OAB$ 的外接圆、$\triangle OAC$ 的外接圆与 BC 分别交于点 D(异于点 B),E(异于点 C),BC 的中垂线与 AC 交于点 F(异于点 A).证明:$\triangle ADE$ 的外心在 AC 上当且仅当点 F 在直线 O_1O_2 上.

（2017,第 30 届韩国数学奥林匹克）

证明 如图,设 BC 的中点为 M,$\triangle ADE$ 的外心为 O'.

则 $\angle O'AE=\frac{1}{2}(180°-\angle AO'E)$

$=90°-(180°-\angle ADE)=\angle ADE-90°$

$=90°-\angle ADB=90°-\angle AOB$

$=90°-2\angle ACB$,

$\angle CAE=\angle OAC-\angle OAE$

$=90°-\angle ABC-\angle OCB$

$=90°-\angle ABC-(90°-\angle BAC)$

$=\angle BAC-\angle ABC$.

故点 O' 在 AC 上 $\Leftrightarrow 90°-2\angle ACB=\angle BAC-\angle ABC$

$\Leftrightarrow \angle BAC-\angle ABC+2\angle ACB=90°$.

注意到,

点 F 在 O_1O_2 上 $\Leftrightarrow AF=OF\Leftrightarrow \angle OAF=\angle AOF$

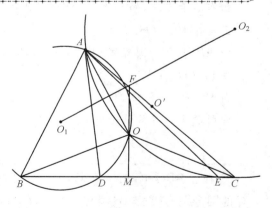

$\Leftrightarrow 90° - \angle ABC = \angle AOC + \angle COM - 180°$

$\Leftrightarrow 90° - \angle ABC = 2\angle ABC + \angle BAC - 180°$

$\Leftrightarrow 2 \times 180° - \angle BAC - 3\angle ABC = 90°$

$\Leftrightarrow \angle BAC - \angle ABC + 2\angle ACB = 90°.$

因此,点 O' 在 AC 上当且仅当点 F 在直线 O_1O_2 上.

设 L, M 分别为圆内接凸四边形 $ABCD$ 的边 AB, CD 的中点,对角线 AC 和 BD 交于点 E, AB 的延长线与 DC 的延长线交于点 F, LM 与 DE 交于点 P, P 在线段 EM 上的投影为 $Q.$ 若 E 为 $\triangle FLM$ 的垂心,证明:

$$\frac{EP^2}{EQ} = \frac{1}{2}\left(\frac{BD^2}{DF} - \frac{BC^2}{CF}\right).$$

(2017,第 30 届韩国数学奥林匹克)

证明 如图.设 EM 与 AB 交于点 X, EL 与 CD 交于点 $Y.$

因为 E 是 $\triangle FLM$ 的垂心,所以,
$EX \perp AB, EY \perp CD.$

设 $\triangle ABE$ 的外心为 $O.$ 则

$\angle OEA = \angle BEX = 90° - \angle EBX$

$= 90° - \angle ECY = \angle CEY = \angle LEA.$

这表明,点 O 在直线 LE 上.

于是,$\triangle ABE$ 为直角三角形.

从而,$AC \perp BD.$

由 $\angle CED = \angle QEP = 90°, \angle EDC = \angle QEP$

$\Rightarrow \triangle EPQ \backsim \triangle DCE \Rightarrow \dfrac{EP^2}{EQ} = \dfrac{EP}{EQ}EP = \dfrac{DC}{DE}EP.$

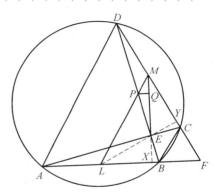

由 $\dfrac{1}{2}\left(\dfrac{BD^2}{DF} - \dfrac{BC^2}{CF}\right) = \dfrac{1}{2}\left(\dfrac{BD}{DF}BD - \dfrac{BC}{CF}BC\right) = \dfrac{1}{2}\left(\dfrac{AC}{AF}BD - \dfrac{AD}{AF}BC\right)$

$= \dfrac{1}{2} \cdot \dfrac{AC \cdot BD - AD \cdot BC}{AF} = \dfrac{1}{2} \cdot \dfrac{AB \cdot CD}{AF} = \dfrac{AL \cdot CD}{AF},$

则只要证 $\dfrac{EP}{DE} = \dfrac{AL}{AF}$,即只要证 $\dfrac{EP}{DP} = \dfrac{AL}{FL}.$

注意到,

$$\frac{XM}{FM} = \cos\angle FMX = \cos 2\angle CDB = \cos 2\angle CAB = \cos\angle ELX = \frac{XL}{EL} = \frac{XL}{AL}.$$

故 $\dfrac{EP}{PD} = \dfrac{EM\sin\angle EMP}{DM\sin\angle DMP} = \dfrac{\sin\angle EMP}{\sin\angle PMC} = \dfrac{XL \cdot MF}{LF \cdot MX} = \dfrac{AL}{FL}.$

设锐角 $\triangle ABC$ 的三条高线分别为 AA_1, BB_1, CC_1,其中,点 A_1, B_1, C_1 分别在边 BC, CA, AB 上. 记 J_a, J_b, J_c 分别为 $\triangle AC_1B_1, \triangle BA_1C_1, \triangle CB_1A_1$ 的内心. 证明: $\triangle J_aJ_bJ_c$ 的垂心与 $\triangle ABC$ 的内心重合.

(2017,第 67 届白俄罗斯数学奥林匹克)

证明 先证明两个引理.

引理 1 设锐角 $\triangle ABC$ 的三条高线分别为 AA_1, BB_1, CC_1,其中,点 A_1, B_1, C_1 分别在 BC, CA, AB 上. 则

$$\angle BA_1C_1 = \angle CA_1B_1 = \angle CAB, \angle C_1B_1A = \angle CB_1A_1 = \angle ABC,$$

$$\angle AC_1B_1 = \angle A_1C_1B = \angle BCA.$$

引理 1 的证明 由 $\angle AA_1C = \angle AC_1C = 90°$,知 A, C_1, A_1, C 四点共圆.

故 $\angle BA_1C_1 = \angle CAB$.

类似地,其他等式也成立.

引理 2 设 I 为 $\triangle ABC$ 的内心. 则

$$\angle AIC = 90° + \frac{1}{2}\angle ABC, \angle BIA = 90° + \frac{1}{2}\angle BCA, \angle CIB = 90° + \frac{1}{2}\angle CAB.$$

引理 2 的证明 显然,

$$\angle AIC = 180° - \angle IAC - \angle ICA$$

$$= 180° - \frac{1}{2}(\angle CAB + \angle BCA)$$

$$= 180° - \frac{1}{2}(180° - \angle ABC) = 90° + \frac{1}{2}\angle ABC.$$

类似地,另外两个等式也成立.

引理 1,2 得证.

如图.

由引理 1,知 $\triangle AC_1B_1 \backsim \triangle A_1C_1B$,点 J_a 与 J_b 为对应点.

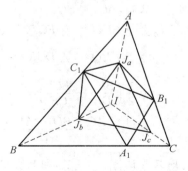

则 $\dfrac{J_aC_1}{J_bC_1} = \dfrac{C_1B_1}{C_1B}$,且 $\angle J_aC_1B_1 = \angle J_bC_1B$.

故 $\angle J_aC_1J_b = \angle J_aC_1B_1 + \angle B_1C_1J_b$

$= \angle J_bC_1B + \angle B_1C_1J_b = \angle B_1C_1B$.

结合 $\dfrac{J_aC_1}{J_bC_1} = \dfrac{C_1B_1}{C_1B}$,知 $\triangle J_aC_1J_b \backsim \triangle B_1C_1B$.

由引理 1,得 $\angle J_bJ_aC_1 = \angle BB_1C_1 = 90° - \angle ABC$.

设 I 为 $\triangle ABC$ 的内心. 则点 J_a, J_b, J_c 分别在线段 AI, BI, CI 上.

由引理 2,知 $\angle C_1J_aA = 90° + \frac{1}{2}\angle ABC$.

故 $\angle J_bJ_aI = 180° - \angle C_1J_aA - \angle J_bJ_aC_1 = \frac{1}{2}\angle ABC$.

类似地,$\angle J_bJ_cI = \frac{1}{2}\angle ABC, \angle J_cJ_aI = \angle IJ_bJ_c = \frac{1}{2}\angle BCA,$

$$\angle IJ_cJ_a = \angle J_aJ_bI = \frac{1}{2}\angle CAB.$$

由 $\angle IJ_aJ_b + \angle J_aJ_bJ_c = \frac{1}{2}(\angle ABC + \angle BCA + \angle CAB) = 90°$,则

$$J_aI \perp J_bJ_c.$$

类似地,$J_bI \perp J_cJ_a$,$J_cI \perp J_aJ_b$.

因此,I 为 $\triangle J_aJ_bJ_c$ 的垂心.

设锐角 $\triangle ABC$ 的三条高线分别为 AA_1,BB_1,CC_1,其中,点 A_1,B_1,C_1 分别在边 BC,CA,AB 上. 记 J_a,J_b,J_c 分别为 $\triangle AC_1B_1,\triangle BA_1C_1,\triangle CB_1A_1$ 的内心. 证明:$\triangle J_aJ_bJ_c$ 的外接圆半径与 $\triangle ABC$ 的内切圆半径相等.

(2017,第 67 届白俄罗斯数学奥林匹克)

证明 如图.

记 $\angle CAB = \alpha$,$\angle ABC = \beta$,$\angle BCA = \gamma$.

在上题中已证明了 $\triangle J_aC_1J_b \backsim \triangle B_1C_1B$.

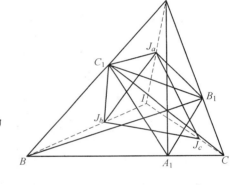

则 $\dfrac{J_aJ_b}{BB_1} = \dfrac{C_1J_a}{C_1B_1} = \dfrac{CI}{BC} \Rightarrow J_aJ_b = \dfrac{BB_1 \cdot CI}{BC}$.

由题意,知 $\dfrac{BB_1}{BC} = \sin\gamma \Rightarrow J_aJ_b = CI\sin\gamma$.

在 $\triangle CBI$ 中,顶点 I 引出的高线等于 $\triangle ABC$ 的

内切圆半径 r. 从而,$r = CI\sin\dfrac{\gamma}{2}$.

由上题知

$$\angle J_aJ_bI = \angle IJ_cJ_a = \frac{\alpha}{2},\angle J_bJ_cI = \angle IJ_aJ_b = \frac{\beta}{2},\angle J_cJ_aI = \angle IJ_bJ_c = \frac{\gamma}{2}.$$

则 $\angle J_bJ_cJ_a = \dfrac{\alpha}{2} + \dfrac{\beta}{2} = 90° - \dfrac{\gamma}{2}$.

由正弦定理,得 $R = \dfrac{J_aJ_b}{2\cos\dfrac{\gamma}{2}}$,其中,$R$ 为 $\triangle J_aJ_bJ_c$ 外接圆的半径.

故 $R = \dfrac{J_aJ_b}{2\cos\dfrac{\gamma}{2}} = \dfrac{CI\sin\gamma}{2\cos\dfrac{\gamma}{2}} = CI\sin\dfrac{\gamma}{2} = r$.

已知 O 为锐角 $\triangle ABC$ 外接圆的圆心,$AB < AC$,过点 A,O 作边 BC 的垂线,分别与 BC 交于点 A_1,P,直线 BO,CO 分别与 AA_1 交于点 D,E,$\triangle ABD$ 的外接圆与 $\triangle ACE$ 的外接圆的第二个交点为 F. 证明:$\angle FAP$ 的平分线过 $\triangle ABC$ 的内心.

(第 24 届马其顿数学奥林匹克)

证明 只需证明 $\angle BAF = \angle CAP$.

由 O 为 $\triangle ABC$ 外接圆的圆心,$OP \perp BC$,知 P 为边 BC 的中点,线段 AP 为 $\triangle BAC$ 的中线. 故只需证明 AF 为 $\angle BAC$ 的陪位中线.

如图,设直线 AF 与 BC 交于点 X,$\triangle ABD$ 的外接圆,$\triangle ACE$ 的外接圆与直线 BC 的第二个交点分别为 Y,Z.

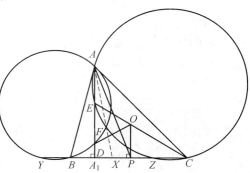

由割线定理知

$$XB \cdot XY = XF \cdot XA = XZ \cdot XC$$

$$\Rightarrow \frac{XB}{XC} = \frac{XZ}{XY} = \frac{XB+XZ}{XC+XY} = \frac{BZ}{CY}. \quad ①$$

又 $\angle ACE = \angle ACO$

$$= \frac{1}{2}(180° - 2\angle ABC)$$

$$= 90° - \angle ABC = 90° - \angle ABA_1$$

$$= \angle BAA_1 = \angle BAE,$$

故直线 BA 与 $\triangle ACE$ 的外接圆相切.

类似地,直线 CA 与 $\triangle ABD$ 的外接圆相切.

由切割线定理,得 $BA^2 = BZ \cdot BC$,$CA^2 = CB \cdot CY$.

结合式 ①,得 $\dfrac{BA^2}{CA^2} = \dfrac{BZ}{CY} = \dfrac{XB}{XC}$,即 AX 将边 BC 分成比为 $\left(\dfrac{AB}{AC}\right)^2$ 的两部分.

引理 直线 AF 与 $\triangle ABC$ 的对边 BC 交于点 X,则

$$AX \text{ 为 } \triangle ABC \text{ 的陪位中线} \Leftrightarrow \frac{XB}{XC} = \left(\frac{AB}{AC}\right)^2.$$

证明 设 AM 为 $\triangle ABC$ 的中线. 则

$$\frac{BX}{MC} = \frac{S_{\triangle BAX}}{S_{\triangle MAC}} = \frac{BA \cdot AX}{AM \cdot AC}, \frac{BM}{XC} = \frac{S_{\triangle BMA}}{S_{\triangle CXA}} = \frac{BA \cdot AM}{AX \cdot AC}.$$

以上两式相乘得 $\dfrac{XB}{XC} = \left(\dfrac{AB}{AC}\right)^2$.

又线段 BC 上满足给定比例的点是唯一确定的,反之亦然.

引理得证.

由引理,知 AX 为 $\triangle ABC$ 的陪位中线.

> 已知在非等腰 $\triangle ABC$ 中,点 G,I 分别为其重心,内心. 证明:
>
> $$GI \perp BC \Leftrightarrow AB + AC = 3BC.$$
>
> (2017,罗马尼亚数学奥林匹克)

证明 不妨设 $AB > AC$,边 BC 的中点为 M,点 A,G,I 在边 BC 上的射影分别为 H,D,F,$\triangle ABC$ 三边长分别为 a,b,c.

则 $MD = \dfrac{1}{3}MH = \dfrac{1}{3}\left(\dfrac{a}{2} - CH\right) = \dfrac{1}{3}\left(\dfrac{a}{2} - \dfrac{a^2+b^2-c^2}{2a}\right) = \dfrac{c^2-b^2}{6a}$,

$$MF = MC - CF = \frac{a}{2} - \frac{a+b-c}{2} = \frac{c-b}{2}.$$

故 $GI \perp BC \Leftrightarrow MD = MF \Leftrightarrow \frac{c^2-b^2}{6a} = \frac{c-b}{2} \Leftrightarrow b+c = 3a \Leftrightarrow AB + AC = 3BC.$

　　在锐角 $\triangle ABC$ 中, 点 B' 与 B 关于直线 AC 对称, 点 C' 与 C 关于直线 AB 对称, $\triangle ABB'$ 的外接圆与 $\triangle ACC'$ 的外接圆的第二个交点为 P. 证明: $\triangle ABC$ 的外心在直线 AP 上.

（2017, 克罗地亚数学竞赛）

证明　如图.

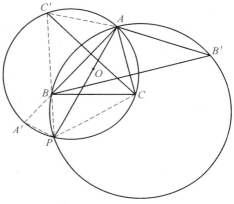

令 $\angle BAC = \alpha, \angle CBA = \beta, \angle ACB = \gamma,$
O 为 $\triangle ABC$ 的外心.

因为点 P 在 $\triangle ACC'$ 的外接圆上, 所以,
$\angle APC = \angle AC'C.$

由对称性得
$\angle AC'C = 90° - \angle BAC' = 90° - \alpha.$

类似地, $\angle APB = \angle AB'B = 90° - \alpha.$

故 $\angle CPB = \angle APC + \angle APB = 180° - 2\alpha.$

由于 A, C', P, C 四点共圆, 则
$\angle CPC' = 180° - \angle CAB - \angle BAC' = 180° - 2\alpha.$

故 $\angle CPB = \angle CPC'.$

于是, P, B, C' 三点共线.

设 A' 为点 A 在 $\triangle ACC'$ 的外接圆上的对径点.

由 AB 垂直平分 CC', 知点 A' 在直线 AB 上.

则 $\angle A'BP = \angle ABC' = \beta.$

由泰勒斯定理, 得 $\angle APA' = 90°.$

故 $\angle BPA' = 90° - \angle APB = \alpha \Rightarrow \angle AA'P = 180° - \alpha - \beta = \gamma$

$\Rightarrow \angle BAP = \angle A'AP = 90° - \angle AA'P = 90° - \gamma.$

又 $\angle BOA = 2\gamma, \angle BAO = 90° - \gamma$, 从而, A, O, P 三点共线.

因此, 命题得证.

十二 几何不等式

设 $P_0,P_1,\cdots,P_n$ 是平面上 $n+1$ 个点,其两两间的距离的最小值为 $d(d>0)$. 证明:$|P_0P_1||P_0P_2|\cdots|P_0P_n|>\left(\dfrac{d}{3}\right)^n\sqrt{(n+1)!}$.

(2012,全国高中数学联合竞赛)

证明 不妨设 $|P_0P_1|\leqslant|P_0P_2|\leqslant\cdots\leqslant|P_0P_n|$.

先证明:对于任意的正整数 k,均有 $|P_0P_k|>\dfrac{d}{3}\sqrt{k+1}$.

显然,$|P_0P_k|\geqslant d\geqslant\dfrac{d}{3}\sqrt{k+1}$ 对 $k=1,2,\cdots,8$ 均成立,只有当 $k=8$ 时,上式右边取等号.

故只要证:当 $k\geqslant9$ 时,有 $|P_0P_k|>\dfrac{d}{3}\sqrt{k+1}$ 即可.

以 $P_i(i=0,1,\cdots,k)$ 为圆心、$\dfrac{d}{2}$ 为半径画 $k+1$ 个圆,其两两相离或外切.

设 Q 为 $\odot P_i$ 上任意一点.

由 $|P_0Q|\leqslant|P_0P_i|+|P_iQ|=|P_0P_i|+\dfrac{1}{2}d\leqslant|P_0P_k|+\dfrac{1}{2}|P_0P_k|=\dfrac{3}{2}|P_0P_k|$,

知以 P_0 为圆心、$\dfrac{3}{2}|P_0P_k|$ 为半径的圆覆盖上述 $k+1$ 个圆.

则 $\pi\left(\dfrac{3}{2}|P_0P_k|\right)^2>(k+1)\pi\left(\dfrac{d}{2}\right)^2$,即 $|P_0P_k|>\dfrac{d}{3}\sqrt{k+1}(k=1,2,\cdots,n)$.

故 $|P_0P_1||P_0P_2|\cdots|P_0P_n|>\left(\dfrac{d}{3}\right)^n\sqrt{(n+1)!}$.

已知 P 为锐角 $\triangle ABC$ 内部任意一点,点 E,F 分别为点 P 在边 AC,AB 上的射影.BP 和 CP 的延长线分别与 $\triangle ABC$ 的外接圆交于点 B_1 和 C_1,设 $\triangle ABC$ 的外接圆和内切圆的半径分别为 R 和 r.证明:$\dfrac{EF}{B_1C_1}\geqslant\dfrac{r}{R}$,并确定等号成立时点 P 的位置.

(2012,中国西部数学奥林匹克)

证明　如图 1,作 $PD \perp BC$ 于点 D,连接 AP 并延长与 $\triangle ABC$ 的外接圆交于点 A_1,连接 DE,DF,A_1B_1,A_1C_1.

由 P,D,B,F 四点共圆,知 $\angle PDF = \angle PBF$;

由 P,D,C,E 四点共圆,知 $\angle PDE = \angle PCE$.

则 $\angle FDE = \angle PDF + \angle PDE = \angle PBF + \angle PCE$

$= \angle AA_1B_1 + \angle AA_1C_1 = \angle C_1A_1B_1$.

类似地,$\angle DEF = \angle A_1B_1C_1$,$\angle DFE = \angle A_1C_1B_1$.

故 $\triangle DEF \backsim \triangle A_1B_1C_1$.

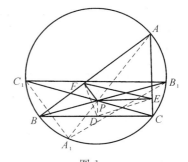

图 1

如图 2,$\triangle A_1B_1C_1$ 的外接圆半径为 R,设 $\triangle DEF$ 的外接圆半径为 R',圆心为 O',连接 AO',BO',CO'.

则 $S_{\triangle ABC} = S_{\triangle O'AB} + S_{\triangle O'BC} + S_{\triangle O'AC}$

$\leqslant \dfrac{AB \cdot O'F}{2} + \dfrac{BC \cdot O'D}{2} + \dfrac{CA \cdot O'E}{2}$

$= \dfrac{(AB + BC + CA)R'}{2}$.

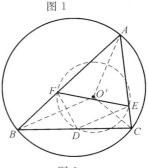

图 2

而 $S_{\triangle ABC} = \dfrac{(AB + BC + CA)r}{2}$,故 $r \leqslant R'$.

从而,$\dfrac{EF}{B_1C_1} \geqslant \dfrac{r}{R}$,　　　　　　　　①

当且仅当 $O'D \perp BC$,$O'E \perp CA$,$O'F \perp AB$,即当点 P 为 $\triangle ABC$ 内心时,式 ① 等号成立.

在凸四边形 $ABCD$ 中,对角线 AC 与 BD 交于点 O.证明:过点 O 的直线 l 被凸四边形 $ABCD$ 截得的线段的长度不超过凸四边形 $ABCD$ 的较长的对角线的长度.

(2013,罗马尼亚国家队选拔考试)

证明　不妨设直线 l 与 AB 交于点 X,与 CD 交于点 Y.

设 $\angle AOX = \angle COY = \alpha$,$\angle BOX = \angle DOY = \beta$.

因为 $S_{\triangle AOB} = S_{\triangle AOX} + S_{\triangle BOX}$,所以,

$\dfrac{1}{2} OA \cdot OB \sin(\alpha + \beta) = \dfrac{1}{2} OA \cdot OX \sin\alpha + \dfrac{1}{2} OB \cdot OX \sin\beta$.

故 $OX = \dfrac{OA \cdot OB \sin(\alpha + \beta)}{OA \sin\alpha + OB \sin\beta} \leqslant \dfrac{OA \cdot OB (\sin\alpha + \sin\beta)}{OA \sin\alpha + OB \sin\beta} \leqslant \dfrac{OA \sin\beta + OB \sin\alpha}{\sin\alpha + \sin\beta}$,

其中,最后一个不等号等价于 $(OA - OB)^2 \sin\alpha \cdot \sin\beta \geqslant 0$.

类似地,$OY \leqslant \dfrac{OC \sin\beta + OD \sin\alpha}{\sin\alpha + \sin\beta}$.

则 $XY \leqslant \dfrac{AC \sin\beta + BD \sin\alpha}{\sin\alpha + \sin\beta} \leqslant \max\{AC, BD\}$.

在一个直角三角形中,a,b 为直角边的边长,c 为斜边的边长.证明:
$$\left(1+\frac{c}{a}\right)\left(1+\frac{c}{b}\right) \geqslant 3+2\sqrt{2}.$$

(2013,克罗地亚数学竞赛)

证明 注意到,

$$\left(1+\frac{c}{a}\right)\left(1+\frac{c}{b}\right)=\frac{(a+c)(b+c)}{ab}=\frac{c^2+ab+c(a+b)}{ab}=\frac{c^2}{ab}+1+\frac{c(a+b)}{ab}.$$

由题意知 $a^2+b^2=c^2$. 则原式 $=\dfrac{a^2+b^2}{ab}+1+\dfrac{\sqrt{a^2+b^2}(a+b)}{ab}$.

由 $a^2+b^2 \geqslant 2ab, a+b \geqslant 2\sqrt{ab}$,得

原式 $\geqslant \dfrac{2ab}{ab}+1+\dfrac{\sqrt{2ab} \cdot 2\sqrt{ab}}{ab}=2+1+2\sqrt{2}=3+2\sqrt{2}$.

已知 X, Y, Z 分别为矩形 $ABCD$ 的边 AD, AB, BC 上的点. 若 $AX=CZ$,证明:
$XY+YZ \geqslant AC$.

(2013,第 64 届白俄罗斯数学奥林匹克)

证明 如图,过点 Z 作 $ZM \parallel AC$,与 DA 的延长线交于点 M,连接 YM.

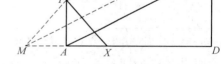

显然,四边形 $MZCA$ 为平行四边形.

于是,$MZ=AC, MA=CZ$.

由已知 $AX=CZ$,则 $AX=MA$.

因为 $YA \perp MX$,所以,$\triangle MYX$ 为等腰三角形,有 $YM=YX$.

故 $XY+YZ=MY+YZ \geqslant MZ=AC$.

已知 B_1, A_1 分别为 $\triangle ABC$ 边 AC, BC 上的点,AA_1 与 BB_1 交于点 X,记 $\triangle B_1CA_1$、$\triangle B_1XA_1$、$\triangle AXB$ 的面积分别为 x, y, z. 证明:

(1)$y<z$;(2)$y<x$.

(2013,第 64 届白俄罗斯数学奥林匹克)

证明 (1)由题意,知 $S_{\triangle XA_1B_1}=y, S_{\triangle XAB}=z$.

由图 1 易知

$$S_{\triangle B_1A_1B}=S_{\triangle XA_1B_1}+S_{\triangle XA_1B}=y+S_{\triangle XA_1B},$$
$$S_{\triangle AA_1B}=S_{\triangle XAB}+S_{\triangle XA_1B}=z+S_{\triangle XA_1B}.$$

故 $y<z \Leftrightarrow S_{\triangle B_1A_1B}<S_{\triangle AA_1B}$.

如图 2,过点 B_1, A 分别作 BC 的垂线,垂足分别为 H_1, H_2.

因为 A_1B 是 $\triangle B_1A_1B$，$\triangle AA_1B$ 的公共边，所以，

$S_{\triangle B_1A_1B} < S_{\triangle AA_1B} \Leftrightarrow B_1H_1 < AH_2$.

又 B_1 为边 AC 上的一个点，则 $B_1H_1 < AH_2$.

事实上，若 $\angle ACB = 90°$，则点 H_1，H_2 与 C 重合. 此时，$B_1H_1 < AH_2$.

若 $\angle ACB \neq 90°$，易证 $\triangle B_1H_1C \backsim \triangle AH_2C$. 故 $\dfrac{B_1H_1}{AH_2} = \dfrac{B_1C}{AC} < 1$.

因为 $B_1H_1 < AH_2$，所以，$y < z$.

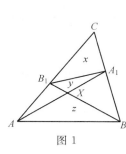

图 1

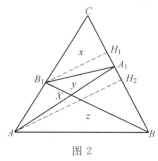

图 2

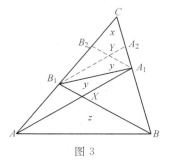

图 3

（2）如图 3，作 $B_1A_2 /\!/ AA_1$，与 BC 交于点 A_2，作 $A_1B_2 /\!/ BB_1$，与 AC 交于点 B_2.

由 B_1 为边 AC 上的点，且 $B_1A_2 /\!/ AA_1$，故点 A_2 也在边 CA_1 上.

类似地，点 B_2 也在边 CB_1 上.

设 Y 为 B_1A_2 与 A_1B_2 的交点.

因为 A_2，B_2 分别为 $\triangle CA_1B_1$ 边 CA_1，CB_1 上的点，所以，Y 为 $\triangle CA_1B_1$ 内的一个点.

从而，$S_{\triangle YA_1B_1} < S_{\triangle CA_1B_1} = x$.

又由四边形 B_1YA_1X 为平行四边形，知 $S_{\triangle YA_1B_1} = S_{\triangle XA_1B_1} = y$.

因此，$y < x$.

> 在 $\square ABCD$ 中，点 X，Y，Z 分别在边 AD，AB，BC 上，且 $AX = CZ$.
>
> （1）证明：$XY + YZ \geqslant AC$ 和 $XY + YZ \geqslant BD$ 至少有一个成立.
>
> （2）$XY + YZ \geqslant \dfrac{AC + BD}{2}$ 是否成立？
>
> （2013，第 64 届白俄罗斯数学奥林匹克）

（1）**证明**　不失一般性，设 $\angle BAD = \alpha \leqslant 90°$.

则 $BD = \sqrt{AB^2 + AD^2 - 2AB \cdot AD\cos\alpha} \leqslant \sqrt{AB^2 + AD^2 + 2AB \cdot AD\cos\alpha}$

$= \sqrt{AB^2 + BC^2 - 2AB \cdot BC\cos(\pi - \alpha)} = AC$.

如图 1，作 $YM /\!/ AD$，$DM /\!/ XY$.

显然，四边形 $XYMD$ 为平行四边形.

从而，$YM = XD$.

又因为 $CZ = AX$，所以，

$XD = AD - AX = BC - CZ = ZB$.

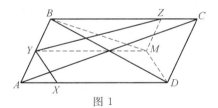

图 1

平面几何部分

由 $ZB /\!/ XD /\!/ YM$,知四边形 $YBZM$ 为平行四边形. 于是, $\angle BYM = \angle BAD = \alpha \leqslant 90^\circ$.

则 $YZ = \sqrt{YB^2 + BZ^2 - 2YB \cdot BZ \cos(\pi - \alpha)}$

$\geqslant \sqrt{YB^2 + YM^2 - 2YB \cdot YM \cos\alpha} = BM$.

故 $XY + YZ \geqslant XY + BM = MD + BM \geqslant BD$.

(2) **解** 举出一种情况,使得 $XY + YZ \geqslant \dfrac{AC + BD}{2}$ 不成立.

首先,取 $\square ABCD$,使得 $AC > BD$.

如图 2,作 $YZ /\!/ AC$.

设 $\dfrac{AX}{AD} = \dfrac{CZ}{BC} = \lambda$.

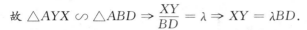

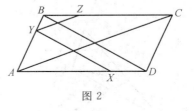

图 2

由平行线分线段成比例,得 $\dfrac{AY}{AB} = \dfrac{CZ}{BC} = \lambda$.

则 $\dfrac{AY}{AB} = \dfrac{AX}{AD} = \lambda$.

故 $\triangle AYX \backsim \triangle ABD \Rightarrow \dfrac{XY}{BD} = \lambda \Rightarrow XY = \lambda BD$.

此外, $\triangle YBZ \backsim \triangle ABC$,且 $\dfrac{YZ}{AC} = \dfrac{BZ}{BC} = \dfrac{BC - CZ}{BC} = 1 - \lambda$.

于是, $YZ = (1 - \lambda)AC$. 从而, $XY + YZ = \lambda BD + (1 - \lambda)AC$.

故 $XY + YZ = \dfrac{AC + BD}{2} \Leftrightarrow \lambda BD + (1 - \lambda)AC \geqslant \dfrac{1}{2}BD + \dfrac{1}{2}AC$

$\Rightarrow \left(\lambda - \dfrac{1}{2}\right)BD \geqslant \left(\lambda - \dfrac{1}{2}\right)AC$.

但此不等式在 $\lambda > \dfrac{1}{2}$ 时不成立.

在凸四边形 $ABCD$ 中, $\angle A$ 和 $\angle C$ 均不为锐角,点 K, L, M, N 分别在边 AB, BC, CD, DA 上. 证明:四边形 $KLMN$ 的周长不小于对角线 AC 长的两倍.

(2013,第 64 届白俄罗斯数学奥林匹克)

证明 **引理** 设 CC_1 为 $\triangle ABC$ 的中线. 则 $CC_1 \leqslant \dfrac{AB}{2} \Leftrightarrow \angle ACB \geqslant 90^\circ$.

证明 如图 1,考虑 $\square ADBC$.

在 $\triangle ABC$ 和 $\triangle CBD$ 中,由余弦定理得

$\cos\angle ACB = \dfrac{BC^2 + AC^2 - AB^2}{2BC \cdot AC}$,

$\cos\angle CBD = \dfrac{BC^2 + AC^2 - CD^2}{2BC \cdot AC}$.

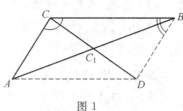

图 1

由这两个角之和为 180° 知

$\angle ACB \geqslant 90^\circ \Leftrightarrow \cos\angle CBD \geqslant \cos\angle ACB \Leftrightarrow CD \leqslant AB \Leftrightarrow CC_1 \leqslant \dfrac{AB}{2}$.

引理得证.

如图 2,设 P,Q,T 分别为线段 KN,KM,LM 的中点.

于是,$AC \leqslant AP + PQ + QT + TC$.

由已知 $\angle NAK \geqslant 90°$,$\angle MCL \geqslant 90°$,并结合引理得 $AP \leqslant \dfrac{KN}{2}$,$CT \leqslant \dfrac{LM}{2}$.

又 $PQ = \dfrac{1}{2}NM$,$QT = \dfrac{1}{2}KL$,故

$$AC \leqslant \frac{1}{2}KN + \frac{1}{2}NM + \frac{1}{2}KL + \frac{1}{2}LM,$$

即四边形 $KLMN$ 的周长不小于对角线 AC 长的两倍.

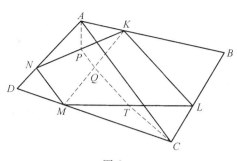

图 2

> 已知在 $\triangle ABC$ 中,D,E 分别为边 CB,CA 上的点,且 AD 平分 $\angle CAB$,BE 平分 $\angle CBA$.一个菱形内接于四边形 $AEDB$(菱形的四个顶点分别在四边形 $AEDB$ 的四条边上),设菱形的非钝角为 φ.证明:$\varphi \leqslant \max\{\angle BAC,\angle ABC\}$.
>
> （第 54 届 IMO 预选题）

证明 如图,设菱形的四个顶点 K,L,M,N 分别在边 AE,ED,DB,BA 上.

记 $d(X,YZ)$ 为点 X 到直线 YZ 的距离.则
$d(D,AB) = d(D,AC)$,
$d = (E,AB) = d(E,BC)$,
$d(D,BC) = d(E,AC) = 0$.

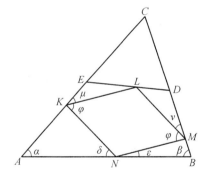

这表明,$d(D,AC) + d(D,BC) = d(D,AB)$,
$d(E,AC) + d(E,BC) = d(E,AB)$.

因为点 L 在线段 DE 上,在 $\triangle ABC$ 中,
$$d(X,AC) + d(X,BC) = d(X,AB)$$
关于 X 是线性的,

所以,$d(L,AC) + d(L,BC) = d(L,AB)$. ①

设 $KL = a$,相关的角如图所示.

则 $d(L,AC) = a\sin\mu$,$d(L,BC) = a\sin\nu$.

因为四边形 $KLMN$ 为在边 AB 同侧的菱形,所以,
$$d(L,AB) = d(L,AB) + d(N,AB) = d(K,AB) + d(M,AB) = a(\sin\delta + \sin\varepsilon).$$

结合式 ① 得 $\sin\mu + \sin\nu = \sin\delta + \sin\varepsilon$. ②

若 α,β 中有一个非锐角,则结论显然成立.

若 α,β 均小于 $\dfrac{\pi}{2}$,只要证明 $\varphi = \angle NKL \leqslant \max\{\alpha,\beta\}$.

假设结论不成立.则 $\varphi > \max\{\alpha,\beta\}$.

因为 $\mu + \varphi = \angle CKN = \alpha + \delta$，所以，$\mu = (\alpha - \varphi) + \delta < \delta$.

类似地，$\nu < \varepsilon$.

又因为 $KN \parallel LM$，所以，$\beta = \delta + \nu$. 于是，$\delta < \beta < \dfrac{\pi}{2}$.

类似地，$\varepsilon < \dfrac{\pi}{2}$.

由 $\mu < \delta < \dfrac{\pi}{2}$，$\nu < \varepsilon < \dfrac{\pi}{2}$，知 $\sin\mu < \sin\delta$，$\sin\nu < \sin\varepsilon$.

从而，$\sin\mu + \sin\nu < \sin\delta + \sin\varepsilon$，与式 ② 矛盾.

已知 I 为 $\triangle ABC$ 的内心. 记 R_A，R_B，R_C 分别为 $\triangle BIC$，$\triangle CIA$，$\triangle AIB$ 外接圆的半径，R 为 $\triangle ABC$ 外接圆的半径. 证明：
$$R_A + R_B + R_C \leqslant 3R.$$

（2014，爱沙尼亚数学奥林匹克决赛）

证明 记三边 BC，CA，AB 所对应的三个内角分别为 α，β，γ.

由正弦定理，得 $\dfrac{a}{\sin\alpha} = 2R$，$\dfrac{a}{\sin\left(\dfrac{\beta}{2} + \dfrac{\gamma}{2}\right)} = 2R_A$.

又 $\sin\left(\dfrac{\beta}{2} + \dfrac{\gamma}{2}\right) = \sin\left(90° - \dfrac{\alpha}{2}\right) = \cos\dfrac{\alpha}{2} \Rightarrow \dfrac{R_A}{R} = \dfrac{\sin\alpha}{\cos\dfrac{\alpha}{2}} = 2\sin\dfrac{\alpha}{2}$.

类似地，$\dfrac{R_B}{R} = 2\sin\dfrac{\beta}{2}$，$\dfrac{R_C}{R} = 2\sin\dfrac{\gamma}{2}$.

从而，要证的不等式等价于

$\dfrac{R_A}{R} + \dfrac{R_B}{R} + \dfrac{R_C}{R} \leqslant 3 \Leftrightarrow \sin\dfrac{\alpha}{2} + \sin\dfrac{\beta}{2} + \sin\dfrac{\gamma}{2} \leqslant \dfrac{3}{2}$.

由琴生不等式得

$$\dfrac{1}{3}\left(\sin\dfrac{\alpha}{2} + \sin\dfrac{\beta}{2} + \sin\dfrac{\gamma}{2}\right) \leqslant \sin\dfrac{\dfrac{\alpha}{2} + \dfrac{\beta}{2} + \dfrac{\gamma}{2}}{3} = \sin\dfrac{\alpha + \beta + \gamma}{6} = \sin\dfrac{\pi}{6} = \dfrac{1}{2}.$$

从而，所证不等式成立.

在 $\triangle ABC$ 中，$\angle A = 90°$，点 A 在边 BC 上的投影为 D，D 在 AB，AC 上的投影分别为 E，F. 证明：$\sqrt{5}\,BC \geqslant \sqrt{2}\,(BF + CE)$.

（2014，第 58 届摩尔多瓦数学奥林匹克）

证明 易知，四边形 $AEDF$ 为矩形. 故 $EF = AD = \sqrt{BD \cdot DC}$.

又由柯西不等式知

$$\dfrac{1}{2}(CE + BF)^2 \leqslant CE^2 + BF^2 = AC^2 + AE^2 + AB^2 + AF^2 = BC^2 + EF^2$$

$$= BC^2 + BD \cdot DC \leqslant BC^2 + \left(\frac{BD + DC}{2}\right)^2 = \frac{5}{4}BC^2.$$

因此，$CE + BF \leqslant \sqrt{\frac{5}{2}}BC$.

（1）已知 $\triangle ABC$ 的三边长分别为 a, b, c，且满足 $a^2 + b^2 > c^2$，$b^2 + c^2 > a^2$，$a^2 + c^2 > b^2$. 试判断 $\triangle ABC$ 的形状？

（2）已知 $\triangle ABC$ 的三边长分别为 a, b, c，对于所有的正整数 n，满足 $a^n + b^n > c^n$，$b^n + c^n > a^n$，$a^n + c^n > b^n$. 试判断 $\triangle ABC$ 的形状？

(2014，第 45 届奥地利数学奥林匹克)

解 （1）由余弦定理，得 $\cos C = \dfrac{a^2 + b^2 - c^2}{2ab} > 0 \Rightarrow \angle C < 90°$.

类似地，$\angle A < 90°$，$\angle B < 90°$.

故满足条件的三角形为锐角三角形.

（2）由对称性，不妨设 $c \geqslant b \geqslant a$.

设 $p = \dfrac{a}{c} \leqslant 1$，$q = \dfrac{b}{c} \leqslant 1$. 则 $a^n + b^n > c^n \Leftrightarrow p^n + q^n > 1 (n \in \mathbf{Z}^+)$.

若 $0 < p < 1$，$0 < q < 1$，则当 n 取足够大的整数时，有

$$p^n < \frac{1}{2}, q^n < \frac{1}{2} \Rightarrow p^n + q^n < 1.$$

于是，要满足题目条件，需 p 和 q 至少有一个为 1.

当 $p = 1$ 时，$a = b = c$，$\triangle ABC$ 为正三角形；

当 $p \leqslant 1$ 时，$q = 1$，即在 $\triangle ABC$ 中，$a \leqslant b = c$，则 $\angle A \leqslant 60°$.

从而，满足条件的三角形为最小角不大于 60° 的等腰三角形.

已知 X 和 Y 为 $\triangle ABC$ 的外接圆弧 $\overset{\frown}{BC}$（不含点 A）上的两点，满足 $\angle BAX = \angle CAY$. 设 M 为线段 AX 的中点. 证明：$BM + CM > AY$.

(2014，第一届伊朗几何奥林匹克)

证明 如图，设 O 为 $\triangle ABC$ 的外接圆圆心. 则 $OM \perp AX$.

过点 B 作 OM 的垂线，与 $\triangle ABC$ 外接圆的另一个交点为 Z.

因为 $OM \perp BZ$，所以，OM 为线段 BZ 的垂直平分线.

于是，$MZ = MB$.

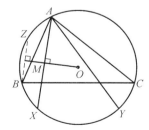

由三角不等式知 $BM + MC = ZM + MC > CZ$.

又 $BZ /\!/ AX$，故 $\overset{\frown}{AZ} = \overset{\frown}{BX} = \overset{\frown}{CY}$.

从而，$\overset{\frown}{ZAC} = \overset{\frown}{YCA}$，这表明，$CZ = AY$.

因此，$BM + CM > CZ = AY$.

> 在平面上,O 为正 $\triangle ABC$ 的中心,点 P 和 Q 满足 $\overrightarrow{OQ} = 2\overrightarrow{PO}$.证明:$PA + PB + PC \leqslant QA + QB + QC$.
>
> (2014,中国西部数学邀请赛)

证明 设 BC,CA,AB 的中点分别为 A_1,B_1,C_1.

由于 $\triangle ABC$ 与 $\triangle A_1B_1C_1$ 关于点 O 位似,位似比为 $-\dfrac{1}{2}$,故在此变换下,$P \to Q$.

则 $QA + QB + QC = 2(PA_1 + PB_1 + PC_1)$.

在四边形 PA_1BC_1 中,由托勒密不等式知 $PB \cdot A_1C_1 \leqslant PC_1 \cdot A_1B + PA_1 \cdot BC_1$.

注意到,$\triangle ABC$ 为正三角形.则 $PB \leqslant PA_1 + PC_1$.

类似地,$PC \leqslant PA_1 + PB_1$,$PA \leqslant PB_1 + PC_1$.

以上三式相加得 $PA + PB + PC \leqslant 2(PA_1 + PB_1 + PC_1)$.

故 $PA + PB + PC \leqslant QA + QB + QC$.

> 已知 K,L,M 分别为 $\triangle ABC$ 的边 BC,CA,AB 上的点,且满足 AK,BL,CM 三线共点.证明:$\triangle ALM,\triangle BMK,\triangle CKL$ 中存在两个三角形,这两个三角形的内切圆半径之和不小于 $\triangle ABC$ 的内切圆半径.
>
> (第 55 届 IMO 预选题)

证明 设 $\dfrac{BK}{KC} = a,\dfrac{CL}{LA} = b,\dfrac{AM}{MB} = c$.

由塞瓦定理,知 $abc = 1$.

不失一般性,假设 $a \geqslant 1$.则 b 与 c 中至少有一个不大于 1.数对 (a,b) 与 (b,c) 中至少有一个满足第一个分量不小于 1,第二个分量不大于 1.不失一般性,假设 $a \geqslant 1,b \leqslant 1$.

于是,$bc \leqslant 1,ac \geqslant 1$,即 $\dfrac{AM}{MB} \leqslant \dfrac{LA}{CL},\dfrac{MB}{AM} \leqslant \dfrac{BK}{KC}$.

第一个不等式表明,过点 M 且平行于 BC 的直线与线段 AL 交于点 X,如图.

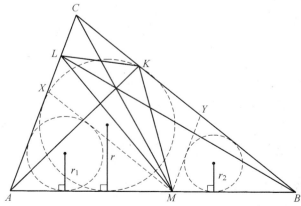

故 $\triangle ALM$ 的内切圆半径不小于 $\triangle AMX$ 的内切圆半径 r_1.

类似地,过点 M 且平行于 AC 的直线与线段 BK 交于点 Y,则 $\triangle BMK$ 的内切圆半径不小于 $\triangle BMY$ 的内切圆半径 r_2.

设 $\triangle ABC$ 的内切圆半径为 r.

只要证 $r_1 + r_2 \geqslant r$.事实上, $r_1 + r_2 = r$.

因为 $MX \parallel BC$,所以, A 为 $\triangle AMX$ 与 $\triangle ABC$ 的位似中心.

于是, $\dfrac{r_1}{r} = \dfrac{AM}{AB}$.

类似地, $\dfrac{r_2}{r} = \dfrac{MB}{AB}$.

以上两式相加得 $\dfrac{r_1}{r} + \dfrac{r_2}{r} = 1 \Rightarrow r_1 + r_2 = r$.

已知 $\odot A, \odot B, \odot C$ 两两外切,其半径依次为 r_A, r_B, r_C.若 $\triangle ABC$ 的内切圆半径为 r,证明: $r^2 \leqslant \dfrac{1}{9}(r_A^2 + r_B^2 + r_C^2)$,并说明等号成立的条件.

（2015,泰国数学奥林匹克）

证明　设 $\triangle ABC$ 的半周长为 p,边 BC, CA, AB 的长度分别为 a, b, c.

易知, $p = \dfrac{a+b+c}{2} = r_A + r_B + r_C$.

由三角形面积公式,得 $S = pr = \sqrt{p(p-a)(p-b)(p-c)}$.

由 $p - a = r_A, p - b = r_B, p - c = r_C$,得

$$r^2 = \dfrac{S^2}{p^2} = \dfrac{(p-a)(p-b)(p-c)}{p} = \dfrac{r_A r_B r_C}{r_A + r_B + r_C}.$$

由均值不等式,得 $\dfrac{r_A r_B r_C}{r_A + r_B + r_C} \leqslant \dfrac{r_A^2 + r_B^2 + r_C^2}{9}$.

当 $r_A = r_B = r_C$ 时,上式等号成立.

设 R 和 r 分别为直角三角形的外接圆半径和内切圆半径.证明:
$$R \geqslant (1 + \sqrt{2})r.$$

（2015,爱沙尼亚数学奥林匹克）

证明　如图,设 $\triangle ABC$ 为直角三角形, $\angle C = 90°$, $\triangle ABC$ 的外心为 O,内心为 I.

则 O 为 $\mathrm{Rt}\triangle ABC$ 斜边 AB 的中点.

设 $\odot I$ 与边 BC, CA, AB 的切点分别为 K, L, M,延长 CI,与 AB 交于点 N.

因为 $IK \perp BC, AC \perp BC, IL \perp AC, IK = IL = r$,所以,四边形 $IKCL$ 为正方形.

故 $\angle ACN = \angle BCN = 45°, CI = \sqrt{2}\,r$.

于是,$CI + IM = \sqrt{2}\,r + r = (1+\sqrt{2})r$.

不妨设 $\angle BAC \leqslant \angle ABC$. 则

$\angle ABC \geqslant 45°, \angle AOC = 2\angle ABC \geqslant \angle ABC + 45° = \angle ANC \geqslant 90°$.

从而,点 O 在线段 NA 上.

故 $CO \geqslant CN = CI + IN \geqslant CI + IM = (1+\sqrt{2})r$.

在 $\triangle ABC$ 中,边 BC 上的高为 1,D 为 AC 的中点. 求 BD 的取值范围.

(2015,爱尔兰数学奥林匹克)

解 以直线 BC 为 x 轴、边 BC 上的高所在直线为 y 轴建立直角坐标系. 则

$A(0,1), B(b,0), C(c,0), D\left(\dfrac{c}{2}, \dfrac{1}{2}\right)$.

于是,$BD = \sqrt{\left(b - \dfrac{c}{2}\right)^2 + \dfrac{1}{4}} \geqslant \dfrac{1}{2}$,当 $b = \dfrac{c}{2}$ 时,等号成立.

故 BD 的取值范围是 $\left[\dfrac{1}{2}, +\infty\right)$.

设 $\triangle ABC$ 的内切圆半径为 r. 用 R_A 表示与 $\triangle ABC$ 的外接圆内切于点 A 且与边 BC 相切的圆的半径,类似定义点 R_B 和 R_C. 证明:$\dfrac{1}{R_A} + \dfrac{1}{R_B} + \dfrac{1}{R_C} \leqslant \dfrac{2}{r}$.

(2015,第 66 届罗马尼亚国家队选拔考试)

证明 用 a 表示边 BC 的长,h_A 表示边 BC 上的高,记半径为 R_A 的圆与边 BC 切于点 D.

则 $2R_A \geqslant AD \geqslant h_A = \dfrac{2S_{\triangle ABC}}{a}$,当且仅当 $AB = AC$ 时,上式等号成立.

类似地,对半径为 R_B 和 R_C 也有类似的不等式.

从而,$\dfrac{1}{R_A} + \dfrac{1}{R_B} + \dfrac{1}{R_C} \leqslant \dfrac{a+b+c}{S_{\triangle ABC}} = \dfrac{2}{r}$.

当且仅当 $\triangle ABC$ 为正三角形时,上式等号成立.

在三角形中,称连接一个顶点和对边上任意点的线段为"切氏线". 证明:过三角形某一个顶点的两条边及切氏线可组成一个三角形.

(2015,地中海地区数学竞赛)

证明 在 $\triangle ABC$ 中,记 $AB = c, AC = b, BC = a$.

过点 A 作 $AD \perp BC$ 于点 D,$AD = h$.

设 AM 为过点 A 的切氏线. 令 $\angle A \leqslant \angle B \leqslant \angle C$.

(1) $\angle C \leqslant 90°$.

则 $AD > AB - BD, AD > AC - DC$.

故 $h > \dfrac{b+c-a}{2} \Rightarrow b + h > \dfrac{b+c-a}{2} + b \geqslant \dfrac{c}{2} + b \geqslant \dfrac{c}{2} + \dfrac{a+b}{2} > \dfrac{c}{2} + \dfrac{c}{2} = c$.

因为 $AM \geqslant h$,所以,$b + AM > c$.

(2) $\angle C > 90°$.

则 $b < AM$. 于是,$b + AM > b + b \geqslant b + a > c$.

综上,$AB < AC + AM$.

命题得证.

已知 $\triangle ABC$ 任意两条边的长度至少相差 $d(d > 0)$.设点 T 为重心,点 I 为内心,r 为内切圆半径.证明:

$$S_{\triangle AIT} + S_{\triangle BIT} + S_{\triangle CIT} \geqslant \dfrac{2}{3} rd.$$

（2015,第 64 届捷克和斯洛伐克数学奥林匹克）

证明 如图,设 BC 的中点为 D.

则 $AT = \dfrac{2}{3} AD$.

故 $S_{\triangle AIT} = \dfrac{2}{3} S_{\triangle AID} = \dfrac{1}{3} \mid S_{\triangle ABI} - S_{\triangle ACI} \mid$

$= \dfrac{1}{6} r \mid c - b \mid$.

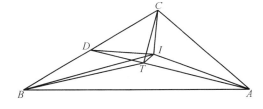

类似地,$S_{\triangle BIT} = \dfrac{1}{6} r \mid a - c \mid, S_{\triangle CIT} = \dfrac{1}{6} r \mid a - b \mid$.

设 $a \leqslant b \leqslant c$. 则 $\mid b - a \mid \geqslant d, \mid c - b \mid \geqslant d, \mid c - a \mid = (c - b) + (b - a) \geqslant 2d$.

故 $S_{\triangle AIT} + S_{\triangle BIT} + S_{\triangle CIT} = \dfrac{1}{6} r (\mid a - b \mid + \mid b - c \mid + \mid c - a \mid)$

$\geqslant \dfrac{1}{6} r (d + d + 2d) = \dfrac{2}{3} rd$.

设凸四边形 $ABCD$ 的面积为 $S, AB = a, BC = b, CD = c, DA = d$.证明:对 a, b, c, d 的任意一个排列 (x, y, z, w),有 $S \leqslant \dfrac{1}{2}(xy + zw)$.

（2015,中国西部数学邀请赛）

证明 注意到,凸四边形 $ABCD$ 的边长 a, b, c, d 的排列有 $4! = 24$(种).

事实上,由边长 x 和 y 是否相邻,只要考虑如下两种情况.

(1) 若 x 和 y 为凸四边形 $ABCD$ 相邻的两边长,不失一般性,只要证 $S \leqslant \dfrac{1}{2}(ab + cd)$.

注意到, $S_{\triangle ABC} = \dfrac{1}{2} AB \cdot BC \sin\angle ABC \leqslant \dfrac{1}{2} ab$,

$S_{\triangle CDA} = \dfrac{1}{2} CD \cdot DA \sin\angle CDA \leqslant \dfrac{1}{2} cd$.

故 $S = S_{\triangle ABC} + S_{\triangle CDA} \leqslant \dfrac{1}{2}(ab + cd)$.

(2) 若 x 和 y 为凸四边形 $ABCD$ 两相对边的长,只要证 $S \leqslant \dfrac{1}{2}(ac + bd)$.

设点 A 关于 BD 的中垂线的对称点为 A'. 则

$S_{四边形ABCD} = S_{四边形A'BCD} = S_{\triangle A'BC} + S_{\triangle CDA'} \leqslant \dfrac{1}{2} A'B \cdot BC + \dfrac{1}{2} CD \cdot DA'$

$= \dfrac{1}{2} AD \cdot BC + \dfrac{1}{2} CD \cdot AB = \dfrac{1}{2}(ac + bd)$.

由情况(1)、(2),知原问题成立.

【注】当 x 和 y 为凸四边形 $ABCD$ 的两相对边的长时,可用托勒密不等式证明结论成立. 事实上,

$S = S_{四边形ABCD} = \dfrac{1}{2} AC \cdot BD \sin\theta$

$\leqslant \dfrac{1}{2} AC \cdot BD \leqslant \dfrac{1}{2}(AB \cdot CD + BC \cdot DA) = \dfrac{1}{2}(ac + bd)$.

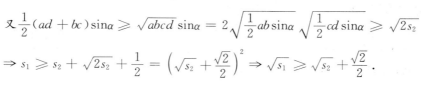

称横、纵坐标均是整数的点为"整点". 设凸四边形 $ABCD$ 的四个顶点及对角线交点 M 均为整点,记凸四边形 $ABCD$ 的面积为 S_1,$\triangle ABM$ 面积为 s_2. 证明:$\sqrt{s_1} \geqslant \sqrt{s_2} + \dfrac{\sqrt{2}}{2}$,并求出取等条件.

(2015—2016,匈牙利数学奥林匹克决赛)

证明 如图.

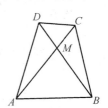

设 $\angle AMB = \alpha, CM = a, DM = b, AM = c, BM = d$.

则 $s_2 = \dfrac{1}{2} cd \sin\alpha$,$s_1 = \dfrac{1}{2}(a + c)(b + d)\sin\alpha$.

又 C, D, M 为整点,则由皮克(Pick)定理知

$S_{\triangle CDM} \geqslant \dfrac{1}{2} \Rightarrow \dfrac{1}{2} ab \sin\alpha \geqslant \dfrac{1}{2}$.

又 $\dfrac{1}{2}(ad + bc)\sin\alpha \geqslant \sqrt{abcd}\,\sin\alpha = 2\sqrt{\dfrac{1}{2} ab \sin\alpha}\,\sqrt{\dfrac{1}{2} cd \sin\alpha} \geqslant \sqrt{2 s_2}$

$\Rightarrow s_1 \geqslant s_2 + \sqrt{2 s_2} + \dfrac{1}{2} = \left(\sqrt{s_2} + \dfrac{\sqrt{2}}{2}\right)^2 \Rightarrow \sqrt{s_1} \geqslant \sqrt{s_2} + \dfrac{\sqrt{2}}{2}$.

等号成立的条件是 $\triangle CDM$ 中无整点且 $ad = bc$.

设点 A_1,B_1,C_1 分别在 $\triangle ABC$ 的边 BC,CA,AB 上，AA_1,BB_1,CC_1 三线共点于 P. 证明：

$$AP \cdot PA_1 + BP \cdot PB_1 + CP \cdot PC_1 < \frac{1}{3}(BC^2 + AC^2 + AB^2).$$

（2015—2016，匈牙利数学奥林匹克）

证明　引理　如图，设 $\dfrac{BD}{CD} = \dfrac{u}{v}$. 则 $AD < \dfrac{uAC + vAB}{u + v}$.

证明　由 $\overrightarrow{AD} = \dfrac{u\overrightarrow{AC} + v\overrightarrow{AB}}{u + v}$

$\Rightarrow \left|\overrightarrow{AD}\right| = \dfrac{1}{u+v}\left|u\overrightarrow{AC} + v\overrightarrow{AB}\right| < \dfrac{1}{u+v}\left(u\left|\overrightarrow{AC}\right| + v\left|\overrightarrow{AB}\right|\right)$

$\Rightarrow AD < \dfrac{uAC + vAB}{u + v}$.

引理得证.

设 $x = \dfrac{S_{\triangle BPC}}{S_{\triangle ABC}}$，$y = \dfrac{S_{\triangle APC}}{S_{\triangle ABC}}$，$z = \dfrac{S_{\triangle APB}}{S_{\triangle ABC}}$. 于是，$\dfrac{BA_1}{A_1C} = \dfrac{z}{y}$.

由引理，知 $AA_1 < \dfrac{yc + zb}{y + z}$，$x + y + z = 1$.

则 $AP \cdot PA_1 < x(1-x)\left(\dfrac{yc + zb}{y + z}\right)^2 = \dfrac{x}{y+z}(yc + zb)^2$

$\leqslant \dfrac{x}{y+z}(y+z)(yc^2 + zb^2) = xyc^2 + xzb^2$.

故 $AP \cdot PA_1 + BP \cdot PB_1 + CP \cdot PC_1 < 2xyc^2 + 2xzb^2 + 2yza^2$.

从而，只要证 $xyc^2 + xzb^2 + yza^2 \leqslant \dfrac{1}{6}(a^2 + b^2 + c^2)$.

若 $xy,xz,yz \leqslant \dfrac{1}{6}$，则显然成立. 否则，设 $xy > \dfrac{1}{6}$.

由 $xy + xz = x(y+z) = x(1-x) \leqslant \dfrac{1}{4} \Rightarrow xz < \dfrac{1}{6}$.

类似地，$yz < \dfrac{1}{6}$.

从而，只要证 $\left(xy - \dfrac{1}{6}\right)c^2 \leqslant \left(\dfrac{1}{6} - xz\right)b^2 + \left(\dfrac{1}{6} - yz\right)a^2$.

又 $c^2 < (a+b)^2 \leqslant 2a^2 + 2b^2$，故只要证

$2\left(xy - \dfrac{1}{6}\right) \leqslant \dfrac{1}{6} - xz$，$2\left(xy - \dfrac{1}{6}\right) \leqslant \dfrac{1}{6} - yz$，

即只要证

$2\left(xy - \dfrac{1}{6}\right) \leqslant \dfrac{1}{6} - xz \Leftrightarrow 2xy \leqslant \dfrac{1}{2} - x + x^2 + xy \Leftrightarrow x(1 - x + y) \leqslant \dfrac{1}{2}$.

而 $x(1 - x + y) < x(1 - x + 1 - x) = 2x(1-x) \leqslant 2 \times \dfrac{1}{4} = \dfrac{1}{2}$，故

$AP \cdot PA_1 + BP \cdot PB_1 + CP \cdot PC_1 < \dfrac{1}{3}(AB^2 + BC^2 + CA^2)$.

平面几何部分

已知半径分别为 r_1, r_2, r_3 的 $\odot O_1, \odot O_2, \odot O_3$ 两两外切,且同时与一条直线相切,切点分别为 A, B, C(点 B 位于 A, C 之间). 证明:
$$16(r_1 + r_2 + r_3) \geqslant 9(AB + BC + CA).$$

(2016,英国数学奥林匹克)

证明 如图,过点 O_2 作 O_1A 的垂线,垂足为 A'.

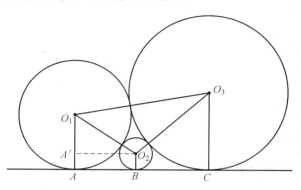

因为四边形 $A'O_2BA$ 是矩形,所以,$A'O_2 = AB, O_1A' = r_1 - r_2$.

又 $O_1O_2 = r_1 + r_2$,由勾股定理得 $AB^2 = (r_1 + r_2)^2 - (r_1 - r_2)^2 = 4r_1r_2$.

类似地,$AC^2 = 4r_1r_3, BC^2 = 4r_2r_3$.

又 $AB + BC = AC$,故 $\sqrt{r_1r_3} = \sqrt{r_1r_2} + \sqrt{r_2r_3}$.

令 $a = \sqrt{r_1}, b = \sqrt{r_3}$. 则 $\sqrt{r_2} = \dfrac{\sqrt{r_1r_3}}{\sqrt{r_1} + \sqrt{r_3}} = \dfrac{ab}{a+b}$.

于是,要证明:$16\left[a^2 + b^2 + \left(\dfrac{ab}{a+b}\right)^2\right] \geqslant 9\left(2ab + \dfrac{2a^2b}{a+b} + \dfrac{2ab^2}{a+b}\right) = 36ab$,只要证明:

$4\left[(a^2 + b^2)(a+b)^2 + a^2b^2\right] \geqslant 9ab(a+b)^2$.

注意到,

$4\left[(a^2 + b^2)(a+b)^2 + a^2b^2\right] - 9ab(a+b)^2$

$= 4(a^2 + b^2 - 2ab)(a+b)^2 - ab\left[(a+b)^2 - 4ab\right]$

$= (a-b)^2\left[4(a+b)^2 - ab\right] = (a-b)^2(4a^2 + 7ab + 4b^2) \geqslant 0$.

从而,结论得证.

平面上三条直线交于点 P. 证明:

(1) 存在一个圆,使得点 P 在其内部,该圆与三条直线的交点依次记为 A, B, C, D, E, F,且 $AB = CD = EF$;

(2) 若圆 Γ 与过圆内一点 P 的三条直线的交点依次记为 A, B, C, D, E, F,且 $AB = CD = EF$,则 $\dfrac{1}{2}S_{六边形ABCDEF} \geqslant S_{\triangle APB} + S_{\triangle CPD} + S_{\triangle EPF}$. ①

(2016,澳大利亚数学奥林匹克)

证明 （1）设三条直线的夹角分别为 α,β,γ，即

$\angle EPF=\alpha,\angle CPD=\beta,\angle APB=\gamma.$

则 $\alpha+\beta+\gamma=180°.$

以 P 为顶点，分别以 α,β,γ（不相邻）为顶角，构造三个以 α,β,γ 为内角的相似三角形，$\triangle ABP \backsim \triangle DPC \backsim \triangle PEF$，使得 $AB=CD=EF$. 如图1.

只需证明 A,B,C,D,E,F 六点共圆.

因为 $\angle BAD=\angle ADC,AB=CD$，所以，四边形 $ABCD$ 为等腰梯形，$AD \parallel BC.$

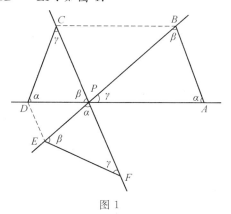

从而，A,B,C,D 四点共圆.

类似地，$DE \parallel CF,C,D,E,F$ 四点共圆.

又 $DE \parallel CF$，于是，

$\angle BED=\angle BPC=\alpha=\angle BAD.$

故 A,B,D,E 四点共圆.

结合 A,B,C,D 四点共圆，即得 A,B,C,D,E 五点共圆，再结合 C,D,E,F 四点共圆，知 A,B,C,D,E,F 六点共圆.

图1

（2）不妨设三条直线的夹角分别为 $\alpha,\beta,\gamma,AB=CD=EF=1.$

由 A,B,C,D 四点共圆且 $AB=CD$，知 $AD \parallel BC.$ 则 $\angle CBP=\gamma,\angle PCB=\beta.$

类似地，$BE \parallel AF,CF \parallel DE.$

则 $\angle AFP=\alpha,\angle PAF=\gamma,\angle EDP=\beta,\angle PED=\alpha.$

如图2.

由 A,B,C,D,E,F 六点共圆知

$\angle ADC=\angle AFC=\alpha,\angle DCF=\angle DAF=\gamma,$

$\angle EBA=\angle EDA=\beta,\angle BAD=\angle BED=\alpha,$

$\angle CFE=\angle CBE=\gamma,\angle FEB=\angle FCB=\beta.$

构造 $\triangle XYZ$，其中，

$\angle ZXY=\alpha,\angle ZYX=\beta,\angle XZY=\gamma.$

令 $YZ=a,ZX=b,XY=c.$

易证明：$\triangle ABP \backsim \triangle PCB \backsim \triangle DPC \backsim \triangle EDP \backsim \triangle PEF \backsim \triangle FPA \backsim \triangle XYZ.$

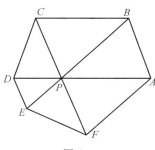

图2

设 $\triangle XYZ$ 的面积为 $S.$

由 $\triangle ABP \backsim \triangle XYZ \Rightarrow \dfrac{S_{\triangle ABP}}{S}=\left(\dfrac{1}{c}\right)^2 \Rightarrow S_{\triangle ABP}=\dfrac{S}{c^2}.$

又 $\dfrac{AP}{XZ}=\dfrac{AB}{XY}$，则 $AP=\dfrac{b}{c}.$

类似地，由 $\triangle DPC \backsim \triangle XYZ \Rightarrow \dfrac{S_{\triangle DPC}}{S}=\left(\dfrac{1}{b}\right)^2 \Rightarrow S_{\triangle DPC}=\dfrac{S}{b^2}.$

又 $\dfrac{PC}{YZ}=\dfrac{DC}{XZ}$，则 $PC=\dfrac{a}{b}.$

由 $\triangle PEF \backsim \triangle XYZ \Rightarrow \dfrac{S_{\triangle PEF}}{S} = \left(\dfrac{1}{a}\right)^2 \Rightarrow S_{\triangle PEF} = \dfrac{S}{a^2}$.

又 $\dfrac{PE}{XY} = \dfrac{EF}{YZ}$,则 $PE = \dfrac{c}{a}$.

由 $\triangle FPA \backsim \triangle XYZ \Rightarrow \dfrac{S_{\triangle FPA}}{S} = \left(\dfrac{PA}{a}\right)^2 = \left(\dfrac{b}{ca}\right)^2 \Rightarrow S_{\triangle FPA} = \dfrac{b^2 S}{c^2 a^2}$.

由 $\triangle PCB \backsim \triangle XYZ \Rightarrow \dfrac{S_{\triangle PCB}}{S} = \left(\dfrac{PC}{c}\right)^2 = \left(\dfrac{a}{bc}\right)^2 \Rightarrow S_{\triangle PCB} = \dfrac{a^2 S}{b^2 c^2}$.

由 $\triangle EDP \backsim \triangle XYZ \Rightarrow \dfrac{S_{\triangle EDP}}{S} = \left(\dfrac{EP}{b}\right)^2 = \left(\dfrac{c}{ab}\right)^2 \Rightarrow S_{\triangle EDP} = \dfrac{c^2 S}{a^2 b^2}$.

注意到,$S_{六边形ABCDEF} = S_{\triangle ABP} + S_{\triangle PCB} + S_{\triangle DPC} + S_{\triangle EDP} + S_{\triangle PEF} + S_{\triangle FPA}$.

故式 ① $\Leftrightarrow S_{\triangle PCB} + S_{\triangle EDP} + S_{\triangle FPA} \geqslant S_{\triangle APB} + S_{\triangle CPD} + S_{\triangle EPF}$

$\Leftrightarrow \dfrac{a^2 S}{b^2 c^2} + \dfrac{c^2 S}{a^2 b^2} + \dfrac{b^2 S}{c^2 a^2} \geqslant \dfrac{S}{c^2} + \dfrac{S}{b^2} + \dfrac{S}{a^2} \Leftrightarrow a^4 + b^4 + c^4 \geqslant a^2 b^2 + a^2 c^2 + b^2 c^2$

$\Leftrightarrow (a^2 - b^2)^2 + (b^2 - c^2)^2 + (c^2 - a^2)^2 \geqslant 0$.

上式显然成立.

等号成立的充分必要条件为 $a = b = c$,即 $\alpha = \beta = \gamma = 60°$.

已知在梯形 $ABCD$ 中,$AB \parallel CD$,Γ_1,Γ_2 分别是以 AD,BC 为直径的圆,X,Y 分别为圆 Γ_1,Γ_2 上的任意两点.证明:线段 XY 的长度不超过梯形 $ABCD$ 周长的一半.

(2016,第三届伊朗几何奥林匹克)

证明 如图.

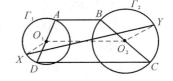

设 O_1,O_2 分别为圆 Γ_1,Γ_2 的圆心,显然,它们也分别为线段 AD,BC 的中点.

则 $XO_1 = \dfrac{AD}{2}$,$YO_2 = \dfrac{BC}{2}$,$O_1 O_2 = \dfrac{AB + CD}{2}$

$\Rightarrow XY \leqslant XO_1 + O_1 O_2 + YO_2 = \dfrac{AB + BC + CD + DA}{2}$.

已知 A_1,B_1,C_1 分别为锐角 $\triangle ABC$ 的边 BC,CA,AB 上的点,且 AA_1,BB_1,CC_1 分别为 $\angle BAC$,$\angle CBA$,$\angle ACB$ 的平分线,I 为 $\triangle ABC$ 的内心,H 为 $\triangle A_1 B_1 C_1$ 的垂心.证明:$AH + BH + CH \geqslant AI + BI + CI$.

(第 57 届 IMO 预选题)

证明 不妨设 $\alpha = \angle BAC \leqslant \beta = \angle CBA \leqslant \gamma = \angle ACB$.

记 $\triangle ABC$ 的边 BC,CA,AB 的长分别为 a,b,c,且 D,E 为边 BC 上的点,使得 $B_1 D \parallel AB$,$B_1 E$ 平分 $\angle BB_1 C$.

由 $\angle B_1 DB = 180° - \beta \Rightarrow BB_1 > B_1 D$

$$\Rightarrow \frac{BE}{EC} = \frac{BB_1}{B_1C} > \frac{DB_1}{B_1C} = \frac{AB}{AC} = \frac{BA_1}{A_1C} \Rightarrow BE > BA_1$$

$$\Rightarrow \frac{1}{2}\angle BB_1C = \angle BB_1E > \angle BB_1A_1.$$

类似地，$\dfrac{1}{2}\angle BB_1A > \angle BB_1C_1.$

故 $\angle A_1B_1C_1 = \angle BB_1A_1 + \angle BB_1C_1 < \dfrac{1}{2}(\angle BB_1C + \angle BB_1A) = 90°,$ 即 $\angle A_1B_1C_1$ 为锐角.

由对称性，知 $\triangle A_1B_1C_1$ 为锐角三角形.

设 BB_1 与 A_1C_1 交于点 $F.$

由 $\alpha \leqslant \gamma$，知 $a \leqslant c.$ 这表明，$BA_1 = \dfrac{ca}{b+c} \leqslant \dfrac{ac}{a+b} = BC_1.$

于是，$\angle BC_1A_1 \leqslant \angle BA_1C_1.$

由 $\angle B_1FC_1 = \angle BFA_1 \leqslant 90° \Rightarrow$ 点 H 和 C_1 在 BB_1 的同侧.

从而，证明了点 H 在 $\triangle BB_1C_1$ 的内部.

类似地，由 $\alpha \leqslant \beta \leqslant \gamma$，知点 H 也在 $\triangle CC_1B_1$ 和 $\triangle AA_1C_1$ 的内部.

由于 $\alpha \leqslant \beta \leqslant \gamma$，于是，$\alpha \leqslant 60° \leqslant \gamma.$

从而，$\angle BIC \leqslant 120° \leqslant \angle AIB.$

若 $\angle AIC \geqslant 120°$，设以 A 为旋转中心，旋转角为 $-60°$ 的旋转变换将点 B,I,H 变为点 B',I',H'，如图. 则点 B' 和 C 在 AB 的异侧.

由于 $\triangle AI'I$ 为正三角形，于是，
$$AI + BI + CI = II' + B'I' + IC$$
$$= B'I' + I'I + IC. \qquad ①$$

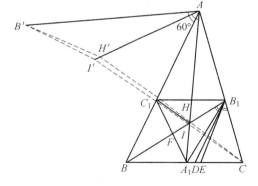

类似地，
$$AH + BH + CH = HH' + B'H' + HC$$
$$= B'H' + H'H + HC. \qquad ②$$

由 $\angle AII' = \angle AI'I = 60°,$

$\angle AI'B' = \angle AIB \geqslant 120°,$

且 $\angle AIC \geqslant 120°$，则四边形 $B'I'IC$ 为非凹四边形，且与点 A 均在 $B'C$ 的同侧.

因为点 H 在 $\triangle ACC_1$ 的内部，即在四边形 $B'I'IC$ 的外部，且 H 也在 $\triangle ABI$ 的内部，即点 H' 在 $\triangle AB'I'$ 的内部，即点 H' 在四边形 $B'I'IC$ 的外部，故四边形 $B'I'IC$ 在四边形 $B'H'HC$ 内.

由式 ①、②，知 $AH + BH + CH \geqslant AI + BI + CI.$

若 $\angle AIC < 120°$，设以 C 为旋转中心，旋转角为 $60°$ 的旋转变换将点 B,I,H 变为点 B',I',H'. 则点 B' 和 A 在 BC 的异侧，与 $\angle AIC \geqslant 120°$ 的情况类似可得
$$AH + BH + CH \geqslant AI + BI + CI.$$

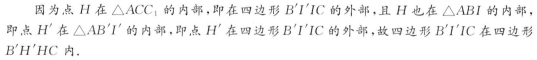

求所有的实数对 (k,l)，满足 $ka^2 + lb^2 > c^2$ (a,b,c 为任意三角形的边长).

(2017,第 66 届保加利亚数学奥林匹克)

解 假设 (k,l) 满足要求，令 $a=c=1$.

任取 $b<2$，得 $k+lb^2>1$.

若 $k<1$，则对于足够小的 $b>0$，不等式不成立. 从而，$k \geqslant 1$.

类似地，$l \geqslant 1$.

在直角坐标平面中，设 $A(-1,0)$，$B(1,0)$，$C(x,y)(y \neq 0)$.

利用勾股定理，对 $\triangle ABC$，均有

$$k((x-1)^2+y^2)+l((x+1)^2+y^2)>4$$

$$\Leftrightarrow (k+l)x^2+2(l-k)x+k+l-4>-(k+l)y^2.$$

当 y 变化时，上式右边取得所有负值 $(k+l>0)$.

故对于任意的 x，均有 $(k+l)x^2+2(l-k)x+(k+l-4) \geqslant 0$，当且仅当判别式

$$4(l-k)^2-4(k+l-4)(k+l) \leqslant 0 \Rightarrow kl \geqslant k+l.$$

显然，以上条件也是充分的.

综上，所有适合的数对 (k,l) 可被写作 $\left\{(k,l) \,\middle|\, k>1 \text{ 且 } l \geqslant \dfrac{k}{k-1}\right\}$.

令 Γ_1 是以 K 为圆心且经过点 M 的圆，Γ_2 是以 KM 为直径的半圆，L 为线段 KM 上一点. 一条过点 L 且与 KM 垂直的直线与半圆 Γ_2 交于点 Q，与圆 Γ_1 交于点 P_1 和 P_2，使得 $P_1Q>P_2Q$，直线 MQ 与圆 Γ_1 的第二个交点为 R. 证明：$\triangle MP_1Q$，$\triangle P_2RQ$ 的面积 S_1，S_2 满足 $1<\dfrac{S_1}{S_2}<3+2\sqrt{2}$.

(2017,第 66 届保加利亚数学奥林匹克)

证明 包含半圆 Γ_2 的圆 Γ_1 与圆 Γ_2 位似，位似中心为 M，位似比为 $\dfrac{1}{2}$.

于是，Q 为 RM 的中点.

由于 $\triangle MP_1Q$ 与 $\triangle P_2RQ$ 有一个对顶角，从而，

$$\frac{S_1}{S_2}=\frac{\frac{1}{2}P_1Q \cdot MQ\sin\angle P_1QM}{\frac{1}{2}P_2Q \cdot RQ\sin\angle P_2QR}=\frac{P_1Q}{P_2Q}>1.$$

令 $KM=r$，$ML=x$，$P_1L=d_1$，$QL=d_2$，如图.

由点 P_1 和 P_2 关于 KM 对称知

$P_1L=P_2L$，且 $P_2Q=d_1-d_2$.

作点 M'，使得 MM' 为圆 Γ_1 的直径，则 $\triangle M'MP_1$ 为直角三角形.

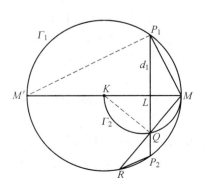

由射影定理,知 $d_1^2 = x(2r - x)$.

类似地,在 $\mathrm{Rt}\triangle KQM$ 中, $d_2^2 = x(r - x)$.

故 $\dfrac{S_1}{S_2} = \dfrac{P_1Q}{P_2Q} = \dfrac{d_1 + d_2}{d_1 - d_2} = \dfrac{(d_1 + d_2)^2}{d_1^2 - d_2^2}$

$$= \frac{x(2r - x) + x(r - x) + 2\sqrt{x(2r - x)x(r - x)}}{rx}$$

$$= \frac{3r - 2x + 2\sqrt{(2r - x)(r - x)}}{r}.$$

将上式视作以 x 为自变量的函数的解析式,其中, r 为参数.

注意到,函数 $3r - 2x$ 与 $(2r - x)(r - x)$ 在区间 $(0, r)$ 上单调递减.

于是, $\dfrac{S_1}{S_2}$ 在区间 $(0, r)$ 上单调递减.

故当 $x = 0$ 时, $\dfrac{S_1}{S_2}$ 取得最大值 $3 + 2\sqrt{2}$;当 $x = r$ 时, $\dfrac{S_1}{S_2}$ 取得最小值.

又 $x \in (0, r)$,因此, $1 < \dfrac{S_1}{S_2} < 3 + 2\sqrt{2}$.

平面几何部分

> 已知 M 为 $\triangle ABC$ 内一点,直线 AM 与 $\triangle MBC$ 的外接圆的另一个交点为 D ,直线 BM 与 $\triangle MCA$ 的外接圆的另一个交点为 E ,直线 CM 与 $\triangle MAB$ 的外接圆的另一个交点为 F .证明: $\dfrac{AD}{MD} + \dfrac{BE}{ME} + \dfrac{CF}{MF} \geqslant \dfrac{9}{2}$.
>
> (2017,克罗地亚数学奥林匹克)

证明 如图.

注意到,

$\dfrac{AD}{MD} + \dfrac{BE}{ME} + \dfrac{CF}{MF}$

$= \dfrac{AM + MD}{MD} + \dfrac{BM + ME}{ME} + \dfrac{CM + MF}{MF}$

$= 3 + \dfrac{AM}{MD} + \dfrac{BM}{ME} + \dfrac{CM}{MF}$.

故只需证 $\dfrac{AM}{MD} + \dfrac{BM}{ME} + \dfrac{CM}{MF} \geqslant \dfrac{3}{2}$.

由 M, B, D, C 四点共圆, M, C, E, A 四点共圆得

$\angle BCD = \angle BMD = \angle EMA = \angle ECA$,

$\angle DBC = \angle DMC = 180° - \angle CMA$

$= \angle CEA$.

故 $\triangle BDC \backsim \triangle EAC$.

类似地, $\triangle BAF \backsim \triangle BDC \backsim \triangle EAC$.

对四边形 $MBDC$,四边形 $MCEA$,四边形 $MAFB$ 应用托勒密定理,且由 $\triangle BDC$,

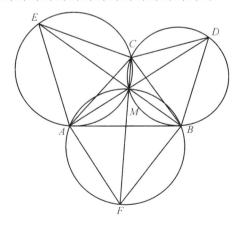

$\triangle EAC, \triangle BAF$ 的相似比得

$$MD = BM \cdot \frac{CD}{BC} + CM \cdot \frac{DB}{BC},$$

$$ME = CM \cdot \frac{AE}{CA} + AM \cdot \frac{EC}{CA} = CM \cdot \frac{DB}{CD} + AM \cdot \frac{BC}{CD},$$

$$MF = AM \cdot \frac{BF}{AB} + BM \cdot \frac{FA}{AB} = AM \cdot \frac{BC}{DB} + BM \cdot \frac{CD}{DB}.$$

故 $\dfrac{AM}{MD} + \dfrac{BM}{ME} + \dfrac{CM}{MF}$

$$= \frac{AM \cdot BC}{BM \cdot CD + CM \cdot BD} + \frac{BM \cdot CD}{CM \cdot BD + AM \cdot BC} + \frac{CM \cdot BD}{AM \cdot BC + BM \cdot CD}.$$

令 $AM \cdot BC = x, BM \cdot CD = y, CM \cdot BD = z$. 只需证

$$\frac{x}{y+z} + \frac{y}{z+x} + \frac{z}{x+y} \geqslant \frac{3}{2}.$$

由排序不等式, 上式显然成立.

已知 D 为 $\triangle ABC$ 边 BC 的中点, 点 E, F 分别在边 AC, AB 上, 满足 $DE = DF$, $\angle EDF = \angle BAC$. 证明: $DE \geqslant \dfrac{AB + AC}{4}$.

(2017, 塞尔维亚国家队选拔考试)

证明 不妨设 $AB \leqslant AC, M, N$ 分别为边 AC, AB 的中点, 在线段 DN 上取点 M', 满足 $DM' = DM$, 如图.

因为 $\angle M'DF = \angle MDE$, 所以,

$\triangle DME \cong \triangle DM'F$.

则 $\angle FM'N = 180° - \angle DM'F$

$= 180° - \angle DME = \angle BAC = \angle FNM'$

$\Rightarrow \triangle FM'N$ 为等腰三角形.

取边 $M'N$ 的中点 K. 于是, $FK \perp M'N$.

故 $DF \geqslant DK = \dfrac{DM' + DN}{2} = \dfrac{AB + AC}{4}$.

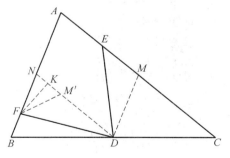

十三　极值的问题

　　　　在 $\triangle ABC$ 中，$\angle ABC > \angle BCA \geqslant 30°$，$\angle ABC$，$\angle BCA$ 的平分线分别与其对边交于点 D，E，BD 与 CE 交于点 P．若 $PD = PE$，$\triangle ABC$ 的内切圆半径为 1，求边 BC 的最大可能值．

（2013，第 10 届泰国数学奥林匹克）

　　解　如图，设 $\angle CAB = \alpha$，$\angle ABC = \beta$，$\angle BCA = \gamma$，$\angle BDA = \theta$，$\angle AEC = \varphi$．

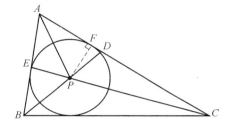

　　由题意，知 $\theta = \gamma + \dfrac{\beta}{2}$，$\varphi = \beta + \dfrac{\gamma}{2}$．　　①

　　注意到，$\beta > \gamma$．则 $\theta < \varphi$．

　　在 $\triangle APD$，$\triangle APE$ 中分别由正弦定理，知

$$\frac{AP}{\sin\theta} = \frac{PD}{\sin\dfrac{\alpha}{2}} = \frac{PE}{\sin\dfrac{\alpha}{2}} = \frac{AP}{\sin\varphi}.$$

　　于是，$\sin\theta = \sin\varphi$．

　　因为 $0 < \theta < \varphi < 180°$，所以，$\varphi = 180° - \theta$．

　　将上式代入结论 ①，得 $\beta + \gamma = 120° \Rightarrow \alpha = 60°$．

　　在 $\triangle ABC$ 中，由正弦定理及和比性质知

$$\frac{a}{\sin 60°} = \frac{b}{\sin\beta} = \frac{c}{\sin\gamma} = \frac{b+c-a}{\sin\beta + \sin\alpha - \sin 60°}.$$

　　设边 CA 与内切圆切于点 F．故在 $\mathrm{Rt}\triangle APF$ 中，有

$$\tan\angle FAP = \frac{1}{\dfrac{b+c-a}{2}} = \frac{1}{\sqrt{3}}$$

$$\Rightarrow b + c - a = 2\sqrt{3}.$$

　　又 $\beta + \gamma = 120°$，则 $\sin\beta + \sin\gamma = \sin(120° - \gamma) + \sin\gamma = \sqrt{3}\cos(60° - \gamma)$．

　　故 $a = \dfrac{6}{2\sqrt{3}\cos(60° - \gamma) - \sqrt{3}} \leqslant \dfrac{6}{2\sqrt{3} \times \dfrac{\sqrt{3}}{2} - \sqrt{3}} = 3 + \sqrt{3}$．

　　当且仅当 $\gamma = 30°$ 时，上式等号成立．

> 已知 $\triangle ABC$ 的各边长均为整数,且 $\angle A = 3\angle B$. 求该三角形周长的最小值.
>
> (2013,新加坡数学奥林匹克)

解 设 $\triangle ABC$ 的边长分别为 a,b,c. 则

$$\frac{a}{b} = \frac{\sin 3B}{\sin B} = 4\cos^2 B - 1,\quad \frac{c}{b} = \frac{\sin C}{\sin B} = \frac{\sin 4B}{\sin B} = 8\cos^3 B - 4\cos B,$$

且 $2\cos B = \dfrac{a^2 + c^2 - b^2}{ac} \in \mathbf{Q}$.

于是,不妨设存在互素的正整数 p,q,使得 $2\cos B = \dfrac{p}{q}$.

从而,$\dfrac{a}{b} = \dfrac{p^2}{q^2} - 1 \Leftrightarrow \dfrac{a}{p^2 - q^2} = \dfrac{b}{q^2},\dfrac{c}{b} = \dfrac{p^3}{q^3} - \dfrac{2p}{q} \Leftrightarrow \dfrac{c}{p^3 - 2pq^2} = \dfrac{b}{q^3}$.

故 $\dfrac{a}{(p^2 - q^2)q} = \dfrac{b}{q^3} = \dfrac{c}{p^3 - 2pq^2} = \dfrac{e}{f}((e,\ f) = 1)$.

又因为是求周长的最小值,所以,$(a,b,c) = 1$.

于是,由 $(e,\ f) = 1$,得 $f \mid q^3$,且 $f \mid (p^3 - 2pq^2)$.

接下来证明:$f = 1$.

若 $f > 1$,则存在其素因子 $f' > 1$,使得 $f' \mid q^3$,且 $f' \mid (p^3 - 2pq^2)$.

于是,$f' \mid q,f' \mid p$,与 $(p,q) = 1$ 矛盾. 从而,$f = 1$.

类似地,由 $(a,b,c) = 1$,得 $e = 1$. 故 $a = (p^2 - q^2)q,b = q^3,c = p^3 - 2pq^2$.

由 $0° < \angle A + \angle B = 4\angle B < 180° \Rightarrow 0° < \angle B < 45°$

$\Rightarrow \sqrt{2} < 2\cos B < 2 \Rightarrow \sqrt{2}q < p < 2q$.

故满足上述不等式的最小正整数为 $p = 3,q = 2$.

又 $a + b + c = p^2 q + p(p^2 - 2q^2),p^2 - 2q^2 = 1$,故当 $p = 3,q = 2$ 时,三角形的周长最小,其值为 21.

> 已知锐角 $\triangle ABC$ 内接于 $\odot O$,点 D 在劣弧 $\overset{\frown}{BC}$ 上,过 $\triangle ABC$ 垂心 H 任作一条动直线 l,分别与 $\triangle ABH$,$\triangle ACH$ 的外接圆交于异于点 H 的点 M,N.
>
> (1) 确定直线 l 的位置,使得 $\triangle AMN$ 面积最大;
>
> (2) 直线 l_1 过点 M 且垂直于 DB,直线 l_2 过点 N 且垂直于 DC,证明:l_1 与 l_2 的交点在一个定圆上.
>
> (2013,越南数学奥林匹克)

(1) **解** 易知,$\triangle AHB$,$\triangle AHC$,$\triangle ABC$ 的外接圆半径相等. 于是,$AM = AN$.

用 $\langle XY,XZ \rangle$ 表示 XY 逆时针旋转与 XZ 重合所转过的角.

则 $\langle AM,AN \rangle \equiv \langle AB,AC \rangle + \langle AM,AB \rangle + \langle AC,AN \rangle$

$\equiv \langle AB,AC \rangle + \langle HM,HB \rangle + \langle HC,HN \rangle$

$\equiv \langle AB,AC \rangle + \langle HC,HB \rangle \equiv 2\langle AB,AC \rangle (\bmod \pi)$.

于是，$\langle AM,AN\rangle$ 为定值.

从而，$\triangle AMN$ 的面积取得最大，当且仅当 AM 取得最长. 此时，AM,AN 分别为 $\triangle ABH,\triangle ACH$ 的外接圆的直径.

因此，$\angle AHM=\angle AHN=90^\circ$，有直线 $l\parallel BC$.

（2）**证明**　由 $\langle PM,PN\rangle\equiv\langle DB,DC\rangle\equiv\langle AB,AC\rangle\pmod{\pi}$，得

$$\frac{1}{2}\langle AM,AN\rangle\equiv\langle PM,PN\rangle\pmod{\pi}.$$

则点 P 在以 A 为圆心、AM 为半径的圆周上.

如图，过点 A 作 CD 的平行线，与 $\triangle ACH$ 的外接圆交于点 F.

于是，$AF\perp PN$. 则点 P 和 N 关于 AF 对称.

由于点 N 在 $\triangle ACH$ 的外接圆上，且 AF 是确定的，从而，点 P 亦在 $\triangle ACH$ 的外接圆关于 AF 对称的圆周上（若过点 A 作 BD 的平行线，与 $\triangle AHB$ 的外接圆交于点 G，则可得点 P 亦在 $\triangle ABH$ 的外接圆关于 AG 对称的圆周上）.

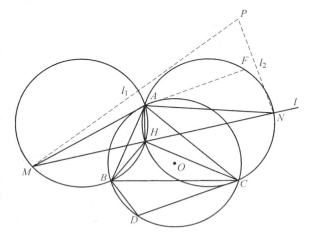

设 $\odot O$ 的内接正方形和正三角形各一个. 顺次连接这七个顶点得到圆内接凸多边形 H（当正方形的某顶点与三角形某顶点重合时，可得到特殊的多边形 H）. 当三角形与正方形分别是什么位置关系时，H 的面积取得最大值和最小值？

（2013，奥地利数学竞赛）

解　易知，正方形顶点将圆分为四段等弧，其中，每段弧所含正三角形的顶点均不多于 1 个. 于是，三角形顶点必分别在三段弧上.

设正方形 $ABCD$ 和正 $\triangle PQR$ 均内接于圆，且点 P,Q,R 分别位于 $\overparen{AB},\overparen{BC},\overparen{DA}$ 上，如图.

显然，多边形由正方形 $ABCD,\triangle APB$，$\triangle BQC,\triangle DRA$ 组成.

因为圆内接正方形面积为定值，所以，只需求这三个三角形面积之和的最大值和最小值.

设点 P 到 AB 的距离为 h_1（即为 $\triangle ABP$ 的高）.

类似地，设点 Q,R 分别到 BC,DA 的距离为 h_2,h_3. 则三个三角形面积之和为

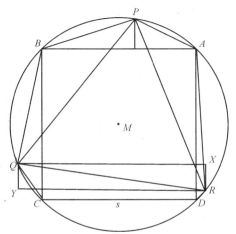

平面几何部分

$$S_{\triangle ABP} + S_{\triangle BCQ} + S_{\triangle ADR} = \frac{1}{2}AB \cdot h_1 + \frac{1}{2}BC \cdot h_2 + \frac{1}{2}DA \cdot h_3 = \frac{1}{2}s(h_1 + h_2 + h_3),$$

其中,s 为正方形的边长.

由于 s 为定值,则只需求出 $h_1 + h_2 + h_3$ 的最大值和最小值.

当 P 为 $\overset{\frown}{AB}$ 的中点时,h_1 取得最大值.

要求 $h_2 + h_3$ 的最大值,首先考虑矩形 $QXRY$,其边与正方形 $ABCD$ 的边平行,QR 为对角线.

由勾股定理,得 $QR^2 = QX^2 + XR^2 = (h_1 + s + h_2)^2 + XR^2$.

故 $(h_2 + s + h_3)^2 = QR^2 - XR^2$.

因为对角线 QR 的长为定值,所以,当 $XR = 0$ 时,$h_2 + s + h_3$ 取得最大值,即 $h_2 + h_3$ 取得最大值.

此时,$QR \parallel CD \Leftrightarrow P$ 恰为 $\overset{\frown}{AB}$ 的中点.

要求最小值,再次将 h_1 与 $h_2 + h_3$ 分开考虑.

当点 P 越靠近点 A 或 B 时,h_1 越小.

因为点 Q 必位于点 B,C 之间,点 R 必位于点 D,A 之间,所以,当点 Q 与 C 重合或点 R 与 D 重合时,h_1 取得最小值.

类似地,XR 越大,$h_2 + h_3$ 越小.

因此,当点 Q 与 C 重合或点 R 与 D 重合时,取得最小值.

已知 A 和 B 是半径为 r 的 $\odot O$ 上的两点. 若 T 为平面上一点,使得 $\triangle ABT$ 为正三角形,求 OT 的最大值.

(2014,斯洛文尼亚国家队选拔考试)

解 令 M 为 OT 与 AB 的交点. 则 $OT = OM + MT$. 令 $AB = AT = BT = a$.

由题意,知 $AB \perp OT$.

由勾股定理,得 $OM = \sqrt{r^2 - BM^2} = \sqrt{r^2 - \frac{a^2}{4}}$,$MT = \sqrt{a^2 - \frac{a^2}{4}} = \frac{\sqrt{3}a}{2}$.

由均值不等式知

$$OT = OM + MT = \sqrt{r^2 - \frac{a^2}{4}} + \frac{\sqrt{3}a}{2} = \sqrt{r^2 - \frac{a^2}{4}} + \frac{\sqrt{3}a}{6} + \frac{\sqrt{3}a}{6} + \frac{\sqrt{3}a}{6}$$

$$\leqslant 4\sqrt{\frac{\left(r^2 - \frac{a^2}{4}\right) + \frac{a^2}{12} + \frac{a^2}{12} + \frac{a^2}{12}}{4}} = \sqrt{4r^2} = 2r.$$

当 $\sqrt{r^2 - \frac{a^2}{4}} = \frac{\sqrt{3}a}{6}$,即 $a = \sqrt{3}r$ 时,上式等号成立.

注意到,$AB = a \in (0, 2r]$,则等号成立当且仅当 T 为 AB 关于 $\odot O$ 的极点.

在 $\triangle ABC$ 中，$\angle ABC > \angle BCA$，且 $\angle BCA \geqslant 30°$，$\angle ABC$ 的平分线 BD 与 $\angle ACB$ 的平分线 CE 交于点 P，满足 $PD = PE$，$\triangle ABC$ 内切圆半径为 1．求 BC 的最大值．

（2014，中国香港代表队选拔考试）

解 因为 $PD = PE$，且 AP 平分 $\angle BAC$，所以，四边形 $ADPE$ 为等形或圆内接四边形．又 $\angle ABC > \angle BCA$，则可以排除四边形 $ADPE$ 为等形．

故 $\angle A + 90° + \dfrac{\angle A}{2} = 180° \Rightarrow \angle A = 60°$．

由正弦定理，得 $\dfrac{a}{\sin 60°} = \dfrac{b}{\sin B} = \dfrac{c}{\sin C} = \dfrac{b + c - a}{\sin B + \sin C - \sin 60°}$．

而 $\dfrac{b + c - a}{2} = \dfrac{1}{\tan 30°}$，故 $b + c - a = 2\sqrt{3}$．

又 $\sin B + \sin C = \sin(120° - C) + \sin C = \sqrt{3}\cos(60° - C)$，则

$$a = \frac{6}{2\sqrt{3}\cos(60° - C) - \sqrt{3}} \leqslant \frac{6}{2\sqrt{3} \times \dfrac{\sqrt{3}}{2} - \sqrt{3}} = \frac{6}{3 - \sqrt{3}} = 3 + \sqrt{3}.$$

当且仅当 $\angle C = 30°$ 时，上式等号成立．

设 $\odot O_1$ 的半径为 R_1，$\odot O_2$ 的半径为 R_2，两圆交于 A 和 D 两点，过 D 作一直线 l，分别与 $\odot O_1$，$\odot O_2$ 交于 B，C 两点．让两圆圆心的距离开始变动，直线 l 也随之变动，当 $\triangle ABC$ 的面积 S 达到最大时，求 AD 的长度．

（2014，中国台湾数学奥林匹克选训营）

解 当 AD 为定值时，由 $\triangle O_1 AD$，$\triangle O_2 AD$ 三边均确定，知三个角度也确定了．这样，$\angle ABC$，$\angle ACB$ 也就确定了．从而，$\angle BAC$ 为定值．

由正弦定理知

$$S = \frac{1}{2} AB \cdot AC \sin \angle BAC = 2R_1 R_2 \sin \angle ADB \cdot \sin \angle ADC \cdot \sin \angle BAC$$

$$= 2R_1 R_2 \sin^2 \angle ADB \cdot \sin \angle BAC.$$

故当 $\sin \angle ADB = 1$，即 $\angle ADB = 90°$ 时，S 达到最大值．

当 AD 开始变动时，类似地，知当 $\angle BAC = 90°$ 时 S 最大．由于 $\triangle ABO_1 \backsim \triangle ACO_2$，故当 $\angle BAC = 90°$ 时，只需 $\angle O_1 AO_2 = 90°$，即两圆正交．此时，设 $AD = x$．

在 $\mathrm{Rt}\triangle ABC$ 中，AD 为斜边上的高，由射影定理知 $x^2 = \sqrt{4R_1^2 - x^2}\,\sqrt{4R_2^2 - x^2}$．

两边平方得 $x^4 = (4R_1^2 - x^2)(4R_2^2 - x^2) = 16R_1^2 R_2^2 - 4(R_1^2 + R_2^2)x^2 + x^4$．

解得 $x = \dfrac{2}{\sqrt{\dfrac{1}{R_1^2} + \dfrac{1}{R_2^2}}}$．

平面几何部分

给定平面上 $n(n \geqslant 3)$ 个点,任意三点不共线.考虑所有的以这些点为顶点所构成的三角形,其中最小内角的大小为 α.对于给定的 n,求 α 的最大值.

（2015,第 64 届捷克和斯洛伐克数学奥林匹克）

解 设这 n 个点的凸包为 $m(m \leqslant n)$ 边形.

则存在凸 m 边形一个内角不大于 $\pi \dfrac{m-2}{m} \leqslant \dfrac{\pi(n-2)}{n}$,设此点为 A.其余点按递时针设为 $B_1, B_2, \cdots, B_{n-1}$.如图.

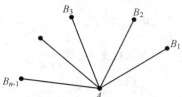

则 $\angle B_1 A B_2 + \cdots + \angle B_{n-2} A B_{n-1}$

$= \angle B_1 A B_{n-1} \leqslant \dfrac{\pi(n-2)}{n}$.

于是,存在 i 使得 $\angle B_i A B_{i+1} \leqslant \dfrac{\pi}{n}$.

从而 $\alpha_{\max} \leqslant \dfrac{\pi}{n}$.

又取 n 个点为正 n 边形的 n 个顶点,则其最小内角为 $\dfrac{\pi}{n}$.

因此,$\alpha_{\max} \geqslant \dfrac{\pi}{n}$.综上,$\alpha_{\max} = \dfrac{\pi}{n}$.

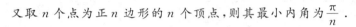

在 $\triangle ABC$ 中,三边长 $BC = a, CA = b, AB = c$,满足 $c < b < a < 2c$.P 和 Q 为 $\triangle ABC$ 边上的两点,且直线 PQ 将 $\triangle ABC$ 分成面积相等的两部分.求线段 PQ 长度的最小值.

（第 12 届中国东南地区数学奥林匹克）

解 先考虑点 P, Q 在 AB, AC 上的情况.

不妨设点 P 在 AB 上,点 Q 在 AC 上.设 $AP = x, AQ = y$.

由 $S_{\triangle APQ} = \dfrac{1}{2} S_{\triangle ABC} \Rightarrow xy \sin A = \dfrac{1}{2} bc \sin A \Rightarrow xy = \dfrac{1}{2} bc$.

由余弦定理知

$| PQ |^2 = x^2 + y^2 - 2xy \cos A \geqslant 2xy - 2xy \cos A$

$= bc(1 - \cos A) = 2bc \sin^2 \dfrac{A}{2}$.

又 $c < b < a < 2c$,知 $\sqrt{\dfrac{bc}{2}} < c < b$.

故当 $x = y = \sqrt{\dfrac{bc}{2}}$ 时,点 P, Q 分别在边 AB, AC 的内部,且此时 PQ^2 取到最小值

$d(a) = 2bc \sin^2 \dfrac{A}{2}$.

记 R 为 $\triangle ABC$ 的外接圆半径.

因为 $a = 2R\sin A$，所以，$d(a) = 2bc\sin^2\dfrac{A}{2} = \dfrac{abc}{R\sin A}\sin^2\dfrac{A}{2} = \dfrac{abc}{2R}\tan\dfrac{A}{2}$.

由 $c < b < a < 2c$，得 $\sqrt{\dfrac{ca}{2}} < c < a$，$\sqrt{\dfrac{ab}{2}} < b < a$.

类似地，当 l 与边 AB，BC 相交时，PQ^2 的最小值 $d(b) = \dfrac{abc}{2R}\tan\dfrac{B}{2}$；

当 l 与边 AC，BC 相交时，PQ^2 的最小值 $d(c) = \dfrac{abc}{2R}\tan\dfrac{C}{2}$.

因为正切函数在区间 $\left(0, \dfrac{\pi}{2}\right)$ 上单调递增，且 $0 < \angle C < \angle B < \angle A < \pi$，所以，$d(c)$
$< d(b) < d(a)$.

因此，线段 PQ 长度的最小值 $\sqrt{d(c)} = \sqrt{2ab}\sin\dfrac{C}{2}$.

【注】 本题答案亦可为 $\sqrt{\dfrac{c^2 - (a-b)^2}{2}}$，$\sqrt{\dfrac{1}{2}(a+c-b)(b+c-a)}$ 等形式.

若干两两内部不交的直角边长为 1 的等腰三角形放在 100×100 的方格纸中. 已知任意直角三角形的斜边均为某个单位格的对角线；每个单位格的边均为唯一直角三角形的直角边. 两条对角线均不为直角三角形的斜边的小方格称为"空格". 求空格个数的最大值.

(2016，第 42 届俄罗斯数学奥林匹克)

解 考虑一般的 $2n \times 2n$ 的方格纸，此时，空格个数的最大值为 $n(n-1)$.

事实上，由 $2n+1$ 条水平直线和 $2n+1$ 条垂直直线所围出的 $2n \times 2n$ 方格纸：
$\{(x, y) \mid x = k, 0 \leqslant k \leqslant 2n, k \in \mathbf{Z}\}$，$\{(x, y) \mid y = k, 0 \leqslant k \leqslant 2n, k \in \mathbf{Z}\}$.

对于等腰三角形，若其直角顶点是其所在方格的右下（左上，右下，右上）角，则称等腰三角形为左下（左上，右下，右上）的. 左下（上）和左下（上）三角形统称为下（上）三角形.

记 $u_k (0 \leqslant k \leqslant 2n)$ 表示一条直角边在直线 $y = k$ 上的下直角三角形的个数，$d_k (0 \leqslant k \leqslant 2n)$ 表示一条直角边在直线 $y = k$ 上的上直角三角形个数.

则 $u_k + d_k = 2n$，$u_0 = d_{2n} = 2n$，$u_k + d_{k+1} = 2n+1$.

由此解得 $u_k = 2n - k$，$d_k = k$. 共有 u_k 个下三角形和 d_{k+1} 个上三角位于直线 $y = k$ 和
$y = k+1$ 之间. 于是，这行的空格数不大于 $2n - \max\{u_k, d_{k+1}\}$.

故空格总数不大于 $2[0 + 1 + \cdots + (n-1)] = n(n-1)$.

下面给出有 $n(n-1)$ 个空格的例子.

左下直角三角形的直角顶点坐标集
$\{(x, y) \mid x, y \in \mathbf{Z}, x \geqslant 0, y \geqslant 0, x + y \leqslant n-1\} \bigcup$
$\{(x+k-1, n+k-x) \mid x, k = 1, 2, \cdots, n\}$，

右上直角三角形的直角顶点坐标集
$\{(2n-x, 2n-y) \mid x, y \in \mathbf{Z}, x \geqslant 0, y \geqslant 0, x + y \leqslant n-1\} \bigcup$

$$\{(x+k-1,n+k-x) \mid x,k=1,2,\cdots,n\},$$

左上直角三角形的直角顶点坐标集

$$\{(x,y) \mid x,y\in \mathbf{Z},x=k,n+1+k\leqslant y\leqslant 2n,k=0,1,\cdots,n-1\},$$

右下直角三角形的直角顶点坐标集

$$\{(2n-x,2n-y) \mid x,y\in \mathbf{Z},x=k,n+1+k\leqslant y\leqslant 2n,k=0,1,\cdots,n-1\}.$$

从而,所示为 2450.

　　已知单位正方形 $ABCD$ 的边 CD 上一点 E 满足 $\angle BAE=60°$,令 X 为线段 AE 内部的任意一点,过点 X 且与 BX 垂直的直线与直线 BC 交于点 Y. 求线段 BY 长度的最小可能值.

（2016,第 65 届捷克和斯洛伐克数学奥林匹克）

解 如图,考虑以 BY 为直径的圆,这样的圆必然经过线段 AE 上的点 X 且与直线 AB 切于点 B.

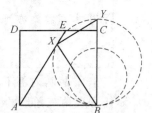

在所有以 B 为切点的圆中,显然,当圆与 AE 切于点 X 时,线段 BY 最短.

此时,注意到,$AB=AX,\angle BAX=60°$.

则 $BX=1,\angle BYX=\angle ABX=60°$

$$\Rightarrow BY=\frac{BX}{\sin\angle BYX}=\frac{1}{\sin 60°}=\frac{2\sqrt{3}}{3}.$$

因此,线段 BY 的最小值为 $\dfrac{2\sqrt{3}}{3}$.

　　对凸多边形 $A_1A_2\cdots A_{2017}$,考虑 $\angle A_{1009}A_1A_{1010},\angle A_{1010}A_2A_{1011},\cdots,\angle A_{1008}A_{2017}A_{1009}$ 这 2017 个角. 从中选择最大的一个角,问:这个角最小可能值是多少?

（2017,第 57 届乌克兰数学奥林匹克）

解 $\dfrac{\pi}{2017}$.

考虑一个能覆盖住此凸多边形的圆盘. 所有角的两边所在直线均与圆盘相交.

则圆周被分割成 4034 段圆弧,记相应的弧度分别为 $\varphi_1,\varphi_2,\cdots,\varphi_{2017}$ 和 $\psi_1,\psi_2,\cdots,\psi_{2017}$.

注意到,$\alpha_i=\dfrac{1}{2}(\varphi_i+\psi_i)$.

由于 $\displaystyle\sum_{i=1}^{2017}(\varphi_i+\psi_i)=2\pi,\sum_{i=1}^{2017}\alpha_i=\frac{1}{2}\sum_{i=1}^{2017}(\varphi_i+\psi_i),$ 于是,$\displaystyle\sum_{i=1}^{2017}\alpha_i=\pi.$

又总共有 2017 个角,据抽屉原理,知至少有一个角不小于 $\dfrac{\pi}{2017}$.

显然,当凸多边形为正 2017 边形时,这个值是可以取到的.

十四　　覆盖问题

平面几何部分

> 已知 $SA_1A_2\cdots A_n$ 是以凸多边形 $A_1A_2\cdots A_n$ 为底的 n 棱锥. 对每个 $i(i=1,2,\cdots,n)$, X_i 为底所在平面上一点, 满足 $\triangle X_iA_iA_{i+1}\cong\triangle SA_iA_{i+1}$, 且 X_i 与多边形 $A_1A_2\cdots A_n$ 位于直线 A_iA_{i+1} 的同侧. 证明: $\triangle X_iA_iA_{i+1}(i=1,2,\cdots,n)$ 的并覆盖多边形 $A_1A_2\cdots A_n(A_{n+1}=A_1)$.
>
> (第 38 届俄罗斯数学奥林匹克)

证明 考虑底上任意一点 P.

先在棱锥内部作一个小球与底面切于点 P. 再在保持与底面切于点 P 的情况下增加球的半径直到球首次与棱锥的侧面相切.

不妨设球与侧面 SA_1A_2 切于点 Q. 则 $QA_1=PA_1$, $QA_2=PA_2$.

从而, $\triangle PA_1A_2\cong\triangle QA_1A_2$.

这表明, 当侧面 SA_1A_2 绕直线 A_1A_2 旋转到 $\triangle X_1A_1A_2$ 时, 点 Q 旋转到点 P.

故点 P 位于 $\triangle X_1A_1A_2$ 的内部.

> 将由 n^2 个边长为 1 的小等边三角形拼成的边长为 n 的大等边三角形记为 T_n. 一块梯形瓷砖是指 T_2 去掉一个角后由三个边长为 1 的小等边三角形组成的图形.
>
> (1) 求所有的 n, 使得 T_n 可以用一些梯形瓷砖无重叠地覆盖;
>
> (2) 证明: 若 T_n, $T_m(n>m)$ 均可以用一些梯形瓷砖无重叠地覆盖, 则从 T_n 中挖掉 T_m 后剩下的部分仍可以用一些梯形瓷砖无重叠地覆盖.
>
> (2013, 希腊国家队选拔考试)

(1) **解** 若 T_n 可以被一些梯形瓷砖覆盖, 由于一块梯形瓷砖含有三个小等边三角形, 于是, $3\mid n^2\Rightarrow 3\mid n$.

当 $3\mid n$ 时, T_n 可看作由 $\dfrac{n^2}{9}$ 个 T_3 拼成的图形, 而 T_3 显然可被三块梯形瓷砖所覆盖.

从而, 所求的 $n=3k(k\in\mathbf{Z}^+)$.

(2) **证明** 首先证明: 从 T_{3k} 中挖掉一个 $T_{3(k-1)}$ 后剩下的部分可用一些梯形瓷砖覆盖.

从 T_{3k} 中挖掉 $T_{3(k-1)}$ 一共有三种挖法(若两种挖法的剩余部分可以通过旋转和对称重合, 则记为一种).

(i) 若两个三角形有一个角重叠, 此时, 剩下的部分是一个由 $18k-9$ 个小等边三角形组成的梯形,可以划分成 $2k-1$ 个 T_3. 从而,剩下的部分可以用一些梯形瓷砖覆盖.

(ii)若两个三角形只有一条边重叠,此时,剩下部分可划分成一个 T_3 和三个由 $6k-6$ 个小三角形组成的平行四边形.

将由两块梯形瓷砖拼成的平行四边形称为"平行四边形瓷砖". 则三个由 $6k-6$ 个小三角形组成的平行四边形均可以被 $k-1$ 块平行四边形瓷砖覆盖. 从而,剩下的部分可以用一些梯形瓷砖覆盖.

(iii)若两个三角形没有边重叠,此时,剩余部分可以划分成三个由 $6k-3$ 个小三角形组成的梯形,每个梯形均可被 $k-1$ 块平行四边形瓷砖和一块梯形瓷砖覆盖.

综上,从 T_{3k} 中挖掉一个 $T_{3(k-1)}$ 后剩下的部分可以用一些梯形瓷砖覆盖. 若从 T_{3k} 中挖掉一个 $T_{3a}(a<k)$,则可以在 T_{3k} 中找到一个 $T_{3(k-1)}$ 使得 $T_{3(k-1)}$ 覆盖 T_{3a}.

从而,由数学归纳法知原结论成立.

是否存在边长小于 1 的正方形覆盖所有对角线为 1 的长方形?

(2013,阿根廷数学奥林匹克)

解 存在这样的正方形.

对角线为 1 的长方形可以内接于直径为 1 的 $\odot O$ 内. 在 $\odot O$ 上取八个点,这八个点将圆周平均分成 $45°$ 的弧,这八个点恰为圆内接正八边形的八个顶点. 延长两对对边得到一个正方形 Q. 正方形 Q 对边的距离小于 $\odot O$ 的直径,于是,其边长小于 1.

下面证明:正方形 Q 可以覆盖任何对角线长为 1 的长方形 R.

事实上,设长方形 R 的对角线的夹角为 α,$\beta(\alpha\leqslant\beta)$. 正八边形的顶点确定四条 $45°$ 的弧在正方形 Q 内,按顺时针标记为 AB,CD,EF,GH.

设长方形 R 为 $AXEY$,且点 A,X,E,Y 按顺时针次序排列. 则 AE 为 $\odot O$ 的直径.

分两种情况考虑.

(1)若 $\alpha\leqslant 45°$,则 $\angle AOX=\alpha\leqslant 45°$. 故点 X 在 $\overset{\frown}{AB}$ 上.

类似地,点 Y 在 $\overset{\frown}{EF}$ 上.

于是,长方形 R 的所有顶点均被正方形 Q 覆盖.

从而,整个长方形 R 被正方形 Q 覆盖.

(2)若 $45°<\alpha\leqslant 90°$,注意到,$\alpha\leqslant\beta$. 则 $90°\leqslant\beta<135°$.

设点 X 和 Y 关于 AE 的对称点分别为 X' 和 Y',长方形 $AY'EX'$ 与长方形 R 全等.

因为 $\angle AOY'=\angle AOY=\beta$,所以,$90°\leqslant\angle AOY'<135°$. 于是,点 Y' 在 $\overset{\frown}{CD}$ 上.

类似地,点 X' 在 $\overset{\frown}{GH}$ 上.

从而,正方形 Q 能覆盖长方形 $AY'EX'$.

在平面直角坐标系中有 n 个 $2×2$ 的正方形. 这些正方形的边均平行于坐标轴. 已知任意一个正方形的中心均不在其他正方形的内部. 记 Π 为能够覆盖这 n 个正方形且其边与坐标轴平行的矩形. 证明:(1) 矩形 Π 的周长不小于 $4(\sqrt{n}+1)$;

(2) 矩形 Π 的周长不小于 $2[2(\sqrt{n}+1)]$.

(2013,第 64 届白俄罗斯数学奥林匹克)

证明 设 Φ 表示给定的这些正方形构成的整体. 需要让 Π 包含整个 Φ 并要求 Π 的边平行于坐标轴. 将所有的正方形的中心投影到 x 轴上. 设 A 和 B 分别为投影点中的最左端和最右端的点. 记 $AB=d$. 则 Φ 在 x 轴上的正投影被包含在一个长度为 $d+2$ 的线段内(如图 1),且这个线段不能更短.

(1) 选择一个 $\varepsilon>0$,使得
$$[d]<d+\varepsilon<[d]+1.$$
设 B_ε 为 x 轴上的一点,且 $BB_\varepsilon=\varepsilon$.
标记点 $A_1,A_2,\cdots,A_{[d]}$,使得
$$AA_1=A_1A_2=\cdots=A_{[d]-1}A_{[d]}=1.$$
分成如下 $m=[d]+1$ 个区间:$[A,A_1)$,
$[A_1,A_2),\cdots,[A_{[d]-1},A_{[d]}),[A_{[d]},B_\varepsilon]$.

选择包含正方形中心在 x 轴上投影最多的那个区间(若不止一个,就选其中一个).

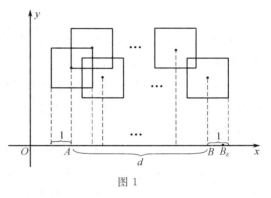

图 1

记 l 为此区间,q 为落在区间 l 内的正方形中心投影的个数. 于是,$q\geqslant\dfrac{n}{m}$.

考虑区间 l 内的这 q 个正方形的中心 $C_1,C_2,\cdots,C_q$.
设 $P_1,P_2,\cdots,P_q$ 表示其在 y 轴上的投影,如图 2.
任意两个点 P_i 与 P_j 的距离均不小于 1(否则,点 C_i 和 C_j 就会分别落在点 C_j 和 C_i 为中心的正方形内).

不妨设 $P_1,P_2,\cdots,P_q$ 由上到下排列.
故 $|P_1P_q|=P_1P_2+P_2P_3+\cdots+P_{q-1}P_q\geqslant\underbrace{1+1+\cdots+1}_{q-1个}=q-1$.

于是,Φ 在 y 轴上的投影的长度不小于 $(q-1)+2=q+1$.

从而,Φ 在两个轴上的投影的长度之和不小于
$$(d+2)+(q+1)\geqslant d+\frac{n}{m}+3\geqslant d+\frac{n}{d+1}+3=(d+1)+\frac{n}{d+1}+2\geqslant 2\sqrt{n}+2.$$

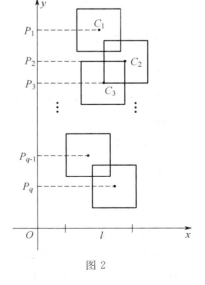

图 2

因此，Π 的周长不小于 $4(\sqrt{n}+1)$.

（2）设 L 为矩形 Π 的周长，可以重新排列这些正方形，使得其边与坐标轴平行，其中心坐标均为整数，满足题目条件的要求，且所有的新正方形被包含在矩形 $\overline{\Pi}$ 内，使得 $\overline{\Pi}$ 的边与坐标轴平行，其周长不小于 L.

事实上，不失一般性，可设点 A（以及点 $A_1, A_2, \cdots, A_{[d]}$）的横坐标为整数（其纵坐标均为 0），

将中心在 x 轴上的投影在区间 $[A, A_1)$ 内的正方形沿着平行于 x 轴的方向平移，使得这些新的正方形位于直线 $x = A$ 上.

进而，将中心在 x 轴上的投影在区间 $[A_1, A_2)$ 内的正方形沿着平行于 x 轴的方向平移，使得这些新的正方形位于直线 $x = A_1$ 上.

……

最终，将中心在 x 轴上的投影在区间 $[A_{[d]}, B_\epsilon]$ 内的正方形沿着平行于 x 轴的方向平移，使得这些新的正方形位于直线 $x = A_{[d]}$ 上.

显然，新得到的图形 Φ' 与原先的图形 Φ 在 y 轴上的投影是完全一样的. Φ' 在 x 轴上的投影为线段 $AA_{[d]}$，此线段的长度为整数且不大于 d，Φ' 中的所有正方形的顶点横坐标均为整数.

接下来，沿着平行于 y 轴的方向平移 Φ'.

与上面处理方式类似，得到新的图形 Φ''，其在 y 轴上的投影在一个长度为整数的线段内，并且这个长度不小于 Φ 在 y 轴上投影的长度. 从而，Φ'' 能够包含在矩形 $\overline{\Pi}$ 内，并且具有整数周长，设其为 P. 则 $L \geqslant P$. 特别地，半周长 $\dfrac{P}{2}$ 为整数.

由（1），知 $P \geqslant 4(\sqrt{n}+1) \Rightarrow \dfrac{P}{2} \geqslant 2(\sqrt{n}+1)$.

但 $\dfrac{P}{2} \in \mathbf{Z}^+$，故 $\dfrac{P}{2} \geqslant \lceil 2(\sqrt{n}+1) \rceil$.

于是，$L \geqslant P \geqslant 2\lceil 2(\sqrt{n}+1) \rceil$. 这正是要证明的.

下面给出满足要求的情况.

设 $k^2 \leqslant n < (k+1)^2 (k \in \mathbf{Z}^+)$.

容易看出，

$$2\lceil 2(\sqrt{n}+1) \rceil = \begin{cases} 4k+4, & n = k^2; & \text{①} \\ 4k+6, & k^2 < n \leqslant k^2+k; & \text{②} \\ 4k+8, & k^2+k+1 \leqslant n < (k+1)^2. & \text{③} \end{cases}$$

如图 3，考虑有整数坐标 $(i, j)(1 \leqslant i \leqslant k, 1 \leqslant j \leqslant k)$ 的 k^2 个点.

如图 4，考虑这些点作为 2×2 的正方形的中心，即为式 ① 的情况，恰增加 $l(l \leqslant k)$ 个中心 $(k+1, j)(j = 1, 2, \cdots, l)$. 则正是式 ② 的情况.

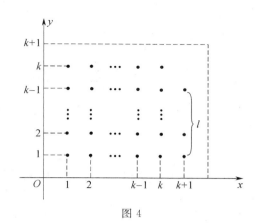

图 3　　　　　　　　　　　图 4

如图 5,再另外增加不超过 $m(m \leqslant k+1)$ 个中心 $(i,k+1)(i=1,2,\cdots,m)$.则正是式③的情况.

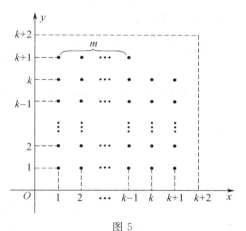

图 5

　　求所有的正整数 $n(n \geqslant 3)$,使得存在由矩形 $Q_1,Q_2,\cdots,Q_n$ 构成的集合满足:任意一个矩形能被集合中的其他 $n-1$ 个矩形覆盖,但不能被集合中任意其他的 $n-2$ 个矩形覆盖(任意一个矩形只能有两种放置方式:让其边平行于两条给定的互相垂直的直线).

(2014,第 54 届乌克兰数学奥林匹克)

解　任意的 $n \geqslant 3$ 均可.

设第 $i(i=1,2,\cdots,n)$ 个矩形的边长分别为 a_i,b_i,且满足

$$a_1 < a_2 < \cdots < a_n \leqslant b_n < b_{n-1} < \cdots < b_1.$$

接下来证明下列条件是充分的:

$$\sum_{i=2}^{n-1} b_i < b_1 \leqslant \sum_{i=2}^{n} b_i, \qquad ①$$

$$\sum_{i=3}^{n} b_i < b_2 \leqslant \sum_{i=3}^{n} b_i + a_1, \qquad\qquad ②$$

$$\sum_{i=k+1}^{n} b_i + \sum_{j=2}^{k-1} a_j < b_k \leqslant \sum_{i=k+1}^{n} b_i + \sum_{j=1}^{k-1} a_j (k = 3,4,\cdots,n-1), \qquad ③$$

$$\sum_{j=1}^{k-1} a_j < a_k (k = 3,4,\cdots,n-1), \qquad\qquad ④$$

$$\sum_{j=1}^{n-1} a_j = a_n. \qquad\qquad ⑤$$

不等式③、④ 能够保证少于 $n-1$ 个矩形不能覆盖矩形 $a_k \times b_k$,而 $n-1$ 个矩形可以覆盖矩形 $a_k \times b_k$.

下面说明理由.

若一个矩形的水平边不短于竖直边,则称该矩形是"水平的".反之称为"竖直的".

不失一般性,假设矩形 $a_k \times b_k$ 是水平的.

于是,剩下的矩形能够如图的方式覆盖它.

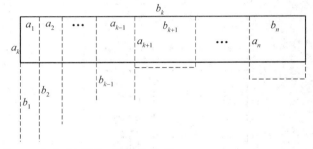

另一方面,少于 $n-1$ 个矩形是不能覆盖的.

事实上,$a_1 \times b_1, a_2 \times b_2, \cdots, a_{k-1} \times b_{k-1}$ 中的任意一个矩形是竖直的.

由不等式④,知其竖直边将不能覆盖矩形 $a_k \times b_k$ 的竖直边,这将有一个长度为 b_k 的条状图形不能够被覆盖住.在这种情况下,水平方向边的和的最大值为

$$b_{k+1} + b_{k+2} + \cdots + b_n + a_2 + a_3 + \cdots + a_{k-1},$$

此数值小于 b_k,满足不等式③.

接下来可以构造一个恰当的矩形集合满足题意.

先依次选择 $a_1, a_2, \cdots, a_n$ 使对于所有的 $k = 2,3,\cdots,n-1$ 满足不等式④,并使 a_n 满足不等式⑤.再令 $b_n = a_n$,并以此取 $b_{n-1}, b_{n-2}, \cdots, b_3$ 使对于所有的 $k = 3,4,\cdots,n-1$ 满足不等式③.最后,取 b_2 满足不等式②,取 b_1 满足不等式①.

> 在 $\triangle ABC$ 中,X,Y,Z 分别为线段 BC,CA,AB 上的点.证明:以 $\triangle XYZ$ 的重心为中心、将 $\triangle XYZ$ 放大 4 倍的图形至少覆盖顶点 A,B,C 中的一点.
>
> (2014,第 65 届罗马尼亚国家队选拔考试)

证明 反证法.

若 A,B,C 中的任意顶点均不被以 $\triangle XYZ$ 的重心为中心、将 $\triangle XYZ$ 放大 4 倍的图形

覆盖,则点 A 到直线 YZ 的距离大于点 X 到直线 YZ 的距离.从而,$\triangle AYZ$ 的面积大于 $\triangle XYZ$ 的面积.

类似地,得到 $\triangle BZX$,$\triangle CXY$ 的面积均大于 $\triangle XYZ$ 的面积.

这与在 $\triangle AYZ$,$\triangle BZX$,$\triangle CXY$,$\triangle XYZ$ 这四个三角形中,$\triangle XYZ$ 的面积不可能最小矛盾.

将一个单位正方形用一些与此正方形的边平行的矩形无重叠地完全覆盖,其中,这些矩形的长、宽可以不同,但周长必须相同.问:

(1) 单位正方形是否可以被 20 个周长为 2.5 的矩形覆盖?

(2) 单位正方形是否可以被 30 个周长为 2 的矩形覆盖?

(2014,第 53 届荷兰数学奥林匹克)

解 (1) 不可以.

考虑长为 a、宽为 b 的矩形.

由 $2(a+b) = \dfrac{5}{2}$,$b \leqslant 1$,知 $a \geqslant \dfrac{1}{4}$.

类似地,$b \geqslant \dfrac{1}{4}$.

从而,矩形面积 $ab \geqslant \dfrac{1}{4} \times \dfrac{1}{4} = \dfrac{1}{16}$.

因此,最多能用 16 个这样的矩形无重复地覆盖单位正方形.

(2) 可以.

考虑如图的覆盖.

先用宽为 x、长为 $1-x$ 的四个矩形 A,B,C,D 覆盖,每个矩形的周长为 2.

则单位正方形的余下部分是边长为 $1-2x$ 的小正方形.将该小正方形如图等分为 26 个长×宽为 $(1-2x) \times \dfrac{1-2x}{26}$ 的小矩形,每个小矩形的周长均为 $\dfrac{54}{26}(1-2x)$.

于是,$2 = \dfrac{54}{26}(1-2x)$,即 $x = \dfrac{1}{54}$.

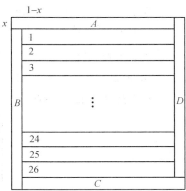

若一张答题卡是 297 mm × 210 mm 的矩形,某人的钢笔漏水,使得答题卡上有一些两两不相交的污点,其中,任意一个污点均不超过 1 mm²,且任意一条与边缘平行的直线均至多与一个污点有公共点.证明:所有污点的面积之和不超过 253.5 mm²(可认为每一个污点均是连通的).

(2014,中国香港代表队选拔考试)

证明 设一共有 n 个污点, 其面积分别为 $S_1, S_2, \cdots, S_n$, 每一个污点在上边缘的投影长度分别为 $x_1, x_2, \cdots, x_n$, 在左边缘的投影长度分别为 $y_1, y_2, \cdots, y_n$.

因为任意一条与边缘平行的直线均至多与一个污点有公共点, 所以,

$$\sum_{i=1}^{n} x_i \leqslant 210, \sum_{i=1}^{n} y_i \leqslant 297.$$

故 $\displaystyle\sum_{i=1}^{n} S_i \leqslant \sum_{i=1}^{n} \sqrt{S_i} \leqslant \sum_{i=1}^{n} \sqrt{x_i y_i} \leqslant \sum_{i=1}^{n} \frac{x_i + y_i}{2} \leqslant \frac{1}{2}(210 + 297) = 253.5.$

一个 11×11 的方格表被图 1 所示的 2×2 的小方格表和由三个小方格构成的 L 型方格没有重叠的完全覆盖. 求最少用多少个 L 型方格(L 型方格可以旋转和对称翻折使用).

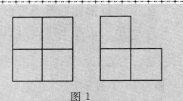

图 1

(2014, 中国香港代表队选拔考试)

解 设 11×11 的方格表被 x 个 2×2 的方格表和 y 个 L 型的方格覆盖. 记 (i, j) 表示第 i 行第 j 列的格. 若 i, j 均为奇数, 则将此格染成红色. 可见, 共有 36 个红格.

而一个 2×2 的方格表必然恰包含一个红格, 一个 L 型格至多包含一个红格, 因此, $x + y \geqslant 36$.

而 $4x + 3y = 121$. 则由

$$x \geqslant 36 - y \Rightarrow 4x + 3y \geqslant 4(36 - y) + 3y = 144 - y$$

$$\Rightarrow 121 \geqslant 144 - y \Rightarrow y \geqslant 23.$$

因此, 至少有 23 个 L 型方格.

图 2 为构造出的恰有 23 个 L 型方格的例子.

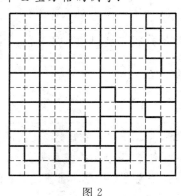

图 2

已知一根长为 50 的线段 S 被若干长为 1 的线段所覆盖,且所有的这些线段均包含于 S. 若移走任意一条单位线段,S 不再被覆盖. 求满足此性质的单位线段数的最大值,其中,假定线段包括两个端点.

(2015,第 32 届阿根廷数学奥林匹克)

解 把单位线段按从左到右覆盖 S 的顺序记为 S_1,S_2,$\cdots$.

假设存在 k,使得线段 S_k 与 S_{k+2} 有一个公共点. 则它们合并为一条包含线段 S_{k+1} 的更长的线段. 于是,移除线段 S_{k+1},S 仍被完全覆盖,与条件矛盾. 从而,线段 S_k 与 S_{k+2} 不能有公共点.

特别地,奇数下标线段 S_1,S_3,$\cdots$ 互不相交,对每个 i,长度为正的线段分离 S_{2i-1} 与 S_{2i+1}. 最多有 49 条这样的单位线段在长度为 50 的线段上. 这表明,最多有 98 条在已有的覆盖系统中. 事实上,若至少有 99 条,则至少有 50 条下标为奇数,这是不可能的.

考虑数轴上的区间 $I = [0, 50]$. 把它记作首项为 $\frac{1}{2}$、末项为 $\frac{99}{2}$、项数为 98 的等差数列. 则公差 $d = \frac{49}{97} > \frac{1}{2}$.

在区间 I 内放上 98 条单位线段 S_1,S_2,$\cdots$,S_{98},使得它们的中点和数列的项一致.

显然,它们完全覆盖区间 I,S_1 与 S_{98} 是仅有的分别包含 0 与 50 的线段.

考虑线段 S_k,S_{k+2}($1 \leqslant k \leqslant 96$),它们的中点相距 $2d = \frac{98}{97} > 1$. 则其被一个长度为 $\frac{1}{97}$ 的间隙隔离,此间隙只被线段 S_{k+1} 覆盖. 故若要保持覆盖,就不能移除线段 S_k($2 \leqslant k \leqslant 97$).

类似地,也不能移除线段 S_1 或 S_{98}.

综上,S_1,S_2,$\cdots$,S_{98} 正是满足所需性质的覆盖,线段数的最大值为 98.

将平面用两组平行线划分为方格表,将每个格染上 1201 种颜色之一,使得不存在周长为 100 的矩形内能同时有两个同色格. 证明:不存在有同色格的 1×1201 或 1201×1 的矩形(注:矩形的边均在网格线上).

(2016,第 33 届巴尔干地区数学奥林匹克)

证明 设单位格的中心为平面上的整点,用中心坐标代表其所在格.

考虑集合 $D = \{(x, y) \mid |x| + |y| \leqslant 24\}$.

将集合 D 中的整点构成的图形称为"钻石".

因为所有整点属于某个周长为 100 的矩形,所以,一个钻石内不含同色格.

又一个钻石内恰有 $24^2 + 25^2 = 1201$ 个格,于是,一个钻石恰含有 1201 种颜色的格各一个.

选取一种颜色——绿色,设 $a_1,a_2,\cdots$ 为全部绿格,P_i 表示中心为 a_i 的钻石.

下面证明:不存在同时在钻石 P_i,P_j($i,j\in \mathbf{Z}^+,i\neq j$)中的格,且每个格在某个钻石 $P_k(k\in \mathbf{Z}^+)$ 中.

反证法.

假设钻石 P_i 与 P_j 中同时含有格 b.则钻石 P_i,P_j 的中心同在周长为 100 的某个矩形中,矛盾.

又对于任意的格 b,中心为 b 的钻石必有某一个绿格 a_i.则中心为 a_i 的钻石 P_i 中有 b.

于是,$P_1,P_2,\cdots$ 恰无重复地覆盖平面.由钻石的定义及反射,易知这样的覆盖是唯一的(因为考虑两个相邻的钻石,如图 1,若两个钻石不是整齐的摆放,则存在两个无法覆盖的格形成一个"角").

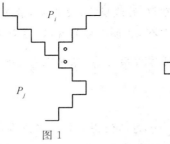
图 1

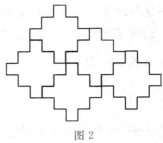
图 2

可以给出中心为 (x,y) 的钻石的覆盖,其中,$1201\mid(24x+25y)$(图 2 是用较小的钻石做的类似的覆盖).

由此,不存在有两个绿格的 1×1201 的矩形.

类似地,对其他 1200 种颜色结论也成立.

综上,命题得证.

设 $n\in \mathbf{Z}^+$,考虑 $2^n\times 2^n$ 的方格表.用一些矩形无重叠地覆盖单位格,使得每个矩形的长、宽均为整数,且矩形的面积为 2 的整数次幂.证明:必有两个用来覆盖的矩形大小相同.

注:尺寸相同是指两个矩形在不旋转的情况下,长、宽分别相同.

(2016,第 54 届荷兰国家队选拔考试)

证明 注意到,矩形的面积为 2 的整数次幂当且仅当其长、宽均为 2 的整数次幂.

假设不存在两个用来覆盖的矩形大小相同.

首先证明:没有用到宽为 1 的矩形.否则,若用到了一个这样的矩形,则将每个被宽为 1 的矩形覆盖的格染为蓝色.设 M 为蓝格个数.显然,M 是宽为 1 的所有矩形面积的总和,于是,这个和至少为 1,且为 2 的不同的幂的和.设 2^k 为其中最大的幂.

因为 $2^k-1=2^{k-1}+2^{k-2}+\cdots+2+1$,所以,有少于蓝格数 2^k 的单位格没有被宽为 1,长为 2^k 的矩形覆盖.

于是,至少存在一行,其行内有一个包含一个蓝格的长为 2^k 的矩形,且此行内没有其他蓝格.但此行中余下的奇数个格必须被宽为偶数的矩形覆盖,矛盾.

从而,没有用到宽为 1 的矩形.

类似地,也没有用到长为 1 的矩形.

于是,所有用于覆盖的矩形的长、宽均为偶数.

其次,考虑 n 的最小值,使得不存在两个用来覆盖的矩形大小相同.

已证所有用于覆盖的矩形的长、宽均为偶数,从而,将所有矩形的长、宽均除以 2,得到一个方格可以用长、宽均为整数的大小更小的矩形覆盖,每一个小矩形的面积仍为 2 的幂.因为假设不存在两个矩形大小相同,所以,这与 n 的最小性矛盾.

综上,必有两个用来覆盖的矩形的大小相同.

　　给定正整数 m,且 $n \geqslant m$,在一个 $m \times 2n$ 的方格表中最多能放入多少块多米诺骨牌(1×2 或 2×1 的小方格表)满足以下条件:

　　(1) 每块多米诺骨牌恰覆盖两个相邻的小方格;

　　(2) 任意一个小方格至多被一块多米诺骨牌覆盖;

　　(3) 任意两块多米诺骨牌不能形成 2×2 的方格表;

　　(4) 最后一行的方格恰被 n 块多米诺骨牌完全覆盖?

(2016,第八届罗马尼亚大师杯数学竞赛)

解 所求最大值为 $mn - \left[\dfrac{m}{2}\right]$,且对于任意交替的两行分别用 n 块 1×2 与 $n-1$ 块 1×2 的多米诺骨牌使得最后一行的方格恰被 n 块多米诺骨牌完全覆盖即可.

为证明满足题目条件的多米诺骨牌至多能放入 $mn - \left[\dfrac{m}{2}\right]$ 块,将原方格表中的行自下而上分别标为第 $0, 1, \cdots, m-1$ 行,且对第 i 行画一个垂直对称的 $n-i$ 个虚构的多米诺块(因此,第 i 行在两侧各有 i 个小方格没有被画进去),图 1 是 $m = n = 6$ 的情形.

虚构一个多米诺块,若其恰被一块多米诺骨牌覆盖,则称此多米诺块为"好的";否则,称其为"坏的".

下面分类讨论.

(1) 若所有虚构的多米诺块均为好的,则剩下的多米诺骨牌不会覆盖这些虚构的多米诺块.因此,这些多米诺骨牌必须分布在左上角和右上角处的边长为 $m-1$ 的三角形区域中.

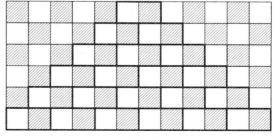

图 1

像棋盘一样对这些小方格黑白染色,知对任何一个三角形区域中的黑格数与白格数

相差 $\left[\dfrac{m}{2}\right]$.

因为每块多米诺骨牌覆盖两种不同色的小方格,所以,在每个三角形区域中至少有 $\left[\dfrac{m}{2}\right]$ 个小方格没有被覆盖,故结论成立.

(2)为了处理剩下情形即有坏的多米诺块存在,只要证明满足条件的覆盖方式可以转换为另一种,且保证多米诺骨牌数没有减少,而坏的虚构的多米诺块数减少了.则经过有限次转换后,可将所有的多米诺块均变成好的,且多米诺骨牌数没有减少,故可由情况(1)得结论成立.

如图 2,考虑标数最小的存在坏的多米诺块的行(这显然不是最后一行)且记 D 为这个多米诺块.记 l 为 D 的左边的小方格,r 为 D 的右边的小方格.注意到,l,r 下面的小方格分别被 D_1,D_2 覆盖.

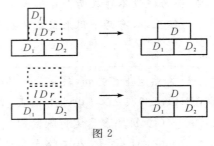

图 2

若 l 被一块多米诺骨牌 D_l 覆盖,则由 D 是坏的且任意两块多米诺骨牌不能形成 2×2 的方格表,知 D_l 是纵向的.若 r 也被一块多米诺骨牌 D_r 覆盖,则 D_r 也是纵向的,且与 D_l 形成了一个 2×2 的方格表,产生矛盾.从而,必有 r 是空的.于是,可将多米诺骨牌 D_l 换成 D 同样满足题目条件,且保证了多米诺骨牌数没有减少,而坏的虚构的多米诺块数减少了.

对于 r 被多米诺骨牌覆盖的情况完全类似.

若 D 的 l 与 r 均没有被多米诺骨牌覆盖,则可直接在 D 处添上一块多米诺骨牌;或为了保证任意两块多米诺骨牌不形成 2×2 的方格表,可将 D 正上方的多米诺骨牌直接平移到 D 的位置即可.

> 证明:对任一四边形(不一定是凸的),均存在某个点 P,使得该四边形关于点 P 的中心对称图形至少覆盖原四边形面积的 $\dfrac{1}{3}$.
>
> (2016—2017,匈牙利数学奥林匹克)

证明 引理 任一 $\triangle ABC$ 关于其重心 G 的中心对称图形恰覆盖 $\triangle ABC$ 面积的 $\dfrac{2}{3}$.

证明 如图,取 BC,CA,AB 的三等分点分别为 A_1 和 A_2,B_1 和 B_2,C_1 和 C_2.

于是,G 同时为线段 A_1B_2,B_1C_2,C_1A_2 的中点.从而,直线 BC 与 B_2C_1,CA 与 C_2A_1,AB 与 A_2B_1 分别关于点 G 中心对称,这表明,直线 B_2C_1,C_2A_1,A_2B_1 所围成的 $\triangle A'B'C'$ 即为 $\triangle ABC$ 关于点 G 的中心对称图形.

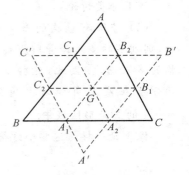

从而,$\triangle A'B'C'$ 与 $\triangle ABC$ 的公共部分即为六边形

$A_1A_2B_1B_2C_1C_2$，其面积为

$$S_{\triangle ABC} - S_{\triangle AC_1B_2} - S_{\triangle BA_1C_2} - S_{\triangle CB_1A_2} = S_{\triangle ABC} - 3 \times \frac{1}{9}S_{\triangle ABC} = \frac{2}{3}S_{\triangle ABC}.$$

引理得证.

对任一四边形，必有一条对角线落在四边形内部，并将此四边形分为两个三角形. 由于必有其中一个三角形的面积不小于四边形面积的一半，于是，若以此三角形的重心 P 为对称中心，则原四边形关于点 P 的中心对称图形覆盖原四边形的部分面积不小于此三角形面积的 $\frac{2}{3}$，即不小于原四边形面积的 $\frac{1}{3}$.

平面几何部分

十五　　直线与平面

平面 α 与三棱锥 $ABCD$ 的棱 AB,BC,CD,DA 分别交于点 K,L,M,N，二面角 $\angle(KLA,KLM)=\angle(LMB,LMN)=\angle(MNC,MNK)=\angle(NKD,NKL)$，其中，$\angle(PQR,PQS)$ 表示在四面体 $PQRS$ 中以棱 PQ 为公共边的面 PQR 与面 PQS 所成的二面角. 证明：顶点 A,B,C,D 在平面 α 中的投影位于同一个圆周上.

（2014，第 40 届俄罗斯数学奥林匹克）

证明 如图，将顶点 A,B,C,D 在平面 α 中的投影分别记为 A',B',C',D'.

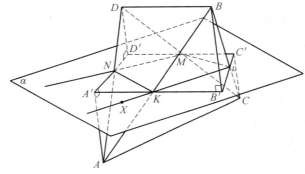

设 X 为线段 LK 延长线上任意一点. 则
$$\angle(KXA,KXN)=\angle(KLA,KLM),\angle(KNA,KNX)=\angle(NKD,NKL).$$

据题意，这些二面角彼此相等. 这表明，三棱锥 $K-ANX$ 中棱 KN 与 KX 处的两个二面角相等. 于是，平面 ANK，平面 AXK 关于这个平面（过 KA 且与平面 α 垂直的平面）对称. 从而，点 A' 位于经过 $\angle XKN$ 的平分线的直线上，即在 $\angle NKL$ 的外角平分线上.

类似地，点 A' 位于 $\angle MNK$ 的外角平分线上.

再分别对点 B',C',D' 进行类似的讨论.

从而，A',B',C',D' 分别为四边形 $KLMN$ 的各对相邻角的外角平分线的交点.

在 $\triangle A'KN$ 中，有
$$\angle B'A'D'=\angle KA'N=180°-\angle A'KN-\angle A'NK$$
$$=(90°-\angle A'KN)+(90°-\angle A'NK)=\frac{1}{2}(\angle NKL+\angle MNK).$$

类似地，$\angle B'C'D'=\dfrac{1}{2}(\angle KLM+\angle LMN)$.

故 $\angle B'A'D'+\angle B'C'D'=\dfrac{1}{2}(\angle NKL+\angle MNK+\angle KLM+\angle LMN)=180°$.

因此，A',B',C',D' 四点共圆.

平面几何部分

490

十六　多面体

证明　设长方体的长、宽、高分别为 l, w, h. 则

$V = lwh, S = 2(lw + lh + wh), C = 4(l + w + h).$

若 $V = S = C$，则

$VC = S^2 \Rightarrow 4lwh(l + w + h) = 4(lw + lh + wh)^2$

$\Rightarrow h^2 w^2 + w^2 l^2 + h^2 l^2 + hwl(h + w + l) = 0$

$\Rightarrow l = w = h = 0.$

显然不成立.

解　设点 A 和 C' 到三个切面的距离分别为 x, y, z 和 x', y', z'，且

$x + x' = AB, y + y' = AD, z + z' = AA'.$

　　当切分出来的两部分长方体有公共面时，视公共面为底面，则这两部分的体积与高成正比. 于是，

$$\frac{y}{y'} = \frac{V_{B'}}{V_{C'}} = \frac{V_B}{V_C} = 4, \quad \frac{z}{z'} = \frac{V_C}{V_{C'}} = \frac{10}{3}.$$

解得 $V_B = 1200$. 故 $\dfrac{x}{x'} = \dfrac{V_A}{V_B} = \dfrac{1}{30}$.

设长方体的体积为 V. 则

$$\frac{V}{V_{C'}} = \frac{(x + x')(y + y')(z + z')}{x'y'z'} = \left(\frac{x}{x'} + 1\right)\left(\frac{y}{y'} + 1\right)\left(\frac{z}{z'} + 1\right) = \frac{403}{18}.$$

于是，$V = 2015$.

平面几何部分

考虑某立方体的三条两两异面的面对角线,直线 l 与这三条对角线所成角度相同.求这个角度的所有可能值.

(2014—2015,匈牙利数学奥林匹克)

解 首先,一定有两条对角线在对面上.

否则,一定在三个有公共顶点的面上.易知,必有一条面对角线经过公共顶点,不妨设为上面.则前面和右面唯一确定.如图 1,这两条对角线共面,矛盾.

不妨设上、下面有面对角线,如图 2,通过关于过这条线段之一且与上、下面垂直的面对称,可将第三条对角线不妨设在前面.

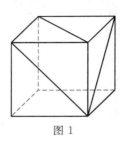

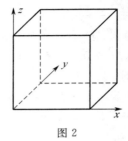

图 1   图 2

三条线段的向量分别为 $(1,1,0),(-1,0,1),(-1,1,0)$.

设 $l = (x,y,z)$.则 $|x+y| = |-x+z| = |-x+y|$.

设 l 与三条对角线的夹角为 α.

(1) $x+y = -x+y$.

则 $x=0,|y|=|z|$.此时,$l = (0,1,1)$ 或 $(0,1,-1)$.

故 $\cos\alpha = \dfrac{1}{2} \Rightarrow \alpha = 60°$.

(2) $x+y = -(-x+y)$.

则 $y=0,|x|=|z-x|$.此时,$l = (1,0,2)$ 或 $(1,0,0)$.

故 $\cos\alpha = \dfrac{\sqrt{2}}{2}$ 或 $\dfrac{1}{\sqrt{10}} \Rightarrow \alpha = 45°$ 或 $\arccos\dfrac{\sqrt{10}}{10}$.

综上,$\alpha = 45°$ 或 $60°$ 或 $\arccos\dfrac{\sqrt{10}}{10}$.

已知一个正四面体 $ABCD$ 被垂直投影到一个平面上.证明:若投影为平行四边形,则其为正方形.

(2014—2015,匈牙利数学奥林匹克)

证明 设 O 为正四面体 $ABCD$ 的中心,A,B,C,D,O 在平面 α 上的投影分别为 A',B',C',D',O',四边形 $A'B'C'D'$ 为平行四边形.

因为投影为线性变换,所以,O' 为四边形 $A'B'C'D'$ 的重心,即 O' 为 $A'C'$ 与 $B'D'$ 的交点.从而,A',O',C' 三点共线.

于是，$\alpha \perp$ 平面 AOC.

又由对称性，平面 $AOC \perp BD$，得 $BD \parallel \alpha$.

类似地，$AC \parallel \alpha$.

从而，$A'C' \underline{\parallel} AC$，$B'D' \underline{\parallel} BD$.

由 $AC \perp BD$，$AC = BD$，知四边形 $A'B'C'D'$ 为正方形.

已知一个底边长为 a 的正四棱锥 $E-ABCD$，F 为线段 CE 的中点. 若 $\triangle BDF$ 为等边三角形，求此正四棱锥的体积.

（2015，芬兰数学竞赛）

解 如图，设 E' 为正方形 $ABCD$ 的中心. 则 EE' 为正四棱锥 $E-ABCD$ 的高.

若线段 AC 上一点 F' 满足 $FF' \perp AC$，则 F' 为线段 $E'C$ 的中点.

由 $\triangle EE'C \backsim \triangle FF'C \Rightarrow EE' = 2FF'$.

因为正方形 $ABCD$ 的对角线 BD 的长为 $\sqrt{2}a$，E' 为 BD 的中点，$\triangle BDF$ 为等边三角形，FE' 为 $\triangle BDF$ 的高，且 $FE' = \dfrac{\sqrt{6}}{2}a$，

由于 $\triangle FE'F'$ 为直角三角形，且 $E'F' = \dfrac{1}{4}AC = \dfrac{\sqrt{2}}{4}a$，所以，

$$FF'^2 = FE'^2 - E'F'^2 = \left(\dfrac{6}{4} - \dfrac{1}{8}\right)a^2 = \dfrac{11}{8}a^2 \Rightarrow FF' = \dfrac{\sqrt{11}}{2\sqrt{2}}a, EE' = \sqrt{\dfrac{11}{2}}a.$$

从而，四棱锥的体积 $V = \dfrac{\sqrt{22}}{6}a^3$.

在空间中，从点 O 发出三条射线 k, l, m，其中，射线 k 与 l 的夹角为 α，射线 l 与 m 的夹角为 $\beta(\alpha + \beta \leqslant 180°)$，射线 m 与 k 的夹角为 γ. 若射线 r 与射线 k, l 的夹角相同，射线 s 与射线 l, m 的夹角相同. 问：射线 r 与 s 间的夹角是否一定为 $\dfrac{\gamma}{2}$？

（2016，爱沙尼亚数学奥林匹克）

解 不一定.

设 O 为立方体的顶点，射线 k, l, m 分别为正方体的三条棱. 于是，$\alpha = \beta = \gamma = 90°$.

又射线 r, s 分别为 k 与 l，l 与 m 所在的面的对角线，设这两条对角线另一个端点为 R, S. 则由 $\triangle ROS$ 为正三角形，知 $\angle ROS = 60°$，并不是 m 与 k 夹角的一半.

十七　　旋转体

过四面体 $SABC$ 的顶点 S 的球 Γ 与棱 SA，SB，SC 分别交于点 A_1，B_1，C_1。球 Γ 与四面体 $SABC$ 的外接球 Γ_1 的交（一个圆）位于一个平行于底 ABC 的平面上，记为 α。设 A_2，B_2，C_2 分别为点 A_1，B_1，C_1 关于 SA，SB，SC 中点的对称点。证明：A，B，C，A_2，B_2，C_2 六点共球。

（第 40 届俄罗斯数学奥林匹克）

证明　只要证：$SA_2 \cdot SA = SB_2 \cdot SB = SC_2 \cdot SC$．　　　　①

由 $AA_1 = SA_2$，$BB_1 = SB_2$，$CC_1 = SC_2$，知

式 ① $\Leftrightarrow AA_1 \cdot AS = BB_1 \cdot BS = CC_1 \cdot CS$．

设 l 为球 Γ 的球心与四面体 $SABC$ 外接球 Γ_1 的球心的连线．

因为平面 α // 平面 ABC，所以，$l \perp$ 平面 ABC。于是，直线 l 过 $\triangle ABC$ 的外心．

从而，球 Γ 的球心到点 A，B，C 的距离相同，即 A，B，C 关于球 Γ 的幂相等．

因此，$AA_1 \cdot AS = BB_1 \cdot BS = CC_1 \cdot CS$．

已知四面体 $ABCD$ 的内切球和一个旁切球分别与平面 BCD 切于不同的点 X 和 Y。证明：$\triangle AXY$ 为钝角三角形。

（第 39 届俄罗斯数学奥林匹克）

证明　考虑以 A 为位似中心将旁切球变成内切球的位似变换．此变换将点 Y 变到点 X 的关于内切球球心的对称点 Z。

由于 $ZX \perp$ 平面 BCD，点 Z 位于线段 AY 上，于是，$\angle AXY > \angle ZXY = 90°$。

从而，$\triangle AXY$ 为钝角三角形．

十八　　向量与解析几何

在坐标平面上,画有 n 个两两不相切的二次函数的图象. P 表示位于所有 n 个图象上侧的点组成的集合.证明: P 的边界上至多有 $2(n-1)$ 个角(两个二次函数图象的交点称为角).

(第 38 届俄罗斯数学奥林匹克)

证明　对 n 用数学归纳法.

当 $n=1$ 时,结论显然成立.

设 $f_1(x),f_2(x),\cdots,f_n(x)(n \geqslant 2)$ 为给定的二次函数,且 f_n 的二次项系数最小.用 T 表示 P 的边界.

令 $S = \{x \in \mathbf{R} \mid (x,f_n(x)) \in T\}$.

则 $a \in S$ 当且仅当 $f_n(a) \geqslant f_i(a)(i=1,2,\cdots,n-1)$.

记 $S_i = \{x \in \mathbf{R} \mid f_n(x) \geqslant f_i(x)\}$, $S = S_1 \cap S_2 \cap \cdots\cdots \cap S_{n-1}$.

由于 f_n-f_i 是一个二次项系数为负的二次函数或是一个线性函数, S_i 或是一个闭区间,或是一条半直线,或是整条直线,因而, S 也是这种类型的集合.

这表明, T 中至多有两个点属于 $f_n(x)$ 的图象.

去掉 f_n 后,由归纳假设,至多有 $2(n-2)$ 个角属于边界,添上 f_n 后,至多 $2(n-2)+2=2(n-1)$ 个角属于边界.

证明:(1) 存在正实数 a,使得对于每个正整数 n,平面上存在一个整点凸 n 边形 P,满足 P 的面积小于 an^3;

(2) 存在正实数 b,使得对于每个正整数 n 和每一个平面上的整点 n 边形 P,满足 P 的面积不小于 bn^2.

(3) 存在正实数 α,c,使得对于每个正整数 n 和每一个平面上的整点 n 边形 P,满足 P 的面积不小于 $cn^{2+\alpha}$.

(2012—2013,第 30 届伊朗数学奥林匹克)

证明　若对于每个整数 $i(1 \leqslant i \leqslant n-1)$,向量 $\overrightarrow{A_iA_{i+1}}$ 在坐标平面的第一象限,则称一个整点凸 n 边形 $A_1A_2\cdots A_n$ 为"好的".以后考虑的所有多边形均为整点多边形.设凸 n 边形和好的凸 n 边形的面积的最小值分别为 $f(n)$ 和 $g(n)$,且在这些多边形中,设

$$\boldsymbol{u}_i = \overrightarrow{A_iA_{i+1}}(1 \leqslant i \leqslant n-1).$$

下面证明: $g\left(\dfrac{n}{4}\right) \leqslant f(n) \leqslant g(n)$.

由于所有好的凸多边形构成的集合为所有凸多边形构成的集合的子集,则右边的不等式成立.

对于每个凸 n 边形 P,最右端、最左端、最上端、最下端的点将 P 的周长最多分成四部分,至少有一部分有至少 $\dfrac{n}{4}$ 个顶点,这些点的凸包的面积至少为 $g\left(\dfrac{n}{4}\right)$,则左边的不等式成立.

接下来只要证对于 $g(n)$ 的结论即可,如 $g(n)=O(n^2)$ 等.

引理 1 一个好的 n 边形 P 的面积为 $\dfrac{1}{2}\displaystyle\sum_{1\leqslant i<j\leqslant n-1}|\boldsymbol{u}_i\times\boldsymbol{u}_j|$,其中,$n$ 边形 P 的边对应的向量分别为 $\boldsymbol{u}_1,\boldsymbol{u}_2,\cdots,\boldsymbol{u}_{n-1}$.

引理 1 的证明 假设 $P=A_1A_2\cdots A_n$,且 A_1 为坐标原点,则对于 $i=2,3,\cdots,n-1$,有

$$S_{\triangle A_1 A_i A_{i+1}}=\frac{1}{2}|\boldsymbol{u}_i\times\overrightarrow{A_1A_i}|=\frac{1}{2}\Big|\sum_{j=1}^{i-1}\boldsymbol{u}_i\times\boldsymbol{u}_j\Big|=\frac{1}{2}\sum_{j=1}^{i-1}|\boldsymbol{u}_i\times\boldsymbol{u}_j|,$$

这是因为所有叉积均同号.

由于 n 边形 P 的面积等于这些三角形的面积之和,则

$$S_{n\text{边形}P}=\frac{1}{2}\sum_{1\leqslant i<j\leqslant n-1}|\boldsymbol{u}_i\times\boldsymbol{u}_j|.$$

引理 1 得证.

(1) 设 $\boldsymbol{u}_i=(1,i)(i=1,2,\cdots,n-1)$.

因为向量 $\boldsymbol{u}_1,\boldsymbol{u}_2,\cdots,\boldsymbol{u}_{n-1}$ 为递增的,所以,它们所确定的 n 边形为好的.

由引理 1,知该多边形的面积为

$$S=\frac{1}{2}\sum_{1\leqslant i<j\leqslant n-1}|\boldsymbol{u}_i\times\boldsymbol{u}_j|=\frac{1}{2}\sum_{1\leqslant i<j\leqslant n-1}(j-i)=\frac{1}{2}\sum_{j=1}^{n-1}\frac{j(j-1)}{2}$$
$$\leqslant\frac{1}{4}\sum_{j=1}^{n-1}j^2=\frac{(n-1)n(2n-1)}{24}<\frac{n^3}{12}.$$

(2) 因为 $|\boldsymbol{u}_i\times\boldsymbol{u}_j|$ 是正整数,所以,由引理 1 知每个好的 n 边形的面积至少为 $\dfrac{1}{2}\mathrm{C}_{n-1}^2$.

于是,$g(n)\geqslant\dfrac{1}{2}\mathrm{C}_{n-1}^2$.

由于 $\dfrac{1}{2}\mathrm{C}_{n-1}^2$ 为关于 n 的首项系数大于 0 的二次多项式,因此,结论成立.

(3) 只要证如下结论.

结论 1 对于足够大的正整数 n,每一个好的 $n+2$ 边形的面积至少为 $\dfrac{1}{24}n^{\frac{5}{2}}$.

由引理 1,下面的结论 2 蕴含着结论 1.

结论 2 对于足够大的正整数 n 和不同斜率的整向量 $\boldsymbol{u}_1,\boldsymbol{u}_2,\cdots,\boldsymbol{u}_{n+1}$,有

$$\sum_{1\leqslant i<j\leqslant n+1}|\boldsymbol{u}_i\times\boldsymbol{u}_j|\geqslant\frac{1}{12}n^{\frac{5}{2}}.$$

若对于每个 $i(1\leqslant i\leqslant n+1)$,均有 $\displaystyle\sum_{j\neq i}|\boldsymbol{u}_i\times\boldsymbol{u}_j|\geqslant\dfrac{1}{6}n^{\frac{3}{2}}$,则对此不等式求和即得结

论 2.

不失一般性,假设 $\sum\limits_{i\neq n+1}|\boldsymbol{u}_i\times\boldsymbol{u}_{n+1}|\leqslant\dfrac{1}{6}n^{\frac{3}{2}}$.

由于没有关于斜率单调的进一步的假设,对于每个正整数 i,设

$C_i=\{\boldsymbol{u}_l\mid|\boldsymbol{u}_l\times\boldsymbol{u}_{n+1}|=i\},k_i=|C_i|.$

则 $\sum\limits_i k_i=n.$

由于 C_i 中的向量的终点在两条平行于 $\boldsymbol{u}_{n+1}$ 的直线上,则对于每一个正整数 $j\leqslant n$,值 $|\boldsymbol{u}_j\times\boldsymbol{u}_l|$ $(\boldsymbol{u}_l\in C_i)$ 中最多有四个相等.

因为 $|\boldsymbol{u}_j\times\boldsymbol{u}_l|$ 均为整数,所以,$\sum\limits_{\boldsymbol{u}_l\in C_i}|\boldsymbol{u}_j\times\boldsymbol{u}_l|\geqslant4\times\dfrac{\frac{k_i}{4}\left(\frac{k_i}{4}-1\right)}{2}=\dfrac{k_i^2}{8}-\dfrac{k_i}{2}.$

则 $\sum\limits_{l\leqslant n}|\boldsymbol{u}_j\times\boldsymbol{u}_l|\geqslant\dfrac{1}{8}\sum\limits_i k_i^2-\dfrac{1}{2}\sum\limits_i k_i=\dfrac{1}{8}\sum\limits_i k_i^2-\dfrac{n}{2}.$

故 $\sum\limits_{j,l}|\boldsymbol{u}_j\times\boldsymbol{u}_l|\geqslant\dfrac{n}{8}\sum\limits_i k_i^2-\dfrac{n^2}{2}.$

由于 $\sum\limits_i k_i=n,\sum\limits_i ik_i\leqslant\dfrac{1}{6}n^{\frac{3}{2}}$,结合下面的引理 2,得 $\sum\limits_i k_i^2\geqslant\dfrac{3}{2}n^{\frac{3}{2}}.$

从而,对于足够大的正整数 n,均有 $\sum\limits_{j,l}|\boldsymbol{u}_j\times\boldsymbol{u}_l|\geqslant\dfrac{3}{16}n^{\frac{5}{2}}-\dfrac{n^2}{2}\geqslant\dfrac{1}{6}n^{\frac{5}{2}}.$

因此,结论 2 成立.

引理 2　设 $k_1,k_2,\cdots,k_n$ 为非负实数,且 $\sum\limits_{i=1}^n k_i=a_0,\sum\limits_{i=1}^n ik_i\leqslant b_0$. 则 $\sum\limits_{i=1}^n k_i^2\geqslant\dfrac{a_0^3}{4b_0}.$

引理 2 的证明　假设 a_0,b_0 为常数,$k_1,k_2,\cdots,k_n$ 为变量,且使得 $\sum\limits_{i=1}^n k_i^2$ 最小. 则 k_i $(1\leqslant i\leqslant n)$ 为单调递减的. 这是因为若存在 $i<j$,使得 $k_i<k_j$,用 $\dfrac{1}{2}(k_i+k_j)$ 代替 k_i 和 k_j,则条件仍然满足,但 $\sum\limits_{i=1}^n k_i^2$ 的值变小.

下面证明:$k_1,k_2,\cdots,k_n$ 为等差数列块,除非它们为 0.

若 k_{j-1},k_j,k_{j+1} 非 0,且 $k_j\neq\dfrac{k_{j-1}+k_{j+1}}{2}$,用 $k_{j-1}+x,k_j-2x,k_{j+1}+x$ 代替这三个数,则条件仍然满足,且两个数列的平方和之差

$\Delta=\left[(k_{j-1}+x)^2+(k_j-2x)^2+(k_{j+1}+x)^2\right]-(k_{j-1}^2+k_j^2+k_{j+1}^2)$
$=6x^2+2x(k_{j-1}-2k_j+k_{j+1}).$

因为 x 项的系数不为 0,所以,存在 x,x 的绝对值足够小,且与其系数的符号相反,则 $\Delta<0.$

于是,k_i 中每三个相邻的非零项一定是等差数列.

若有必要,可以修正 n,使得 $k_1,k_2,\cdots,k_n$ 是递减的非零等差数列.

于是,设 $k_i=r-si$(常数 $r\geqslant0,s\geqslant0$).

由于 $a_0 = \sum_{i=1}^{n} k_i = nr - s\sum_{i=1}^{n} i$，$c_0 = r\sum_{i=1}^{n} i - s\sum_{i=1}^{n} i^2 \leqslant b_0$，则

$$\sum_{i=1}^{n} k_i^2 = nr^2 - 2rs\sum_{i=1}^{n} i + s^2\sum_{i=1}^{n} i^2 = r\left(nr - s\sum_{i=1}^{n} i\right) - s\left(r\sum_{i=1}^{n} i - s\sum_{i=1}^{n} i^2\right) = ra_0 - sc_0,$$

其中，r,s 可以由关于 a_0,c_0 的方程组中解出，即

$$r = \frac{a_0\sum_{i=1}^{n} i^2 - c_0\sum_{i=1}^{n} i}{n\sum_{i=1}^{n} i^2 - \left(\sum_{i=1}^{n} i\right)^2}, s = \frac{a_0\sum_{i=1}^{n} i - nc_0}{n\sum_{i=1}^{n} i^2 - \left(\sum_{i=1}^{n} i\right)^2}.$$

由柯西不等式，得 $\sum_{i=1}^{n} k_i^2 \geqslant \dfrac{\left(\sum_{i=1}^{n} k_i\right)^2}{n} = \dfrac{a_0^2}{n}$.

因为 $k_n = r - sn \geqslant 0$，所以，

$$a_0\sum_{i=1}^{n} i^2 - c_0\sum_{i=1}^{n} i - a_0 n\sum_{i=1}^{n} i + n^2 c_0 \geqslant 0$$

$$\Rightarrow a_0\left[\frac{n^2(n+1)}{2} - \frac{n(n+1)(2n+1)}{6}\right] \leqslant c_0\left[n^2 - \frac{n(n+1)}{2}\right] \leqslant \frac{c_0 n(n+1)}{2}$$

$$\Rightarrow a_0\left(n - \frac{2n+1}{3}\right) \leqslant c_0 \Rightarrow n \leqslant 3\frac{c_0}{a_0} + 1 \leqslant 4\frac{c_0}{a_0},$$

其中，最后一个不等式 $c_0 \geqslant a_0$ 是因为 $c_0 = \sum_{i=1}^{n} ik_i \geqslant \sum_{i=1}^{n} k_i = a_0$.

因此，$\sum_{i=1}^{n} k_i^2 \geqslant \dfrac{a_0^2}{n} = \dfrac{a_0^3}{a_0 n} \geqslant \dfrac{a_0^3}{4c_0} \geqslant \dfrac{a_0^3}{4b_0}$.

引理 2 得证.

结论 3 这样的好的 $n+2$ 边形的面积至少为 $\dfrac{1}{200} n^3$，于是，$f(n) = O(n^3)$.

只要证明对于每个不同斜率的整向量 $\boldsymbol{u}_1, \boldsymbol{u}_2, \cdots, \boldsymbol{u}_{n+1}$，有

$$\sum_{1\leqslant i<j\leqslant n+1} |\boldsymbol{u}_i \times \boldsymbol{u}_j| \geqslant \frac{1}{100} n^3.$$

类似于结论 2 的证明，假设 $\sum_{i\neq n+1} |\boldsymbol{u}_i \times \boldsymbol{u}_{n+1}| \leqslant \dfrac{1}{50} n^2$，$C_i, k_i$ 的定义与前面相同.

下面证明 $\sum_{\boldsymbol{u}_l \in C_i} |\boldsymbol{u}_j \times \boldsymbol{u}_l|$ 有一个更强的下界.

若 $\boldsymbol{u}_l, \boldsymbol{u}_{l'} \in C_i$，则 $\boldsymbol{u}_l - \boldsymbol{u}_{l'}$ 是 $\boldsymbol{u}_{n+1}$ 的整数倍（可假设 $\boldsymbol{u}_{n+1}$ 不是其他任何向量的整数倍，也可以假设 $\boldsymbol{u}_{n+1}$ 是指向相同方向的最短的向量）. 故 $\boldsymbol{u}_j \times \boldsymbol{u}_l - \boldsymbol{u}_j \times \boldsymbol{u}_{l'}$ 是 $\boldsymbol{u}_j \times \boldsymbol{u}_{n+1}$ 的整数倍.

考虑到 C_i 中的向量的终点在两条平行于 $\boldsymbol{u}_{n+1}$ 的直线上.

则 $\sum_{\boldsymbol{u}_l \in C_i} |\boldsymbol{u}_j \times \boldsymbol{u}_l| \geqslant 4J \times \dfrac{\dfrac{k_i}{4}\left(\dfrac{k_i}{4} - 1\right)}{2} = J\left(\dfrac{k_i^2}{8} - \dfrac{k_i}{2}\right)$（可假设 $\boldsymbol{u}_j \in C_J$）.

平面几何部分

将这些不等式对 i 求和得

$$\sum_{l \leqslant n} |\boldsymbol{u}_j \times \boldsymbol{u}_l| \geqslant J\left(\frac{1}{8}\sum_i k_i^2 - \frac{1}{2}\sum_i k_i\right) = J\left(\frac{1}{8}\sum_i k_i^2 - \frac{n}{2}\right).$$

将这些不等式对 j 求和，得 $\sum_{j,l} |\boldsymbol{u}_j \times \boldsymbol{u}_l| \geqslant \sum_i i k_i \left(\frac{1}{8}\sum_i k_i^2 - \frac{n}{2}\right)$.

因为 $\sum_i k_i = n$，$\sum_i i k_i \leqslant \frac{1}{50}n^2$，所以，由引理 2 得 $\sum_i k_i^2 \geqslant \frac{25}{2}n$.

故 $\sum_{j,l} |\boldsymbol{u}_j \times \boldsymbol{u}_l| \geqslant \sum_i i k_i \left(\frac{1}{8}\sum_i k_i^2 - \frac{1}{25}\sum_i k_i^2\right) \geqslant \sum_i k_i \times \left(\frac{1}{8} - \frac{1}{25}\right) \times \frac{1}{4}\left(\sum_i k_i\right)^2$

$$= \frac{1}{4}\left(\frac{1}{8} - \frac{1}{25}\right)\left(\sum_i k_i\right)^3 \geqslant \frac{1}{50}n^3.$$

已知双曲线 $y = \frac{1}{x}$ 的图象在平面直角坐标系 xOy 中. 三只蜗牛同时从原点出发在 x 轴上匀速爬行（每只蜗牛均以其固定的速度爬行）. 设 $A(t),B(t),C(t)$ 分别表示在 t 时刻以第一只、第二只、第三只蜗牛的位置为横坐标对应在双曲线上的点. 证明：$\triangle ABC$ 的面积不依赖于时间 t 的变化而变化.

（2013，第 64 届白俄罗斯数学奥林匹克）

证明　设 $a(t),b(t),c(t)$ 分别表示在 t 时刻第一只、第二只、第三只蜗牛所在位置的横坐标，u_a,u_b,u_c 分别表示这三只蜗牛的速度.

首先，考虑三只蜗牛在 x 轴上同向爬行的情形.

不失一般性，设三只蜗牛均沿 x 轴正半轴方向爬行，且 $u_a \leqslant u_b \leqslant u_c$. 如图 1.

则 $S_{\triangle ABC} = S_{四边形ACC_1A_1} - S_{四边形ABB_1A_1} - S_{四边形BCC_1B_1}$.

而四边形 ACC_1A_1，四边形 ABB_1A_1，四边形 BCC_1B_1 均为梯形，则顶点坐标分别为 $A_1(a,0)$，$B_1(b,$

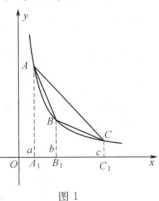

图 1

$0)$，$C_1(c,0)$，$A\left(a,\dfrac{1}{a}\right)$，$B\left(b,\dfrac{1}{b}\right)$，$C\left(c,\dfrac{1}{c}\right)$.

故 $S_{梯形ACC_1A_1} = \dfrac{1}{2}A_1C_1(AA_1 + CC_1)$

$$= \frac{1}{2}(c-a)\left(\frac{1}{a} + \frac{1}{c}\right) = \frac{1}{2}\left(\frac{c}{a} - \frac{a}{c}\right)$$

$$= \frac{1}{2}\left(\frac{u_c t}{u_a t} - \frac{u_a t}{u_c t}\right) = \frac{1}{2}\left(\frac{u_c}{u_a} - \frac{u_a}{u_c}\right).$$

又蜗牛的速度为常数，则 $S_{梯形ACC_1A_1}$ 不依赖于时间 t.

类似地，可得到梯形 ABB_1A_1，梯形 BCC_1B_1 的面积也不依赖于时间 t.

从而，$\triangle ABC$ 的面积不依赖于时间 t 的变化而变化.

其次，考虑两只蜗牛同向（不妨设为第二只与第三只）而与另一只反向（第一只）的情况.

不失一般性,设第一只蜗牛沿 x 轴负半轴方向爬行,且 $u_b \leqslant u_c$. 如图 2.

则 $S_{\triangle ABC} = S_{\triangle ABB_1} + S_{梯形 BCC_1B_1} - S_{\triangle ACC_1}$.

故 $S_{\triangle ABB_1} = \dfrac{1}{2} B_1 A \cdot BB_1 = \dfrac{1}{2}(b-a)\left(\dfrac{1}{b} - \dfrac{1}{a}\right)$

$= \dfrac{1}{2}\left(2 - \dfrac{b}{a} - \dfrac{a}{b}\right) = \dfrac{1}{2}\left(2 - \dfrac{u_b t}{-u_a t} - \dfrac{-u_a t}{u_b t}\right)$

$= 1 + \dfrac{1}{2}\left(\dfrac{u_b}{u_a} + \dfrac{u_a}{u_b}\right).$

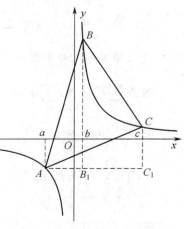

图 2

因为蜗牛的速度是常数,所以,$\triangle ABB_1$,$\triangle ACC_1$ 的面积不依赖于时间 t.

又 $S_{梯形 BCC_1B_1} = \dfrac{1}{2} B_1 C_1 (BB_1 + CC_1)$

$= \dfrac{1}{2}(c-b)\left(\dfrac{1}{c} - \dfrac{1}{a} + \dfrac{1}{b} - \dfrac{1}{a}\right)$

$= \dfrac{1}{2}\left(\dfrac{c}{b} - \dfrac{b}{c} - 2\dfrac{c}{a} + 2\dfrac{b}{a}\right) = \dfrac{1}{2}\left(\dfrac{u_c}{u_b} - \dfrac{u_b}{u_c} + 2\dfrac{u_c}{u_a} - 2\dfrac{u_b}{u_a}\right),$

于是,梯形 BCC_1B_1 的面积也不依赖于时间 t.

从而,$\triangle ABC$ 的面积不依赖于时间 t.

平面几何部分

已知双曲线 $y = \dfrac{1}{x}$ 上的三点 A,B,C 构成一个正三角形. 求这三个点的横坐标之和与纵坐标之和的乘积的所有可能的值.

(2013,第 63 届白俄罗斯数学奥林匹克)

解 设点 $A\left(a, \dfrac{1}{a}\right)$,$B\left(b, \dfrac{1}{b}\right)$,$C\left(c, \dfrac{1}{c}\right)$. 则所求为 $T = (a+b+c)\left(\dfrac{1}{a} + \dfrac{1}{b} + \dfrac{1}{c}\right)$.

如图,注意到,任意水平直线、竖直直线与 $y = \dfrac{1}{x}$ 相交,交点均是唯一的.

故 a,b,c 互不相等.

由 $\triangle ABC$ 为正三角形知

$AB = BC = CA$

$\Leftrightarrow (b-a)^2 + \left(\dfrac{1}{b} - \dfrac{1}{a}\right)^2$

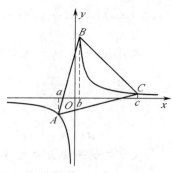

$= (c-b)^2 + \left(\dfrac{1}{c} - \dfrac{1}{b}\right)^2 = (a-c)^2 + \left(\dfrac{1}{a} - \dfrac{1}{c}\right)^2.$

则 $b^2 - 2ab + a^2 + \dfrac{1}{b^2} - \dfrac{2}{ab} + \dfrac{1}{a^2}$

$= c^2 - 2bc + b^2 + \dfrac{1}{c^2} - \dfrac{2}{bc} + \dfrac{1}{b^2}$

$\Rightarrow (a^2 - c^2) - 2b(a-c) + \dfrac{c^2 - a^2}{a^2 c^2} - \dfrac{2(c-a)}{abc} = 0.$

因为 $a \neq c$，所以，$a + c - 2b - \dfrac{a+c}{a^2 c^2} + \dfrac{2}{abc} = 0$.

类似地，$b + a - 2c - \dfrac{b+a}{b^2 a^2} + \dfrac{2}{abc} = 0$，$c + b - 2a - \dfrac{c+b}{c^2 b^2} + \dfrac{2}{abc} = 0$.

以上三式相加得

$$\dfrac{6}{abc} - \dfrac{a+c}{a^2 c^2} - \dfrac{b+a}{b^2 a^2} - \dfrac{c+b}{c^2 b^2} = 0 \Rightarrow \dfrac{b}{c} + \dfrac{b}{a} + \dfrac{c}{a} + \dfrac{c}{b} + \dfrac{a}{b} + \dfrac{a}{c} = 6.$$

故 $T = (a + b + c)\left(\dfrac{1}{a} + \dfrac{1}{b} + \dfrac{1}{c}\right) = 1 + \dfrac{a}{b} + \dfrac{a}{c} + \dfrac{b}{a} + 1 + \dfrac{b}{c} + \dfrac{c}{a} + \dfrac{c}{b} + 1$

$= 3 + 6 = 9$.

已知在双曲线 $y = \dfrac{1}{x}$ 上有两条平行的弦 AB，CD，直线 AC，BD 分别与 y 轴交于点 A_1，D_1，与 x 轴交于点 C_1，B_1. 证明：$S_{\triangle A_1 OC_1} = S_{\triangle D_1 OB_1}$.

（2013，第 63 届白俄罗斯数学奥林匹克）

证明　如图，记点 $A_1(0, a_1)$，$B_1(b_1, 0)$，$C_1(c_1, 0)$，$D_1(0, d_1)$，$A\left(a, \dfrac{1}{a}\right)$，$B\left(b, \dfrac{1}{b}\right)$，$C\left(c, \dfrac{1}{c}\right)$，$D\left(d, \dfrac{1}{d}\right)$.

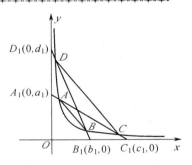

由于任意竖直、水平的直线与双曲线 $y = \dfrac{1}{x}$ 最多只能交于一点，从而，a，b，c，d 两两不同，设

$$l_{AB} : y - \dfrac{1}{a} = k_1(x - a).$$

由于点 B 在直线 AB 上，则其坐标满足直线方程.

故 $\dfrac{1}{b} - \dfrac{1}{a} = k_1(b - a) \Rightarrow k_1 = -\dfrac{1}{ab}$.

类似地，设 $l_{CD} : y - \dfrac{1}{c} = k_2(x - c) \Rightarrow k_2 = -\dfrac{1}{cd}$.

由于 $AB \parallel CD$，则 $k_1 = k_2$，于是，$ab = cd \Rightarrow \dfrac{a}{c} = \dfrac{d}{b}$. 　　　　①

设 $l_{AC} : y - \dfrac{1}{a} = k(x - a)$. 　　　　②

将 $x = 0$ 代入式②，得 A_1 的纵坐标 $a_1 = \dfrac{1}{a} - ka$；

将 $y = 0$ 代入式②，得 C_1 的横坐标 $c_1 = a - \dfrac{1}{ka}$.

由于点 C 在直线 AC 上，则 $\dfrac{1}{c} - \dfrac{1}{a} = k(c - a) \Rightarrow k = -\dfrac{1}{ac}$.

故 $a_1 = \dfrac{1}{a} + \dfrac{1}{c}$，$c_1 = a + c$.

类似地，对于直线 BD 有 $d_1 = \dfrac{1}{b} + \dfrac{1}{d}$，$b_1 = b + d$.

故 $S_{\triangle A_1 OC_1} = \dfrac{1}{2} \mid a_1 c_1 \mid = \dfrac{1}{2} \cdot \dfrac{(a+c)^2}{\mid ac \mid} = \dfrac{1}{2} \cdot \dfrac{\left(\dfrac{a}{c}+1\right)^2}{\left|\dfrac{a}{c}\right|}$,

$S_{\triangle D_1 OB_1} = \dfrac{1}{2} \mid b_1 d_1 \mid = \dfrac{1}{2} \cdot \dfrac{(b+d)^2}{\mid bd \mid} = \dfrac{1}{2} \cdot \dfrac{\left(\dfrac{d}{b}+1\right)^2}{\left|\dfrac{d}{b}\right|}$.

由式 ①,得 $S_{\triangle A_1 OC_1} = S_{\triangle D_1 OB_1}$.

设 a 和 b 为实数,抛物线 $y = ax^2 + b$ 与曲线 $y = x + \dfrac{1}{x}$ 恰有三个交点.证明:

$3ab < 1$.

(2013,克罗地亚数学竞赛决赛)

证明 由已知条件知方程组 $\begin{cases} y = ax^2 + b, \\ y = x + \dfrac{1}{x} \end{cases}$ 有三组解,即三次方程 $ax^3 - x^2 + bx - 1 = 0$ 有三个实数解.

设方程的三个解为 x_1, x_2, x_3.

由韦达定理,得 $x_1 + x_2 + x_3 = \dfrac{1}{a}, x_1 x_2 + x_2 x_3 + x_3 x_1 = \dfrac{b}{a}, x_1 x_2 x_3 = \dfrac{1}{a}$.

故 $3ab < 1 \Leftrightarrow \dfrac{1}{a^2} > 3 \dfrac{b}{a} \Leftrightarrow (x_1 + x_2 + x_3)^2 > 3(x_1 x_2 + x_2 x_3 + x_3 x_1)$

$\Leftrightarrow (x_1 - x_2)^2 + (x_2 - x_3)^2 + (x_3 - x_1)^2 > 0$,

且上式成立是由于交点互相不同.

设 A 为平面直角坐标系上三条直线 $x = 1, y = 0$ 和 $y = t(2x - t)(0 < t < 1)$ 围成的闭区域.证明:在区域 A 内,以 $P(t, t^2), Q(1, 0)$ 为其中两个顶点的三角形的面积不超过 $\dfrac{1}{4}$.

(2013,中国女子数学奥林匹克)

证明 易知,这三条直线围成的闭区域为一个三角形的内部及边界,如图,此三角形的三个顶点分别为

$B\left(\dfrac{t}{2}, 0\right), Q(1, 0), C(1, t(2-t))$.

在 $\triangle BQC$ 内任取一点 X,则 $\triangle PQX$ 的面积等于 PQ 乘以点 X 到 PQ 距离的一半.故当点 X 到 PQ 距离最大,即点 X 与 B 或 C 重合时,$\triangle PQX$ 的面积最大.

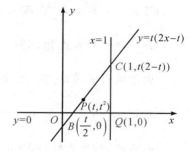

则 $S_{\triangle PQB} = \dfrac{1}{2}\left(1 - \dfrac{t}{2}\right)t^2 = \dfrac{1}{4}(2 - t)t^2$

$\leqslant \dfrac{1}{4}(2 - t)t \leqslant \dfrac{1}{4}\left(\dfrac{2 - t + t}{2}\right)^2 = \dfrac{1}{4},$

$S_{\triangle PQC} = \dfrac{1}{2}(1 - t)(2t - t^2) = \dfrac{1}{4} \times 2t(1 - t)(2 - t) \leqslant \dfrac{1}{4}\left(\dfrac{2t + 1 - t + 2 - t}{3}\right)^3 = \dfrac{1}{4}$

.

因此，在区域 A 内，以 P 和 Q 为其中两个顶点的三角形的面积不超过 $\dfrac{1}{4}$.

考虑所有形如 $y = x^2 + ax + b\,(a,b \in \mathbf{R})$ 且与坐标轴交于三个不同点的函数，对于每个函数，这三个点确定了一个圆. 证明：这些圆有一个公共点.

（2013—2014，匈牙利数学奥林匹克）

证明 考虑几个简单的例子容易发现，每个图均过点 $(0,1)$.

接下来证明：$P(0,1)$ 即为此公共点.

若 $b = 0$，$y = x^2 + ax$，则函数与坐标轴至多两个交点 $(0,0)$ 与 $(-a,0)$（可能重合）. 与题目要求不符.

于是，$b \neq 0$，且 $x^2 + ax + b = 0$ 有两个不同的实根，记为 $x_1 < x_2$. 此时，函数与坐标轴三个交点为 $A(x_1,0)$，$B(x_2,0)$，$C(0,b)$.

(1) 若 $b > 0$，由韦达定理得 $x_1 x_2 = b > 0$. 则 x_1 和 x_2 同号.

故 $|OA||OB| = |x_1||x_2| = |x_1 x_2| = x_1 x_2 = b = |OP||OC|$，且点 A 和 B 在点 O 同侧，点 C 和 P 在点 O 同侧.

于是，由割线定理的逆定理，知点 P 在 $\triangle ABC$ 的外接圆上.

(2) 若 $b < 0$，由韦达定理得 $x_1 x_2 = b < 0$. 则 x_1 和 x_2 异号.

故 $|OA||OB| = |x_1||x_2| = |x_1 x_2| = -x_1 x_2 = -b = |OP||OC|$，且点 A 和 B 在点 O 异侧，点 C 和 P 在点 O 异侧.

于是，由相交弦定理的逆定理，知点 P 在 $\triangle ABC$ 的外接圆上.

综上，$P(0,1)$ 为所有圆的公共点.

已知 P,Q 分别为四边形 $ABCD$ 的对角线 BD，AC 的中点，M,N,R,S 分别在线段 BC，CD，PQ，AC 上，且满足 $\dfrac{BM}{MC} = \dfrac{DN}{NC} = \dfrac{PR}{RQ} = \dfrac{AS}{SC} = k$. 证明：$\triangle AMN$ 的重心在 RS 上.

（2014，罗马尼亚数学奥林匹克）

证明 设 G 为 $\triangle AMN$ 的重心. 则

$$\overrightarrow{GR} = \dfrac{\overrightarrow{GP} + k\overrightarrow{GQ}}{1 + k} = \dfrac{\overrightarrow{GB} + \overrightarrow{GD} + k(\overrightarrow{GA} + \overrightarrow{GC})}{2(1 + k)},\ \overrightarrow{GS} = \dfrac{\overrightarrow{GA} + k\overrightarrow{GC}}{1 + k}.$$

又 $\mathbf{0} = \overrightarrow{GA} + \overrightarrow{GM} + \overrightarrow{GN} = \overrightarrow{GA} + \dfrac{\overrightarrow{GB} + k\overrightarrow{GC}}{1+k} + \dfrac{\overrightarrow{GD} + k\overrightarrow{GC}}{1+k}$,故

$(1+k)\overrightarrow{GA} + \overrightarrow{GB} + 2k\overrightarrow{GC} + \overrightarrow{GD} = \mathbf{0} \Rightarrow \overrightarrow{GS} + 2\overrightarrow{GR} = \mathbf{0} \Rightarrow G, R, S$ 三点共线.

设四边形 $ABCD$ 内接于以 AC 为直径的圆,点 E,F 分别在线段 CD,BC 上,$AE \perp DF,AF \perp BE$.证明:$AB = AD$.

(2014,罗马尼亚数学奥林匹克)

证明 由条件知

$\overrightarrow{AE} \cdot \overrightarrow{DF} = 0 \Leftrightarrow \overrightarrow{AE} \cdot (\overrightarrow{AF} - \overrightarrow{AD}) = 0, \overrightarrow{AF} \cdot \overrightarrow{BE} = 0 \Leftrightarrow \overrightarrow{AF} \cdot (\overrightarrow{AE} - \overrightarrow{AB}) = 0.$

则 $\overrightarrow{AE} \cdot \overrightarrow{AF} = \overrightarrow{AE} \cdot \overrightarrow{AD}, \overrightarrow{AE} \cdot \overrightarrow{AF} = \overrightarrow{AF} \cdot \overrightarrow{AB}.$ 于是,$\overrightarrow{AE} \cdot \overrightarrow{AD} = \overrightarrow{AF} \cdot \overrightarrow{AB}.$

从而,$(\overrightarrow{AD} + \overrightarrow{DE}) \cdot \overrightarrow{AD} = (\overrightarrow{AB} + \overrightarrow{BF}) \cdot \overrightarrow{AB} \Rightarrow \overrightarrow{AD}^2 + \overrightarrow{AD} \cdot \overrightarrow{DE} = \overrightarrow{AB}^2 + \overrightarrow{AB} \cdot \overrightarrow{BF}.$

而 $\angle ADE = \angle ABF = 90°$,于是,$\overrightarrow{AD} \cdot \overrightarrow{DE} = \overrightarrow{AB} \cdot \overrightarrow{BF} = 0.$

从而,$AB = AD.$

给定两条双曲线 H_1, H_2,其方程分别为 $y = \dfrac{1}{x}, y = -\dfrac{1}{x}$.一条直线与双曲线 H_1 交于点 A 和 B,与双曲线 H_2 交于点 C 和 D,设 O 为坐标原点.证明:$S_{\triangle OAC} = S_{\triangle OBD}$.

(2014,第 65 届白俄罗斯数学奥林匹克)

证明 不妨设所有的双曲线、直线和点的位置如图所示(否则,只要绕原点旋转图形 $90°$ 的倍数,再重新标注点).

设点 $A\left(a, \dfrac{1}{a}\right), B\left(b, \dfrac{1}{b}\right), C\left(c, -\dfrac{1}{c}\right),$
$D\left(d, -\dfrac{1}{d}\right).$

注意到,数 a 与 b、c 与 d 是成对出现的,且 $c < 0, d > a > b > 0$.

由直线 l_{AB} 通过点 A 和 B、直线 l_{CD} 通过点

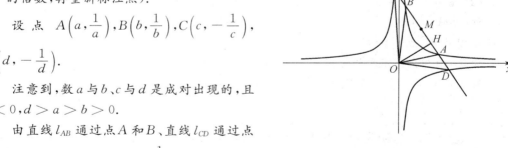

C 和 D 得 $l_{AB}: \dfrac{x - a}{b - a} = \dfrac{y - \dfrac{1}{a}}{\dfrac{1}{b} - \dfrac{1}{a}} \Leftrightarrow y = -\dfrac{x}{ab} + \dfrac{1}{a} + \dfrac{1}{b},$

$l_{CD}: \dfrac{x - c}{d - c} = \dfrac{y + \dfrac{1}{c}}{-\dfrac{1}{d} + \dfrac{1}{c}} \Leftrightarrow y = \dfrac{x}{cd} - \dfrac{1}{c} - \dfrac{1}{d}.$

因为 l_{AB} 与 l_{CD} 重合,即 $l = l_{AB} = l_{CD}$,所以,

$ab = -cd, \dfrac{1}{a} + \dfrac{1}{b} = -\dfrac{1}{c} - \dfrac{1}{d} \Rightarrow a + b = c + d.$

则线段 AB 中点 M 的横坐标 $x_M = \dfrac{a+b}{2}$ 与线段 CD 中点的横坐标 $\dfrac{c+d}{2}$ 相等.

因为点 A,B,C,D 在同一条直线上,所以,M 既为 AB 的中点,也为 CD 的中点.

故 $AC = CM + MA = MD + MB = BD.$

因为 $\triangle OAC$ 和 $\triangle OBD$ 从顶点 O 引得的高相等,所以,这两个三角形的面积也相等.

给定两条双曲线 H_1 和 H_2,其方程分别为 $y = \dfrac{1}{x}, y = -\dfrac{1}{x}$.一条直线与双曲线 H_1 交于点 A 和 B,与双曲线 H_2 交于点 C 和 D,分别以 A,B 为切点与双曲线 H_1 相切的两条直线交于点 M,分别以 C,D 为切点与双曲线 H_2 相切的两条直线交于点 N. 证明:点 M 和 N 关于坐标原点对称.

(2014,第 65 届白俄罗斯数学奥林匹克)

证明 不妨设所有的双曲线、直线和点的位置如图(否则,只要绕原点旋转图形 $90°$ 的倍数,再重新标注点).

设点 $A\left(a, \dfrac{1}{a}\right), B\left(b, \dfrac{1}{b}\right), C\left(c, -\dfrac{1}{c}\right),$
$D\left(d, -\dfrac{1}{d}\right).$

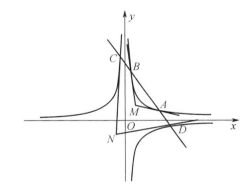

注意到,数 a 与 b、c 与 d 是成对出现的,且 $c < 0, d > a > b > 0.$

由函数 $y(x) = \dfrac{1}{x}$ 的导函数为 $y'(x) = -\dfrac{1}{x^2}$,则双曲线 H_1 的以 A,B 为切点的切线方程分别是

$$y = -\dfrac{1}{a^2}(x-a) + \dfrac{1}{a}, \quad y = -\dfrac{1}{b^2}(x-b) + \dfrac{1}{b}.$$

设 $M(x_M, y_M)$ 为这两条切线的交点.则 $-\dfrac{1}{a^2}(x_M - a) + \dfrac{1}{a} = -\dfrac{1}{b^2}(x_M - b) + \dfrac{1}{b}.$

解得 $x_M = \dfrac{2ab}{a+b}.$

将上式代入直线方程解得 $y_M = -\dfrac{1}{a^2}(x_M - a) + \dfrac{1}{a} = \dfrac{2}{a+b}.$

类似地,函数 $y(x) = -\dfrac{1}{x}$ 的导函数为 $y'(x) = \dfrac{1}{x^2}$,则双曲线 H_2 的以 C,D 为切点的切线方程分别为 $y = \dfrac{1}{c^2}(x-c) - \dfrac{1}{c}, \quad y = \dfrac{1}{d^2}(x-d) - \dfrac{1}{d}.$

设 $N(x_N, y_N)$ 为这两条切线的交点.则 $\dfrac{1}{c^2}(x_N - c) - \dfrac{1}{c} = \dfrac{1}{d^2}(x_N - d) - \dfrac{1}{d}.$

解得 $x_N = \dfrac{2cd}{c+d}$.

将上式代入直线方程解得 $y_N = \dfrac{1}{c^2}(x_N - c) - \dfrac{1}{c} = -\dfrac{2}{c+d}$.

因为点 A,B,C,D 在一条直线上，可得 $a+b = c+d$，且 $ab = -cd$（由上题式 ①），所以，$x_M = -x_N$，且 $y_M = -y_N$，即点 M 与 N 关于原点对称.

给定两条双曲线 H_1 和 H_2，其方程分别为 $y = \dfrac{1}{x}$，$y = -\dfrac{1}{x}$. M 为双曲线 H_1 上的任意一点，过 M 作双曲线 H_2 的两条切线 MM_1 和 MM_2，切点分别为 M_1 和 M_2. 证明：M_1M_2 为双曲线 H_1 的切线.

（2014，第 65 届白俄罗斯数学奥林匹克）

证明 不妨设点 $M\left(a, \dfrac{1}{a}\right)(a > 0)$，$M_1\left(b_1, -\dfrac{1}{b_1}\right)$，

$M_2\left(b_2, -\dfrac{1}{b_2}\right)$，如图.

由函数 $y(x) = -\dfrac{1}{x}$ 的导函数为 $y'(x) = \dfrac{1}{x^2}$，

知双曲线 H_2 切于点 $\left(b, -\dfrac{1}{b}\right)$ 的切线方程为

$y = \dfrac{1}{b^2}(x - b) - \dfrac{1}{b}$.

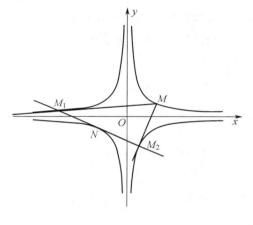

因为点 M 在这条切线上，所以，

$\dfrac{1}{a} = \dfrac{1}{b^2}(a - b) - \dfrac{1}{b}$.

于是，点 M_1 和 M_2 的横坐标满足方程

$b^2 + 2ab - a^2 = 0$. ①

又经过点 M_1 的直线方程可表示为 $y = k(x - b_1) - \dfrac{1}{b_1}$，若这条直线还经过点 M_2，则

$-\dfrac{1}{b_2} = k(b_2 - b_1) - \dfrac{1}{b_1}$.

因为 $b_1 \neq b_2$，所以，$k = \dfrac{1}{b_1 b_2}$.

于是，直线 M_1M_2 可表示为 $y = \dfrac{1}{b_1 b_2}(x - b_1) - \dfrac{1}{b_1} \Leftrightarrow y = \dfrac{x - (b_1 + b_2)}{b_1 b_2}$.

因为 b_1 和 b_2 是方程 ① 的两根，所以，由韦达定理得 $b_1 b_2 = -a^2$，$b_1 + b_2 = -2a$.

从而，$l_{M_1M_2}: y = \dfrac{x + 2a}{-a^2}$.

注意到，当 $x = -a$ 时，$y = -\dfrac{1}{a}$，即双曲线 H_1 上的点 $N\left(-a, -\dfrac{1}{a}\right)$ 在直线 M_1M_2 上，

且双曲线 H_1 在点 N 处的切线斜率为 $y'(-a) = -\dfrac{1}{(-a)^2}$，即直线 M_1M_2 的斜率.

因此，直线 M_1M_2 与双曲线 H_1 切于点 N.

> 在正 $\triangle ABC$ 中选定点 M，令 M_1, M_2, M_3 分别为 M 关于 BC, AC, AB 的对称点. 证明：
> $$\overrightarrow{MM_1} + \overrightarrow{MM_2} + \overrightarrow{MM_3} = \overrightarrow{MA} + \overrightarrow{MB} + \overrightarrow{MC}.$$
> （2015，第 55 届乌克兰数学奥林匹克）

证明 如图，过点 M 分别作 $\triangle ABC$ 三边的平行线，与 AB，BC，AC 交于点 C_1 和 C_2，A_1 和 A_2，B_1 和 B_2.

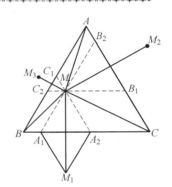

考虑正 $\triangle A_1MA_2$.

由 MM_1 包含它的高，则 M_1M 为 $\triangle A_1MA_2$ 中线长的二倍.

从而，$\overrightarrow{MA_1} + \overrightarrow{MA_2} = \overrightarrow{MM_1}$.

类似地，$\overrightarrow{MB_1} + \overrightarrow{MB_2} = \overrightarrow{MM_2}$，$\overrightarrow{MC_1} + \overrightarrow{MC_2} = \overrightarrow{MM_3}$.

又由四边形 MC_1AB_2 为平行四边形，知
$$\overrightarrow{MA} = \overrightarrow{MC_1} + \overrightarrow{MB_2}.$$

类似地，$\overrightarrow{MB} = \overrightarrow{MC_2} + \overrightarrow{MA_1}$，$\overrightarrow{MC} = \overrightarrow{MA_2} + \overrightarrow{MB_1}$.

故 $\overrightarrow{MM_1} + \overrightarrow{MM_2} + \overrightarrow{MM_3} = \overrightarrow{MA_1} + \overrightarrow{MA_2} + \overrightarrow{MB_1} + \overrightarrow{MB_2} + \overrightarrow{MC_1} + \overrightarrow{MC_2}$
$= \overrightarrow{MA} + \overrightarrow{MB} + \overrightarrow{MC}.$

> 在平面直角坐标系内，已知一个三角形的"地中海点"在其边界或其内部（此三角形可退化成线段或点），且地中海点满足：
>
> （1）若三角形关于过原点的直线对称，则地中海点在此直线上；
>
> （2）若 $\triangle DEF$ 包含 $\triangle ABC$，且 $\triangle ABC$ 包含 $\triangle DEF$ 的地中海点 M，则 M 也为 $\triangle ABC$ 的地中海点.
>
> 求过三个顶点 $(-3,5),(12,5),(3,11)$ 的三角形的地中海点.
> （2015，地中海地区数学竞赛）

解 考虑 $\triangle DEF$，其中，$D(-12,5),E(12,5),F(0,13)$.

注意到，$\triangle DEF$ 关于 y 轴对称. 则 $\triangle DEF$ 符合条件（1）.

此时，其地中海点在 y 轴上，记为 $M(0,m)(m \in [5,13])$.

设 $a^2 + 25 = m^2(0 \leqslant a \leqslant 12, a \in \mathbf{R})$. 则点 $A(a,5)$ 在 $\triangle DEF$ 的边 DE 上，且点 A，M 与原点的距离均为 m.

故边 AM 的中点 $C\left(\dfrac{a}{2}, \dfrac{5+m}{2}\right)$，$A$，$M$ 构成的三角形（可退化）关于过原点及点 C 的直线对称，记此直线为 l.

平面几何部分

由条件(1),知 $\triangle AMC$ 中的地中海点在直线 l 上,此即为点 C.

又因为 $\triangle DEF$ 包含 $\triangle AMC$,且 $\triangle AMC$ 包含 $\triangle DEF$ 地中海点 M,

所以,由条件(2),知 $\triangle AMC$ 的地中海点为 M.

从而,点 M 与 C 重合,即 $a=0,m=5$.此时,$\triangle DEF$ 的地中海点为 $M(0,5)$.

下面考虑过点 $(-3,5),(12,5),(3,11)$ 的三角形.

注意到,$\triangle DEF$ 包含此三角形,且此三角形包含 $\triangle DEF$ 的地中海点 $M(0,5)$.

于是,由条件(2),知该三角形的地中海点为 $(0,5)$.

在平面直角坐标系中,点 $O(0,0),A(-2,0),B(0,2),E,F$ 分别为 OA,OB 的中点.将 $\triangle OEF$ 绕点 O 顺时针旋转到 $\triangle OE'F'$.对每个旋转的位置,令 $P(x,y)$ 为 AE' 与 BF' 的交点.求点 P 纵坐标的最大值.

(2015,第32届阿根廷数学奥林匹克)

解 记绕点 O 顺时针旋转 $90°$ 的变换为 R.

如图.

显然,变换 $R(A)=B$,且 $R(E')=F'$,对初始的等腰 $Rt\triangle OEF$ 的每个旋转位置均成立.

因此,$R(AE')=BF'$.

注意到,直线和其旋转后的像之间的夹角为旋转角.于是,$AE'\perp BF'$,即点 P 在以 AB 为直径的圆上,亦即在以 $(-1,1)$ 为圆心,$\sqrt{2}$ 为半径的圆 Γ 上.

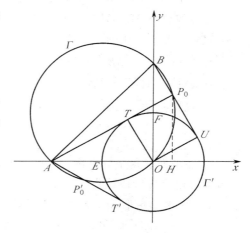

再注意到,对 $\triangle OEF$ 的某个旋转位置 $\triangle OE'F'$,不是每个点 $P\in\Gamma$ 均可以从 AE' 与 BF' 的交点得到.一个必要条件是 AP 包含距离原点为 1 的点 E',即 AP 必须与以 $(0,0)$ 为圆心,1 为半径的圆 Γ' 有公共点.

过点 A 引圆 Γ' 的切线 AT,AT',其中,点 T,T' 分别在第二,三象限.于是,每条 AP 要么在 $\angle TAT'$ 的内部,要么与 AT 或 AT' 中的一条重合.令 AT,AT' 与圆 Γ 分别交于点 P_0,P_0'.则所有可容许的点 P 包含在圆 Γ 的劣弧 $\overparen{P_0P_0'}$(不包括点 A,B)上.

又注意到,点 P_0 在第一象限,劣弧 $\overparen{P_0P_0'}$ 均在过点 P_0 且平行于 x 轴的直线下方.

于是,任意可容许点 P 的纵坐标不超过 P_0 的纵坐标 y_0.

从点 B 引圆 Γ' 的切线 BU,其中,点 U 在第一象限.旋转保持相切,于是,给定 $R(A)=B$,有 $R(AT)=BU$.

一方面,$\angle TOU=90°$.

另一方面,$AT\perp BU$,这表明,AT 与 BU 在圆 Γ 上相交.

由于 P_0 为 AT 与圆 Γ 的交点,则 AT 与 BU 交于点 P_0.从而,

P_0 是可容许的,其中,点 E' 与 T 重合,点 F' 与 U 重合(计算知点 P 可通过 $\triangle OEF$ 绕原点顺时针旋转 $60°$ 得到).

因为 P_0 是可容许的,所以,y_0 恰为所求的最大值.

下面求 y_0 的值,即从点 P_0 到 x 轴的垂线 P_0H 的长度.

在 $\mathrm{Rt}\triangle OAT$ 中,$\angle T = 90°$,$OA = 2$,$OT = 1$,故 $\angle OAT = 30°$.

又在 $\mathrm{Rt}\triangle ABP_0$ 中,$\angle P_0 = 90°$,$\angle BAP_0 = 15°$,则由 $\mathrm{Rt}\triangle AP_0H$ 得

$$y_0 = P_0H = \frac{1}{2}AP_0 = \frac{1}{2}AB\cos 15° \Rightarrow y_{\max} = y_0 = \frac{1+\sqrt{3}}{2}.$$

已知平面直角坐标系上有两个首项系数为1的二次函数的图象 Γ_1,Γ_2 和两条不平行的直线 l_1,l_2.若直线 l_1 被 Γ_1,Γ_2 所截得线段长度相等,直线 l_2 被 Γ_1,Γ_2 所截得线段长度也相等,证明:图象 Γ_1 与 Γ_2 重合.

(第43届俄罗斯数学奥林匹克)

证明　设 $\Gamma_1 : f_1(x) = x^2 + p_1x + q_1$,$\Gamma_2 : f_2(x) = x^2 + p_2x + q_2$.

由条件,知直线 l_1,l_2 的斜率存在,设 $l_1 : y = k_1x + b_1$,$l_2 : y = k_2x + b_2$.

设直线 l_1 与 Γ_1 交于点 $A(x_1, y_1)$ 和 $B(x_2, y_2)$,直线 l_1 与圆 Γ_2 交于点 $C(x_3, y_3)$ 和 $D(x_4, y_4)$.

联立方程 $\begin{cases} y = k_1x + b_1, \\ y = x^2 + p_1x + q_1, \end{cases}$ 消元得 $x^2 + (p_1 - k_1)x + q_1 - b_1 = 0.$ ①

由 x_1,x_2 为方程 ① 的两根,则 $|x_1 - x_2| = \sqrt{(p_1 - k_1)^2 - 4(q_1 - b_1)}$.

故 $|AB| = \sqrt{1+k_1^2}\,|x_1 - x_2| = \sqrt{1+k_1^2}\,\sqrt{(p_1 - k_1)^2 - 4(q_1 - b_1)}$.

类似地,$|CD| = \sqrt{1+k_1^2}\,\sqrt{(p_2 - k_1)^2 - 4(q_1 - b_1)}$.

由 $|AB| = |CD|$

$\Rightarrow \sqrt{(p_1 - k_1)^2 - 4(q_1 - b_1)} = \sqrt{(p_2 - k_1)^2 - 4(q_2 - b_1)}$

$\Rightarrow (p_1 - p_2)(p_1 + p_2 - 2k_1) = 4(q_1 - q_2)$.

若 $p_1 \neq p_2$,则 $k_1 = \dfrac{p_1 + p_2}{2} - \dfrac{2(q_1 - q_2)}{p_1 - p_2}$.

类似地,$k_2 = \dfrac{p_1 + p_2}{2} - \dfrac{2(q_1 - q_2)}{p_1 - p_2}$.

从而,$k_1 = k_2$,与直线 l_1,l_2 不平行矛盾.

故 $p_1 = p_2$,$q_1 = q_2$,即图象 Γ_1 与 Γ_2 重合.

在平面直角坐标系 xOy 中,抛物线 $y = x^2 - 2bx + a + 1$ 与 x 轴交于点 A 和 B,与 y 轴交于点 C(异于原点),且 $M(a, b)$ 为 $\triangle ABC$ 的外心.求所有满足要求的 a 和 b.

(2017,第67届白俄罗斯数学奥林匹克)

解 记 $A(\alpha,0),B(\beta,0),C(0,\gamma)$.

由 $M(a,b)$ 为 $\triangle ABC$ 的外接圆 Γ 的圆心,知点 M 在 x 轴上的投影为 AB 的中点,即

$$a = \frac{\alpha+\beta}{2}.$$

由韦达定理,知 $\dfrac{\alpha+\beta}{2}=b$.于是,$a=b$.

令 $x=0$,得 $\gamma=a+1$.

设 $\odot M$ 的半径为 R.则 $R^2=|MC|^2=(a-0)^2+(b-\gamma)^2=a^2+1$.

因为点 A 和 B 在 $\odot M$ 上,所以,

$a^2+1=R^2=|MA|^2=|MB|^2 \Rightarrow a^2+1=(a-\alpha)^2+a^2=(a-\beta)^2+a^2$

$\Rightarrow (a-\alpha)^2=(a-\beta)^2=1$.

不妨设 $\beta>\alpha$.则 $\alpha=a-1,\beta=a+1$,其为方程 $x^2-2bx+a+1=0$ 的两个根.

由韦达定理,得 $a^2-1=\alpha\beta=a+1$.

解得 $a=-1$ 或 2.

当 $a=-1$ 时,$\gamma=0$,从而,点 $C(0,0)$ 与已知不符;

当 $a=2$ 时,得点 $M(2,2)$,抛物线方程为 $y=x^2-4x+3$,圆的方程为 $(x-2)^2+(y-2)^2=5$,易验证符合题意.

因此,$a=b=2$.

已知抛物线 $y=x^2-\alpha$ 与双曲线 $y=\dfrac{1}{x}$ 在第一象限交于点 A,在第三象限交于点 B 和 C.

(1) 求所有的 α 值,使得 $\triangle ABC$ 为直角三角形;

(2) 对于(1)中求得的 α,求此直角三角形的面积.

(2017,第 67 届白俄罗斯数学奥林匹克)

解 设 $A\left(a,\dfrac{1}{a}\right),B\left(b,\dfrac{1}{b}\right),C\left(c,\dfrac{1}{c}\right)(a>0,b<0,c<0)$.不妨设 $c<b$.

联立抛物线与双曲线的方程得 $x^2-\alpha=\dfrac{1}{x}$.显然,$x\neq 0$.

故 $x^3-\alpha x-1=0$. ①

由韦达定理,得 $a+b+c=0,abc=1$.

因为点 A 在第一象限,点 B 和 C 在第三象限,所以,$\angle BAC$ 为锐角.

于是,$\angle ABC$ 或 $\angle ACB$ 为直角.

易知,$l_{AB}:y=-\dfrac{1}{ab}x+\dfrac{1}{a}+\dfrac{1}{b},l_{AC}:y=-\dfrac{1}{ac}x+\dfrac{1}{a}+\dfrac{1}{c},l_{BC}:y=-\dfrac{1}{bc}x+\dfrac{1}{b}+\dfrac{1}{c}$.

若 $\angle ABC=90°$,则 $AB\perp BC$.

故 $\left(-\dfrac{1}{ab}\right)\left(-\dfrac{1}{bc}\right)=-1 \Rightarrow ab^2c=-1 \Rightarrow b=-1$.

将 $b=-1$ 代入式 ①,得 $\alpha=2$.

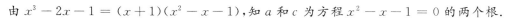

由 $x^3 - 2x - 1 = (x+1)(x^2 - x - 1)$，知 a 和 c 为方程 $x^2 - x - 1 = 0$ 的两个根.

因为 $a > 0$，所以，$a = \dfrac{1+\sqrt{5}}{2}$，$c = \dfrac{1-\sqrt{5}}{2}$.

又 $c > -1 = b$，与 $b > c$ 矛盾，故 $\angle ABC$ 不可能为直角.

若 $\angle ACB = 90°$，则 $AC \perp BC$.

故 $\left(-\dfrac{1}{ac}\right)\left(-\dfrac{1}{bc}\right) = -1 \Rightarrow abc^2 = -1 \Rightarrow c = -1$.

由前面的关系有 $\alpha = 2$，得 $a = \dfrac{1+\sqrt{5}}{2}$，$b = \dfrac{1-\sqrt{5}}{2}$，满足 $b > c$.

于是，α 有唯一值 2，使得 $\triangle ABC$ 为直角三角形.

此时，$S_{\triangle ABC} = \dfrac{1}{2} AC \cdot BC$，其中，

$AC^2 = (c-a)^2 + \left(\dfrac{1}{c} - \dfrac{1}{a}\right)^2 = (c-a)^2 \left(1 + \dfrac{1}{a^2 c^2}\right) = (a+1)^2 (1+b^2)$，

$BC^2 = (c-b)^2 + \left(\dfrac{1}{c} - \dfrac{1}{b}\right)^2 = (c-b)^2 \left(1 + \dfrac{1}{b^2 c^2}\right) = (b+1)^2 (1+a^2)$.

因为 a 和 b 是方程 $x^2 - x - 1 = 0$ 的两个根，所以，$a^2 = a+1$，$b^2 = b+1$，且 $a+b = 1$，$ab = -1$.

则 $AC \cdot BC = |1+a||1+b|\sqrt{(2+a)(2+b)} = \sqrt{5}$.

故 $S_{\triangle ABC} = \dfrac{1}{2} AC \cdot BC = \dfrac{\sqrt{5}}{2}$.

平
面
几
何
部
分

十九 杂题

> 已知在正 2012 边形的顶点中存在 k 个顶点,使得以这 k 个顶点为顶点的凸 k 多边形的任意两条边不平行. 求 k 的最大值.
>
> (第 38 届俄罗斯数学奥林匹克)

解 k 的最大值为 1509.

设 $A_1, A_2, \cdots, A_{2012}$ 为正多边形的顶点集.

考虑四顶点集

$$(A_1, A_2, A_{1007}, A_{1008}), (A_3, A_4, A_{1009}, A_{1010}), \cdots, (A_{1005}, A_{1006}, A_{2011}, A_{2012}).$$

若 k 个点中同时含某四点集 $(A_{2i-1}, A_{2i}, A_{2i+1005}, A_{2i+1006})$,则得到的凸 k 边形有相互平行的两条边 $A_{2i-1}A_{2i}$ 和 $A_{2i+1005}A_{2i+1006}$,矛盾.

这表明,每个四点集中至多取三个点. 故 $k \leqslant 503 \times 3 = 1509$.

下面给出 $k = 1509$ 的例子.

易知,凸多边形 $A_1 A_2 \cdots A_{1006} A_{1008} A_{1010} \cdots A_{2012}$ 的任意两边不平行.

> 证明:在正 $2n-1 (n \geqslant 3)$ 边形的顶点中,任意取出 n 个点,其中必有三个点,以它们为顶点的三角形为等腰三角形.
>
> (2012,中国西部数学奥林匹克)

证明 先考虑 $n > 4$ 的情况.

假设可取正 $2n-1$ 边形 $A_1 A_2 \cdots A_{2n-1}$ 的 n 个顶点,使得不存在三个顶点构成等腰三角形. 将取出的 n 个顶点染成红色,未取出的 $n-1$ 个顶点染成蓝色.

不妨设 A_1 为红色. 将除 A_1 以外的 $2n-2$ 个顶点分为 $n-1$ 组:

$$(A_2, A_{2n-1})(A_3, A_{2n-2}), \cdots, (A_n, A_{n+1}).$$

由于每一组的两个点均和 A_1 构成等腰三角形,于是,不能均为红点. 而一共恰有 n 个红点. 从而,每一组中的两个点均为一个红点和一个蓝点.

不妨设 A_2 为红点,A_{2n-1} 为蓝点.

由 $\triangle A_1 A_2 A_3$ 为等腰三角形,知 A_3 为蓝点. 从而,A_{2n-2} 为红点.

再由 $\triangle A_{2n-2} A_2 A_5$、$\triangle A_{2n-4} A_{2n-2} A_1$ 均为等腰三角形,知 A_5、A_{2n-4} 均为蓝点. 而 A_5 和 A_{2n-4} 是同一组,只能一红一蓝,矛盾.

因此,当 $n > 4$ 时,结论成立.

对于正五边形和正七边形(即 $n = 3,4$)的情况,直接讨论即知结论成立.

综上,命题成立.

已知 S 为平面上面积为 10 的凸图形.考虑凸图形 S 中的一条长为 3 的弦,A 和 B 为这条弦上的两个点,且将这条弦三等分.对于 $S - \{A, B\}$ 中的一个动点 X,设射线 AX,BX 与 S 的边界分别交于点 A',B',满足 $AA' > \dfrac{1}{3} BB'$ 的点 X 构成的集合为 S'.证明:S' 的面积至少为 6.

(2012—2013,第 30 届伊朗数学奥林匹克)

证明　设射线 AB 与凸图形 S 的边界交于点 Z,ZB' 与 AA' 交于点 A''.

因为 S 是凸的,所以,点 A'' 在 X 与 A' 之间.

设满足 $AA'' > \dfrac{1}{3} BB'$ 的点 X 构成的集合为 S''.则 $S'' \subseteq S'$.故只要证 S'' 的面积至少为 6.

对直线 $ZA''B'$ 和 $\triangle XAB$,由梅涅劳斯定理得 $\dfrac{AA''}{A''X} \cdot \dfrac{XB'}{B'B} \cdot \dfrac{BZ}{ZA} = 1$.

由于 $ZA = 2BZ$,于是,$\dfrac{AA''}{A''X} \cdot \dfrac{XB'}{B'B} = 2$.

由 $A''X = AA'' - AX$,$B'X = BB' - BX$,知

$$\dfrac{A''X}{AA''} = \dfrac{1}{2} \cdot \dfrac{XB'}{B'B} \Rightarrow \dfrac{AX}{AA''} = 1 - \dfrac{1}{2}\left(1 - \dfrac{BX}{BB'}\right) \Rightarrow \dfrac{AX}{AA''} = \dfrac{1}{2} \cdot \dfrac{BX}{BB'} + \dfrac{1}{2}.$$

设满足 $\dfrac{1}{2} \cdot \dfrac{BX}{BB'} + \dfrac{1}{2} \geqslant \alpha \dfrac{BX}{BB'}$($\alpha$ 为某个常数)的点 X 构成的集合为 D_1,对于恰当的 α,D_1 为点 B 的邻域.

若 $X \notin D_1$,则 $\dfrac{AX}{AA''} < \alpha \dfrac{BX}{BB'} \Rightarrow \dfrac{AA''}{BB'} > \dfrac{1}{\alpha} \cdot \dfrac{AX}{BX}$.

设满足 $\dfrac{AX}{BX} < \dfrac{\alpha}{3}$ 的点 X 构成的集合为 D_2,对于恰当的 α,D_2 为点 A 的邻域.

若点 X 既不属于 D_1,也不属于 D_2,则 $\dfrac{AA''}{BB'} > \dfrac{1}{\alpha} \cdot \dfrac{\alpha}{3} = \dfrac{1}{3}$,这个结论就是想要的.

于是,$S - D_1 - D_2 \subseteq S'' \subseteq S'$.

下面计算 D_1,D_2 的面积.

若 $\alpha < 3$,则 D_2 是关于定点 A,B 的阿波罗尼斯圆的内部,且

$$X \in D_1 \Leftrightarrow \dfrac{1}{2} \cdot \dfrac{BX}{BB'} + \dfrac{1}{2} \geqslant \alpha \dfrac{BX}{BB'} \Leftrightarrow \dfrac{BX}{BB'} \leqslant \dfrac{1}{2\alpha - 1}.$$

若 $\alpha > 1$,则 D_1 是点 B 的邻域,且与凸图形 S 相似.

取 $\alpha = \dfrac{3}{2}$.由 $\dfrac{1}{2\alpha - 1} = \dfrac{1}{2}$,知 D_1 的面积为凸图形 S 的面积的 $\left(\dfrac{1}{2}\right)^2$ 倍,即 $\dfrac{10}{4} = 2.5$.

设直线 AB 与 D_2 的边界分别交于点 C 和 D,且点 C 在 A,B 之间.则

$$\dfrac{AD}{DB} = \dfrac{1}{2} \Rightarrow \dfrac{AD}{AD + 1} = \dfrac{1}{2} \Rightarrow AD = 1,\dfrac{AC}{CB} = \dfrac{1}{2} \Rightarrow \dfrac{AC}{1 - AC} = \dfrac{1}{2} \Rightarrow AC = \dfrac{1}{3}.$$

于是, D_2 的直径为 $1 + \dfrac{1}{3} = \dfrac{4}{3}$, D_2 的面积为 $\left(\dfrac{2}{3}\right)^2 \pi < 1.5$.

故 $T_{S''} \geqslant T_{S-D_1-D_2} \geqslant T_S - T_{D_1} - T_{D_2} > 10 - 2.5 - 1.5 = 6$, 其中, T_K 表示平面上的图形 K 的面积.

> 对平面上的每个点染红色或蓝色. 证明:存在同色的三个点构成的三角形, 其三边长分别为 $1, 2, \sqrt{3}$.
>
> （2013, 第 10 届泰国数学奥林匹克）

证明 反证法.

假设不存在边长分别为 $1, 2, \sqrt{3}$ 的同色顶点三角形.

如图, 考虑边长为 2 的等边 $\triangle ABC$, 其三个顶点中至少有两个点同色, 不妨设点 B 和 C 为红色.

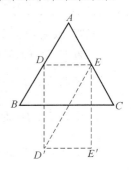

记边 AB 和 CA 的中点分别为 D 和 E, 这两点关于边 BC 的对称点为 D', E'. 则 $\triangle BDC$, $\triangle BEC$, $\triangle BD'C$, $\triangle BE'C$ 均是边长为 $1, 2$, $\sqrt{3}$ 的三角形, 且每个三角形均有两个红色顶点, 故 $\triangle DD'E$ 的三个顶点均为蓝色, 且三边长分别为 $1, 2, \sqrt{3}$ 与假设矛盾.

> 已知 $P_1, P_2, \cdots, P_{2556}$ 是边长为 1 的正六边形 $ABCDEF$ 内的点. 若集合 $S = \{A, B, C, D, E, F, P_1, P_2, \cdots, P_{2556}\}$
>
> 中任意三点不共线, 证明:存在以集合 S 中三个点构成的三角形, 其面积小于 $\dfrac{1}{1700}$.
>
> （2013, 第 10 届泰国数学奥林匹克）

证明 将点 P_1 与正六边形 $ABCDEF$ 各顶点连线, 则把正六边形划分成六个三角形.

由集合 S 中任意三点不共线, 知点 P_2 在其中一个三角形内. 连接 P_2 及此三角形的三个顶点, 此时, 三角形的总数增加 2.

类似地, 连接 $P_3, P_4, \cdots, P_{2556}$ 与其所在的三角形的各顶点, 于是, 六边形被划分成若干个互不重叠的三角形, 且每次划分三角形的总数均增加 2.

从而, 三角形的个数为 $6 + 2555 \times 2 = 5116$.

若每个三角形的面积均不小于 $\dfrac{1}{1700}$,

则六边形的面积不小于

$$5116 \times \dfrac{1}{1700} > 3 > \dfrac{3\sqrt{3}}{2} = S_{\text{正六边形}ABCDEF}.$$

矛盾.

已知若干个小圆排列在一个单位圆 Γ 内,小圆的周长之和不小于 π,且圆 Γ 的圆心不在任何一个小圆内. 证明:存在一个圆 Γ 的同心圆,其圆周至少与两个小圆相交.

(2013,第 63 届白俄罗斯数学奥林匹克)

证明 设 $r_1, r_2, \cdots, r_k$ 是这些小圆的半径.

由已知,有 $2\pi(r_1 + r_2 + \cdots + r_k) \geqslant \pi \Rightarrow r_1 + r_2 + \cdots + r_k \geqslant \dfrac{1}{2}$.　　①

将圆 Γ(包括其中的小圆)绕其圆心旋转 2π. 在此旋转过程中,每一个小圆(半径为 r_i)形成的轨迹均是以大圆 Γ 的圆心为圆心的圆环,其宽度 d_i 等于 $2r_i$.

若所有的圆环没有公共点,则 $d_1 + d_2 + \cdots + d_k = 2(r_1 + r_2 + \cdots + r_k) < 1$,与式 ① 矛盾.

已知在单位圆 Γ 中分布着 N 条线段,这 N 条线段的长度之和为 $2\sqrt{N}$. 证明:存在一个与圆 Γ 的同心圆,其至少与两条线段相交.

(2013,第 63 届白俄罗斯数学奥林匹克)

证明 考虑圆 Γ(连同其中所有线段)绕其圆心旋转 2π.

在这样的旋转之下,每条线段均围绕着圆 Γ 的中心覆盖了一些环形区域. 只要证明这些环形面积之和不小于 π.

在这种旋转之中,记由线段 AB 所覆盖得到的环形面积为 S_{AB}.

令由圆 Γ 的中心 O 引直线 AB 的垂线并与直线 AB 交于点 C.

根据点 C 的位置,考虑两种情况.

(1) 若点 C 在线段 AB 上,则
$$S_{AB} = \pi \max\{OA^2 - OC^2, OB^2 - OC^2\} = \pi \max\{AC^2, BC^2\} \geqslant \dfrac{\pi AB^2}{4}.$$

(2) 若点 C 不在线段 AB 上,则
$$S = \pi \mid OB^2 - OA^2 \mid = \pi \mid CB^2 - CA^2 \mid = \pi(AB^2 + 2AB \cdot AC) \geqslant \pi AB^2 > \dfrac{\pi AB^2}{4}.$$

令 $d_1, d_2, \cdots, d_N$ 为各线段的长度. 则所有环形的面积之和不少于
$$\dfrac{\pi}{4}(d_1^2 + d_2^2 + \cdots + d_N^2) \geqslant \pi.$$

设 n 为正整数,点 $P_1, P_2, \cdots, P_{4n}$ 共面且任意三点不共线. 对 $i = 1, 2, \cdots, 4n$,若让以 P_i 为始点的射线 $P_i P_{i-1}$ 以点 P_i 为中心顺时针旋转 $90°$,则该射线会落在以 P_i 为始点的射线 $P_i P_{i+1}$ 上,其中,$P_0 = P_{4n}$,$P_{4n+1} = P_1$. 试确定数对 $(i, j)(1 \leqslant i < j \leqslant 4n)$ 的最大可能的个数,使得线段 $P_i P_{i+1}$ 与 $P_j P_{j+1}$ 交于一个异于此两线段端点的点.

(2013,日本数学奥林匹克)

解 对于 $k=1,2,\cdots,n$,设点 $A_k=P_{4k-3}$,$B_k=P_{4k-2}$,$C_k=P_{4k-1}$,$D_k=P_{4k}$,且设 $A_{n+1}=A_1$,$B_{n+1}=B_1$.

定义:线段 A_iB_i,B_iC_i,C_iD_i,D_iA_{i+1} 分别为向左、向下、向右、向上的线段;折线段 $A_iB_iC_i(i=1,2,\cdots,n)$ 为左下型折线段,类似地定义右下型、右上型、左上型折线段.

于是,向左线段和向下线段的交点即看作两个左下型折线段的交点.对于其他的折线段的交点同上.

从而,为得到问题的答案,只需求出两个左下型折线段的交点,两个右下型折线段的交点,两个右上型折线段的交点,两个左上型折线段的交点数目总和的最大可能值即可.

若对所有四对折线段 $A_iB_iC_i$ 和 $A_jB_jC_j$,$B_iC_iD_i$ 和 $B_jC_jD_j$,$C_iD_iA_{i+1}$ 和 $C_jD_jA_{j+1}$,$D_iA_{i+1}B_{i+1}$ 和 $D_jA_{j+1}B_{j+1}$ 均相交,则称数对 $(i,j)(1\leqslant i<j\leqslant n)$ 为"好的".

注意到,若 (i,j) 为好数对,则点 A_i 在 A_j 的上面,故点 B_i 在 B_j 的右面,C_i 在 C_j 的下面,D_i 在 D_j 的左面,A_{i+1} 在 A_{j+1} 的下面.

引理 对于集合 $\{1,2,\cdots,n\}$ 的任意非空真子集,设集合 $Y=X^C$,即 X 的补集.则存在 $x\in X$,$y\in Y$,使 (x,y) 不为好数对.

证明 对于 $x\in\{1,2,\cdots,n\}$,定义:

$$x^+=\begin{cases} x+1, & 1\leqslant x\leqslant n-1; \\ 1, & x=n. \end{cases} \quad x^-=\begin{cases} x-1, & 2\leqslant x\leqslant n; \\ n, & x=1. \end{cases}$$

假设对于每一个 $x\in X$,$y\in Y$,有序数对 (x,y) 为好的.若点 A_k 在 $A_1,A_2,\cdots,A_n$ 之中从上数第 i 个位置,则定义 $f(k)=i$,且 $f^{-1}(i)=k$.

只需证明:对于每一个 $k(1\leqslant k\leqslant n)$ 在属于集合 X 的 $f(1),f(2),\cdots,f(k)$ 之中的点的数目和在属于集合 X 的 $f(1)^-,f(2)^-,\cdots,f(k)^-$ 之中的点的数目相同.

否则,假设前者的数目大于后者.

则存在 $x\in X$,满足 $f^{-1}(x)\leqslant k$,$f^{-1}(x^+)>k$,同时,存在 $y\in Y$,满足 $f^{-1}(y)>k$,$f^{-1}(y^+)\leqslant k$.

因为在属于 Y 的集合 $\{f(k+1),f(k+2),\cdots,f(n)\}$ 中的点的数目一定多于属于 Y 的集合 $\{f(k+1)^-,f(k+2)^-,\cdots,f(n)^-\}$ 中的点的数目,所以,数对 (x,y) 不为好数对.矛盾.

若前者比后者小,同样得到矛盾.

于是,前者与后者的数目相等.

在 $k=l$ 和 $k=l-1$ 的情况下比较得 $f(l)\in X\Leftrightarrow f(l)^-\in X$.

这表明,对于任意的 $x\in\{1,2,\cdots,n\}$,有 $x\in X\Leftrightarrow x^-\in X$.

但这与 X 为 $\{1,2,\cdots,n\}$ 的真子集的假定矛盾.

引理得证.

假设 (x,y) 不为好数对的个数最多为 $n-2$.则在 $\{1,2,\cdots,n\}$ 的元素中,能够通过一串非好的数对从元素 1 达到的元素最多只有 $n-1$ 个.设 X 为以如上从 1 可达到的方式的元素组成集合的子集,Y 是 X 的补集.故得到一个与引理相悖的结论.于是,在集合

$\{1,2,\cdots,n\}$ 中一定有 $n-1$ 对不为好数对. 从而, 满足题目要求的数对 (i,j) 的个数的最大值为 $4\mathrm{C}_n^2-(n-1)=(2n-1)(n-1)$.

另一方面, 如图, 若将点 $A_1,A_2,\cdots,A_n$ 以 A_1 在最左上方且沿从左上到右下方向走, 以点 C_n 在最左上端让 $C_n,C_{n-1},\cdots,C_1$ 沿左上到右下方向走, 再根据如图所示放置点 $B_1,B_2,\cdots,B_n$ 和 $D_1,D_2,\cdots,D_n$, 则可以得到交点的个数恰为 $(2n-1)(n-1)$.

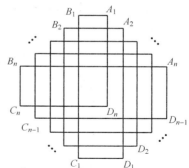

因此, 问题的答案即为 $(2n-1)(n-1)$.

在正方形 $ABCD$ 中, P 为其内切圆上任意一点. 则线段 PA,PB,PC,PD,AB 的长度能否同时为正整数? 请给出证明.

(2013, 英国数学奥林匹克)

解 如图, 建立直角坐标系. 则各点坐标分别为
$P(x,y),A(r,r),B(-r,r),C(-r,-r),D(r,-r)$.
由两点间距离公式得
$PA^2=(r-x)^2+(r-y)^2=2r^2+x^2+y^2-2rx-2ry$,
$PC^2=(-r-x)^2+(-r-y)^2$
$=2r^2+x^2+y^2+2rx+2ry$.
于是, $PA^2+PC^2=4r^2+2(x^2+y^2)$.
又因为 P 为其内切圆上任意一点, 所以, $x^2+y^2=r^2$.
则 $PA^2+PC^2=6r^2=\dfrac{3}{2}(2r)^2=\dfrac{3}{2}AB^2$, 即 $2PA^2+2PC^2=3AB^2$.
记 $2b^2+2c^2=3a^2(a,b,c\in\mathbf{Z}^+)$.　　　　　　　　①
假设式 ① 有正整数解. 则设 (a,b,c) 为其一组解, 且 a 最小.
因为对于任意的正整数 x, 有 $x^2\equiv 0$ 或 $1(\bmod\ 3)$, 所以, 由式 ① 知 $3\mid b,3\mid c$.
记 $b=3b',c=3c'(b',c'\in\mathbf{Z}^+)$. 则 $6b'^2+6c'^2=a^2\Rightarrow 3\mid a$.
记 $a=3a'(a'\in\mathbf{Z}^+)$. 则 $2b'^2+2c'^2=3a'^2$.
从而, (a',b',c') 也为一组解, 且 $a'<a$. 矛盾.
故不存在同时为正整数的线段 PA,PB,PC,PD,AB, 使其满足题设条件.

已知正方体 $ABCD-EFGH$ 的棱长为 a, AG 为一条对角线. 求其表面上所有点 P, 使 P 到点 A 的最短路径长等于 P 到点 G 的最短路径长 $l(p)$, 并求所有可能的 $l(p)$, 其中, 路径定义为每一点均在正方体表面上的路线.

(2013, 德国数学奥林匹克)

解 如图1,设点 P 在面 $EFGH$ 上.则当 P 在 $\triangle EFG$ 内时,最短路径还经过面 $ABFE$;当 P 在 $\triangle EGH$ 内时,最短路径还经过面 $ADHE$.

如图2,以点 P 在 $\triangle EFG$ 内为例,将面 $ABFE$ 与面 $EFGH$ 展开至一个平面.

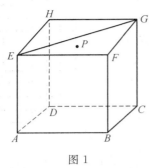

图 1

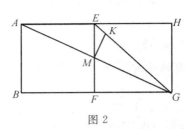

图 2

则若要点 P 到 A,G 的路径距离最短,只要 $PA = PG$,即点 P 的轨迹为 AG 中垂线在 $\triangle FEG$ 中的部分 MK.

因为 $KA = KG$,所以,$\left(2a - \dfrac{\sqrt{2}}{2}KG\right)^2 + \left(a - \dfrac{\sqrt{2}}{2}KG\right)^2 = KG^2$

$\Rightarrow 5a^2 - \sqrt{2}KG \cdot 3a + KG^2 = KG^2$

$\Rightarrow KG = \dfrac{5\sqrt{2}}{6}a \Rightarrow GM = \sqrt{a^2 + \left(\dfrac{a}{2}\right)^2} = \dfrac{\sqrt{5}}{2}a.$

从而,$\dfrac{\sqrt{5}}{2}a \leqslant l(p) \leqslant \dfrac{5\sqrt{2}}{6}a.$

因此,点 P 的轨迹是各面上不含点 $A(G)$ 的边的中点与含点 $A(G)$ 的对角线上与 $A(G)$ 距离为 $\dfrac{5\sqrt{2}}{6}a$ 的点的连线构成的 12 条线段.

求所有正整数 n,可以使正 n 边形被切割成均为正多边形的小块?

（2013,爱沙尼亚数学奥林匹克）

解 注意到,正多边形的内角不小于60°,小于180°,正 n 边形的每个顶角处至多汇合两个小正多边形.

(1)存在正 n 边形的一个顶角,仅有一个小正多边形的顶角填充.则此小正多边形与正 n 边形相似.此小正多边形与正 n 边形重合的顶角的两条边必比正 n 边形对应的两条边短.对于这个小正多边形的与该顶角相邻的顶角,其补角至多被两个小正多边形的顶角填充.当这个补角被两个小正多边形的顶角填充时,此顶角为60°,易得 $n = 3$,如图1.

当这个补角被一个小正多边形的顶角填充时,此顶角至少为60°,则正 n 边形的顶角至多为120°.则 $n \leqslant 6$.

当 $n = 4$ 时,如图2.

当 $n = 5$ 时,需要顶角为72°的正多边形,这样的正多边形不存在.

当 $n = 6$ 时,如图3.

图 1   图 2   图 3

若正 n 边形的每个顶角均有两个小正多边形的顶角填充,则这两个小正多边形至少有一个是正三角形.否则,两个顶角的度数之和不小于 $90° + 90° = 180°$,矛盾.

而另一个小正多边形可以是正三角形,正方形,正五边形,但正五边形的一个顶角与正三角形的一个顶角的度数和为 $168°$,顶角为 $168°$ 的正多边形是正三十边形.但对于正三十边形 $A_1A_2\cdots A_{30}$,按照每个顶角由一个正五边形和一个正三角形填充后,如图 4.

又 $\angle MNP = 360° - 60° - 108° - 108° = 84°$,区域 $\angle MNP$ 再不能由正多边形填充,矛盾.

当正 n 边形的一个顶角由两个小正三角形的顶角填充时,正 n 边形的顶角为 $120°$,$n = 6$,如图 5.

当正 n 边形的一个顶角由一个小正三角形的顶角和一个小正方形的顶角填充时,正 n 边形的顶角为 $150°$,$n = 12$,如图 6.

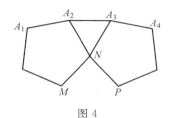

图 4   图 5   图 6

故 $n = 3, 4, 6, 12$.

考虑由图 1 中 $A, B, \cdots, L$ 中任意四点作为顶点构成的正方形的集合,指出集合中的正方形可能的面积以及对应的正方形的个数.

图 1

（2013,爱尔兰数学奥林匹克）

解 先考虑集合中包含顶点 A 的正方形.

对每一个标有字母的不同于点 A 的 X,可考虑包含边 AX 的正方形.若这样的正方形存在,则必然有一条过点 X 与另一标有字母顶点的直线与 AX 垂直.若 $X \in \{I, J, K, L\}$,这样的直线不存在.若点 X 与 H 重合,则顶点 J 即是所要寻找的,但是,并不存在第四个点与点 A, H, J 构成正方形.剩下的点 X 可能取到的点 B, C, D, E, F, G 与点 A 一起作为

平面几何部分

正方形的边只有图 2 所示的情况.

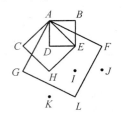 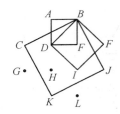

图 2

若将这些正方形关于 AB 的中垂线对称,可得集合中包含顶点 B 的所有正方形. 若将这些正方形均旋转 $90°,180°,270°$,可得所有至少包含点 D,E,H,I 以外一点的正方形. 而剩下的唯一的正方形即为正方形 $DEIH$. 这样所有正方形的面积取值如下:

(1) 面积为 1 的有正方形 $ADEB$,正方形 $FEIJ$,正方形 $LIHK$,正方形 $GHDC$,正方形 $DHIE$,共 5 个;

(2) 面积为 2 的有正方形 $ACHE$,正方形 $FBDI$,正方形 $LJEH$,正方形 $GKID$,共 4 个;

(3) 面积为 5 的有正方形 $AGLF$,正方形 $BCKJ$,共 2 个.

固定平面上的一点 O,对于正整数 $n \geqslant 3$,考虑满足以下条件的有限个单位闭圆盘(闭即指包含边界)构成的集合 S:

(1) 集合 S 中无圆盘包含点 O;

(2) 对每个正整数 $k < n$,以 O 为圆心、$k+1$ 为半径的闭圆盘包含了集合 S 中至少 k 个圆盘.

证明:存在过点 O 的直线,至少穿过集合 S 中的 $\dfrac{2}{\pi}\lg\dfrac{n+1}{2}$ 个圆盘.

(2013,罗马尼亚国家队选拔考试)

证明 对于集合 S 中的任一个圆盘 D,记 ω_D 为圆盘 D 的圆心,过点 O 作圆盘 D 的两条切线,记切线的夹角为 α_D. 显然,$\dfrac{\alpha_D}{2} > \sin\dfrac{\alpha_D}{2} = \dfrac{1}{O\omega_D}$.

对每一个正整数 $k < n$,用 S_k 表示集合 S 包含于以 O 为圆心、$k+1$ 为半径的闭圆盘中的圆盘.

于是,若 $i \leqslant j$,则 $S_i \subseteq S_j$,且每个 S_k 中至少有 k 个元素.

可以递推地找到此集合链每个集合中的两两不同的代表元 $D_1, D_2, \cdots, D_{n-1}$.

故 $\displaystyle\sum_{D \in S_{n-1}} \alpha_D > 2\sum_{D \in S_{n-1}} \dfrac{1}{O\omega_D} \geqslant 2\sum_{k=1}^{n-1} \dfrac{1}{O\omega_{D_k}} \geqslant 2\sum_{k=1}^{n-1} \dfrac{1}{k+1} > 2\lg\dfrac{n+1}{2}$,其中,最后一个不等式用到了结论:当 $x > 0$ 时,$x > \ln(x+1)$. 将 $x = \dfrac{1}{n}$ 代入,累和后即可.

最后,将这些张角投影到 O 为圆心的单位半圆上面.

则由抽屉原理,知至少有一个点被覆盖了 $\dfrac{\displaystyle\sum_{D \in S_{n-1}} \alpha_D}{\pi}$ 次.

连接该点与 O，由前面的不等式，知该直线至少穿过了 $\dfrac{2}{\pi}\lg\dfrac{n+1}{2}$ 个圆.

已知平面上有 $n(n\in \mathbf{Z}^+)$ 个矩形. 证明：在 $4n$ 个直角中，至少有 $[4\sqrt{n}]$ 个直角两两不同.

（2013，第 30 届伊朗国家队选拔考试）

证明 首先，假设所有的矩形的边均平行于坐标轴. 则有四种类型的直角：┌，┐，└ 和 ┘.

假设有 a 个 ┌ 和 b 个 ┘.

因为每个矩形被这样的两个角确定，所以，$ab\geqslant n$.

由均值不等式，得 $\left(\dfrac{a+b}{2}\right)^2\geqslant ab\geqslant n$. 于是，$a+b\geqslant 2\sqrt{n}$.

类似地，若有 c 个 ┐ 和 d 个 └，则 $c+d\geqslant 2\sqrt{n}$.

从而，至少有 $4\sqrt{n}$ 个不同的直角.

若矩形的边不全平行于坐标轴，设每个方向的矩形的个数分别为 $n_1, n_2, \cdots, n_k$.

则 $\displaystyle\sum_{i=1}^{k} n_i = n$.

于是，不同直角的个数 $\geqslant 4\sqrt{n_1}+4\sqrt{n_2}+\cdots+4\sqrt{n_k}\geqslant 4\sqrt{n}$.

因此，至少有 $[4\sqrt{n}]$ 个直角两两不同.

是否可将任意三角形划分成五个等腰三角形？

（2013，德国数学竞赛）

解 可以.

设 $\triangle ABC$ 的三边 $AB\geqslant AC\geqslant BC$. 则 $\gamma\geqslant\beta\geqslant\alpha(\alpha\leqslant\beta<90°)$.

过点 C 作 $CT_1\perp AB$ 于点 T_1. 设边 AC 的中垂线与 AC 交于点 T_0，与 AB 交于点 T_3.

(1) 若点 T_3 与 T_1 重合，如图 1.

则 $\text{Rt}\triangle CAT_1$

$=$ 等腰 $\text{Rt}\triangle AT_0T_1\bigcup$ 等腰 $\text{Rt}\triangle T_0T_1C$.

分别取 CT_1 的中点 T_0'，BC 的中点 T_1'. 连接 T_0T_0'，T_1T_1'.

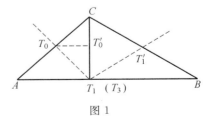

图 1

则等腰 $\text{Rt}\triangle T_0T_1C$

$=$ 等腰 $\text{Rt}\triangle C_0T_0T_0'\bigcup$ 等腰 $\text{Rt}\triangle T_0T_0'T_1$，

$\text{Rt}\triangle CT_1B=$ 等腰 $\triangle CT_1'T_1\bigcup$ 等腰 $\triangle T_1T_1'B$.

从而，$\triangle ABC$ 可划分为等腰 $\triangle AT_0T_1$，等腰 $\triangle CT_0T_0'$，等腰 $\triangle AT_0T_1$，等腰

$\triangle CT_1T_1'$,等腰 $\triangle T_1T_1'B$.

（2）若点 T_3 与 T_1 不重合,如图2.

则 $\mathrm{Rt}\triangle CAT_1 = $ 等腰 $\triangle ACT_3 \bigcup \mathrm{Rt}\triangle T_3T_1C$.

接下来考虑 $\mathrm{Rt}\triangle CT_1T_3, \mathrm{Rt}\triangle CT_1B$,只需分别取其相应斜边的中点 T_2, T_2' 即可得到等腰 $\triangle CT_2T_1$,等腰 $\triangle T_2T_1T_3$,等腰 $\triangle CT_2'T_1$,等腰 $\triangle T_1T_2'B$.

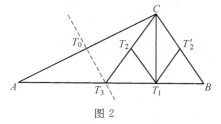

图 2

从而,$\triangle ABC$ 可划分为等腰 $\triangle AT_3C$,等腰 $\triangle CT_2T_1$,等腰 $\triangle T_3T_2T_1$,等腰 $\triangle CT_1T_2'$,等腰 $\triangle T_1T_2'B$.

综上,任意三角形可划分成五个等腰三角形.

若不全等的 $\triangle ABC$ 和 $\triangle XYZ$ 称为一对"伙伴",应满足条件:

（1）这两个三角形的面积相等;

（2）设 BC 的中点为 M,YZ 的中点为 W,集合 $\{AB, AM, AC\}$ 和 $\{XY, XW, XZ\}$ 是相同的三元集合,其元素为两两互素的整数.

问:是否存在无穷多对伙伴三角形?

(2013,美国国家队选拔考试)

解 答案是肯定的.

引理 1 下列命题及其逆命题均为真.

若 q, r, s 为三个不同的正实数,且 $q, r, 2s$ 为某三角形的三边长,则存在唯一的 $\triangle PQR$,使得 $PQ = q, PR = r, PS = s$,其中,S 为边 QR 的中点.

引理 1 的证明 若 $q, r, 2s$ 为某三角形的三边长,构造唯一的 $\triangle PRQ_1$,使得 $PR = r$, $RQ_1 = q, PQ_1 = 2s$.

设 S 为 PQ_1 的中点,延长 RS 至点 Q,使得四边形 PQQ_1R 为平行四边形.

则 $\triangle PQR$ 满足 $PQ = q, PR = r, PS = s$（S 为 QR 的中点）.

对于逆命题的证明,只要说明上述的过程是可逆的.

引理 2 设 S 为 $\triangle PQR$ 的边 QR 的中点,且 $PQ = q, PR = r, PS = s$.则

$$S_{\triangle PQR} = \frac{1}{4}\sqrt{2q^2r^2 + 8r^2s^2 + 8s^2q^2 - q^4 - r^4 - 16s^4}.$$

引理 2 的证明 因为四边形 PQQ_1R 为平行四边形,所以,$S_{\triangle PQR} = S_{\triangle PRQ_1}$.

注意到,$PR = r, RQ_1 = q, PQ_1 = 2s$.由海伦公式知结论成立.

引理 1、2 得证.

由引理 1,若 $\triangle ABC$ 和 $\triangle XYZ$ 为一对伙伴,不失一般性,假设 $(AB, AC, AM) = (n, s, t)$,$(XY, XZ, XW) = (n, t, s)$.

由引理 2

知 $2n^2s^2 + 8s^2t^2 + 8t^2n^2 - n^4 - s^4 - 16t^4 = 2n^2t^2 + 8t^2s^2 + 8s^2n^2 - n^4 - t^4 - 16s^4$

$$\Rightarrow 6n^2t^2 - 6n^2s^2 = 15t^4 - 15s^4.$$

因为 $\triangle ABC$ 和 $\triangle XYZ$ 不全等,所以,$s \neq t$.于是,$2n^2 = 5(t^2 + s^2)$.

设 $n = 5[k^2 + (k+1)^2] = 10k^2 + 10k + 5(k \in \mathbf{Z}^+)$.

由恒等式 $(a^2 + b^2)(c^2 + d^2) = (ac + bd)^2 + (ad - bc)^2$,知

$$t^2 - s^2 = 10[k^2 + (k+1)^2]^2 = (1^2 + 3^2)[k^2 + (k+1)^2][k^2 + (k+1)^2]$$
$$= [(4k+3)^2 + (2k-1)^2][k^2 + (k+1)^2] = (6k^2 + 4k - 1)^2 + (2k^2 + 8k + 3)^2.$$

对于正整数 k,设

$$(n, s, t) = (10k^2 + 10k + 5) = (10k^2 + 10k + 5, 6k^2 + 4k - 1, 2k^2 + 8k + 3).$$

对于足够大的 k,每一个 $(n, 2s, t)$ 和 $(n, s, 2t)$ 均为某三角形的三边长构成的集合.

由欧几里得辗转相除法,知当 $k \neq 3 (\mathrm{mod}\ 5)$ 时,n, s, t 两两互素.

因此,边长分别为 $(n, 2s, t)$ 和 $(n, s, 2t)$ 的两个三角形是一对伙伴,且这样的伙伴有无穷多对.

设正整数 $n > 3$.平面上不同的 n 个点 $P_1, P_2, \cdots, P_n$ 满足任意不同的两个点之间的距离均为正整数,且对于所有的 $i = 1, 2, \cdots, n$,距离 $P_iP_1, P_iP_2, \cdots, P_iP_n$ 按非减的次序重排后均相同.求所有可能的 n.

(2013,第 21 届土耳其数学奥林匹克)

解 首先证明:点 $P_1, P_2, \cdots, P_n$ 共圆.

对于 $i = 1, 2, \cdots, n$,设点 $P_i(x_i, y_i)$.

考虑点 $O(u, v)$,其中,$u = \dfrac{1}{n}\sum_{k=1}^{n} x_k$,$v = \dfrac{1}{n}\sum_{k=1}^{n} y_k$.

则 $OP_i^2 = (u - x_i)^2 + (v - y_i)^2 = \left(\dfrac{1}{n}\sum_{k=1}^{n} x_k - x_i\right)^2 + \left(\dfrac{1}{n}\sum_{k=1}^{n} y_k - y_i\right)^2$

$$= u^2 + v^2 + x_i^2 + y_i^2 - \dfrac{2}{n}\left(x_i\sum_{k=1}^{n} x_k + y_i\sum_{k=1}^{n} y_k\right).$$

因为和 $P_iP_1^2 + P_iP_2^2 + \cdots + P_iP_n^2$ 不依赖于 i,所以,$\sum_{k=1}^{n}\left[(x_i - x_k)^2 + (y_i - y_k)^2\right]$ 不依赖于 i.

故 $n(x_i^2 + y_i^2) - 2x_i\sum_{k=1}^{n} x_k - 2y_i\sum_{k=1}^{n} y_k = n(OP_i^2 - u^2 - v^2)$ 也不依赖于 i.

从而,OP_i^2 不依赖于 i,即 $OP_1 = OP_2 = \cdots = OP_n$.

这表明,点 $P_1, P_2, \cdots, P_n$ 在以 O 为圆心的一个圆上.

不失一般性,假设 $P_1, P_2, \cdots, P_n$ 在此圆上是按顺时针次序排列的,且设数列 P_iP_1,$P_iP_2, \cdots, P_iP_n$ 中最小的正整数为 a,第二小的正整数为 b.

引理 1 设四边形 $ABCD$ 为圆内接四边形.则 $\min\{AB, BC\} \leqslant BD$.

引理 1 的证明　如图 1.假设 $BD < \min\{AB, BC\}$.

则 $\angle BAD < \angle ADB, \angle BCD < \angle BDC$.

故 $180° = \angle BAD + \angle BCD < \angle ADB + \angle BDC = \angle ADC$,矛盾.

引理 1 得证.

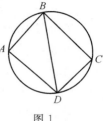

考虑圆上相邻的三个点 P_{i-1}, P_i, P_{i+1} 及不同于此三点的圆上的

任意一点 P_k,其中,$P_{n+1} = P_1$.

图 1

由引理 1,得 $\min\{P_{i-1}P_i, P_iP_{i+1}\} \leqslant P_iP_k$.

于是,对于所有的 $i = 1, 2, \cdots, n$,均有 $\min\{P_{i-1}P_i, P_iP_{i+1}\} = a$.

下面分两种情况讨论.

(1) 若 $a = b$,考虑一个点 P_i,则要么 $P_{i-1}P_i = a$,要么 $P_iP_{i+1} = a$.

不失一般性,假设 $P_{i-1}P_i = a$.

因为 $b = a$,所以,存在另外一个点 P_k,使得 $P_iP_k = b = a$.

接下来证明:$k = i + 1$.

如图 2.

若 $k \neq i + 1$,对圆内接四边形 $P_{i-1}P_iP_{i+1}P_k$,由

$$90° > 90° - \frac{\angle P_{i-1}P_iP_k}{2} = \angle P_iP_{i-1}P_k$$

$$= 180° - \angle P_iP_{i+1}P_k,$$

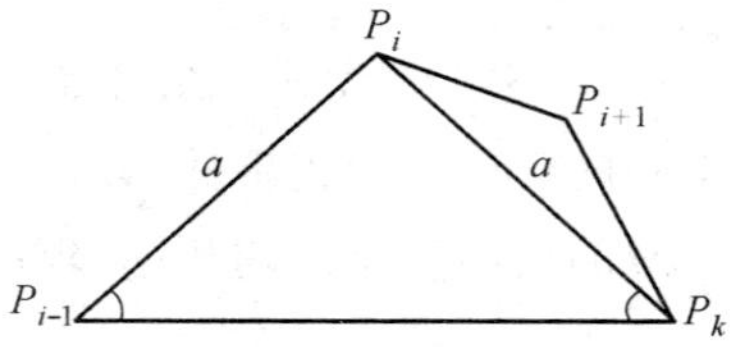

图 2

得 $\angle P_iP_{i+1}P_k > 90°$.

故 $a = P_iP_k > P_iP_{i+1}$,与 a 的选取矛盾.

于是,$k = i + 1$.

由于此结论对所有的 i 均成立,则对于所有的 $i = 1, 2, \cdots, n$,均有 $P_iP_{i+1} = a$.

从而,这 n 个点构成一个正 n 边形.

引理 2　对于正整数 $n \geqslant 4$,在正 n 边形 $A_1A_2\cdots A_n$ 中,存在两个点 A_i 和 A_j,使得这两

个点之间的距离不为整数.

引理 2 的证明　若正 n 边形 $A_1A_2\cdots A_n$ 的任意两个顶点之间的距离均为整数,不失一

般性,假设这些距离的最大公因数为 1.

如图 3,考虑圆内接四边形 $A_1A_2A_{k+1}A_{k+2}$.设 $d_k = A_1A_{k+1}$.

由托勒密定理,得 $d_k^2 = d_1^2 + d_{k-1}d_{k+1}$.

若 $d_1 > 1$,设 p 为 d_1 的一个素因数.

因为 $d_2^2 = d_1^2 + d_1d_3$,所以,p 也整除 d_2.

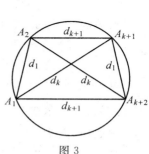

由方程 $d_k^2 = d_1^2 + d_{k-1}d_{k+1}$ 及数学归纳法可以证明 p 整除

所有的 d_i,矛盾.

于是,$d_1 = 1$.从而,$A_1A_2 = A_2A_3 = 1$.

图 3

由于 $d_2 = A_1A_3 < 1 + 1 = 2$,则 $d_2 = 1$.

又由 $d_2^2 = d_1^2 + d_1d_3$,得 $d_3 = 0$,矛盾.

引理 2 得证.

由引理 2 知 $n=1,2,3$，矛盾.

（2）若 $a < b$，则 $P_{i-1}P_i$ 和 P_iP_{i+1} 中恰有一个等于 a.

于是，n 为偶数，且 n 边形 $P_1P_2\cdots P_n$ 恰有 $\frac{n}{2}$ 条边的边长为 a，这样的边均不相邻.

下面证明其他 $\frac{n}{2}$ 条边的边长均为 b.

如图 4，考虑相邻的四个点 $P_{i-1},P_i,P_{i+1},P_{i+2}$，使得 $P_iP_{i+1}=a$.

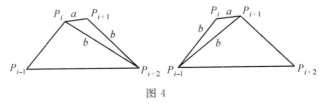

图 4

由引理 1 知 $\min\{P_{i-1}P_{i+1},$ $P_{i+1}P_{i+2}\}=b$.

类似地，$\min\{P_{i-1}P_i,P_iP_{i+2}\}=b$.

若 $P_iP_{i+2}=P_{i+1}P_{i+2}=b$ 或 $P_{i-1}P_i=P_{i-1}P_{i+1}=b$，

对于 $n\geqslant 4$，这是不可能的.

故 $P_{i-1}P_i=P_{i+1}P_{i+2}=b$ 或 $P_{i-1}P_{i+1}=P_iP_{i+2}=b$.

这表明，四边形 $P_{i-1}P_iP_{i+1}P_{i+2}$ 为等腰梯形.

于是，$P_{i-1}P_i=P_{i+1}P_{i+2}=b$. 从而，其他 $\frac{n}{2}$ 条边的边长均为 b.

由于 n 为偶数，边长为 $a,b,a,b,\cdots,a,b$，则下标为偶（奇）数的点构成一个正 $\frac{n}{2}$ 边形.

由引理 2，知 $n=2,4,6$.

因为 $n\geqslant 4$，所以，$n=4,6$.

如图 5.

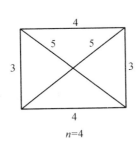

$n=4$

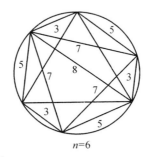

$n=6$

图 5

若 $n=4$，边长分别为 $3,4$ 的矩形满足条件.

若 $n=6$，考虑边长依次为 $3,5,3,5,3,5$ 的圆内接六边形，其所有对角线均为整数，且对于所有的 i，距离 $P_iP_1,P_iP_2,\cdots,P_iP_6$ 按非减的次序重排后均为 $0,3,5,7,7,8$.

> 在四边形 $ABCD$ 中,$BC \parallel AD$,O 为对角线的交点,$CD = AO$,$BC = OD$,CA 为 $\angle BCD$ 的平分线. 求 $\angle ABC$ 的度数.
>
> (2013,第 52 届荷兰数学奥林匹克)

解 由 $BC \parallel AD$,AC 为 $\angle BCD$ 的平分线,知

$$\angle DAC = \angle ACB = \angle ACD \triangleq \alpha \Rightarrow AD = CD = AO$$

$$\Rightarrow \angle AOD = \angle ADO \triangleq \beta.$$

①

如图.

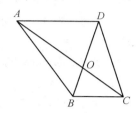

又 $BC \parallel AD \Rightarrow \triangle DAO \backsim \triangle BCO$.

结合式 ①,知 $OC = BC = OD$,$\angle CBO = \angle COB = \beta$.

故 $\angle OCD = \angle ODC = \alpha$.

在 $\triangle BCO$ 中,由三角形内角和定理知 $2\beta + \alpha = 180°$.

对 $\triangle OCD$,由外角和性质得 $2\alpha = \beta$.

联立 $2\beta + \alpha = 180°$,$2\alpha = \beta$,解得 $\alpha = 36°$,$\beta = 72°$.

则 $2\alpha = \angle DCB = \angle DBC = \beta = 72° \Rightarrow BD = CD = AD$

$$\Rightarrow \angle DAB = \angle DBA = \frac{180° - \angle ADB}{2} = 54°.$$

故 $\angle ABC = \angle ABD + \angle DBC = 126°$.

> 平面上给定 n 条直线,其中,任意两条不平行,任意三条不共点. 证明:存在由 n 条线段组成的非封闭不自交的折线 $A_0 A_1 \cdots A_n$,使得 n 条直线中的每一条恰含折线中的一条线段.
>
> (第 39 届俄罗斯数学奥林匹克)

证明 先用数学归纳法证明一个加强结论:在任意给定的直线上任取一点 A_0,只要 A_0 不属于其他直线,就存在使结论成立的以 A_0 为起点的折线.

当 $n = 1$ 时,结论显然.

下设 $n \geqslant 2$.

令 $l_1, l_2, \cdots, l_n$ 是给定的直线,A_0 位于直线 l_n 上. 设 A_1 是 l_n 上距 A_0 最近的交点. 不妨设 l_n 与 l_{n-1} 交于点 A_1.

现去掉直线 l_n.

由归纳法假设,存在折线 $A_1 A_2 \cdots A_n$,使得 $l_1, l_2, \cdots, l_{n-1}$ 中的每一条恰包含折线中的一段.

再证明:折线 $A_0 A_1 \cdots A_n$ 满足要求.

由线段 $A_0 A_1$ 在 l_n 上,知折线中的每段各属于不同的直线.

最后只需证明:该折线不自交.

若它自交,则 $A_0 A_1$ 与其他某段相交,交点位于线段 $A_0 A_1$ 的内部,这与 A_1 为到 A_0 最近的交点矛盾.

设 P,P' 为平面上相交的两个凸四边形区域,O 为其相交区域上的一点.假设对任意一条经过 O 的直线在区域 P 中截得的线段比在区域 P' 中截得的线段长.问:是否有可能区域 P' 的面积与区域 P 的面积比大于 1.9?

(2013,罗马尼亚大师杯数学竞赛)

解 可能.

对于任意的 $\varepsilon > 0$,构造区域 P' 与区域 P,使两者面积之比大于 $2-\varepsilon$.

设 O 为正方形 $ABCD$ 的中心,A',B',C' 分别为 O 关于 A,B,C 的反射点.

注意到,l 为除直线 AC 外过点 O 的任一直线.

则 l 分别被四边形 $ABCD$ 和 $\triangle A'B'C'$ 所截长度相等.

在 $B'A',B'C'$ 上分别取点 M,N 满足 $\dfrac{B'M}{B'A'}=\dfrac{B'N}{B'C'}=\sqrt{1-\dfrac{\varepsilon}{4}}$.

区域 P' 取凸四边形 $B'MON$ 以 O 为位似中心,$\sqrt[4]{1-\dfrac{\varepsilon}{4}}$ 为位似比所得到的图形.

则该区域满足与区域 P 的面积比大于 $2-\dfrac{\varepsilon}{2}$.

　　求所有的正整数 m,使得 $m\times m$ 的正方形能被分成五个矩形,它们的边长分别为 $1,2,\cdots,10$.

(2013,欧洲女子数学奥林匹克)

解 设这五个矩形的长与宽分别为 l_1,l_2,l_3,l_4,l_5 与 w_1,w_2,w_3,w_4,w_5.

则 $m^2 = l_1 w_1 + l_2 w_2 + l_3 w_3 + l_4 w_4 + l_5 w_5$

$= \dfrac{1}{2}(l_1 w_1 + l_2 w_2 + l_3 w_3 + l_4 w_4 + l_5 w_5 + w_1 l_1 + w_2 l_2 + w_3 l_3 + w_4 l_4 + w_5 l_5)$.

由排序不等式知

$$m^2 \geqslant \dfrac{1}{2}(1\times 10 + 2\times 9 + \cdots + 10\times 1) = 110,$$

$$m^2 \leqslant \dfrac{1}{2}(1\times 1 + 2\times 2 + \cdots + 10\times 10) = 192.5.$$

又 $m \in \mathbf{Z}^+$,故 $m = 11,12,13$.

(1)$m = 11$,如图 1.

五个矩形的长和宽分别为 $(10,5),(3,6),(7,4),(8,2),(1,9)$.

(2)$m = 13$,如图 2.

五个矩形的长和宽分别为 $(10,5),(3,7),(9,8),(1,2),(4,6)$.

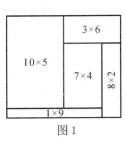

图1

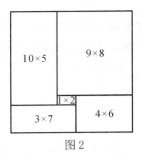

图2

（3）$m = 12$，分如下两步说明 $m = 12$ 不满足要求．

（i）先说明，若 $m = 12$ 满足要求，则五个矩形的分布一定是四个各包含一个正方形的顶点，一个在中间（不与正方形的边有公共点）．

首先，与每条边有公共边的矩形恰为两个．

一方面，由于 $m > 10$，于是，与每条边有公共边的矩形至少有两个．

另一方面，若与某条边有公共边的矩形有三个，则剩余区域是一个由八个顶点组成的多边形区域，不可能由两个矩形完全覆盖．

综上，与每条边有公共边的矩形恰为两个．由此也可以得到五个矩形的分布一定是：四个各包含一个正方形的顶点，一个在中间（不与正方形的边有公共点）．

（ii）根据（i），设四个各包含一个正方形的顶点的矩形为 R_1, R_2, R_3, R_4（依次分布在正方形的四个顶点），由于在一条边上的两个矩形的边长一个为 s，则另一个为 $12 - s$，于是，$s \neq 1, 6$．从而，中间一个矩形一定为 1×6．不妨设矩形 R_1 为 $10 \times x$．则与其在同一边上的矩形 R_2 为 $2 \times y$，R_3 为 $(12 - y) \times z$，R_4 为 $(12 - z) \times (12 - x)$．

首先，注意到，x, y, z 中只有一个为偶数（4 或 8），另两个为奇数．

其次，由面积知

$144 = 4 + 10x + 2y + (12 - y)z + (12 - z)(12 - x) \Rightarrow (y - x)(z - 2) = 6.$

利用 x, y, z 中有且只有一个为偶数，知 $y - x$ 与 $z - 2$ 要么均为奇数，要么均为偶数，故 $(y - x)(z - 2) \neq 6$，矛盾．

由（i）、（ii），知 $m = 12$ 不满足要求．

综上，$m = 11, 13$．

求最大的正整数 $n(n \geqslant 3)$，使得存在凸 n 边形，其各内角的正切值均为整数．
（第九届北方数学奥林匹克邀请赛）

解 一方面，由于正八边形的各内角均为 $135°$，其正切值均为 -1，故 $n = 8$ 满足条件．

另一方面，若 $n \geqslant 9$，设 n 边形的各个外角为 $\angle A_1, \angle A_2, \cdots, \angle A_n (0 < \angle A_1 \leqslant \angle A_2 \leqslant \cdots \leqslant \angle A_n)$．

则 $\angle A_1 + \angle A_2 + \cdots + \angle A_n = 2\pi \Rightarrow 0 < \angle A_1 \leqslant \dfrac{2\pi}{n} < \dfrac{\pi}{4} \Rightarrow 0 < \tan A_1 < 1.$

于是，$\angle A_1$ 相应内角的正切值不为整数．故当 $n \geqslant 9$ 时，没有满足条件的多边形．

综上，n 的最大值为 8．

定义圆 Γ 和 Γ' 的外公切线的长为两个圆的"距离",并记为 $d(\Gamma,\Gamma')$. 若两个圆没有外公切线,则这两个圆的距离没有定义. 特别地,一个点是一个半径为 0 的圆,两个圆的距离可以为 0.

下面所有圆的距离均有定义.

(1) **重心** 已知 $n \in \mathbf{Z}^+$,圆 $\Gamma_1,\Gamma_2,\cdots,\Gamma_n$ 为平面上的 n 个圆. 证明:存在唯一的圆 $\overline{\Gamma}$,使得对于平面上的任意一个圆 Γ,均有

$$d(\Gamma,\overline{\Gamma})^2 - \frac{1}{n}\sum_{i=1}^{n} d(\Gamma,\Gamma_i)^2$$

为常数. $\overline{\Gamma}$ 称为这些圆的重心,这类似于平面上 n 个点的重心.

(2) **中垂线** 假设圆 Γ 与 Γ_1 和 Γ_2 等距,圆 Γ_3 是圆心在圆 Γ_1 和 Γ_2 的连心线段上的任意的圆,且与圆 Γ_1 和 Γ_2 的外公切线相切. 证明:圆 Γ 与 Γ_1 和 Γ_2 的重心的距离不超过圆 Γ 与 Γ_3 的距离.

(3) **圆心** 设 $\mathscr{C}$ 为平面上所有圆的集合,使得该集合中的每一个圆均与三个定圆 $\Gamma_1,\Gamma_2,\Gamma_3$ 等距. 证明:在该平面上存在一个定点为 $\mathscr{C}$ 中任意两个圆的外位似中心.

(4) **正四面体** 是否存在平面上的四个圆,使得任意两个圆的距离均为 1?

(2013—2014,第 31 届伊朗数学奥林匹克)

证明 记以 O 为圆心、R 为半径的圆为 $C(O,R)$.

若 $\Gamma_1 = C(O_1,R_1)$, $\Gamma_2 = C(O_2,R_2)$,则 $d(\Gamma_1,\Gamma_2)^2 = O_1O_2^2 - (R_1-R_2)^2$.

于是,$d(\Gamma_1,\Gamma_2)$ 有定义当且仅当 $O_1O_2^2 - (R_1-R_2)^2$ 非负. 这等价于这两个圆的外公切线存在.

(1) 设 $\Gamma = C(O,R)$,$\Gamma_i = C(O_i,R_i)(i=1,2,\cdots,n)$. 则

$$\frac{1}{n}\sum_{i=1}^{n} d(\Gamma,\Gamma_i)^2 = \frac{1}{n}\sum_{i=1}^{n} OO_i^2 - \frac{1}{n}\sum_{i=1}^{n}(R-R_i)^2.$$

设 $\overline{R} = \frac{1}{n}(R_1 + R_2 + \cdots + R_n)$. 则

$$\frac{1}{n}\sum_{i=1}^{n}(R-R_i)^2 = R^2 - 2R\overline{R} + \frac{1}{n}\sum_{i=1}^{n}R_i^2 = (R-\overline{R})^2 + \frac{1}{n}\sum_{i=1}^{n}(\overline{R}-R_i)^2.$$

类似地,设 $\overline{O}$ 为 $O_1,O_2,\cdots,O_n$ 的重心. 则

$$\frac{1}{n}\sum_{i=1}^{n} OO_i^2 = O\overline{O}^2 + \frac{1}{n}\sum_{i=1}^{n}\overline{O}O_i^2.$$

于是,圆 $C(\overline{O},\overline{R})$ 满足条件,即

$$d(\Gamma,\overline{\Gamma})^2 - \frac{1}{n}\sum_{i=1}^{n} d(\Gamma,\Gamma_i)^2 = O\overline{O}^2 - (R-\overline{R})^2 - \frac{1}{n}\sum_{i=1}^{n}\left[OO_i^2 - (R-R_i)^2\right]$$

$$= \frac{1}{n}\sum_{i=1}^{n}OO_i^2 - \frac{1}{n}\sum_{i=1}^{n}\overline{O}O_i^2 - (R-\overline{R})^2 - \frac{1}{n}\sum_{i=1}^{n}OO_i^2 + (R-\overline{R})^2 + \frac{1}{n}\sum_{i=1}^{n}(\overline{R}-R_i)^2$$

$$= \frac{1}{n}\sum_{i=1}^{n}(\overline{R}-R_i)^2 - \frac{1}{n}\sum_{i=1}^{n}\overline{O}O_i^2$$

是与任意一个圆 Γ 无关的常数.

若有两个圆 $\overline{\Gamma}_1 = C(P_1, r_1)$,$\overline{\Gamma}_2 = C(P_2, r_2)$ 均满足条件,则对于任意一个圆 Γ,有
$$d(\Gamma, \overline{\Gamma}_1)^2 - d(\Gamma, \overline{\Gamma}_2)^2 = c(c \text{ 为常数})$$
$$\Rightarrow OP_1^2 - OP_2^2 - (R - r_1)^2 + (R - r_2)^2 = c$$
$$\Rightarrow OP_1^2 - OP_2^2 + (r_1 - r_2)[2R - (r_1 + r_2)] = c.$$

若固定点 O,则由 R 的任意性,一定有 $r_1 = r_2$.

由 $OP_1^2 - OP_2^2$ 为常数,知点 P_1 与 P_2 重合.于是,$\overline{\Gamma}_1 = \overline{\Gamma}_2$.

因此,$\overline{\Gamma} = C(\overline{O}, \overline{R})$ 是满足条件的唯一的圆.

(2) 设 $\Gamma_i = C(O_i, R_i)(i = 1, 2, 3)$,$\Gamma = C(O, R)$.

不失一般性,假设 $O_i(x_i, 0)$,$O(x, y)$,且设 $x_3 = (1 - \alpha)x_1 + \alpha x_2$,其中,$\alpha$ 为某个实数.

因为 O_1,O_2 到圆 Γ_1 和 Γ_2 的外公切线的距离分别为 R_1 和 R_2,所以,O_3 到圆 Γ_1 和 Γ_2 的外公切线的距离为 $|(1 - \alpha)R_1 + \alpha R_2|$(若 $(1 - \alpha)R_1 + \alpha R_2$ 为负数,则点 O_3 与 O_1 和 O_2 在圆 Γ_1 和 Γ_2 的外公切线的异侧).

故 $R_3 = |(1 - \alpha)R_1 + \alpha R_2| = (1 - \alpha)R_1 + \alpha R_2$.

设圆 Γ_1 和 Γ_2 的重心为 $\overline{\Gamma} = C\left(\dfrac{x_1 + x_2}{2}, \dfrac{R_1 + R_2}{2}\right)$.

则 $d(\Gamma, \Gamma_1) = d(\Gamma, \Gamma_2) \Rightarrow OO_1^2 - (R - R_1)^2 = OO_2^2 - (R - R_2)^2$
$$\Rightarrow OO_1^2 - OO_2^2 = R_1^2 - R_2^2 - 2R(R_1 - R_2)$$
$$\Rightarrow (x - x_1)^2 - (x - x_2)^2 = R_1^2 - R_2^2 - 2R(R_1 - R_2)$$
$$\Rightarrow 2x(x_1 - x_2) - 2R(R_1 - R_2) = x_1^2 - x_2^2 - R_1^2 + R_2^2. \qquad ①$$

故 $d(\Gamma, \Gamma_3)^2 = (x - x_3)^2 + y^2 - (R - R_3)^2$
$$= \{x - [(1 - \alpha)x_1 + \alpha x_2]\}^2 + y^2 - \{R - [(1 - \alpha)R_1 + \alpha R_2]\}^2$$
$$= [(x - x_1) + \alpha(x_1 - x_2)]^2 + y^2 - [(R - R_1) + \alpha(R_1 - R_2)]^2.$$

假设圆 Γ,Γ_1,Γ_2 是固定的,α 为变量.可将 $d(\Gamma, \Gamma_3)^2$ 写为关于 α 的多项式 $p_2\alpha^2 + p_1\alpha + p_0$.

因为 $d(\Gamma_1, \Gamma_2)$ 有定义,所以,$p_2 = (x_1 - x_2)^2 - (R_1 - R_2)^2 \geqslant 0$.

由式 ① 得
$$p_1 = 2(x_1 - x_2)(x - x_1) - 2(R_1 - R_2)(R - R_1)$$
$$= 2x(x_1 - x_2) - 2R(R_1 - R_2) - 2x_1(x_1 - x_2) + 2R_1(R_1 - R_2)$$
$$= x_1^2 - x_2^2 - R_1^2 + R_2^2 - 2x_1(x_1 - x_2) + 2R_1(R_1 - R_2)$$
$$= -[(x_1 - x_2)^2 - (R_1 - R_2)^2] = -p_2.$$

若 $p_1 = p_2 = 0$,则 $d(\Gamma, \Gamma_3)$ 不依赖于 α,结论显然成立.

若 p_1 和 p_2 均不为 0,则当 $\alpha = -\dfrac{p_1}{2p_2} = \dfrac{1}{2}$ 时,$d(\Gamma, \Gamma_3)$ 有最小值,此为要证明的结论.

(3) 满足条件的定点为三个圆 Γ_1,Γ_2,Γ_3 的根心,其是半径为零的圆,且与其他三个圆等距(若根心在其他三个圆的外部).

因此,只要证明下面的引理.

引理　若两个圆 C_1 和 C_2 均与圆 Γ_1 和 Γ_2 等距,则圆 C_1 和 C_2 的外位似中心在圆 Γ_1

和 Γ_2 的根轴上.

证明　若圆 C_1 和 C_2 的半径相等,则圆 C_1 和 C_2 的外位似中心没有定义.这种情况,过圆 C_1 和 C_2 的中心的直线平行于圆 Γ_1 和 Γ_2 的根轴.

设 $\Gamma_i = C(O_i, R_i), C_i = C(P_i, r_i)(i=1,2)$.

假设 $O_i(x_i, 0), P_i(a_i, b_i)$.

若点 $(x, 0)$ 在圆 Γ_1 和 Γ_2 的根轴上,则

$$(x - x_1)^2 - R_1^2 = (x - x_2)^2 - R_2^2 \Rightarrow x = \frac{x_1^2 - x_2^2 - R_1^2 + R_2^2}{2(x_1 - x_2)}.$$

将这个值记为 c_0.

由 (2) 知 $2a_i(x_1 - x_2) - 2r_i(R_1 - R_2) = x_1^2 - x_2^2 - R_1^2 + R_2^2 \Rightarrow a_i = r_i \cdot \dfrac{R_1 - R_2}{x_1 - x_2} + c_0$.

因为圆 C_1 和 C_2 的外位似中心 S 在直线 P_1P_2 上,所以,当 $r_1 \neq r_2$ 时,有

$$S = \frac{r_2}{r_2 - r_1}P_1 - \frac{r_1}{r_2 - r_1}P_2.$$

于是,S 的横坐标为

$$\frac{r_2 a_1 - r_1 a_2}{r_2 - r_1} = \frac{1}{r_2 - r_1}\left[r_2\left(r_1 \cdot \frac{R_1 - R_2}{x_1 - x_2} + c_0 \right) - r_1\left(r_2 \cdot \frac{R_1 - R_2}{x_1 - x_2} + c_0 \right) \right] = c_0.$$

从而,点 S 在圆 Γ_1 和 Γ_2 的根轴上.

若 $r_1 = r_2$,则 $a_1 = a_2$.

于是,过圆 C_1 和 C_2 的中心的直线平行于圆 Γ_1, Γ_2 的根轴.

解　(4) 不存在.

假设存在满足条件的四个圆 $\Gamma_i = C(O_i, R_i)(i=1,2,3,4)$.

不妨设 $R_1 \geqslant R_2 \geqslant R_3 \geqslant R_4$. 设 $d_{ij} = |O_i - O_j|$ $(i,j \in \{1,2,3,4\}$,且 $i \neq j)$.

则 $d_{ij}^2 - (R_i - R_j)^2 = 1$.

注意到,将每个 $R_k (k=1,2,3,4)$ 均加上一个常数后上述方程不变.

因此,可假设 $R_4 = 0$,且 O_4 在圆 Γ_1 和 Γ_2 的根轴上.

如图 1.

则 $a^2 + x^2 - R_1^2 = 1$,　②

$a^2 + y^2 - R_2^2 = 1$,　③

$(x + y)^2 - (R_1 - R_2)^2 = 1$.　④

④－②－③得

$2xy + 2R_1R_2 - 2a^2 = 1 - 2$

$\Rightarrow a = \sqrt{\dfrac{1}{2} + xy + R_1R_2}$,

②－③ 得 $x^2 - y^2 = R_1^2 - R_2^2$.

由 $x + y = d_{12}$,知 $x - y = \dfrac{R_1^2 - R_2^2}{d_{12}}$.

故 $\{x, y\} = \left\{ \dfrac{d_{12}}{2} + \dfrac{R_1^2 - R_2^2}{2d_{12}}, \dfrac{d_{12}}{2} - \dfrac{R_1^2 - R_2^2}{2d_{12}} \right\}$,

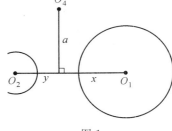

图 1

$$xy = \frac{d_{12}^2}{4} - \frac{(R_1^2 - R_2^2)^2}{4d_{12}^2}.$$

从而, $a = \sqrt{\dfrac{1}{2} + \dfrac{d_{12}^2}{4} - \dfrac{(R_1^2 - R_2^2)^2}{4d_{12}^2} + R_1 R_2}$.

⑤

用 $R_1 - R_3, R_2 - R_3, 0$ 代替 R_1, R_2, R_3.

如图 2.

则 $b = \sqrt{\dfrac{1}{2} + \dfrac{d_{12}^2}{4} - \dfrac{\left[(R_1 - R_3)^2 - (R_2 - R_3)^2\right]^2}{4d_{12}^2} + (R_1 - R_3)(R_2 - R_3)}$.

下面分两种情况讨论.

【情况 1】 点 O_3 和 O_4 在直线 $O_1 O_2$ 的异侧.

由 $O_3 O_4^2 - R_3^2 = 1$

$\Rightarrow 1 + R_3^2 = O_3 O_4^2 \geqslant (a + b)^2 \geqslant a^2 + b^2$.

又由 $a^2 > \dfrac{1}{2} + R_1 R_2, b^2 > \dfrac{1}{2} + (R_1 - R_3)(R_2 - R_3)$, 则

$R_3^2 \geqslant a^2 + b^2 - 1 > R_1 R_2 + (R_1 - R_3)(R_2 - R_3)$

$\Rightarrow (R_1 + R_2)R_3 > 2R_1 R_2.$

这与 $R_1 \geqslant R_2 \geqslant R_3$ 矛盾.

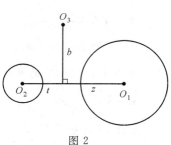

图 2

【情况 2】 点 O_3 和 O_4 在直线 $O_1 O_2$ 的同侧.

由 $O_3 O_4^2 - R_3^2 = 1$

$\Rightarrow 1 + R_3^2 = (a - b)^2 + (x - z)^2 = (a^2 + x^2) + (b^2 + z^2) - 2ab - 2xz$

$\qquad = 1 + R_1^2 + 1 + (R_1 - R_3)^2 - 2ab - 2xz$

$\Rightarrow 0 = 1 + 2R_1^2 - 2R_1 R_3 - 2ab - 2xz$

$\Rightarrow 4ab + 4xz = 2 + 4R_1(R_1 - R_3).$

将 $d_{12}^2 = 1 + (R_1 - R_2)^2$, 代入式 ⑤ 得

$$a = \sqrt{\frac{3}{4} + \frac{(R_1 + R_2)^2}{4} - \frac{(R_1 - R_2)^2 (R_1 + R_2)^2}{4\left[1 + (R_1 - R_2)^2\right]}}.$$

类似地, $b = \sqrt{\dfrac{3}{4} + \dfrac{(R_1 + R_2 - 2R_3)^2}{4} - \dfrac{(R_1 - R_2)^2 (R_1 + R_2 - 2R_3)^2}{4\left[1 + (R_1 - R_2)^2\right]}}$.

设 $t = R_1 - R_2, s = R_1 + R_2 - 2R_3, r = R_1 + R_2$. 则

$$a = \sqrt{\frac{3}{4} + \frac{r^2}{4} - \frac{r^2 t^2}{4(1 + t^2)}} = \sqrt{\frac{3}{4} + \frac{r^2}{4(1 + t^2)}}, b = \sqrt{\frac{3}{4} + \frac{s^2}{4(1 + t^2)}}.$$

由 $xz = \left(\dfrac{d_{12}}{2} + \dfrac{R_1^2 - R_2^2}{2d_{12}}\right)\left[\dfrac{d_{12}}{2} + \dfrac{(R_1 - R_3)^2 - (R_2 - R_3)^2}{2d_{12}}\right]$

$\qquad = \dfrac{1 + t^2}{4} + \dfrac{rt}{4} + \dfrac{st}{4} + \dfrac{rst^2}{4(1 + t^2)}$,

故 $4ab + 4xz = 2 + 4R_1(R_1 - R_3)$

$\Rightarrow \sqrt{\left(3 + \dfrac{r^2}{1 + t^2}\right)\left(3 + \dfrac{s^2}{1 + t^2}\right)} + 1 + t^2 + rt + st + \dfrac{rst^2}{1 + t^2} = 2 + (r + t)(s + t).$

两端同乘 $1 + t^2$ 并整理得 $\sqrt{(3 + 3t^2 + r^2)(3 + 3t^2 + s^2)} = 1 + t^2 + rs.$

这与柯西不等式矛盾.

若一个周长为 p 的简单多边形 A 满足：对于 A 的边界上的任意两点 x 和 y，若 x 和 y 在平面上的距离最多为 1，则 x 和 y 分 A 的边界为两部分，其中较短的一部分的长最多为 $\dfrac{p}{4}$，称这样的多边形 A 为"胖多边形"，如图 1.

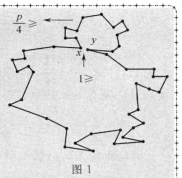

图 1

目的是证明可以在一个胖多边形内画一个半径为 $\dfrac{1}{4}$ 的圆.

地球上的知识分子和 HD 行星上的研究人员设计了两种完全不同的方法解决此问题. 在两种方法中，一条"弦"是指端点均在多边形 A 的边界上的线段，一条"直径"是指端点均为多边形的顶点的弦，一条"内弦"是指全在多边形的内部或边界上的弦. 多边形边界上两点的"边界上的距离"被定义为两点分多边形的边界为两部分中较短的一部分的长.

地球上的知识分子：最长弦.

知道的事实：对于每个多边形，存在长不超过 1 的内弦 xy，使得对于每一个长不超过 1 的内弦 $x'y'$，x 与 y 的边界上的距离不小于 x' 与 y' 的边界上的距离. 这样的弦称为最长弦. 在一个胖多边形 A_0 中，对于最长弦有两种可能.

(1) 若最长弦的长为 1，证明：以最长弦为直径的半圆全在多边形 A_0 内，从而，一个半径为 $\dfrac{1}{4}$ 的圆能画在这个多边形的内部.

(2) 若最长弦的长小于 1，证明：仍然可以在多边形 A_0 内画一个半径为 $\dfrac{1}{4}$ 的圆.

地球上的知识分子为了解决这个问题思考了多次. 每次的证明中均有小的错误，直到最后解决了这个问题.

HD 研究人员：三角剖分.

考虑下面的两个陈述.

第一个陈述：对于每一个边长不超过 1 且不能放入任何半径为 $\dfrac{1}{4}$ 的圆的多边形，其可以用长不超过 1 的直径进行三角剖分.

第二个陈述：对于每一个不能放入任何半径为 $\dfrac{1}{4}$ 的圆的多边形，其可以用长不超过 1 的弦进行三角剖分.

HD 研究人员能够证明若第二个陈述为真，则可以在一个胖多边形内画一个半径为 $\dfrac{1}{4}$ 的圆.

（3）证明：若第二个陈述为真，则可以在一个胖多边形内画一个半径为 $\frac{1}{4}$ 的圆．

他们能轻松地推导出：若第一个陈述为真，则第二个陈述也为真．于是，他们发出通告：任何一个能证明或否定第一个陈述的人会获得一套 HD 房．一段时间后，一个自认为来自地球的年轻理发师 J. N 成功地否定了第一个陈述，并获得了曾经许诺的房子．

（4）构造一个 1392 边形与第一个陈述相矛盾．

HD 研究人员仍然希望直接证明第二个陈述．

（2013—2014，第 31 届伊朗数学奥林匹克）

证明 解答中用到的记号说明：

$C_1(a, b)$：两点 a 和 b 分多边形的边界为两部分中较短的一部分；

$C_2(a, b)$：两点 a 和 b 分多边形的边界为两部分中较长的一部分；

$d(a, b)$：$C_1(a, b)$ 的长；

$[a, b]$：端点为 a 和 b 的多边形的弦．

（1）设 $[x, y]$ 为多边形 A_0 的最长弦，且弦长为 1．

要证明在这种情况下，以 $[x, y]$ 为直径且与 $C_2(x, y)$ 在直线 xy 同侧的半圆在多边形 A_0 的内部．

先证明三个引理．

引理 1 $C_2(x, y) \bigcap [x, y] = \langle x, y \rangle$．

引理 1 的证明 假设 $z \in C_2(x, y) \bigcap ([x, y] - \langle x, y \rangle)$．则 $[x, z]$ 和 $[y, z]$ 均为多边形 A_0 的弦．

若 $y \in C_1(x, z)$，则 $d(x, z) > d(x, y)$，与 $[x, y]$ 为最长弦矛盾．于是，$y \notin C_1(x, z)$．类似地，$x \notin C_1(y, z)$．

于是，$C_1(x, y)$，$C_1(y, z)$，$C_1(z, x)$ 为多边形 A_0 的边界的一个拆分．

由于多边形 A_0 为胖多边形，则 $d(x, y)$，$d(y, z)$，$d(z, x)$ 均不超过 $\frac{p}{4}$，其和小于 p，矛盾．

引理 2 $C_2(x, y)$ 与多边形 A_0 的包含 x 的边的公共部分在前面所述的半圆的外部．对于 y，有类似的结论．

引理 2 的证明 假设结论不成立．

设点 z 在该半圆的内部，且 z 在 $C_2(x, y)$ 与包含 x 的边的公共部分上，使得 $d(x, z)$ 足够小．由引理 1，可选择点 z，使得 $[y, z]$ 与多边形 A_0 的边界的交只有点 y 和 z．

因为 $d(x, y) \leqslant \frac{p}{4}$，且 z 非常接近 x，所以，$yxz = C_1(y, z)$，与 $[x, y]$ 是最长弦矛盾．

引理 3 x 和 y 为 $C_2(x, y)$ 与该半圆的仅有的两个交点．

引理 3 的证明 假设结论不成立．

设点 z 是不同于 x 和 y 的交点，且到线段 $[x, y]$ 的距离最短．

由引理 1，知这个最短的距离大于 0．

易知，$[x,z]$ 和 $[y,z]$ 均为多边形 A_0 的内弦（否则，在 $\triangle xyz$ 内存在多边形的另外一点，与 z 的最短距离的选取矛盾）.

与引理 1 的证明类似，$y \notin C_1(x,z)$，$x \notin C_1(y,z)$.

从而，$C_1(x,y)$，$C_1(y,z)$，$C_1(z,x)$ 为多边形 A_0 边界的一个拆分.

由于 $d(x,y)$，$d(y,z)$，$d(z,x)$ 均不超过 $\dfrac{p}{4}$，它们的和小于 p，矛盾.

引理 $1 \sim 3$ 得证.

由引理 3，知 $C_2(x,y)$ 与这个半圆不交（除了点 x,y）.

而这个多边形是不自交的，则 $C_1(x,y)$ 与这个半圆也不交. 于是，这个半圆全在多边形 A_0 内.

（2）设 $[x,y]$ 为多边形 A_0 的最长弦.

分别以 x 和 y 为圆心与 $C_2(x,y)$ 在直线 xy 同侧作半径为 1 的半圆.

下面证明：这两个半圆的公共部分（记为 S）全在多边形 A_0 内部.

再证明两个引理.

引理 4　$C_2(x,y) \bigcap [x,y] = \langle x,y \rangle$.

证明过程与引理 1 的证明相同（略）.

引理 5　$C_2(x,y)$ 与多边形 A_0 的包含 x 的边的公共部分在 S 的外部. 对于 y，有类似的结论.

类似于引理 2 的证明（略）.

假设结论不成立. 则存在 $z \in S$，且 z 在 $C_2(x,y)$ 与包含 x 的边的公共部分上，使得 $d(x,z)$ 足够小.

由引理 4，可以选择点 z，使得 $[y,z]$ 与多边形 A_0 的边界的交只有点 y 和 z.

因为 $d(x,y) \leqslant \dfrac{p}{4}$，且 z 非常接近 x，所以，$yxz = C_1(y,z)$ 与 $[x,y]$ 为最长弦矛盾.

再证明一个引理.

引理 6　$C_2(x,y) \bigcap S = \{x,y\}$.

引理 6 的证明　假设结论不成立.

设 z 为不同于 x 和 y 的交点，且到线段 $[x,y]$ 的距离最短.

由引理 4，知这个最短的距离大于 0.

易知，$[x,z]$ 和 $[y,z]$ 均为多边形 A_0 的内弦（否则，在 $\triangle xyz$ 内存在多边形的另外一点，与 z 的最短距离的选取矛盾）. 于是，$[x,z]$ 和 $[y,z]$ 均为多边形 A_0 的内弦.

由于 $z \in S$，则 $[x,z]$ 和 $[y,z]$ 的长均小于 1. 这表明，$d(x,z)$ 和 $d(y,z)$ 均不超过 $\dfrac{p}{4}$.

接下来的证明类似于引理 1.

由于 $y \notin C_1(x,z)$，$x \notin C_1(y,z)$，则 $C_1(x,y)$，$C_1(y,z)$，$C_1(z,x)$ 为多边形 A_0 的边界的一个拆分.

因为 $d(x,y)$，$d(y,z)$，$d(z,x)$ 均不超过 $\dfrac{p}{4}$，所以，它们的和小于 p，矛盾.

引理 6 得证.

由引理 6，知 $C_2(x,y)$ 与 S 不交(除了点 x 和 y).

而这个多边形是不自交的，则 $C_1(x,y)$ 与 S 也不交. 于是，S 全在多边形 A_0 内部. 易知，在 S 的内部可以画一个半径为 $\frac{1}{4}$ 的圆.

(3) 假设存在一个胖多边形 A 内不能画一个半径为 $\frac{1}{4}$ 的圆.

由第二个陈述，胖多边形 A 可以用长不超过 1 的弦进行三角剖分.

设 $[x,y]$ 为其中一条用于这个三角剖分的弦，且 $d(x,y)$ 最大. 则有下面的两种可能.

【情况 1】在 $C_2(x,y)$ 上没有胖多边形 A 的不同于 x 和 y 的顶点，则 $[x,y]$ 一定为胖多边形 A 的边. 于是，$C_2(x,y) = [x,y]$.

由三角不等式，知 $C_2(x,y)$ 的长小于 $C_1(x,y)$ 的长，矛盾.

【情况 2】在 $C_2(x,y)$ 上有胖多边形 A 的不同于 x 和 y 的顶点. 则存在某个顶点 $z \in C_2(x,y)$，使 $\triangle xyz$ 为三角剖分出的三角形.

若 $y \in C_1(x,z)$，则 $d(x,z) > d(x,y)$，与 $[x,y]$ 的最大性矛盾. 于是，$y \in C_2(x,z)$. 类似地，$x \in C_2(y,z)$.

从而，$C_1(x,y), C_1(y,z), C_1(z,x)$ 为胖多边形 A 的边界的一个拆分.

因为 $d(x,y), d(y,z), d(z,x)$ 均不超过 $\frac{p}{4}$，所以，它们的和小于 p，矛盾.

解 (4) 对于足够小的 ε，图 2 中的多边形是第一个陈述的反例.

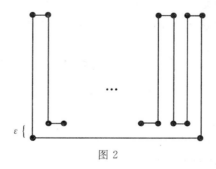

图 2

三名自行车选手同时从点 A 出发沿着 AB, BC, CA 三条直线段行进. 选手甲在这三条直线段上的速度分别为 12 千米/时，10 千米/时，15 千米/时，选手乙在这三条直线段上的速度分别为 15 千米/时，15 千米/时，10 千米/时，选手丙在这三条直线段上的速度分别为 10 千米/时，20 千米/时，12 千米/时. 若三名选手同时到达终点 A，求 $\angle ABC$ 的大小.

(2014，第 64 届白俄罗斯数学奥林匹克)

解 设 $AB = a, BC = b, CA = c$.

由于三名选手所用时间一致，从而，

$$\frac{a}{12} + \frac{b}{10} + \frac{c}{15} = \frac{a}{15} + \frac{b}{15} + \frac{c}{10} = \frac{a}{10} + \frac{b}{20} + \frac{c}{12}$$

$$\Rightarrow 5a + 6b + 4c = 4a + 4b + 6c = 6a + 3b + 5c$$

$$\Rightarrow 2c = a + 2b, c = 2a - b \Rightarrow a + 2b = 2(2a - b) \Rightarrow 3a = 4b.$$

类似地，$3c = 5b$.

于是，$a = \dfrac{4b}{3}, c = \dfrac{5b}{3} \Rightarrow a^2 + b^2 = c^2$.

故 $\triangle ABC$ 为直角三角形，且 $\angle ABC = 90°$.

证明：存在一个平面上的无限点集 $\{\cdots, P_{-3}, P_{-2}, P_{-1}, P_0, P_1, P_2, P_3, \cdots\}$，满足对于任意的整数 a, b, c，当且仅当 $a + b + c = 2014$ 时，P_a, P_b, P_c 三点共线.

(2014，第 43 届美国数学奥林匹克)

证明 只要证明点 $P_n(n, n^3 - 2014n^2)$ 满足题目条件.

由于点 $(x_1, y_1), (x_2, y_2), (x_3, y_3)$ 共线等价于 $\begin{vmatrix} x_1 & y_1 & 1 \\ x_2 & y_2 & 1 \\ x_3 & y_3 & 1 \end{vmatrix} = 0$，于是，考虑行列式

$$\begin{vmatrix} a & a^3 - 2014a^2 & 1 \\ b & b^3 - 2014b^2 & 1 \\ c & c^3 - 2014c^2 & 1 \end{vmatrix} = \begin{vmatrix} a & a^3 & 1 \\ b & b^3 & 1 \\ c & c^3 & 1 \end{vmatrix} - 2014 \begin{vmatrix} a & a^2 & 1 \\ b & b^2 & 1 \\ c & c^2 & 1 \end{vmatrix}.$$

又 $\begin{vmatrix} a & a^3 & 1 \\ b & b^3 & 1 \\ c & c^3 & 1 \end{vmatrix} = (a-b)(b-c)(c-a)(a+b+c)$，且

$$\begin{vmatrix} a & a^2 & 1 \\ b & b^2 & 1 \\ c & c^2 & 1 \end{vmatrix} = (a-b)(b-c)(c-a),$$

则 $\begin{vmatrix} a & a^3 - 2014a^2 & 1 \\ b & b^3 - 2014b^2 & 1 \\ c & c^3 - 2014c^2 & 1 \end{vmatrix} = (a-b)(b-c)(c-a)(a+b+c-2014).$

从而，当且仅当 $a + b + c = 2014$ 时，有 P_a, P_b, P_c 三点共线.

安妮画了 $\triangle ABC$，而后伊丽莎白测量了该三角形三条边 a, b, c 的长度，知三条边的长度均为正整数后，计算了 $S = \dfrac{a}{b+c-a} + \dfrac{b}{a+c-b} + \dfrac{c}{a+b-c}$ 的值.

问：S 可能是 $4, 2.99, 3.05$ 吗？

(2014，第 63 届立陶宛数学奥林匹克)

解 4 可能.

只需令 $a = 3, b = 4, c = 5$. 此时, $S = 4$.

2.99 不可能.

事实上, 可证明 $S \geqslant 3$.

记 $x = b + c - a, y = a + c - b, z = a + b - c$.

因为 a, b, c 为 $\triangle ABC$ 的三边长, 所以, $x > 0, y > 0, z > 0$.

则 $S = \dfrac{1}{2}\left[\left(\dfrac{y}{x} + \dfrac{x}{y}\right) + \left(\dfrac{y}{z} + \dfrac{z}{y}\right) + \left(\dfrac{x}{z} + \dfrac{z}{x}\right)\right] \geqslant \dfrac{1}{2}(2 + 2 + 2) = 3$.

故 $S \neq 2.99$.

3.05 可能.

只需令 $a = 8, b = c = 9$. 此时, $S = 3.05$.

一个正三角形被剖分成 2014 个小正三角形, 使得其中恰有 2013 个小正三角形的面积为 1. 求最初的大正三角形面积的所有可能值.

(2014, 第 58 届摩尔多瓦数学奥林匹克)

解 设面积为 1 的正三角形的边长为 a. 则 $a = \dfrac{2}{\sqrt[4]{3}}$.

由于所有的 2014 个小三角形中只有一个的面积不为 1, 则最初的大三角形的边长必为 $ma(m \in \mathbf{Z}^+)$, 且面积不为 1 的三角形的边长为 $na(n \in \mathbf{Z}^+)$.

故由这 2014 个三角形的面积关系知

$m^2 = 2013 + n^2 \Rightarrow (m - n)(m + n) = 2013 = 61 \times 11 \times 3$.

由于 $m, n \in \mathbf{Z}^+$,

由枚举法易得大三角形面积

$S = \dfrac{\sqrt{3}}{4}(ma)^2 = m^2 \in \{47^2, 97^2, 337^2, 1007^2\}$.

将空间中的每个点标上一个非零实数. 若每个四面体 V 的内切球的球心上标的数等于四面体 V 的四个顶点上标的数的积, 证明: 所有的点标的数均为 1.

(2014, 第 63 届保加利亚数学奥林匹克)

证明 考虑任意两点 X 和 Y.

设 X 和 Y 上标的数分别为 x 和 y. 在 XY 的延长线上选两个点 I 和 J, 使得 $2XY = YI = IJ$. 设 X' 为 XJ 的延长线上一点, 使得 $XI = JX'$.

考虑过 IJ 的中点且垂直于 IJ 的平面 α.

设四面体 $ABCX$ 和四面体 $ABCX'$ 为两个全等的正四面体, 其中, 底面 ABC 在平面 α 上. 则 I 和 J 分别为这两个正四面体的内切球的球心. 记点 P 上标的非零实数为 n_P.

平面几何部分

则 $n_A n_B n_C n_X = n_I, n_A n_B n_C n_{X'} = n_J.$ 于是，$n_X = \dfrac{n_{X'} n_I}{n_J}.$

当平面 α 沿着直线 YX 朝点 I 平移时，考虑分别以 I 和 J 为球心且均与平面 α 相切的球 S_I 和 $S_J.$

设三棱锥 $A_1 B_1 C_1 X'$ 为正三棱锥，其中，底面 $A_1 B_1 C_1$ 在平面 α 上，且其内切球为 $S_J,$ 以正 $\triangle A_1 B_1 C_1$ 为底面、内切球为 S_I 的正三棱锥为 $A_1 B_1 C_1 X_1.$ 则 $n_{X_1} = \dfrac{n_{X'} n_I}{n_J} = n_X.$

当平面 α 朝着点 I 移动且球 S_I 的半径趋近于 0 时，$\triangle A_1 B_1 C_1$ 趋近于一个以 X' 为顶点、J 为内切球的球心、IJ 为半径的正三棱锥的底，且 X_1 趋近于点 $I.$

由连续性，知线段 XI（包含点 X）的所有点上标的数均相等.

故 $x = y,$ 即任意两点上标的数均相等. 从而，所有的点上标的数全相等.

由 $x^4 = x,$ 且 $x \neq 0,$ 得 $x = 1.$

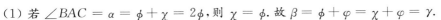

设锐角 $\triangle ABC$ 的外心为 U,M_A,M_B,M_C 分别为 $\triangle UBC,\triangle UCA,\triangle UAB$ 的外心. 试确定与 $\triangle M_A M_B M_C$ 相似的 $\triangle ABC$ 的形状，其中，两个三角形的顶点不一定对应.

（第 45 届奥地利数学奥林匹克决赛）

解 由题意，知点 U 在 $\triangle ABC$ 的内部. 如图.

又由题意，知 $AU \perp M_B M_C,M_C U \perp AB.$

故 $\angle UAB = \angle M_B M_C U.$

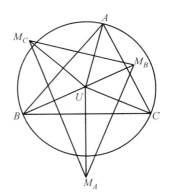

类似地，$\angle UAB = \angle UBA = \angle M_B M_C U = \angle M_A M_C U \triangleq \phi,$

$\angle UBC = \angle UCB = \angle M_C M_A U = \angle M_B M_A U \triangleq \varphi,$

$\angle UAC = \angle UCA = \angle M_A M_B U = \angle M_C M_B U \triangleq \chi.$

故 $\angle BAC = \alpha = \phi + \chi,\angle ABC = \beta = \varphi + \phi,$

$\angle ACB = \gamma = \chi + \varphi,\angle M_B M_A M_C = 2\varphi,$

$\angle M_A M_B M_C = 2\chi,\angle M_B M_C M_A = 2\phi.$

由于 $\triangle ABC$ 与 $\triangle M_A M_B M_C$ 相似，分三种情况讨论.

(1) 若 $\angle BAC = \alpha = \phi + \chi = 2\phi,$ 则 $\chi = \phi.$ 故 $\beta = \phi + \varphi = \chi + \varphi = \gamma.$

由 $\triangle ABC$ 与 $\triangle M_A M_B M_C$ 均为等腰三角形，得 $2\varphi = 2\chi \Rightarrow \varphi = \chi.$

因此，$\triangle ABC$ 与 $\triangle M_A M_B M_C$ 均为正三角形.

(2) 若 $\angle BAC = \alpha = \phi + \chi = 2\varphi,$

由 $2\varphi + 2\chi + 2\phi = 180° \Rightarrow \varphi + \chi + \phi = 90° \Rightarrow 90° - \varphi = 2\varphi \Rightarrow \varphi = 30°.$

若 $\angle ABC = \beta = \varphi + \phi = 2\chi,$ 类似地，

$\chi = 30°,\phi = 30°;\angle ABC = \beta = \varphi + \phi = 2\phi.$

则 $\varphi = \phi = 30°,\chi = 30°,$ 即 $\triangle ABC$ 与 $\triangle M_A M_B M_C$ 均为正三角形.

(3) 若 $\angle BAC = \alpha = \phi + \chi = 2\chi,$ 则 $\chi = \phi,$ 同 (1).

综上，$\triangle ABC$ 为等边三角形.

在一条水平线 m 上有 $A_1, A_2, \cdots, A_9$ 共九个点,其中,$A_k (k = 1, 2, \cdots, 8)$ 与 A_{k+1} 两点间的距离等于 1,直线 n 过点 A_5 且与直线 m 垂直. 问:在直线 n 上是否存在异于点 A_5 的点 B,使得构成锐角 $\triangle BA_i A_j (1 \leqslant i < j \leqslant 9)$ 的个数等于构成钝角 $\triangle BA_i A_j (1 \leqslant i < j \leqslant 9)$ 的个数?

(2014,第 54 届乌克兰数学奥林匹克)

解 存在.

如图,以 $A_1 A_8$ 为直径作半圆,设半圆与直线 n 的交点为 B.

首先,计算钝角 $\triangle BA_i A_j (1 \leqslant i < j \leqslant 9)$ 的个数.

若点 A_i 和 A_j 位于直线 n 的一侧,则 $\triangle BA_i A_j$ 为钝角三角形. 这样的钝角三角形有 12 个;若点 A_i 和 A_j 位于直线 n 的两侧,则只有 $\triangle BA_1 A_9$ 为钝角三角形. 于是,钝角三角形的总数为 13.

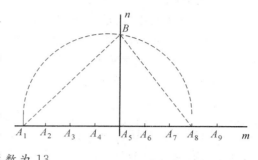

其次,计算锐角 $\triangle BA_i A_j (1 \leqslant i < j \leqslant 9)$ 的个数.

此时,点 A_i 和 A_j 应位于直线 n 的两侧. 这样的三角形一共有 $4 \times 4 = 16$(个). 但 $\triangle BA_1 A_9$ 为钝角三角形,$\triangle BA_1 A_8$ 和 $\triangle BA_2 A_9$ 为直角三角形,则锐角三角形的个数也为 13.

对于平面上给定的 n 个不同点,证明:必能从中找到三个点,其所成角度不超过 $\dfrac{\pi}{n}$.

(第 50 届蒙古数学奥林匹克)

证明 若存在三点共线,则问题显然成立. 于是,只考虑无三点共线的情况.

不妨设这 n 个点的凸包为 $k (k \leqslant n)$ 边形,则必存在该 k 边形的一个内角 α,满足

$$\alpha \leqslant \frac{(n-2)\pi}{n}.$$

过 α 的顶点作 k 边形的对角线,于是,α 被分成 $n - 2$ 个角,其中,必有一角不大于 $\dfrac{\pi}{n}$. 则该角所对应的三个点满足题意.

设 n 为自然数. 对一个 n 边形进行三角剖分即通过连接 $n - 3$ 条在 n 边形内部互不相交的对角线将多边形切割成 $n - 2$ 个三角形. 设 $f(n)$ 表示能将一个正 n 边形进行三角剖分且每一个三角形均为等腰三角形的方法数. 求 $f(n)$.

(2014,印度国家队选拔考试)

解 设想一种可将正 n 边形三角剖分且使得三角形均为等腰三角形的方式.如此,多边形的每一条边不是等腰三角形的腰就是等腰三角形的底.

若 n 边形的所有边均为腰,则 n 必为偶数,且 $f(n) = 2f\left(\dfrac{n}{2}\right)$.

据数学归纳法,当 $n = 2^k$ 时,$f(n) = \dfrac{n}{2}$(因 $f(4) = 2$).

若 n 边形的某条边不为三角形(不妨设为 T)的腰,则有且仅有该条边不为腰,且 n 为奇数.设 u 和 v 分别为三角形 T 的腰,且其又分别为三角形 X 和 Y 的边.注意到,u 不能为三角形 X 的腰而为其底.从而,三角形 X 的第三个顶点应该为边 u 一侧的顶点中"中间"的那个.记三角形 X 的腰为 u',其必为另一个三角形 X' 的底,而 X' 的第三个顶点必为 u' 一侧的顶点中"中间"的那个.否则,将不存在合理的三角剖分方法.

以此类推,运用归纳法,得当 $n = 2^k + 1$ 时,$f(n) = n$,除了当 $n = 3$ 时,$f(3) = 1$.

于是,当 $n = 2^k (k \geqslant 2)$ 时,$f(n) = \dfrac{n}{2}$;当 $n = 2^k + 2^l (k - l \geqslant 2)$ 时,$f(n) = n$;当 $n = 3 \times 2^k (k \in \mathbf{N})$ 时,$f(n) = \dfrac{n}{3}$;其他情况下 $f(n) = 0$.

> 将 $n \times n$ 的方格表中所有不高于对角线的格所构成的图形称为高度是 n 的"梯子"(图为 $n = 4$ 的情况).问:可以有多少种不同的方式将高度为 n 的梯子划分成若干个面积两两不等的矩形(矩形的边在格线上)?

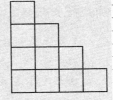

(2014,克罗地亚国家队选拔考试)

解 一方面,标出高度为 n 的梯子中的每一列中最上面的一格,将所标出的这 n 个格的并称为梯子的"上盖".因为上盖中的任何两个不同格均不能属于同一个矩形,所以,对高度为 n 的梯子的任何一种划分,所分出的矩形均不少于 n 个.

另一方面,n 个面积两两不等的矩形面积之和的最小值为 $1 + 2 + \cdots + n = \dfrac{n(n+1)}{2}$,恰等于高度为 n 的梯子的面积.这表明,任何一种划分所分成的矩形个数均为 n,其面积分别为 $1, 2, \cdots, n$,并且每个矩形均包含上盖中的一个格.

下面对 n 归纳,以证明对高度为 n 的梯子符合要求的不同划分方式的个数为 2^{n-1}.

当 $n = 1$ 时,结论显然成立.

接下来考虑将高度为 n 的梯子分成面积分别为 $1, 2, \cdots, n$ 的 n 个矩形的划分.

考虑那个包含角上方格(即离上盖最远的方格)的矩形.因为它还要包含上盖中的一个格,所以,它的两条邻边之长 a 与 b 的和等于 $n + 1$.于是,它的面积为 $S = ab \geqslant a + b - 1 = n$.当且仅当 $a = 1$ 或 $b = 1$ 时,上式等号成立.

因为所分成的矩形的面积均不超过 n,所以,$S = n$.

故知矩形的两条边中,有一条长度为 1,另一条长度为 n.这种矩形可以有两种选法

(横的和竖的),并且在两种选法之下,去掉所选的矩形之后,剩下的均为一个高度是 $n-1$ 的梯子.于是,根据归纳假设,再将该梯子划分为面积成 $1,2,\cdots,n-1$ 的 $n-1$ 个矩形的方法有 2^{n-2} 种.

从而, $2^{n-2}+2^{n-2}=2^{n-1}$.

> 已知三条长度为1的线段在平面上形成一个连通的图形,任意两条线段仅能够在其端点相交.求该图形的凸包面积的最大值.
>
> (2014,爱沙尼亚国家队选拔考试)

解 最大值为 $\dfrac{3\sqrt{3}}{4}$.

设三条线段分别为 l_1,l_2,l_3.

首先,易知凸包为三角形或四边形.

分三种情况:

(1)三条线段交于同一点.

(i)当三条线段形成的凸包为四边形时,易知,该四边形有一条对角线长为1,另一条对角线的长小于2.从而,凸包面积为 $S\leqslant\dfrac{1}{2}\times2=1<\dfrac{3\sqrt{3}}{4}$.

(ii)当三条线段形成的凸包为三角形时,设线段之间的两两夹角为 α,β,γ.则 $\alpha,\beta,\gamma\in(0,\pi),\alpha+\beta+\gamma=2\pi$.

故由琴生不等式得凸包面积为

$$S=\frac{1}{2}(\sin\alpha+\sin\beta+\sin\gamma)\leqslant\frac{3}{2}\sin\frac{\alpha+\beta+\gamma}{3}=\frac{3}{2}\sin120°=\frac{3\sqrt{3}}{4}.$$

等号可以取到.

(2)三条线段交于不同两点.

(i)若凸包为三角形,则该三角形一条边为1,另外一条边的长小于2.故凸包面积为

$$S\leqslant\frac{1}{2}\times2=1<\frac{3\sqrt{3}}{4}.$$

(ii)若凸包为四边形,不妨设 l_1 与 l_2 交于点 B,l_2 与 l_3 交于点 C,l_1 的另一个端点为 A,l_3 的另一个端点为 D.若 AB,BC 某一条成为该凸包四边形的对角线,则凸包由两个三角形组成,且每个三角形均有两边的长度为1.此时, $S\leqslant\dfrac{1}{2}\times2=1<\dfrac{3\sqrt{3}}{4}$.

于是,只要考虑凸包为四边形 $ABCD$(依次顺序)的情况.此时,再分两种情况.

(a)若 $\angle ABC+\angle BCD\leqslant180°$,不妨设 $\angle ABC\geqslant\angle BCD$,取点 B' 使得四边形 $ABCB'$ 为菱形.则点 D 位于该菱形的内部.从而,凸包面积为 $S\leqslant1<\dfrac{3\sqrt{3}}{4}$.

(b)若 $\angle ABC+\angle BCD>180°$,设直线 DC 与 AB 交于点 E,且设 $\angle BEC=\alpha,\angle EBC=\beta,\angle ECB=\gamma$,则凸包面积为

$$S = \frac{1}{2}(EA \cdot ED - EB \cdot EC)\sin\alpha = \frac{1}{2}(EB + EC + 1)\sin\alpha$$

$$= \frac{1}{2}(\sin\alpha + \sin\beta + \sin\gamma) \leqslant \frac{3}{2}\sin\frac{\alpha+\beta+\gamma}{3} = \frac{3}{2}\sin 60° = \frac{3\sqrt{3}}{4}.$$

等号可能取到.

（3）三条线段交于不同三点.

此时,恰形成边长为 1 的正三角形,凸包面积为 $S = \frac{\sqrt{3}}{4} < \frac{3\sqrt{3}}{4}$.

综上,证明了凸包面积的最大值为 $\frac{3\sqrt{3}}{4}$,且有两种情况均可取到等号.

> 已知正 $\triangle ABC$ 的边长为 1,点 X,Y 分别在射线 AB,AC 上,满足 AX 和 AY 为正整数.问:$\triangle AXY$ 外接圆的半径能否为 $\sqrt{2014}$?
>
> （2014,克罗地亚数学竞赛决赛）

解 假设 $\triangle AXY$ 的外接圆半径 $R = \sqrt{2014}$.

由题意,知 $\angle XAY = 60°$,$XY = 2R\sin 60° = \sqrt{2014} \times \sqrt{3}$.

如图 1,令 $AX = m, AY = n (m, n \in \mathbf{Z}^+)$.

在 $\triangle AXY$ 中,由余弦定理得

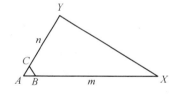

$m^2 + n^2 - 2mn\cos 60° = XY^2 \Rightarrow m^2 + n^2 - mn = 2014 \times 3$.

注意到,方程的右边为偶数.

若 m, n 有不同的奇偶性或者同为奇数时,则方程的左边为奇数,矛盾.

从而,m, n 均为偶数.故 $m^2 + n^2 - mn$ 可被 4 整除,但 2014×3 不被 4 整除.矛盾.

从而,假设不成立,即 R 不可能为 $\sqrt{2014}$.

> 在给定的直线 l 上取 n 个点 $A_1, A_2, \cdots, A_n$,对每一对点 (A_i, A_j) 作一个以 $A_i A_j$ 为直径的圆,其中的一些圆可能会相交.求不在直线 l 上且在直线 l 同侧的交点个数的最大值 $f(n)$（$f(n)$ 为关于 n 的表达式）,并给出证明.
>
> （2014,德国数学竞赛）

解 若两个圆在直线 l 上的直径有一个端点重合,则这两个圆相切,切点在直线 l 上,没有不在直线 l 上的交点.

故满足题意的交点一定由直线 l 上的四个点作出的两个圆产生.

对于在直线 l 上依次排列的任意四个点 A, B, C, D,如图,以 AB 为直径的圆与以 CD 为直径的圆外离,以 AD 为直径的圆与以 BC 为直径的圆内含,均不能产生交点;以 AC 为直径的圆与以 BD 为直径的圆有两个交点,在直线 l 的同侧有一个

交点.

故直线 l 上的每个四点组对应直线 l 同侧的一个交点. 从而, $f(n) \leqslant C_n^4$.

若每个四点组对应的交点两两不同, 即没有三个或以上的圆交于直线 l 外一点, 则 $f(n) = C_n^4$.

可以归纳构造 n 个点, 使得没有三个圆交于直线 l 外一点.

任取直线 l 上一个点作为 A_1.

假设已构造 i 个点 $A_1, A_2, \cdots, A_i$ 满足条件, 记它们确定的直线 l 外所有交点为 B_1, $B_2, \cdots, B_m$.

对于点 A_j 与 $B_k(j = 1, 2, \cdots, i; k = 1, 2, \cdots, m)$, 在直线 l 上至多有一个点 A, 使得以 AA_j 为直径的圆过点 B_k (即过点 B_k 作 $A_j B_k$ 的垂线与直线 l 的交点).

只需取点 A_{i+1} 与这些点均不同. 故 $f(n)$ 的最大值为 C_n^4.

是否可用直线将任意一个凸多边形分为等周长的两块, 且两块的最大边相等? 若将最大边相等的要求换为最小边相等呢?

(2014, 第 35 届国际城市数学竞赛)

解 最大边相等可行, 最小边相等不行.

对于一个凸多边形及边界上的一点 M, 可以找到对应的一点 N (与点 M 有关, 记为 $N(M)$), MN 将该凸多边形分为等周长的两块 $MA_1 \cdots A_m N$ 及 $MA_{m+1} \cdots A_n N$, 其中, M 和 N 可以为原凸多边形的顶点, 凸多边形 $MA_1 \cdots A_m N$ 是逆时针方向标注的顶点.

定义 $f(M)$ 表示凸多边形 $MA_1 \cdots A_m N$ 的最大边, 显然, 这是一个关于点 M 的连续映射. 于是, $g(M) = f(M) - f(N(M))$ 也是一个关于点 M 的连续映射.

先取一点 M_0 作为起始点, 记其对应点 $N(M_0) = N_0$, 则 $g(M)$ 从开始的 $g(M_0)$ 变为了最终的 $g(N_0) = -g(M_0)$. 由连续映射的介值性, 知其中存在一点 M, 使得 $g(M) = 0$.

由于凸多边形 $MA_1 \cdots A_m N$ 的最小边映射 $h(M)$ 未必是连续的, 于是, 不能用这样的方法处理最小边相等的情况. 事实上, 也有反例说明这样的划分不存在.

考虑 $\triangle ABC$.

由于直线所划分的两块中一定有一块为三角形, 不妨记此三角形完整地包含了顶点 A, 如图 1.

若 $MA + AN = \dfrac{p}{2}$ ($p = a + b + c$ 为 $\triangle ABC$ 的周长), 则称点 M 与 N 为对应点.

首先考虑等边三角形, 即 $a = b = c$.

由余弦定理知

$$MN^2 = AM^2 + AN^2 - AM \cdot AN = (AM + AN)^2 - 3AM \cdot AN$$
$$\geqslant \left(\frac{3}{2}a\right)^2 - 3\left(\frac{3}{4}a\right)^2 = \frac{9}{16}a^2,$$

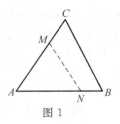

图 1

如此，MN 至少为 $\dfrac{3}{4}a$.

注意到，$MC + NB = \dfrac{1}{2}a,\ AM = \dfrac{1}{2}a + NB,\ AN = \dfrac{1}{2}a + CM$.

故 MN,AM,AN 均严格大于 $\min\{MC,NB\}$，除非这条划分的直线经过原三角形的某个顶点，如图 2.

当然，该结论对一个三边长不同但彼此充分接近的三角形依然成立（即这个三角形充分接近等边三角形）.

其次考虑一个充分接近等边三角形但三边长不等的三角形.

设直线过顶点 C，即点 M 与 C 重合.

在 $\triangle ANC$ 与 $\triangle CNB$ 中，最小边分别为

$$AN = \frac{1}{2}p - b = \frac{a-b-c}{2},\quad NB = \frac{a+b+c}{2}.$$

由于 $b \neq c$，故两最小边 $AN \neq NB$.

从而，完成证明.

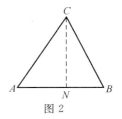

图 2

　　试求所有的实常数 t，使得若 a,b,c 为某个三角形的三边长，则 $a^2 + bct,\ b^2 + cat,$
$c^2 + abt$ 也为某个三角形的三边长.

（2014，欧洲女子数学奥林匹克）

解 $t \in \left[\dfrac{2}{3},2\right]$.

若 $t < \dfrac{2}{3}$，取三边长满足 $b=c=1,a=2-\varepsilon$ 的三角形，此时，对某些正数 $\varepsilon\left(\text{如 } 0 < \varepsilon < \dfrac{2-3t}{4-2t}\right)$，有

$$b^2 + cat + c^2 + abt - a^2 - bct = 3t - 2 + \varepsilon(4 - 2t - \varepsilon) \leqslant 0.$$

不符合题意.

若 $t > 2$，取三边长满足 $b=c=1,a=\varepsilon$ 的三角形，对某些正数 $\varepsilon\left(\text{如 } 0 < \varepsilon < \dfrac{t-2}{2t}\right)$，有

$$b^2 + cat + c^2 + abt - a^2 - bct = 2 - t + \varepsilon(2t - \varepsilon) \leqslant 0.$$

亦不符合题意.

下面假设 $\dfrac{2}{3} \leqslant t \leqslant 2,b+c > a$. 结合均值不等式 $(b+c)^2 \geqslant 4bc$，得

$$b^2 + cat + c^2 + abt - a^2 - bct = (b+c)^2 + at(b+c) - (2+t)bc - a^2$$

$$\geqslant (b+c)^2 + at(b+c) - \frac{1}{4}(2+t)(b+c)^2 - a^2$$

$$= \frac{1}{4}(2-t)(b+c)^2 + at(b+c) - a^2.$$

由 $2 - t \geqslant 0,t > 0$，知上式最右端为关于 $b+c$ 的单调递增函数.

平面几何部分

结合 $b+c>a$,并由 $t \geqslant \dfrac{2}{3}$,知

$$b^2 + cat + c^2 + abt - a^2 - bct > \frac{1}{4}(2-t)a^2 + ta^2 - a^2 = \frac{3}{4}\left(t - \frac{2}{3}\right)a^2 \geqslant 0.$$

由对称性可得另两个不等式.

对于凸 101 边形的对角线,若在其一侧有 50 个顶点,另一侧有 49 个顶点,则称此对角线为"主对角线".选出若干条两两无公共端点的主对角线.证明:这些主对角线的长度之和小于其余对角线的长度之和.

(2014,第六届欧拉数学竞赛)

证明 将凸 $2n+1$ 边形 $K = A_1 A_2 \cdots A_{2n+1}$ 的每一条对角线 $A_i A_{n+i}$ 均称为主对角线 $(A_{j+2n+1} = A_j)$.

接下来用数学归纳法证明:对于任何正整数 n,凸 $2n+1$ 边形 K 的任意一组两两无公共端点的对角线的长度之和均小于其余对角线的长度之和.

当 $n=1$ 时,多边形 K 为三角形.由定义,三角形的主对角线即为其边,故由三角形不等式即可得证结论.

假设 $n>1$.用 s_1 表示所选出的若干条两两无公共端点的对角线的长度之和,用 s_2 表示其余对角线的长度之和.

不失一般性,可认为 $A_1 A_{n+2}$ 被选.则主对角线 $A_2 A_{n+2}$,$A_1 A_{n+1}$ 均未被选,它们相交于某点 P.于是,

$$A_1 A_{n+2} + A_2 A_{n+1} < A_1 P + P A_{n+2} + A_2 P + P A_{n+1} = A_1 A_{n+1} + A_2 A_{n+2}. \qquad ①$$

下面考虑凸 $2n-1$ 边形 $M = A_2 \cdots A_{n+1} A_{n+3} \cdots A_{2n+1}$.

不难看出,$A_2 A_{n+1}$ 是多边形 M 的一条主对角线,并且多边形 K 的所有主对角线只要其不以 A_1,A_{n+2} 为端点就仍然是多边形 M 的主对角线(在由多边形 K 变为多边形 M 的过程中,这种对角线的两侧各减少一个顶点).将原来多边形 K 中选出的所有主对角线,除了 $A_1 A_{n+2}$ 之外,全部再次选出.对它们运用归纳假设得

$$s_1 - A_1 A_{n+2} < s_2 - A_1 A_{n+1} - A_2 A_{n+2} + A_2 A_{n+1}.$$

再将该不等式与式 ① 相加,即得 $s_1 < s_2$.

由此完成归纳过渡.

已知平面上有 2015 个半径为 1 的圆.证明:在这 2015 个圆中能选出 27 个圆构成的集合 S 满足:集合 S 中的任意两个圆要么均有公共点,要么均没有公共点.

(2015,第 28 届韩国数学奥林匹克)

证明 假设不存在 27 个圆满足任意两个圆均有公共点.

选取一条直线 l,使得 l 既不与这 2015 个圆的任意两个圆的连心线平行,也不与这些连心线垂直.

设这条直线为 x 轴,2015 个圆分别记为 $C_1,C_2,\cdots,C_{2015}$,且这 2015 个圆的圆心的横坐标是递增的.

引理　对于正整数 $i>1$,在圆 $C_1,C_2,\cdots,C_{i-1}$ 中最多有 75 个圆与圆 C_i 有公共点.

证明　依据 x 轴的正向,圆 $C_1,C_2,\cdots,C_{i-1}$ 在圆 C_i 的左边.

设 $\widetilde{C_i}$ 是以圆 C_i 的圆心为圆心、2 为半径的圆.将圆 $\widetilde{C_i}$ 的左半圆三等分为三个扇形.

由假设,知每个扇形最多包含圆 $C_1,C_2,\cdots,C_{i-1}$ 中的 25 个圆的圆心.

于是,圆 $\widetilde{C_i}$ 的左半圆最多包含圆 $C_1,C_2,\cdots,C_{i-1}$ 中的 75 个圆的圆心.

从而,圆 $C_1,C_2,\cdots,C_{i-1}$ 中最多有 75 个圆与圆 C_i 有公共点.

引理得证.

下面将这 2015 个圆中的每个圆染为 76 种颜色之一.

假设能将圆 $C_1,C_2,\cdots,C_{i-1}$ 染色,使得任意两个有公共点的圆不同色.由引理,知圆 C_i 最多与圆 $C_1,C_2,\cdots,C_{i-1}$ 中的 75 个圆有公共点.于是,可以对圆 C_i 进行染色,使得圆 $C_1,C_2,\cdots,C_{i-1},C_i$ 中的任意两个有公共点的圆不同色.这样,能将这 2015 个圆中的每个圆染为 76 种颜色之一.

因为 $\dfrac{2015}{76}>26$,所以,由抽屉原理,知存在 27 个圆构成的集合 S,使得集合 S 中所有的圆同色.

故集合 S 中任意两个圆均没有公共点.

> 半球状的高脚果盘上方盖着一个平的盖子.果盘里放着四个一模一样的橙子,它们均与果盘相切,果盘里还有一个同这四个橙子均相切的柚子(所有的水果均为球状).问:柚子同这些橙子的四个切点是否一定均在同一个平面中?
>
> (2015,第 41 届俄罗斯数学奥林匹克)

解　一定均在同一个平面.

分别将果盘和柚子的球心记作 V 和 G,橙子的球心记作 A_1,A_2,A_3,A_4.这六个点互不相同,且均在盖子下方.

如图,设四个橙子分别与柚子切于点 $K_i(i=1,2,3,4)$,分别与果盘切于点 P_i.

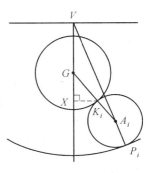

再设果盘,柚子,橙子的半径分别为 v,g,a.

考虑 $\triangle VGA_i(i=1,2,3,4)$.则 VG 为公共边,

$VA_i=VP_i-A_iP_i=v-a,GA_i=GK_i+K_iA_i=g+a$.

故它们彼此全等.

既然 $GK_i=g,K_iA_i=a$,于是,K_i 为这些三角形中的对应点.因而,由它们所作的 VG 的垂线的垂足重合为一个点 X.

这表明,这些 K_i 均在经过点 X 且与 VG 垂直的平面上.

【注】条件"高脚果盘上方盖着一个平的盖子"是必须的.若上方没有盖子,则柚子的球心就有可能与果盘的球心重合.于是,橙子的球心就可位于以 G 为球心、$g+a$ 为半径的

球面上的任何点处. 从而, 所有的 K_i 就未必在同一个平面上了. 因此, 任何一种正确的解法中, 均必须用到"点 V 与 G 互不重合"这一条件.

设平面上的点集 $P = \{(x,y) \mid x,y \in \{0,1,\cdots,2015\}\}$. 平面中有一些以点集 P 中的点为端点的与两坐标轴平行的线段. 已知每条线段均为单位长, 点集 P 中的点均为某一线段的端点, 任两条线段均不共端点. 证明: 存在一条平行于坐标轴的直线, 此线至少经过 506 条线段的中点.

(2015, 泰国数学奥林匹克)

证明 由于集合 P 中有 2016^2 个整点, 故有 $\dfrac{2016^2}{2}$ 条线段.

设竖直线段的底端点为 $y = i$ ($i = 0,1,\cdots,2014$), 水平线段的左端点为 $x = j$ ($j = 0,1,\cdots,2014$).

由抽屉原理, 知至少有 $\left\lceil \dfrac{\dfrac{2016^2}{2}}{2 \times 2015} \right\rceil = 505$(条) 线段互相平行.

不妨设至少有 505 条竖直的线段底端点纵坐标为 $y = i'$. 将这 505 条线段记作 $r_1, r_2, \cdots, r_{505}$.

注意到, 点集 P 中有 $2016(2016 - i' - 1)$ 个点在直线 $y = i'$ 的上方, 其中的 505 个点为 $r_1, r_2, \cdots, r_{505}$ 的高端点. 又 $2016(2016 - i' - 1) - 505$ 为奇数, 矛盾.

故至少有 506 条线段底端点在直线 $y = i'$ 上.

因此, 直线 $y = i' + \dfrac{1}{2}$ 通过至少 506 条线段的中点.

甲在平面上以某种方式标上五个点, 乙任意添上第六个点, 只要这六点中无三点共线, 甲是否总能以这六点为顶点作出两个三角形, 使其中一个三角形能移到另一个三角形的内部?

(第 32 届伊朗国家队选拔考试)

解 甲能做到.

首先, 给出基本事实.

对 $\triangle ABC$ 和 $\triangle A'B'C'$, 若 $AB \leqslant A'B'$, $AC \leqslant A'C'$, $\angle BAC \leqslant \angle B'A'C'$, 则能将 $\triangle ABC$ 移到 $\triangle A'B'C'$ 的内部.

如图 1, 设 O 为等边 $\triangle XYZ$ 的中心, r, h 分别为 $\triangle XYZ$ 的外接圆半径, 一条边上的高 $\left(h = \dfrac{3}{2}r\right)$. 在点 O 附近取点 P, 使得

$$OP < \dfrac{h - r}{2}, \angle OXP, \angle OYP, \angle OZP \in (0°, 30°).$$

可断言: 若甲取的五个点为 X, Y, Z, O, P, 乙添加的点为 Q, 只要

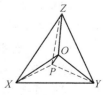

图 1

这六个点中无三点共线,则甲总能以此六个点为顶点作两个三角形,使其中一个三角形能移到另一个三角形内.

(1) 若点 Q 在 $\triangle XYZ$ 内,则 $\triangle OPQ$ 已在 $\triangle XYZ$ 内.

(2) 若点 Q 在 $\triangle XYZ$ 外,但在 $\triangle XYZ$ 的外接圆内或边界上,如图 2,则

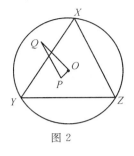

图 2

$$QP < QO + OP < r + \frac{h-r}{2} < h < XY,$$

$$QO \leqslant r < h < XZ.$$

再注意到,$OQ \geqslant h - r > 2OP,QP > OQ - OP > OP.$

于是,OP 为 $\triangle OPQ$ 的最短边.

从而,$\angle OQP \leqslant 60°.$

由前面的基本事实,可以将 $\triangle OPQ$ 放在 $\triangle XYZ$ 内部.

(3) 当点 Q 在 $\triangle XYZ$ 的外接圆外时,如图 3.

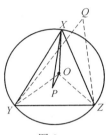

图 3

由于 $\triangle QXY,\triangle QYZ,\triangle QZX$ 这三个三角形覆盖住了 $\triangle XYZ$,则必有一个三角形包含点 O,不妨设 $\triangle QYZ$ 包含点 O. 此时,$\triangle OYZ$ 在 $\triangle QYZ$ 内.

注意到,$XO = YO$,

$$XP < XO + OP = r + \frac{h-r}{2} = \frac{h+r}{2} = \frac{5}{4}r < YZ,$$

$$\angle OXP < 30° = \angle OYZ.$$

从而,$\triangle OXP$ 能放在 $\triangle OYZ$ 内,也就能放在 $\triangle QYZ$ 内.

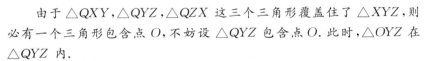

考虑 $n(n \geqslant 2)$ 维欧氏空间中的整点集合 $\mathbf{Z}^n$,定义 $\mathbf{Z}^n$ 中的直线为形如 $a_1 \times a_2 \times \cdots \times a_{k-1} \times \mathbf{Z} \times a_{k+1} \times \cdots \times a_n$ 的点集,其中,$k(1 \leqslant k \leqslant n)$ 为整数,a_i 可以为任意整数. 若 $\mathbf{Z}^n$ 的一个子集 A 是有限、非空且 $\mathbf{Z}^n$ 中的每条直线与子集 A 的交集至少含子集 A 中的两个点,则称子集 A 为"容许的";若 $\mathbf{Z}^n$ 的一个子集 N 是非空的且 $\mathbf{Z}^n$ 中的每条直线与 N 有偶数个交点(允许 0 个),则称子集 N 为"无效的".

(1) 证明:$\mathbf{Z}^2$ 中每个容许的集合均含有一个无效的子集;

(2) 列举一个 $\mathbf{Z}^3$ 中的不含无效的子集的容许的集合.

(2015,第 66 届罗马尼亚国家队选拔考试)

(1) **证明**　记 A 为 $\mathbf{Z}^2$ 中的一个容许的集合.

任取一点 $a_0 \in A$,对每个正整数 k,递推地在集合 A 中选一个不同于点 a_{k-1} 的点 a_k,选法是:若 k 为奇数,则点 a_k 与 a_{k-1} 在第一个分量上的坐标相同;若 k 为偶数,则点 a_k 与 a_{k-1} 在第二个分量上的坐标相同. 由于集合 A 为有限集,于是,最终可能选出一个 $a_n = a_m(m < n).$

假设 a_n 是第一个重复出现的点.

若 m 和 n 奇偶性相同,则 $a_m,a_{m+1},\cdots,a_{n-1}$ 便形成一个无效的子集;

若 m 和 n 奇偶性不同,则 $a_{m+1}, a_{m+2}, \cdots, a_{n-1}$ 便形成一个无效的子集.

(2) **解** 取出 $\mathbf{Z}^3$ 中"最小"容许的集合(最小是指没有容许的真子集).由于每个无效集合均为容许的,于是,其没有无效子集.

集合 A 在平行六面体 $[0,3] \times [0,3] \times [0,4]$ 中,可用水平截面来描述:
$$A = A_0 \times 0 \bigcup A_1 \times 1 \bigcup A_2 \times 2 \bigcup A_3 \times 3 \bigcup A_4 \times 4,$$
其中,$A_0 = \{0,3\} \times \{0,3\}$,$A_1 = \{0,1\} \times \{2,3\} \bigcup \{1,2\} \times \{0,1\}$,
$A_2 = \{0,1\} \times \{1,2\} \bigcup \{2,3\} \times \{2,3\}$,$A_3 = \{1,2\} \times \{2,3\} \bigcup \{2,3\} \times \{0,1\}$,
$A_4 = \{0,1\} \times \{0,1\} \bigcup \{2,3\} \times \{1,2\}$.

注意到,图形 $A_{k+1}(k=1,2,3)$ 是由 A_k 以 $[0,3] \times [0,3]$ 的中心为中心顺时针旋转 $\frac{\pi}{2}$ 所产生的.

由于集合 A 的每个水平横截面 $A_k \times k$ 在 $\mathbf{Z}^2 \times k$ 中是容许的,垂直于任何一个水平截面中集合 A 中任意一点的竖直直线一定至少通过另一个水平截面中得到集合 A 的点,于是,A 是容许的.

为了证明最小性,可构造一个集合 A 上的连通的几何格点图 G,图 G 的边所在直线是 $\mathbf{Z}^3$ 中恰穿过集合 A 中两个点的直线,这两个点称为这条边的端点.可见,构造的图 G 的存在性便能说明集合 A 的最小性,这是因为从图 G 中移走集合 A 中的任意一点,顺便移走图 G 中与其相邻的点,便最终将集合 A 中所有顶点移走.

首先注意到,当 i 和 j 中有一个属于 $\{0,3\}$ 时,每一条穿过集合 A 中点的直线 $i \times j \times \mathbf{Z}$ 恰穿过集合 A 中的两个水平截面,将集合 A 中的这两个点用所对应的竖直直线连接.

其次,考虑一般的平面格点路径
$$\alpha_1 = (1 \times 0)(2 \times 0)(2 \times 1)(1 \times 1) \quad \text{与} \quad \alpha_1' = (1 \times 2)(0 \times 2)(0 \times 3)(1 \times 3).$$
对于 $k=1,2,3$,α_{k+1} 与 α_{k+1}' 分别通过将路径 α_k 与 α_k' 以 $[0,3] \times [0,3]$ 的中心为中心顺时针旋转 $\frac{\pi}{2}$ 而产生.格点路径 $\alpha_k \times k$ 与 $\alpha_k' \times k$ 的边连接了 $A_k \times k(k=1,2,3,4)$ 中的点,结合前一段中已连接的集合 A 中的竖直的边,可完成关于点集 A 的图 G 的构造.

最后,竖直直线 $1 \times 1 \times \mathbf{Z}$ 恰穿过了集合 A 的三个水平横截面,即 $A_1 \times 1, A_2 \times 2$, $A_4 \times 4$.事实上,直线 $i \times j \times \mathbf{Z}(i, j \in \{1,2\})$ 均恰穿过了集合 A 的三个水平横截面,因此,集合 A 本身不是一个无效的集合.

【注】更高维的情况可以仿照(2)中的例子构造.该例中含有 36 个点,但其实在 $\mathbf{Z}^3$ 中有 24 个点构成的容许的集合,且不含有无效的真子集.

已知平面上有 2015 个点,任意两点之间的距离互不相同.对于每个点,称距离它最近的 22 个点为其"邻居".问:一个已知点最多为多少个点的邻居?

(2015,土耳其国家队选拔考试)

解 最多为 110 个点的邻居.

引理 若平面上有 2015 个两两距离互不相同的点,对于每个点,称距离它最近的点

平面几何部分

为其最近的邻居,则一个已知点最多是 5 个点的最近的邻居.

证明　对于任意一点 P,若 P 为 A_1 和 A_2 的最近的邻居,则

$d(A_1, P) < d(A_1, A_2), d(A_2, P) < d(A_1, A_2)$（$d(X, Y)$ 表示点 X 和 Y 之间的距离）.

由于 $A_1 A_2$ 为 $\triangle P A_1 A_2$ 的最大边,于是,$\angle A_1 P A_2 > 60°$.

因此,点 P 最多是 5 个点的最近的邻居.

引理得证.

设 P 是 $A_1, A_2, \cdots, A_n$ 的邻居,且 $A_i (i \in \{1, 2, \cdots, n\})$ 和 P 之间的距离最大.

记 A_i 为 F_1,删去以 F_1 为圆心、$r_1 = d(P, F_1)$ 为半径的圆内的所有点.

在剩下的点中,设 $A_j (j \in \{1, 2, \cdots, n\})$ 和 P 之间的距离最大.

记 A_j 为 F_2,删去以 F_2 为圆心、$r_2 = d(P, F_2)$ 为半径的圆内的所有点.

继续选择距离点 P 最远的新的点 $F_3, F_4, \cdots, F_t$,直到删去所有的点 $A_1, A_2, \cdots, A_n$.

对于 $i < j (i, j \in \{1, 2, \cdots, n\})$,有 $d(P, F_i) > d(P, F_j), d(F_i, F_j) > d(P, F_i)$.

故 $d(F_i, F_j) > d(P, F_i) > d(P, F_j)$.

对于 $F_1, F_2, \cdots, F_t$,P 是每个 $F_i (i = 1, 2, \cdots, t)$ 的最近的邻居.由引理,知 $t \leqslant 5$.

因为每一次最多删去 22 个点,所以,最多删去 $5 \times 22 = 110$（个）点,即 $n \leqslant 110$.

下面给出一个 $n = 110$ 的例子.

考虑一个以 P 为中心的正五边形,每个顶点周围有 22 个互相之间的距离足够近的点,且每个点的邻居中均包含点 P,且 P 是距离该点最远的邻居.而其余 1904 个点与这 111 个点的距离足够远.则 P 为 110 个点的邻居.

> 已知单位圆 $\odot O$ 内部及圆周上共有 111 个互不相同的点,任意两点间有直线段连接.证明:这些直线段中至少有 1998 条其长度小于 $\sqrt{3}$.
>
> （2015,希腊国家队选拔考试）

证明　将 $\odot O$ 平均分成三个扇形（每个扇形恰包含一条分界线,且圆心属于一个扇形）,使得除圆心外,已知点均不在扇形的分界线上.由于已知点是有限的,三个扇形的选择方式是无限的,从而,能够使得已知点不在某种分割出的三个扇形的半径上.

设点 A, B 为同一扇形内的点.若 OA, OB 分别与 $\odot O$ 交于点 A', B',且 $\angle AOB = \alpha < 120°$,则

$$AB < A'B' < 2R \sin \frac{\alpha}{2} < 2R \sin 60° = \sqrt{3}.$$

故在同一扇形内的两点间距离小于 $\sqrt{3}$.

接下来证明:至少有 1998 个点,使得两点间距离小于 $\sqrt{3}$.

设三个扇形内点的个数分别为 x, y, z.则 $x + y + z = 111$.

于是,要使两点间距离小于 $\sqrt{3}$,由前知所证即为 $C_x^2 + C_y^2 + C_z^2 \geqslant 1998$.

事实上,由柯西 — 施瓦兹不等式得

$$C_x^2 + C_y^2 + C_z^2 = \frac{x(x-1) + y(y-1) + z(z-1)}{2} = \frac{x^2 + y^2 + z^2 - 111}{2}$$

$$\geqslant \frac{\frac{(x+y+z)^2}{3}-111}{2}=1998.$$

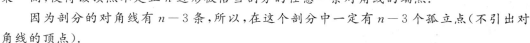

　　求所有的正整数n,当正n边形中不在其内部相交的对角线将正n边形剖分成三角形时,满足正n边形的每个顶点为奇数个三角形的顶点.

(2015,爱沙尼亚国家队选拔考试)

解 $n=3k(k\in \mathbf{Z}^+)$.

　　当正n边形中不在其内部相交的对角线将正n边形剖分成三角形时,可将每条对角线两侧的三角形分别染成黑色和白色(此时,称正n边形被恰当剖分).

　　当只有一个三角形时,可将其染成黑色或白色.

　　假设多边形的边数少于n时,可将此多边形恰当剖分.对于正n边形,对角线l将其剖分成两个部分,对这两部分均可恰当剖分.但当对角线l两侧的三角形颜色相同时,将对角线l其中一侧的所有三角形的颜色变成相反颜色,此时,正n边形被恰当剖分.由归纳假设,知这种恰当剖分是可行的.

　　按照此方法进行恰当剖分后,正n边形每个顶点为奇数个三角形的顶点等价于若三角形的三边至少有一条边为原正n边形的边,则这些三角形有相同的颜色.

　　当$3\mid n$时,正n边形可被恰当剖分.

　　当$n=3$时,显然成立.

　　假设正n边形可被恰当剖分.对于正$n+3$边形,存在一条对角线XY,使得XY的一侧有正$n+3$边形的三个顶点A,B,C,如图1.

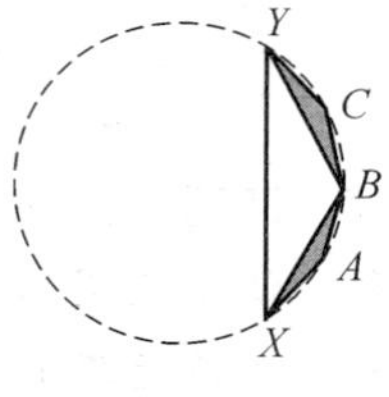

　　对于不包含顶点A,B,C的一侧,由归纳假设,知此部分能被恰当剖分.不妨假设此部分包含边XY的三角形为黑色.则将$\triangle XEY$染为白色,$\triangle XAB$和$\triangle YCB$染为黑色,此时,正$n+3$边形被恰当剖分.

　　考虑任意一个被恰当剖分的正n边形.

　　假设顶点数少于n且能被3整除的正多边形能被恰当剖分.

图1

　　(1)假设被恰当剖分多边形的每条对角线均有唯一一个顶点在其某一侧,使得该顶点不是正n边形被恰当剖分的任意一条对角线的端点.

　　因为剖分的对角线有$n-3$条,所以,在这个剖分中一定有$n-3$个孤立点(不引出对角线的顶点).

　　这表明,所有对角线均是由这三个不同点连接而成的.

　　因为三个不同的点之间最多能画出三条对角线,所以,

$$n-3\leqslant 3\Rightarrow n\leqslant 6.$$

　　但在$n=4$和5时,只有唯一的剖分方法,不满足条件,如图2.

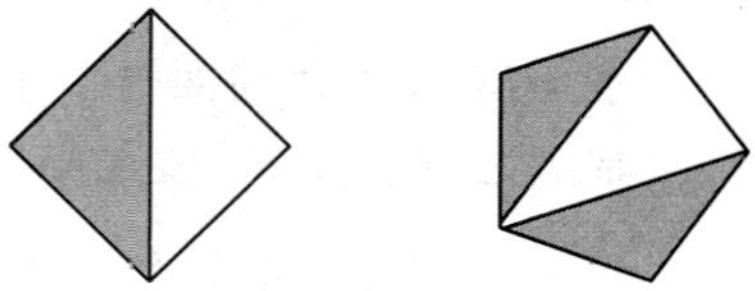

　　(2)存在一条对角线d,有至少两个正n边形的顶点在其两侧.

图2

不妨假设对角线 d 将多边形剖分成两部分,这两部分的顶点数分别为 x 和 y. 在剖分的这两部分中,有一部分包含边 d 的三角形为黑色,设此部分的顶点数为 x. 在顶点数为 y 的这部分中,包含边 d 的三角形为白色,在其外侧添加以对角线 d 为边的一个三角形,这个三角形为黑色. 由数学归纳法,知 $3 \mid x$,$3 \mid (y+1)$.

故 $n = x + y - 2 = x + (y+1) - 3$,即 $3 \mid n$.

将 30×30 的正方形纸片剪成若干部分(不一定为长方形),所剪的每一刀均平行于正方形的边,使得所剪的总长度为 240. 证明:存在一个面积至少为 36 的图形.

(2015,爱沙尼亚国家队选拔考试)

证明 设所剪的这若干块图形的面积为 $S_1, S_2, \cdots, S_n$,周长为 $p_1, p_2, \cdots, p_n$. 设第 m 个图形的面积最大,即对于任意的 $i = 1, 2, \cdots, n$,$S_i \leqslant S_m$.

故所剪成的所有图形的周长为

$$p_1 + p_2 + \cdots + p_n = 2 \times 240 + 4 \times 30 = 600.$$

对所有的 $i = 1, 2, \cdots, n$,设 a_i 和 b_i 是第 i 个图形能够嵌入的最小长方形的长和宽,且该长方形的边平行于原长方形的边.

由均值不等式,得 $\sqrt{S_i} \leqslant \sqrt{a_i b_i} \leqslant \dfrac{a_i + b_i}{2} \leqslant \dfrac{p_i}{4}$.

故 $900 = S_1 + S_2 + \cdots + S_n = \sqrt{S_1}\,\sqrt{S_1} + \sqrt{S_2}\,\sqrt{S_2} + \cdots + \sqrt{S_n}\,\sqrt{S_n}$

$$\leqslant \sqrt{S_m}\,(\sqrt{S_1} + \sqrt{S_2} + \cdots + \sqrt{S_n}) \leqslant \sqrt{S_m}\left(\frac{p_1}{4} + \frac{p_2}{4} + \cdots + \frac{p_n}{4}\right) = 150\sqrt{S_m}$$

$$\Rightarrow \sqrt{S_m} \geqslant 6 \Rightarrow S_m \geqslant 36.$$

将 12 枚硬币平放在桌面上,其中心构成一个正十二边形,且相邻的硬币相切. 证明:硬币环内可以放入 7 枚同样的硬币.

(2015,德国数学竞赛)

证明 如图,设这 12 枚硬币的中心依次为 $A_1, A_2, \cdots,$ A_{12},正十二边形的外心为 O,$\triangle OA_1A_2$,$\triangle OA_3A_4$,$\cdots$,$\triangle OA_{11}A_{12}$ 的外心分别为 $O_1, O_2, \cdots, O_6$,硬币半径为 R.

则 $A_iA_{j+1} = 2R$($i = 1, 2, \cdots, 12$;$A_{13} = A_1$).

由对称性,知六边形 $O_1O_2\cdots O_6$ 为正六边形.

因为 $\angle A_{2i-1}OA_{2i} = \dfrac{2\pi}{12} = \dfrac{\pi}{6}$,所以,

$$\angle A_{2i-1}O_iA_{2i} = 2\angle A_{2i-1}OA_{2i} = \frac{\pi}{3}(i = 1, 2, \cdots, 6).$$

又 $O_iA_{2i-1} = O_iA_{2i}$,则

$\triangle O_iA_{2i-1}A_{2i}$ 为等边三角形 $\Rightarrow O_iA_{2i-1} = O_iA_{2i} = O_iO = A_{2i-1}A_{2i} = 2R.$

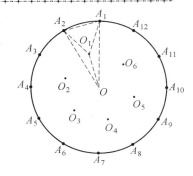

平面几何部分

因为 $O_1O_2\cdots O_6$ 是正六边形,所以,$O_1O_2 = O_2O_3 = \cdots = O_6O_1 = O_1O = 2R$.

从而,硬币环内可以以 $O, O_1, \cdots, O_6$ 为圆心放入 7 枚硬币.

一个大三角形可被若干个小三角形划分,其中小三角形的顶点为大三角形的顶点及内部点,且每个顶点处均有相同数量的线段,则称此划分形式为"魔幻三角测量".若一个大三角形可被魔幻三角测量,求小三角形的个数的最大可能值.

（2015,克罗地亚数学奥林匹克）

解 在一个大三角形中,设 n 为小三角形的个数,t 为三角形顶点的个数(含大三角形的三个顶点),d 为所有线段的条数(含大三角形的三条边),k 为每个顶点处引出的线段条数.

显然,$kt = 2d$.

由 $n+1$ 个三角形(含大三角形)共 d 条线段,每条线段为两个三角形的公共边,知
$$2d = 3(n+1).$$

考虑所有小三角形内角之和.

一方面,n 个小三角形的内角和为 $180°n$.

另一方面,大三角形内部共 $t-3$ 个顶点,每个顶点处的角之和为 $360°$,大三角形内部的所有角之和为 $360°(t-3)$,再加上大三角形的三个内角之和 $180°$,于是,所有三角形的内角之和为 $360°(t-3) + 180°$.

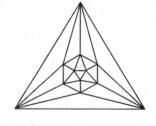

故 $360°(t-3) + 180° = 180°n \Rightarrow 2t = n+5$

$$\Rightarrow n = \frac{5k-6}{6-k} = \frac{24}{6-k} - 5 \in \mathbf{Z}^+ \Rightarrow (6-k) \mid 24$$

$$\Rightarrow k = 2,3,4,5 \Rightarrow n = 1,3,7,19.$$

因此,所求小三角形个数的最大值为 19,如图.

已知平面上有 $n(n \geqslant 4)$ 个点,任意三点不共线,任意两点之间连一条线段.求不与其他所有线段相交(端点除外)的线段条数的最大值.

（2015,第 23 届土耳其数学奥林匹克）

解 称不与其他所有线段相交的线段为"特殊线段".

下面证明:特殊线段的条数最多为 $2n-2$.

当 $n = 4$ 时,结论显然成立.

对于 $n > 4$,假设 $n-1$ 时结论成立.

接下来考虑 n 个点时的情况.

若 n 个点均为一个凸 n 边形的顶点,则特殊线段只有 n 条(即凸 n 边形的边).

故 $n < 2n-2$.

若 n 个点不为一个凸 n 边形的顶点,考虑这 n 个点中的一个点 A,其不在这 n 个点的凸包上.对于其余 $n-1$ 个点的一个三角剖分,则点 A 必在此剖分的某个三角形内.

不妨假设点 A 在 $\triangle P_1P_2P_3$ 内. 由于 $\triangle P_1P_2P_3$ 内只有点 A, 移去点 A, 对于余下的 $n-1$ 个点, 由归纳假设最多有 $2(n-1)-2=2n-4$(条) 特殊线段. 当放回点 A 后, 最多只能增加三条可能的特殊线段 AP_1, AP_2, AP_3, 这是因为从点 A 引出的其他线段与 $\triangle P_1P_2P_3$ 的边相交.

若移去点 A 后, P_1P_2, P_1P_3, P_2P_3 中至少有一条线段不为特殊线段, 则存在一条线段 l 与 $\triangle P_1P_2P_3$ 的边相交(线段 l 的一个端点可能与 $\triangle P_1P_2P_3$ 的一个顶点重合. 但这不影响后面的分析). 于是, 线段 l 至少与 AP_1, AP_2, AP_3 之一相交. 从而, 当放回点 A 后, 只能增加 AP_1, AP_2, AP_3 中的两条为特殊线段. 因此, 特殊线段的条数最多为 $2n-4+2=2n-2$.

若移去点 A 后, P_1P_2, P_1P_3, P_2P_3 均为特殊线段, 则当放回点 A 后, 这三条线段中至少有一条不为特殊线段(因为 $n>4$, 所以, 至少有一个点 Q 在 $\triangle P_1P_2P_3$ 的外部. 而 AQ 至少与 P_1P_2, P_1P_3, P_2P_3 之一有交点, 如图1). 从而, 特殊线段的条数最多为

$$2n-4+3-1=2n-2.$$

最后给出一个 $2n-2$ 条特殊线段的例子.

如图2, 设 A 为一个圆的外部一点. 过点 A 作圆的两条切线, 切点分别为 X 和 Y, 在劣弧 $\overgroup{XY}$ 上依次取点 $A_1, A_2, \cdots, A_{n-1}$.

对于 n 个点 $A, A_1, A_2, \cdots, A_{n-1}$, 线段 $A_1A_2, A_2A_3, \cdots, A_{n-2}A_{n-1}, A_{n-1}A_1, AA_1, AA_2, \cdots, AA_{n-1}$ 均不与其他线段相交.

因此, 特殊线段条数的最大值为 $2n-2$.

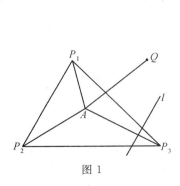

图 1

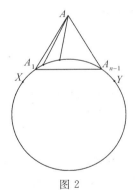

图 2

有四个边长分别为3厘米, 4厘米, 5厘米的木三角形. 用所有这些三角形能拼成多少种凸多边形(只需画出凸多边形, 不需要证明)?

注:凸多边形的所有内角均小于 $180°$, 且它没有任何洞. 图1是凸的, 图2不是凸的.

图 1

图 2

(2015, 第二届伊朗几何奥林匹克)

解 可以拼成 16 种凸多边形,如图 3.

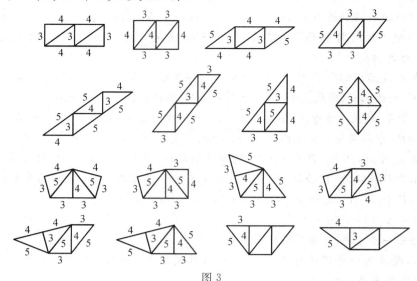

图 3

> 在平面上是否存在六个圆,使得每个圆均恰经过其他五个圆中的三个圆的圆心?
> (2015,第二届伊朗几何奥林匹克)

解 如图,四边形 $O_1O_2O_3O_4$ 是边长为 1 的正方形,$\triangle O_1O_4O_5$ 和 $\triangle O_2O_3O_6$ 的边长均为 1. 则以 $O_1,O_2,\cdots,O_6$ 分别为圆心、1 为半径的六个圆满足题目要求.

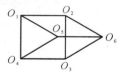

> 在平面上是否存在五个圆,使得每个圆均恰经过其他四个圆中的三个圆的圆心?
> (2015,第二届伊朗几何奥林匹克)

解 不存在五个圆,使得每个圆均恰经过其他四个圆中的三个圆的圆心.

假设存在五个满足题设的圆,则此五个圆心满足每个点与另外的四个点中的三个点有相同的距离,与第四个点的距离不同. 从这个点到第四个点画一个单向箭头.

引理 不存在两点 O_i 和 O_j,它们之间连有双向箭头.

证明 假设存在两点 O_i 和 O_j,它们之间连有双向箭头. 则其他三个点到 O_i 的距离相等,到 O_j 的距离也相等. 于是,过其他三个点的圆的圆心既为 O_i 又为 O_j,矛盾. 故不存在两点 O_i 和 O_j,它们之间连有双向箭头.

引理得证.

假设五个圆的圆心分别为 $O_1,O_2,\cdots,O_5$,不妨设 O_1 和 O_2 之间的箭头是从 O_1 指向 O_2. 于是,O_3,O_4,O_5 均在以 O_1 为圆心的圆(半径不等于 O_1O_2)上;O_3,O_4,O_5 中两点在以 O_2 为圆心、O_1O_2 为半径的圆上,不妨设这两点为 O_3 和 O_4.

下面考虑以 O_3 为圆心的圆.

因为 $O_3O_1 \neq O_3O_2$，所以，此圆的半径要么为 O_3O_1，要么为 O_3O_2.

(i)若半径为 $O_3O_1 = a$，如图 1，则 $O_3O_4 = O_3O_5 = a$.

此时，$O_4O_1 = O_4O_3 = a$.

但 $O_4O_5 \neq a$，$O_4O_2 \neq a$，以 O_4 为圆心作圆不可能经过 O_1，O_2，O_3，O_5 中的三个点.

(ii)若半径为 $O_3O_2 = b$，则 $O_3O_4 = O_3O_5 = b$.

若 $O_4O_5 = b$，如图 2，则以 O_5 为圆心作圆不可能经过 O_1，O_2，O_3，O_4 中的三个点.

若 $O_4O_5 \neq b$，则以 O_4 为圆心作圆不可能经过 O_1，O_2，O_3，O_5 中的三个点.

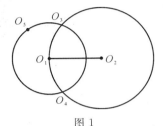

图 1

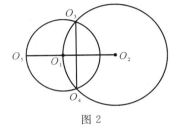

图 2

平面上有 4031 条直线，任意两条既不平行又不垂直，也不存在三线共点. 问：最多构成多少个锐角三角形？

(2015，中国香港代表队选拔考试)

解　考虑一般情况，即平面上有 $2n+1$ 条直线.

任取一条直线 l 作为 x 轴，则其余 $2n$ 条直线分成斜率为正、斜率为负的两组. 记两组直线的条数分别为 a，b. 显然，任何同组的两条直线与 l 一起构成一个钝角三角形，这样的钝角三角形的个数为

$$C_a^2 + C_b^2 = \frac{a^2 + b^2}{2} - \frac{a+b}{2} \geqslant n^2 - n.$$

由 l 的任意性，知每一个钝角三角形均被重复计算两次.

从而，锐角三角形的个数至多为

$$C_{2n+1}^3 - \frac{(2n+1)(n^2-n)}{2} = \frac{2n+1}{6}(2n(2n-1) - 3n(n-1)) = \frac{n(n+1)(2n+1)}{6}. \quad ①$$

取正 $2n+1$ 边形的边所在直线即可实现上述最大值.

将 $n = 2015$ 代入式 ①，得 2729148240 即为所求.

设整数 $n \geqslant 4$. 证明：可以将任意一个三角形剖分为 n 个等腰三角形.

(第六届陈省身杯全国高中数学奥林匹克)

证明　先证 $n = 4$，6 时，结论成立.

任给 $\triangle ABC$，设 AB 为 $\triangle ABC$ 的最长边(若最长边不止一条，则为其中之一). 若 AB 是唯一的最长边，则仅有 $\angle ABC$ 可能不为锐角.

作 $CD \perp AB$ 于点 D. 于是, 点 D 在边 AB 内部, 得到 $Rt\triangle ACD, Rt\triangle BCD$.

设边 AC 的中点为 E, 边 BC 的中点为 F. 则 E 为 $Rt\triangle ACD$ 的外心, F 为 $Rt\triangle BCD$ 的外心.

这表明, $EA = EC = ED$, $FB = FC = FD$.

从而, $\triangle ADE, \triangle CDE, \triangle BDF, \triangle CDF$ 均为等腰三角形, 如图 1.

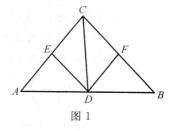
图 1

故结论对 $n = 4$ 成立.

继续上述的剖分, 证明题中结论对 $n = 6$ 成立.

注意到, 在上述的剖分中, $\angle DEA + \angle DEC = 180°$.

事实上, 若 $\angle DEA \neq \angle DEC$, 则

$\min\{\angle DEA, \angle DEC\} < 90°$.

为确定起见, 不妨设 $\angle DEA < 90°$.

于是, $\triangle ADE$ 为锐角三角形, 其外心 O 在其形内.

连接 OA, OD, OE, 于是, 将 $\triangle ADE$ 分成了三个等腰三角形, 连同原来的等腰 $\triangle CDE$, 等腰 $\triangle BDF$, 等腰 $\triangle CDF$, 如图 2, 一共有 6 个等腰三角形.

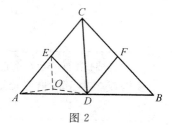
图 2

若 $\angle DEA = \angle DEC = 90°$, 则 $\triangle ADE$ 与 $\triangle CDE$ 均为等腰直角三角形, 易将它们每一个均分成两个等腰直角三角形, 连同等腰 $\triangle BDF$, 等腰 $\triangle CDF$, 一共有 6 个等腰三角形.

综上, 结论对 $n = 6$ 成立.

下证结论对 $n = 5$ 成立.

(1) 任给 $\triangle ABC$ 的三个内角相等, 则其为等边三角形, 有多种方法将其分为五个等腰三角形, 如将等边 $\triangle ABC$ 的中心 O 分别与三个顶点相连, 得到三个顶角为 $120°$ 的等腰三角形, 再将其中之一的等腰三角形分成两个顶角为 $120°$ 的等腰三角形和一个等边三角形即可.

(2) 在 $\triangle ABC$ 中, 设 $\angle ACB > \angle CAB$. 从而, $AB > AC$.

作边 AC 的中垂线与直线 AB 交于点 E. 则点 E 在边 AB 的内部, 且有 $AE = CE$.

再作边 AB 上的高 CD, 则垂足 D 也在边 AB 的内部.

下面对点 E 和 D 的三种可能的位置关系进行讨论.

【情况1】点 E 与 D 重合.

此时, $\triangle BCE$ 为直角三角形, 通过连接点 E 与边 BC 的中点, 将其分为等腰三角形 T_1 和等腰三角形 T_2; 而 $\triangle ACE$ 为等腰直角三角形, 因而, 边 AC 的中垂线已将其分为等腰直角三角形 T_3 和等腰直角三角形 T_4; 再作其中一个等腰直角三角形(如等腰直角三角形 T_4)的斜边中线, 又可将其分为两个等腰直角三角形, 共得五个等腰三角形, 如图 3.

【情况2】点 E 在线段 AD 的内部.

此时, $\triangle BCD, \triangle ECD$ 为两个直角三角形, 通过连接斜边中线分别将它们分为两个等腰三角形, 连同等腰 $\triangle ACE$, 一共有五个等腰三角形, 如图 4.

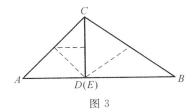

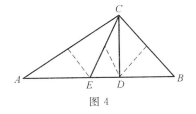

图 3 图 4

【情况 3】 点 E 在线段 BD 的内部.

此时,$\angle CEB$ 为钝角,即 $\triangle BCE$ 为钝角三角形.

作边 BC 上的高 EF,得到 $\text{Rt}\triangle BEF$ 和 $\text{Rt}\triangle CEF$,再利用斜边中线分别将其分成两个等腰三角形,连同等腰 $\triangle ACE$,一共有五个等腰三角形.

综上,结论对 $n=5$ 成立.

从而,结论对 $n=4,5,6$ 均成立.

假设结论对 $n=k\geqslant 4$ 成立,即已将任给的某个 $\triangle ABC$ 分成 k 个等腰三角形 $T_1,T_2,$ $\cdots,T_k$,则只要作出其中一个三角形,如等腰三角形 T_k 的三条中位线,就可将其进一步分成四个均与等腰三角形 T_k 相似的三角形,因而,共得 $k+3$ 个等腰三角形.

因为设了三个起点,即 $n=4,5,6$,所以,当以 3 为跨度进行归纳时,结论对一切 $n\geqslant 4$ 均成立.

如图,一个半径为 1 的圆过 $\triangle ABC$ 的顶点 A,且与边 BC 切于点 D,与边 AB 交于点 E,与边 AC 分别交于点 F. 若 EF 平分 $\angle AFD$,且 $\angle ADC=80°$,问:是否存在满足条件的三角形,使 $\dfrac{AB+BC+CA}{AD^2}$ 为无理数,且该无理数为一个整系数一元二次方程的根?若不存在,请证明;若存在,请找到一个满足条件的点,并求出数值.

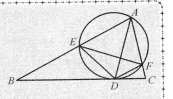

(第 11 届中国北方数学奥林匹克)

解 存在.

易知,$\angle AED=\angle ADC=80°$,$\angle AFD=100°$,$\angle BAD=\angle EFD=50°$,

$\angle ABD=30°$,$AD=2\sin 80°$.

设 $\angle ACD=\alpha$. 则 $20°<\alpha<80°$.

由 $\dfrac{AB}{AD}=\dfrac{\sin 100°}{\sin 30°}=2\sin 100°$,$\dfrac{AC}{AD}=\dfrac{\sin 80°}{\sin \alpha}$,

$\dfrac{BC}{AD}=\dfrac{BD}{AD}+\dfrac{DC}{AD}=2\sin 50°+\dfrac{\sin(80°+\alpha)}{\sin \alpha}$,

知 $\dfrac{AB+BC+CA}{AD}=2\sin 100°+\dfrac{\sin 80°}{\sin \alpha}+2\sin 50°+\dfrac{\sin 80°\cdot\cos \alpha}{\sin \alpha}+\cos 80°$

$=2\sin 100°+2\sin 50°+\cos 80°+\sin 80°\cdot\dfrac{1+\cos \alpha}{\sin \alpha}$.

令 $\alpha=60°$. 则

$$\frac{AB+BC+CA}{AD}=2\sin100°+2\sin50°+\cos80°+\sqrt{3}\sin80°$$

$$=2\sin100°+2\sin50°+2\sin110°=2\sin80°+4\sin80°\cdot\cos30°=2(1+\sqrt{3})\sin80°.$$

故 $\dfrac{AB+BC+CA}{AD^2}=1+\sqrt{3}$(无理数).

已知圆周上有 $2n$ 个点,将其分成了 $2n$ 等份.有 $n+1$ 个长度分别为 $1,2,\cdots,$ $n+1$ 的区间被放置在圆上,区间端点就是前述的 $2n$ 个点.证明:一定存在一个区间,完全地在另一个区间内部.

(2015—2016,第 33 届伊朗数学奥林匹克)

证明 考虑长度为 1 的区间.若其已经在另一个区间里面了,便完成了证明.

接下来假设不存在一个区间包含这个长度为 1 的区间,将此区间去除,再把原来的圆周变成一条直线,原命题变为:n 个区间 $I_2=[a_2,b_2],\cdots,I_{n+1}=[a_{n+1},b_{n+1}]$ 为 $[0,2n-1]$ 的子区间,每个区间的端点为整数,区间 I_j 的长度为 j,证明:存在 $i\neq j$,使得 $I_i\subseteq I_j$.

反证法.

若不存在区间互相包含,则定义函数

$$f:\{2,3,\cdots,n\}\rightarrow(\{0,1,\cdots,2n-1\}-\{a_{n+1},a_{n+1}+1,\cdots,b_{n+1}\}),$$

$$f(j)=\begin{cases}a_j,& a_j<a_{n+1};\\ b_j,& a_j\geqslant a_{n+1}.\end{cases}$$

对于 $j(2\leqslant j\leqslant n)$,由于没有区间在 I_{n+1} 中,若 $a_j\geqslant a_{n+1}$,则 $b_{n+1}<b_j$.故函数 f 是良定义的.

若对于 $i<j$,$f(i)=f(j)$,则 I_i 和 I_j 有相同的端点.故 $I_i\subseteq I_j$,矛盾.

从而,f 为单射.

注意到,集合 $\{0,1,\cdots,2n-1\}-\{a_{n+1},a_{n+1}+1,\cdots,b_{n+1}\}$ 的元素个数为

$$2n-(n+2)=n-2.$$

故不存在符合要求的单射函数,与假设矛盾.

对于怎样的 $\triangle ABC$,存在两条直线 l_1 和 l_2 满足点 A 关于直线 l_1 对称的像关于直线 l_2 的对称点为 B,点 A 关于直线 l_2 对称的像关于直线 l_1 的对称点为 C?

(2015—2016,匈牙利数学奥林匹克)

解 若 $l_1\parallel l_2$,则 A,B,C 三点共线,矛盾.

如图,设 l_1 与 l_2 交于点 O,l_1 与 l_2 夹角为 α,点 A 关于直线 l_1,l_2 的对称点分别为 D,E.

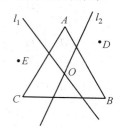

则 $OA=OD=OE=OB=OC$,

$\angle AOB=\angle AOC=2\alpha$.

于是,$AB=AC$.

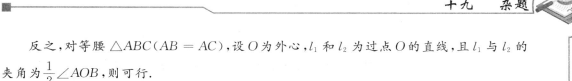

反之,对等腰 $\triangle ABC(AB = AC)$,设 O 为外心,l_1 和 l_2 为过点 O 的直线,且 l_1 与 l_2 的夹角为 $\dfrac{1}{2}\angle AOB$,则可行.

因此,$\triangle ABC$ 为等腰三角形.

> 一个凸多边形 Π 的三角剖分是指用多边形 Π 的没有公共内点的对角线将其分为三角形的一种分割.若分割出的所有三角形的面积均相等,则称这样的三角剖分为"好的".证明:凸多边形 Π 的任意两个不同的好的三角剖分中恰有两个三角形不同,即证明在第一个好的三角剖分中可以将其剖分出的一对三角形用另一对不同的三角形替代得到第二个好的三角剖分.
>
> (第 56 届 IMO 预选题)

证明　由于凸 n 边形的每个三角剖分均恰剖分出 $n-2$ 个三角形,则凸多边形 Π 的任意两个好的三角剖分中剖分出的三角形的面积均相等.

设 Γ 为凸多边形 Π 的一个三角剖分.若 Π 的四个顶点 A,B,C,D 构成一个平行四边形,Γ 中包含两个三角形,且这两个三角形合起来即为该四边形,则称 Γ 包含 $\square ABCD$.若凸多边形 Π 的两个好的三角剖分 Γ_1,Γ_2 恰有两个三角形不同,则每一对三角形合起来是同一个四边形.由该四边形的每条对角线均平分其面积,知该四边形为平行四边形.

下面证明三角剖分的两个性质.

引理 1　凸多边形 Π 的一个三角剖分不能包含两个平行四边形.

引理 1 的证明　假设在同一个三角剖分 Γ 中有两个平行四边形 P_1 和 P_2.若 P_1 和 P_2 中包含 Γ 中的一个公共的三角形,不妨假设 P_1 包含 Γ 中的 $\triangle ABC$ 和 $\triangle ADC$,P_2 包含 Γ 中的 $\triangle ADC$ 和 $\triangle CDE$,如图 1.

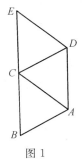

图 1

因为 $BC \parallel AD \parallel CE$,所以,凸多边形 Π 的三个顶点 B,C,E 共线,矛盾.

若平行四边形 P_1 和 P_2 中不包含 Γ 中的公共三角形,设 P_1 为 $\square ABCD$,则边 AB,BC,CD,DA 将凸多边形 Π 分割为若干个区域.故 P_2 包含在其中的一个区域中.不妨假设 P_2 包含在与 P_1 有公共边 AD 的区域中.记 P_2 的顶点分别为 X,Y,Z,T,则多边形 $ABCDXYZT$ 为凸的,如图 2(点 D 与 X 重合或点 A 与 T 重合均是有可能的,且该多边形至少有六个顶点).

由于 $\angle B,\angle C,\angle Y,\angle Z$ 的外角之和为 $360°$,与凸多边形 $ABCDXYZT$ 的外角之和为 $360°$ 矛盾.

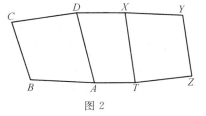

图 2

引理 2　凸多边形 Π 的一个好的三角剖分 Γ 中的每一个三角形包含 Π 的一条边.

引理 2 的证明　设 $\triangle ABC$ 为 Γ 中的一个三角形.用仿射变换将 $\triangle ABC$ 映射为正 $\triangle A'B'C'$,且该仿射变换将 Π 映射为 Π'.则 Γ 映射为 Π' 的好的三角剖分 Γ'.

假设 $\triangle A'B'C'$ 的每条边均不为 Π' 的边.则 Γ' 中包含其他与 $\triangle A'B'C'$ 有公共边的三

角形.不妨设为 $\triangle A'B'Z$,$\triangle C'A'Y$,$\triangle B'C'X$,且六边形 $A'ZB'XC'Y$ 为凸的,如图 3.

由于 $\angle X$,$\angle Y$,$\angle A'ZB'$ 的外角之和小于 $360°$,则一定存在一个(不妨记为 $\angle A'ZB'$)的外角小于 $120°$.于是,$\angle A'ZB'$ $> 60°$.这表明,点 Z 在弧度小于 $240°$ 的 $\overparen{A'B'}$ 上.从而,$\triangle A'B'Z$ 的高 $ZH < \dfrac{\sqrt{3}}{2}A'B'$.

图 3

因此,$S_{\triangle A'B'Z} < S_{\triangle A'B'C'}$,即 Γ' 不是好的三角剖分,矛盾.

引理 1、2 得证.

若 Π 的三角剖分中存在一个三角形包含 Π 的两条边.则称该三角形是一只"耳朵".故一个多边形的每一个剖分均包含一些耳朵.

假设结论不成立.选择一个边的数目最少的凸多边形 Π,使得存在 Π 的两个好的三角剖分 Γ_1 和 Γ_2 不满足 Γ_1 和 Γ_2 中恰有两个三角形不同,则 Π 至少有五条边.考虑 Γ_1 中的任意一只耳朵 $\triangle ABC$,且 AC 为凸多边形 Π 的一条对角线.若 Γ_2 中包含 $\triangle ABC$,则将 Π 包含的 $\triangle ABC$ 切掉,得到边数更少且也不满足结论的凸多边形,矛盾.因此,Γ_2 不包含 $\triangle ABC$.

在 Γ_1 中包含一个三角形与 $\triangle ABC$ 有公共边 AC,不妨设为 $\triangle ACD$.由引理 2,知这个三角形包含 Π 的一条边.于是,在 Π 的边界上,点 D 要么与 A 相邻,要么与 C 相邻.不妨假设点 D 与 C 相邻.

假设 Γ_2 不包含 $\triangle BCD$.则 Γ_2 包含两个不同的 $\triangle BCX$ 和 $\triangle CDY$(点 X 与 Y 可能重合).因为这些三角形没有公共的内点,所以,多边形 $ABCDYX$ 为凸的.如图 4.

又 $S_{\triangle ABC} = S_{\triangle BCX}$

$= S_{\triangle ACD} = S_{\triangle CDY}$,

则 $AX \parallel BC$,$AY \parallel CD$.

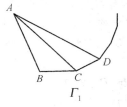 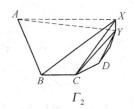

图 4

这是不可能的.

于是,Γ_2 包含 $\triangle BCD$.

由 $S_{\triangle ABD}$

$= S_{\triangle ABC} + S_{\triangle ACD} - S_{\triangle BCD}$

$= S_{\triangle ABC}$,

知 Γ_1 中包含 $\square ABCD$.

设 Γ' 为由 Γ_1 中用对角线 BD 代替 AC 得到的 Π 的一个好的三角剖分,则 Γ' 与 Γ_2 不同(否则,Γ_1 和 Γ_2 中恰有两个三角形不同).由于 Γ' 与 Γ_2 有一只公共的耳朵 $\triangle BCD$,和前面一样,从 Π 中切掉 $\triangle BCD$,可得 Γ_2 和 Γ' 中恰有两个三角形不同,且 Γ' 中包含由这两个三角形构成的一个不同于 $\square ABCD$ 的平行四边形.与引理 1 矛盾.

设 U 为一个由 m 个三角形构成的集合. 证明:存在集合 U 的子集 W,满足:

(1) 子集 W 中三角形的个数不少于 $\dfrac{9}{20}m^{\frac{4}{5}}$;

(2) 不存在六个不同的点 A,B,C,D,E,F,使得 $\triangle ABC,\triangle BCD,\triangle CDE,\triangle DEF,$ $\triangle EFA,\triangle FAB$ 均属于子集 W.

(2016,第 29 届韩国数学奥林匹克)

证明 设 U' 是集合 U 的一个子集,每个三角形被独立地随机选取的概率为 p. 则在子集 U' 中三角形个数的期望为 mp.

对一个由六个不同点构成的点列 $(x_1,x_2,\cdots,x_6)$,若所有的六个 $\triangle x_1x_2x_3,$ $\triangle x_2x_3x_4,\triangle x_3x_4x_5,\triangle x_4x_5x_6,\triangle x_5x_6x_1,\triangle x_6x_1x_2$ 均属于集合 U,则称此点列为"坏的配置". 于是,在集合 U 中坏的配置的个数最多为 $m(m-1)(3!)^2 \leqslant 36m^2$,这是因为它不大于在集合 U 中选取两个三角形,且在第一个三角形中选取 x_1,x_2,x_3,在第二个三角形中选取 x_4,x_5,x_6 的个数.

若 $(x_1,x_2,x_3,x_4,x_5,x_6)$ 为坏的配置,则

$$(x_i,x_{i+1},x_{i+2},x_{i+3},x_{i+4},x_{i+5}),(x_i,x_{i-1},x_{i-2},x_{i-3},x_{i-4},x_{i-5})$$

也为坏的配置,其中,下标 i 是在模 6 的意义下. 于是,$6\times2=12$(个) 坏的配置形成一束.

从而,在集合 U 中坏的配置束的数目最多为 $\dfrac{36m^2}{12}=3m^2$.

由于集合 U 中的一个固定的坏的配置包含在子集 U' 中的概率为 p^6,则在子集 U' 中坏的配置束个数的期望最多为 $3m^2p^6$.

于是,子集 U' 中三角形个数的期望减去子集 U' 中坏的配置束个数的期望至少为 $mp-3m^2p^6$.

取 $p=cm^{-\frac{1}{5}}$,则 $mp-3m^2p^6=mcm^{-\frac{1}{5}}-3m^2c^6m^{-\frac{6}{5}}=(c-3c^6)m^{\frac{4}{5}}$.

取 $c=\dfrac{1}{2}$,得 $mp-3m^2p^6=\left(\dfrac{1}{2}-\dfrac{3}{64}\right)m^{\frac{4}{5}} \geqslant \dfrac{9}{20}m^{\frac{4}{5}}$.

因此,存在集合 U 的子集 U',使得在子集 U' 中三角形的个数减去子集 U' 中坏的配置束的个数至少为 $\dfrac{9}{20}m^{\frac{4}{5}}$. 设 W 为子集 U' 的子集,就在每个坏的配置束中删去一个三角形,则子集 W 包含至少 $\dfrac{9}{20}m^{\frac{4}{5}}$ 个三角形,且不含坏的配置.

对于一个凸五边形,若一条对角线能将此凸五边形分为一个三角形和一个圆外切四边形,则称此对角线为"好的". 求五边形好对角线条数的最大值.

(2016,第 66 届白俄罗斯数学奥林匹克)

解 答案:2.

先证明:凸五边形中任意两条相交的对角线不可能同时是好的.

假若结论不成立,即凸五边形中存在两条相交的对角线均是好的,不失一般性,假设 AC,BE 为凸五边形 $ABCDE$ 的两条好对角线,如图1.

则四边形 $BCDE$ 和四边形 $ACDE$ 均有内切圆.

于是,它们的对边和相等,即

$$AC + DE = AE + CD,\ BE + CD = BC + DE$$
$$\Rightarrow AC + BE = AE + BC.$$

设 M 为 AC 与 BE 的交点.

由三角形不等式得

$$AC + BE = (AM + MC) + (BM + ME)$$
$$= (AM + ME) + (BM + MC) > AE + BC,$$

与式 ① 矛盾.

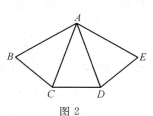

图1

类似地,对角线 AC 和 BD 也不可能同时是好的.

由于一个凸五边形不能同时有相交的好对角线,于是,好对角线的条数应不大于2.

再构造一个好对角线条数为2的情况.

如图2,在凸五边形 $ABCDE$ 中,

$$AB = AC = AD = AE,$$
$$\angle BAC = \angle CAD = \angle DAE = \alpha < 60°.$$

于是,$\triangle BAC$,$\triangle CAD$,$\triangle DAE$ 为全等的等腰三角形.

从而,$BC = CD = DE$,且

$$\angle ABC = \angle ACB = \angle ACD = \angle ADC = \angle ADE$$
$$= \angle AED = \frac{180° - \alpha}{2} = \beta < 90°.$$

图2

由构造的关系得

$$\angle BAE = 3\alpha < 180°,\ \angle B = \angle E = \beta < 90°,\ \angle BCD = \angle CDE = 2\beta < 180°.$$

由 $AC + DE = AE + CD$,$AB + CD = AD + BC$,得四边形 $ACDE$ 和四边形 $ABCD$ 均有内切圆.

从而,两条对角线 AC 和 AD 是好的.

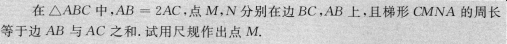

在 $\triangle ABC$ 中,$AB = 2AC$,点 M,N 分别在边 BC,AB 上,且梯形 $CMNA$ 的周长等于边 AB 与 AC 之和.试用尺规作出点 M.

(2016,第66届白俄罗斯数学奥林匹克)

解 记 p 为梯形 $CMNA$ 的周长.则 $p = AN + NM + MC + CA$.

又由已知,得 $p = AB + AC = AN + NB + AC \Rightarrow NM + MC = NB.$ ①

由 $MN \parallel AC \Rightarrow \triangle BNM \backsim \triangle BAC \Rightarrow \dfrac{NB}{NM} = \dfrac{AB}{AC} = 2 \Rightarrow NB = 2NM.$

由式 ①,得 $MC = MN \Rightarrow \angle MNC = \angle MCN.$

又 $NM \parallel AC \Rightarrow \angle MNC = \angle NCA \Rightarrow \angle MCN = \angle NCA \Rightarrow NC$ 为 $\angle ACB$ 的平分线.

下面作出所求的点 M.

作 $\angle ACB$ 的平分线(这是标准的尺规作图),与边 AB 交于点 N.过 N 作 AC 的平行线 l(这也是标准的尺规作图),与边 BC 交于点 M.从而,M 即为所求的点.

事实上,易证梯形 $ANMC$ 的周长等于边 AB 与 AC 之和.

若一个六边形的对角线把六边形分为两个具有内切圆的四边形,则称此对角线为"好的".求六边形中最多有多少条好对角线.

（2016,第 66 届白俄罗斯数学奥林匹克）

解 先证明:六边形两条相交的对角线中,至多只有一条是好的.

假设有两条均是好的,不失一般性,设 AD 和 BE 为六边形 $ABCDEF$ 的好对角线,如图 1,则四边形 $ABCD$ 和四边形 $BCDE$ 均有内切圆.

故两个四边形的对边和相等,即

$AB + CD = BC + AD, BC + DE = BE + CD$.

将两个等式相加,得 $AB + DE = AD + BE$.

设 M 为 AD 与 BE 的交点.

则由三角形不等式有

$AD + BE = (AM + MD) + (BM + ME)$

$= (AM + BM) + (DM + EM) > AB + DE$,

与式 ① 矛盾.

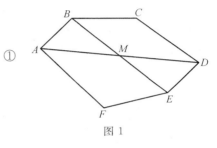

图 1

若六边形的对角线将其分为两个四边形,则对角线的顶点是六边形两个相对的顶点,称此对角线为主对角线.但任意的两条主对角线均是相交的,故六边形至多只有一条好对角线.

其次,有很多方式可以构造出具有好对角线的六边形.例如图 2,可以作一个圆,然后作四边形 $ABCD$ 使得圆内切于此四边形,且 $AD \parallel BC, AD > BC$.将 B, C 分别关于 AD 对称得到 F, E,则 AD 即为六边形 $ABCDEF$ 的好对角线.

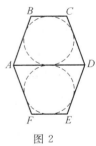

图 2

对于一个六边形,任意连接两个相对顶点的对角线将此六边形分为两个四边形.按照这种方式,由一个六边形可以得到六个四边形.求这些四边形中有内切圆的个数的最大值.

（2016,第 66 届白俄罗斯数学奥林匹克）

解 所求最大值为 3.

先证明:在六边形的相对顶点为对角线划分出的四边形中,最多只有三个四边形存在内切圆.

否则,至少有四个四边形有内切圆.于是,至少有两个四边形是被同一条对角线分割而成的,不妨假设为图1中的 AD.

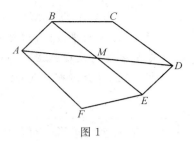

图 1

考虑其中的四边形 $ABCD$.则

$$AB + CD = BC + AD. \qquad ①$$

不妨设另外有内切圆的某个四边形为 $BCDE$.则

$$BC + DE = CD + BE. \qquad ②$$

① + ② 得 $AB + DE = AD + BE.$ ③

设 M 为 AD 与 BE 的交点.则

$$AD + BE = (AM + MD) + (BM + ME) = (AM + BM) + (DM + EM) > AB + DE,$$ 与式 ③ 矛盾.

从而,满足题目要求的四边形至多只有三个.

显然,有很多种方式可构造满足题目要求的六边形,使得其具有三个有内切圆的四边形.例如,图2的四边形 $A_1 B_1 A_2 B_3$,四边形 $A_2 B_2 A_3 B_1$,四边形 $A_3 B_3 A_1 B_2$ 均有内切圆.

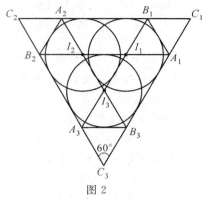

图 2

将一个正三角形每条边上的点染为红色或蓝色.问:是否一定存在一个直角三角形,其三个顶点同色?

(2016,爱沙尼亚数学奥林匹克)

解 存在.

考虑如图所示的顶点在正三角形边上的正六边形.

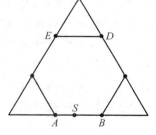

若有两个相对的顶点同色,则剩下的四个顶点中,只要有一个颜色与它们相同就构成了直角三角形;否则,这四个顶点为另一种颜色,也能构成直角三角形.

现假设任意相对顶点均不同色.则存在两个相邻顶点异色,它们相对的顶点也一定异色.于是,一定存在一对异色顶点的邻边在原来的正三角形的边上.不妨设为 A 和 B,其中,点 A 为红色,点 B 为蓝色,它们相对的顶点为 D 和 $E(D$ 为蓝色,E 为红色).

由于 $\angle ABD$ 与 $\angle BAE$ 均为直角,对于 AB 上(非顶点)的任意一点 S,若点 S 为红色,则 $\triangle AES$ 为红色直角三角形;若点 S 为蓝色,则 $\triangle DBS$ 为蓝色直角三角形.

已知集合 A 中包含 2016 个点且无四点共线.证明:在集合 A 中存在一个至少有 63 个点的子集 B,使得 B 中无三点共线.

(2016,克罗地亚数学奥林匹克)

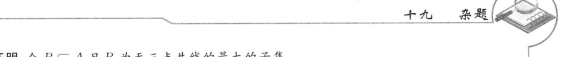

证明　令 $B \subseteq A$ 且 B 为无三点共线的最大的子集.

令 $|B| = k$. 由于 B 为满足条件的最大集合,于是,集合 $A \backslash B$ 中任意一点与集合 B 中的某两个点共线.

又集合 A 中无四点共线,则过集合 B 中的两个点的每条直线最多包含集合 $A \backslash B$ 中的一个点.

故集合 $A \backslash B$ 中的点的数目不大于集合 B 中的点对的数目.

从而,集合 $A \backslash B$ 中点的数目为 $2016 - k$,集合 B 中点的数目为 $\dfrac{k(k-1)}{2}$.

则 $2016 - k \leqslant \dfrac{(k-1)k}{2} \Rightarrow k \geqslant 63$ 或 $k \leqslant -64$(负值舍去).

因此,集合 B 至少有 63 个点.

对于正整数 n,设凸 n 边形 $A_1 A_2 \cdots A_n$ 的所有内角均为钝角. 对于每个正整数 $i(1 \leqslant i \leqslant n)$,设 $\triangle A_{i-1} A_i A_{i+1}$ 的外心为 $O_i(A_0 = A_n, A_1 = A_{n+1})$. 证明:闭折线 $O_1 O_2 \cdots O_n$. 不为凸 n 边形.

(2016,土耳其国家队选拔考试)

证明　假设结论不成立. 则闭折线 $O_1 O_2 \cdots O_n$ 为凸 n 边形.

因为 O_{i-1} 和 O_i 均在 $A_{i-1} A_i$ 的中垂线上,所以,$O_{i-1} O_i \perp A_{i-1} A_i$.

类似地,$O_i O_{i+1} \perp A_i A_{i+1}$.

故 $\angle O_{i-1} O_i O_{i+1} = \angle A_{i-1} A_i A_{i+1}$ 或 $180° - \angle A_{i-1} A_i A_{i+1}$.

又凸 n 边形 $A_1 A_2 \cdots A_n$ 的所有内角均为钝角,知

$$\angle O_{i-1} O_i O_{i+1} \leqslant \angle A_{i-1} A_i A_{i+1}.$$

将不等式对于 $i = 1, 2, \cdots, n$ 求和. 由于凸 n 边形 $O_1 O_2 \cdots O_n$ 和凸 n 边形 $A_1 A_2 \cdots A_n$ 的内角和均为 $(n-2)\pi$,于是,

$$\angle O_{i-1} O_i O_{i+1} = \angle A_{i-1} A_i A_{i+1}.$$

从而,点 O_{i-1}, O_i, O_{i+1} 一定是图 1 或图 2 之一.

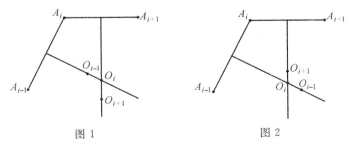

图 1　　　　　　图 2

从而,要么 $O_{i-1} A_i < O_i A_i < O_{i+1} A_i$,要么 $O_{i-1} A_i > O_i A_i > O_{i+1} A_i$.

设 $\triangle A_{i-1} A_i A_{i+1}$ 的外接圆半径为 R_i. 则对于每个 $i = 1, 2, \cdots, n$,要么 $R_{i-1} < R_i < R_{i+1}$,要么 $R_{i-1} > R_i > R_{i+1}$.

设 $R_i = \max\limits_{1 \leqslant j \leqslant n} \{R_j\}$. 则上述两个不等式均不可能成立. 矛盾.

平面几何部分

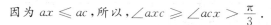

　　求所有符合以下要求的有限点集 C:其包含至少三个点,无三点共线,且若点 x, y 为其中不同的两点,则点集中至少还有一点,它与线段 xy 构成正三角形.

(2016,第 67 届罗马尼亚国家队选拔考试)

　　解 显然,正三角形三个顶点构成的点集符合题意.

　　下面证明只有这样的点集符合题意.

　　设点 a 和 b 为点集 C 的直径的端点(即距离最远的两点).则与线段 ab 能构成正三角形的另两个点中恰有一个在点集 C 中,不妨记为点 c.若存在第四个点,设为 x.

　　由于线段 ab,bc,ca 均为点集的直径,则点 x 至少在 $\angle abc$,$\angle bca$,$\angle cab$ 中的一个的内部,不妨设点 x 在 $\angle cab$ 的内部.

　　考虑正 $\triangle axy$ 和正 $\triangle axz$.于是,点 b,z 或 c,y 中至少有一对在线段 ax 的同侧.

　　注意到,$\angle bax$ 和 $\angle cax$ 均小于 $\dfrac{\pi}{3}$.

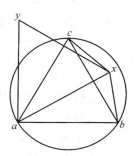

　　由于点集 C 中至少含有点 y 和 z 中的一个,但点 y 和 z 均在正 $\triangle abc$ 的外面,则可设点 x 就在正 $\triangle abc$ 的外面.故四边形 $abxc$ 为凸四边形,如图.

　　因为 $ax \leqslant ac$,所以,$\angle axc \geqslant \angle acx > \dfrac{\pi}{3}$.

　　于是,点 y 在 $\angle axc$ 的内部,且 $\angle bxy < \angle bxc < \pi$.

　　注意到,$\angle cay = \angle bax < \dfrac{\pi}{3}$.

　　则 $\angle bay = \angle bac + \angle cay = \dfrac{\pi}{3} + \angle cay < \dfrac{2\pi}{3} < \pi$.

　　从而,四边形 $abxy$ 为凸四边形.

　　故 $ax + by > ab + xy = ab + ax \Rightarrow by > ab$.

　　类似地,$cz > ac$.

　　由前假设 ab 和 ac 均为点集 C 的直径,而点集 C 至少包含 y 和 z 中的一个,矛盾.

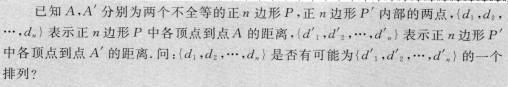

　　已知 A,A' 分别为两个不全等的正 n 边形 P,正 n 边形 P' 内部的两点,$\{d_1, d_2, \cdots, d_n\}$ 表示正 n 边形 P 中各顶点到点 A 的距离,$\{d_1', d_2', \cdots, d_n'\}$ 表示正 n 边形 P' 中各顶点到点 A' 的距离.问:$\{d_1, d_2, \cdots, d_n\}$ 是否有可能为 $\{d_1', d_2', \cdots, d_n'\}$ 的一个排列?

(第 33 届伊朗国家队选拔考试)

　　解 记正 n 边形 P 为 $P_1 P_2 \cdots P_n$,正 n 边形 P' 为 $P_1' P_2' \cdots P_n'$,且 $\{AP_i\}$ 为 $\{A'P_i'\}$ 的一个排列,O,O' 分别为正 n 边形 P,正 n 边形 P' 的中心.

　　不妨设点 A 在 $\triangle OP_1 P_2$ 的内部或边界上,且 $AP_1 \leqslant AP_2$;点 A' 在 $\triangle OP_1' P_2'$ 的内部或边界上,且 $A'P_1' \leqslant A'P_2'$.

使用下面引理将 AP_i 和 $A'P_i'$ 按递增顺序排列.

引理　在上述情况下：

若 n 为奇数，则

$$AP_1 \leqslant AP_2 \leqslant AP_n \leqslant AP_3 \leqslant AP_{n-1} \leqslant AP_4 \leqslant \cdots \leqslant AP_{\frac{n+3}{2}-1} \leqslant AP_{\frac{n+3}{2}+1} \leqslant AP_{\frac{n+3}{2}};$$

若 n 为偶数，则

$$AP_1 \leqslant AP_2 \leqslant AP_n \leqslant AP_3 \leqslant AP_{n-1} \leqslant AP_4 \leqslant \cdots \leqslant AP_{\frac{n}{2}+2} \leqslant AP_{\frac{n}{2}+1}.$$

证明　可通过观察点 A 的位置到 P_2P_n 的中垂线（即 OP_1），P_3P_n 的中垂线，P_3P_{n-1} 的中垂线等的距离得到引理结论.

对 $A'P_i'$ 也有类似的式子，于是，原题的表述等价于

$$AP_1 = A'P_1' \leqslant AP_2 = A'P_2' \leqslant AP_n = A'P_n' \leqslant AP_3 = A'P_3' \leqslant \cdots.$$

假设正 n 边形 P 比正 n 边形 P' 大. 则对 $1 \leqslant i \leqslant n (P_{n+1} = P_1, P_{n+1}' = P_1')$，有

$$AP_i = A'P_i', AP_{i+1} = A'P_{i+1}', P_iP_{i+1} > P_i'P_{i+1}'.$$

从而，$\angle P_iAP_{i+1} > \angle P_i'A'P_{i+1}'$.

故 $360° = \sum\limits_{i=1}^{n} \angle P_iAP_{i+1} > \sum\limits_{i=1}^{n} \angle P_i'A'P_{i+1}' = 360°$，矛盾.

因此，正 n 边形 P 与正 n 边形 P' 全等.

　　已知正十二面体的每个面均能唯一地确定一个平面. 问：这些平面能将空间分成多少个不同的区域？

(2016，德国数学竞赛)

解　这些平面能将空间分成 185 个不同的区域.

图 1 是一个正十二面体，其每个面均为全等的正五边形.

容易证明 A_4A_3，A_1A_2，B_1B_2，B_4B_3 四条直线交于一点（记为点 P），A_3A_2，A_5A_1，B_3B_2 与 B_5B_1 四条直线也交于一点（记为点 Q）.

若设正五边形 $A_1A_2A_3A_4A_5$ 所在的平面为 α，则此正十二面体的其他各面与平面 α 相交的直线如图 2.

类似地，正十二面体的每个面所在的平面与其他十一个面所在平面相交得到的交线情况均同图 2.

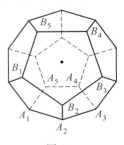

图 1

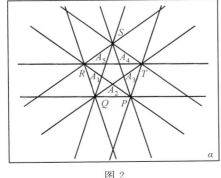

图 2

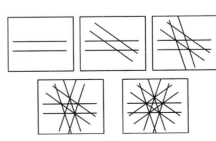

图 3

注意到,当 n 个平面将空间分成 k 个不同的区域后,若再加入一个平面,假设此平面被它与前 n 个平面的交线分成了 r 个区域,则这 $n+1$ 个平面会将空间分成 $k+r$ 个不同的区域.

于是,将正十二面体的十二个面按照平行关系分成六组(每组两个平面).

设 $i(i=1,2,\cdots,6)$ 组平面能将空间分成 a_i 个区域. 则 $a_1=3$. 进而利用图 3.

知 $a_2=a_1+2\times3=9,a_3=a_2+2\times9=9+18=27$,

$a_4=a_3+2\times17=27+34=61,a_5=a_4+2\times26=61+52=113$,

$a_6=a_5+2\times36=113+72=185$.

空间被平面集 $A=\{x\pm y\pm z=n,n\in\mathbf{Z}\}$ 分割成一些四面体和八面体的并. 设有理点 (x_0,y_0,z_0) 不属于 A 中任意一个平面. 证明:存在正整数 k,使得点 (kx_0,ky_0,kz_0) 位于空间被 A 中平面分割出的某个八面体的内部.

(2016,第 42 届俄罗斯数学奥林匹克)

证明 **引理** 若有理数 $a,b,c,a+b+c$ 均不为整数,则存在正整数 k,使得 ka,kb,kc 均不为整数且 $1<\{ka\}+\{kb\}+\{kc\}<2$.

证明 不妨设 $a,b,c\in(0,1)$.

令 $f(t)=\{ta\}+\{tb\}+\{tc\}$.

若 $1<a+b+c<2$,则可取 $k=1$.

若 $a+b+c<1$,取正整数 m,使得 ma,mb,mc 为整数,则

$$f(m-1)=f(-1)=3-(a+b+c)>2.$$

令 k 为使得 $f(k)>1$ 的最小正整数,则

$$f(k)\leqslant f(k-1)+a+b+c<f(k-1)+1\leqslant2.$$

下面证明:ka,kb,kc 均不为整数.

若 ka 为整数,则 $\{ka\}=\{(k-1)a\}+a-1$.

故 $f(k)\leqslant f(k-1)+(a+b+c)-1<f(k-1)\leqslant1$. 矛盾.

若 $a+b+c>2$,令 $a'=1-a,b'=1-b,c'=1-c$ 化为和小于 1 的情况.

引理得证.

考虑坐标变换 $a=y+z-x,b=x-y+z,c=x+y-z$,其逆变换为

$$x=\frac{b+c}{2},y=\frac{a+c}{2},z=\frac{a+b}{2}.$$

注意到,$x+y+z=a+b+c$,空间中的平面集在新坐标下为 $\bigcup_{n\in\mathbf{Z}}A_n$,其中,

$A_n=\{a=n\}\bigcup\{b=n\}\bigcup\{c=n\}\bigcup\{a+b+c=n\}$.

令 $a_0=y_0+z_0-x_0,b_0=x_0-y_0+z_0,c_0=x_0+y_0-z_0$.

则 $a_0,b_0,c_0,a_0+b_0+c_0$ 均不为整数. 新坐标 (a,b,c) 下的每个整顶点单位方格体

$$M(A,B,C)=\{([A,A+1]\times[B,B+1]\times[C,C+1])\},A,B,C\in\mathbf{Z}$$

内部与平面集 $\bigcup_{n\in\mathbf{Z}}\{a+b+c=n\}$ 中的两个

$$a+b+c=A+B+C+1,a+b+c=A+B+C+2$$

相交.介于这两个平面之间的部分是一个八面体(其在原坐标系下当然也是八面体).

令 $K(A,B,C) = \{(a,b,c) \in M(A,B,C), a+b+c \in [A+B+C+1, A+B+C+2]\}$.

$M(A,B,C)$ 内的一点 (a,b,c) 位于此八面体内当且仅当 $\{a\}+\{b\}+\{c\} \in (1,2)$.

由引理,知存在正整数 k,使得 ka_0, kb_0, kc_0 均不为整数,且

$\{ka_0\}+\{kb_0\}+\{kc_0\} \in (1,2)$.

这表明,点 (ka_0, kb_0, kc_0) 位于八面体 $K([ka_0], [kb_0], [kc_0])$ 内.

如图 1,艾利打算从点 A 走到点 B,要求他不能走进阴影区域,但是可以在白色区域沿任意方向行走(可以在整个平面上移动,不只仅沿网格线).请帮助艾利找到点 A 和 B 之间的最短路径,只需画出路径,并写出其长度.

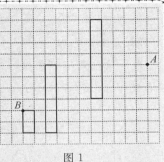

图 1

(2016,第三届伊朗几何奥林匹克)

解 如图 2.

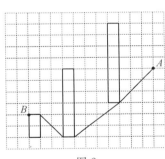

图 2

由勾股定理,知路径 AB 的长度为

$$\sqrt{3^2+3^2} + \sqrt{3^2+4^2} + 1 + \sqrt{2^2+2^2} + 1 = 7+5\sqrt{2}.$$

设凸四边形 $ABCD$ 的两组对边不平行,以其任意一对邻边作平行四边形,每个平行四边形均含有一个不同于点 A,B,C,D 的新顶点.证明:所作的四个新顶点中,恰有一个在四边形 $ABCD$ 的内部.

(2016,第三届伊朗几何奥林匹克)

证明 显然,边点 B 且平行于边 AD 的直线通过四边形 $ABCD$ 的充分必要条件为

$\angle DAB + \angle ABC > 180°$.

下面证明:存在一个平行四边形,其新作的两条邻边所在直线均通过四边形 $ABCD$.

在 $(\angle A, \angle B)$，$(\angle C, \angle D)$ 中，仅有一对角的度数之和大于 $180°$；在 $(\angle A, \angle D)$，$(\angle B, \angle C)$ 中，也仅有一对角的度数之和大于 $180°$. 这两对角恰有一个公共角，不妨设为 $\angle A$. 于是，过点 B 且平等于 AD 的直线与过点 D 且平行于 AB 的直线的交点在四边形 $ABCD$ 的内部.

已知某三角形能被划分成 N 个彼此相似的四边形. 求正整数 N 的所有可能值.

(2016，第三届伊朗几何奥林匹克)

解 显然，$N \neq 1$.

$N = 2$ 也是不可能的. 这是因为若将一个三角形划分成两个四边形，则必定是一个凸四边形和一个凹四边形.

如图 1，对 $N = 3$，可在等边三角形中作出符合题意的划分.

对 $N \geqslant 3$，也可在等边三角形中作出符合题意的划分，如图 2.

图 1   图 2

平面上是否存在六个点 $X_1, X_2, Y_1, Y_2, Z_1, Z_2$，使得所有的 $\triangle X_i Y_j Z_k (1 \leqslant i, j, k \leqslant 2)$ 彼此相似？

(2016，第三届伊朗几何奥林匹克)

解 如图 1，假设存在一个 $\triangle XYZ$，满足 $XY = 1, YZ = t^2, ZX = t^3$，且 $\angle Z = \angle X + 2\angle Y$.

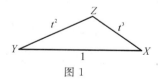

图 1

对于充分小的 t，有
$$\angle Z > \angle X + 2\angle Y.$$

对 $t = 1$，有 $\angle Z < \angle X + 2\angle Y$.

从而，存在某个三角形满足上述条件.

接下来考虑图 2 中的六个点，这些点满足题目条件.

因此，存在六个点 $X_1, X_2, Y_1, Y_2, Z_1, Z_2$，使得所有的 $\triangle X_i Y_j Z_k (1 \leqslant i, j, k \leqslant 2)$ 彼此相似.

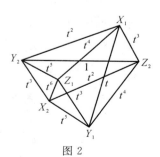

图 2

已知平面上有一个正三角形网格,相邻两格点的距离为1,有一个边长为 n 的正三角形,其三个顶点均在格点上,三边均落在格线上.现将此正三角形分割成 n^2 个面积相等的小三角形(不需要为正三角形),使得每个小三角形的三个顶点均在格点上.证明:其中至少有 n 个小三角形为正三角形.

(2016,中国台湾数学奥林匹克选训营)

证明 不妨设大正三角形是朝上的.

若所有小三角形均为正三角形,因为每一横排朝上的均比朝下的多一个,所以,朝上的小三角形比朝下的小三角形多 n 个.

若有不是小正三角形,可以进行如下操作:在所有小三角形中,找出一条最长的边 $AB \geqslant \sqrt{3}$,并考虑以它为边的两个小三角形 $\triangle ABC$ 和 $\triangle ABD$. 可证明:

(1) 四边形 $ACBD$ 为平行四边形;

(2) $AB > CD$.

事实上,对于(1),由皮克(Pick)定理,知线段 AB 上没有其他格点,且所有可能的 C 和 D 位置落在平行于 AB 的两条直线上(分别在 AB 的两侧),并以长度为 AB 的间隔分布(否则 AB 上有格点).

又由于 AB 为最长边,则 $\angle CBA$ 和 $\angle CAB$ 均为锐角.故

点 C 到 AB 的垂足落在线段 AB 内.从而,点 C 的位置是唯一确定的.

类似地,点 D 的位置也唯一确定.

由对称性,易知 D 一定是使得四边形 $ABCD$ 为平行四边形的点.

对于(2),由 $AB \geqslant \sqrt{3}$,知点 C 到 AB 的距离不大于 $\dfrac{1}{2}$.

又因为 $AC \geqslant 1$,所以,$\angle CAB \leqslant 30°$.

类似地,$\angle CBA \leqslant 30°$.

从而,$\angle C$ 为钝角.由大边对大角知 $AB > CD$.

可以用 CD 替换 AB,这样得到一个新的满足题意的切割,但最长边变短了.注意到,网格上两点之间的距离只有有限种可能.故可重复这一操作直到最长边的边长降为 $\sqrt{3}$.

将原来大三角形中朝上的小正三角形染为黑色,朝下的染为白色,则黑三角形比白三角形多 n 个,而每一个较长对角线为 $\sqrt{3}$ 的平行四边形恰占据了一个黑三角形和一个白三角形,这样一定有 n 个黑三角形一直保留着.

故原命题得证.

> 　　对于平面 α,若多面体的各个顶点到平面 α 的距离均相等,则称平面 α 为多面体的"中位面".
>
> 　　(1) 四面体有多少个互不相同的中位面?
>
> 　　(2) 平行六面体有多少个互不相同的中位面?
>
> 　　(3) 给定三维空间内不共面的四个点,以这四点作为平行六面体的顶点(中的四个),共可得到多少个互不相同的平行六面体?
>
> 　　请给出以上各小问的答案,并说明理由.
>
> (第七届陈省身杯全国高中数学奥林匹克)

解 (1) 答案:7.

将所考虑的四面体记作 $ABCD$.

若四个顶点均在平面 α 的一侧,则这四个顶点必位于一个与平面 α 平行的平面内,不符合条件.

只考虑以下两种情况.

(i) 平面 α 的一侧有三个顶点,另一侧有一个顶点.

不妨设点 A,B,C 在平面 α 的一侧,点 D 在另一侧.则 A,B,C 三点所确定的平面必平行于平面 α.

由点 D 作平面 ABC 的垂线 DD_1,D_1 为垂足.则中位面 α 必为经过 DD_1 的中点且与 DD_1 垂直的平面(存在且唯一),该中位面平行于平面 ABC.

类似可得分别平行于四面体其他三个面的中位面.这种类型的中位面共有四个.

(ii) 平面 α 的两侧各有两个顶点,不妨设点 A 和 B 在平面 α 的一侧,点 C 和 D 在另一侧.显然,$AB \parallel \alpha$,$CD \parallel \alpha$.

易知,AB 与 CD 为异面直线,中位面 α 必为经过它们公垂线中点且平行于它们的平面(存在且唯一).由于四面体的六条棱可按异面关系分为三组,于是,这种类型的中位面共有三个.

综上,一个四面体有七个互不相同的中位面.

(2) 答案:3.

由于平行六面体任意五个顶点不共面,于是,平行六面体的八个顶点分布在平面 α 两侧的情况:8—0,7—1,6—2,5—3 均不符合条件.

只考虑八个顶点在平面 α 两侧各四点的情况.此时,平面 α 一侧的四个顶点必位于一个与平面 α 平行的平面上.

将所考虑的平行六面体记作 $ABCD - A_1B_1C_1D_1$.

由于面 $ABCD \parallel$ 面 $A_1B_1C_1D_1$,则经过这两个面的任意一条公垂线中点且与这两个面平行的平面,到这两个面的距离相等.从而,该平面即为平行六面体的一个中位面(存在且唯一).类似可得其余两个中位面.

(3) 答案:29.

由(2),知每个平行六面体均有三个中位面,它们分别平行于平行六面体的三组相对面.对于每个平行六面体,它的三个中位面是唯一确定的,且交于一点(中心 O).反之,一旦给定了三个交于一点的中位面,则平行六面体的三组相对面的方向便完全确定了.再结合所给定的至少四个顶点,平行六面体便可唯一确定下来.

由(1),知对于所给出的空间四点,共可确定七个互不相同的中位面.从中任取三个的取法有 C_7^3 种,但并不是所有这些"中位面三元组"均能确定出平行六面体.事实上,能够作出平行六面体的三个中位面的平面必须交于同一点,于是,必须排除那些不交于同一点的三元组.

易知,凡是平行于同一条直线的三个平面均不可能交于同一点.事实上,它们形成三棱柱的三个侧面.

容易看出,在四面体 $ABCD$ 的七个中位面中,平行于棱 AB 的恰有三个:与异面直线 AB 和 CD 平行的中位面、平行于平面 ABC 的中位面、平行于平面 ABD 的中位面.由此,知与四面体 $ABCD$ 的六条棱中的每条棱平行的中位面均各有三个,这六组中位面三元组不能确定平行六面体.除此之外的其余三元组中的三个中位面均能交于同一点.

综上,一共可以确定出 $C_7^3 - 6 = 29$(个)互不相同的平行六面体.

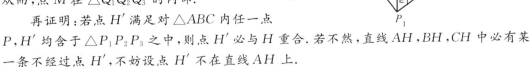

　　对锐角 $\triangle ABC$ 内部任一点 P,令 P_1,P_2,P_3 分别表示点 P 关于 BC,CA,AB 的对称点.证明:存在唯一的点,使得其包含于 $\triangle ABC$ 内的一切点 P 所对应的 $\triangle P_1P_2P_3$ 之中.

（2016—2017,匈牙利数学奥林匹克）

证明　设 H 为 $\triangle ABC$ 的垂心.

先证明:对 $\triangle ABC$ 内的任一点 P,H 必含于 $\triangle P_1P_2P_3$ 之中.

令 Q_1,Q_2,Q_3 分别表示点 P 在边 BC,CA,AB 上的投影,M 表示线段 PH 的中点.则在以 P 为位似中心,$\dfrac{1}{2}$ 为位似比的位似变换下,$\triangle P_1P_2P_3$ 变为 $\triangle Q_1Q_2Q_3$,H 变为 M.

于是,为证明点 H 含于 $\triangle P_1P_2P_3$ 中,只要证明点 M 含于 $\triangle Q_1Q_2Q_3$ 中.

若点 P 位于 $\triangle BCH,\triangle CAH,\triangle ABH$ 之一的内部,不妨设点 P 在 $\triangle BCH$ 的内部,如图.则 PQ_2 与 CH 交于点 E,PQ_3 与 BH 交于点 F,且四边形 $PEHF$ 为平行四边形.故 M 也为 EF 的中点.从而,点 M 在 $\triangle PQ_2Q_3$ 的内部.

若点 P 在 AH,BH,CH 中的某条线段上,不妨设点 P 在 AH 上,则点 M 在 PQ_1 上.从而,点 M 在 $\triangle Q_1Q_2Q_3$ 的内部.

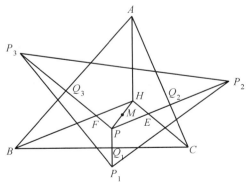

再证明:若点 H' 满足对 $\triangle ABC$ 内任一点 P,H' 均含于 $\triangle P_1P_2P_3$ 之中,则点 H' 必与 H 重合.若不然,直线 AH,BH,CH 中必有某一条不经过点 H',不妨设 H' 不在直线 AH 上.

令 d 表示点 H' 到 AH 的距离,在线段 AH 内任取一点 P,使得 P 到边 AB 和 AC 的

距离均小于 $\dfrac{d}{2}$. 于是，点 P_2 到直线 AH 的距离就小于 PP_2，进而小于 d.

类似地，点 P_3 到直线 AH 的距离也小于 d.

而点 P_1 在直线 AH 上，故 $\triangle P_1P_2P_3$ 中的点到直线 AH 的距离均小于 d. 因此，点 H' 不在 $\triangle P_1P_2P_3$ 中，矛盾.

综上，满足条件的点仅有一个，即 $\triangle ABC$ 的垂心 H.

> 已知凸六边形 H 的每一个内角均为钝角，且每一组对边互相平行.
>
> （1）证明：凸六边形 H 存在一组对边，使得存在一条直线与它们垂直，且与它们均相交；
>
> （2）是否一定存在两组对边满足（1）中的条件？
>
> （2017，第 67 届白俄罗斯数学奥林匹克）

（1）**证明** 如图 1，设六边形 $ABCDEF$ 满足题目要求.

考虑此六边形最长的边（若最长边有不止一条，则选取其中一条）. 不妨设这条边为 AB.

因为此六边形是凸的，所以，其位于直线 AB 的一侧，记这个半平面为 α.

假设不存在直线与边 AB 和 DE 垂直且相交.

如图 2，记过点 A，B 且与 AB 在平面 α 内垂直的射线为 h_A，h_B，它们之间的部分记为 P_0. 由假设，线段 DE 上不存在点在区域 P_0 内，即要么点 D 在 h_A 的右侧，要么点 E 在 h_B 的左侧，两者恰一个满足. 不妨设点 D 位于 h_A 的右侧，如图 2. 则点 C 既不在 h_A 的右侧（否则 $BC > BA$），也不在 h_B 的左侧（否则 $CD > BA$）. 从而，点 C 位于区域 P_0，但此时 $\angle ABC$ 不为钝角，与已知矛盾.

因此，一定存在一条与 AB 和 DE 均垂直且相交的直线.

（2）**解** 如图 3，考虑以 LM 为底边的等腰 $\triangle KLM$. 记 KH 为底边上的高，P，Q 分别为线段 MH、HL 上的点，且 P 和 Q 关于点 H 对称. 过点 P 作 KL 的垂线，垂足为 E；过点 Q 作 KM 的垂线，垂足为 D. 显然，$DE \parallel ML$.

在线段 LQ 上取点 A，过点 A 作 KM 的平行线 l_A，与 KL 交于点 F；在线段 MP 上取点 B，过点 B 作 KL 的平行线 l_B，与 KM 交于点 C. 由此，构造的凸六边形 $ABCDEF$ 满足题目条件，但不存在两组对边满足要求.

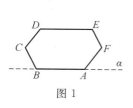

图 1

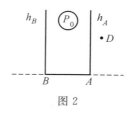

图 2

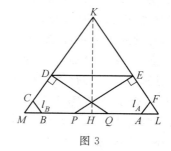

图 3

给定凸 $2n$ 边形 H,每组对边均互相平行.

(1) 证明:凸 $2n$ 边形 H 存在一组对边,使得存在一条直线与它们垂直,且与它们均相交;

(2) 是否存在正整数 n,使得对于任意满足题目要求的凸 $2n$ 边形,总有两组对边满足(1)中的条件?

(2017,第 67 届白俄罗斯数学奥林匹克)

(1) **证明** 若凸 $2n$ 边形 H 的一条对角线使得在其一侧恰有 $n-1$ 个顶点,则称此对角线为"主对角线".

假设存在一个凸 $2n$ 边形 $A_0 A_1 \cdots A_{2n-1}$,满足任意一组对边平行($A_i A_{i+1} \mathbin{/\!/} A_{i+n} A_{i+n+1}$ $(i = 0, 1, \cdots, n-1)$,且 $A_{2n} = A_0$),且不存在对边满足题目条件,即不存在一条直线与它们垂直,并与它们均相交.

考虑一组对边 $A_i A_{i+1}$ 与 $A_{i+n} A_{i+n+1}$,记 O_i 为 $A_i A_{i+n}$ 与 $A_{i+1} A_{i+n+1}$ 的交点.

考虑 $\triangle O_i A_i A_{i+1}$ 和 $\triangle O_i A_{i+n} A_{i+n+1}$,如图 1.

因为 $A_i A_{i+1} \mathbin{/\!/} A_{i+n} A_{i+n+1}$,所以,

$\angle O_i A_i A_{i+1} = \angle O_i A_{i+n} A_{i+n+1} = \alpha$,

$\angle O_i A_{i+1} A_i = \angle O_i A_{i+n+1} A_{i+n} = \beta$.

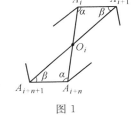

若这两个角均不为钝角,则存在一条直线 l(如经过点 O_i 的直线)垂直于这两条边,且与这两条边相交. 矛盾.

于是,$\alpha > 90°$ 或 $\beta > 90°$.

图 1

注意到,任意的一条对角线均将顶点处的角划分为两个角(将这两个角称为此对角线相邻的两个角).

考虑这个 $2n$ 边形的所有主对角线,以及主对角线分割出的相邻的角(如图 2),所有这些角按照顺时针方向记为 $\angle 1$ 到 $\angle 4n$.

由前知 $\angle 1$ 与 $\angle 4n$ 中的一个为钝角. 不妨设 $\angle 1$ 为钝角,则 $\angle 2$ 为锐角,$\angle 3$ 为钝角 …… 于是,所有标号是奇数的角均为钝角,标号是偶数的角均为锐角. 从而,每一条主对角线的邻角均有一个为钝角,另一个为锐角.

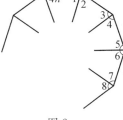

图 2

下面考虑最长的主对角线(若不止一条,则选取其中的一条).

如图 1,不妨记 $A_i A_{i+n}$ 为最长的主对角线,

$\angle O_i A_i A_{i+1} = \angle O_i A_{i+n} A_{i+n+1} > 90°$.

由大角对大边有 $A_{i+1} A_{n+i+1} > A_i A_{n+i}$,这与 $A_i A_{i+n}$ 为最长对角线矛盾.

故凸 $2n$ 边形 H 一定存在一组对边满足:有一条直线与它们垂直,且与它们均相交.

(2) **解** 考虑一个 $2n$ 边形 S,其顶点记为 $A_0, A_1, \cdots, A_{2n-1}$ $(A_{2n} = A_0)$.

记 $\langle \boldsymbol{a}, \boldsymbol{b} \rangle$ 为向量 $\boldsymbol{a}$ 和 $\boldsymbol{b}$ 的夹角,选取一个向量 $\boldsymbol{v}$,使得对任意的 $i \in \{0, 1, \cdots, 2n-1\}$,

$\langle \boldsymbol{v}, \overrightarrow{A_i A_{i+1}} \rangle \neq 90°$,且 $\left| \langle \boldsymbol{v}, \overrightarrow{A_{2n-1} A_0} \rangle \right| < \dfrac{180°}{n}$.

对于任意的 $\lambda > 0$,由 $\left|\left\langle v, \overrightarrow{A_{2n-1}A_0}\right\rangle\right| < \dfrac{180°}{n}$,知以 $A_0^\lambda, A_1^\lambda, \cdots, A_{n-1}^\lambda, A_n, A_{n+1}, \cdots, A_{2n-1}$ 为顶点的多边形 S_k 为凸的,其中,$A_i^\lambda = A_i + \lambda v (i = 0, 1, \cdots, n-1)$.

当 λ 足够大时,多边形 S_λ 存在唯一的一对边,使得有一条直线与这组对边垂直且相交. 因此,这样的 n 不存在.

若有一块三角形的蛋糕,边长为 19 厘米、20 厘米、21 厘米. 先将蛋糕沿着一条直线切成两块,再把这两块无重叠地放到一个圆形的碟子上,且两块蛋糕没有超越碟子的边缘. 求满足要求的圆形碟子的直径的最小值.

(2017,第 67 届白俄罗斯数学奥林匹克)

解 需要将一个边长为 19 厘米、20 厘米、21 厘米的三角形分割为两部分,使得这两个三角形没有重叠地被一个圆覆盖,求这个圆的直径的最小值.

注意到,不存在直线使得其与三条边均相交.

从而,圆的直径不会小于三角形的最短边,即直径不会小于 19 厘米.

下面证明:圆的直径可以为 19 厘米.

为了方便起见,记 $AB = 20 = c$,$BC = 19 = c-1$,$AC = 21 = c+1$.

则 $\triangle ABC$ 的半周长 $p = \dfrac{3}{2}c$,

面积 $S = \sqrt{\dfrac{3}{2}c \cdot \dfrac{1}{2}c\left(\dfrac{c}{2}-1\right)\left(\dfrac{c}{2}+1\right)} = \dfrac{c}{4}\sqrt{3(c^2-4)}$.

从而,最短的高(边 AC 上的高)$BB_1 = \dfrac{2S}{AC} = \dfrac{c\sqrt{3(c^2-4)}}{2(c+1)}$.

构造一个以 BC 为直径的圆 Γ,圆 Γ 与边 AC,AB 分别交于点 B_1,C_1. 则 BB_1 和 CC_1 为 $\triangle ABC$ 的两条高线.

沿 B_1C_1 将 $\triangle ABC$ 分割,四边形 BC_1B_1C 已经在给定的圆内(如图 1,在上半圆内).

最后证明 $\triangle AB_1C_1$ 可以放置到给定的圆的下半圆中.

注意到,$\triangle AB_1C_1 \backsim \triangle ABC$,且相似比为 $\cos A$.

由余弦定理得

$$(c-1)^2 = c^2 + (c+1)^2 - 2c(c+1)\cos A \Rightarrow \cos A = \dfrac{c+4}{2(c+1)}.$$

作出 $\triangle AB_1C_1$ 中的最短的高 B_1B_2.

故 $B_1B_2 = BB_1\cos A = \dfrac{c(c+4)\sqrt{3(c^2-4)}}{4(c+1)^2}$.

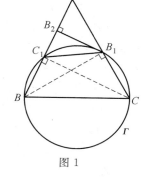

图 1

现把 $\triangle AB_1C_1$ 放到给定圆的下半圆中,使得边 AC_1 位于直径 BC 上,且点 B_2 与圆心重合,如图 2.

只要能够证明线段 B_2C_1,B_2A,B_2B_1 均小于半径 $\dfrac{c-1}{2}$,

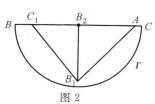

图 2

就足以说明 $\triangle AB_1C_1$ 是可以放到这个半圆中.

因为 $\triangle ABC \backsim \triangle AB_1C_1, BC < BA$,所以,$B_1C_1 < B_1A, B_2C_1 < B_2A$.

由 $c = 20$,则 $\cos A = \dfrac{24}{42} = \dfrac{4}{7} < \dfrac{\sqrt{2}}{2} \Rightarrow \angle A > 45°$.

在 $\mathrm{Rt}\triangle AB_2B_1$ 中,$B_2A < B_2B_1$.

故 $\dfrac{c(c+4)\,\sqrt{3(c^2-4)}}{4(c+1)^2} < \dfrac{c-1}{2} \Leftrightarrow c(c+4)\,\sqrt{3(c^2-4)} < 2(c+1)(c^2-1)$.

注意到,$c(c+4) < (c+1)(c+3)$,且 $c^2-4 < c^2-1$.

故只需证

$(c+1)(c+3)\,\sqrt{3(c^2-1)} < 2(c+1)(c^2-1) \Leftrightarrow (c+3)\sqrt{3} < 2\sqrt{c^2-1}$

$\Leftrightarrow 3(c^2+6c+9) < 4(c^2-1) \Leftrightarrow c^2-18c-31 > 0$.

易验证,当 $c = 20$ 时,上式成立.

则圆盘直径的最小值为 $c-1 = 19$(厘米).

已知 $\triangle ABC$ 的垂心在内切圆上.捣蛋鬼破坏了 $\triangle ABC$,使它只剩下垂心、内切圆和某一边所在直线.请用无刻度的尺和圆规复原 $\triangle ABC$.

(2017,第57届乌克兰数学奥林匹克)

解 如图,H, I, O 分别为 $\triangle ABC$ 的垂心、内心和外心,R, r 分别为外接圆半径和内切圆半径.

由题意,知点 H 在 $\triangle ABC$ 的内切圆上,即 $IH = r$.

由欧拉公式得 $OI^2 = R^2 - 2Rr$,且 OH 的中点 N 为 $\triangle ABC$ 的九点圆圆心,九点圆 $\odot N$ 的半径为 $\dfrac{R}{2}$,$\odot N$ 与 $\odot I$ 相切.

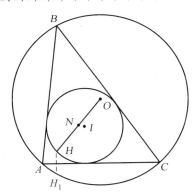

故 $NI = \dfrac{R}{2} - r$.

在 $\triangle OIH$ 中,由中线长公式得

$NI^2 = \dfrac{1}{4}(2OI^2 + 2HI^2 - OH^2) \Rightarrow R^2 - OH^2 = 2r^2$

$\Rightarrow$ 点 H 到 $\odot O$ 的幂为 $-2r^2$.

构造:由题意,设直线 AC、$\odot I$ 及点 H 是已知的,作点 H 关于 AC 的对称点 H_1,在射线 H_1H 上取点 X(与点 H_1 在 H 异侧),使得 $XH = \dfrac{2r^2}{HH_1}$.

由于 H 为垂心,于是,点 H_1 在 $\triangle ABC$ 的外接圆上.

由 $XH \cdot HH_1 = 2r^2 = R^2 - OH^2$,知点 X 在 $\triangle ABC$ 的外接圆上.

又点 X 在高线 HH_1 上,故 X 即为 $\triangle ABC$ 的顶点 B.

过点 B 作 $\odot I$ 的切线,得到点 A 和 C 即可.

考虑同一平面上共点于 A 的三条直线,这些直线将此平面拆分成六个扇形区域,每个扇形区域内部存在五个点.若这些扇形区域的 30 个点中不存在三点共线,证明:至少存在 1000 个以上述 30 个点为顶点的三角形,使得点 A 在其内部或边界上.

(2017,第 34 届希腊数学奥林匹克)

证明 在六个扇形区域的每个区域中选一个点连线,则形成的六边形包含点 A.

又六个点可以形成 $C_6^3 = 20$(个)三角形,下面计算这 20 个三角形中包含点 A 的三角形的个数.

对位于两个相反扇形区域的任意两点,可以用两种方式选择三角形的第三个顶点.

考虑图 1 中的 B 和 C 两点.

若所形成满足题意的三角形,则第三个顶点有 $2 \times 5 = 10$(种)选法.

从而,至少有 $3 \times 2 \times 5^3 = 6 \times 5^3$(个)三角形满足题意.

考虑图 2 所示的在非连续和非相反扇形区域的包含点 A 的三角形,形如 $\triangle EFG$ 的三角形共 2×5^3 个.

综上,至少有 $6 \times 5^3 + 2 \times 5^3 = 1000$(个)三角形包含点 A.

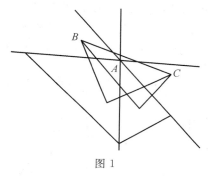

图 1

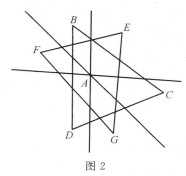

图 2

在周长为 21 的凸 15 边形中,证明:存在三个不同的顶点,其构成的三角形面积小于 1.

(2017,瑞士数学奥林匹克)

证明 考虑所有相邻两边长的和,共 15 个,且这 15 个和的和为周长的 2 倍.

由抽屉原理,知必有某相邻两边长设为 x 和 y,其和 $x + y \leqslant \dfrac{42}{15}$.

该相邻两边构成的三角形的面积不大于 $\dfrac{1}{2}xy \leqslant \dfrac{1}{2}\left(\dfrac{x+y}{2}\right)^2 \leqslant \dfrac{49}{50} < 1$.

求在一个 2017 边形的内角中,锐角至多有多少个?

注:2017 边形可以是凹多边形.

(2017,德国数学竞赛)

解　锐角至多有 1345 个.

假设 2017 边形中有 x 个锐角.则由多边形的内角和得

$$x \cdot 90° + (2017 - x) \cdot 360° > (2017 - 2) \cdot 180°$$

$$\Rightarrow x < 1346.$$

于是,x 至多为 1345.

事实上,如图构造一个 2017 边形,其 2017 个内角中

$$\angle A_1 = \angle A_2 = \cdots = \angle A_{1345} = \frac{672\pi}{1345},$$

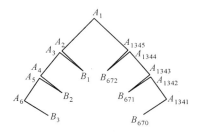

而在点 $B_1, B_2, \cdots, B_{672}$ 处的每个内角度数为 $2\pi - \dfrac{\pi}{672}$,

则这个 2017 边形中即有 1345 个锐角.

在 $\triangle ABC$ 内有一个点 P,若过点 P 恰可引 27 条射线与 $\triangle ABC$ 相交,且将 $\triangle ABC$ 划分为 27 个面积相等的三角形,则称 P 为"奇妙点".求 $\triangle ABC$ 内的所有奇妙点的个数.

（2017,克罗地亚数学竞赛）

解　令 P 为 $\triangle ABC$ 的奇妙点.不妨设 $S_{\triangle ABC} = 27$.

注意到,在 27 条射线中,必有 PA, PB, PC,27 个小三角形中的每一个包含在 $\triangle PAB, \triangle PBC, \triangle PCA$ 其中一个的内部(或重合).

令 $\triangle PAB$ 中包含 m 个,$\triangle PBC$ 中包含 n 个,其中,$m, n \in \{1, 2, \cdots, 25\}$,且 $m + n \leqslant 26$.

接下来考虑 $\triangle ABC$ 内的每一个奇妙点中的数对 (m, n).

奇妙点的集合与满足 $m + n \leqslant 26$ 正整数对 (m, n) 的集合是一个双射.

首先证明:对于每一个数对 (m, n),最多有一个奇妙点.

令 P 为对应 (m, n) 的奇妙点.

因为 $\triangle PAB$ 划分为 m 个三角形,同时 $\triangle PBC$ 划分为 n 个三角形,且每个三角形的面积均为 1,所以,$\triangle PAB$ 中的 m 个三角形有长度为 $\dfrac{2m}{AB}$ 的相同的高.

从而,点 P 在与 AB 平行且距 AB 的距离为 $\dfrac{2m}{AB}$ 的直线 p 上.

类似地,点 P 也在与 BC 平行且距 BC 的距离为 $\dfrac{2m}{BC}$ 的直线 q 上.如图.

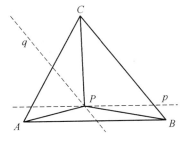

由于 p 和 q 取决于 m 和 n,于是,直线 p 和 q 最多有一个交点.从而,对应 (m, n) 最多也是一个点.

其次证明:每一个数对 (m, n) 对应一个奇妙点.

由点 P 引出的射线可分别将 $\triangle PAB$ 和 $\triangle PBC$ 划分为面积均为 1 的 m 个小三角形和 n 个小三角形.

则 $S_{\triangle PAC} = 27 - m - n$.

从而,过点 P 的射线可以将其划分为 $27 - m - n$ 个面积为 1 的小三角形.

因此,过点 P 的射线可以将 $\triangle ABC$ 划分为 27 个小三角形,即 P 为对应数对 (m,n) 的一个奇妙点.

对于每个 $m \in \{1, 2, \cdots, 25\}$,恰有 $26 - m$ 种方法选择 n.

故共有 $\sum\limits_{m=1}^{25}(26 - m) = \dfrac{25 \times 26}{2} = 325$(个).

问:是否存在这样的三角形,其三边之长 x, y, z 满足

$$x^3 + y^3 + z^3 = (x+y)(y+z)(z+x)?$$

(2017,第 43 届俄罗斯数学奥林匹克)

解 不存在.

假设存在这样的三角形,不妨设 $x \geqslant y \geqslant z$.

据三角形不等式,有 $y + z > x$.

故 $(x+y)(z+x)(y+z) > (x+y)(z+x)x = x^3 + x^2 y + x^2 z + xyz$

$> x^3 + x^2 y + x^2 z \geqslant x^3 + y^3 + z^3$,

与题中要求矛盾.

凸多边形被其互不相交的对角线划分为一系列等腰三角形. 证明:该多边形中有两条相等的边.

(2017,第 43 届俄罗斯数学奥林匹克)

证明 将多边形的边数记作 n,下面对 n 作归纳.

当 $n = 3$ 时,结论显然成立.

假设结论对 $n < k(k \geqslant 4)$ 成立,接下来证明结论对 $n = k$ 也成立.

假设凸 k 边形 P 被其互不相交的对角线分成了一系列等腰三角形. 设 d 为其中的一条对角线,d 将多边形 P 分成 P_1 与 P_2 两个凸多边形. 则这两个凸多边形的边数均小于 k,且均被其一些互不相交的对角线划分为一系列等腰三角形.

据归纳假设,在多边形 P_1 中存在两条相等的边 a_1 和 b_1. 若 a_1 和 b_1 均不为 d,则它们即为所求,此时,对多边形 P 结论成立.

若 a_1 和 b_1 之一为 d,不妨设 b_1 为 d. 考虑多边形 P_2. 据归纳假设,在多边形 P_2 中也存在两条相等的边 a_2 和 b_2. 若 a_2 和 b_2 均不为 d,则它们即为所求. 否则,不妨设 b_2 为 d,则 a_1 和 a_2 即为多边形 P 的两条互不相同的边,它们均与 d 等长. 从而,a_1 与 a_2 即为所求.

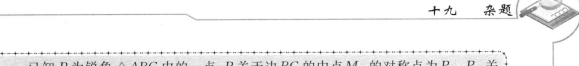

已知 P 为锐角 $\triangle ABC$ 内的一点, P 关于边 BC 的中点 M_A 的对称点为 P_A, P_A 关于边 BC 的对称点为 Q_A, AQ_A 的中点记为 R_A. 类似定义点 R_B 和 R_C. 若点 P 在边 BC, CA, AB 上的射影分别为 H_A, H_B, H_C, 证明: $\triangle R_A R_B R_C$ 与 $\triangle H_A H_B H_C$ 中心对称.

(2017, 中国西部数学邀请赛预选题)

解　如图, 设线段 $H_A R_A$ 的中点为 M, $H_B R_B$ 的中点为 N.

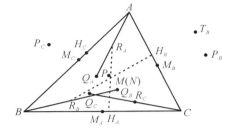

下面证明点 M 与 N 重合, 即只需证明点 M 和 N 到 BC 的距离相等, 点 M 和 N 到 AC 的距离也相等.

设点 K 到 BC 所在直线的距离为 y_K, 即证 $y_M = y_N$.

依题意得 $PQ_A \parallel BC$. 于是, $y_{Q_A} = y_P$.

故 $y_M = \dfrac{1}{2} y_{R_A} + \dfrac{1}{2} y_{H_A} = \dfrac{1}{2} y_{R_A}$

$= \dfrac{1}{4}(y_{Q_A} + y_A) = \dfrac{1}{4}(y_P + y_A)$.

延长 PH_B 至点 T_B, 使得 $PH_B = H_B T_B$.

从而, $PT_B \perp AC$.

又 $Q_B P_B \perp AC$, 从而, $Q_B P_B \parallel PT_B$.

结合 $QP_B \parallel AC$, $T_B T_B \parallel AC$, 知四边形 $PT_B P_B Q_B$ 为矩形.

故 $y_N = \dfrac{1}{2} y_{R_B} + \dfrac{1}{2} y_{H_B} = \dfrac{1}{4}(y_{Q_B} + y_B) + \dfrac{1}{2} y_{H_B} = \dfrac{1}{4} y_{Q_B} + \dfrac{1}{2} y_{H_B}$

$= \dfrac{1}{4} y_{Q_B} + \dfrac{1}{4}(y_P + y_{T_B}) = \dfrac{1}{4}(y_{Q_B} + y_{T_B}) + \dfrac{1}{4} y_P$

$= \dfrac{1}{4}(y_A + y_C) + \dfrac{1}{4} y_P = \dfrac{1}{4}(y_A + y_P)$.

从而, $y_M = y_N$, 即点 M 和 N 到 BC 的距离相等.

类似地, 点 M 和 N 到 AC 的距离也相等.

从而, 点 M 与 N 重合.

设 $H_C R_C$ 的中点为 L, 类似可得点 M 与 L 也重合.

综上, $\triangle R_A R_B R_C$ 与 $\triangle H_A H_B H_C$ 中心对称.

平面几何部分